Paroles de nos anciens

Les gagne-misère

1920-1960

Gérard Boutet

Paroles de nos anciens

Les gagne-misère
1920-1960

Préface de l'auteur

ÉDITIONS FRANCE LOISIRS

Édition du Club France Loisirs,
avec l'autorisation des Éditions Omnibus.

Éditions France Loisirs,
123, boulevard de Grenelle, Paris.
www.franceloisirs.com

ISBN : 978-2-298-08582-2

Sommaire

Un autrefois au passé simple

par Gérard Boutet

L'étude du passé,
outre qu'elle est très intéressante, est nécessaire.
L'homme n'a pas le droit d'ignorer ce qu'il fut,
cela ne peut que l'aider à devenir
ce qu'il voudrait être.

Pierre-Valentin Berthier

« Regarde bien, mon gars. Le bonhomme en casquette que tu vois sur cette photo jaunie, c'était mon arrière-grand-père, le grand-père de mon père. Il ne sortait jamais des bois. Il n'était pas feignant, ça non, et pourtant il n'a pas laissé un gros héritage à ses neuf drôles. A la fin, il marchait cassé en deux, tant le travail lui avait brisé l'échine. C'était ainsi, dans le temps. On trimait dur, mais on ne s'enrichissait pas. »

Des bonshommes de cette silhouette-là, on en retrouve dans la plupart des familles dès qu'on remonte les générations. L'ouvrage était rude, c'est vrai, et rapportait moins d'écus que de courbatures. Bien content encore quand on ne manquait ni d'effets ni de pitance.

Aujourd'hui, les choses ont heureusement changé. On imagine mal ce que pouvait être l'existence journalière des gens de naguère, bien avant que la machine ne vienne améliorer leur condition. Souvent on naissait sans être vraiment désiré ; on grandissait comme une mauvaise herbe et sitôt les dix ans, avec plus de force en bras que de jugeote en ciboulot, on se louait pour gagner sa croûte loin des jupes rassurantes d'une mère trop occupée à torcher les puînés. On apprenait le boulot sur le tas, en regardant faire les anciens qui n'étaient pas avares en coups de pied au cul. On devenait arpète, ou commis, ou grouillot, le plus fréquemment dans le métier du père ou dans un emploi approchant. Avec un brin de chance on trouvait une bonne fille à marier au retour du régiment et l'on envisageait, une fois en ménage, de se mettre à son compte. Sinon, il fallait continuer de s'échiner pour un patron et ne plus perdre ses moments en de vaines rêvasseries de benêt.

Ils ne sont plus légion, ceux qui peuvent encore évoquer ces duretés qu'ils ont endurées. Les années ont coulé. Ils sont partis les uns après les autres, sans bruit, le plus simplement du monde. On ne remue pas ciel et terre lorsqu'un bonhomiot s'éteint. On s'attendait depuis longtemps à leur départ. Une belle fin, paisible et tout. Le décès d'un nonagénaire est moins un deuil que l'aboutissement logique d'un contrat bien honoré, parfois même une délivrance. N'empêche ! Avec eux ont disparu les derniers témoins d'une époque à jamais révolue. Et c'est bête de ne pas les avoir mieux écoutés quand il leur restait encore un peu de souffle et de raison.

Oh ! certes, ça ne date pas d'hier que les hommes meurent en emportant leurs secrets. Auparavant, on prenait néanmoins le loisir de parler entre soi, de regarder le savoir-faire de l'autre, de s'en inspirer au besoin. Les dires et les gestes se transmettaient de la sorte, de père à fils ou de compagnon à bricolin, en rebonds qui ricochaient depuis toujours. Les tonneliers et les sabotiers tenaient peut-être leurs façons de nos ancêtres les Gaulois, qui sait ? La parole et la manière s'échangeaient aux assemblées, aux louées, aux marchés, aux foires, aux veillées même, voire dans les cours communes – ces fichus droits de passage qui causaient autant de brouilles que de bonne entente. On discutait pendant l'attente à la forge, devant le pressoir ou l'alambic, chez le perruquier, derrière la charrette de l'Auvergnat. Il y avait encore les trois mots que les voituriers se lançaient durant la pissée des chevaux, la jacasserie des femmes au lavoir, le boniment des colporteurs, les retrouvailles bavardes aux cochonnailles, les repas de moisson, du battage, des vendanges. Autant d'occasions de se saluer, de s'enseigner quelques astuces, de trimer et de lichailler ensemble, de s'apprendre les nouvelles de la paroisse et les usages de la corporation. La vive voix était bien l'une des rares fortunes de nos aïeux.

Seulement, voilà : les rencontres, les métiers ou les occupations de saison, le village, le verbe même, tout se modifia radicalement à partir d'août 1914, quand les hommes durent quitter les champs de blé pour ceux des batailles. Dès lors, les assemblées ne furent plus courues et la mécanisation transforma les ateliers. Les familles d'un même voisinage ne se fréquentèrent plus guère et chacun s'évertua à ne pas gaspiller ses instants en parlote, puisque le temps valait désormais de l'argent. Et de nos jours, on s'écoute parler sans entendre ce que disent les autres. Un dialogue de sourds.

Ils ne sont pourtant pas à court d'anecdotes, les vieux de l'outre-besogne, quand un jeunot fait mine de prêter l'oreille à leurs souvenirs ! Ils se sont toujours montrés intarissables alors que je furetais dans leurs historiettes pour alimenter mon moulin à légendes. J'ai donc pris la route, la musette du chemineau en bandoulière, et je suis parti en glane de leurs témoignages. Il m'a fallu toquer aux portes des enseignes rouillées qui grincent et qui craquent comme les jointures des vieux artisans. Beaucoup d'huis ne se sont malheureusement pas entrebâillés. Le voisin me disait : « Vous arrivez trop tard, le pépère est mort l'hiver passé. – C'était le dernier de la contrée ? – Oui-da ! c'était le tout dernier. Il aurait été content de vous montrer comment il œuvrait, pour sûr ! »

Les vieux s'en vont, mais les jeunes ne restent pas. Quelques métiers d'hier existent encore, bien entendu, mais ils se sont tellement modernisés qu'on n'en reconnaît plus les anciennes façons.

Ici ou là, une méchante poussière blanchit les établis silencieux, tendus de toiles d'araignée. Nombre d'outillages finiront sur les panneaux d'un musée de sous-préfecture, tandis que l'oubli endormira les mémoires fatiguées. Tout cela sent déjà l'histoire ancienne. Dans quelques années, on s'émerveillera devant des tricoises sans savoir bien à quoi elles servaient. Car un bristol d'explication ne remplacera jamais la main calleuse d'un compagnon forgeron. Il manquera les odeurs de corne brûlée, le grésillement du fer rougi plongé dans la flotte, les senteurs mélangées du cuir graissé et du bois mordu par la gouge. Il manquera surtout la présence de l'homme.

Vous comprenez pourquoi nous avions à cœur de vous présenter ces gens d'un autre âge, pourquoi nous désirions tant recueillir leurs confidences. C'est à eux que nous devons notre patrimoine. Leurs doigts se font un peu gourds, leurs poignets sont quelquefois déformés par les rhumatismes, il arrive que leurs yeux ne distinguent plus très bien à travers d'épaisses lunettes ; mais va ! il suffit de les écouter pour voir revivre de solides gaillards pleins d'adresse et d'allant. Des hommes et des femmes qui, faut-il le rappeler, n'ont jamais empoché de confortables salaires malgré les efforts fournis.

Tout un monde que l'on pourrait surnommer, sans péjoration aucune, les « gagne-misère »...

MÉTIERS D'ATELIER

Feuilleter le journal constitue pour moi, chaque matin, un moment privilégié. C'est d'ailleurs dans les colonnes de l'un d'eux, *La République du Centre*, que j'ai commencé mon aventure d'écriture, longue glane de témoignages dont cet ouvrage constitue un florilège.

Donc, je parcourais mon journal habituel quand, l'autre jour, j'ai buté de l'œil contre l'annonce de l'ouverture prochaine d'un gigantesque magasin de bricolage, un de ces « HyperBricoCenter » qui poussent comme des champignons au pourtour des villes, entre les supermarchés à succursales multiples et les fast-foods américains. Rien à redire jusqu'ici, puisqu'on se doit de vivre avec son époque.

Mais où j'ai tiqué, c'est en poursuivant la lecture de l'articulet. J'ai appris ainsi que pour rendre hommage aux artisans d'autrefois, ces valeureux précurseurs de nos bricoleurs actuels, l'établissement en question proposait une exposition d'outils anciens, symboles de l'intelligence des mains et du patrimoine des anonymes – c'était rédigé en ces termes ! –, avec panneaux explicatifs et tout le toutim.

Les artisans d'autrefois, considérés comme les précurseurs de nos bricolos du dimanche ? La bonne blague ! Depuis, j'ai beau chercher ce qui pourrait unir les compagnons de la Belle Ouvrage à un tortilleur de clous, je n'arrive à rien. Le premier s'échinait la semaine durant dans un métier souvent très pénible, sans économiser ni ses heures ni ses efforts, pour le bien d'autrui, tandis que le second, aussi habile soit-il, n'essaie que de meubler ses loisirs, avec l'arrière-pensée d'installer son propre confort sans dépenser beaucoup.

Et les outils, parlons-en, des outils !

Fréquemment, les ouvriers de jadis fabriquaient eux-mêmes ce dont ils se servaient, unique façon d'obtenir la lame désirée, le manche répondant parfaitement à la main qui le saisirait ; mais au grand jamais aucun d'eux ne se serait approvisionné en camelote dans un quelconque bazar d'où n'importe qui peut emporter n'importe quoi.

L'esprit, enfin, n'avait rien de comparable. Nul artisan ne travaillait isolé dans son coin. Un bourrelier à la retraite me disait naguère que le forgeron, le charron, le tonnelier, le mécano, tous s'épaulaient d'un atelier à l'autre. Il n'était pas de jour que Pierre ne prêtât assistance à Jacques, à charge de rendu. La communauté artisanale d'un village fonctionnait sur l'entraide. On vante aujourd'hui la convivialité, sans mesurer tout à fait ce que le mot implique ; autrefois, personne ne tentait de définir ce qui faisait partie intégrante de la vie quotidienne, par ailleurs si dure.

Pour autant, il ne convient pas de verser dans une nostalgie passéiste. Les conditions de labeur étaient rudes, et l'existence ne réservait pas que d'heureux instants. On s'usait à la besogne, on vieillissait avant l'âge. Parvenu au bout du chemin, on était rarement plus riche qu'on ne l'avait été au départ. L'unique consolation, pour la plupart, était d'avoir acquis une incontestable maîtrise de leur art, à défaut d'en avoir approché la perfection.

Le forgeron et le maréchal-ferrant

De tout temps, l'artisan qui sut dompter le fer et le façonner à sa volonté fut craint et admiré des autres villageois. On lui accordait des pouvoirs surnaturels qu'il ne détenait pas toujours, pour ne point dire jamais. Mais son apparence et son travail forçaient la considération du commun des mortels. Il était robuste et de terrible poigne. Les outils qu'il maniait rappelaient confusément les masses et les tenailles dont se servaient jadis les gens de la géhenne. Comme eux il besognait dans un antre obscur où luisaient d'inquiétantes braises, comme eux il se plaisait dans les épaisses odeurs de corne brûlée et le fracas des métaux en torture. Tout à la fois Lucifer et Vulcain, il tenait le village sous son autorité et martelait la cadence de la vie rurale. Maître du fer et du feu, il l'était aussi des hommes. On disait qu'il apprivoisait la foudre et qu'il guérissait du haut mal. Il soignait les coliques des chevaux et arrachait les chicots des paysans à l'occasion. Dans sa nouvelle *Le diable en sabots*, ce vieil ensorceleur de Claude Seignolle nous dépeint un forgeron plus proche de l'enfer que de ce bas monde…

Allons donc, tout cela n'est que littérature de folkloriste ! Noé Vassort, pour sa part, n'a jamais prétendu jouer le moindre rôle dans quelque satanerie. Son unique souci fut de fournir du bel ouvrage, rien d'autre. Et il y est parvenu. Sans l'aide du Malin, Dieu soit loué ! mais seulement grâce à son courage et son habileté.

Son père, Vincent, était compagnon du tour de France. Il avait d'abord travaillé à Prénouvellon, dans le Loir-et-Cher ; son périple devait l'entraîner par la suite à Blois, puis à Nantes, La Rochelle, Bordeaux, Carcassonne, Montpellier, Marseille et Lyon. Sa dernière étape fut Donnery, dans le Loiret. La boucle était quasiment bouclée. C'est alors que son patron lui signala qu'une boutique était en manque de maître-gars à Cravant. Le maréchal y avait été estourbi par une jument agacée après une trop longue attente. Le drame s'était déroulé un dimanche matin. La veuve avait continué la pratique avec ses trois compagnons, mais elle cherchait maintenant acquéreur. Vincent reprit l'affaire ; il avait vingt-sept ans. Sa sœur l'aida jusqu'à ce qu'il se marie. Ce fut ensuite sa femme qui tint les pieds des chevaux.

Vincent fabriquait également des charrues roulantes, en bois. Une de ces charrues coûtait un franc et cinquante centimes avant la Grande Guerre. Son fils Noé lui prêta la main dès l'âge de treize ans, sitôt l'école finie. La forge forma deux apprentis et employa un compagnon.

Ce n'est pourtant point dans l'ombre de son père que le jeune Noé devint un forgeron digne de ce titre. A l'époque un gadouillot partait tâter du métier loin de la forge paternelle, afin de se familiariser avec d'autres méthodes que celles observées chez lui. Le garçon fut ainsi embauché par un maréchal de Guillonville, en Beauce.

Il débuta là-bas en touchant un salaire mensuel de trois cent soixante francs. Il était couché et bien nourri. Une bonne maison, vraiment. Les ouvriers travaillaient les six jours de la semaine, mais jamais le dimanche. Ils ferraient les chevaux, bien sûr ; ils embattaient aussi les roues des voitures assemblées par le charron. Un apprentissage durait trois ans : deux pour connaître l'ouvrage et le dernier pour dédommager le patron de son enseignement.

La besogne était rude pour un arpète, mais celui-ci y trouvait malgré tout quelques petites compensations. Ainsi, chaque dimanche matin, Noé devait-il ranger les outils et balayer la forge. Rien de bien passionnant certes. Sinon qu'il en profitait pour ramasser les rognures de corne. Un chiffonnier les lui achetait comme fertilisant. Six cents kilos en moyenne par année. Une jolie gratte réservée par tradition au commis. De quoi assurer son argent de poche.

On ferrait les chevaux dès le lever du jour. Un 22 juillet, en pleine moisson, on s'échinait à cercler quatre roues de tombereau, toutes les attelées étant en plaine, lorsqu'un orage éclata soudain sur la contrée. Une sacrée averse, dit Noé qui s'y connaît en déluge. Les charretiers profitèrent de cet intermède fâcheux pour amener leurs canassons au ferrage. Dix-huit chevaux piaffaient devant la forge : soixante-douze pieds à se partager entre deux compagnons ! Le soir on ne sentait plus ses bras. Il fallut pourtant se remettre au boulot dès cinq heures le lendemain matin, comme d'habitude. Le patron se montrait néanmoins bougrement fier de notre Noé, à qui il glissa une pièce de cent sous en pourboire.

De sa jeunesse, notre forgeron ne regretta qu'une chose : ne pas avoir suivi le tour de France comme l'avait fait son père. Mais les événements en décidèrent autrement. Vincent Vassort tomba malade et son fils Noé dut prendre sa succession en avril 1933. Puis il se maria à son tour. Avec la couturière d'un village voisin. Lorsqu'il demanda la main de sa promise, le père de celle-ci lui répondit : « Je te l'accorde volontiers mais à la condition que ma fille ne tienne jamais le pied des chevaux comme j'ai vu ta mère le faire trop souvent ! » Noé promit et tint serment. Du premier regard on devine qu'il ne transige jamais sur la parole donnée, à la forge comme dans la vie.

On confondait indistinctement le forgeron avec le maréchal-ferrant dans les villages d'autrefois, pour la bonne raison que le même artisan assurait aussi bien les travaux de forge que le ferrage des chevaux. Il fabriquait les outils aratoires et les réparait. Noé vendait également du charbon qu'il recevait en gare de Beaugency.

Son premier geste de la journée était d'endosser ses bleus de travail qu'il protégeait, manches retroussées, sous un épais tablier de cuir cousu par le bourrelier. Cette cuirasse, il ne la quittait que pour se rendre à la soupe. Elle le garantissait des ruades. Il en relevait la bavette lorsqu'il martelait le fer sur l'enclume, pour ne point se brûler aux giclées des battitures.

Il allumait la forge dès son arrivée dans l'atelier. Une poignée de vieux chiffons, de papier ou de paille faisait l'affaire. Il tirait le soufflet et les braises rougeoyaient déjà en crépitant. Il chargeait le fourneau d'une pelletée de boulets que les fournisseurs d'Orléans et de Châteaudun lui livraient directement. Ce charbon de terre n'était pas le même que celui qu'il vendait à la clientèle. Régulièrement le forgeron curait son fourneau ; il en retirait des mottes de mâchefer qu'il dispersait dans les ornières des chemins. En d'autres endroits, ces scories de houille maréchale étaient emportées par les briquetiers.

Un village de l'entre-deux-guerres comptait de deux à quatre cents chevaux, selon son importance et les cultures qu'on y faisait. La demande de ferrage ne variait guère d'une saison à l'autre. C'était pourtant l'hiver que les chevaux revenaient le plus fréquemment, quand les paysans partaient au loin pour rapporter de lourdes voiturées de bois. Noé se souvient avoir ferré un bourrin le lundi et le samedi d'une même semaine, tant l'animal avait traîné les pattes sur les routes pierreuses de la forêt. En général, une ferrure tenait un bon mois.

Beaucoup de maréchaux ne se consacraient aux chevaux que dans l'avant-midi, se réservant le tantôt à la réparation des outils. Ils ne ferraient toute la journée qu'en temps de bousculade. Le labeur était éreintant et la forge donnait soif. Les gens de métier avaient la réputation d'être de robustes gaillards qui se plaisaient à boire le coup. Les charretiers se pointaient à la première heure et souvent, on voyait une dizaine de chevaux qui trépignaient devant la boutique.

Le forgeron ne jetait rien, mais récupérait tout. Les fers neufs, il les forgeait lui-même en reprenant les anciens. Deux vieux fers en donnaient un nouveau. On les rendoublait l'un dans l'autre en un « lopin » que l'on allongeait ensuite en deux chaudes. C'était souvent la tâche des apprentis dans les forges importantes. L'un chauffait à blanc les fers usagés, l'autre les menait en corroyage et le troisième les frappait. Les ferretiers du « meneur » et du « frappeur » devaient se répondre. Les trous étaient ensuite percés à l'étampe.

Mais il arrivait qu'on manquât de vieux fers. Alors le maréchal était contraint d'acheter des barres, coupées à la bonne dimension, qu'il n'avait plus qu'à tourner : les « guildins ».

Le ferrage était une opération compliquée et dangereuse. Chez Noé, nous savons pourquoi le client tenait les pâturons de son propre cheval. Le plus difficile consistait à ferrer les pieds de devant qu'il fallait maintenir pliés à l'aide d'une courroie passée dans le crochet du collier. Le ferrage des sabots de derrière était relativement plus facile. Le « teneur » s'accotait contre la fesse de la bête, bien d'aplomb sur ses jambes écartées, et soulevait le pied avec la courroie enroulée sur ses mains. Le maréchal travaillait constamment courbé, sa « boîte à ferrer » à portée de main ; il se serrait parfois les reins dans une ceinture de flanelle, sur la chemise, pour mieux résister aux courbatures.

La simple longe attachée à un anneau du mur ne suffisait pas toujours à immobiliser un cheval. On le maîtrisait alors avec le serre-nez, long bâton terminé par une boucle de corde que l'on vrillait dès que l'animal renâclait. Quand une carne semblait par trop récalcitrante, on la poussait dans une sorte de cage – le « travail » – fabriquée à cet effet par le charron. Ainsi emprisonnée, la rosse n'était plus à craindre.

Tout d'abord le maréchal débrochait le fer usagé et l'arrachait avec les tricoises, puis il éliminait l'excédent de corne à l'aide d'une lame appelée « rogne-pied » et d'une mailloche. Il nettoyait aussi le dessous du sabot à la rénette et en râpait les côtés. Le maréchal disait qu'il « parait ». Un pied de devant était posé sur un trépied : la « biquette » ; un de derrière, relevé à la courroie.

Le fer chauffait entre-temps sous le charbon ravivé au soufflet. Le maréchal ne le présentait que lorsqu'il virait au rouge sombre. C'était l'ajustage. Il fallait faire vite de façon que le fer égalise la sole sans en brûler la corne. Au besoin on le corrigeait sur l'enclume pour qu'il « porte » bien. Enfin on l'appliquait. « Certains maréchaux taillaient la muraille du sabot à la forme du fer, raconte Noé. C'était une tricherie de piètre ouvrier ! »

Le fer refroidi et mis en place, le brochage suivait aussitôt. Les clous à tête carrée étaient enfoncés dans la corne qu'ils transperçaient. Le maréchal en coupait la pointe avec ses tenailles, puis les « dégorgeait », c'est-à-dire qu'il encochait le sabot pour que l'extrémité des clous, repliée au brochoir, ne dépasse point. Un coup de lime fignolait le boulot et donnait le « fil d'argent ». La main ne devait pas sentir le clou à la caresse du sabot. Un cheval qu'on piquait malencontreusement au brochage était une bête qui souffrait et qui rechignait à tirer. Le maréchal retirait le clou immédiatement lorsqu'un peu de sang perlait. Le sabot sécrétait parfois du pus et le cheval boitait, ce qui ne grandissait point la renommée de l'artisan.

Le ferrage d'un pied nécessitait une vingtaine de minutes. On ferrait en principe les pieds deux à deux pour ne pas déséquilibrer la marche du cheval. Souvent on changeait les quatre fers à la fois. Le forgeron regardait toujours s'éloigner l'animal qu'il venait de ferrer, comme pour se convaincre, en suivant son encensement régulier, qu'il n'avait point salopé l'ouvrage.

Mme Claudette Louchart, de La Chaussée-Saint-Victor, est la fille de Noé Vassort. Elle nous a envoyé un témoignage plein d'émotion, dont nous reproduisons ci-après les principales lignes :

La femme du forgeron

On ne mentionne pas assez souvent l'appoint irremplaçable de la femme du forgeron. Elle était l'aide efficace toujours présente au bon moment. J'ai vu ma grand-mère finir ses jours complètement cassée en deux après avoir tant tenu les pieds des chevaux.

« Un progrès fut réalisé à la génération suivante. Ma mère « amouchait » seulement, c'est-à-dire qu'elle chassait les mouches qui, l'été, agaçaient les chevaux. C'était elle aussi qui accueillait la clientèle, qui offrait ses services et qui rendait les contacts plus faciles. Aux moments de presse, quand le vétérinaire venait castrer les chevaux et que le travail ne devait pas attendre, c'était encore elle qui lavait à grands seaux d'eau le ciment taché de flaques sanglantes, pour éloigner les mouches et maintenir la propreté de la forge ; elle qui aidait mon père à faire ses comptes ; elle, enfin, qui osait aller relancer les clients oublieux. Elle était en quelque sorte l'âme de la maison, de la boutique, tributaire de la besogne qui seule commandait. Et quand la journée s'allongeait plus que de raison, elle avait la patience d'attendre et de présenter le repas au moment voulu pour le partager avec son mari. Le travail de l'homme et celui de sa femme se complétaient en un tout indissociable.

Qui donc encore briquait régulièrement les vitres de la forge ? Qui devait rester à la maison pour répondre aux clients quand le maréchal partait en dépannage dans les champs ? Qui balayait la corne et le crottin pour laisser une cour impeccable ? Qui devenait infirmière de première urgence quand une brûlure ou une coupure cassaient l'élan de l'ouvrier pendant quelques instants, et ce n'était pas rare ?... Tout cela n'était ni spectaculaire ni rentable, mais ma mère l'accomplissait avec tout son cœur et son énergie sans jamais rien perdre de sa bonne humeur.

Notre correspondante ajoute par ailleurs :

Un grand merci pour ne pas avoir oublié de mentionner que Noé, quand il avait fini de ferrer un canasson, prenait le temps de regarder son travail pour s'assurer que rien ne clochait. En effet je l'ai vu bien des fois faire le tour de l'animal pour voir s'il pouvait le laisser partir, si tout était bien fait.

La constante voulait qu'un fer déborde légèrement à l'extérieur pour mieux accrocher au sol, mais qu'il arase le sabot à l'intérieur pour ne point blesser les pâturons. Cela respecté, on relevait différentes techniques de ferrages en fonction de l'emploi des chevaux. Une bête de selle par exemple était pourvue de fers rainés, ceux de derrière ayant chacun deux pinçons. Par temps d'épaisse neige, on ferrait à glace un cheval de trait pour éviter les embardées : le maréchal laissait alors la tête des caboches dépasser de la semelle (dans la cavalerie on vissait des crampons aux fers). Mais le ferrage à glace restait peu courant dans les campagnes car les limoniers ne sortaient guère de l'écurie par verglas. Seuls les voituriers et les laitiers y avaient recours. Durant l'hiver 1933, Noé fut requis par la laiterie de Villorceau pour équiper ainsi ses seize chevaux. Notre bonhomme dut se lever à deux heures du matin et parcourir une lieue à pied, dans le froid, avec sa musette de fers qui lui battait les reins.

Et puis il n'y avait pas que les chevaux à s'occuper : il fallait encore ferrer les ânes et les bœufs de labour !

Des ânes, le village en possédait bien une cinquantaine dans les années 1920. Le mardi, jour de marché, on en voyait une ribambelle attachée aux grilles de l'école pendant que les femmes discutaient le bout de gras sur la place. C'était l'apprenti qui fabriquait leurs ferrures. Un fer à cheval coupé par moitié donnait deux fers à bourricot. On ne peinait pas plus à chausser un baudet qu'un bidet, mais on s'en méfiait autant car certains ânes avaient une vraie tête de mule !

Les bœufs n'apparurent que pendant l'Occupation, en remplacement des chevaux réquisitionnés par les Allemands. Noé ne savait point comment s'y prendre pour les ferrer. Rien de commun avec les chevaux : ni le pied, ni le fer, ni même les clous. Il partit à Beaugency et regarda faire un collègue. C'était un travail ingrat et délicat parce que le bœuf n'a que peu de corne. S'il marche de travers, on ne chausse que les onglons extérieurs des pieds de devant, ceux de derrière étant bien sûr ferrés complètement… Par bonheur la guerre prit fin et les canassons revinrent.

La charrue après les bœufs

Les bœufs sont apparus en Beauce bien avant l'Occupation ; nombreuses fermes de la région d'Artenay, d'Outarville et de Bazoches-les-Gallerandes, avaient déjà de très belles attelées dès 1925. J'y travaillais alors. On s'en servait beaucoup pour les gros labours d'hiver et pour enterrer les fumiers. Il n'était pas rare de voir trois paires de bœufs devant un brabant « Fondeur » de 250 kilos. Ça n'allait bien sûr pas vite, mais le résultat était remarquable. Des raies droites comme un I. Les charretiers que nous étions avaient plaisir d'admirer le labour des bouviers, en passant le dimanche.

(Lettre de Georges Pohu, de Janville.)

On sollicitait encore le maréchal pour « surcouer » les poulains de deux ans, destinés au trait, qu'il convenait en effet de courtauder afin de faciliter le passage du culeron au harnachement. On entravait solidement l'animal et l'on dégageait la base de sa queue en cisaillant les poils de la croupe. L'appendice vertébral était sectionné d'un coup sec à l'aide de pinces tranchantes nommées « coupe-queue ». Avant même que la bête mutilée hennisse de douleur, le forgeron brûlait déjà la plaie au fer rouge. Le moignon ne devait mesurer qu'une dizaine de centimètres.

Un habile maréchal prenait soin de n'ablater qu'à la jointure de deux vertèbres, sinon il lui fallait gratter la blessure et faire tomber les débris d'os. Une croûte épaisse se formait bientôt et la plaie se cicatrisait lentement. Quelquefois hélas, les asticots s'y mettaient. On appelait alors le vétérinaire qui, après avoir enlevé le « galon », cautérisait l'escarre avec un crayon de nitrate d'argent. Plusieurs poulains étant crevés d'une infection due au surcouage, on prit plus tard la précaution de piquer les bêtes au sérum antitétanique... Quand le client ne l'emportait pas comme trophée, le panache de crin était vendu par le maréchal au marchand de peaux de lapin.

La maréchalerie, si elle occupait la majeure partie de son temps, ne constituait cependant pas le seul travail de l'artisan. Car ce dernier se tuait aussi en mille travaux de forge. Il battait le fer à tour de bras et son marteau rebondissait sans cesse sur l'enclume pour façonner cinquante pièces et plus, les unes minuscules comme les engrois de faux, les autres énormes comme les pentures d'une porte de grange. Il effilait les coutres et les socs, aiguisait les curettes et les pioches, réappointait les pics et les sarcloirs. Il fendait les jantes des tombereaux démolis et les redressait en chaînages de maçonnerie. Il se faisait encore rémouleur et serrurier, au besoin il aidait le charron à châtrer les roues de voiture. Et durant toute l'année il réparait les outils agricoles au rythme des saisons qui les usaient : les herbières et les javeleuses en mai, les faucheuses-lieuses en juin, les brabants et les herses de l'automne au printemps...

La maréchalerie était aussi un lieu de rencontre où l'on attendait son tour, parfois, pendant plusieurs heures. C'est probablement pourquoi certaines forges se doublaient d'une salle de café. Ainsi chez les Siguret, à Beaugency.

Le village de Noé faisait vivre alors quatre maréchaux. Chaque forge, outre ses bruits de martelage et son odeur de corne brûlée, se signalait souvent par un « bouquet de saint Eloi » qui lui servait d'enseigne. Il s'agissait d'une composition de fers encadrant une panoplie de mailloches et de rogne-pieds périmés. Le fèvre saint Eloi, faut-il le mentionner ? était le patron de la corporation. On le fêtait le premier jour de décembre. Un compagnon accrochait une faveur à l'entrée de la forge, tandis que le patron déboursait une pièce. En d'autres endroits, on banquetait.

C'est le bouquet !

L'ami André Gilbert, plus connu dans les environs de Bucy-Saint-Liphard sous le diminutif de Dédé, revient sur le bouquet de saint Eloi, cher aux forgerons de jadis :

Quiconque connaît les traditions des maréchaux du tour de France, sait que le bouquet de saint Eloi était le travail exceptionnel exécuté par un candidat pour sa réception comme compagnon accompli.

Le nombre de fers qui composaient ce bouquet était variable mais en principe, il y en avait cinquante-quatre différents pour une même dimension de pied. Ils étaient entièrement forgés au marteau, sans marque ni lune, en deux passes : c'est-à-dire en n'étant chauffés que deux fois. L'ensemble se faisait sous le contrôle de la cayenne. Installé, le compagnon exposait son œuvre d'art.

Une telle enseigne fut scellée à Villermain, au-dessus de la porte à Nouel : c'était celle de son père. Une autre se trouvait il y a quelques années vers Saint-Jean-le-Blanc ou Ménestreau. Le musée de Châteaudun en possède une.

Dédé ajoute qu'il est le fils d'un ancien du tour de France qui se nommait Guépin-la-Belle-Union. *Cela signifiait Orléanais-pour-l'Unité,* précise notre correspondant. *Chaque compagnon avait, dans son nom, son lieu d'origine et sa qualité principale. J'essaie de ne pas trahir l'héritage paternel et je salue les maréchaux qui existent encore en poussant le cri de ralliement du 1er décembre : vive la Saint-Eloi !*

Un maréchal devait besogner durement pour tout juste gagner son pain, du fait de la concurrence. Un ferrage de quatre pieds coûtait quarante-huit sous en 1910 ; un paysan en payait trois avec un quintal de blé. « On n'était pas récompensé en proportion du mal que l'on se donnait », dit Noé. D'autant que les fermiers ne réglaient leurs dettes qu'une fois l'an, généralement en janvier. Les comptes traînaient parfois jusqu'en mars. Et puis il y avait les mauvais clients, ceux qui ne lâchaient leur debet que lorsqu'on les menaçait de l'huissier, des gens qu'on ne revoyait plus…

Tout a changé depuis que les tracteurs ont refoulé les chevaux de peine au rang des attelages de l'Antiquité. Aujourd'hui le maréchal est devenu le dépositaire d'une grosse marque de matériel agricole, ou serrurier, ou ferronnier. Le père de Noé avait déjà fourré le doigt dans l'engrenage quand, à la veille de la Grande Guerre, il s'était mis en tête de vendre les faucheuses américaines que lui fournissait un représentant d'Ouzouer-le-Marché. Mais en ce temps-là, une forge demeurait encore la boutique où les paysans des environs aimaient se rencontrer et bavarder en attendant leur tour de ferrage. Le feu y rougissait la ferraille pendant que les retrouvailles y réchauffaient le cœur des hommes. C'est tout juste si l'on se salue de nos jours entre habitants d'un même hameau !

Et surtout, la mode de maintenant prône le gaspillage effréné. Ça, Noé Vassort, l'héritier du compagnon Vincent, ne pourra jamais l'admettre. A son époque, on reforgeait deux vieux fers ensemble pour en faire un neuf. Ce n'était pas de la pingrerie, oh non ! seulement la sagesse d'une profonde modestie.

Rencontre de l'été 1983.

Le bourrelier-matelassier

Le jeune Robert gardait les vaches depuis un an, sitôt sorti de l'école, quand le bourrelier de Villermain s'en vint trouver son père, domestique dans les fermes de Poisly. « Ton gars va sur ses quatorze ans, lui dit-il, et il ferait bien d'apprendre un bon métier. Avec ton accord, il pourrait devenir mon compagnon. » C'est ainsi que Robert entra dans la profession. Il resta pendant trois ans au service du bourrelier de Villermain, puis il se perfectionna à Vendôme durant deux autres années. C'est enfin en 1930 qu'il s'installa à son compte dans un atelier sis rue Jacques-Bizeray, à Mer.

Il y avait alors trois bourreliers sur la place, ce qui n'était point trop pour entretenir les nombreux attelages du canton. Aucun ne courait après le travail car les commandes arrivaient d'elles-mêmes. Il paraît que la ville, dans les temps anciens, avait compté jusqu'à cinq bourreliers qui, jamais, ne s'étaient plaints d'une quelconque concurrence.

L'ouvrage ne manquait donc pas entre les harnais à créer et les harnachements à ravauder. De plus, le travail n'était point pénible et cela mérite d'être noté en une époque où l'on mouillait plus facilement sa chemise qu'on ne remplissait son porte-monnaie.

Le premier emploi d'un apprenti consistait à poisser le fil de chanvre qu'on recevait en pelote. On détaillait ce « lignoux » en longueurs de deux brasses environ, soit un peu plus de trois mètres, la valeur d'une aiguillée idéale. On engluait le fil en le tirant sur son genou dans un morceau de cuir plié contenant une noisette de poix, puis on le lissait avec un chiffon de façon qu'il glisse bien à la couture. On tortillait ensemble deux, trois ou quatre brins selon la résistance désirée ; on appointait le cordonnet obtenu et on enfilait une aiguille à chacun de ses bouts pour permettre une couture croisée. Le bourrelier maintenait son cuir avec de longues pinces en bois, sur lesquelles il s'asseyait, après avoir percé les avant-trous à l'alêne. Il se protégeait parfois les paumes sous un gantelet appelé « manique ». Le manche arrondi d'une alêne, en buis, servait au besoin à enfoncer l'aiguille.

Outre les alênes et les aiguilles, l'outillage du bourrelier se composait de tranchets, de couteaux à pied pour amincir le cuir, de couteaux mécaniques (avec réglette graduée serrée par une vis) pour découper les peaux en bandes régulières, d'un compas pour mesurer, d'un marteau, de pinces, de ciseaux et de tenailles. On retrouvait évidemment la plupart de ces outils chez le cordonnier, l'autre travailleur du cuir dans le village. Le tranchant des lames était soigneusement effilé sur une pierre à huile. Par précaution élémentaire, le bourrelier fichait ses alênes et ses aiguilles dans un coussin accroché au mur, près de son veilloir, et dont le dessin représentait souvent un cœur.

On achetait le cuir de bourrellerie à Orléans, à Limoges ou à Blois. Les tanneurs le livraient en demi-peaux roulées qu'il fallait redresser dès réception. On distinguait le dosset – le dessus des reins, le meilleur choix – des flancs, de moindre qualité. Une demi-peau devait toujours se prolonger d'un bout de queue, preuve de l'intégralité de son dosset. Le cuir était rainé au poinçon et à la règle avant d'être découpé au couteau à pied.

On prélevait les sangles et les traits du harnais, ainsi que toute autre pièce soumise à rude effort, dans le cuir épais des bœufs. En revanche les colliers, éléments plus raffinés, étaient quelquefois taillés dans le cuir souple des moutons. On se procurait les arceaux, le gland en nickel des colliers, les attelles, toutes parties de bois ou de métal, auprès des fournisseurs en bourrellerie. Ces derniers vendaient également, au poids, des sacs de bourre – poils de chèvre ou filasse de chanvre – avec laquelle on garnissait les colliers et les panneaux de selle.

Le bourrelier confectionnait les harnais à la demande, les formes et les tailles variant en fonction des goûts du paysan, du gabarit des chevaux et de leur rang dans l'attelage. L'artisan devait examiner l'animal et mesurer son encolure avant de réaliser le collier. Il évaluait la largeur de la selle en pouces. La tâche se trouvait considérablement simplifiée lorsqu'il n'avait qu'à renouveler l'équipement d'une bête de somme : il suffisait alors de se reporter aux dimensions du harnais à remplacer. Certains clients fortunés d'autrefois demandaient des décorations particulières sur les œillères ; il s'agissait le plus souvent de leurs initiales ou de fantaisies découpées dans une plaque de cuivre.

A la belle saison, du mois d'avril au début de la moisson, le bourrelier verrouillait son atelier et s'en allait « rhabiller » les chevaux de sa clientèle. Dans sa carriole, il rangeait ses outils, ses pinceaux, ses bidons d'huile, et il partait dès potron-jaquet accomplir sa tournée des écuries. La bonne lui servait à déjeuner quand il arrivait à la ferme. Il travaillait jusqu'à midi, mangeait le pot au cochon avec les charretiers, se remettait à l'ouvrage jusqu'au soir et ne rentrait qu'après le souper. Il était de coutume qu'un fermier nourrisse l'homme et son cheval quand le bourrelier venait entretenir les harnais à domicile. Dans les bonnes maisons, la patronne lui laissait même une bouteille de vin à portée de la main.

De l'aube jusqu'au crépuscule, celui qu'on surnommait le « marquis de la croupière » brossait les licous, grattait les sous-ventrières, nettoyait les martingales, raclait les dossières, vérifiait la solidité des surfaix, graissait les brides, huilait les sellettes... La bonne tenue des attelages de la contrée dépendait de cette visite annuelle.

Le bourrelier ne rouvrait son atelier que lorsque les charretiers entamaient la moisson. Il réparait alors les toiles des faucheuses-lieuses, les courroies des machines à battre, puis il s'attaquait aux travaux de literie.

Les « bourriers » d'autrefois

Ils ont complètement disparu de notre région. Quand j'étais encore assez jeune, il y en avait dans presque tous les villages des environs. Quelquefois, même deux. Maintenant ils ont tous abandonné – par la force des choses, naturellement. Ils n'avaient plus d'ouvrage.

Et pourtant, quand il restait encore des chevaux, le travail ne leur manquait pas. Dès le début du mois de mai, ils faisaient le tour de toutes les fermes des environs. Je me souviens que lorsqu'ils n'avaient pas encore de camionnette pour transporter leur matériel, il fallait aller les chercher avec une voiture à cheval. Je me souviens aussi quand l'un d'eux arrivait. Il s'installait dans une grange ou dans l'écurie. Il commençait toujours par préparer du fil poissé. Il attachait une boucle dans la porte, puis son fil, et pendant un moment il passait et repassait ce fil sur un morceau de poix.

Quand c'était terminé, il commençait sa revue : les sous-ventrières, les dossières, les avaloires, les longes, les selles. Le collier qui blessait l'animal aux épaules, il le renfonçait en pinçant l'endroit défectueux ; il élargissait un garrot à l'encolure de la bête, ajustait une genouillère à un cheval couronné. Il huilait ensuite tous les harnais et les disposait sur de vieux tréteaux pour qu'ils sèchent le plus vite possible. Les charretiers lui demandaient un litre ou deux d'huile pour graisser leurs souliers. Puis on rechargeait son matériel dans une carriole et un gars de la ferme le conduisait un peu plus loin. Epoque révolue dont il ne me reste que le souvenir...

(Lettre de Jules Fourniguet, d'Aschères-le-Marché).

Les sommiers et les matelas faisaient tous la même longueur : cent quatre-vingt-dix centimètres, mais leur largeur différait. Les dimensions courantes étaient de quatre-vingt-dix centimètres pour une place et de cent quarante pour deux. On retranchait un centimètre de chaque côté afin de faciliter l'emboîtement du sommier et du matelas dans le bois du lit. Rares étaient ceux qui achetaient des sommiers métalliques.

Pour confectionner un matelas, il fallait d'abord foncer de toile un châssis, le « métier », qui correspondait aux proportions voulues. On répartissait sur cette toile une épaisseur de laine soigneusement cardée, puis une autre de crin, enfin une troisième de laine. On refermait le tout d'un dessus de toile et l'on cousait ensemble, sur les rives et sur les bouts, la couverture et le fond. Il ne restait plus qu'à piquer le matelas pour empêcher la laine et le crin de pocher dans leur enveloppe. Les débords de chaque piqûre se nouaient en pompons, cela pour éviter que la toile ne se déchire.

Un bon matelas durait cinq à six ans sans se détériorer ni se tasser. Robert Langlois, de Montigny-sur-Avre, nous dit, pour l'avoir souvent fait, que les bourreliers-matelassiers de Beauce allaient également réviser les literies de ferme en ferme, comme ils procédaient pour l'entretien des harnais. On décousait la toile des matelas fatigués ; on la changeait quand elle était souillée ou moisie. Puis on retirait la laine et le crin que l'on rénovait à la cardeuse. Le remontage s'effectuait selon la méthode précédente.

L'assemblage d'un sommier était un ouvrage plus long et plus compliqué. On construisait d'abord un cadre, la « caisse » avec des planches de bois blanc fournies par le menuisier. On fixait sur ce cadre six traverses sur lesquelles on clouait les ressorts. Trente pour un sommier de quatre-vingt-dix, quarante-deux pour un de cent quarante. Puis on « guindait » ces ressorts, pour les maintenir en position, avec un entrecroisement de cordes reliées au bâti par des cavaliers. Huit cordes devaient se croiser sur la tête de chaque boudin.

On recouvrait les ressorts dûment cordés en tendant une toile de jute. Un bourrelet de crin végétal ou en paille de seigle, cousu en bordure de cette toile, adoucissait le saillant des arêtes supérieures de la caisse. L'espace intérieur délimité par le bourrelet était comblé d'étoupe, puis caché sous un parement de coutil cloué sur les flancs du cadre. On tapissait enfin le dessous du sommier avec une toile fantaisie.

Il arrivait parfois qu'un ressort casse à l'usage. Le matelassier devait alors démanteler complètement le sommier pour le remplacer. Un telle réparation lui demandait presque autant de travail que l'assemblage d'un sommier neuf.

Mme Gauchet accueillait la clientèle dans la boutique qui jouxtait l'atelier. Quelques voisins venaient parfois apporter divers bricolages, des coutures de sacoches à reprendre ou des boucles de ceinturons à rafistoler. Des riens, quoi...

Les bourreliers célébraient la Saint-Eloi comme les maréchaux. Ici on dansait, là on gueuletonnait. Oh ! pas de grandes fêtes bien sûr, puisque le métier n'a jamais enrichi ceux qui le pratiquaient. Les colliers et les selles étaient vendus à un prix forfaitaire ; les harnais, selon le poids de cuir employé. Le bourrelier présentait ses factures en fin d'année, mais il devait quelquefois patienter longtemps avant d'être payé de ses peines. Il connaissait son monde. D'aucuns lui disaient : « On ne se dérange pas. Tu passeras à la maison quand tu voudras ton argent. » Tout se déroulait bien dans certaines maisons ; dans d'autres il ne trouvait jamais personne lorsqu'il frappait à la porte.

Les chevaux ont disparu avec l'évolution de l'agriculture. Tout comme le charron et le maréchal-ferrant, le bourrelier a dû s'adapter. Il est devenu maroquinier ou tapissier.

Robert Gauchet, quant à lui, a développé ses activités de matelassier. « Mais j'aime toujours les chevaux, jure-t-il avec sincérité. Tenez : quand le facteur me propose ses calendriers en début d'année, je ne choisis que celui qui montre un bon vieux percheron ! »

C'est une preuve irréfutable, assurément.

Rencontre de l'été 1983.

Le charron

Le jour où Chapon-l'Ancien surprit Chapon-le-Jeune, son fils qui lui succédait à la charronnerie de Sougy, occupé à adapter des roues à pneus – des roues à pneus, sapristi ! – sur un tombereau à cheval, le pauvre vieux ne put s'empêcher de hausser ses épaules fatiguées. Il prit un air consterné et il marmotta entre ses dents : « C'est la fin du métier ! »

Voilà ce qu'on m'a raconté là-bas, du côté d'Orgères-en-Beauce. Cela devait se passer au lendemain de la dernière guerre, en 1945. Chapon-le-Jeune s'éteignit à presque quatre-vingt-dix ans, il n'y a pas si longtemps. Autant dire que cette histoire ne date pas d'hier. Or à l'époque, Louis Métreau commettait la même hérésie pour satisfaire au progrès : lui aussi, dans son atelier de Sologne, adaptait des roues à pneus sur les tombereaux à cheval. C'était l'évolution de la paysannerie qui voulait ça, le modernisme. Et il s'agissait bel et bien de la mort du charronnage traditionnel, Chapon-l'Ancien ne s'y trompait pas. En un rien de temps, les faiseurs de voitures en bois allaient oublier les gestes et les façons d'autrefois pour ne se consacrer qu'à la construction des remorques métalliques, désormais indispensables à l'agriculture en pleine mutation.

Le charron cédait la place au carrossier-tôlier.

Quelques irréductibles se reconvertirent néanmoins dans la menuiserie afin de continuer à faire ce qu'ils avaient appris, c'est-à-dire travailler le bois. Mais quoique ça, une page de l'artisanat rural était définitivement tournée…

Jadis, les charrons appartenaient à la louable corporation des « entrepreneurs de carrosses, coches, chariots, litières, brancards, calèches et autres attirails » dont l'art consistait à ne confectionner des « moyeux, roues, gentes, esseaux que de bon bois de chesne, orme, haistre, charme ou tilleaux ». On les disait aussi embardeurs de roues, rodiers ou royers. Ils vénéraient sainte Catherine, la bienheureuse qui fut martyrisée sur une roue, et saint Joseph par accointance avec les charpentiers. Après quatre années d'apprentissage, ils restaient quatre autres années en compagnonnage, à courir de province en province pour améliorer leur savoir-faire.

Louis Métreau ne suivit point chemin différent. « J'étais l'avant-dernier d'une maisonnée de neuf garçons qui, tous, exercèrent le métier de charron, les uns après les autres, dit-il crânement. Du début du dix-septième siècle à moi-même, les registres paroissiaux en font foi, les Métreau n'ont jamais pratiqué d'autre profession. Notre famille est certainement l'une des plus vieilles souches de Nouan-le-Fuzelier. » D'antan en effet, les longues lignées de charrons n'étaient pas rares tant le métier se fondait dans une tradition familiale.

En cette sombre année 1914, Louis a douze ans, un certificat d'études tout frais et de la bonne volonté à recéder. Son père le case comme bricolin dans une ligoterie des alentours, pour l'endurcir à la vie. Il n'en bougera pas pendant six mois, jusqu'à ce que la guerre soit déclarée. A la mobilisation de ses fils aînés, le père se retrouve seul dans son atelier ; il ne suffit plus à l'ouvrage. Il rappelle donc son fiston auprès de lui.

« Avec quatre de ses enfants au front, se souvient Louis, ma mère ne souriait pas souvent. C'était triste à la maison. Moi, j'aidais mon père du mieux que je pouvais. Je parvenais déjà à me débrouiller, à façonner une roue de brouette, à chicoter, quoi ! Le peu que je faisais, c'était toujours ça de gagné. »

De la sorte, Louis demeura dans l'atelier paternel, un des rares à n'être pas fermés dans les environs, pendant toute la durée de la guerre. Ce fut son apprentissage.

Les campagnes d'alors avaient perdu la plupart de leurs hommes dès les premiers jours d'août. Les artisans manquaient dans les villages. Plus de bourreliers, plus de maréchaux-ferrants, plus de tonneliers. Les boutiques attendaient le retour des soldats derrière leurs contrevents accrochés. Plus de charrons à Pierrefitte. Ni à Lamotte, ni à Salbris. Le travail affluait de partout chez les Métreau qui n'en pouvaient mais. C'était le débordement permanent. « Nous étions loin de contenter tout le monde, reconnaît Louis, car nous ne disposions d'aucune machine à ce moment-là. On fabriquait à la main, pas moyen de procéder autrement. Ce n'était pas la force qui nous manquait, encore moins le courage, mais c'était le temps ! On avait beau se mettre en quatre, les journées ne se composaient toujours que de vingt-quatre heures. »

Quand la guerre s'acheva et que les frères furent rentrés au pays, enfin le père Métreau s'inquiéta vraiment de l'avenir de son petit Louis. Comme le bonhomme était fidèle à son passé de Devoirant, il rédigea une lettre de recommandation à l'adresse de la mère des compagnons de tours et il envoya son gamin sur les routes. Pour Louis, âgé de seize ans seulement, commençait la grande aventure du « tour de France par un enfant », un voyage initiatique qui n'était pas sans lui rappeler un des livres lus naguère à l'école communale.

Aspirant-charron du Devoir de 1918 à 1924, Louis Métreau posa son baluchon, après son départ de la doulce Touraine, aux étapes de Nantes, de Bordeaux, de Soissons, pour finir à Paris où il s'attarda plusieurs années durant.

Le règlement était sévère, auquel nul ne devait déroger. La Société ne plaisantait ni sur la parole donnée, ni sur la ponctualité. L'ivresse et le débraillé entraînaient aussitôt une sanction pécuniaire. Les textes ne laissaient pas la moindre équivoque sur la question puisque les articles 5 et 6 spécifiaient que tout aspirant qui assistera à l'assemblée avec des vêtements sales ou déchirés, sera à l'amende de 25 centimes. Tout aspirant qui troublera l'assemblée en faisant du bruit ou tiendrait des propos malhonnêtes, qui fumera ou restera la tête couverte, aura une amende de 25 centimes.

Malgré ses disciplines rigoureuses, le compagnonnage plaisait beaucoup à Louis. « Il ne sortait que de bons ouvriers de cette école-là, assure-t-il, car les techniques changeaient d'un endroit à l'autre. C'est précisément cette diversité qui perfectionnait le compagnon. »

Sur le tour, les ouvriers étaient fréquemment placés par la mère de la cayenne, laquelle se renseignait auprès des commis voyageurs en bois sur les besoins d'embauche de tel ou tel atelier de la contrée. Certains compagnons étaient logés et nourris par leur patron, d'autres revenaient chaque soir à la « chambre » d'hébergement. Une semaine de labeur durait alors six jours pleins, de l'aube du lundi au crépuscule du samedi. De sept heures du matin à sept heures du soir, été comme hiver, avec une pause d'une heure le midi. Chez le patron, on payait son repas du dimanche en travaillant toute la matinée dudit jour.

Quand Louis Métreau revint à son point de départ, son père était disparu depuis trois ans, à la soixantaine. Quatre charrons en activité vivaient alors dans le bourg de

Nouan-le-Fuzelier. Chaque village avait le sien, au moins. La jalousie n'était pas de mise parce que le désœuvrement ne menaçait personne en ces époques où la culture ne se concevait point sans le cheval et la charrette.

Pourtant, l'hiver correspondait à la morte saison dans le métier. Les paysans ne montraient plus le bout du nez. Tout marchait au ralenti. Mais le charron, lui, ne fainéantait pas pour autant. Il occupait ses mauvais jours à débiter les grumes qu'il avait commandées au beau temps et qu'un débardeur avait entreposées derrière l'atelier. Le charron se transformait en scieur de long. En certains coins de la Beauce, quatre ou cinq livraisons de bois n'avaient rien de trop tellement le volume d'œuvre était important !

Ces grumes provenaient principalement des abattis de la région, à l'exception toutefois de l'orme tortillard et noueux – idéal pour la fabrication des moyeux – que les marchands importaient des Charentes. On employait beaucoup de chêne, pas mal d'acacia, un peu de sapin et d'orme, du frêne et de l'érable aussi quand on en dégotait, quelquefois du hêtre et du charme.

Dans le chêne étaient confectionnés les brancards de charrettes, les rayons de gerbières, les enfonçures de tombereaux. L'acacia servait surtout aux rayons de carrioles et le sapin aux planchers de voitures courantes. On réservait l'orme aux jantes et aux moyeux.

En égrenant ses souvenirs, Louis ravive des émotions qu'il croyait définitivement éteintes. Ainsi ne peut-il s'empêcher de rigoler en repensant à ce fichu hiver 1917, qui fut pourtant un des plus rigoureux qu'on ait connu de mémoire d'homme. La guerre s'éternisait, on n'en voyait pas le dénouement. Les froidures vous gelaient la moelle des os. Louis sciait les grumes avec l'aide d'un vieux bûcheron septuagénaire, tout en poil grisailleux, nommé Frolon. Or dès le matin, il se formait un méchant glaçon sous le nez du vieillard, glaçon qui pendouillait pendant tout le restant de la journée à la pointe de sa barbe. « Ce sont autant de petits détails sans importance qu'on n'oublie jamais, ça ! » se plaît à répéter Louis d'un ton amusé.

De décembre à mai, donc, le charron profitait de l'engourdissement général pour scier ses grumes. Il entassait les planches obtenues sur des liteaux, dans les greniers aérés où elles sécheraient avant l'emploi. Les plateaux dont l'épaisseur variait de sept à dix centimètres, dans lesquels seraient taillés les brancards et les grosses pièces des bâtis, trop lourds pour être montés, étaient rangés sous les remises. Si possible, un charron prévoyant s'avançait en fabriquant quelques paires de roues non cerclées qu'il gardait également au grenier, afin de mieux affronter un éventuel coup de bourre. Le père de Louis avait l'habitude, quant à lui, de se mettre au service d'un châtelain durant une partie de l'hiver. De la sorte pouvait-il payer son bois de charronnage avec ses gages sans rien débourser de son épargne.

Les commandes importantes ne parvenaient qu'au début du beau temps, quand le pays se souciait de la tournure que prendraient ses prochaines moissons. Tout le monde rappliquait à la suite, au dernier moment, et c'était la cavalcade. L'ouvrage n'attendait plus, ne devait plus attendre. Le charron ne savait pas par quel bout commencer alors que la veille encore, il se tournait les pouces en guettant le premier client. Les paysans sont comme ça : ils exigent immédiatement ce qu'ils ne finissaient pas d'ajourner. Ce qui leur coûte surtout, c'est de se décider une bonne fois pour toutes !

Le charron retroussait donc ses manches et crachait dans ses mains à la défaite des grands froids. Il se démenait comme quatre jusqu'aux préparatifs de la moisson. Mais à la mi-juillet, quand la fauche était entamée, il s'obligeait à interrompre ses gros travaux et à rester disponible pour secourir les cultivateurs en difficulté. « C'était un limon qui cassait, dit Louis. Il fallait réparer sur-le-champ car la moisson ne souffrait aucun retard. Ailleurs, il s'agissait de changer un moyeu éclaté, deux ou trois rayons brisés. Engagée en porte-à-faux dans une ornière, une roue de charrette trop chargée craquait bien souvent. Plus loin, je devais rafistoler une ridelle ou un moulinet... Je n'étais jamais longtemps à ne rien faire ! »

Entre deux réparations, il bricolait des râteliers, des fauchets, des claies à moutons, des brouettes, quelque chose qui ne réclamait pas une attention très soutenue. Puis lorsque la moisson se terminait, il se rendait de ferme en ferme et il retapait les équipages détériorés.

Par tradition, les paysans réglaient leurs réparations effectuées dans l'année entre Noël et la Saint-Sylvestre, comme pour le maréchal-ferrant. « Il y avait de la gêne dans la Sologne d'autrefois, dit Louis. Les gens tiraient le diable par la queue. Sans les lapins qu'ils braconnaient, certains n'auraient guère mangé à leur faim. Et malgré cela, voyez-vous, je n'ai jamais perdu un sou. Jamais. Ce ne sont pas les plus pauvres qui sont les plus malhonnêtes. »

L'atelier de charronnage s'abritait généralement dans un fond de cour, sous une remise ouverte à tous vents : un appentis encombré de planches et de ferrailles, avec un établi massif et de solides tréteaux.

L'outillage de main se composait du passe-partout, de la scie à refendre munie d'une lame à dents crochues, du fendoir et de la hache à bûcher, de la varlope et du rabot à corroyer, enfin de la plane que tout honnête charron considérait comme un instrument primordial méritant une attention particulière. C'était en effet grâce à son couteau à deux manches, bien affûté selon la manière dont il avait coutume de le manipuler, que l'ouvrier obtenait les chanfreins arrondis, sans flache ni bosselure, et la finition impeccable qui attestaient sa maîtrise. Les lames de scies, il avait soin de les graisser à la queue ou au nombril de porc. Un truc des anciens, ça : il y avait toujours un bout de cochon qui traînait sur l'établi d'un charron.

Les grosses machines se limitaient à la cintreuse et à la refouleuse, deux engins d'apparence rébarbative que nous verrons en action lors de l'embattage et du châtrage des roues.

Quelquefois, l'atelier se complétait d'une forge : cela permettait au charron de ne pas sous-traiter les travaux de ferrure à un maréchal du voisinage. Le père de Louis, qui avait appris à battre l'enclume sur le tour de France, avait installé son propre fourneau. « C'était là, à forger, que nous réalisions le bénéfice le plus intéressant », souligne Louis. En principe, ces à-côtés constituaient une des prérogatives du patron.

Un bon ouvrier se devait de posséder de bons outils, bien entendu, mais cette condition nécessaire n'était nullement suffisante. Louis Métreau se montre catégorique : ce qui comptait avant tout, c'étaient les bras et, plus encore sûrement, c'était la tête. Du raisonnement, du bon sens, de l'astuce, voilà ce qui importait vraiment dans ce boulot ! Un écervelé, même adroit de ses dix doigts, ne fit jamais un artisan émérite. Le grain de jugeote était indispensable à l'habileté du geste. Quiconque ne réfléchissait pas assez à son ouvrage, brouillonnait à ne plus s'en dépêtrer et, finalement, galvaudait tout...

L'éventail des commandes, large et fort varié, s'étendait de la pesante gerbière au fragile râteau à foin. D'une saison à l'autre, le charron fabriquait, pêle-mêle, des échelles et des doubliers de bergerie, des claies de parcs à moutons et des étais de murs, des auges de porcherie et des râteliers d'étable, des bat-flanc d'écurie et des boîtes à laver avec leur battoir. Des tonneaux aussi, quelquefois ; et des cercueils : en chêne pour les riches et en sapin pour les pauvres, ultime et dérisoire différenciation avant l'égalisation du Jugement dernier. Et encore quelques meubles – des placards de cuisine, des maies, des tables –, parfois une ou deux fenêtres quand le menuisier paraissait submergé de besogne.

Néanmoins, c'était l'agriculture qui fournissait l'essentiel du travail, avec la création de nombreux instruments aratoires. On distinguait alors les herses pliantes du grattoir à cinq branches, tandis que les brouettes ne comportaient pas moins de quatre modèles dissemblables, déterminés par l'usage qu'on en faisait. Il y avait celle du paysan, avec des claires-voies, destinée au transport des litières et du fumier ; celle – robuste – du terrassier ; celle du jardinier, aux flancs légèrement évasés ; enfin celle du vigneron, presque un diable, dont les brancards incurvés poussaient le chargement sur la roue.

La fabrication des charrues entrait également dans les attributions du charron. Là encore, on en connaissait plusieurs types. Le brabant était entièrement en fonte et l'araire totalement en bois, l'age comme le versoir. Entre ces contraires, on trouvait une charrue à cep en bois et une autre pourvue d'une oreille en acier.

À raie ou à champ

Dans l'opuscule ronéotypé *Au temps du cheval de trait*, publié en octobre 1979 par le comité des fêtes de Saint-Denis-en-Val, l'ancien charron Paul Robert dévoilait quelques secrets de son art. Pour qu'une charrue soit correctement montée, à ce qu'il recommandait notamment, il convenait d'aligner la pointe et l'arrière de son soc sur le bout de sa perche ; sans quoi la charrue tirait soit à raie soit à champ, et le laboureur avait un mal de chien à ouvrir un sillon droit. Ce timon en chêne, long de trois mètres, reposait sur une sellette qui, fixée à l'avant-train, servait à régler la profondeur de pique, le défonçage. Une traverse d'attelage supportait les palonniers.

Les mancherons étaient en orme : deux mètres de long, onze centimètres de large et quatre-vingts millimètres d'épaisseur. Ils se séparaient à un mètre dix environ. Une entretoise les maintenait au bon écartement de soixante-cinq centimètres. Bien entendu, le coup de main approprié était indispensable pour obtenir cet entretoisement. On allumait un feu de javelles qui donnait beaucoup de flammes, disait Paul Robert. On mouillait abondamment l'extrémité à ouvrir et c'était la vapeur dégagée qui permettait l'écartement progressif des mancherons.

Toutefois, la tâche principale d'un atelier de charronnage était de construire des voitures de tous gabarits, de la plus imposante, la farinière, à la plus modeste, la maringote, en passant par les tapissières, les carrioles et les calèches, sans oublier les tombereaux d'une capacité de deux et demi à trois mètres cubes. « J'ai même construit des voiturettes à chien, renchérit Louis. Les enfants qui habitaient au loin se rendaient à l'école avec. L'hiver, l'instituteur les laissait partir une demi-heure avant la sortie de la classe, afin que la nuit ne les surprenne pas au milieu des bois. »

Un charron organisait son ouvrage suivant sa méthode personnelle, évidemment. Chacun procédait comme bon lui semblait, en fonction de la charrette qu'on lui demandait et la mode du pays, les charges à véhiculer et la nature du terrain. Dans les contrées humides où les charrois s'achevaient fréquemment par un enlisement, on préférait les « trois-pouces » ; dans les régions sèches, à l'inverse, on utilisait les « quatre-pouces ». C'était ainsi, d'après leur largeur de roue, que l'on désignait les voitures. Par fidélité à la tradition, on continuait de mesurer en pouces et en pieds.

Donc, pas d'ordre formellement défini dans la construction d'une voiture. Malgré tout, la logique voulait que l'on commençât par la taille des longerons sur lesquels étaient ensuite fichées les traverses de charpente. Puis on mettait les roues ; enfin on clouait l'enfonçure et les ranchers.

Dans un baliveau d'un diamètre d'une trentaine de centimètres, on débitait deux plateaux qui devaient atteindre dix centimètres d'épaisseur, quarante centimètres de largeur, sept à sept mètres et demi de longueur. C'était dans ces plateaux que seraient découpés les longerons, à la scie à refendre, en suivant les délinéaments tracés sur le plat du sciage, la face la plus belle.

On choisissait toujours le cœur de l'arbre pour y tailler les limons. Le chêne convenait parfaitement, mais l'idéal restait le frêne, une espèce – rare par ici, hélas ! – qui, quoique résistante, se travaillait aisément et se pliait facilement après échaudage. On prévoyait sept pieds environ pour la limonière, de dix à quatorze pieds pour le corps de charge, enfin un pied un quart pour le moulinet de lieuse et le porte-guides de cul. On amenuisait les limons à la plane, puis on entaillait les adents de l'essieu et les mortaises destinées à recevoir les paumelles du châssis. Sur ces paumelles seraient clouées plus tard les planches de l'enfonçure, en chêne, ou, plus couramment, en sapin.

On poursuivait avec le mortaisage des ranches de ridelles, ranches que l'on garnissait d'un parquet épais de 24 millimètres, en acacia ou en chêne. On fixait ensuite les rabats des garde-boue, les chambrières de devant et de derrière, le moulinet d'avant et le moulinet d'arrière. Ces pouliots tournés dans un rondin d'orme, que l'on serrait à l'aide d'une tavelle de fer, étaient bloqués par des cliquets forgés.

Il s'ajoutait encore les accessoires amovibles : les échelettes, les cadres d'élargissement qu'on appelait les fourragères, les guides (ou « cornes ») dont l'inclinaison déterminait le parfait équilibre d'une gerbière en reportant le poids de charge vers l'arrière, mais point trop toutefois pour ne pas contrarier la force du cheval limonier. Un brin de penchant dans un des porte-guides suffisait à tout fausser. Pour une voiture laitière à barrettes et à claires-voies, le charron ne « descendait » pas moins de trois cents mortaises au ciseau et au bédane. Un véritable chef-d'œuvre d'assemblage.

Les capotes des tapissières, des carrioles et des cabriolets venaient en général de chez le bourrelier. On lui amenait le véhicule à couvrir et c'était lui, dans son atelier, qui tendait la toile cirée sur les cintres de frêne.

Sous le plancher des gerbières, à l'avant, se tenait parfois un coffre dans lequel le charretier fourrait sa musette et le picotin du cheval. « Il était fréquent d'y découvrir aussi son fusil entortillé dans un vieux sac ! rapporte Louis. Un lièvre trottinait à quelques pas, pan ! il finissait en civet. C'était toujours ça de ramassé comme viande à pas cher ! »

Voilà pour la caisse et les brancards, voyons les roues maintenant. Il s'agissait de l'opération la plus minutieuse dans la construction d'une voiture. De la plus minutieuse, mais pas de la plus compliquée, contrairement à ce que supposent les profanes. Là-dessus, Louis Métreau ne mâche pas ses mots. « Ce sont les ouvriers très ordinaires que l'on affectait à la fabrication des roues, révèle-t-il Cette tâche routinière n'exigeait aucune réflexion. De la précision au cheveu près, d'accord, un tournemain acquis avec l'expérience aussi ; mais d'initiative, point. Pas besoin de se casser la nénette, comme dit l'autre ! »

On débutait par les moyeux, l'âme de la roue. On en sciait les ébauches, au carré, dans le meilleur d'un tronc d'orme noueux ou, beaucoup mieux, dans la loupe de l'arbre. Jamais on ne prenait un bois de fil. On traçait un rond sur chacune des faces de bout, au compas, afin d'indiquer les parties à ne pas mordre, puis on débillardait les blocs en abaissant leurs huit pans d'angle. Le finissage se faisait au tour à pédales.

Autrefois, quand l'atelier du père Métreau n'était pas équipé de cet engin, c'était à la tonnellerie du bourg qu'on allait tourner les moyeux. Paul Robert pour sa part, qui fut charron à Saint-Denis-en-Val, déclara qu'au temps de son apprentissage, il lui arriva plusieurs fois, lorsque le patron avait du tournage à faire, de repasser le soir à l'atelier, après le dîner. La patronne l'aidait à actionner le tour qui était mis en mouvement par un cordage relié à une grande roue dont le diamètre dépassait les deux mètres. On agissait sur cette roue par l'intermédiaire d'une double manivelle.

Le perçage des moyeux s'effectuait à la gouge et au ciseau. Les logements des rayons s'enfonçaient d'une trentaine de centimètres. Il ne fallait pas moins d'une journée entière pour apprêter un seul moyeu, et sans s'amuser encore ! Par la suite, on en acheta des tout faits qui provenaient des Charentes, du pays des fameux ormes tortillards.

Les rayons étaient fendus dans les troncs de chêne ou d'acacia, bûchés grossièrement, puis mis à sécher, en tas. On ne les fignolait à la plane qu'au moment de les employer. Un compagnon devait être capable de corroyer quatre rais à l'heure. Une roue avait douze, quatorze ou dix-huit rayons pour six, sept ou neuf jantes. Soit deux rayons pour une jante, c'était de règle.

On découpait les jantes dans de larges plateaux d'une dizaine de centimètres d'épaisseur, à la scie à refendre. On utilisait pour cela une lame étroite qui permettait de chantourner plus aisément. On sciait ainsi de quatre à six jantes par plateau, selon les gabarits correspondant à la circonférence de roue désirée. Ces formes, les « chamarantes », étaient confectionnées dans des planchettes de sapin et conservées soigneusement.

On disposait désormais des moyeux, des rayons et des jantes. Restait donc à assembler le tout et à le cercler.

L'enrayure d'une roue se pratiquait à force, à la masse. Afin d'en attendrir le bois, on plongeait parfois les moyeux dans l'eau bouillante d'une énorme chaudière, un tenon de rayon étant en effet légèrement plus gros que la mortaise dans laquelle il devait s'encastrer. Puis, au compas, sur le soleil obtenu, on déterminait la circonférence exacte et l'on affinait, à la plane, l'extrémité de chaque rayon en « patte de rais ». On laissait un infime interstice entre les jantes que l'on goujonnait avec des chevilles d'orme ; le jeu du serrage, lors du cerclage, maintiendrait solidement l'ensemble.

La phase la plus délicate consistait sans contredit dans le ferrage de ces roues. Aujourd'hui encore, une telle démonstration alliant la rapidité et l'adresse équivaut à une attraction spectaculaire qui suffit au succès de nos bonnes vieilles « fêtes à l'ancienne ». Le clou du spectacle des métiers disparus.

« Beaucoup confondent deux opérations semblables, tient cependant à préciser Louis Métreau. Pour eux, châtrage ou embattage, c'est du kif-kif bourricot. Eh bien, non ! il y a maldonne. Le châtrage ne s'applique qu'au resserrement des bandages distendus par trop de charriages (les longues périodes de grand hâle n'étaient pas non plus sans provoquer quelque dommage dans les roues), tandis que l'embattage désigne le cerclage d'une roue nouvellement fabriquée. »

D'une voiture qui brimbalait en craquant de partout, on disait qu'elle « cassait des calots », qu'elle écalait des noix. Un châtrage était urgent. On la soulevait à l'aide de crics et l'on retirait ses roues dont on déboulonnait ensuite les cercles. Puis ces cercles étaient sciés et rétrécis d'un déjour que l'on rattrapait à la refouleuse.

Le cercle ouvert, chauffé à blanc, était coincé dans les mâchoires de l'appareil et bouclé à l'aide d'un volant de serrage commandant un engrenage démultiplicateur. La soudure provoquait la formation d'un bourrelet qu'il fallait battre vers l'extérieur du bandage. Le lardon ainsi causé était éliminé à la tranche. En principe, un déjour de châtrage remédiait à une distension d'une quinzaine de millimètres.

La rechausse de la roue, plus tard, ne différait en rien d'un embattage ordinaire. Les cercles réformés, parce que trop usés, étaient récupérés par les maçons qui les étiraient, les dédoublaient, les convertissaient enfin en chaînages.

Un cercle neuf était obtenu à partir d'une barre de fer de onze centimètres de large et de trois d'épaisseur ; sa longueur – mesurée au quart de poil – correspondait à la circonférence extérieure de la jante à chausser, augmentée de l'épaisseur du bandage. La barre prenait sa forme à la cintreuse ; après quoi elle était soudée à blanc et martelée à chaud. Une fois refroidi, le cercle ne pouvait plus ceindre la jante. Il convenait donc de le dilater sous l'effet de la chaleur avant de procéder à l'embattage.

Un mot sur la cintreuse. Il s'agissait d'une presse rotative, à patin cylindrique, munie comme la refouleuse d'un train d'engrenages démultiplicateur que l'on actionnait en tournant une manivelle. Une vis de réglage permettait d'enrouler la barre selon le diamètre souhaité.

Corne au nombril

Chez nous, nous avions un support fixe avec une partie cimentée pour la récupération de l'eau (tirée au puits). Cette eau coulait dans une fosse. Au centre du support, un anneau de fixation maintenait la roue en place. La plupart étaient des roues de gerbières, 185 centimètres de rayon, à cercler d'un fer de sept à huit centimètres de large et de deux centimètres et demi à trois centimètres d'épaisseur. Si le cerclage se

faisait au millimètre, il ne fallait pas sous-estimer la difficulté du serrage car lorsque les jantes n'avaient pas suffisamment de jeu, tout peinait et s'écrasait. Dans le cas contraire, la roue se mettait en parapluie.
C'était le temps de la "corne au nombril", l'époque où le rais prenait l'appui sur le ventre de celui qui le façonnait.
(Lettre de Hubert Dusoulier, d'Ousson-sur-Loire.)

L'embattage, maintenant. Il avait lieu dehors, dans un espace dégagé, souvent au beau milieu de la cour, devant l'atelier, là où aucun obstacle n'entravait la liberté des mouvements.

On calait d'abord la roue montée, solidement et bien à plat, sur un métier à ferrer qui, le plus fréquemment, se résumait à quatre madriers fichés en terre. Puis à proximité on allumait un feu de fagots, de copeaux, de rognures de bois d'œuvre, dans les flammes duquel on couchait les bandages ; et tandis que le feu crépitait, on approchait tous les outils nécessaires à portée de la main, les pinces comme les masses, dans un ordre parfait afin de pouvoir les empoigner même en fermant les yeux. Car un bon cerclage devait se dérouler très vite, en moins de cinq minutes, sans hésitations ni gesticulations maladroites. Pour bien rougir à blanc et se dilater, un cercle subissait une chauffe de trente minutes à deux heures, selon la fournaise qu'on entretenait. Certains charrons disposaient d'ailleurs d'un four à cerclage qui leur faisait gagner bougrement de temps : il s'agissait tout bonnement d'une petite bâtisse en briques dans laquelle tenaient quatre ou cinq cercles debout. Ce genre de four était chauffé avec des bourrées.

Dès que le bandage paraissait à point, le charron et deux de ses aides le retiraient des braises à l'aide de longues pinces à griffe et l'ajustaient immédiatement sur la roue en attente. Tout s'enchaînait alors rapidement parce que le métal incandescent ne devait pas mordre le bois auquel il adhérait. On engageait le fer jusqu'à mi-jante, à coups redoublés de masse, puis on retournait prestement la roue, sans prendre un instant pour souffler, et on l'enchâssait totalement dans sa garniture, toujours à la masse, tandis qu'un aide se dépêchait de vider un arrosoir d'eau sur l'ouvrage. Ça fumait un peu. On martelait une dernière fois le bandage encore tiède afin que chaque élément de la roue trouve sa place définitive avant le refroidissement complet du fer et la contraction du cercle.

C'était le serrage, le moment de vérité. Trop lâche, un bandage n'assurait aucune robustesse ; trop tendu, il écrasait les jantes et voilait la roue. Toutefois, la plupart des charrons avaient un œil si expérimenté, à force d'habitude, qu'ils ne se trompaient pas de l'épaisseur d'une feuille de cigarette.

On achevait le travail par la pose des boulons à tête fraisée qui rivaient le cercle aux jantes, puis par celle de la boîte de moyeu, en fonte, qui recevait la fusée d'essieu. Un coup de peinture et c'était terminé. On s'épongeait le front de la manche, on buvait un canon et l'on passait à la roue suivante. Ça durait généralement une journée entière : une sacrée suée à chaque roue, compensée par un p'tit verre de pinard. Quatre à cinq paires de roues dans les reins, le soir, et autant d'occasions de s'être rincé le gosier. Mais vraiment, ces jours-là, personne n'avait volé les verres de vin qu'il s'était octroyés ; et tant pis si d'aucuns rentraient chez eux un rien pompettes, en titubant plus que de coutume ! On mettait cela sur le compte de la fatigue, voilà tout...

La cervelle de compagnon

Dans ma boîte aux lettres, ce matin : un petit mot d'André Gilbert, Dédé pour les copains, l'ancien forgeron de Bucy-Saint-Liphard pour les autres. En quelques lignes hâtivement griffonnées, il me précise plusieurs points concernant le dur labeur des charrons d'autrefois. Je vous lis l'essentiel de sa bafouille.

Une devinette d'abord, historique : savez-vous pourquoi Napoléon fit planter des arbres le long des routes ? Réponse : pour cacher le mouvement des troupes impériales. Astucieux, non ? Mais attention : pas n'importe quels arbres. Tout devait soutenir l'effort de la guerre. On planta donc des ormes tortillards pour fabriquer des moyeux de fourgons, des marronniers d'Inde pour les débiter en affûts de canon, des noyers pour les tailler en crosses de fusils et des pruniers noirs pour obtenir des crosses de pistolets. Voilà. Au XVIe siècle déjà, pour les mêmes raisons, les rois avaient demandé à leurs sujets d'emplanter les accotements des grands chemins.

Naguère, continue Dédé, il fallait distinguer deux catégories d'artisans : ceux qui vivaient pour gagner de l'argent, sou après sou, et ceux qui n'œuvraient que par amour de leur métier, sans jamais se plaindre ni envier personne. Louis Métreau était certainement de ces derniers.

Il y a toutefois un sujet sur lequel Louis aurait pu s'étendre davantage, ajoute Dédé, *c'est celui du cerclage. Quand une charrette commençait à chanter, il fallait en châtrer les roues ; mais lorsqu'il s'agissait de garnir des roues neuves, il convenait de faire des cercles neufs. On prenait une barre de fer et on calculait d'abord, à l'aide d'une roulette, la circonférence exacte à bander, puis on passait la barre à la cintreuse à main, encore et encore, des dizaines de fois. Pour les cercles de quatre pouces destinés aux grosses voitures, d'un poids d'une centaine de kilos chacun, on fendait les deux bouts que l'on soudait en* gueule de loup. *Ensuite, on étirait les fers ou on les refoulait, selon le besoin qu'on avait. Pour le réemploi des fers d'occasion, on devait tenir compte de leur* allonge *à la dilatation.*

La pose des frettes de moyeux impliquait un travail identique mais beaucoup moins fatigant, les pièces étant nettement moins lourdes. On clouait ces frettes avec des caboches puis on enfonçait, à force, les boîtes de roue dans les moyeux.

Autre besogne courante : l'assemblage des essieux de carriole, qui arrivaient en deux morceaux. On soudait alors à chaude portée. *C'était tout l'art de la forge, ça. On chauffait les deux extrémités en crochet dans un feu bien venté, sans* cervelle de compagnon, *autrement dit sans mâchefer au fond. On refroidissait le dessus du métal en fusion en le saupoudrant de sablon de Fontainebleau qui, en fondant, se transformait en une sorte de pâte vitrifiante ; en même temps on ramenait le charbon du pourtour, avec la mouillette, au centre du foyer. Dès qu'elles semblaient à point, on portait les pièces sur l'enclume, bout à bout, et on commençait à frapper doucement sur cette pâte de sablon. C'était le compagnon qui, de son gros marteau, réglait la cadence en sonnant le rappel sur l'enclume.*

Il était de tradition, autrefois, que les fermiers fassent peindre leur matériel. Le plus souvent en vert ou en bleu. Un jour, un charron demanda à un paysan de quelle teinte il devait peindre la brouette que ce même paysan venait de lui commander. « La teinte, c'est quoi au juste ? – C'est la couleur de la peinture, tout simplement. – Ah bon ! que répondit l'autre. Eh ben ! tu la bleuiras en vert. » Louis Métreau en rit encore, de cette histoire véridique, et il ne manque jamais de la raconter.

Une équipe de trois ou quatre ouvriers réalisait une voiture en une quinzaine de jours. Seul le père Haudry, l'un des deux charrons de Chaon, était capable de construire un tombereau ou une charrette en un mois sans le secours de quiconque. Avant la Grande Guerre, une voiture finie, peinte et dotée de l'ensemble de ses accessoires, valait dans les 4 200 francs. Un pain de quatre livres coûtait un franc et on emportait un litre de vin pour sept sous. Dans les années vingt, le prix de dix gerbières correspondait à l'acquisition d'une maison d'habitation. Bien entendu, les clients ne réglaient qu'à la livraison. Il n'était pas dans les usages de réclamer des acomptes.

Aussitôt après la Libération, alors que le monde changeait, Louis Métreau devina que l'agriculture se mécaniserait avant longtemps. Il prit donc les devants par peur de rester à la traîne. Il inventa d'abord un tombereau à bascule, puis une flèche d'accrochage adaptable sur les brancards d'une gerbière. Une manière de transition entre le cheval d'hier et le tracteur de demain. Plus tard, il se lança dans les remorques agricoles. Petites roues à pneus montées sur chantignoles et caisses métalliques appropriées à la traction mécanique. « Derrière les tracteurs, dit Louis, les grandes roues des anciennes charrettes à cheval finissaient par se déglinguer. Dame ! Elles n'avaient pas été conçues pour rouler à une telle allure. » Une autre époque commençait, nous l'avons déjà écrit. Dans la charronnerie de Sougy, Chapon-l'Ancien maugréait contre les hérésies de Chapon-le-Jeune

Et tenez ! Depuis qu'il est à la retraite, à deux pas de son atelier endormi, Louis Métreau n'a qu'une nostalgie : celle des bonnes vieilles guimbardes de jadis. Des remorques modernes qui lui ont permis de vivre confortablement, il ne parle que rarement. Mais à propos des bonnes vieilles guimbardes de jadis qui ne le payaient guère de sa peine, ça oui ! il devient intarissable. Pensez donc : le dernier d'une lignée de charrons fidèles à la corporation depuis quatre siècles ! Et il passe des journées entières à en construire encore, Louis Métreau, des carrioles et des farinières, des fardiers et des charretons. C'est plus fort que lui. Il les construit dans sa cuisine, uniquement pour le plaisir de réveiller ses souvenirs de jeunesse.

Mais il ne s'agit que de modèles réduits, bien évidemment.

Rencontre du printemps 1986.

Le charpentier

Les choses ont été sacrément vite, pour le petit Riton. Rentré dans le métier pendant la guerre de 1914, encore tout gamin, juste après l'école communale, il a dû mettre les bouchées doubles pour bientôt pouvoir remplacer un ouvrier mobilisé. Ce fut le lot de beaucoup d'enfants de son âge : faire vivre le pays de l'arrière, avec les femmes et les vieux, pendant que les hommes s'enterraient dans les tranchées du front.

Henri fit donc sa formation à La Neuve-Lyre, entre Basse-Normandie et Grand-Perche, auprès d'un patron que la cinquantaine avait exempté d'aller se faire tuer sous la mitraille allemande. Celui-ci, un brave bonhomme, se nommait Eugène Bach ; ses parents avaient quitté l'Alsace après le traité de Francfort en 1871, à l'annexion du territoire par le IIe Reich. Le dixième de la population alsacienne et lorraine avait émigré alors en terre française afin de conserver sa nationalité, un fort pourcentage optant pour une Algérie en manque de colons.

Mais la famille Bach n'avait pas été aussi loin : elle s'était installée à Evreux et, plus tard, Eugène avait monté son affaire de charpenterie à La Neuve-Lyre. Henri se souvient que lorsque le bonhomme se piquait le nez, fantaisie qui lui arrivait quelquefois, sa bonne femme le traitait de « vieux Prussien », suprême injure pour ces gens qui avaient fui la mainmise dictatoriale de Bismarck.

Sous la direction du vieil Alsacien, le jeune Henri devint un de ces compagnons de la « belle ouvrage », comme on disait à cette époque des ouvriers passés maîtres en leur art. Il apprit à mener les chantiers les plus compliqués, notamment la charpenterie de bâtiments industriels qui poursuivaient leur activité malgré les travaux de réfection en cours. Il apprit également à réparer le mécanisme des moulins à eau et des nombreuses usines qui tiraient leur énergie du courant de la Risle ou de l'Iton. C'étaient des branches qui, tombant de l'abée, cassaient les aubes ; ou c'étaient les alluchons de cormier qui se rompaient dans leur logement de fonte. « Il y avait une astuce à connaître pour obtenir une engrenure parfaite, dit Henri. Il suffisait d'écorner les dents et de ne pas lésiner sur la graisse. »

Mais le père Riguet, qui était garde-chasse, fut contraint, à la fin de la guerre, d'emmener les siens dans la Creuse puisque ses employeurs avaient décidé de se retirer là-bas. Henri trouva de l'embauche à Aubusson, et ce fut pour lui l'occasion de se perfectionner dans la construction des escaliers. Puis en 1923, nouveau déménagement : les propriétaires vendirent leur domaine creusois et vinrent habiter Châtillon-sur-Loire, toujours suités de leurs fidèles Riguet. C'est par ce biais que, sitôt libéré du régiment, Henri s'établit comme charpentier dans le Giennois, à Châteauneuf.

« Pour faire un bon ouvrier charpentier, dit-il en préambule, il fallait être un garçon robuste et adroit de ses mains, bien sûr, de préférence peu sujet au vertige, évidemment, mais surtout, surtout, avoir énormément de réflexion en tête. La règle première du métier est de ne jamais se lancer dans l'ouvrage à l'aveuglette. Cogiter, voilà le maître-mot. Il était nécessaire, aussi, de posséder des notions de dessin car le juste bâti d'une charpente dépendait de la précision avec laquelle avait été tracée l'épure. »

En ces temps-là, je vous parle de la Grande Guerre ou d'aussitôt après, on reconnaissait les charpentiers du premier regard, à leur tenue. Tous portaient un large pantalon de coutil, un fendard à chier dedans comme d'aucuns ironisaient, ample des hanches et des genoux pour ne point gêner les mouvements, mais serré aux chevilles et retenu à la taille par le « turban ».

Cette ceinture, une simple bande de tissu enroulée autour des reins, avait l'avantage de soutenir le dos et de le réchauffer lorsqu'il fallait déployer de rudes efforts. De plus, les turbans étaient un signe distinctif entre les ouvriers puisqu'ils changeaient de couleur selon l'âge du charpentier : rouge pour les apprentis et les jeunes, bleue pour les hommes en pleine force et maîtrise, noire enfin pour les vieux compagnons.

Cette particularité vestimentaire disparut totalement au début des années 1920, quand au tissu coloré on préféra la flanelle grise ou, en cas de douloureuses faiblesses, la dossière de cuir.

L'outillage traditionnel se composait de la fameuse besaiguë, de l'herminette et de la scie à tenon. La besaiguë était un long fer droit d'un mètre vingt, pourvu d'une poignée perpendiculaire en son milieu, et dont les extrémités étaient tranchantes : l'une en ciseau, l'autre en bec d'âne ; on s'en servait surtout pour creuser les mortaises. Avec l'herminette, on fignolait l'équarissage des pièces que l'on avait dégrossies à la hache.

A ces outils primordiaux s'ajoutaient les tarières queue-de-cochon pour percer les trous des chevilles, les rénettes pour tracer les lignes et marquer le bois, les planes pour affiner, les bédanes à mortaiser, les rouannes, les ciseaux, les maillets et les marteaux, sans oublier la scie de long et le pittoresque chasse-bondieu à l'aide duquel on expulsait les coins.

Les essences employées le plus couramment se limitaient au chêne, que l'on réservait généralement aux pièces verticales, poinçons ou poteaux, et au sapin que l'on utilisait pour le restant de la charpente.

Mais le bois idéal restait évidemment le châtaignier, car aucun insecte ne s'y mettait jamais. Pour ne rien gâcher, il s'agissait d'un bois aussi beau que le chêne, mais nettement moins lourd, qualités qui expliquaient sa cherté et sa rareté. C'était de l'arbre à château, de l'arbre à maison bourgeoise. On ne prenait du peuplier que lorsqu'il n'y avait pas moyen de trouver mieux.

« On récupérait également, dans les charpentes à démolir, tout ce qui pouvait resservir, précise Henri. C'était toujours ça qu'on n'avait pas à tailler. Voilà pourquoi on remarque, dans la toiture des vieilles bâtisses, des mortaises qui ne correspondent à rien. On prenait parfois n'importe quoi en guise de chevrons : des brancards de charrette ou des montants d'échelle. Il y a des constructions d'autrefois dont les entraits ou les arbalétriers ont quatre cents, cinq cents ans, quelquefois davantage. On serait étonné d'en savoir l'ancienneté exacte. »

Cela ne signifie nullement que le bâtiment risque de s'effondrer, bien au contraire. En effet, si l'aubier se pique aux vers jusqu'à tomber en poussière, il en est tout autrement du cœur de chêne qui, au fil des siècles, devient aussi dur que le fer. « C'était à user ses outils que d'ouvrir une mortaise là-dedans ! » dit Henri.

Et malgré tout, le bois continuait de vivre. Il suffisait de dégager de vieilles poutres d'un plancher trop pesant qui les poussait à fléchir, pour que celles-ci se redressent bientôt avec la souplesse des poutres neuves ! Seules les pannes de bois blanc, trop vermoulues et cassantes, finissaient sur les chenets de la cheminée.

De nos jours, plus personne ne respecte la tradition d'abattage ; la qualité du bois s'en ressent. Mais jadis, on ne couchait pas un arbre sans se soucier de la bonne période, qui allait de novembre à février. Ce sont les quatre mois de basse sève. Cette précaution prise, inutile de traiter le bois à l'insecticide : aucune bestiole ne l'attaquera, Henri en mettrait sa main au feu.

Certains charpentiers bûcheronnaient eux-mêmes les arbres de haute futaie que nécessitaient leurs travaux. D'autres achetaient des rondins aux particuliers ou aux scieries. Tout dépendait des possibilités de chacun. Par commodité, le bois était travaillé vert et ne séchait qu'une fois mis en œuvre, à raison d'une année par centimètre d'épaisseur. Cette façon de procéder causait les gerçures qui fendent souvent la charpente des demeures d'antan...

L'ancienne méthode voulait que l'on travaillât sur le tas, à pied d'œuvre, au bas même du bâtiment à coiffer. On plantait des piquets en terre, sur la friche ou sur le caillou, comme ça se trouvait ; on rectifiait le niveau avec des cales si besoin était, puis l'on clouait un plancher sur lequel, au blanc d'Espagne ou au cordeau de craie, on dessinait la ferme à réaliser. Ensuite, on taillait et on assemblait les pièces de la charpente, toujours à plat, en vérifiant au fil à plomb chaque embrèvement, chaque aboutement, afin que tout prenne sa place au quart de poil, selon les indications de l'épure. Chaque pièce était lignée d'un axe théorique qui rattrapait les irrégularités de ses faces.

Ainsi, tel un gigantesque puzzle, les entraits s'agençaient aux arbalétriers, aux aisseliers et aux moises ; les poinçons et les jambettes aux sous-faîtes ; les blochets aux poteaux, jusqu'à ce que la ferme ait pris son aspect définitif. Il ne restait plus qu'à enfoncer les chevilles d'enlaçure et les clameaux pour consolider le tout.

Les charpentes d'autrefois étonnent surtout par les dimensions imposantes de leurs composants. C'est qu'en ces temps-là, on pensait que les forêts seraient inépuisables et, par conséquent, qu'il était mesquin de mégoter sur les grumes à mettre en œuvre. De plus, on croyait de bonne foi que la robustesse de l'ouvrage augmentait en proportion du volume de bois employé, mais que la forme des madriers n'importait guère.

Il en est tout autrement de nos jours, bien sûr, puisque les sections sont calculées au plus juste, selon des données très précises qui prennent en compte la résistance réelle des fibres de chaque essence. Donc, en ces temps-là, on ne se compliquait pas la vie et personne ne cherchait midi à quatorze heures : on prenait ce qui se présentait. De la sorte, les liernes et les contre-fiches étaient souvent retaillées dans le chêne des vieux chevrons.

« Il y avait une autre raison à ces énormes poutres, ajoute Henri, c'était la facilité. On équarrissait les troncs à la hache et on les utilisait entiers pour s'épargner un sciage de long. Le bois coûtait beaucoup moins cher qu'à présent et il ne méritait pas, alors, qu'on s'use la santé pour économiser trois fois rien. »

Une fois bâties au sol, les fermes de la charpente étaient hissées sur leurs murs d'appui au moyen d'une bigue haute de six à sept mètres. Il s'agissait de deux pieux attachés en triangle et solidement haubanés, supportant une poulie à leur sommet et, en bas, un tambour de cabestan autour duquel s'enroulait la corde de levage. Toute l'équipe s'y mettait, oh hisse ! les uns halant, les autres poussant et guidant le pesant assemblage.

On montait donc la première ferme, on l'étayait, on plaçait la deuxième que l'on reliait sans attendre à la précédente en clouant les échantignoles, les pannes et le faîtage, et ainsi de suite. Enfin, on posait les chevrons – que l'on calait aussi pour obtenir un plan de versant parfait – puis les coyaux avant de passer le relais aux couvreurs.

L'ouvrage terminé, les ouvriers accrochaient un bouquet au faîte d'un pignon, autant pour montrer leur satisfaction d'avoir réussi un travail que pour fêter l'achèvement du chantier. Le client arrosait l'événement d'une chopine. La chèvre était immédiatement démontée et remisée. Les maîtres charpentiers signaient rarement leur œuvre, sauf dans des cas particulièrement difficiles comme la construction de moulins à vent, et encore !

« Jamais une bourrasque n'a détruit une de mes charpentes en cours d'assemblage », se glorifie Henri Riguet. Il semble pourtant que nos aïeux avaient une sainte frousse que leur toit ne leur tombe sur la tête car pour contreventer et se jouer des fureurs de la tempête, ils n'hésitaient pas à renforcer leurs chaumines d'une double poutre faîtière étrésillonnée.

« C'était certainement du beau boulot, commente Henri, mais son efficacité restait à prouver. Disons plutôt qu'il s'agissait d'habitudes de pays ou d'époque. Ici, on faisait comme ci, ailleurs, on faisait comme ça. L'essentiel était que la maison ne s'écroule pas. »

De même en diverses contrées, les charpentiers se servaient de leurs copeaux comme isolant. Ils en bourraient les planchers et y glissaient des branches de houx ou d'épine par crainte que les rats n'y élisent domicile.

La fête de la corporation était la Saint-Joseph, cela va de soi, à la fin de l'hiver. L'atelier d'Henri employait quatre à cinq compagnons. « La cérémonie se déroulait dans le bistrot de Sigloy, se souvient le père Riguet. Oh ! quelque chose de très simple : un petit repas, rien d'un gueuleton, et trois ou quatre chansons au pousse-café.

Mais beaucoup d'entre nous préféraient patienter jusqu'à la Sainte-Anne pour festoyer en compagnie des menuisiers. Plus on est de fous, plus on rit. »

Hélas ! le temps de la rigolade ne dura point. A la mobilisation de 1939, il fut affecté dans une usine d'aviation où il apprit à travailler l'aluminium et le duralumin. Les ailes d'avion étaient tantôt en bois, tantôt en métal. Il ne reprit son véritable métier qu'en 1942, sur la frontière suisse, lorsqu'il entreprit l'importante restauration d'un établissement tenu par des religieuses. Puis, la guerre s'éloignant, ce fut le retour à Châteauneuf, sur les bords de la doulce Loire où il fait si bon vivre et vieillir...

C'est toutefois plus fort que lui : chaque matin, Henri Riguet enfourche son vélo et va faire son petit tour jusqu'à l'atelier que dirige maintenant son fils. Là, il se rend utile en affûtant les outils, en dressant des plans d'escaliers à l'ancienne, de parquets ou de menuiseries commandés par les Monuments historiques, en donnant un coup de main à l'occasion. Voici seulement sept ans, il édifia le buffet d'orgue de la basilique de Saint-Benoît : un meuble monumental de onze mètres de hauteur sur six de large et deux de profondeur.

Maintenant, sereinement, il assiste à la formidable évolution du métier qui, sous peu, dépassera évidemment ses compétences. C'est dans l'ordre des choses, après tout. Il n'y a que l'odeur des copeaux blonds qui ne changera pas de sitôt.

Rencontre du printemps 1988.

Le cordier

Le père de Camille Reverdy, vigneron de son état, frisait la quarantaine quand le phylloxéra, cette mauvaiseté américaine, l'obligea à lâcher la terre pour survivre à la mort de ses ceps. Il prit ce qui se présentait sans jouer au difficile. Une vieille corderie du bourg fit l'affaire. Il s'y établit et c'est ainsi qu'il trouva sa nouvelle occupation.

Les paysans de ce temps-là employaient beaucoup de cordes pour attacher leurs bêtes et chacun d'eux, en nos régions, entretenait une petite chènevière dans un coin de son meilleur lopin. Le chanvre récolté satisfaisait aux besoins familiaux. C'était l'époque où les femmes passaient leurs veillées d'hiver au rouet. Le tisserand se réservait la plus belle filasse ; le cordier, qui se montrait moins exigeant sur la qualité, se contentait du restant.

Le chanvre d'importation complétait cette modeste production. Celui d'Italie, plus raffiné, servait au tissage des toiles de ménage ; celui de Russie, plus grossier, suffisait amplement à la fabrication des « cordiaux » à bestiaux, des longes à chevaux ou des lieuses de gerbières. Les paysans ne demandaient donc, le plus couramment, qu'un travail à façon : ils fournissaient les tortis de chanvre que nécessitait leur commande ; le cordier n'avait qu'à faire payer ses heures et sa fatigue.

L'ouvrage comportait trois opérations successives : le peignage des fibres, le filage et le câblage. Le peignage se pratiquait sur un séran, une sorte de carde montée sur pieds dont les dents hérissées mesuraient une dizaine de centimètres. Cette besogne ne requérait pas une adresse particulière ; en revanche elle n'était guère agréable car les paysans laissaient fréquemment leur chanvre en rouissage dans les eaux de quelque étang : l'écorce des tiges, la teille, s'imprégnait alors de vase et dégageait une épaisse poussière au sérançage. Le cordier devait donc peigner la filasse sous une remise balayée par les courants d'air, au risque de choper du mal, ou accepter de suffoquer dans une saleté poudreuse.

Le filage était une étape tout aussi pénible, mais bougrement plus délicate que la précédente. On travaillait constamment courbé, les reins cassés, et l'on restait à piétiner des journées entières, sans jamais se permettre une minute d'inattention. Un honnête résultat – la parfaite régularité du fil – dépendait d'un coup de main qu'on n'acquérait qu'après trois années d'apprentissage, au bas mot !

Voilà comment on procédait : d'abord, le cordier se ceignait le ventre d'un « peignon », autrement dit d'une poignée de filasse qu'il fourrait dans les pans relevés de son tablier de toile. Après quoi il se dirigeait vers le châssis de l'aire, châssis constitué de deux poteaux imposants, solidement plantés dans le sol cimenté et flanqués d'une roue comparable à celle d'une charrette. Dans l'entretoise de ces montants se logeaient les « machines » : deux mécanismes interchangeables au gré des façons.

La machine à filer se résumait à un simple tableau de bois muni, en son centre, d'une molette en buis et d'un croc solidaires. Une cordelette de coton reliait cette molette à la grande roue que l'on actionnait à l'aide d'une manivelle rotatrice.

Le cordier attachait un écheveau de son peignon au croc, puis il ordonnait à son aide de manœuvrer la manivelle plus ou moins vite selon le « fil au long » désiré. La mise en mouvement de la roue, qui ne réclamait aucun effort, incombait souvent au gamin de la maison ou au jeune apprenti. Le croc se mettait aussitôt à tourner. Le cordier tendait l'amorce du fil en formation de la main droite, tout en contrôlant sa grosseur, tandis qu'il l'approvisionnait en filasse de la gauche. Il reculait à mesure que le fil s'allongeait et ne pouvait se fier qu'à son doigté.

Plusieurs compagnons filaient parfois côte à côte, et cela sur des longueurs qui dépassaient les cent mètres. Besogne ardue certes, mais gestes de routine pourtant. Un habile artisan comme Camille Reverdy se faisait fort de filer les yeux fermés tant il avait l'habitude du travail. « Plus je reculais et plus j'avançais, plaisante notre bonhomme. Sans mentir, j'ai bien fait trois ou quatre fois le tour du monde à reculons sans jamais quitter mon atelier ! »

On bobinait le fil de caret sur un touret en attendant de l'utiliser. Le moment venu, l'apprenti calait la « machine à cordager » – dite aussi « toronneuse » – entre les éparts du châssis. Imaginez-vous une boîte carrée et peu épaisse, en fer, garnie de quatre crochets pivotants sur le devant (plus rarement de six), d'une manivelle d'entraînement sur le derrière et d'un engrenage de transmission à l'intérieur. A ce stade en effet, on n'avait plus recours à la grande roue et il fallait la force d'un adulte pour tourner la manivelle de la machine… Enfin on poussait le « chariot » à bonne distance du châssis, compte tenu du tiers de longueur à perdre au câblage : on plaçait par exemple le chariot à quinze mètres pour en obtenir dix de corde.

Ce chariot, qu'on appelait quelquefois la « traîne », ne possédait que deux rouelles à l'avant, de sorte que sa queue le freinait en raclant par terre. Il était surmonté d'un madrier vertical supportant lui aussi une manivelle et un émerillon verrouillé par une bague de cuivre. En certains ateliers, notamment dans celui de Camille Reverdy, le chariot roulait sur des rails et un contrepoids tombant du mur le tirait constamment vers l'arrière. En pratique courante, on l'alourdissait en le chargeant d'énormes pierres sans plus chercher midi à quatorze heures. Ce lestage était néanmoins très important puisqu'il devait maintenir la tension des fils qu'on allait maintenant toronner puis câbler.

Donc, en fonction de la corde souhaitée, douze à vingt portées de fil étaient ourdies entre l'émerillon bloqué du chariot et les quatre crochets du châssis. On disposait un râteau aux dents relevées, à mi-élongement, pour garder les fils parfaitement écartés. Le cordier se tenait derrière le chariot, l'œil rivé sur les portées, alors que son aide commençait le commettage en tournant la manivelle de la machine. Dès lors tout était une question de savoir-faire, et seulement de cela.

Les fils en torture se vrillaient bientôt en quatre torons. L'aide ne cessait de mouliner à la machine pendant que le cordier prenait son moule en buis et le glissait entre les torons soumis à torsion. Ce moule ressemblait à une grosse toupie gravée de quatre rainures, d'où son nom de « toupin ».

Le cordier guettait l'instant idéal : cette seconde qui annonçait la rupture des fils au prochain tour de manivelle. Alors il empoignait fermement les oreilles de son moule et ne libérait l'émerillon que lorsqu'il jugeait les brins assez tordus. Les quatre torons chassaient le moule vers la machine pour se réunir en une torsade régulière. Un dernier tour de manivelle, au chariot, serrait le tors. Voilà : la corde était quasiment prête.

Le fignolage n'ajoutait rien à la solidité de l'article, mais il flattait néanmoins l'orgueil d'un ouvrier appliqué. On polissait les cordages en les frottant à la pierre, on les ébarbait en les engluant à l'aide d'un chiffon imprégné de colle ou on les lissait à la ficelle de crin. Ces différentes retouches donnaient aux cordes un tel lustre qu'en se cravatant de l'une d'elles, parole ! un pendu aurait semblé partir sur une ultime coquetterie...

Quelques cordiers équipés d'une toronneuse à six crochets fabriquaient également des « septains », des cordages à six torons congréés autour d'un septième nommé « âme » ou « mèche ». Certains moules étaient d'ailleurs percés en leur milieu pour permettre le passage de ce septième brin au moment du câblage. La mèche, qu'on trouvait aussi quelquefois dans les cordes ordinaires, se composait généralement d'un brin d'étoupe de piètre qualité.

La corderie était un métier d'homme, bien sûr, parce que rude. En contrepartie, l'ouvrage ne manquait jamais dans les campagnes d'autrefois. Avant la Grande Guerre, un compagnon gagnait ses dix-huit francs par semaine, ce qui n'était pas salaire à dédaigner. Il travaillait de six heures du matin à sept heures du soir, été comme hiver, avec juste une pause d'une heure le midi.

Le magasin des Reverdy était tenu par la mère de Camille et l'atelier employait trois ouvriers.

C'est là, au fond de ce magasin désormais vide et silencieux, que nous a gentiment reçus le vieux cordier de Sancerre. On a débouché une bouteille du cru, cela va de soi, histoire de trinquer, et l'on a longuement parlé du temps où chaque paysan entretenait une petite

chènevière dans un coin de son meilleur lopin. Les femmes de l'époque passaient leurs veillées d'hiver au rouet, je vous l'ai déjà dit. Bon Dieu, comme tout cela paraît déjà si loin !

Rencontre de l'hiver 1983-1984.

Le sabotier

Il a toujours aimé son métier, Marcel Terquis, car à défaut de gros rapports, il en a retiré la satisfaction d'accomplir du bel ouvrage. Et pour un bonhomme de sa sorte, cela compte plus que tout.

Dans sa famille, de mémoire d'homme, on ne rencontre que des « chausseurs de bois ». Son arrière-grand-père, son grand-père, son père et ses deux frères, tous ont « mordu » le bouleau. Ils appréciaient le travail et ils n'avaient pas lieu d'en changer. C'était en effet courant de trouver des lignées de sabotiers dans les villages d'autrefois.

Lui, Marcel Terquis, avait appris à bûcher dès l'âge de quinze ans dans l'atelier paternel, à Vouzon. Sa majorité sonnée, il s'était engagé dans la saboterie Nioche, rue Mâchefer en Orléans, où fonctionnaient quatre machines. Il s'occupait de la finition. Mais après plusieurs années, une contrariété survenue entre son employeur et lui l'avait décidé à se déplacer sur Ligny. Le départ d'un bon ouvrier entraînait souvent la mévente dans une saboterie. C'est ce qui advint. Nombre de clients suivirent le finisseur ; le père Nioche ferma boutique peu après et devint transporteur.

A Ligny, le jeune Marcel n'eut aucun mal à dégoter de l'embauche dans la saboterie du bourg. On lui confia la mise au point des modèles de tour et de creuse qui guidaient les machines, et la finition des sabots. Les machines n'ont jamais pu remplacer tout à fait la main d'un maître gars. Marcel affinait, par jour, une cinquantaine de paires, dégrossies mécaniquement. Comme il ne gagnait pas lourd, tout juste de quoi ne pas mourir de faim, il décida de se mettre à son compte tout en continuant d'assurer le finissage à la saboterie. Il gravait alors les sabots à la rénette à raison de vingt paires à l'heure. Il les décorait selon l'inspiration du moment et croyez-moi, c'était joliment gougé ! Les sabots étaient ensuite vernis.

Au début, l'installation de notre artisan ne fut guère facilitée par le patron de la saboterie qui voyait d'un mauvais œil l'initiative de cet indépendant. Marcel dut serrer les poings pour obtenir du bon matériel. Finalement, il parvint à reprendre le fonds du père Denis, le vieux sabotier du bourg qui lâchait la pratique. La vente des sabots se faisait dans l'atelier.

Il faut dire qu'à l'époque, presque tout le monde portait des sabots. Même les femmes, même les gosses de quatre-cinq ans. Seuls les bourgeois préféraient se chausser de cuir. La clientèle regroupait surtout des gens du pays, ouvriers des bois ou des champs. Une paire de sabots durait un ou deux mois, plus ou moins longtemps selon les travaux de la saison et le pas du paysan. D'aucuns usaient davantage parce qu'ils traînaient les pieds, ou parce qu'ils avaient à marcher souvent sur des sols caillouteux. A battre trop fort de la semelle, on cassait le talon ; à heurter une pierre, on fendait le dessus. Et puis il y avait les brise-fer auxquels rien ne résiste.

Etant encore tout morvasseux, notre Marcel avait reçu un matin d'hiver une jolie paire de sabots. La tentation était grande de courir les étrenner en compagnie des autres marmailles sur la mare gelée. Mais les glissades, ça vous râpe les semelles en moins de deux. A midi, on pouvait passer le pouce par les trous du bois. Le père a sévèrement grondé. Le lendemain matin pourtant, le gamin remettait des sabots neufs que le père avait retaillés dans sa nuit.

Certains élimaient plus que d'autres, bien sûr. On les voyait souvent revenir à cloche-pied, un sabot cassé dans la main. Alors, pour faire plus d'usage, les paysans économes ferraient leurs « bourbettes », les cloutaient ou, plus tard, les ressemelaient avec des bandes découpées dans de vieux pneus. Quoi qu'il en soit, un bon travailleur réclamait au moins ses six paires de sabots par an, quand ce n'était pas davantage.

Au cours des siècles, le métier avait moins évolué dans ses gestes que dans sa façon d'être exercé. Si l'outillage ne s'était guère amélioré, le mode de travail en revanche s'était lentement modifié. Ainsi, en des époques lointaines, peut-être même avant les Prussiens (ce qui ne nous rajeunit point !), les maîtres sabotiers vivaient en famille dans les bois au milieu des bûcherons et des charbonniers. Comme eux, ils gîtaient sous la hutte qu'on appelait le « cul de loup ». Ils taillaient et ils creusaient sur les lieux mêmes de la coupe. En fin de semaine, l'un d'eux s'attelait à la charrette pour la « corvée ». Il allait d'écarts en écarts proposer la production de ses compagnons. Ce colportage se faisait à tour de rôle.

Puis les sabotiers prirent l'habitude, sitôt les arbres abattus, de réintégrer le village où ils tenaient échoppe. Chaque bourg à clocher se devait de posséder son sabotier. La bonne humeur de ce dernier était proverbiale et il suffisait que le bonhomme se départe de son amabilité pour que d'aucuns prophétisent un prochain deuil dans la paroisse.

C'est la Grande Guerre qui marqua un brusque changement dans la corporation. On manqua de bras et l'on ne parvint plus à honorer les commandes croissantes de l'armée. Plusieurs artisans s'équipèrent alors d'une machine capable de dégrossir deux sabots à la fois, un matériel qui se perfectionna vite et augmenta le rendement.

Cette semi-industrialisation eut pour résultat la création des premières saboteries. L'ouvrier n'avait plus qu'à se charger de la finition et d'une éventuelle décoration. La saboterie de Ligny fabriquait quotidiennement ses deux cents paires et celle d'Orléans en sortait le double ! La profession sabotière atteignait son apogée. Ce fut cependant de courte durée car déjà apparaissaient les bottes en caoutchouc, ces godasses sans tenue qui ne tarderaient plus à supplanter la fruste chaussure de bois...

De son côté, Marcel Terquis demeurait fidèle à la tradition ancestrale. Etabli dans son atelier de Ligny, il continuait de travailler comme son père lui avait appris, comme son grand-père avait appris à son père, comme les Terquis avaient toujours besogné. C'est-à-dire à l'outil de main, point avec le secours de la machine. En cela, il maintenait l'ouvrage dans ses coutumes séculaires.

Le métier ne faisait vivre son homme qu'à la condition de ne pas gâcher sa journée en fariboles. Un sabotier qui ne produisait pas ses quatre à cinq paires, de son lever à son coucher, ne gagnait point la croûte de sa maisonnée. Ses mouvements devaient être nets, précis, efficaces, sans repentir aucun. D'un regard il évaluait la juste mesure, la juste entaille, le juste effort. Le redoutable tranchant de ses outils interdisait la moindre étourderie car le tablier de cuir n'aurait guère protégé du geste malheureux. Le sabotier était homme de force et de modération, de rudesse et de minutie. Il connaissait trop la valeur des choses pour se permettre de brasser le vent ou de parler pour ne rien dire.

Marcel abattait les arbres des propriétés à déboiser, à la cognée et au passe-partout ; son épouse l'aidait pour le tronçonnage. Il payait le bois au mètre cube emporté. Les grumes étaient charriées par un roulier jusqu'à un emplacement proche de l'atelier, nommé le « chantier ». On voiturait les grosses branches comme bois de chauffage ; la ramure, abandonnée sur la coupe, fournissait un couvert supplémentaire au gibier.

Le sabotier calait les grumes du chantier sur des chèvres et les débitait en billes, sensiblement à la longueur des différentes pointures à fournir. Il prévoyait néanmoins un bon pouce en supplément pour rattraper la réduction due au séchage. Puis il fendait les billes en quartiers, dans l'atelier, à la hache dite « épaule de mouton ». Il mesurait alors en pouces, une unité valant environ un quatre de nos pointures actuelles. Un sabot de dix pouces équivalait à peu près à un quarante d'aujourd'hui.

Le bois employé couramment restait le bouleau. On le bûchait vert par commodité, il durcissait en séchant. On choisissait quelquefois de l'orme, du hêtre, de l'acacia ou de l'aulne. Les mariniers de l'ancien temps demandaient du peuplier pour ne pas déraper sur les sentines mouillées. On évitait le frêne, beaucoup trop pesant. Mais le bois-sabot de choix, celui que l'on réservait aux bons clients, était sans conteste le noyer. Hélas, on en trouvait si peu dans la contrée que ça ne vaut même pas la peine d'en causer !

Les grumes étaient sciées sur le chantier, en billes, selon les dimensions de chausse. Puis on rentrait les billes dans l'atelier où elles étaient fendues à la hache, sur un tronchet cerclé de fer. Il y avait toujours des méchants quartiers ; les trop noués ou les tordus finissaient en bois de chauffage ; on garait les meilleurs dans un coin. Le dégrossissage des quartiers s'opérait à l'asseau, toujours sur le gros billot, puis on empoignait le paroir pour le bûchage.

Ce paroir était l'outil de taille indispensable. Il se composait d'une longue lame courbe, impitoyable pour l'apprenti maladroit, emmanchée d'un bout à une double manique et formant crochet de l'autre ; ainsi le paroir se fixait-il à la « bique », à l'établi. Morsure après morsure, le sabot prenait lentement sa forme.

Son extérieur façonné, l'ébauche était serrée avec des cales de bois dans un étau rudimentaire, la « coche », pour sa creuse. On commençait à débourrer le talon à la taraudière, puis on fouillait la « bauge de lièvre » au vrillet. Le trou était ensuite élargi avec les cuillères de différentes grosseurs, de douze à quinze lignes (autre mesure d'antan, la ligne correspondait à un douzième de pouce). Une petite gouge, la pousseuse, permettait de foncer à la pointure désirée. Enfin le fignolage s'effectuait au boutoir pour le talon, à la rouanne pour la semelle.

Un habile sabotier mettait un bon tour et demi d'horloge pour tailler, bûcher et creuser une paire de sabots simples. En revanche, une journée de creuse exclusivement pouvait atteindre la vingtaine de paires. En conséquence, plutôt que de façonner sabot par sabot, beaucoup d'artisans préféraient organiser l'ouvrage en petites séries, par gain de temps.

Il y avait toujours un poêle qui ronflait au mitan de l'atelier. Quelquefois pendant la creuse, crac, le dessus d'un sabot éclatait. Résigné, on le jetait au feu. Un travail qui partait en fumée... Le poêle brûlait aussi les copeaux que la sabotière n'avait pas ensachés. Car certaines de ces rognures étaient offertes comme allume-feux aux femmes du voisinage.

En fin de journée, le sabotier rangeait son ouvrage au grenier. Les sabots séchaient là-haut pendant trois ou quatre mois, selon le besoin. Jamais on ne montait des pièces inachevées ; sèches, il aurait été trop difficile d'en terminer la creuse.

Il existait plusieurs modèles de sabots. Les plus portés restaient les « couverts », tout en bois, sans fioriture inutile. Le sabot de l'humble. Plus confortables et fort communs également, les « coussins » se complétaient d'une panoufle de cuir. On garnissait les uns et les autres de paille ou de chiffes pendant les gros froids. Voilà pour les hommes.

Les femmes disposaient pareillement de deux modèles : la « sabotine », une socque munie d'une lanière de cuir, et la « claque » destinée à recevoir un chausson. Les fermières se servaient de ces claques pour vaquer à l'étable ou à la basse-cour ; elles les laissaient dans le corridor en rentrant à la maison et ne gardaient que leurs chaussons dans la pièce-à-vivre. Mais elles renfilaient leurs claques pour lessiver le carreau à grande eau.

Certaines professions avaient leurs formes attitrées. Ainsi les laboureurs de terres grasses. Ceux-là portaient des « bourbettes », des sabots surmontés d'une sorte de guêtres clouées nommées « talonnières » ; ces chaussures permettaient de traînasser dans la glèbe poisseuse sans désagrément. Les maraîchers et les pépiniéristes, eux, achetaient des paires dépareillées ; le dessous du sabot de bêche ne comportait en effet aucune voussure, ce qui facilitait la pesée du pied sur le fer de l'outil.

Les sabots du dimanche étaient évidemment gravés et ornés de quelques fantaisies. Ils coûtaient un peu plus cher. On les prenait pour se rendre à la messe ou à la frairie, en sachant bien les ménager. Le sabotier les teintait au noir de fumée ou au jus d'airelle, ou les imprégnait de cire d'abeille, ou les vernissait et les lustrait de façon à faire ressortir les gravures qui représentaient, le plus souvent, des fleurettes naïves rehaussées à la couleur. Les sabots de fête des hommes et des garçons étaient noirs ; ceux des femmes, des filles et des petits : rouges, roses ou jaunes.

La grosse vente se faisait généralement à la mauvaise saison. En froidures, les sabots s'usaient plus vite à cause des allées et venues dans les landes humides. Le bois s'accommodait mieux des cailloux de l'été que des pitrouillis de l'hiver. Les commandes affluaient durant l'avent car la coutume voulait qu'on se rendît à la messe de minuit chaussé de neuf.

Le client poussait la porte du sabotier, disait le bonjour à la compagnie puis essayait l'article dont la sabotière lui proposait l'emplette. Il apportait le cuir retiré de son ancienne paire pour ne point dépenser inconsidérément. Un sabot devait être chaussant, s'ajuster au cou-de-pied, ne point déformer la marche, ne provoquer ni calus ni durillons. Il ne devait jamais alourdir la jambe des charretiers, ne pas donner l'air pataud aux gourgandines qui dansaient la gaillarde. Un sabot ne s'adapte pas au pied de celui qui le porte, au contraire d'un soulier. Il doit convenir dès l'essayage. Le sabotier connaissait ses bons clients jusqu'au bout des doigts de pieds. Il savait que celui-ci souffrait d'un cor à l'orteil gauche, que celle-ci marchait en traînant la jambe droite, et il parfaisait son ouvrage en conséquence.

Les sabots retenus, l'artisan passait sans attendre à leur finition, devant l'acheteur. Il les polissait au racloir et, à la demande, les gravait et les apprêtait. Il clouait enfin les rebords de cuir récupérés par le client ou achetés chez un corroyeur de la ville. Jadis, sur les sabots du dimanche, on n'utilisait pas les semences mais on cousait les brides au fil poissé. Cet ouvrage délicat revenait le plus souvent à la sabotière...

On ne répétera jamais assez que le métier de sabotier ne récompensait guère celui qui le pratiquait. « Je travaillais pour des malheureux, dit Marcel Terquis, et j'étais aussi malheureux qu'eux ! Une paire de coussins valait dans les cent sous, sans les brides, à peine de quoi se payer deux paquets de gris. Chausser les hommes ou ferrer les chevaux, c'était du pareil au même. Ça ne rapportait guère. Mais que voulez-vous, quand on a toujours vu son père bûcher des sabots, on y prend goût et l'on ne veut pas faire autre chose. »

L'un taille, l'autre creuse

Maurice Douillard était contremaître à la saboterie Nioche où Marcel Terquis, qu'il a très bien connu, perfectionnait son savoir-faire. C'est surtout, précise-t-il, le déclin du sabot qui a poussé l'entreprise à se reconvertir dans les transports.

Notre correspondant était lui-même fils de sabotier. Son père Pierre, un Devoirant dit « Nantais-la-Sagesse », lui avait enseigné la creuse dès l'âge de treize ans. L'atelier paternel employait un compagnon du Devoir pendant huit mois de l'année. En cela Nantais-la-Sagesse respectait la sacro-sainte tradition du compagnonnage qui lui tenait tant à cœur.

Maurice Douillard s'établit par la suite à son compte, au 28 de la rue Saint-Marceau à Orléans. Toujours selon lui, la saboterie de Ligny appartenait à M. Mignon. Ce dernier venait chaque semaine lui demander certains modèles de tour et de creuse dont il avait besoin, en plus de ceux que pouvait lui fournir Marcel Terquis. Un habile ouvrier, estime-t-il, ne finissait par jour, derrière la machine, qu'une trentaine de sabots ; et il s'agissait de ne pas lambiner.

Dans la clientèle de Maurice Douillard, c'étaient les jardiniers qui revenaient le plus souvent. Ils usaient leur paire par mois.

Rien qu'en observant un sabot, un homme du métier devinait d'où il provenait et qui l'avait créé, chaque sabotier possédant sa facture propre. L'enjouement coutumier de la profession s'expliquait du fait que les chausseurs de bois ne recevaient d'ordre de personne. Le patron et son ouvrier travaillaient en parfaite entente, le premier taillait pendant que le second creusait.

Le déclin du métier traditionnel s'amorça lorsque les saboteries industrielles se créèrent un peu partout. Une concurrence déloyale s'installa. Le soir, leur journée finie, les ouvriers emportaient des brassées de sabots qu'ils essayaient de fourguer dans les fermes pour arrondir leurs gages. Le prix était le même entre un sabot façonné à la main et un sabot de machine – mais pas la qualité !

Les gens ne voyaient pourtant pas la différence, ou ne voulaient pas la voir. Et puis les bottes de caoutchouc déferlèrent en masse et là, après la Seconde Guerre, tout fut balayé en moins de temps qu'il n'en faut pour le raconter. Des bottes en caoutchouc, des bottes, toujours des bottes, les paysans ne désiraient plus que ça. Ils suaient dedans, leurs pieds gonflaient, mais je t'en fiche ! il n'y en avait plus que pour ces satanées bottes ! Le sabot, pouacre !

Marcel manqua de commandes. Il dut boucler son atelier. Il n'assura plus ni les modèles ni les finitions de la saboterie, qui ferma à son tour. Le métier était mort, définitivement mort.

Aujourd'hui, il ne reste qu'un vieil homme qui se souvient. Ce métier de gratte-petit, bien sûr qu'il le regrette, Marcel Terquis ! C'était un travail pénible, mais propre, qui demandait autant de goût que d'adresse. Et lui, le brave grand-père, ne peut s'empêcher de montrer les dernières paires qu'il a sculptées avec des outils désormais rouillés. Il en tire une saine fierté, de cet ouvrage-là.

Vous ne verrez jamais tant de regret dans l'œil d'un marchand de bottes en caoutchouc.

Rencontre du printemps 1983.

Le cordonnier

S'il existe au pays une famille qui a honoré le bon saint Crépin sans défaillir, depuis des générations et des générations d'affilée, et de la manière qui convenait, c'est bien celle des Arnault ; ou alors j'y connais moins que rien !

Celle des Arnault de Bazoches-les-Gallerandes, oui. Car dans cette maison, chacun avait à cœur d'être cordonnier de père en fils sans jamais s'écarter dudit ouvrage, la fidélité à une corporation valant autant que la fidélité à des idées. Reprendre les outils des ancêtres pour les maintenir en usage, les manier avec une dextérité constante et ne jamais s'en servir à mauvais escient, en galvaudeux, voilà qui tenait du devoir plus que de la tradition : un devoir envers celui qui partait et à qui on montrait que l'échoppe ne mourrait point de sitôt ; mais un devoir aussi envers celui qui viendrait, qui en était encore à sucer son pouce et que l'on devait déjà penser à installer dans un honnête métier, un de ceux dans lesquels on n'avait pas à baisser le front, sinon pour l'exercer mieux.

En cela, Roger ne forlignait nullement : il n'avait que les pieds d'autrui en tête, ce qui ne signifie point – oh, mais point du tout ! – qu'il se plaisait à raisonner comme un sabot.

Pour tout l'or du monde il n'aurait accepté de changer de destin, Roger. Et pourtant, comme autrefois, quelles que fussent son habileté et la perfection en son art, le cordonnier ne recueillait qu'une piètre estime parmi les autres artisans. On prétendait que ce métier était celui des bancroches, des malbâtis qui ne pouvaient pas rester debout sans fatiguer. Un métier d'infirme, quasiment. Alors, naturellement, on avait tendance à considérer le bouif d'un œil condescendant, à grimacer aux odeurs de cuir qui flottaient continuellement autour de lui. Chafouin, bancal et nauséabond : le cordonnier se retrouvait vite caricaturé, dans l'imagerie populaire, sous les traits d'un vilain savetier.

La profession, il est vrai, collectionnait les boiteux et les jambes de bois. Cela paraissait presque une farce puisque la gloire de tout chausseur, fabricant ou raccommodeur, était de permettre à ses contemporains d'aller droit, et sans difficulté. Mais les cordonniers semblaient souvent les plus mal chaussés, on connaît le proverbe. A une époque où la poliomyélite causait de terribles ravages chez les jeunes, en un temps où les travaux pénibles estropiaient des gaillards pourtant vigoureux, où les guerres laissaient de nombreux invalides traîner un pilon ou une patte folle, la cordonnerie offrait aux éclopés une chance de se rendre utiles encore et de ne point vivre aux crochets de cette société qui les avait esquintés.

Oui, le cordonnier avait là un bien fichu métier. Quiconque besogne dans le ribouis ne voit pas l'attrait le plus séduisant des individus, évidemment. Toutefois, la corporation avait tenu le haut du pavé, jadis. Etablie en jurandes et maîtrises, la communauté obéissait à une organisation très compliquée qui comptait une multitude de dignitaires, et cela dès 1268, sous le règne de saint Louis. On y distinguait quatre corps principaux : les « cordouanniers » qui taillaient le chevreau de Cordoue et dont la cordonnerie tire son origine étymologique, les

« sueurs » qui cousaient et apprêtaient les chaussures, les « chavetonniers » qui mettaient en œuvre la basane, et les « savetiers » qui n'accomplissaient que les réparations des souliers usagés.

Ces catégories comprenaient d'autres ouvriers spécialisés, parmi lesquels on notait les baudroyeurs, les bottiers, les bouchonniers, les marchands de chausse-pieds, les faiseurs de chaussons, les fabricants de cirage et de graisse, les décrotteurs, les formiers, les galochiers, les passe-talonniers, les patiniers, les sabotiers et les colporteurs de lacets.

Les registres de la taille, en 1292, recensaient deux cent vingt-six cordonniers dans la seule ville de Paris ; il y en avait plus de dix-huit cents à la Révolution. C'est dire que le métier de « chaussurier » marchait bien et qu'il nourrissait convenablement son monde. Pour preuve de cette prospérité, l'argot des faubourgs abondait en termes attachés à la cordonnerie et à ses gens. En langage de rue, un maître était un « pontife » ou un « galifard », tandis que le « sabrenot » qualifiait plus précisément le savetier. On disait aussi le « porte-aumusse », par allusion au tablier que portaient les bouifs, ou le « beurlot » pour ceux qui ne possédaient qu'une fort modeste échoppe. L'ouvrier chevronné était le « goret » ou le « gniaf », alors que l'apprenti devait se contenter du surnom de « pignouf ».

À la botte du Roy

Dès la moitié du XIIIe siècle, la corporation des cordonniers se dota de statuts fort rigoureux qui en firent une des communautés les mieux organisées du royaume de France. Le droit d'exercer ce métier avait alors valeur de privilège. Il en coûtait seize sols au postulant, pas un de moins : dix à verser dans la cassette du chambellan et six pour l'escarcelle du chambrier de la Maison royale. Avec dix sols de l'époque, on pouvait s'acheter un mouton gras.

N'était reconnu maître en son art que celui qui avait prêté le serment solennel de pratiquer « le mestier bien et loiaument ». L'impétrant formait autant d'ouvriers qu'il désirait, aux conditions d'apprentissage qui lui agréaient. En retour il devait respecter l'interdiction formelle de travailler à la chandelle, sauf lorsque ce travail répondait à un besoin de sa propre parentèle ou, plus exceptionnellement, à une commande du Roi. Tout ouvrage cessait obligatoirement le samedi à six heures après midi, aux vêpres sonnées ; il ne reprenait qu'à l'aube du lundi.

La vente des socques, poulaines et autres chavates ne se déroulait que dans la discrétion des échoppes, à l'insu de la cohue. Il y avait impudeur, en effet, à se chausser comme ça, au regard des badauds. L'étalage des souliers n'était autorisé que le septième jour de la semaine. En outre, les saintes veilles de Pâques et de la Pentecôte, les cordonniers avaient la permission d'œuvrer sur les lendits et les foires, à charge pour eux d'acquitter une taxe supplémentaire.

La réglementation de la corporation, déjà stricte, fut encore aggravée par lettres patentes en 1614. Un cordonnier ne put engager qu'un seul apprenti à la fois, et tout contrat dut être signé devant notaire. L'obtention de la maîtrise exigea la réalisation d'un chef-d'œuvre en présence de six jurés, à l'exception des fils de maître qui en furent exemptés, ainsi qu'iceux avaient « accoutumé de toute antiquité ». Enfin, chaque cordonnier dut apposer sa marque distinctive sur les chaussures qu'il confectionnait, afin que les argousins pussent aisément en déterminer l'origine et, subséquemment, confondre les faiseurs frauduleux.

La godasse bénéficiait d'une certaine richesse de vocabulaire, elle aussi : c'étaient, selon la mode et la verdeur du moment, le sorlot ou la tatane, la grole ou la pompe, le croquenot ou le godillot, la targette ou l'écrase-merde.

La tradition – qui s'est maintenue de nos jours – commandait que l'on vénérât deux bienheureux : saint Crépin et saint Crépinien. D'après la légende hagiographique, il s'agissait de frères issus de la noblesse romaine. Convertis au christianisme, ils avaient embrassé la profession de cordonnier afin de semer la bonne parole sans éveiller la méfiance des persécuteurs. Ils furent martyrisés en 287, dans le Soissonnais, province de la Gaule Belgique qu'ils évangélisaient. Leur culte daterait de l'aube du Xe siècle. Le crépin désigne maintenant le fournisseur du cordonnier, le saint-crépin ne s'appliquant qu'à son outillage.

Au Moyen Age, la fête patronale était un jour de grandes réjouissances. Chaque vingt-cinquième d'octobre occasionnait une procession de la confrérie. On se rendait à l'église pour y entendre une homélie, puis on se réunissait en un fameux banquet qui se prolongeait tard dans la nuit. Les pratiques religieuses furent abandonnées à la chute de l'Ancien Régime, mais les ripailles se poursuivirent. De nos jours, la Saint-Crépin est célébrée le dimanche le plus proche du 25 octobre. Les festivités sont souvent organisées, selon un déroulement de tour, par un artisan du département. Il n'en fut pas ainsi partout. A en croire Roger Arnault, la Saint-Crépin était un jour ordinaire du côté de Bazoches. On travaillait tout autant, saint patron ou non, et il n'était pas question de fourrer ses deux pieds dans le même soulier. Pas de gâteau, pas même une bouteille de derrière les fagots à déboucher. Un cordonnier ne s'arrêtait de s'échiner que lorsqu'il se trouvait à l'article de la mort, et encore ! Le Premier de l'an, le Quatorze juillet, la Toussaint, Noël, rien ne le distrayait de sa tâche journalière. Il ne consentait à fermer boutique qu'aux grands événements familiaux, pour un mariage ou pour un baptême. C'était ça, la vie quotidienne au début de ce siècle, dans nos campagnes : le bon vieux temps, comme regrettent d'aucuns qui ne l'ont point vécu.

Le métier d'alors n'était guère admiré, il faut le répéter. Une histoire courait à ce propos, une histoire – vraie ou fausse, mais significative ô combien ! – que Roger a souvent entendu raconter par ses parents. Un fils de bonne famille n'avait pu épouser l'élue de son cœur, par suite d'une interdiction formelle de son propre père. Le malheureux soupirant avait aussitôt écrit à sa famille : « Puisqu'il en est ainsi, je déshonorerai notre nom et lui ferai honte. Je me ferai cordonnier. »

Mais il eût fallu davantage que cette terne réputation pour décourager les Arnault, lesquels œuvraient dans la chaussure depuis belle lurette. L'arrière-grand-père François, un Devoirant qui effectuait probablement son tour de France, avait débarqué au bourg un clair matin de printemps, un pauvre havresac rapiécé pour tout bagage. Sa route ne le mena pas plus loin : il s'y maria à une fille des environs, et se fixa là. Ses deux fils reprirent la suite, l'un prénommé Louis à Bazoches et l'autre à Saint-Aignan-sur-Cher. Robert assura plus tard la succession de son père Albert, tout naturellement. On ne se compliquait pas la vie pour choisir un métier, à l'époque : on reprenait celui du père, et tout était dit. Les états d'âme demeuraient le privilège des riches héritiers, une fortune déjà constituée autorisant quelques atermoiements. Mais peu d'enfants naissaient coiffés, hélas !

Au royaume des ombres

Les règnes se suivent mais ne se ressemblent pas. Les actes paroissiaux du XVe siècle démontrent combien certains artisans, et notamment les cordonniers, étaient nécessiteux peu avant la Révolution.

Alain Maas, de Boulay, nous communique un de ces documents terribles. Il y est mentionné le décès d'une veuve âgée de soixante-quatorze ans, dont le gendre réparait les chaussures. La mort survint « un moment après minuit », ladite femme étant « administrée des sacrements de l'Eglise », mais l'enterrement eut lieu « vers les cinq heures du soir à cause de la pauvreté des enfants qui n'avaient ni lampe ni bois pour veiller selon l'usage pendant la nuit ».

Une illustration, macabre, du fameux proverbe : « Le temps, c'est de l'argent. » Et réciproquement.

« Le métier constituait un véritable sacerdoce, insiste Roger. Vocation ou pas, le garçon aîné devait poursuivre la besogne entreprise par ses ascendants. Il n'était pas pensable d'exercer un autre métier que celui des parents. Je dis : de ses parents, parce que ma mère travaillait aussi à la cordonnerie. Elle était très habile ; je la revois tirer sur le fil poissé. »

Les quatre dernières générations de Arnault, à Bazoches-les-Gallerandes, se consacrèrent donc à la chaussure. Au-delà, on ne saurait rien affirmer. Les petites gens de jadis ne se souciaient guère de ceux qui les avaient précédées en ce bas monde. Qui avaient été leurs ancêtres et qu'avaient-ils accompli ? Voilà des questions qui ne troublaient le sommeil de personne. Les contraintes de la vie effaçaient vite les souvenirs émus. Lorsqu'un vieux mourait, on l'enterrait et on n'en parlait plus. On finissait par oublier son visage, puis son nom. Après une dizaine d'années ponctuées d'autres malheurs, le bonhomme ne survivait plus dans aucune mémoire, ou peu s'en fallait. Les arbres généalogiques ne s'étendaient pas en profondes forêts, en ces temps d'autrefois.

Au vu de ses résultats scolaires qui lui valaient constamment une fortune d'images et de bons points, le petit Roger aurait certainement pu prétendre à un avenir doré. Mais le sort en avait décidé autrement. Il était né dans une cordonnerie, il serait donc cordonnier. A quatorze ans, sitôt l'inutile certificat en poche, le gamin s'assit auprès de son père dans l'atelier imprégné des épaisses senteurs de cuir et de graisse. Et c'est en regardant travailler l'ancien que l'enfant acquit les rudiments de son savoir-faire. Les gestes du vieux, automatisés par la routine, furent autant de leçons pour le jeune.

Mais tout enseignement, aussi bon soit-il, ne suffit point à modeler un garnement en un ouvrier émérite. Avant de pouvoir s'enorgueillir de la totale qualité de cordonnier, Roger dut s'affranchir de toutes les corvées du métier, comme n'importe quel autre arpète. Sa condition de fils de la boutique ne lui épargna rien là-dessus. N'accédait au plus noble de l'activité – la conception de la chaussure – que celui qui avait dûment accompli, et réussi, l'interminable série des opérations préparatoires. Etapes fastidieuses, bien sûr !

Un apprenti devait attendre deux ans avant de se voir confier un ouvrage enfin intéressant ; et il devait patienter encore autant avant de se vanter de bien connaître le maniement des outils. Tant qu'il n'avait pas achevé ses classes, on ne le prenait guère au sérieux.

Comme dans l'autre métier du gros cuir, la bourrellerie, la formation débutait par l'apprêtage du ligneul, le fil enduit de poix. Il se poursuivait par le martelage des peaux corroyées : un véritable supplice de brigands promis à la roue. Le gamin en avait les genoux meurtris, rompus. S'il osait niaisement s'en plaindre, la réplique tombait net : ce n'était que le métier qui lui rentrait au corps. Alors, par crainte de se faire moucher trop rudement, le gamin préférait rester morveux : il prenait son mal en patience et il serrait les dents quand la douleur devenait une torture…

Chaque soir, son ouvrage d'établi terminé, le cordonnier détaillait le cuir dont il aurait besoin le lendemain. Les bandes étaient mises à tremper pendant une heure dans un baquet d'eau. Ce bain devait être renouvelé matin après matin car les produits tannants, s'y dissolvant, l'altéraient vite en un liquide brunâtre particulièrement fétide.

Le cordonnier égouttait ensuite le cuir qu'il déposait dans un endroit frais, afin que l'humidité se répartisse uniformément en surface. Le ressuyage durait la nuit. Au lever, le cuir se travaillait aisément ; mais il convenait de procéder à son martelage auparavant. C'était là l'épreuve quasi initiatique à laquelle se soumettait tout apprenti.

Le gamin s'asseyait sur un tabouret et calait la batte sur ses genoux. Cette batte était une sorte d'enclumot d'une longueur de vingt centimètres environ, en bois très dur, en pierre ou en fer. Celle des Arnault avait été bricolée, par le forgeron de Bazoches, dans le bandage de roue d'une vieille charrette. Ainsi rencogné dans son pan d'ombre, au fond de l'atelier, l'apprenti frappait à petits coups rapprochés et réguliers la croûte du précieux cuir, de façon à en resserrer les fibres gonflées d'eau.

Et cette opération de durcissement, monotone et douloureuse, s'éternisait des heures et des heures, au grand chagrin de celui qui la pratiquait. Au soir, le pauvret avait une peine du diable à se relever de son tabouret. Ses genoux endoloris lui causaient une vive souffrance ; et il tremblait à l'idée de devoir recommencer le lendemain, le surlendemain, longtemps encore probablement. A lui faire battre le cuir, on le forçait à se battre lui-même !

Selon la coutume, les apprentis n'étaient pas rémunérés, ou fort peu, sous prétexte qu'ils recevaient un métier dont ils pourraient bientôt vivre honnêtement, ce qui constituait déjà un salaire d'une valeur inestimable. Résultat : un apprenti ne demeurait jamais en place. Sitôt débrouillé, il s'empressait d'abandonner son patron pour trouver de plus intéressantes conditions auprès d'un autre employeur. De ce fait, les commis cordonniers se succédaient à une cadence rapide dans la plupart des ateliers. Grâce à ce papillonnage, nombreux étaient ceux qui se parfaisaient en découvrant les mille et une manières d'œuvrer. Pour eux, la bougeotte n'indiquait nullement une fâcheuse inconstance mais, au contraire, une boulimie d'en apprendre toujours davantage.

Bien évidemment, lorsqu'il s'agissait du fils de la maison, le garçon ne cherchait pas ailleurs ce qu'il tenait à portée de main. Sauf, bien entendu, quand la demande ne suffisait plus à occuper deux hommes dans la cordonnerie, situation pour le moins rarissime en un temps où la parcimonie conseillait davantage le ravaudage des effets usagés que l'achat des choses neuves. Il fallait vouloir jouer de coquetterie, à la dame ou au monsieur, et tenter de péter plus haut que son cul, pour changer de souliers comme on changeait de chemise. Le futile passait loin derrière l'utile, ça oui ! Du costaud d'abord, bien cousu et bien ferré aux bouts ; on verrait l'agrément après. Il serait toujours assez tôt de songer au superflu.

La position de l'ouvrier accompli n'était guère plus enviable que celle de l'apprenti. Tout allait le mieux du monde tant que l'ouvrage abondait, en dépit de gages très modestes ; mais dès que la clientèle se raréfiait et que la besogne diminuait, l'artisan ne tournait pas cent sept ans autour du pot avant de congédier ses compagnons. Sans le moindre préavis, sans indemnités de licenciement, rien que ses yeux pour pleurer. Alors c'était vite dégoter une nouvelle embauche ou se laisser crever de faim sur le trimard, comme le dernier des vagabonds.

Cette cruelle alternative entraînait toutefois une terrible sélection, qui débarrassait la profession de ses jean-foutre. Roger Arnault l'atteste nettement : l'époque ne supportait pas les mauvais ouvriers. Quiconque ne donnait pas satisfaction se retrouvait immédiatement à la rue, sans au revoir ni merci !

Impitoyable, la vieille école, certainement ; mais quels artistes elle formait ! Et quelle conscience, quel désir de perfection elle savait leur inculquer pour tout principe de vie ! Qu'importait de ne point gagner gros si le travail était irréprochable ! Souventes fois, le père de Roger s'attardait à contempler une chaussure qu'il venait de réaliser. Il la caressait, la flattait, tandis qu'un sourire d'intense contentement illuminait son visage. De la vanité ? Que non, le brave homme ! mais la fierté d'avoir réussi un chef-d'œuvre, sans aucun doute. Quoi qu'il en soit, cette pincée d'orgueil intérieur s'envolait dès qu'il franchissait le seuil de son échoppe, le bonhomme n'étant pas sujet à étalager ses petites joies devant les passants. On avait sa pudeur, saperlotte !

Une anecdote est significative quant à l'état d'esprit qui animait Albert Arnault. Sur son lit de mort, à quelques instants de rendre l'âme, le vieux cordonnier ne s'inquiétait que de la paire de chaussures qui devait être retirée le jour même : avait-elle été réparée correctement ? Son travail était sa raison d'être, ce fut donc son ultime pensée.

On s'approvisionnait chez le crépin pour tout ce qui touchait aux matériaux et au matériel. Trois magasins se partageaient le marché dans la bonne ville d'Orléans, trois magasins où se rencontraient les cordonniers des alentours. On y achetait les clous et les semences, le fil à poisser et les colles, bref l'ensemble des fournitures. C'est là, aussi, qu'on s'outillait, là qu'on trouvait les instruments de facture soignée, indispensables à un rendu de haute tenue.

La fable du savetier affable

L'anecdote est bien ancienne – 1924 ou 1925 – et je ne parviens plus à retrouver dans quel village de la Beauce pouilleuse elle se passait.

Ce village possédait un centenaire dont il tirait grande fierté. Il y avait de quoi car ce vénérable bonhomme raisonnait sainement et montrait encore bon pied bon œil. Savetier de son métier, il ne consentait pas à prendre sa retraite pourtant méritée.

On l'apercevait dans son atelier, le pied de fer entre les genoux, battant allègrement la semelle d'une vieille godasse. Naturellement, son travail n'était ni fait ni à faire. Notre savetier ne s'en rendait pas compte, mais il constatait néanmoins avec dépit qu'un ressemelage qui lui demandait jadis une heure ou deux, l'occupait maintenant une journée entière.

Bien sûr, on ne pouvait absolument pas utiliser les souliers raccommodés par ses vieilles mains. N'importe, les villageois lui confiaient toujours de la besogne et le payaient grassement, quitte à se faire rembourser derrière la porte par son fils. Ne trouvez-vous pas que cela rappelle étrangement l'histoire de maître Cornille racontée par Alphonse Daudet ?

(Lettre de Lucien Collinet, de Chartres.)

Un bon ouvrier ne se sert que de bons outils, prétendait le dicton ; et ça ne semblait point faux. Bien que n'exerçant pas le métier, le crépin n'en ignorait aucun secret, aucun truc. Il proposait donc l'attirail adéquat : les alênes, les griffes, les roulettes, les ébourroirs, les tranchets, tous ces objets qui piquaient, qui apprêtaient, qui sectionnaient. Il fournissait également les pinces, les marteaux, les pieds à coulisse, les embauchoirs et les enclumes. Et le cuir, bien sûr.

La confection des chaussures nécessitait des peaux entières, coupées par moitié sur l'échine. « C'était le messager qui livrait ces rouleaux de plus d'un mètre cinquante de haut, se souvient Roger. Mes sœurs et moi, nous y jouions à cache-cache. Cela faisait notre bonheur de gosses ! »

Ces peaux provenaient des tanneries de la région. L'industrie du cuir était alors prospère ; elle enrichissait la réputation d'innombrables localités parmi lesquelles on notait celles de Vendôme, de Montargis, de Château-Renault, d'Henrichemont, de Meung-sur-Loire... En plusieurs bourgades où l'honorabilité augmentait en proportion du compte en banque, le maître d'une tannerie était une personnalité si importante que l'écharpe du maire lui revenait presque de droit.

De la qualité du cuir dépendait la qualité de l'ouvrage, pour une grande part. Le plus talentueux des cordonniers ne pouvait modifier, par sa seule dextérité, un vilain chagrin en une douce fleur ; c'était l'évidence même. Les cuirs variaient en fonction de la race des bêtes, de la nourriture et du mode d'élevage. La contrée d'origine représentait aussi un élément déterminant, notamment en raison de la salinité de l'air qui finit par modifier la texture des peaux. Il fallait également compter avec les marques laissées par l'aiguillon du bouvier, les égratignures causées par les ronces ou les barbelés contre lesquels les bovins se frottent et se grattent, les piqûres de taon, les cicatrices diverses. L'accident survenait parfois au tannage. Un couteau à décharner qui dérapait, qui entaillait, et c'était une coutelure dont le drayeur se mordait les doigts !

La dépouille fraîche de l'animal – qu'on nommait indifféremment la peau verte, la peau en poils ou la peau de boucherie – se transformait en cuiret après son dépilage et son écharnement. Le tannage qui suivait aboutissait au véritable cuir, matière résistante et imputrescible qu'aucun substitut synthétique n'égalera jamais.

Les peaux de jeunes bêtes composaient le haut de

gamme. On les réservait aux souliers chics, aux escarpins des demoiselles, aux chaussures du dimanche. On n'obtenait un chevreau impeccable qu'en abattant des biquets non sevrés. Le box-calf, le vélin du cordonnier et du maroquinier, exigeait un tannage particulier à base de chrome, tandis que le mouton était traité au sumac et à la noix de galle.

Ces cuirs souples et légers servaient aux empeignes, aux dessus des chaussures. Les semelles utilisaient des croupons inusables, épais, qui étaient découpés dans la partie dorsale des peaux de bœuf. On doublait les intérieurs à la basane. Autant de règles qui n'ont plus cours de nos jours, à écouter Roger. « Les semelles sont maintenant en caoutchouc, révèle-t-il. On taille des chaussures dans un cuir lourd que l'on divise, dans l'épaisseur en tranches fines. Ils appellent ça les "croûtes". Mais les fibres sont rompues, ce qui enlève la solidité et l'imperméabilité au cuir mis en œuvre. Désormais, les peaux de jeunes bêtes filent chez les bottiers. Il en sort des articles de luxe vendus à des prix inouïs, sans commune mesure avec les moyens pécuniaires du populo ! »

Une belle peau de vache s'inscrit dans un carré d'un mètre de côté, à quelque chose près. Dedans, on taillait une dizaine de paires de chaussures. On n'employait que le quart de la meilleure qualité, le restant étant destiné aux réparations et aux menues affaires. Par principe, un cordonnier ne jetait aucune chute, aucune rognure.

Bien souvent, ces menues affaires ne rapportaient pas un sou. Même si les petits services finissaient par lui manger énormément de temps, l'artisan ne pouvait pas facturer ce que les clients prenaient pour un service amical. Au ton qu'ils avaient en demandant combien une de ces broutilles leur coûtait, le cordonnier comprenait que le dépannage qu'il venait d'accomplir ne méritait pas un soupçon de salaire.

Les pesants attelages qui s'ébranlaient tôt le matin, à la nuit encore noire, Roger croit toujours les entendre. Le défilé s'étirait devant la boutique dans un crissement de roues sur la pierraille de la rue, les claquements de fouet et les jurons. A cette époque, les patrons exigeaient que les charretiers se rendent au travail avant la pointe du jour, afin de ne pas perdre un instant de labour. Ceux-ci attendaient donc l'aube sur quelque bout de champ, en grelottant, la roupie au nez et les doigts gourds. L'heure du lever avait sonné pour le cordonnier. Car d'aucuns, quand ils passaient devant l'échoppe, ne pouvaient s'empêcher de cogner aux volets. C'était souvent pour remplacer un lacet cassé. Un lacet qu'ils ne payaient jamais, bien évidemment, comme si le cordonnier avait su où s'en procurer gratis, en veux-tu en voilà !

La journée était longue, très longue. Commencée tôt avant l'aurore, elle s'achevait tard, jusqu'après des minuits lorsque les commandes se bousculaient. Parfois, les journaliers que la fermeture du bistro poussait à la rue, attirés par les battements du marteau et la nitescence de la fenêtre, venaient bavarder dans la cordonnerie malgré l'heure indue. Roger entendit maintes fois sa mère évoquer le souvenir de ces visiteurs du soir, un peu gueulards mais pas méchants pour un sou, dont la bonne humeur réchauffait l'atelier et qui, hélas ! ne devaient jamais revenir des tranchées.

Ces nuits de veille laborieuse se déroulaient dans le halo blafard de la fameuse (et fumeuse !) lampe à pétrole Matador, lampe qui était suspendue dans chaque échoppe de cordonnier. « Comment pouvait-on travailler si bien avec une lumière si faiblarde ? » s'interroge encore Roger.

Une lanterne mal éclairée

Marcel Chevreau, d'Orléans, fils de cordonnier, nous signale que le terme. « Matador » qualifiait le bec et non la lampe. Il ajoute : On disait une « lampe à bec Matador ». Celle de mon père, par exemple, était sur pied. Le soir venu, le cordonnier la posait sur son « veilloir » (nom de la table de travail) au milieu des boîtes de pointes et de clous, et réglait la position de l'abat-jour de façon que la lumière ne lui vienne pas dans les yeux mais tombe seulement sur son ouvrage. Le bec Matador éclairait très bien mais consommait beaucoup de pétrole, au moins un litre par jour en hiver.

L'électricité n'a illuminé le bourg qu'en 1922. On n'en usa d'abord qu'à l'économie, davantage par méfiance que par pingrerie. On devait se familiariser avec ce nouvel éclairage. Sans se laisser éblouir, sans se brûler les yeux aux aveuglantes incandescences d'un progrès dont on ignorait les inconvénients. Le bruit courait que les ampoules électriques causaient des amblyopies, des cécités même, et que les fils qui dispensaient le flux énergétique provoquaient de fréquents incendies. Vous comprenez mieux pourquoi les campagnes y regardaient à deux fois avant de se mettre au courant, dans cet entre-deux-guerres où l'on mordait si volontiers aux plus invraisemblables balivernes !

L'été, le cordonnier profitait au maximum de la clarté du jour. Un ami nous confiait l'autre jour que son père, qui réparait les chaussures à l'entrée du faubourg de Bourgogne, à Orléans, avait installé son établi au plus près d'une fenêtre de la boutique. Mais par soleil trop généreux, il devait tirer le rideau afin de ne point fondre en sueur. Le brave homme n'apercevait donc plus, des passants qui déambulaient sur le trottoir, qu'une incessante suite de pieds anonymes plus ou moins pressés.

Eh bien ! malgré cette vision de la faune citadine à ras du pavé, il parvenait à reconnaître ses clients parmi la multitude, sans jamais se tromper, uniquement à leur façon de marcher et à leurs souliers !

Nous le disions plus haut : un savetier ne relevait guère la tête de son ouvrage. Ni congés annuels, ni matinée de repos hebdomadaire. Des jours fériés à l'exception de la Saint-Crépin, aucun. On travaillait également le dimanche. « Je serais même tenté de dire que c'était le jour où l'on travaillait le plus ! » rectifie Roger. Souvent, une mère de famille attendait le dimanche, en effet, pour venir chausser ses enfants. Elle s'attifait, se mettait sur son trente et un, allait jusqu'à se pomponner – sans toutefois verser dans l'excès, par crainte d'alimenter les cancans. La visite aux commerçants constituait pour beaucoup une sortie aussi courue que la grand-messe : une distraction, un plaisir. Ces dames, isolées dans leur ferme lointaine la semaine durant, se rencontraient sur le marché, papotaient à l'envi, de tout et de rien, et s'échangeaient des commérages resucés qu'il convenait d'épicer un brin pour leur redonner de la saveur. Elles s'enquéraient enfin des soldes proposés, des braderies, des fins de séries. La notion de mode n'importait guère quand on pouvait habiller les loupiots à bon marché.

C'était aussi le dimanche que le cordonnier, sachant trouver les gens à la maison, faisait le tour des villages environnants pour ramasser les souliers à réparer. Tandis que le père de Roger s'activait dans l'échoppe, le grand-père partait battre les alentours à pied, un grand sac de toile noir sur le dos. Les chaussures, sitôt ravaudées, étaient retournées à domicile par un commissionnaire dont le pourboire, pourtant maigrelet, grignotait une part importante du bénéfice.

Les charretiers appréciaient cette rapidité de service

car la plupart d'entre eux ne possédaient qu'une seule et unique paire de brodequins. Ils devaient donc la récupérer le dimanche soir, dernier délai, pour ne point paraître des va-nu-pieds le lundi matin, à la reprise du boulot.

Le sabot était toujours porté au fin fond des campagnes, dans les fermes, lors des besognes de cour. Pour curer les bestiaux ou pour battre en grange, il suffisait amplement. Il convenait également aux maraîchers qui cultivaient le légume dans les courtils du marais, aux laboureurs qui ne retournaient que des champs sablonneux. Mais quand le terrain se faisait plus gras, plus boueux, quand le guéret collait aux pattes, quand la glèbe alourdissait le geste et l'allure, alors il devenait prudent de chausser de solides croquenots qui tenaient mieux aux pieds, des brodequins qu'on laçait serrés, tant on craignait de les perdre dans le pitrouillis. En Sologne où l'on ne rencontrait pas que des paysans riches, les charretiers se contentaient de « bourbettes », de sabots tout ordinaires sur lesquels le cordonnier – ou le sabotier – cousait une tige façon guêtre.

La concurrence n'opposait pratiquement pas le chausseur de cuir au chausseur de bois. Chacun avait sa clientèle et les produits de l'un se différenciaient de ceux de l'autre. Cela n'empêchait point, cependant, les deux de vendre des galoches. C'était uniquement sur cet article qu'une petite rivalité risquait de poindre entre eux. Mais toute bisbille s'effaçait vite puisque les sommes retirées de ce pauvre négoce ne méritaient vraiment pas que des artisans d'une même localité s'entrebouffent le nez pour si peu !

La galoche restait néanmoins le soulier idéal de l'écolier. Elle se composait d'une semelle de bois et d'un dessus de cuir épais, montant et quelquefois garni d'une lanière à boucle. Les manufactures en assuraient la fabrication. Ainsi chaussés, les enfants se riaient du froid et des flaques d'eau sur le chemin de l'école, donc des engelures. Cette chaussure rustique s'avérait fort appréciée, aussi, les jeudis de longues glissades sur les mares gelées.

Mais il fallait que tout dure pour qui voulait dépenser moins, tant et plus, les galoches comme les frusques. Alors le père renforçait les semelles avec les morceaux d'un vieux harnais, avec des bouts de pneu, avec une bardée de clous. Malheureusement, le résultat n'était pas toujours celui qu'on envisageait. On ne s'improvise pas cordonnier sur une lubie. C'était la semelle qui se fendait, ou c'était le cuir qui se déchirait sous un marteau mal maîtrisé. Un massacre. Des godasses bousillées pour quelques centimes chipotés ! Pareil pour les fers, que certains radins tiquaient à faire clouer sur des chaussures neuves, rapport aux trois sous que ça leur aurait coûté. Conclusion : les chaussures s'usaient cent fois plus vite ! On perd souvent beaucoup à essayer de gratter sur tout. L'épargne n'apparaît pas forcément le meilleur moyen de s'enrichir, faut bien réfléchir !

Ces galoches, mi-souliers, mi-sabots, faisaient autant d'usage qu'elles le pouvaient. Etrennées par l'aîné à la rentrée scolaire, elles profitaient au cadet à l'octobre suivant, puis au benjamin l'année d'après. Pour finir, elles étaient offertes à une famille nécessiteuse du voisinage. Je me souviens en avoir traîné pendant mes tout premiers hivers à la communale, au début des années 1950. Nombre d'enfants étaient chaussés à la même enseigne, dans mon village de Beauce. Les pénuries de l'après-guerre s'éternisaient : on n'achèterait donc rien tant que les réserves, précautionneusement constituées durant l'Occupation, ne seraient pas épuisées. Chacune de ces galoches représentait une douzaine d'œufs au marché noir, peut-être, ou une corbeillée de patates. Cela ne contribuait qu'à les rendre plus chères aux yeux des mamans prévenantes !

Mais tout le monde ne partageait pas les mêmes valeurs, et Roger fut de ceux qui en firent les frais.

En octobre 1945, à la sortie des hostilités, il passa la commande habituelle à son galochier attitré, en prévision de la saison hivernale qui approchait. Par malchance, il ne fut livré qu'en février, bien trop tard pour écouler le stock. Alors il décida de remiser le tout et d'attendre la rentrée suivante pour se rattraper. « Eh bien ! s'exclame-t-il, je n'en ai pratiquement pas vendu car entre-temps, la botte de caoutchouc avait complètement détrôné la bonne vieille galoche, pourtant si saine et si pratique ! J'ai tout remonté au grenier, et je n'en ai plus jamais reparlé qu'aujourd'hui. Qui accepterait de marcher en galoches, hein, je vous le demande ? »

Dans la plaine comme sur les chemins, aux mancherons de la charrue comme à la bride des chevaux, les ouvriers des champs réclamaient des chaussures résistantes qui leur permettaient de garder les pieds sur terre. Seul le cordonnier, fort de son savoir-faire, pouvait leur donner entière satisfaction. Il fabriquait ainsi des brodequins montants à lacets, en gros cuir dur, qu'on nommait des « napolitains ». Les semelles étaient cloutées de caboches à tête carrée, caboches qu'on n'hésitait pas à doubler aux endroits soumis à l'usure. Un charretier qui parcourait quotidiennement une quarantaine de kilomètres, à pied, râpait une paire de chaussures en dix-huit mois : c'était l'échéance commune.

Mais l'acquisition de souliers neufs équivalait à un luxe qu'on ne pouvait pas répéter fréquemment. Alors on réparait, on réparait, on réparait. Les raccommodages étaient généralement confiés à la femme du cordonnier ; elle cousait les pièces à la main, solidement, et gare aux réprimandes du client si la réparation lâchait avant ce qui en était attendu !

Pour le ferrage, impossible d'oublier : il allait de pair avec celui des chevaux. D'une semaine à quinze jours selon la nature du sol, le caillou du chemin, la sécheresse de la saison. Quand les canassons tapaient des fers, le charretier s'inquiétait des siens. Une halte à la cordonnerie, au passage, ne prenait qu'un bref instant sur le trajet de la maréchalerie.

Aux jours de canicule, les moissonneurs peinaient à traîner leurs lourds brodequins qui, soudain, pesaient autant que des boulets de forçat. Ils utilisaient alors des chaussons de travail extrêmement résistants, en fil d'Ecosse tressé et à semelle de gros cuir, fabriqués à Rouen sous la marque « A l'Etoile ». Les réparations de ces chaussons étaient également assurées par le cordonnier.

Si un bon artisan réussissait à retaper une soixantaine de chaussures dans sa journée, en forçant un peu sans trop compter les heures, il ne pouvait espérer en confectionner qu'une paire dans le même temps. Encore semble-t-il difficile d'évaluer la journée d'un cordonnier d'autrefois, celui-ci devant interrompre son ouvrage à l'entrée de chaque client et, par politesse la plus élémentaire, lui faire un rien de causette. Bonjour bonsoir, ça va-t-y aujourd'hui ? : des banalités qui privilégiaient la franche entente mais qui, en contrepartie, gaspillaient de précieux moments.

La démarche patriotique

Les godillots furent d'abord des brodequins à tige courte dont l'Etat-major équipa nos valeureux pousse-cailloux au lendemain des combats de 1870. Leur nom venait de leur fabricant, Alexis Godillot, fournisseur des armées en habillement et en fusils scolaires (cf. notre ouvrage Ils sont partis en chantant, Jean-Cyrille Godefroy, 1989).

Durant la der des ders, l'équipement militaire mit à nouveau la mode au pas. Toinette, ma voisine de Josnes, était employée pendant la Grande Guerre chez un chausseur de Beaugency. Elle se souvient très bien avoir vendu les « chaussures nationales » dont le gouvernement imposait le modèle et le prix. Elles montaient haut et se laçaient. Leur fabricant habitait Orléans.

La confection d'une paire de chaussures commençait évidemment par la mesure du pied à chausser. Une pointure correspond à 6,6 millimètres. Chaque dimension avait son gabarit en bois, gabarit qu'il fallait parfois retoucher avec des hausses de cuir, afin de reproduire au plus près la forme du pied. Cela frisait presque l'orthopédie. C'était d'ailleurs le cordonnier qui fabriquait les chaussures pour les infirmes, les pieds-bots et les béquillards de toutes sortes.

Les semelles taillées d'après les gabarits, on façonnait les tiges et on les ajustait. De cette opération délicate dépendait le confort du pied. « Une chaussure doit épouser, non emprisonner ! nuance Roger Arnault. Il la faut d'une matière solide, souple sans être molle, et imperméable. La perfection de son intérieur est primordiale. » Le fond n'étant pas visible, la tentation en chatouillait beaucoup de tricher sur la qualité. Bien mauvais calcul en fin de compte : à ratiboiser ainsi, on ne gagnait que la perte de ses meilleurs clients !

Hormis les pointures, le soulier de femme ou d'enfant ressemblait à celui de l'homme, jusque dans le cloutage. Il devait être aussi résistant, quoique légèrement plus souple. Le veau remplaçait souvent la vachette grossière.

Les coutures dans le gros cuir s'effectuaient manuellement. On perçait les trous à l'alêne et l'on y passait des longueurs et des longueurs de fil en soie de sanglier. On n'employait la machine à coudre et le fil de lin, en bobine, que pour les cuirs fragiles.

« La machine dont je me sers appartenait à mon grand-père, signale Roger. Elle n'a pas loin de cent ans et ne nous a jamais laissés en plan, si on lui pardonne quelques caprices. Elle en a cousu et recousu, des semelles ! Mais on dirait qu'elle est comme moi, elle se fatigue maintenant... »

En ce qui concernait le matériel, le cordonnier se rendait une fois l'an à la « Semaine du Cuir ». La manifestation se déroulait à Paris, Porte de Versailles. Toute la profession se retrouvait à cette occasion : les bouifs de village et les industriels, les crépins et les tanneurs. On se renseignait sur les améliorations techniques, sur le récent modèle des bancs de finissage, sur les cylindreuses, sur les machines à parer, à estamper les talons, à canneler les semelles, à coudre les trépointes. On choisissait, selon sa clientèle, les nouveautés que l'on exposerait dans la vitrine, afin de susciter les envies ; leur livraison ultérieure serait à la charge d'un représentant régional.

On pouvait également juger de la production des tanneries, renouveler son attirail, confronter ses propres opinions aux idées des collègues, glaner quelques nouvelles de ce brave vieux Duchose qu'on n'avait pas revu depuis des lustres... Ce déplacement annuel à Paris était certainement la grande aventure du cordonnier !

Tout cocorico mis à part, il faut reconnaître que la France – comme les pays latins en général – brillait dans l'art de réussir les chaussures. Cette excellence s'expliquait par l'emploi de la pointe de métal et de la couture, alors que les pays nordiques utilisaient la cheville de bois.

Pour archaïque qu'elle parût, la méthode du Nord, dite de « la pointe ronde », offrait aussi des avantages : la cheville se dilatait à l'humidité et serrait davantage qu'elle maintenait, tandis que la pointe métallique, une semence en acier le plus couramment, rouillait à la longue et finissait par ronger le cuir. On palliait cet inconvénient en recourant aux clous de cuivre. Du même coup, la corrosion due à la sueur, pour qui transpirait beaucoup, était enfin évitée.

Petite devinette : savez-vous comment on peut distinguer un riche d'un pauvre ? Réponse : le riche porte en semaine les souliers que le pauvre ne porte que le dimanche. Car c'est le privilège de ceux qui ne font rien que d'être tirés à quatre épingles du lundi au samedi.

Ah, çà ! En cette contrée de la Beauce profonde, on changeait plus souvent de béret qu'on ne commandait une nouvelle paire de godasses fines. La toute première, on l'achetait à l'occasion de son mariage, au retour du régiment, vers ses vingt-cinq ans, histoire de partir du bon pied dans la vie commune. Et cette paire de souliers qui donnait une dégaine empruntée aux gens peu habitués à se rechanger, on tâchait de la conserver le plus longtemps possible. Toute sa vie durant et, quelquefois, par-delà l'éternité. L'homme se faisait enterrer avec ses chaussures de marié, dans ses habits de noces ; la femme reposait dans la tombe avec sa couronne de fleurs d'oranger. Cette paire de souliers exceptionnels était par conséquent l'objet de maints égards, autant de la part du fabricant que du propriétaire, bien que son coût n'excédât pas celui de godillots ordinaires. La véritable différence résidait moins dans la chaussure même que dans l'usage auquel on la destinait.

Il s'agissait – avant 1914 – de chaussures montantes plus raffinées que les brodequins des champs, en cuir assoupli. Preuve de l'attention particulière qui leur était due : on les cirait au lieu de les graisser. Le soulier bas, le richelieu, n'apparut qu'après la Grande Guerre, non sans stupéfier les âmes chagrines. Roger concède que dans les débuts, cette mode trop moderne semblait inconvenante. Les garçons aux honnêtes intentions n'avaient point à singer les godelureaux pour se rendre intéressants, et les demoiselles ne devaient pas dévoiler leurs chevilles à la manière des gourgandines. Les faux airs des gigolos, comme les falbalas des gigolettes, ne provoquaient encore que mépris dans la société bien-pensante de Bazoches-les-Gallerandes. Les mentalités se décorsetèrent lentement durant les Années folles.

La période de l'après-guerre marqua d'ailleurs de nombreuses modifications, dans la chaussure comme en tout. Rien ne redevint pareil à l'avant 1914. Une vague d'excentricité, un vif besoin de défoulement suivit les souffrances et les privations. L'agréable prit le pas sur l'utile. La mode, qu'on ne suivait guère auparavant, mit les frivolités au goût du jour. C'est alors que le talon haut fit son apparition. « Une fantaisie féminine qui gardait néanmoins un certain aplomb, note Roger. Rien de comparable avec les talons aiguilles des années 1960, qui obligeaient les Bardot du bal musette à des prouesses d'équilibre ! »

Autre extravagance de l'époque : le talon tournant lancé par la firme anglaise « Wood Mine ». Cette fois, le succès ne fut pas à la hauteur de l'espérance des inventeurs. Imaginez un talon rond vissé en son centre par une croix de fer non serrée. Cette conception astucieuse, mais casse-gueule, permettait au talon de pivoter régulièrement, donc de subir une usure uniforme sur toute sa circonférence. Toutefois, les avantages n'égalant pas les inconvénients, le talon tournant fut vite classé parmi les curiosités sans intérêt, voire dangereuses.

La décennie vit également la création des bottes de cuir pour dames. L'ourlet des jupes se raccourcissant au gré des vogues chères aux modistes et aux garçonnes, ces bottes supplantèrent les bottines des petits trottins de naguère. Elles montaient jusqu'aux genoux, et leur laçage demandait une bonne demi-heure, tant il y avait d'œillets !

Mais le chef-d'œuvre du cordonnier, en ces temps-là, restait le soulier de chasse. Tirer le perdreau ou cribler de plomb le lièvre n'était pas encore le délassement du populaire : c'était un sport de bourgeois, de rentier, de notable (le paysan, lui, braconnait : il ne chassait pas). La chaussure appropriée n'avait rien de commun avec le vulgaire croquenot : elle supposait une coupe élégante, un maintien parfait et une imperméabilité à toute épreuve. Sa claque carrée était en veau blanc ; sa tige en authentique poulain importé de Russie. Les chaussures de chasse que l'on façonnait dans ces cuirs prestigieux, cuirs très appréciés dans les pays de neige, atteignaient un raffinement tel qu'aucune machine de l'époque n'aurait pu rivaliser avec la main du cordonnier.

C'est enfin dans les mêmes moments que disparut le bon vieux chausson « gaillard », fabriqué à Fère-en-Tardenois, dans l'Aisne, et à Pussay, en Seine-et-Oise. Noire et simple, moelleuse à l'intérieur, cette pantoufle était tissée en laine. Le gaillard fut l'unique chaussure de maison employée dans les campagnes jusqu'à la fin de la Grande Guerre.

Les chaussures « Bords de Loire »

Blois fut, au milieu du XIXe siècle, un centre important pour la fabrication des chaussures. Louis Rousset créa une première usine sur la place du château en 1851, usine qu'il transféra quinze ans plus tard à l'emplacement de l'actuelle résidence Anne-de-Bretagne. Plus de mille ouvriers travaillaient vers 1890 à ses fameux modèles « Bords de Loire ».

A Blois étaient également fabriquées les chaussures « Chérubin », réservées aux enfants. Sur la boîte, un dessin représentait trois personnages en situation : un commerçant derrière son comptoir, une mère et son angelot. Le gamin disait : « Maman, fais voir les beaux yéyés ! », et la mère de répondre : « Oui, je vais t'en payer une paire, mon petit chérubin. » Ah ! le charme irrésistible des réclames d'antan !

A la Belle Epoque, la ville ne comptait pas moins de six manufactures chaussurières. Il ne reste maintenant que deux entreprises en activité.

Pour qu'une chaussure de qualité fasse de l'usage, il n'y a pas trente-six secrets : il faut en prendre soin. Qui veut marcher longtemps, doit ménager ses souliers, les décrotter et les mettre à sécher chaque soir de mauvais temps, enfin les graisser au moins une fois par semaine et les porter à raccommoder avant qu'ils ne soient par trop éculés.

Le produit d'entretien le plus commun – et le moins onéreux – restait sans conteste la bonne vieille graisse d'équarrissage. Chaque canton d'alors avait son « pigolet », quand ce n'était pas plusieurs dans les contrées d'élevage important. A cause des odeurs pestilentielles qui s'en dégageaient, les bâtiments de dépeçage se situaient toujours en un lieu éloigné des habitations. Les paysans désignaient fréquemment l'équarrissoir sous le nom de l'Usine.

Dans les fondoirs échouaient la quasi-totalité des bestiaux qui crevaient aux alentours. Rien des carcasses n'était perdu. Les peaux filaient aux tanneries, les os et les cornes étaient broyés en engrais, les oints fournissaient d'excellentes graisses industrielles qui permettaient, entre autres utilisations, de suiffer les essieux de charrette. Et pendant qu'on y était, de graisser le gros cuir des brodequins afin de l'assouplir et de l'imperméabiliser !

Les plus soigneux préféraient la crème de pied-de-bœuf ou, mieux, le suif de mouton, d'une plus grande finesse que les autres résidus gras ; il était commercialisé en boîtes métalliques et provenait généralement de Saint-Claude, dans le Jura. Le blanc de baleine, en revanche, n'attirait guère les amateurs, bien qu'il fût peu coûteux. Il faut dire que ses propriétés étaient proportionnelles à son prix : très modestes. Quitte à dépenser quelque chose, mieux valait sacrifier une pincée de monnaie encore et en recevoir vraiment pour son argent. Le surchoix, il n'y a pas à épiloguer là-dessus jusqu'à demain, ça se paie cher, mais en fin de compte, on s'y retrouve souvent.

Les souliers du dimanche, eux, bénéficiaient d'un produit plus délicat : le « cirage à cracher dessus ». Il s'agissait d'une galette compacte que l'on coupait au couteau et qu'on étalait à la brosse, difficilement, après l'avoir abondamment humectée de salive. En suite de quoi s'imposait un frottage vigoureux qui vous rompait les bras ; mais quel pied que d'accrocher à ses chaussures des éclaboussures de soleil ! C'était certainement une manière facile d'éblouir les traîne-savates qui, les pauvres, astiquaient leurs godasses au « fond de casse ».

Le fond de casse, ça n'avait cours que chez les avares et les miséreux. On torchait le cul de la marmite qui pendait à la crémaillère, à l'aide d'un bouchon de paille, puis on mélangeait la suie recueillie à un vieux restant de saindoux qui rancissait dans son pot. Ça donnait ce que ça pouvait, pas forcément ce qu'on avait souhaité, mais ça suffisait à présenter un semblant de brillance.

Les grandes marques de cirage en boîtes n'apparurent qu'après la Grande Guerre. On se souvient de *Lion Noir*, de *l'Eclipse*, de *Jacquand*. A cette époque, le noir demeurait le coloris unique. Les chaussures fantaisie n'eurent la vogue que vers 1920.

Un sou était un sou ; et ce sou, on se gardait bien de le gaspiller. On vivait chichement, davantage sur ce qu'on produisait soi-même que sur ce qu'on achetait. On marchandait au centime près et pour un mot de travers, on claquait la porte sans la repousser jamais. Certains clients se montraient tyranniques. La mésaventure qui advint au père de Roger en est une illustration frappante :

Il y avait au pays un homme dont l'épouse pondait un marmot chaque année, ou presque. Un beau jour, il vint à la cordonnerie et il commanda autant de paires de chaussures qu'il élevait d'enfants. Devant une telle commande, le père Arnault consentit le rabais d'un franc par paire sur un prix déjà calculé au plus juste. Autant dire que le bénéfice du cordonnier, ainsi rogné, se réduisait à moins que rien. Enfin, il fallait bien travailler et, surtout, travailler bien...

A la date convenue, l'homme vint quérir les chaussures de sa marmaille. Le cordonnier ayant dû s'absenter, ce fut sa femme qui le servit. Mais comme elle ignorait l'accord passé à la commande, elle appliqua le tarif normal. L'homme en parut scandalisé. Sans explication aucune ni autre forme de procès, il jura ses grands dieux qu'il ne remettrait jamais plus les pieds dans cette boutique de voleurs. Il tourna les talons, abandonnant là le tas de chaussures, et il tint parole, hélas !

« Un échec de cet ordre était plus douloureux sur le plan moral qu'au niveau financier ! » mesure Roger Arnault. En effet, un cordonnier ne s'autorisait pas à mécontenter un client, aussi grincheux que fût celui-ci ; et à plus forte raison, il se déniait le droit de le perdre. Le cas, en l'occurrence, trahissait une grave défaillance de la part de l'artisan. Le client, quant à lui, n'était tenu responsable de rien. Le client est toujours roi face à un commerçant, ne l'oublions pas !

Blague en coin

Les langues vipérines, qui médisent de tout, prétendaient souvent que les cordonniers d'autrefois étaient des gens tristes dont le rare sourire ne se manifestait que par un méchant rictus de biais. Cette grimace un rien machiavélique, expliquait-on, provenait d'une habitude de métier. En effet, les cordonniers serraient continuellement plusieurs clous au coin de leur bec lorsqu'ils réparaient des chaussures, et cela finissait par leur déformer la bouche !

Maître en son échoppe, certes, mais l'esprit et les mains constamment occupés, le cordonnier ne pensait guère à lui. Pas davantage, il ne songeait à giguer au bal entre les bras de quelque belle, en dépit de ce que laisse entendre certaine chanson. Non, le cordonnier avait d'autres chats à fouetter. Et en premier lieu, il devait s'inquiéter de récolter le fruit de son travail.

C'était là, au moment de récupérer son dû, qu'il évaluait l'exacte probité de ses concitoyens. Pour ceux qui réglaient à la livraison (mais que l'on comptait sur les doigts des mains, malheureusement), aucun problème ne se posait : ils assuraient la survie de l'atelier et le cordonnier leur en était infiniment reconnaissant.

Pour les autres, en revanche, il fallait souvent mettre les pieds dans le plat et multiplier les requêtes avant d'effacer l'ardoise. Dans ces circonstances pénibles, le père de Roger envoyait son épouse. Une femme se montre plus diplomate qu'un homme ; on ose moins lui opposer un refus, lui débiter des bobards pour obtenir un sursis supplémentaire. Alors elle revenait avec un acompte, à défaut de la créance totale. C'était toujours ça d'encaissé. Mais il y avait des mauvais clients qui ne réglaient jamais leurs dettes, bien sûr, et ce n'était pas en les relançant cinquante fois de suite qu'on parvenait à bonne fin. Comment s'enrichir dans ces misérables conditions, hein ?

Les riches, parlons-en justement ! Plus fortunés que le commun des villageois sans doute, mais nullement plus généreux. Ils ne cédaient pas leur tour pour ratiociner sur les prix, pour pleurer après une réduction, pour ergoter à n'en plus finir. Comble de pingrerie, certains attendaient les derniers jours de l'an pour payer ! Entre-temps, le cordonnier et les siens n'avaient qu'à se serrer la ceinture en battant leurs semelles devant le buffet, puisqu'ils ne pensaient guère à danser.

Les ouvriers agricoles ne touchaient leur salaire qu'à leur terme achevé, à la Saint-Jean ou à la Toussaint. Il fallait alors se hâter de leur présenter la note car l'argent filait entre les doigts de beaucoup.

Un jour de paye, un gars de la batterie vint s'acheter des brodequins neufs à la cordonnerie Arnault. Il hésita longuement entre la paire à quatre-vingts francs et celle à quatre-vingt-cinq. Question qualité, la paire la plus chère était la meilleure affaire des deux. Mais fichtre ! ça saignait le gars de casquer une pièce de cent sous qu'il pouvait épargner. Alors il opta pour les brodequins « avantageux » et, afin de dignement arroser son emplette, se précipita vers le bistro où bambochaient déjà ses compagnons. Inutile d'ajouter que le bougre n'eut pas assez de ses cinq francs pour payer tout ce qui fut ingurgité à cette occasion ! La majorité des saisonniers était ainsi : ils dépensaient au centuple, niaisement, ce qu'ils avaient tant peiné à économiser.

Dans les années 1920, les manufactures de chaussures se développant, les cordonniers commencèrent à recevoir la visite des voyageurs de commerce. Il en passait quatre ou cinq par semaine. La concurrence entre les marques devint rude. Jusqu'alors fabricant et savetier, le cordonnier dut apprendre à vendre des produits confectionnés par d'autres. L'artisan se changeait en commerçant. Nul ne se plaignit de cette évolution puisqu'il semblait plus intéressant pécuniairement, moins fatigant et moins salissant, et plus vite expédié, de caser une paire de chaussures que de la créer. Personne, à l'époque, ne comprit que ce bouleversement ne tarderait pas à tuer l'essentiel de la profession. Ou plutôt, personne ne voulut le comprendre.

Chemise blanche à col dur ou à manger de la tarte, habit noir et chapeau melon, les représentants affichaient la raideur élégante et distinguée des factotums de la haute société. Au tout début, ils vinrent en calèche. Quatre roues, un cheval et un petit coffre à l'arrière. Ils conduisaient eux-mêmes, sans jamais se départir de leur impressionnante distinction. Ils couchaient dans les auberges, à moindres débours. « Le garçon du charron était un de ces représentants, sourit Roger. La mère en bavait tellement des ronds de chapeau qu'elle ne l'appelait que "Monsieur mon fils" ». La brave dame ouvrit plus tard une épicerie, un des commerces de bourg les plus fréquentés, donc grandement valorisant dans l'édifice social !

Les représentants de la seconde vague pilotaient des automobiles Delaugère-Clayette, magnifiques conduites intérieures droit sorties d'un établissement d'Orléans. Ils vantaient la marchandise dans l'atelier mais ils établissaient le bordereau d'achat au zinc du café voisin. Toute transaction méritait que l'on trinque, si bien qu'un démarcheur consciencieux se devait de lever le coude autant de fois qu'il voyait de clients. Cela nouait d'utiles liens d'amitié, bien entendu. Les carnets de commande se remplissaient au fur et à mesure que les chopines se vidaient ; mais plus il avançait en journée, moins le représentant arborait ses fringantes manières. Le soir, il rentrait souvent en titubant, l'haleine avinée et le cœur en ribouldingue.

Par bonheur, la circulation sur les routes de campagne était encore si faible que les risques de collision n'inquiétaient guère les automobilistes. Il suffisait de ne point s'écarter du beau milieu de la chaussée, les deux mains serrées sur le volant, pour ne pas capoter dans le fossé. Le passage d'une voiture à moteur constituait toujours un sacré événement dont on parlait longtemps, quel que fût l'état du chauffeur !

La Première Guerre mondiale avait commencé à modifier les règles anciennes de la profession, mais ce n'était rien en comparaison des chambardements qu'infligèrent les méthodes américaines au lendemain de la Deuxième. La vulgarisation de la botte en caoutchouc supprima aussitôt les brodequins faits main. Le collage à chaud, la vulcanisation, tout se ligua contre la chaussure fabriquée en échoppe. Le cordonnier se vit relégué au misérable rang de réparateur. Il redevint le savetier d'outre-temps, le bouif gagne-petit qui suscitait plus de pitié que d'envie.

Mais toute chaussure moderne ne supportait pas d'être réparée, ou n'en valait pas la peine. Les procédés industriels et les matières nouvelles banalisèrent la production d'une camelote à bon marché qu'on remplaçait plus aisément qu'on ne raccommodait. La chaussure, comme tout, subit les débauches d'une consommation effrénée. Ne restèrent au cordonnier que les tâches les plus ingrates, les plus longues, les tâches dont la rémunération équilibrait rarement les heures investies. Bien peu de gens se rendaient compte du travail réellement accompli quand on leur tendait la facture.

La juste rétribution de l'ouvrage, d'ailleurs, a toujours posé un épineux problème à la cordonnerie familiale. Quand la mère de Roger aidait son mari dans l'atelier, sa contribution passait à l'as, au profit du client qui ne s'en apercevait même pas. Le déficit se répétait lorsqu'un vieux prêtait la main à son fils. Plusieurs personnes devaient se partager un unique salaire, souvent modeste. Ainsi chez les Arnault de Bazoches, où le grand-père, le père et la mère besognaient de concert. « Le jour où l'ancien, épuisé, s'arrêtait de travailler, dramatise Roger, on avait du mal à lui offrir une galette ou un fromage pour le gâter un peu ! »

A l'aube du siècle, dans cette bourgade terrienne d'un millier d'âmes, il vivait quatre cordonniers et un sabotier, plus un ressemeleur ambulant dont on voyait la roulotte brimbaler de temps en temps. A vrai dire, ce dernier n'était pas un rival très sérieux : il pratiquait des petits prix, certes, mais les services qu'il rendait méritaient encore moins. Il venait juste de quitter le village que ses réparations étaient déjà à reprendre !

Les aricandiers itinérants ne manquaient pas à l'époque, et l'on s'en défiait. Les oiseaux de passage paraissent toujours suspects aux coqs de basse-cour : ce sont des étourneaux qui chantent clair, qui picorent le grain du poulailler et qui, le gésier plein, s'envolent à tire-d'aile. Les aricandiers itinérants ressemblaient aux étourneaux. Ils avaient un bagout de charlatan, ils promettaient la lune et ils repartaient le lendemain en laissant un travail bâclé, quand ils ne s'esbignaient point sans un au revoir.

Combien en avait-on vu, de ces rémouleurs qui barbotaient les ciseaux qu'ils se promettaient d'affûter ? Et combien en croisait-on, de ces rétameurs qui ramassaient le papier d'étain enveloppant le chocolat, soi-disant pour le couler, mais qui ne rendaient que des cuillers en plomb ? Pour avoir été trop souvent échaudés par ces filous de grand chemin, les Arnault ne confiaient leurs tranchets et leurs cisailles, pour l'aiguisage, qu'à un honnête coutelier possédant pignon sur rue.

Quatre cordonniers à Bazoches-les-Gallerandes en 1900. Cinquante ans plus tard, Roger occupait la dernière échoppe, vaille que vaille. Il avait repris les outils derrière son père, qui les tenait de son père à lui. Mais Roger se savait en bout de chaîne. Au fil des décennies, le métier s'était rétréci en une peau de chagrin. Déjà en 1938, la venue du vieil Emile n'avait rien annoncé de bon.

« C'était un bonhomme âgé, un ancien cordonnier qui passait dire bonjour à mon père, se souvient Roger. Nous étions un dimanche. Le soir, il dormit à l'hôtel, mais certainement pas dans une chambre. Il s'éloigna le lundi matin, en s'appuyant sur sa canne. Je me le rappelle bien, avec sa grande barbe blanche et sa besace sur le dos. » Il cherchait du travail mais n'en dégotant pas, il était devenu un vagabond plutôt qu'un ouvrier. Il se nourrissait d'aumône : d'un croûton de pain par-ci, d'un morceau de fromage ou d'un verre de vin par-là.

Il n'était pas le seul à trimarder ainsi, le vieil Emile. Beaucoup de vieillards erraient sur les routes. Un matin on les retrouvait au creux du pailler où ils s'étaient réfugiés pour la nuit, morts. Les cordonniers établis avaient beau se montrer miséricordieux, au nom de la solidarité corporative, leurs bonnes intentions ne suffisaient pas à soulager la détresse des mendiants.

Les pieds sur terre

L'arrivée en force des chaussures en matière plastique a donné du fil à retordre à la profession. Les clients deviennent de plus en plus pressés, et la floraison de boutiques-minute qui privilégient le rendement immédiat tend de nombreux pièges aux artisans.

Il faut donc réagir, se moderniser, et tout en conservant un état d'esprit, travailler avec des méthodes adaptées. (...)

Pour installer une boutique, il ne faut jamais perdre de vue la nécessité de disposer d'un environnement de dix à quinze mille habitants. (...)

Mais il est aussi des données incalculables. Par exemple : l'amour du travail fini, le contact avec le public, et l'aptitude à allier traditions et modernisme. Caduques en effet les petites échoppes qui ne nécessitaient qu'un outillage minimum. Il faut aujourd'hui être compétitif, et surtout ne pas oublier que "l'homme est toujours le prolongement de la machine. Qu'adviendrait-il d'un travail manuel qui se laisserait diriger par la mécanique ?"

Le cordonnier de notre époque "dispose d'une liberté payée très cher". Il ne doit pas compter ses heures, être capable d'affronter les coups de fièvre saisonniers, mais d'autre part il peut espérer des vacances devenues nécessaires. En bref, la profession s'insère dans le monde moderne. » (Lettre de Serge Vannier, d'Orléans.)

A présent, on fait dans le talon minute et le ressemelage électrique. Plus personne ne fabrique des chaussures dans son atelier. D'autrefois, le métier n'a conservé que le nom et quelques outils traditionnels, mais le travail est totalement différent de celui d'hier. Roger Arnault ne s'est jamais bercé d'illusions quant au devenir de son échoppe.

« Lorsqu'il me faudra fermer boutique, regrette-t-il, je ne serai pas remplacé. Je n'ai pas de descendants et même, si j'en avais eu, j'aurais tout tenté pour qu'ils ne prennent pas ma suite. Après moi, le petit bouif aura disparu à jamais. »

Quelqu'un de Bazoches nous a signalé, récemment, que la cordonnerie du bourg, la toute dernière, s'était assoupie derrière ses contrevents. Pour longtemps. Pour toujours.

Rencontre de l'été 1983.

Gaston Valadon, l'inventeur de l'ouvre-boîte de cirage

Certains objets, bien qu'indispensables, sont devenus si banals, si évidents, qu'on peine à croire qu'il fut un temps où ils n'existaient pas. Le papillon grâce auquel on ouvre une boîte de cirage, semble de ceux-là. Cet astucieux petit bidule est pourtant l'invention de Gaston Valadon, une figure très connue dans le canton de Beaugency durant l'entre-deux-guerres.

Notre ami Daniel Vannier, qui fut le correspondant local du Républicain Orléanais, visita le moulin de Vétille que M. Valadon avait converti en une curieuse usine d'emboutissage. C'était en 1942, au plus noir de l'Occupation. Deux articles – dont nous reproduisons ci-après quelques extraits – parurent dans le journal les 6 et 9 janvier. Ces coupures nous ont été adressées par leur auteur.

Il se fabrique ici quelque chose de fort curieux. Rappelons-nous le temps où il fallait, pour ouvrir une boîte de cirage, ou bien se salir les mains et souvent se blesser, ou prendre d'infinies précautions. Maintenant, il suffit de tourner une sorte de clé fixée par un rivet au-dessous du couvercle. Ce petit appareil, auquel nous ne faisons plus guère attention, est pourtant une trouvaille des plus heureuses. Il fallait tout d'abord y penser ; il fallait ensuite le réaliser en série, automatiquement. (...) Avant guerre, il sortait de cette usine trois millions d'ouvre-boîtes et une quantité plus importante de rivets tubulaires chaque mois. Ces chiffres prouvent l'importance du travail réalisé.

(...) C'est par aménagements successifs, réalisés par M. Valadon, son fils et le personnel de l'atelier de mécanique, que l'usine a pris le caractère que nous lui voyons aujourd'hui.

Il a fallu, tout d'abord, remettre en état la roue du moulin qui, depuis longtemps, ne tournait plus ; ce travail fait, poser les engrenages, les arbres et les poulies de transmission ; installer les machines ; créer et perfectionner sans cesse les outils. (...)

La roue que le ruisseau met en mouvement est tout à fait semblable à celle des moulins ordinaires. Par un système d'engrenages, le mouvement est communiqué aux transmissions qui traversent le bâtiment d'une extrémité à l'autre. C'est là que par des courroies les machines se mettront en mouvement. (...)

Toutes ces transmissions tournent sur roulements à billes. On obtient ainsi un dispositif très doux et très équilibré, permettant d'utiliser au mieux la force de l'eau.

L'usine proprement dite se compose, outre les magasins, de trois ateliers différents. Tout d'abord de l'atelier de mécanique. C'est de là que pour ainsi dire tout est sorti. Il a permis à l'inventeur de réaliser ses idées. (...) Les réparations et l'entretien des machines y sont assurés. (...)

Une autre salle est réservée aux machines à emboutir. Nous y voyons cinq presses (...) et six balanciers qu'on peut faire fonctionner à la main.

Reste le troisième atelier, celui du polissage, du laitonnage et du nickelage, dont les curieux appareils, fruit de l'expérience, réalisés sur place, permettent une série de travaux particulièrement intéressants. (...)

La matière première est du feuillard laminé à froid qui arrive à l'usine en rouleaux ; la bande est d'épaisseur et de largeur appropriées exactement au travail envisagé. Il faut 1,5 gramme de métal par ouvre-boîtes, donc 1,500 kilos par mille, pour les modèles les plus courants. Il faut compter en outre les rivets nécessaires à la pose sur les boîtes.

Ces rouleaux sont placés sur des dévisoirs que la presse et le dispositif d'amenage automatique font tourner. (...)

L'outil (la presse) est muni de différents poinçons et matrices qui réalisent automatiquement les cinq travaux suivants : une nervure, trois trous, découpage en partie, emboutissage, terminaison du découpage et chute de l'ouvre-boîtes. Le détail de ces différentes opérations change suivant le modèle d'ouvre-boîtes fabriqué. (...)

Le polissage est réalisé dans des appareils créés ici après de longs essais. Dans une sorte de cuve caoutchoutée, les objets sont introduits, mêlés à de la sciure de bois et des produits chimiques. La rotation et le frottement doux pendant une nuit permettent un nettoyage et un polissage complets. C'est sous cette forme que les ouvre-boîtes sont livrés actuellement.

Quand on possédait nickel et laiton, il était possible de donner une présentation plus élégante et une bien meilleure résistance à l'oxydation en recouvrant les pièces de ces métaux rares, une fois le polissage obtenu. (...)

Lauréat du concours Lépine en 1922

Notre correspondante est la fille de l'inventeur.

Gaston Valadon, un des cinq fils de Médard, compagnon du tour de France comme maréchal-ferrant, prend provisoirement la charge de l'entreprise de battage paternelle. Il devient bientôt, à Cravant, le mécanicien indispensable. Il vend, révise, répare les vélos, les écrémeuses, les machines à coudre, les premières autos, les chaudières à vapeur, même les fusils ! Rien ne résiste à son savoir-faire.

En 1919, il acquiert un moulin désaffecté : le moulin de Cléophas, dénommé plus tard par son meunier le moulin de Vétille (et pour cause, le Rû ne fournit plus assez d'énergie pour le faire tourner !).

Gaston Valadon aménage le moulin : il transforme les chambres à farine en un appartement spacieux ouvert au sud, vers la ville. Des fenêtres on domine les jardins maraîchers, les vergers ; on aperçoit le viaduc et ses trains ; avec de bons yeux, on lit l'heure à la tour de l'Horloge. On entend le doux clapotis de l'eau qui court sous la maison.

Satisfait de la bonne installation de sa famille, Gaston Valadon ne perd pas de temps. Il procède à la réfection de la roue à aubes, à la révision des engrenages, à la pose de l'arbre de transmission : élément essentiel de l'installation. Grâce à la chute d'eau de quatre mètres, le moulin tourne à nouveau. Mais il ne moud plus de grain, le malheureux moulin de Vétille ! Par sa force hydraulique, il actionnera les engrenages, l'arbre de transmission puis les machines, grâce à des poulies reliées entre elles par des courroies. Le moulin entraîne une dynamo qui dispense l'électricité à toute la maison. C'est la première habitation des écarts à ne plus s'éclairer au pétrole !

Dans l'esprit de Gaston Valadon, les idées foisonnent. L'une d'elles va prendre le dessus : la cire d'abeilles récoltée par ses soins, dans son rucher, entrera dans la fabrication du cirage. Finalement, sur le marché, apparaissent des boîtes de cirage portant la marque « L'Avion » : elles proviennent de l'atelier Valadon. Alors, germe l'idée de mettre au point une "clé magique" qui ouvrirait aisément ces boîtes incommodes. Après mûres réflexions et multiples essais, l'ouvre-boîtes est né. « Pour cette invention, Gaston Valadon est primé au concours Lépine et un brevet lui est décerné en 1922. Dès lors, l'atelier fournit toutes les grandes firmes de cirage en clés et rivets, ce par milliers : Noyama, l'Eclipse, Lion Noir, Ça va seul, Kiwi, d'autres encore.

Dans tout le travail de l'atelier, Gaston Valadon est secondé par son fils René. Le personnel se monte à six ou sept personnes pendant la première période où le découpage et l'emboutissage se font par des balanciers à main.

La vie professionnelle si bien remplie de M. Valadon ne l'a pas empêché de se consacrer à la vie publique de Beaugency, puisqu'il fut conseiller municipal et administrateur de la Caisse d'épargne pendant de nombreuses années.

Nous pouvons affirmer que cet homme ingénieux, ouvert à tout progrès, d'un abord agréable, était aussi un homme courageux. Du courage, il en a eu après son grave accident qui lui broya la jambe droite, prise sous l'arbre de transmission en mouvement. Sans une plainte, il s'adapta à un pilon qui le blessait ; il arrangea astucieusement une petite auto qu'il conduisait seul pour se rendre à la mairie ou à la Caisse d'épargne. Ce moulin, qu'il avait remis en route avec tant de soins, l'a trahi. (Lettre de Simonetta Fédrigo-Valadon, de la Ferté-Saint-Cyr.)

Au matin de ce malheureux 6 juin...

Gaston Valadon, mon grand-père, était un homme doux, méticuleux sans maniaquerie, actif sans agitation, toujours occupé à mijoter quelque outil qui allait faciliter la vie quotidienne, ou à planter quelque nouvelle race de fruitier dans son jardin, ou encore à soigner ses "mouches à miel", affublé d'un camail qui m'impressionnait fort ; ce brave homme fabriquait entre autres mes jouets d'enfant avec ingéniosité et une tendresse qui ne s'extériorisait que très discrètement. Je disposais ainsi d'un canon à obus de bois extrêmement performant.

Le 6 juin 1951 – j'avais six ans – reste profondément gravé dans ma mémoire. Ce matin-là, le pauvre homme eut la jambe arrachée par un arbre de transmission mal protégé, peut-être la seule négligence de sa vie de mécanicien ! Je me trouvais chez mes grands-parents ; ma mère, institutrice, était occupée à préparer activement le « certif » avec ses élèves.

Je le revois porté par les ouvriers de l'usine, j'entends encore ses cris de douleur. La jambe articulée qu'on lui posa ne l'empêcha pas de continuer à vaquer à ses occupations et à redoubler d'ingéniosité pour s'accommoder au mieux de son handicap.

Avant de se rendre aux réunions du conseil municipal, M. Ruet étant maire, il mettait une casquette neuve, sur ordre de ma grand-mère ! La coquetterie vestimentaire était évidemment le cadet de ses soucis, mais je crois savoir que ses avis toujours modérés et pondérés étaient très écoutés.

Il mourut en plein mois de mai 68. Le soir même de son enterrement, je regagnais de lointaines assises nationales estudiantines où ma fac m'avait délégué, et où l'on allait refaire le monde... J'ai beaucoup pensé à lui tout au long du trajet. (Lettre de Lionel Fédrigo, directeur du Chœur symphonique de la région Centre.)

Jusqu'en Amérique !

Les parents de Guy Boulet habitaient près du moulin de Vétille, dans les marais de Beaugency. Le jeune Guitou profitait de ce que son frère aîné travaillait à l'usine du Rû pour l'accompagner et observer de plus près les presses en action. Il se souvient parfaitement de Gaston Valadon, un bon bonhomme.

Au pays, on disait que l'entreprise de l'inventeur unijambiste était connue dans le monde entier et, même, qu'une partie de sa production partait au loin, jusqu'en Amérique, par bateau. Mais les crèmes en tube et les sticks applicateurs détrônèrent le cirage en boîte. Reprise par le fils René, l'usine ferma au début des années 1980. Les bâtiments furent rachetés par la ville.

Le taillandier

Certains artisans, lorsqu'ils parlent de leur métier, disent se référer à des méthodes fort anciennes. Le sabotier et le tonnelier, je m'en souviens, affichaient une réelle fierté en me confiant que, peut-être, ils détenaient leur savoir-faire des galochiers et des bariliers de la Celtique, pas moins. Toutefois, à ces enviables références dont s'honoraient volontiers les compagnons du bois, les façonneurs du fer semblaient préférer un héritage moins gaulois, quoique plus franc. Ainsi en est-il toujours de Bernard Solon, le taillandier, qui s'applique à pérenniser une tradition attribuée aux Mérovingiens, l'unique principe qui vaille à ses yeux.

Cette fameuse technique, la soudure en greffe, consiste à insérer, par martelage, une âme d'acier trempé au cœur de chaque outil. Les fèvres de Clovis ne procédaient pas autrement lorsqu'ils forgeaient leurs glaives et leurs francisques. Les épées remises au fourreau, la méthode fut adaptée aux instruments aratoires. En quinze siècles, nul maître de la bigorne n'est parvenu à faire mieux.

Bernard Solon se présente comme un adepte inconditionnel de cette pratique multiséculaire. Naguère au moyen d'une tranche à chaud, d'un trait de scie à ruban maintenant, il entaille l'épaisseur d'un parallélépipède d'acier doux, puis, dans la fente, il sertit un coin d'acier carburé, de texture très dure. C'est le « fer », et c'est la « mise ». Après une chaude à blanc dans le foyer de forge, l'ensemble, porté à la température de treize cents degrés, subit une frappe rapide qui l'unifie. Les deux composants s'incorporent au cours de ce cinglage, mais ne perdent rien de leurs propriétés. Une trempe à l'eau, à l'huile ou au suif, parfera l'élaboration de l'outil.

Cette conduite particulière garantit un atout formidable : celui d'obtenir des tranchants auto-affûtants. En effet, au fur et à mesure de l'utilisation de l'outil, le corps de fer s'émoussera plus vite que le fil d'acier, de sorte que tout aiguisage deviendra superflu. On prétend qu'une pioche, conçue selon cette règle, pouvait servir à quatre générations successives. Pendant près d'un siècle !

La manière était coutumière à l'ancienne corporation des forgeurs d'outils coupants. Pourtant, de nos jours, nul ne saurait y souscrire, hormis l'anachronique Bernard. La production industrielle a fini par nous habituer à des articles moins fignolés, moins résistants, moins durables. La camelote s'étale désormais, en promotion, sur les catalogues des jardineries à bon marché. Entre l'Eure et la Creuse, voire en France, Bernard Solon est le dernier des taillandiers qui s'entête à perpétuer les gestes des forgerons mérovingiens. En cela, il peut se considérer comme l'ultime mainteneur d'une science immémoriale, bien que condamnée à un proche oubli.

Le taillandier est – je suis tenté d'écrire : était, puisque Bernard Solon songe à fermer boutique avant longtemps – le taillandier est l'artisan qui fabriquait les outils à taillants, à fers tranchants. Il s'agissait d'un ouvrage beaucoup plus délicat que la grosserie fournie par le banal forgeron. L'éventail des objets produits allait du déchaussoir des vignerons à la binette des sarcleurs de betteraves, de la plane des futaillers au gouet des bûcherons, de l'herminette des charpentiers au têtu des maçons, du pic des terrassiers au fendoir des bouchers. Dès que quelqu'un avait besoin d'un instrument acéré, c'était au taillandier qu'il s'adressait.

Dans les jurandes antérieures au XVIIe siècle, il n'était question que de « serpiers ». La confrérie englobait sans distinction les maréchaux-ferrants, les couteliers, les vrilliers, les guillocheurs de râpes, les forgeurs de battants de cloche, les ferblantiers et, même, les girouettiers. Le bon saint Eloi, dont la vaste auréole abritait cette nombreuse communauté, ne montrait aucun favoritisme envers l'un plutôt qu'envers l'autre. Bernard confirme que son arrière-grand-père fêtait effectivement la Saint-Eloi à l'unisson avec les forgerons, mais que ces réjouissances n'existaient déjà plus à la génération de son grand-père.

Le bisaïeul de Bernard Solon, côté maternel, se nommait Louis Alexis. Il était natif de Vouzon, en Sologne ; son père se louait dans les environs, à la journée. Jeune aricandier monté à Orléans, Louis fut embauché par un patron d'apprentissage, un certain Gauron, qui avait fondé sa propre taillanderie en 1852. L'atelier se situait alors au 22 d'une ruelle dite « des Hôtelleries », un passage, disparu depuis, qui prolongeait la rue Sainte-Catherine vers la Loire.

Au lendemain de l'occupation de la ville par les Prussiens, l'apprenti succédait au maître. Il n'avait que vingt-deux ans, il débordait de courage. Il appela auprès de lui son vieux père, qui devint une sorte de sacristain à l'église Saint-Pierre-le-Puellier, et il s'attela à la besogne. Mais une décennie plus tard, dès que fut projetée la construction des halles Baltard, l'atelier dut se pousser un peu. Louis se replia au 29 de la rue du Poirier, à cent cinquante mètres de là, où il créa la taillanderie Alexis, la sienne.

En 1899, Gustave, le plus âgé de ses fils, ouvrit un magasin de cycles dans la rue des Carmes, tandis que le second, Maxime, se destinait à la reprise de l'atelier familial. La passation s'effectua en 1920.

Maxime n'eut que des filles, trois. Ce manque de garçon aurait pu compromettre la pérennité de la taillanderie. Par bonheur, Jeanne, la cadette, se maria en février 1930 avec Pierre Solon, qui ne demandait qu'à continuer l'affaire. Bernard vit le jour à la fin de cette même année, le lendemain de Noël. Dans le petit logement de l'étage, au-dessus de la forge.

Jusqu'alors, Pierre Solon avait mouillé sa chemise chez des distillateurs, dans le centre de la ville puis aux abords des abattoirs. Son père, Désiré, venait de Neuville-aux-Bois ; il était roulier aux moulins d'Orléans. Maxime sut vite initier son gendre aux secrets du métier, comme il initiera plus tard son petit-fils.

C'est au même emplacement, sous l'enseigne de son bisaïeul, qu'aujourd'hui Bernard Solon poursuit l'activité ancestrale. « Je suis né dans cette maison et j'y ai toujours travaillé, résume-t-il. J'ai assumé la relève de mon grand-père en 1955. Je n'ai jamais abandonné la forge, sauf quand il a fallu que je me rende au régiment. Quelques voyages bien sûr, mais pas de vraies vacances. Me prélasser au soleil sur une plage, non, j'ignore ce que c'est. »

La boutique exiguë, toute en couloir, avec, au fond, sa volée de marches plongeant dans le clair-obscur de l'atelier, et, autour, le vieux quartier Bourgogne qui badaude à la devanture : voilà l'univers qui sied à Bernard. La modestie s'y confond à la sagesse. A quoi bon s'aventurer ailleurs, dites, quand on dispose de l'essentiel autour de soi ? Un oiseau migrateur n'amasse jamais grosse graine.

« Mon contrat d'apprentissage est daté du 1er janvier

1945, précise Bernard. Cinq jours après mon quatorzième anniversaire, je filais officiellement au turbin. » Mais en vérité, il s'était frotté à la forge dès l'âge de sept ans, sous l'autorité bienveillante de son grand-père Maxime.

A cette époque, sitôt après la Libération, l'agglomération orléanaise comptait un deuxième taillandier, du nom de Lorme. Ce confrère, établi dans la rue de la Cigogne, fabriquait notamment des « poussettes ». C'étaient des charrues à main de son invention, munies d'une roue, dont il pourvoyait les maraîchers de Saint-Pryvé. Chaque atelier satisfaisait sa clientèle, sans intriguer pour chiper celle du collègue. Quand le bonhomme prit sa retraite, au début des années 1970, personne ne se substitua à lui. Ce fut Bernard qui dut assurer le renouvellement des lames de poussette !

Aurait-il choisi une profession autre, le taillandier de la rue du Poirier, s'il n'avait profité de l'installation de ses aïeux ? Difficile de répondre. Difficile surtout, pour lui, d'imaginer une voie différente. Il y avait tellement longtemps que les Alexis et les Solon avaient partie liée avec la taillanderie, qu'on ne concevait point qu'un de leurs descendants pût forligner.

Il faudra pourtant qu'il l'envisage et qu'il l'admette, cette inéluctable défection. Car dans notre société robotisée, un taillandier de son espèce ne parvient plus à gagner son pain correctement. Bernard sait que, faute d'avoir bénéficié d'une marge pécuniaire suffisante, il n'a jamais pu engager un commis. La taillanderie de tradition ne nourrit plus ses ouvriers depuis belle lurette. Son fils ne lui succédera pas : il a embrassé une carrière de fonctionnaire.

Autrefois, les taillandiers d'Orléans n'avaient pas à courir derrière les commandes. Ils pouvaient tabler sur un achalandage fidèle, puisque la ville était encerclée de vergers, de jardins, de maraîchages, de vignes, auxquels s'ajoutaient, intra-muros, les négoces en vin et les vinaigreries. Cet environnement générait une clientèle indiquée. La demande en outillage demeurait constante et régulière. Les ateliers produisaient plus de houes que l'évêque en eût pu bénir, des aissettes en quantité, des brouettées de raclettes, des ratissoires à foison, des écorçoirs comme s'il en avait plu...

Le métal était livré, en barres de six mètres, par un marchand de matériaux sidérurgiques. Ce grossiste, M. Germond, fournissait également la houille de forge. « On en dira ce qu'on voudra, ne peut s'empêcher de rognonner notre artisan à l'ancienne, mais les métaux ne sont plus ce qu'ils étaient ! » A l'en croire, le fer d'à présent ne vaut pas celui d'avant guerre, qu'on importait de Suède. Et pour ce qui est du charbon de maintenant, ça fume plus que ça chauffe, quand ça ne flambe pas. Les matins de grand vent, il faut même s'abstenir d'allumer la forge !

Les barres d'acier étaient sectionnées en masseaux, en massoques, en massoquettes, selon les dimensions voulues, au fur et à mesure des besoins. On étirait chaque morceau sur l'enclume, au marteau, puis on le façonnait.

Les taillandiers de jadis avaient le souci de la parcimonie, bien sûr. Ils gardaient tout ce qui pourrait leur resservir. Ils ressoudaient en lopins les embats de roue et les fers à cheval usagés. Les chocs répétés, subis antérieurement, avaient fini par purifier la matière, comme après un martelage énergique. Ces courses à la récupération s'amplifièrent durant l'Occupation, cela va sans dire. D'aucuns, à ce qu'on prétend, en vinrent à tronçonner les rails détruits par les bombardements !

Une pièce simple nécessitait entre deux et trois heures de travail. Un outil plus compliqué, un louchet à clavette par exemple, exigeait davantage de temps. Toutefois, c'était l'attirail du tonnelier qui réclamait le plus d'habileté et d'application. La réussite d'un cochoir, à cause de son contre-coude, requérait une infaillible maîtrise, de même que la fabrication d'une morlaisienne, qui servait à chanfreiner les fûts. Pour une bondonnière, le taillandier devait forger d'abord, tourner ensuite, piquer et cémenter enfin : cela occupait sa journée de douze heures.

Au moment de la Saint-Vincent, les vignerons de l'Orléanais se ruaient sur les serpettes à talon et à bec très crochu, qu'ils appelaient les « sarres à massonnier ». Beaucoup demandaient à ce que les lames soient enjolivées de plusieurs trous ronds adjacents. Le motif figurait évidemment une grappe de raisin. Cette décoration naïve, le taillandier la réalisait au violon, non à la chignole. Il prenait soin de se cuirasser d'une « conscience », d'un plastron de bois renforcé d'une plaque métallique. Ainsi protégé, il pouvait peser du poitrail sur la mèche du touret. Actionnée par un archet dont la ficelle entraînait une tournette, la langue d'aspic mordait lentement le fer à percer. Une goutte d'huile facilitait l'opération.

Ces lames à couperet dorsal se multipliaient en plusieurs modèles. Chaque métayer de Fleury-aux-Choux, chaque faucardeur de Combleux exigeait un outil à sa convenance, un outil personnalisé qu'il pût tenir d'une rude poigne. Inévitablement, le moindre ustensile se déclinait en d'innombrables variantes. A Saint-Jean-le-Blanc, les arboriculteurs ne juraient que par les grosses vouges destinées à prélever les plants sur les pieds mères de cognassier, de doucin ou de paradis. A Saint-Denis-en-Val, les pépiniéristes ne toléraient que des serfouettes à double tranchant. Ailleurs, c'étaient les vignerons de la Barrière Saint-Marc et leurs sacrées pioches à tête, les jardiniers d'Olivet et leurs sacro-saintes bêches à douille. C'étaient les horticulteurs, ici, qui tatillonnaient sur la pointe d'un fessou ; les closiers, là, qui pointillaient sur la tige d'une gouge à asperges ; les fagoteurs de Neuville-aux-Bois, qui chipotaient sur la soie d'un volain... Chaque individu dictait ses normes d'outillage.

Après leur émorfilage au meulardeau, les outils étaient enduits de vaseline, d'huile claire ou d'encaustique, afin d'éliminer tout risque d'oxydation. Cet apprêt les embellissait d'un aspect foncé et brillant, joliment vieilli, qui séduit tant les collectionneurs actuels (nos antiquaires spécialisés, pour leur part, masquent les défauts et l'usure sous un maquillage de cirage noir).

Il n'empêche ! Un outil ne devait comporter aucun à-peu-près visible, aucun loup de marteau susceptible de trahir une maladresse quelconque. Bernard se dit capable de reconnaître les articles sortis de la taillanderie Alexis, au premier regard, avant même d'en avoir vérifié le label. Leur bombement irréprochable valait le meilleur des certificats : c'était la garantie de la maison, l'évidente perfection liée à un nom, une signature inimitable. Bernard n'échangerait pas l'estampille patronymique de son arrière-grand-père contre tout l'or du monde ! Cette marque, il continue de la graver sur chacune de ses réalisations, comme un artiste signe les œuvres dont il se montre fier.

Les clients revenaient rarement pour un même achat, puisqu'ils n'usaient jamais les outils qu'ils acquéraient.

En revanche, on les revoyait presque tous, à la boutique, quand ils désiraient compléter leur attirail.

« Entre les deux guerres, se souvient Bernard, il passait des costauds, des tâcherons agricoles qui, l'année durant, réduisaient d'un bon quart leur paire de pioches. On réutilisait parfois les têtes qu'ils rapportaient, pour parer au plus pressé. Pourtant, ce n'était guère avantageux de corroyer dessus des lames neuves. » En général, le taillandier ne rechargeait que les gros pics, les pioches à tranche, les crouets à butter, les haches et les cognées. Pour les petits fers, le résultat aurait été incertain, et l'économie vraiment trop maigrelette.

« Nous proposions également les manches des outils que nous vendions ! » souligne Bernard. Et ce n'était pas une sinécure. Toujours pour les mêmes raisons : chaque moitié de la couronne d'Orléans tenait à ses formes de manches, de même que chaque paroisse revendiquait ses sortes d'outils !

La Loire traçait un semblant de frontière entre les pays. Sur la rive beauceronne, de La Chapelle-Saint-Mesmin à Chécy, suivant un arc de cercle d'une vingtaine de kilomètres, s'étendait le territoire des outils à tête ou à œil, avec manche cintré ; les paysans y grattaient courbés. Sur la rive solognote, en face, de Saint-Hilaire à Sandillon, c'était le champ des outils à douille ou à pince, avec manche droit ; les paysans y grattaient debout. Ces différences dépendaient tout bonnement de la diversité des sols et, en corollaire, des cultures qu'on y faisait.

Le châtaignier convenait aux manches courbes ; c'était, comme le remarque malicieusement Bernard, un arbre « qui poussait au sud, mais qui travaillait au nord ». Les manches droits, souples et fiables, étaient débités dans des ramures de frêne.

Les besogneux, pour fléchir le bâton dont ils emmancheraient leur « bésouet », ne cherchaient pas midi à quatorze heures. Ils coinçaient une branche verte, non décortiquée, entre les barreaux d'une échelle, et ils attendaient qu'elle conserve son arcure en séchant. Un taillandier s'y prenait autrement. Il chauffait les bois verts aux flammes activées de la forge. Il les y laissait huit à neuf minutes, en se méfiant de ne point les brûler. La sève se mettait à bouillir dans le brin, des bulles apparaissaient à la surface de l'écorce. L'homme retirait les bois et les pliait, à force, dans un râtelier mural où il les laissait se raidir pendant une dizaine de secondes. Il ne restait plus qu'à les « pelurer » rapidement, puis à les remettre en tension sur la forme. On obtenait les manches souhaités au terme d'un séchage de trois mois environ.

Bernard observait toujours la règle des bûcherons, quant à l'abattage du bois d'œuvre : il coupait ses rameaux dans le décours de février. Avec l'accord du propriétaire forestier, qu'il remerciait souvent d'un petit quelque chose, il emportait sa provision pour l'année : quatre-vingts tiges en moyenne, guère plus, qu'il préparerait à son temps, entre deux menées de forge, par séries d'une vingtaine.

« Tout manche devrait pouvoir équiper une suite de plusieurs outils avant de se rompre », énonce Bernard. Mais attention ! à une condition : celle de positionner ce manche à bon escient, sans quoi il cassera bientôt. L'effort d'un outil doit s'exercer sur le long fil du bois, jamais sur les ellipses dessinées par la lignosité. Outre la certitude d'une résistance maximale, cela évite les éclatements en éclisses qui, bien entendu, entraînent une inévitable rupture.

Chaque outil était payé recta, évidemment. Le client ne l'emportait qu'après en avoir déboursé le prix. Le montant se calculait en fonction du temps passé et du métal employé. Mais il fallait toujours que ça discutaille, que ça rechigne à la dépense, comme si le taillandier ne s'était évertué qu'à filouter son prochain. De la boutique, le client évaluait mal la véritable pénibilité du labeur.

Il eût suffi de justifier les choses, probablement, pour dissiper ce genre de désobligeances. Mais les gens du métier aimaient entretenir le goût du noble secret, en bons initiés de la belle ouvrage qu'ils étaient, au point que cette attitude distanciée leur retombait parfois sur le nez. De ça, Bernard n'a pas tardé à en tirer la leçon : il a ouvert son atelier aux curieux, dans le but de les informer de son travail réel. Maintenant, lorsqu'un quidam renaude sur le coût d'un malheureux piochon, notre artisan s'empresse de lui montrer les ébauches qui ont précédé la finition dudit piochon. La démonstration est sans réplique.

Il est à parier que l'arrière-grand-père Alexis, s'il revenait, se sentirait bougrement perdu dans la rue du Poirier. Pourtant, ce qui fut son antre n'a guère changé en cent quinze ans. Bernard, le descendant, ne démérite nullement. Infatigable, le geste immuable, il s'active entre les deux forges et les trois enclumes. Cependant, s'il porte des sabots comme les taillandiers d'antan, c'est moins par respect de la coutume que par prévoyance : il peut se déchausser, vite, quand une scorie incandescente pétille dans une de ses chaussettes. Il ne faut pas voir le conservatisme partout, que diable !

Sur la hotte des forges s'accroche une impressionnante batterie de tricoises, de tenailles, de cisailles. « Le grand-père Maxime entamait souvent sa semaine en forgeant une paire de pinces, histoire de se mettre en train », explique Bernard. Les grisailles du passé ont estompé les poulies, les palans, les chaînes qui garnissent les murs, les recoins encombrés.

Le marteau-pilon, un martinet centenaire, trône en bonne place. Son moteur d'origine fonctionnait au gaz de ville avant l'électrification du quartier, en 1931. C'était, à la fin du siècle précédent, le symbole d'un atelier moderne. Il remplaçait trois frappeurs. Autant de compagnons (les « blanchots », comme on les appelait dans le temps) à supprimer dans l'atelier. La machine s'imposait déjà au détriment de la main-d'œuvre. Aujourd'hui, le métier en est mort.

On recrutait les frappeurs parmi les gaillards qui, mi-journaliers mi-vagabonds, traînaient leur besace sur les chemins d'errance. Ils se louaient pour quelques jours, selon leur ardeur et l'ouvrage qui s'accumulait. On les chargeait des battements à la masse – un boulot de forçat – et des affûtages...

Oui, l'arrière-grand-père Alexis aurait peine à reconnaître quoi que ce soit dans son atelier d'hier. Là où s'échinaient un ouvrier et deux apprentis, l'un débutant sa formation quand l'autre terminait la sienne, il ne verrait que Bernard, le fils de la fille de son fils, le dernier de la lignée des taillandiers d'Orléans.

Il ne reconnaîtrait pas davantage la campagne environnante. Les vergers, les jardins, les maraîchages, les vignes, les négoces en vin et les vinaigreries, l'agglomération a tout chamboulé. Les lotissements pavillonnaires et les zones d'activités commerciales ont bétonné le paysage. Les villages se sont urbanisés en banlieues-dortoirs. La périphérie n'a rien préservé du monde rural de naguère.

Au début des années 1960, en plein essor de la motoculture, Bernard dut se contraindre à réviser l'organisation de son travail, sans toutefois en trahir la façon. C'était à cette condition qu'il ne disparaîtrait pas. Afin de réduire la mévente et l'accroissement de son stock, il décida de ne forger que sur promesse d'achat. Il put s'en tirer parce qu'il restait le seul de sa corporation, sans concurrent, et qu'un ultime carré de partisans lui demeurait attaché. Il y a une quinzaine d'années, l'avance des commandes remplissait encore les douze mois de son carnet !

L'eau a coulé sous les ponts, fatalement.

A présent, il fabrique surtout des ustensiles spécifiques auxquels la taillanderie industrielle ne s'intéresse pas. Récemment, les musées nationaux des Arts et Traditions populaires lui ont commandé une vingtaine de pièces. Mais ses outils coûtent de trois à dix fois plus cher que ceux du commerce courant, et c'est là le hic. Le consommateur ordinaire refuse souvent d'admettre que la qualité doit se payer.

Ça ira jusqu'au bout, allez. Les forgeurs d'outils sont passés de mode, pareils à tant d'artisans. D'ailleurs, depuis plusieurs mois, Bernard lève doucement le pied : il s'est mis en semi-retraite.

Pour l'heure, les écoliers sont encore nombreux à venir dans l'atelier, au 29 de la rue du Poirier. Ils y suivent une fantastique leçon de choses. Les uns s'amusent à tirer la branloire du soufflet dont le vent attise la flamme de la forge, les autres distinguent la différence du fer et de l'acier. Ils assistent, émerveillés, à la lente transformation de la barre rougie en un outil parfait. Mais un jour viendra, le plus tard possible, où le marteau ne tintera plus sur l'enclume. Alors là, je le jurerais, le voisinage regrettera l'heureux temps où, dans ce quartier Bourgogne, au cœur du vieil Orléans, s'affairait encore un taillandier, un personnage pittoresque comme on en voyait partout autrefois, à ce qu'il paraît.

Ça fera tantôt vingt-cinq ans, un journaliste de la télévision régionale est venu filmer l'atelier. « C'est à cette occasion, grâce à un technicien stagiaire du Burundi, raconte Bernard, que j'ai découvert le son de ma voix ! »

En 1993, le directeur d'un magazine national, apprenant par hasard l'existence de la taillanderie orléanaise, publia un reportage élogieux sur le sujet. Le tintouin se déchaîna immédiatement. Les journaux régionaux, la presse parisienne, la télé nationale se bousculèrent dans la rue du Poirier. Bernard Solon devenait une célébrité guêpine, enfin. Ses concitoyens le saluaient en ville, des touristes visitaient son atelier, des photographes sonnaient à sa porte. A la veille de fermer boutique, le dernier forgeur d'outils accédait au rang des vedettes de la France profonde. Il était moins une !

Cette effervescence amuse notre homme, malgré qu'elle provoque du dérangement. Au vrai, il en faut davantage pour l'étourdir. Son rêve, à Bernard, serait d'aménager l'atelier de Louis Alexis en musée, sans plus. Seulement voilà, les mécènes se bousculent moins que les visiteurs.

Il se console vaille que vaille en constatant que ses petits-enfants sont irrésistiblement attirés par la magie de son travail. Alors, promis, il leur enseignera son art dès qu'ils seront en âge de comprendre. Après quoi, l'inutile transmission accomplie, il se résignera à éteindre ses deux forges.

Définitivement.

Rencontre de l'automne 1995.

Le tonnelier

N'en déplaise aux chantres de la Grèce antique, le philosophe Diogène n'habita jamais dans le tonneau de sa légende. Car le tonneau, tout comme le sabot, est une invention de nos ancêtres les Gaulois, par Toutatis ! Diogène se contenta donc d'une jarre de grande dimension, ainsi que durent s'en contenter les quarante voleurs d'Ali Baba.

Ce furent en effet les Celtes, ces peuples des forêts, qui enseignèrent l'art de bien ouvrager le bois aux légionnaires romains, lesquels se montraient plus habiles à lancer le pilum qu'à manier le hachereau. Les civilisateurs, dans cette histoire, apprirent beaucoup des barbares qu'ils venaient éduquer. Et notamment de ceux qui vivaient dans les environs de Genabum, l'Orléans d'alors. La région était tout à la fois un pays d'arbres et d'osier, un pays de grain et de vin, un pays de fleuve et de galerne. Les arbres et l'osier pour composer les tonneaux, le grain et le vin pour les remplir, le fleuve et la galerne pour les transporter au loin des cités carnutes.

L'industrie tonnelière se maintint au fil des siècles, en ces contrées, tant que les vignes en capuchonnèrent les coteaux et que la marine de Loire favorisa la corporation vinaigrière de l'endroit. Au gré des coutumes et des jurandes, les maîtres de la confrérie se nommèrent barilliers, futailliers, boisseriers, avaleurs de vin ou charpentiers en tonnellerie avant de se regrouper sous le terme unique de tonnelier au milieu du quinzième siècle.

Terroir de clos honorés jusque sur les tables royales, l'Orléanais se vantait de posséder sa propre « façon de barillerie » qu'on pouvait reconnaître de Jargeau à Beaugency. Les ordonnances du métier, en date du seizième d'août 1528, mentionnaient maints règlements, découlant d'immémoriale coutume, dont l'infraction exposait les contrevenants à lourdes amendes. On y lisait que les « tonneaux de moisson » devaient tenir vingt-quatre gallois sous vingt-six cercles et les « traversins », douze gallois sous dix-huit cercles ; qu'il ne fallait point combiner le bois vieux au bois neuf ; que les cerceaux de saule étaient défendus d'emploi ; que l'osier vermeil ne se vendait que sur le « vieil marteroy et non ailleurs ».

Des commis-visiteurs inspectaient fréquemment les ateliers et les remises. Chaque poinçon examiné était estampillé à feu du signe de son faiseur, du produit qu'il contiendrait et, le cas échéant, des trois lettres NDJ signifiant « non de jauge ».

Item, on interdisait aux tonneliers de s'essayer à la fabrication du vinaigre, cette restriction empêchant nos gens de s'adjuger, à bon compte et au détriment des vinaigriers patentés, sous le prétexte de retaper les chais, les piquettes qui s'altéraient dans les caves des taverniers et des cabaretiers. Les vinaigriers, en contrepartie, n'étaient pas autorisés à mener commerce de futaille.

Les maîtres tonneliers de l'Orléanais n'instituèrent leur communauté qu'au mois d'avril 1777, donc tardivement. A la veille de la Révolution, ils revendiquèrent dans leurs cahiers de doléances le privilège de « faire et vendre vinaigre », diverses rentes pour les veuves et les orphelins de leur société, une réduction d'impôt sur le bois, la suppression des droits d'octroi qui pénalisaient l'acheminement des vins, la reconversion des différentes capacités provinciales en une seule mesure étendue à l'ensemble du royaume et, enfin, quelques autres facilités que la République concédera dans les années à venir. Il convient encore de préciser qu'à cette époque, la plupart des paysans savaient réparer leur futaille et qu'ils se déclaraient vignerons-tonneliers sur les registres paroissiaux.

Moïse Bertrand, quant à lui, fabriqua des tonneaux parce que ses aïeux en fabriquaient avant lui, tout simplement. Il hérita donc des outils paternels sans chercher sa fortune ailleurs. Il apprit le métier sur le tas, ainsi, en tirant instruction des gestes et des conseils de son père. Il commença par ajuster les fonds, comme tout arpète, puis il remplaça les douves, exercice un peu plus compliqué, avant de prétendre au titre d'ouvrier à part entière.

Le père Bertrand était l'un des deux tonneliers qui tenaient atelier au bourg de Saint-Benoît. Il travaillait ses douze mois par an sans subir de morte saison car il profitait des périodes calmes, au printemps et à l'été, pour « rabouticher » les futailles à domicile. Les marchands de vins et les maîtres de chais le hélaient quand ils le voyaient passer en traînant sa charrette à bras encombrée de matériel. Plus tard, on partagea la besogne : le père ne bougea plus de son atelier, ne s'occupant qu'à bâtir les tonneaux neufs, pendant que le fils, son unique commis, partait en raccommodage chez les pinardiers des alentours.

Moïse demeurait parfois deux semaines dans la même maison tant les fûts à restaurer étaient nombreux et en piteux état. Il raclait les poinçons engravelés, changeait les douelles suspectes, renouvelait les cercles fatigués, colmatait les jours avec du jonc séché. Il dormait sur place et ne rentrait au bercail, en vélo, que pour souffler le temps d'un dimanche. De ce fait, Moïse se consacra davantage à la réparation qu'à la création. La réfection des grosses tonnes ne l'effrayait point ; en revanche, il ne se frottait guère aux cuves dont la construction et l'entretien se présentaient plutôt comme une affaire de menuisier.

L'hiver, on ne s'éloignait pas de l'atelier. Le père et le fils confectionnaient de la « petite vaisselle », des ustensiles de cellier dérivés de la futaille. C'étaient des comportes, des jales ou des entonnoirs à vin ; c'étaient des cuviers commandés par les blanchisseuses, des barattes de ménage ou des tinettes à salaison. Le père Guinois, de Gidy, fabriquait même des fauchets qu'il vendait vingt sous la dent !

Les fermiers réclamaient également beaucoup de baquets qui leur servaient d'abreuvoirs dans les étables.

Ces baquets ne duraient pas longtemps car le sabot d'une vache avait tôt fait de les défoncer. Le tonnelier en avait toujours une montagne à rafistoler, tant bien que mal, et une longue liste à construire.

> Un tonnelier m'a dit l'autre jour qu'il travaillait au contraire du sabotier : ce dernier prenait un morceau de bois pour faire un trou dedans tandis que lui prenait un trou pour mettre du bois autour !

A l'approche des vendanges, fin août début septembre, on donnait la priorité aux tonneaux sur toute autre commande. Les vignerons attendaient habituellement le dernier moment pour apporter leurs fûts défectueux. L'ouvrage arrivait dans la même quinzaine par voiturées pleines à craquer ; les barriques et les gueulebées en souffrance s'entassaient autour de l'atelier. Il fallait alors parer au plus pressé, satisfaire plusieurs à la fois et ne déplaire à aucun, bien souvent procéder à un bricolage d'urgence sur la promesse de fignoler l'ouvrage dès que l'affolement serait retombé. Les nuits du tonnelier, en automne, se réduisaient à un minimum de repos ; mais c'était encore trop gaspiller de minutes en sommeil quand la besogne s'accumulait de tous côtés. Il y avait autrefois des ravaudeurs, les « septembriers », qui ne se louaient que pour ces périodes de presse.

En principe, les fûts fabriqués ou réparés par les Bertrand étaient destinés au vin. Quelques vignerons les remplissaient à l'occasion de leurs pommes à cidre ou, dans l'attente de l'alambic, de leurs prunes et de leurs poires en fermentation. Plusieurs tonneliers d'Orléans se spécialisaient dans la fourniture des vaisseaux de vinaigrerie. Ceux-là n'employaient jamais la moindre ferrure car le vinaigre aurait rapidement rongé les garnitures métalliques. Ils n'utilisaient donc ni goujons ni feuillards et ils respectaient une méthode particulière de construction.

Chaque vignoble possédait ses propres pièces. Les noms et les capacités différaient d'une région à l'autre. Il y avait les mâconnaises et les bordelaises de 225 litres, les nîmoises et les nantaises de 210 à 215 litres. Le muid orléanais, qui contenait 236 litres exactement, tenait son caractère de ses parois peu épaisses, de son cerclage en bois et de son unique barre de fond. Mais en ces époques où l'usage voulait qu'on marchande le vin à la pièce, certains négociants s'écartèrent vite des normes d'origine par esprit de fraude : ainsi firent-ils réaliser des tonneaux de 250 litres afin de mieux flouer les récoltants qui croyaient rembouger des jauges ordinaires ! Lorsque le volume de vin était évalué à la bascule, on comptait au centième ajouté, c'est-à-dire cent un litres pour cent kilos.

Outre les pièces, la futaille de l'Orléanais se composait de pipes atteignant les 800 litres, de tonnes de 600 litres, de demi-pièces de 115 litres, de poinçons de 100 litres, de sixains de 60 litres et enfin de tonnelets de gabarits variables.

Le tonneau exigeait adresse et efforts de l'homme qui le fabriquait ; pourtant on lui accorda rarement la valeur d'un meuble. On le considérait comme un simple emballage, sans plus. C'était oublier que le contenant jouait un rôle déterminant dans la bonification de son contenu. Habile artisan, le tonnelier devait se doubler d'un connaisseur avisé en vinification, se souvenir que tel cru ne s'élevait que dans tel bois, deviner que tel spiritueux vieillirait mieux sous tel autre. Il ne sélectionnait jamais ses matériaux à la légère. Il préférait le chêne au châtaignier pour une meilleure conservation du vin, mais il l'accusait de noircir les eaux-de-vie. Il associait plutôt les marcs au frêne ou à l'acacia. Quelquefois il optait pour le hêtre, le saule, le bouleau, même le pin. Tout dépendait de ce que recueillerait le tonneau désiré. En général, il mariait les bois blancs aux produits secs.

Moïse achetait ses merrains à un certain Bellanger, fendeur à Châteauneuf. Ses ébauches de fûts, les « carcases », qui étaient couramment en châtaignier, provenaient d'une usine de Ris-Orangis. Pour le neuf, il n'acceptait que des merrains de chêne équarris depuis une couple d'années. Il veillait à ce que le bois soit sain, sans nœuds ni gélivures.

L'attirail du tonnelier ne paraissait guère dangereux pour celui qui savait le manier. Mais dame, il fallait savoir ! Plus d'un compagnon paya sa maladresse d'un verre de sang. La colombe était l'outil redoutable de l'atelier : un rabot renversé, démesuré sur ses trois pattes, épannelé dans un lourd madrier de merisier long de presque deux mètres, avec sa lame qui pointait au-dessus pour entailler le bout de doigt trop avancé... « Mais ce n'était pas un métier à accidents, rassure aussitôt Moïse. On faisait attention, voilà tout. »

La construction d'un tonneau débutait par le façonnage des merrains qui, de planches mal dégrossies, s'affineraient bientôt en douves à l'arcure délicate. Ces merrains étaient d'abord sciés à juste dimension, puis amincis et appointés à la doloire sur un moyeu de tombereau transformé en tronchet. Le tonnelier s'asseyait ensuite à califourchon sur son banc pour les tailler en dos rond à la plane droite, les creuser en dedans à la plane courbe, les épurer à petites touches de cochoir, enfin les dégauchir sur la colombe. La partie médiane des douves s'élargissait en un noyau asymétrique, condition essentielle à une jointure parfaite au moment du cintrage. Tout semblait approximatif dans le profil d'une douve, parce que décidé à l'œil, et pourtant tout y était accompli au cheveu près.

Le tonnelier procédait ensuite à l'assemblage du corps. Les douves, une vingtaine par tonneau, étaient accolées une à une en couronne verticale, à l'intérieur d'un cercle de tête choisi comme moule, et maintenues à l'aide de pinces et de cales. La dernière devait être calculée de façon à raidir l'ensemble et à le garder en forme. On consolidait le tout en le ceinturant à force de plusieurs cerceaux. L'ouvrage constituait alors un tronc de cône reposant sur une base éclatée, suffisamment solide, déjà, pour ne point se disloquer lors des manipulations suivantes. On plongeait cette coque évasée dans un bassin d'eau et elle restait à tremper pendant une nuit ou deux, le temps nécessaire à l'assouplissement des douves.

Le tonnelier repêchait son ébauche pour effectuer le cintrage (le « noyautage » en terme de métier). Il allumait une flambée de copeaux sur le sol, disposait la couronne en cheminée, laissait chauffer les douves sans jamais les brûler ; puis il installait son bâtissoir : un cadre de bois muni d'une vis, d'une coulisse et d'un collier de corde dont il entourait la gueule à resserrer.

L'homme ne tournait la vis qu'au bout d'un quart d'heure de chauffe, se désintéressant ensuite de la mort lente du feu. Le carcan étranglait l'ouverture béante, obligeait les douves à se plier, à se courber, à se rapprocher jusqu'à se rejoindre d'une manière impeccable. On se méfiait néanmoins de ne pas garrotter à la va-vite, sous peine de casser le bois. Ce genre d'ennui survenait surtout, malgré les précautions observées et la prudence de l'artisan, quand on cintrait ces maudits merrains sciés qui craquaient plus facilement que les fendus. Alors il fallait tout refaire, démancher l'assemblage et le reprendre à zéro.

La jonction idéale ne s'obtenait qu'après un mois de serrage progressif. Le tonnelier guettait l'instant propice pour cercler le ventre rebondi à la châsse et au marteau. La coque devait bedonner d'un embonpoint à rendre jaloux un moine.

On pouvait également cintrer la couronne en la baignant dans une casse de chaudière.

La coque pansue était ensuite hissée sur un haut châssis incliné, la « selle », pour y être égalisée et rognée. On la chanfreinait à l'asse et au stockholm, outils pesants et tranchants qui requéraient une grande souplesse de poignet. Le tonnelier achevait son ouvrage en trusquinant les jables, les rainures intérieures qui recevraient les enfonçures.

On chantournait chaque fond dans un plateau composé de cinq, sept ou neuf douves, toujours en nombre impair, goujonnées dans leur épaisseur. Le tonnelier en estimait la circonférence au jugé avant de la tracer à l'instrument : c'est donc vraiment là qu'on pouvait dire de quelqu'un qu'il avait le compas dans l'œil ! Son rondeau découpé et chanfreiné, le faiseur libérait la coque de ses cercles de bout, les « têtiers », en écartait les douves au moyen d'un sergent appelé la « chienne » ou la « tire », encastrait enfin le fond dans son jable. Puis le coffre était corseté à nouveau, sitôt le fonçage terminé, et mis en perce sans tarder.

On pratiquait le trou de cannelle, sur le cul, à l'aide d'un vilebrequin (la losse) ; celui de la bonde, au nombril, avec une râpe arrondie (la bondonnière). Le tonnelier vérifiait une dernière fois l'étanchéité de son tonneau en le bringuebalant après l'avoir gavé d'eau bouillante. Les ouvriers émérites se vantaient de n'échauder que pour éliminer le tanin du bois, nullement pour déceler d'improbables fuites. Enfin on peaufinait l'ouvrage : on lissait une douve bosselée d'une caresse de paroir, on testait la solidité du tonneau, on renforçait les fonds en les barrant d'une traverse chevillée. Quelquefois on signait l'œuvre d'une marque de rouanne, l'artisan se confondant ainsi avec l'artiste.

Toute sorte de fûts demandait un mode de cerclage distinctif. Les Mâconnais et les Bordelais s'entouraient de huit ceintures en bois (deux à chaque tête, quatre sur la panse) complétées de six en fer. Les Nantais, dont la contenance dépassait les deux cents litres, se paraient de métal uniquement : leurs feuillards de bout étaient larges, leurs collets de mi-ventre beaucoup plus minces et leurs cerceaux de bouge d'importance intermédiaire. Quant aux tonneaux de l'ancien Orléanais, on ne les serrait que par un bandage de châtaignier, dix-huit cercles au total, deux fois cinq en têtiers et deux fois quatre sur le renflement.

Moïse trouvait son besoin de châtaignier chez le père Rocher, le « cerquelier » de Saint-Denis-de-l'Hôtel. Il s'agissait de rejets coupés verts, fendus et arqués aussitôt, longuement biseautés aux extrémités puis ficelés en bottes.

Le liage traditionnel de ces cercles, sur le tonneau, se faisait à l'osier. Au fendouet on « éclatait » une seule tige en trois brins que l'on colorait au soufre, d'un beau jaune, avant de les « délarder » avec les dents pour les rendre plus flexibles encore. Une ligature à l'osier devait couvrir toute la longueur du raccord. Plus tard on simplifia la tâche en ne liant qu'au fil de fer, six tours répétés trois fois par attache. Puis, pressé par le rendement, on substitua les feuillards de fer rivés aux cercles de bois ligaturés, sans pour autant fabriquer des tonneaux plus costauds.

L'acier laminé était livré en rouleaux de deux cents

mètres que le tonnelier débitait à volonté. Il convenait cependant d'étirer un bord de chaque tronçon au marteau, afin que les feuillards épousent le bombement du tonneau sans bâiller. Bientôt on ne réserva l'antique châtaignier qu'au cerclage des tinettes, à cause de la saumure qu'on y mettait, et qu'au bardage de roulement de certaines barriques. Ainsi protégés sur le gras de leur galbe, les gros tonneaux pouvaient être transbahutés sans dommages.

La manutention de la futaille imposait en effet autant de robustesse que de délicatesse, à telle enseigne qu'autrefois, sur les quais de Loire, un marinier ne déchargeait jamais sa gabare sans s'assurer le soutien d'un tonnelier. C'était encore lui, le tonnelier, qui transportait les fûts neufs jusque chez le client, sur un haquet, à ses risques et périls, et qui les descendait en cave en s'aidant d'une échelle aux barreaux incurvés, le poulain.

La profession marchait évidemment de pair avec celles du vin. D'ailleurs, bien que vénérant saint Jean-Baptiste et sainte Anne comme patrons, les tonneliers ne manquaient pas de se mêler aux vignerons pour célébrer dignement la Saint-Vincent.

La veille, on érigeait un sapin enrubanné devant la maison du roi de l'année. On s'attroupait et on trinquait au vin chaud. Le lendemain, tout le pays assistait à une messe d'action de grâces ; la fanfare attendait à la porte, sur le parvis, et entraînait les jeunesses sur le chemin du bal. Le roi était désigné parmi les vignerons de l'endroit selon un ordre de tour. Son sapin restait planté l'année durant : le roi ne l'abattait qu'en fin de règne, à la Saint-Vincent d'après, tandis qu'on élevait celui de son successeur. Le souverain destitué en récupérait souvent le tronc pour bénéficier d'un superbe montant d'échelle.

Saint-Benoît était jadis une contrée vigneronne qui, il faut l'avouer, produisait moins de cuvées réputées que de picrates ordinaires. On y récoltait principalement du noah, du bacco et du gaillard. Rien de bien alléchant. Il n'empêche, cela garantissait du boulot, bon an mal an, à un artisanat local appréciable. Mais l'évolution de la viticulture, conjuguée à la disparition des vignes, condamna nombre de tonneliers à fermer leur atelier.

Les habitudes se modifièrent dès que les marchands abandonnèrent les muids classiques pour les citernes modernes. Tout fut bouleversé à l'avenant. Le ciment, le verre puis les matières plastiques finirent par supplanter le bois, sauf dans les vignobles prestigieux.

Vint la guerre de 1940. Moïse dut partir en Allemagne, comme S.T.O. Là-bas, il ne perdit pas la main puisqu'on l'affecta à la construction de barils en sapin qui contenaient indistinctement du minerai de plomb ou de la choucroute. Un jour il apprit qu'on en expédiait une wagonnée entière en gare des Aubrais, à vingt kilomètres de sa paroisse, et il en eut le cœur ulcéré. Revenu en permission courant 1942, alléguant que sa mère était tombée gravement malade, il refusa de répondre à la convocation de départ et courut se cacher jusqu'à la Libération. Mais il ne reprit pas le métier car l'ouvrage faisait défaut. La paix signée, Moise s'embaucha comme boiseur au monastère de Saint-Benoît, puis il devint contrôleur dans une usine d'automobiles. C'est donc en Allemagne, ironie du sort, qu'il fabriqua ses derniers tonneaux !

Le temps n'était plus à la vigne en notre val de Loire. Découragés par plusieurs hivers de gel consécutifs, la plupart des récoltants arrachèrent leurs ceps et se lancèrent dans le maraîchage. A présent, les véritables fabricants de futaille n'existent plus dans cette région qui comptait naguère un tonnelier par village, pour le moins.

Quand j'étais gamin, je me souviens, mon grand-père Camille, qui s'usait dans trois rangs de gris-meunier, confiait ses gueulebées à un bonhomme de Ligny-le-Ribault. On ne connaissait aucun réparateur dans les proches environs depuis que celui de Cravant n'exerçait plus. C'était l'équipée annuelle : douze lieues aller et retour, avec le pont de Beaugency à la moitié du parcours et les bois de Sologne pour corser l'excursion d'un semblant d'aventure. J'avais alors une dizaine d'années et je vivais des péripéties à faire pâlir un Buffalo Bill. J'étais un convoyeur redouté des outlaws car ma carabine à patate faisait toujours mouche lorsque notre chariot forçait une embuscade. On attelait le cheval de bonne heure et l'on ne rentrait qu'entre chien et loup, la voiture vide, pisté de près par une tribu de farouches Indiens. Des exploits qui remontent aux années 1950...

Aujourd'hui, ma carabine à patate se rouille à un clou de notre cellier désaffecté. Le barillier de Ligny est mort et enterré, et mon grand-père aussi. Ceux qui s'obstinent dans le métier, à cette heure, se contentent de bricoler des bacs à fleurs, des porte-parapluies ou des tonnelets factices qui serviront de sièges dans quelque résidence secondaire. Les gens parlent maintenant de conteneurs synthétiques, de cubitainers polymérisés, mais plus jamais de pièces en noble chêne.

Le vin a divorcé d'avec le bois. D'ici peu, l'attirail de notre tonnelier n'enrichira que les brocanteurs. Car les outils sont usés, comme le bonhomme.

Rencontre du printemps 1984.

Le vannier

Danton David, mon vieux copain Danton, ce truculent vieillard grisonnant dont le prénom ne cesse d'étonner et qui a de la malice à revendre, mon complice Danton n'est pas un inconnu de nos fidèles lecteurs.

Rappelez-vous : il siégeait en bonne place parmi les bonhomiots d'un bouquin précédent. Celui qui se soigne aux tisanes d'herbes et qui parle aux abeilles, celui qui a moins de richesse que d'âge mais plus de jeunesse au cœur que bien des gadouillots de vingt ans, c'est lui, c'est Danton, un grand-père digne des doux rêves de l'enfance.

Regardez le sourire narquois qu'il cache derrière sa moustache filasse ; regardez son œil qui pétille, ses toupets de crins fous qui s'échappent d'un béret délavé par toutes les rincées du siècle ; regardez, sacrebleu, et vous verrez un personnage comme il ne vous sera plus guère donné d'en observer aujourd'hui !

Voilà un vieil homme que j'aime écouter parce qu'il ne tombe jamais dans le prêchi-prêcha de ces anciens qui, pour avoir vécu longtemps en confondant longévité et sagesse, se croient investis, au crépuscule de leur vie, de l'étouffante sapience des patriarches bibliques. Ceux-là vous rabâchent des « Moi mon p'tit gars » et des « De mon temps » qui vous saoulent de morale obsolète. Or le temps ne fait rien à l'affaire, chantait le poète. Si la caducité permet quelquefois de discerner les fautes d'hier, elle suffit rarement à éviter les erreurs de demain. Le monde trébuche toujours dans les mêmes pièges...

Danton ne se sent donc pas le droit de faire la leçon à ses cadets. Jamais vous ne l'entendrez dire qu'il détient la vérité des têtes chenues. Il a mené sa vie du mieux qu'il a pu, pas forcément comme il aurait voulu, mais sans causer tort à quiconque. Il espère simplement que les autres, après lui, feront de même. Je vous le répète : il n'y a pas meilleur bougre en ce bas monde que mon vieux copain Danton.

Non, vraiment, les gens du passé ne sont pas à montrer en modèle car pour quelques maigres bonheurs depuis gâchés, que de bourdes commises, que de malheurs endurés ! Trois guerres en trois générations contre un ennemi qui n'était héréditaire que dans les harangues patriotardes ; et des millions d'innocents massacrés, de fusillés pour l'exemple, de sacrifiés à la folie belliciste... Quand Danton est né, en 1898, ses parents se plaignaient encore de l'invasion prussienne comme d'une horreur récente ; la tuerie reprendrait pourtant seize ans plus tard entre la France et l'Allemagne. Pour la dernière fois, c'était juré. Mais de cette guerre, la Grande, Danton allait revenir cruellement meurtri, comme tant d'autres dont les souffrances n'empêcheront point l'éclatement d'un troisième conflit encore plus apocalyptique.

C'est le 15 juin 1918, en forêt de Villers-Cotterêts, que notre Danton s'écroula avec une guibole fracassée par des éclats d'obus. Il fut opéré à Paris puis dirigé sur l'hôpital de Rennes, où il resta en convalescence pendant un an. Il traînait maintenant la patte et il savait qu'il ne pourrait plus jamais marcher droit.

Il essaya pourtant, lors d'une permission, d'ouvrir un sillon derrière la charrue d'un voisin, pour voir s'il était encore capable de faire un bon ouvrier agricole. Mais va ! sa jambe refusait de le porter, pas la peine d'insister. Jamais il ne pourrait retravailler dans les fermes. Il ne besognerait que le cul sur une chaise, dorénavant.

Revenu au centre de réforme, il demanda au médecin major de suivre des cours de formation à l'école des Mutilés d'Orléans. On lui proposa de choisir entre la cordonnerie et la vannerie. Le premier métier ne lui aurait pas déplu, mais il ne voyait pas comment l'exercer avec son genou en miettes. Il se rabattit donc sur le second.

Danton s'installa comme vannier dès son retour au pays. Il s'établit plus tard dans une grange qu'il louait à Beaugency, tandis que sa femme vendait des chaussures et des parapluies sur le marché. L'atelier devait être non chauffé et de préférence humide, sans quoi l'osier perdait de sa souplesse.

De l'ouvrage, il en eut à volonté dans les premières années car les cultivateurs d'alors, qui élevaient de nombreuses bêtes, usaient beaucoup de mannequins pour transporter les betteraves fourragères du silo aux mangeoires. Il confectionnait également les paniers des fermières qui vendaient leurs volailles au marché, les bannetons à œufs, les panetières à légumes, les éclisses à fromages, les muselières à veaux, les corbeilles de toutes formes, au gré du client. Chaque semaine, il attelait l'âne à la carriole et il visitait les environs dans l'espoir de glaner quelques commandes : une manne par-ci, un corbillon par-là, une dame-jeanne à clisser, toutes choses à rafistoler ou à fabriquer qu'il apporterait sous huitaine, lors de sa tournée suivante. Un vigneron lui échangeait parfois une botte d'osier contre un panier, et chacun y trouvait son compte.

Mais le gros du pelon, Danton l'achetait à un vigneron de Baulette, un nommé Genty, qui possédait plusieurs oseraies sur les bords du fleuve. Ce fournisseur-là, il le connaissait de longue date puisque c'était lui, déjà, qui approvisionnait en osier l'Ecole des Mutilés.

La marchandise ne coûtait pas cher. Elle était livrée en bottes. On distinguait plusieurs catégories d'osier : le brun, dur et résistant, idéal pour les mannequins à betteraves ; le rouge, facilement maniable mais de bonne tenue, réservé aux paniers communs ; le jaune enfin, tout juste bon pour les corbillons fantaisie. L'osier des vignes, en revanche, n'emballait guère notre Danton qui le jugeait trop branchu ; il en débarrassait volontiers les vignerons quand la récolte était abondante, mais il ne courait pas après. Cet osier-là, voyez-vous, offrait surtout l'avantage de produire des scions pour les maillonneurs, point de beaux brins pour les vanniers.

Acheté en sève, l'osier était aussitôt tressé. Danton l'écorçait parfois à l'aide d'un peloir rudimentaire qu'il s'était bricolé. L'outil consistait en une mâchoire de bois garnie de fer, tenue fermée par un ressort et coincée dans l'étau de son établi. Il suffisait de tirer les tiges dans cette mâchoire, à force, pour que l'écorce se détache en longs serpentins.

L'attirail comprenait encore deux poinçons (l'un droit et l'autre recourbé), une serpette, un sécateur, des tenailles et une batte.

Sec, l'osier brut ne pouvait plus être décortiqué et sa souplesse ne revenait qu'après une semaine de trempage dans un bassin d'eau. Assis sur son tabouret, Danton saisissait les brins encore humides, un à un, et en fouettait l'air afin de les déraidir. Une tige qui sifflait clairement promettait de plier sans casser. Tout était dans le mouvement du poignet.

L'osier blanc au contraire, que le marchand avait pelé au printemps et gardé en fosse, n'exigeait qu'une petite heure de trempage. Il se façonnait aisément ; le vannier en faisait des paniers fignolés qu'il destinait à ses meilleurs clients.

D'aucuns tressaient aussi des grimpants de viorne ou de chèvrefeuille (pour obtenir des modèles fins), des baguettes de noisetier ou des rejets de châtaignier. D'autres assemblaient les armatures des paniers en orme, en prunellier ou en « bois d'oiseau », en aulne, qu'ils coupaient l'hiver dans les prés mouillés. D'autres encore, comme mon grand-père Camille, préféraient confectionner leurs corbeilles en paille de seigle liée à l'écorce de ronce. Mais Danton, lui, se spécialisait dans l'osier. Il ne consentait à prendre du « coimiau », du taillis de frêne, que pour fabriquer des « tournettes » à fromages. La demande était d'ailleurs telle qu'il fut bientôt obligé de se faire aider par une bonne femme de Viévy-le-Rayé. Il lui apportait le coimiau à domicile et il repartait avec les clayettes...

Par commodité, Danton fabriquait en série. Un jour, les fonds ; le lendemain, les côtés et les anses. Un mannequin l'occupait entre un et deux jours, selon la capacité désirée. Il ne redoutait pas grande concurrence. Les romanichels passaient de temps à autre mais ne vendaient guère. Les paysans se méfiaient d'eux comme de la peste, allez savoir pourquoi. Ils travaillaient pourtant à merveille, les bohémiens, c'est Danton qui l'assure. Ils venaient quelquefois frapper à son atelier, quand ils manquaient d'osier. « Mes gars, leur répondait notre bonhomme, vous irez l'acheter chez le récoltant, comme moi ! » Mais pas une réflexion de travers, jamais. Ça ne sert à rien de s'entre-bouffer le nez.

Le dessous du panier

Mon père passa sa jeunesse dans la culture de ses parents jusqu'à sa mobilisation en 1914. Gravement blessé au front, il eut connaissance du centre de rééducation pour les mutilés de guerre, où l'on apprenait, outre la vannerie, le paillage et le cannage des chaises. C'est durant son stage qu'il rencontra ma mère, alors infirmière. Ils se marièrent et se mirent à leur compte rue de Bourgogne, dans l'arrière-boutique d'un boucher. Puis ils déménagèrent rue Sainte-Catherine et employèrent deux ouvriers. L'osier était acheté chez des paysans de Cléry et de Baulette. Mes parents travaillaient beaucoup pour les maraîchers, les arboriculteurs de Saint-Marc et les cultivateurs de Beauce. Ils vendaient également autour des halles d'Orléans. La vinaigrerie Dessaux employait en permanence une vingtaine de vanniers qui habillaient ses bonbonnes.

La rupture d'une conduite d'eau, en février 1981, endommagea le quartier et causa la fermeture de l'atelier. La famille s'installa rue de Bourgogne, au 225, et ouvrit un chantier pour blanchir l'osier dans la rue des Anguillis. Le jeudi, j'aidais à descendre les bottes de vingt-cinq kilos dans la cave ; c'était M. Genty qui nous les livrait dans sa voiture attelée.

J'appris à mon tour le métier mais je le quittai en 1959 pour un emploi plus rémunérateur. La vannerie était de plus en plus concurrencée par le plastique et mes parents n'avaient pas voulu suivre l'évolution. Leur clientèle se réduisit tant qu'en 1963, ils eurent bien du mal à céder leur commerce !

(Lettre d'André Landréat, d'Orléans.)

Les époques changèrent malheureusement et petit à petit, les étables du pays se vidèrent de leurs vaches. Alors les besoins en mannequins se raréfièrent au point que Danton dut adapter sa production. Ce furent d'abord les pépiniéristes du val qui lui fournirent du travail en lui commandant des bannes. Ils expédiaient dedans leurs arbres fruitiers. Un camion venait chaque quinzaine en emporter quatre-vingts. Puis Danton s'entendit avec un grossiste en vannerie qui tenait un magasin à Beaugency. Notre bonhomme se perfectionna dans l'osier noir, c'est-à-dire dans l'osier non pelé. Il fit des corbeilles et des paniers à bois ; il apprit même à construire des fauteuils d'enfant et des berceaux en rotin du Tonkin ! Tous ces articles de Cochinchine filaient ensuite sur Paris.

Mais les événements tournèrent court après la guerre, sitôt la Libération, quand le grossiste de Beaugency se vit contraint de quitter la contrée. Cela ne fut cependant qu'un demi-mal puisque ledit grossiste ouvrit un nouveau commerce en Touraine et qu'il prit contact avec des vignerons de Chenonceaux. Il en résulta une formidable commande de porte-bouteilles qui sauva notre Danton du désœuvrement. Il lui fallait maintenant fournir, dans son mois, un lot de cinq cents présentoirs pour une, deux ou trois bouteilles. L'osier lui était livré et l'ouvrage convenablement rémunéré. Mais dame, quel boulot ! Sa femme l'aidait de son mieux pour les fonds et les bordures. Tous deux parvenaient ainsi à produire une trentaine de porte-bouteilles dans leur journée. Cette industrie continua jusqu'en 1959, année où Danton prit une retraite méritée.

Depuis lors, notre compère ne s'est guère éloigné de son hameau. Ces derniers temps, il surveillait toujours ses mouches et dépannait les voisins en menus services. On venait le quérir quand un veau crevait dans l'étable, et lui se chargeait d'évacuer la bête. « Avec tout ce que j'y ai enterré, ricane-t-il souvent, je possède le jardin le mieux fumé du pays ! » C'est certainement vrai. A preuve, les mauvaises herbes y poussent dru depuis qu'il peine à les arracher. On remarque encore une cépée de coimiau près des ruches. Un bouquet de beaux brins qui ferait de jolies tournettes à fromages... C'est bien dommage que plus personne ne s'en serve à cette heure. Car un cendré mi-vache mi-bique, sans vouloir critiquer, ça vous avait une autre fragrance qu'un plâtras de supérette !

Rencontre de l'automne 1983.

La couturière

Juliette Renard était une maîtresse femme, certainement. Bonne ménagère, honnête et pointilleuse sur la propreté, et courageuse, et vaillante, n'épargnant ni sa peine ni celle des autres. A la saison de travailler en forêt, elle en remontrait à la plupart des bûcherons sur la manière d'abattre un arbre à la cognée. Bref, Juliette Renard était de celles que beaucoup de campagnards, dans ces environs de Neuville-aux-Bois, auraient aimé marier.

Seulement, hélas, elle se sentait tellement forte que c'était plus fort qu'elle : il fallait qu'elle commande à la ronde. Il fallait que son entourage lui obéisse au doigt et à l'œil. Et le premier qu'elle voulut chapeauter, ce fut son mari, Désiré. Mais l'homme, qui avait son amour-propre, ne se laissa jamais mener par le bout du nez. Un jour, il déclara tout de go à son épouse que dans un couple, chacun et chacune avaient une place à tenir. Comme on le devine aisément, la concorde du ménage n'était pas sans souffrir de fréquentes tensions.

Angèle, quant à elle, adresse un autre reproche à sa mère. Elle a beau avoir joyeusement soufflé ses cent bougies, l'amertume ne s'estompe point tout à fait : elle ne peut oublier que son enfance a été assombrie par la brusquerie de cette maman qui n'aimait pas sa progéniture d'une égale tendresse. Juliette préférait ses garçons à ses filles, et elle ne s'en cachait guère. Elle avait une faiblesse, surtout, pour ses deux derniers garnements. La petite Angèle se reconnaissait davantage dans son père qui, sous son écorce rugueuse de paysan, cachait une âme de véritable poète.

Les discordes entre époux trop différents n'altérant pas obligatoirement la fécondité de la couche conjugale, le couple Renard engendra six enfants. Moitié filles, moitié garçons. Angèle, née en 1898, était la troisième. La benjamine, Jeanne, fut emportée à six mois par la rougeole, à la fin de l'été 1907. Le mois de septembre a toujours été néfaste pour les Renard.

Les dissensions familiales s'aggravèrent dès que l'aînée, Madeleine, qui n'allait que sur ses treize ans, quitta l'école pour être placée, comme « petit torchon », dans une ferme d'Escrennes. Peu après, le fermier fit dire au père que la fillette ne pouvait plus rester à son service. Désiré Renard attela la carriole et se rendit à Escrennes, afin d'en savoir plus long. Angèle, qui n'avait que six ans à l'époque, fut du voyage.

Là-bas, les saisonniers ne tournèrent point sept fois leur langue avant de rapporter ce dont il retournait. Madeleine était une adolescente sacrément précoce, voilà. Pour causer franc, elle devenait même un joli brin de *fumelle* qui, déjà, ne semblait pas avoir froid aux yeux. A ce train, si elle demeurait bonniche, elle ne tarderait plus à voir le loup. Son père était prévenu… Quand Désiré Renard revint à la maison, sa gourgandine de Madeleine se tenait au fond de la carriole.

« Ma sœur aînée était d'un caractère indépendant, explique Angèle. Elle avait la malice de notre mère. Son attitude désespérait papa. Elle refusait de travailler aux champs, elle montrait un exemple déplorable au reste de la nichée. »

En vérité, Madeleine n'avait rien d'une paysannette.

Elle rêvait de faire dans la couture, tout simplement. Chez les Renard, les femmes étaient douées pour tirer l'aiguille. La mère, les filles, et jusqu'aux petites-filles de maintenant, aucune n'a jamais dérogé à cette particularité familiale. Madeleine voulait être couturière, bon. L'ennui, c'était qu'une apprentie devait payer sa patronne, à ce moment-là ; or on n'avait point d'argent pour ça, en ce logis où il manquait toujours treize sous pour en aligner quatorze !

Finalement, Madeleine parvint à gagner Paris, où elle devint trottin dans un atelier d'édredons et de literie. Elle s'éprit bientôt d'un brave ouvrier ébéniste du faubourg Saint-Antoine, Albert Allais, qu'elle ne quittera plus. Les tourtereaux firent leur nid d'amour dans une chambrette du boulevard Richard-Lenoir. Lorsque son béguin s'en fut effectuer son régiment à Dreux, pendant deux ans, la midinette le suivit et se changea en soubrette de maison bourgeoise. Malheureusement, elle fut grosse avant d'avoir la bague au doigt.

Pétri de fierté intransigeante, Désiré ne pouvait accepter qu'un marmot du péché pût s'abriter sous son toit ; aussi se détourna-t-il de sa fille aînée. Le bébé, qui naquit prématuré, ne se fit pas vivre. Madeleine, elle, ne pardonna jamais à son père de l'avoir abandonnée dans une épreuve où elle avait tant besoin de sa sollicitude. Dès lors, elle s'écarta de sa parentèle. On sut néanmoins qu'elle était revenue dans le quartier de la Bastille à la démobilisation de son amoureux, et que tous deux étaient enfin passés par la mairie.

De ses frères et sœurs, Arthur fut celui auquel Angèle était le plus liée. De cinq ans sa cadette, elle lui vouait une admiration sans borne. A ses yeux, il détenait toutes les qualités, et davantage encore. Un être exceptionnel de la séparation duquel elle ne s'est jamais consolée…

La maison étant distante de l'école communale de

trois bons kilomètres, Arthur ne rentrait pas le midi : il emportait sa pitance dans son cartable de toile, comme tant d'autres élèves. Oh ! c'était une chère bien chiche pour mener bombance : une tartine de saindoux, une poignée de noix, une pomme. Mais ça paraissait encore trop pour le gamin, puisqu'il ne pignochait même pas. Au lieu de manger, il s'enfermait dans les cabinets pour y bouquiner en toute quiétude. Il avait la tête pleine, certes, mais le ventre vide. A n'avaler que la soupe du soir, il n'était guère plus râblé qu'un piaf au printemps.

Le maître s'aperçut bientôt du manège. Il convoqua la mère et lui dit : « Votre fils recèle des facilités évidentes. Ce serait dommage de le freiner dans son besoin d'apprendre. Toutefois, nous devons veiller à ce qu'il s'alimente suffisamment. » Il fut donc convenu ceci : chaque lundi matin, Mme Renard confierait une douzaine d'œufs à l'instituteur, afin que l'épouse de celui-ci pût en préparer deux par jour, pour le dîner d'Arthur !

L'écolier prodige décrocha son certificat d'études primaires à dix ans et demi. Ce qui aurait constitué une chance formidable pour beaucoup d'enfants, fut une malchance pour Arthur. En effet, une loi stipulait qu'un écolier était libre de ne plus se rendre en classe dès qu'il avait obtenu son diplôme, sans considération de l'âge. Arthur fut loué quatre mois plus tard à un vigneron de Cléry, qui l'employa au ramassage des sarments et à d'autres menues besognes. Il n'avait pas onze ans.

Ce fut un déchirement pour Angèle, car Arthur était l'unique soutien dont elle disposait à la maison. Aujourd'hui, à la centaine révolue, elle en a encore les yeux qui picotent. « Ce que j'ai pu pleurer en le voyant s'éloigner ! » soupire-t-elle.

Angèle était également une bonne écolière, malgré l'ambiance familiale qui ne l'encourageait guère dans sa scolarité. A la maison, il n'y avait pas d'encre, pas de lumière, pas même un coin de table où l'on pouvait ouvrir un cahier sans le tacher aux épluchures de légumes. Et puis avec Robert et Marcel, la paire de garnements qui sautaient partout, qui ne se plaisaient qu'en espiègleries et en quolibets, c'était impossible d'avoir l'esprit studieux. Le soir, avant de rejoindre le bercail, Angèle se dissimulait dans quelque pailler des environs. Elle y faisait ses devoirs et elle y apprenait ses leçons. S'il pleuvait, elle se pelotonnait sous le ponceau qui enjambait un ruisselet près de La Croix de Givry, entre Neuville et Chilleurs.

Jusqu'alors, parce qu'elle n'avait point mieux, elle concoctait une sorte d'encre, sans rien quémander à personne, en noircissant de l'eau avec la suie qu'elle grattait sur le contrecœur de l'âtre. Mais un jour, la maîtresse exigea que les devoirs fussent écrits à l'encre violette. Comment obéir à cette fâcheuse directive ? A l'épicerie du bourg, la bouteille d'encre, de forme carrée, valait un sou. C'était peu, un sou, mais ça semblait néanmoins trop dispendieux pour les finances des Renard. La solution s'imposait : il suffisait de transvaser un fond d'encrier dans une petite fiole apportée en douce.

Ce larcin, Angèle fut contrainte de le commettre. Las ! Elle en ressentit une honte terrible, au point qu'elle ne put garder sa terrible culpabilité par-devers elle. Il fallait qu'elle s'en ouvrît à quelqu'un qui la comprendrait. Faute avouée n'est-elle pas à demi pardonnée, selon l'adage ?

Son frère Arthur n'étant plus là, Angèle se confessa à une voisine compatissante, Mlle Germaine Sergent. Celle-ci, qui était la bonté même, ne manqua pas d'arguments pour l'absoudre aussitôt. C'est alors que notre fillette prit l'habitude de se réfugier auprès de cette bienveillante demoiselle : ainsi pouvait-elle se dérober aux railleries de ses chenapans de frangins ! Son existence allait en être modifiée.

Cette Mademoiselle Sergent avait vécu à Paris. Ancienne brodeuse, elle n'était revenue au village que pour soigner son père, qui se faisait vieux. Elle prit l'écolière sous sa protection et, presque par jeu, de fil en aiguille, elle lui apprit à coudre.

A l'instar de sa mère et de sa sœur aînée, Angèle faisait ce qu'elle voulait de ses doigts. Elle commença par le point de croix, elle poursuivit avec les boutonnières à double arrêt – qui ne sont que des façons de broderie inversée –, puis elle se mit à repriser. Elle s'essaya aussi à broder. Le tout fut couronné d'un indéniable succès. En cela, notre cousette ne déparait pas la lignée féminine des Renard.

Angèle se présenta bientôt au certificat d'études. Elle l'obtint haut la main, avec mention en couture. Mais ses remarquables résultats scolaires ne suffirent point à lui éviter le chemin de la domesticité. L'histoire ne demandait qu'à se répéter. Après Madeleine, après Arthur, elle fut louée à son tour. Une fermière de Rebrechien l'engagea en qualité de bonne d'enfant à la Saint-Jean suivante. Elle n'avait pas treize ans.

« Je n'ai point rechigné, se récrie Angèle. J'étais même heureuse de m'occuper d'un nouveau-né. A la maison, nous venions de perdre notre petite Jeanne. Je me promettais de reporter sur le nourrisson l'affection que je réservais à ma pauvre sœurette. »

Tiens donc, cours toujours, ma belle ! En fait de bonne d'enfant, Angèle ne fut qu'une bonne tout court. Remplir l'auge des cochons, oui ; jeter le grain aux poules et serrer les œufs, bien sûr ; mais jouer à la poupée avec le bébé de la maîtresse, bernique ! Elle n'avait, chaque après-midi, que le droit de pousser le landau pendant une brève promenade convenue, toujours la même. Ensuite, elle rappliquait vite à la ferme et elle s'occupait des bêtes. En aucun cas elle ne devait toucher au paquet de dentelles qu'était le bambin, à croire que, souillon de peu, elle avait irrémédiablement les mains sales.

Les patrons étaient des rupins qui ne ressentaient que de la morgue envers la valetaille. Ils prenaient les repas dans leur appartement, jamais à la table commune. Le fermier n'approchait guère ses employés ; il s'en remettait totalement aux avis de son charretier, un nommé Courtin, un butor épais, autoritaire et malfaisant. Outre ce gaillard lourdaud et notre tendre Angèle, le personnel comptait un jeune berger originaire d'Aschères-le-Marché et un vieil homme de cour qui habitait le pays.

Angèle couchait dans un recoin de la cuisine, près de la porte communiquant avec l'écurie. A côté de son lit : une chaise et, dessus, une cuvette. C'était le charretier qui, sur ordre du maître, la secouait dès l'aube, sans ménagement ni respect de ses pudeurs juvéniles.

Ce Courtin était un type d'une quarantaine d'années, vraiment mal dégrossi et détestable. Un jour, sous prétexte de lui faire remonter un seau qui s'y était décroché, il s'amusa à descendre le berger au fond du puits, à l'aide du treuil, et il l'y laissa. Le gamin hurlait de frayeur. Ce fut Angèle qui, ayant surpris la scène, appela l'homme de cour à la rescousse. Depuis, l'odieux charretier lui battait froid : il lui reprochait d'avoir contrarié une farce si drôle. Et voilà qu'en représailles, maintenant, il s'autorisait des privautés fort inconvenantes lorsqu'il la réveillait !

Il s'agissait d'outrages qu'une fillette de treize ans ne pouvait endurer. Angèle s'effaroucha. Elle s'enfuit un matin, en larmes et en chemise. Elle parcourut douze kilomètres, à travers bois, pour revenir chez ses parents. Son père, Désiré, fut consterné d'apprendre de quelle manière on traitait sa petiote à Rebrechien. Puisque c'était ainsi, elle n'y remettrait pas les pieds !

Mais qu'en faire, dites ? Angèle avait l'âge de gagner son pain. Elle désirait devenir couturière, comme l'aînée. A cette idée la mère tiquait, tandis que le père n'approuvait qu'à demi. Ce qui les chiffonnait, c'était de devoir payer son apprentissage et de nourrir une bouche dont ils se croyaient déchargés. Vous parlez d'être embêtés, quand même !

Arthur, lui, mesura à quel point il devait appuyer le souhait de sa sœur. Son intervention fut déterminante : il s'engagea à régler l'apprentissage avec l'argent qu'il recevrait de son terme d'été. Sa chère Angèle n'aurait plus jamais à souffrir de la rustauderie des vilains charretiers. Désormais, elle pourrait se consacrer à ce qu'elle appréciait par-dessus tout : les ouvrages de couture.

Désiré Renard vivait difficilement du commerce de paille qu'il faisait auprès des loueurs de voitures, à Orléans. Il possédait une paire de chevaux, le Papillon et le Pêchard. Ce dernier, un canasson fourbu et presque aveugle, lui avait été recédé par un cultivateur pour lequel il tâchait parfois à la journée.

Depuis le départ de Madeleine, survenu dans les pénibles circonstances que l'on sait, les choses ne tournaient plus rond à la maison. Juliette ne cuisinait qu'à regret, de sorte que Désiré se levait souvent de table avec la panse creuse. Il trimait, mais il ne mangeait pas assez. La moindre lichette de vin qu'il buvait, fatalement, suffisait à lui tourner la tête. Ce fut la cause du drame.

Par une matinée de grand chaud, il se rendit à la ville, accompagné de sa petite Angèle, pour livrer une voiturée de paille aux fiacres qui stationnaient place du Martroi. Un méchant hasard voulut qu'Arthur passât également, envoyé en courses par son patron de fermier. Le père et le fils se trouvèrent nez à nez, pour ainsi dire.

Le garçon devina au premier regard que son paternel avait chopiné plus que de raison. Il eut tort d'en faire la remarque. Il grinça : « Tu as bu, papa. Les chevaux ont soif, eux aussi. » Le père le prit d'autant plus mal qu'il adorait son garçon. L'opprobre, peut-être aggravé par la soudaine évidence de son inconduite, lui fut intolérable. Il saisit son fouet et en cingla le visage d'Arthur. Le jeune homme blêmit. Il se raidit, mortifié, et murmura seulement : « Bien, papa. Tu ne sais pas ce que tu viens de commettre ! » Le père, dégrisé, regrettait déjà son geste d'humeur. Trop tard : le mal était accompli.

Arthur venait d'avoir ses dix-huit ans. Il se dirigea vers la caserne. De dépit, il s'enrôla sous les drapeaux. Son chagrin le poussait à fuir au loin, comme si l'on n'avait qu'à s'éloigner pour oublier les rancœurs derrière soi. Parce que le garçon devançait l'appel, l'officier recruteur lui permit de choisir un corps d'affectation. Une de ses tantes maternelles, confiseuse, était établie à Alger ; cela lui donna l'idée de s'enrégimenter dans l'infanterie d'Afrique du Nord.

Le lendemain, les gendarmes de Neuville se pointaient à la maison des Renard. Ils demandèrent après Désiré et lui dirent : « Vous devez contresigner cette feuille d'engagement, car votre fils n'est pas majeur. » A la lecture du document, le misérable père s'effondra de remords. Il pleurait, il se tordait les poignets, il se maudissait. Mais aucun repentir n'y fit : son garçon partit faire le zouave en Algérie. Plus tard, il fut muté au Maroc.

Toutefois, avant son incorporation, Arthur avait pris ses précautions afin que sa petite sœur ne pâtisse point de sa décision. Il s'était arrangé pour qu'Angèle, durant son apprentissage de couturière, fût au service de la fille de son patron. Celle-ci, Louise, fraîchement mariée à Raymond Ringuedé, venait de prendre une fermette à Loury. C'était une culture trop modeste pour nécessiter la présence d'un charretier : là-dessus, Arthur pouvait s'absenter sans craindre le pire !

Soyons clairs : le fils Renard ne caressa jamais l'intention d'effectuer une glorieuse carrière dans la Coloniale. Grâce à la franchise postale militaire, il put écrire chaque semaine à Angèle ; et dans chacune de ses lettres, il lui confia combien il attendait le retour à la vie civile.

Mais il était probablement né sous une mauvaise étoile : quand il revint en France, ce fut pour repartir à la guerre. Nous étions en août 1914, Jaurès venait d'être assassiné, le tocsin sonnait à tous les clochers du pays. Les zouaves furent parmi les combattants que l'état-major exposa immédiatement au feu. Leurs escouades se firent décimer sous la mitraille.

En septembre – quel mois funeste, décidément ! – Arthur fut tué aux alentours de Prunay, dans la Marne. Ses camarades l'inhumèrent près d'un écart dont on ne retrouva nul vestige après l'armistice. Le pilonnage des obus avait bouleversé la contrée. Les bâtiments qui composaient naguère le hameau, étaient ensevelis dans les champignonnières sur lesquelles ils avaient été construits ! « J'ai tout perdu en le perdant, soupire Angèle. Ma vie entière s'est trouvée gâchée par la perte de ce frère chéri. »

Quelle vitalité ! Quelle mémoire ! Quelle pétulance intellectuelle ! Notre alerte centenaire n'a jamais pris le temps de vieillir ; elle n'a consenti qu'à prendre de l'âge. Lorsqu'elle ravive ses plus lointains souvenirs, c'est tout un monde inconcevable qui ressuscite aussitôt. Un monde partagé entre *La Terre* d'Emile Zola et les feuilletons populistes d'autrefois.

La vie d'Angèle Renard aurait de quoi inspirer un auteur de mélodrames, bien sûr. Angèle ne l'ignore point. Lorsqu'elle relate ses tragédies et ses comédies, maintenant que le rideau ne tardera plus à tomber, Angèle adopte volontiers les intonations grandiloquentes dont les dramaturges d'antan tiraient leurs effets. Angèle théâtralise un peu. Avec un siècle sur les épaules, elle peut se permettre de cabotiner un tantinet. Dame ! voilà plus de cent ans qu'elle fait la nique aux malheurs et aux revers : cela l'autorise à se raconter sur le ton qui bon lui semble. A ce jour, elle est la deuxième couturière de Neuville-aux-Bois à dépasser ce cap encore exceptionnel de longévité. Sa devancière, il y a quatre ans, était Jeanne Rouillon.

En sa compagnie, sautons à rebrousse-temps.

Nous voici remontés à 1912. Angèle frisait les quinze printemps. Elle se trouvait maintenant au service de Louise et de Raymond Ringuedé, modestes fermiers à Loury, auprès desquels l'avait placée Arthur, son frère si prévenant. Et bien évidemment, parce que la nature l'a dotée d'un caractère résolu, elle ne s'en laissait nullement conter. Elle savait ce qu'elle voulait. Elle savait aussi ce qu'elle ne voulait pas.

Comme la plupart des fillettes de sa condition, elle se rendait souvent aux champs pour y garder les vaches. Afin de ne point gaspiller niaisement ses journées à bayer aux corneilles, elle s'occupait à coudre et à repriser ses pauvres effets. Le fil qui lui manquait, elle le récupérait en effilochant les chiffons dont sa patronne se débarrassait.

Donc, cette fois-là, elle se tenait assise au bord d'un étang, sagement, tout attentionnée à sa couture qu'elle était. Elle ne remarqua point qu'un charretier, un freluquet à peine plus âgé qu'elle, s'échinait à labourer la parcelle d'à côté. Elle ne vit point, non plus, que le garnement interrompait son travail ; qu'il s'essuyait le front, de la manche, en la reluquant de biais ; qu'il se dirigeait vers elle du pas hésitant de ceux qui mijotent quelque sournoiserie. En revanche, elle sut se rebiffer lorsque le malappris, avec ses gros sabots, tenta de l'embrasser avant même de lui adresser le bonjour. Oh, pas de ça, vaurien ! Elle avait ses ciseaux à la main. Vlan ! Le sacripant hurla. Il regarda sa pogne épaisse, qui s'ensanglantait. Angèle venait de la lui transpercer, d'un seul coup d'un seul.

Les ardeurs amoureuses, même des mieux trempées, ne résistent guère à ce genre de rebuffades. Le coquebin jugea prudent de remettre ses folles manigances à plus tard. Pour l'heure, il s'empressa d'attacher son attelée à un arbre et de vite courir à travers guérets, la queue basse, jusqu'à la demeure du médecin, au bourg.

L'homme de l'art ne put refréner son étonnement. « Tu as une sacrée veine, mon gars : à un poil près, tu restais estropié pour longtemps. Avec cet onguent, ça ne sera pas grand-chose. Mais comment diable as-tu pu te blesser de la sorte, animal ? » L'autre, qui était bougrement embêté, finit par avouer, d'une voix penaude, que « c'était la bonne à Ringuedé ». Le médecin haussa les épaules ; il se contenta de sentencier : « Tu l'as bien cherché, bon à rien. La prochaine fois, tu la laisseras tranquille. »

La moralité de l'anecdote s'imposait : qui osait se frotter à la jeune Angèle, risquait de s'y piquer. La petite Renard n'avait rien d'une couche-toi-là, non mais ! Pas une mijaurée, mais point davantage une délurée que n'importe quel balourd pouvait mener par le bout du nez. A bon entendeur, salut !

L'affaire était convenue de longue date : les jeunes Ringuedé, que la culture à bail de Loury n'engraisserait guère malgré les efforts qu'ils prodiguaient, reprendraient l'exploitation que Mme Ringuedé mère, la retraite venant, s'apprêtait à lâcher. La transaction devait s'effectuer à la Toussaint, comme de coutume dans ces cas-là. A la Toussaint de 1914.

Mais l'été précédent, on ne le sait que trop, fut bouleversé par un orage qui foudroya les hommes du pays. Depuis, la Faucheuse ne chômait plus. En cette saison des coquelicots, les blondes moissons se criblaient de rouges éclaboussures qui présageaient de terribles hémorragies.

Au village, Raymond Ringuedé reçut sa feuille de mobilisation dans les premiers. Sur le point de partir, il fit promettre à Angèle que, quoi qu'il pût arriver, jamais elle n'abandonnerait sa patronne. Angèle promit. Cela ne prêtait guère à conséquence, puisque l'opinion assurait que nos valeureux soldats triompheraient vite des Boches et qu'ils reviendraient pour les vendanges, frais et dispos après cette balade dans les « trains de plaisir ». C'était la der des ders.

La dernière avant la suivante, ouais ! Raymond Ringuedé fut tué dès que son bataillon parvint au front. Louise se retrouva seule avec sa couvée serrée sous les jupes : une poulette d'une couple d'années et un poussin éclos en juillet, le mois d'avant la déclaration de guerre. Angèle l'avait promis : elle n'abandonnerait pas la basse-cour.

En dépit du malheur qui l'accablait, la jeune veuve quitta Loury pour emménager dans la ferme cédée par sa mère. Naguère, Arthur y avait travaillé pendant trois ans. Angèle espérait confusément y relever quelque signe laissé par ce frère idéal, tombé lui aussi dans la tourmente, comme défunt le maître.

Le hic, ce fut la mère de la patronne. Ah ! celle-là, il fallait toujours qu'elle en remontrât aux autres et qu'elle eût gain de cause. Prétextant que sa présence ne serait pas superflue dans cette ferme sans hommes, la maîtresse femme régentait tout. Plus question pour elle de se retirer ni de vivre de ses rentes, non : elle demeurait la vraie patronne, et sa fille n'avait qu'à dire amen. Angèle se rendit compte, de suite, qu'il lui en coûterait d'honorer sa promesse. Mais pour la mémoire du maître, elle s'appliqua à ne point envenimer les choses. Elle attendit de voir venir, bien qu'elle n'en pensât pas moins.

« Ah ! çà, je ne valais pas cher ! » admet Angèle en riant. Un matin, alors qu'on chargeait le cabriolet que Mme Ringuedé devait conduire au marché de la ville, voilà le cheval qui s'emballe. Un moyeu de la voiture se fracasse contre une bouteroue du portail. Mme Ringuedé se tord de douleur sous les débris. Elle geint qu'elle s'est cassé une jambe. Et Angèle de lui lancer : « Si seulement vous vous étiez cassé les deux ! » Comme on le voit, l'ordinaire n'était pas aux embrassades entre ces deux-là, qui avaient un tempérament aussi affirmé l'une que l'autre !

Néanmoins, les bisbilles n'interrompaient nullement le cours des travaux champêtres. Durant le premier automne de la guerre, alors que plus personne ne parlait d'un prochain retour des soldats, Angèle laboura les blés derrière les deux chevaux, sans aucune aide, tandis qu'une gamine la remplaçait aux besognes de cour. Elle se levait dès l'aube pour traire les vaches, elle déjeunait d'un bol de café au lait et, sans lambiner à des riens, elle s'attelait aux mancherons. Elle n'avait que seize ans mais, déjà, les vieux laboureurs la considéraient comme une des leurs. Elle se classait sûrement parmi les meilleures charretières des environs.

« Toi, lui souffla pourtant Louise, tu ne feras jamais une fermière ! »

La patronne lui fit cette réflexion en examinant les ouvrages de couture qu'Angèle réalisait la nuit, au lieu de dormir. Riche du peu de gages qu'elle percevait, notre fille de charrue avait acheté une lampe à pétrole qui lui permettait, sa journée faite, de coudre dans son lit, une planche sur les genoux en guise de tablette. Elle confectionnait ainsi les chemises et les sarraus dont elle avait besoin. Elle offrit même une blouse à Georgette, la petite bonne d'une métairie voisine, en souvenir d'Arthur que la gaminette n'avait pas oublié.

Le printemps revenant, aux couvrailles des avoines et des orges, l'oncle Célestin apporta son semoir en toile et vint prêter la main. Le bonhomme recommanda à Angèle d'enterrer les graines derrière lui. Comme ci, surtout pas comme ça. Angèle s'appliqua à obéir. Là-dessus, qui radina ? Mme Ringuedé mère. Laquelle, toujours aussi aimable, se mit d'emblée à enguirlander notre Angèle, sous prétexte qu'elle s'y prenait en dépit du bon sens. Ce fut la goutte qui fit déborder le vase. La jeune fille n'en pouvait vraiment plus supporter. Elle rétorqua à Mme Ringuedé mère : « Tenez, voici les rênes ! », et elle la planta au milieu du champ. La période agreste venait de tourner court.

A cause de l'absence des hommes valides, les embauches ne manquaient pas dans les alentours. Angèle avait dix-sept ans et de la vaillance plus qu'il lui en fallait. Elle remplaça le *gindre*, qui était malade, de Mme Guérin, la boulangère de Neuville.

En journée, elle livrait le pain dans les villages du pourtour ; la nuit, elle secondait le mitron dans le fournil. Le pétrissage se faisait évidemment à la force des bras. La levée de la pâte procurait un moment de répit. Le mitron s'allongeait sur un sac de son, il y piquait un roupillon. Angèle en profitait pour coudre, ça la démangeait trop. C'était plus que jamais son plaisir, la couture. Olga, la vendeuse, en reçut la plus jolie robe qu'il lui fut donné de porter.

Après la boulangerie de Neuville-aux-Bois, la charcuterie d'Aschères-le-Marché. Le commerçant, qui se doublait d'un marchand de cochons avant guerre, avait été appelé au casse-pipes à son tour. La charcutière s'occupait de la boutique avec l'aide de deux commis. Mais l'un des galapiats, un morveux de la Sarthe, montra des familiarités déplaisantes auxquelles Angèle mit rapidement le holà. C'est vrai, quoi, un garçon n'a pas à glisser la main sous les cotillons d'une fille sans y être invité ! Ça, entre nous, c'étaient des inconvenances qui émoustillaient les godelureaux dans l'obscurité propice des cinématographes. Les cochonnailleries cessèrent immédiatement. Angèle se rabattit alors sur une ferme de Marigny-les-Usages. Et là, ce fut la tuile.

Car tout près se nouait une intrigue épouvantable. Pendant que l'homme était à la guerre, crotté de boue et grouillant de totos, la femme folâtrait auprès d'un courailleur dont les caresses la rendaient hystérique. Rien que de très banal, direz-vous : les suborneurs font flèche de tout bois quand il s'agit de transpercer les cœurs esseulés. Certes, mais l'épouse volage ne limitait pas sa traîtrise aux coucheries : elle complotait de supprimer son gamin de dix ans, afin de faire table rase du passé. D'ailleurs, elle avait averti ses beaux-parents : « Je vais tuer Félix ! » Les pauvres vieux n'en vivaient plus.

Prévenue de la menace, plutôt que de regarder où elle posait les pieds, Angèle ne quittait pas des yeux le gamin. Et c'est ainsi qu'un matin, se précipitant pour protéger l'innocent de celle qui n'aspirait qu'à être veuve, badaboum ! elle valdingua sur un tas de pierres et s'esquinta un genou. Ce gadin, mes aïeux ! Pourtant, les dents serrées, elle eut la volonté d'accompagner le gosse jusqu'à la maison des grands-parents, puis de mener le taureau à la génisse qui attendait la saillie. Mais c'était trop : elle s'écroula dans l'étable. On appela en catastrophe le docteur de Vennecy, qui lui fit aussitôt une piqûre – la première injection antitétanique que reçut Angèle. Le genou amoché était en piteux état. Notre amie devait prendre son mal en patience. Il fallait qu'elle restât clouée au lit pendant trois mois, sans marcher. Elle revint se requinquer auprès de ses parents qui, à cette période-là, n'avaient pas besoin de cette épreuve supplémentaire pour maudire le destin.

Cette guerre de 1914 fut effroyable, vous savez. Elle tuait plus d'hommes qu'il naissait de garçons. L'Armée n'avait jamais assez de soldats. Plus il en mourait sur les champs de bataille, plus les autorités militaires en sacrifiaient sur l'autel de la patrie. Ce fut un crime inexpiable que perpétrèrent les gouvernants de la vieille Europe, élus républicains, généraux incapables et souverains vindicatifs confondus en un même bellicisme inconséquent.

Angèle, donc, soignait son genou sous le toit familial. A Neuville, les événements s'enchaînaient de mal en pis, à croire que la mort s'acharnait sur la malheureuse maison. Arthur, le fils, avait été tué au début des combats ; puis on avait appris la disparition d'Albert, le mari de Madeleine, la fille aînée qui travaillait à Paris ; et maintenant, un oncle maternel venait de tomber à son tour dans l'épouvantable tuerie. Les Renard étaient écrasés de chagrin. Tout s'effondrait autour d'eux. Les hommes n'avaient pas pris le temps de vivre, qu'on en portait déjà le deuil. La mère, Juliette, en avait la raison chamboulée. Elle ne savait plus ce qu'elle faisait. Il lui aurait été impossible de refaire les pansements d'Angèle, tellement la peine l'accablait. C'était le benjamin de la nichée, le petit Marcel, qui s'en chargeait comme il pouvait. « Quand je serai riche, lui promit la convalescente en remerciement, je t'achèterai une montre ! »

Car pour ne rien arranger, Angèle devait rester alitée et ne point bouger la jambe. Elle trompait les semaines, interminables et grises, en tirant l'aiguille, selon son habitude. La charitable Mlle Sergent l'approvisionnait en ouvrages de couture. Des voisines lui confiaient des vêtements à raccommoder, des dentelles au crochet à confectionner. Cela suffisait pour que la jeune fille oubliât de céder à la misère qui l'entourait. C'est dans ces moments-là que quelqu'un vint lui rendre visite. Et ce quelqu'un semblait si doux, si prévenant, qu'Angèle l'aima aussitôt.

Il s'appelait Albert. Albert Finel. Il avait la vingtaine tout juste, un an de plus qu'elle. Le conseil de révision l'avait d'abord ajourné, à cause de sa faible complexion ; mais les hécatombes du front obligeant les médecins majors à se montrer moins regardants sur les aptitudes physiques des mobilisables, il venait d'être incorporé à Rueil-Malmaison.

A l'occasion de sa première permission, ayant eu vent du décès d'Arthur, qu'il avait connu dans les fermes, le garçon tint à saluer Angèle. Il traînait un pantalon de velours décousu. Gentillesse pour gentillesse, Angèle se proposa de le rapiécer, et elle le fit avec son habileté coutumière. Voilà comment naquit leur tendre histoire.

Albert dit à Angèle : « Tu as de l'or dans les doigts. Il faut que je te sorte de cette éprouvante situation. Si tu le veux, épouse-moi sans attendre. Affichons les bans et marions-nous. Quand la guerre finira, j'apprendrai le métier d'électricien et je ferai tout pour que tu sois couturière. » C'était le genre de serments que, depuis toujours, Angèle espérait susciter. Elle dit oui. Le mariage fut décidé.

Hélas ! le papa, Désiré, ne l'entendit pas de cette oreille. Pourquoi ? Parce qu'il caressait d'autres projets pour sa fille. Notamment, celui de la donner à un conscrit de la classe 19 dont le cultivateur de père possédait une exploitation de trois chevaux, avec sept vaches dans l'étable et de grasses terres autour. Comble de chance, plusieurs parcelles de ce beau parti étaient limitrophes des lopins de la famille Renard, vous voyez ça ?

Mais surtout, il pointait un autre reproche dans le refus paternel. Un reproche à propos d'une chose bien embêtante, franchement. Désiré ne voulait pas d'Albert parce que celui-ci, comment dire ? parce que celui-ci n'avait pas, voyons, parce que celui-ci n'était point le poussin de la meilleure couvée. Albert Finel était un enfant trouvé, voilà. Un petit laissé-pour-compte, quoi. Un gosse de fille-mère. Il avait été abandonné à un mois, devant la mairie de Chilleurs-aux-Bois, sur le trottoir où le docteur l'avait ramassé par hasard. On avait fourré sa fiche d'état civil dans les langes : né dans le premier arrondissement de Paris. C'était une brave nourrice du pays qui l'avait recueilli, une femme qui, d'après les calculs de certains, éleva soixante-douze gamins !

Désiré n'accepterait jamais ce bâtard-là pour gendre. Il l'affublait de tous les défauts. Alors Angèle, excédée, finit par s'insurger. Regardant son père droit dans les yeux : « Tu t'es marié à vingt-huit ans, lui lâcha-t-elle. Es-tu sûr de ne pas en avoir laissé derrière toi, des bâtards, dans la plaine de Beauce ? » Désiré en fut interloqué ; il ne sut que répondre. Quel menteur de charretier pouvait jurer n'avoir jamais poussé à la faute une servante trop naïve ? La discussion était close. Sa fille épouserait Albert, le rejeton de personne, avec ou sans le consentement parental. Décidément, l'époque changeait de jour en jour, avec cette fichue guerre : les femmes, maintenant, prenaient de l'assurance et haussaient la voix.

Angèle cousit sa robe de mariée sur son lit d'éclopée. Le capiston concéda quatre jours de perme au troupier Finel Albert, afin que celui-ci pût convoler en légitimes noces. Quatre jours, sans rabiot. Un bonheur à la petite semaine, même pas. Après quoi, le permissionnaire dut rejoindre sa compagnie, qui se trouvait engagée en premières lignes. Il fut tué peu après. Ici et là, les gens de l'arrière pleuraient des combattants qui, sans même une ombre de barbe au menton, n'avaient été des poilus que de nom.

Quels mots, quelles phrases peuvent traduire la désespérance d'une jeune femme que la fatalité meurtrit à travers un être adoré ? Parfois, on croit mourir de la mort de l'autre. Je n'ai pas le talent d'écrire cela, et je prie qu'on veuille bien m'en pardonner. Je m'autoriserai des digressions sur d'autres sujets, si vous me l'accordez, mais pas là-dessus. Chacun a ses pudeurs.

Angèle était seule, encore une fois. Seule avec son désarroi immense. Seule à Gallerand, un écart de Chamerolles. Seule, tristement seule, perdue en lisière de la forêt des Loges. Elle s'embaucha d'abord comme finisseuse dans une caserne d'Orléans, faubourg Madeleine, où les services de subsistance produisaient des uniformes à tire-larigot, des capotes bleu horizon, des vareuses, des pantalons. Habitant au loin depuis son veuvage, elle se rendait à la ville par le tacot, un tortillard poussif : une bonne trentaine de kilomètres à l'aller, avec arrêt à chaque gare, et autant pour le retour. Mais à toute chose, malheur est bon : Angèle délaissa les tissus légers pour se familiariser avec le travail du drap et du coutil. Cela lui fut utile, par la suite.

Ensuite, elle se loua à la journée dans les fermes, à droite et à gauche, en qualité de ravaudeuse. Pendant quatorze mois, grâce aux recommandations de son voisin, un garde forestier de Gallerand qui organisait des chasses à courre pour la riche société, elle entra au service d'une maison bourgeoise d'Azay-sur-Cher. Cela lui permit de mettre un petit pécule de côté. Elle envoya quelque argent à la brave femme qui avait élevé son défunt mari ; puis, avec le reste, elle s'équipa d'une machine à coudre, une Singer, cent cinquante francs à régler en plusieurs versements. On devinait que le carnage tirait à sa fin, maintenant que les populations étaient saignées de leurs mâles ressources.

Le hasard voulut que, de retour à Neuville, Angèle rencontrât une amie d'école, Jeanne Vorgère, qui venait de s'établir dans la couture, au centre du bourg. L'atelier se situait au fond d'une cour, derrière le bureau de placement tenu par les parents. Jeanne y confectionnait des vêtements de travail pour les journaliers, principalement des gilets noirs en satin de coton. L'ouvrage ne se faisait pas rare, bien au contraire. Jeanne avait besoin d'aide ; Angèle ne se fit point prier pour lui prêter la main. Un bienfait, on le sait, n'est jamais perdu.

En effet, les parents Vorgère tenaient aussi une pension de famille, qui jouxtait le bureau de placement. Un contingent de soldats fraîchement démobilisés, à qui l'Etat réservait un emploi dans le rail, y prenait ses quartiers. Neuville-aux-Bois représentait alors un point ferroviaire de grande importance, de par l'affluence que les marchés attiraient. Or, parmi ces recrues du chemin de fer, il y avait Charles-Jean Brugière, un solide gars d'Auvergne.

Notre couturière se dirigeait vers l'atelier quand le cheminot sortait de la pension. Ces deux-là devaient se croiser tôt ou tard. Il la salua poliment, elle le regarda en souriant, ils échangèrent trois banalités. Bientôt ils eurent l'habitude de se fréquenter. Elle lui prit le bras, il lui offrit son nom.

N'empêche ! La saison n'était plus, après l'automne 1918, ce qu'elle avait pu être avant l'été 1914. « J'hésitais à me remarier », reconnaît Angèle. Le sort, jusque-là, ne l'avait guère favorisée. Un doute sournois la taraudait. Avait-elle le droit de goûter à cette miette de bonheur qu'un inconnu lui tendait ? Elle s'enquit auprès du garde forestier de Gallerand, son voisin, de ce qu'il en pensait vraiment. Il s'agissait un bonhomme de sage conseil. Il lui répliqua qu'elle n'était qu'une petite sotte. « Te voici une bonne couturière et tu es jolie, fit-il mine de la rabrouer. Que te faut-il encore pour saisir la vie à bras-le-corps ? » Vu sous cet angle, bien sûr, l'avenir semblait se décrasser des chagrins du passé. Les épousailles eurent lieu le 6 mars 1920, mais en toute simplicité. Le regret de trop d'absents interdisait que l'on fût réellement à la noce.

Le second mari d'Angèle n'avait découvert qu'il se prénommait Charles qu'en passant le conseil de révision. Jusqu'alors, pour ses proches, son petit nom était Jean ; lui-même, de bonne foi, aurait juré qu'il s'appelait ainsi. Angèle continua donc à dire Jean, pour ne point bouleverser les habitudes. Charles désignait une ombre qui n'existait pas vraiment.

Au titre de l'occupation de l'Allemagne vaincue par la France victorieuse, les cantonniers de voie ferrée eurent l'opportunité de partir outre-Rhin. Jean fut affecté dans une gare du Palatinat pendant près de deux ans. Angèle, qui le suivit, devint caissière dans une coopérative pour cheminots. Avec les économies que le couple réalisa là-bas, il put améliorer son mobilier et, surtout, remplacer la Singer par une machine à coudre plus puissante.

Revenus au pays, les Brugière bénéficièrent de l'attribution d'une maisonnette sans barrière, la 104, qui se situait à l'orée de Neuville. Pendant que son homme travaillait sur la voie, Angèle poursuivait ses travaux d'aiguille. Elle se composa ainsi un début de clientèle parmi les villageoises. Jeanne Vorgère, de son côté, lui commandait régulièrement des vêtements à confectionner.

Les choses n'auraient guère évolué, ni en mieux ni en pire, si le chef de district n'avait cru bon d'y mettre son grain de sel. Angèle se préparait à accoucher. Le chef la remarqua, embarrassée qu'elle était par son gros ventre. Ils discutèrent et il lui dit : « Vous devriez solliciter un emploi qui serait en accord avec l'instruction que vous avez. Ecrivez à la Société de chemins de fer, j'appuierai sans réserve votre démarche. » La semaine suivante, elle était convoquée en gare de Fleury-les-Aubrais, où l'on examinait les demandes d'admission, puis dans les bureaux d'Orléans, pour une visite médicale. Elle fut nommée guichetière en banlieue parisienne, à Rungis, tandis que son époux obtenait un poste à Orly.

Ça, une enviable promotion sociale ? Allons donc ! Angèle ne tarda pas à déchanter. Elle regretta bientôt la paisible maisonnette 104 de Neuville, le défilé des passants qui lui adressaient toujours un mot gentil, les travaux de confection que lui confiait son amie Jeanne. Car c'étaient maintenant quinze heures quotidiennes d'un service fatigant qu'elle devait assurer derrière le grillage de son guichet, en échange d'un salaire qui n'avait rien de faramineux. Elle pesait soixante-deux kilos à son arrivée à Rungis ; au bout de quelques mois consacrés à la billetterie, sa balance n'en indiquait plus qu'une quarantaine !

Il se produisit alors la deuxième chute de cette histoire. Angèle était enceinte de nouveau ; elle fit un faux pas, elle glissa sur le trottoir, elle ressentit une vive douleur. Elle perdit l'enfant qu'elle portait. Peu après, le ménage s'installa dans un pavillon de Paray-Vieille-Poste, beaucoup plus agréable que le logement de fonction qu'il quittait. Ces événements presque simultanés furent un déclic pour Angèle. Elle ne s'imaginait pas vieillir dans une cage grillagée. Elle se reprit à rêver de sa chère couture, pensant : « Fifille, te voilà maintenant parvenue à proximité de Paris. C'est le moment ou jamais de te lancer, sérieusement cette fois. » Mais elle ne connaissait personne qui pût la recommander à bon escient. Alors, elle se paya de culot et s'aventura dans le quartier du Sentier, où l'on disait que les confectionneurs avaient pignon sur rue.

En toutes circonstances, Angèle sut garder la tête sur les épaules. Elle n'ignorait pas qu'elle devait faire des progrès et des concessions pour mériter la qualification de couturière professionnelle. Elle accepta donc les conditions de la première maison qui lui proposa de l'ouvrage à domicile. Elle se perfectionna ainsi dans la confection des jupes. De sa propre initiative, dès qu'elle jugea avoir accompli le tour de la question, elle quitta son patron pour un autre, qui était spécialisé dans le corsage ; puis elle en choisit un troisième, qui privilégiait un habit différent. Cette suite d'étapes complémentaires constitua son véritable apprentissage.

La récompense de tant d'efforts vint en 1929, enfin : Angèle fut promue saisonnière chez Larcelet, un grand couturier établi rue Vivienne, près de la Bourse. Evidemment, elle s'empressa d'y mettre à profit la diversité de ses compétences. Sous cette griffe prestigieuse étaient conçus des vestes, des tailleurs, des manteaux, la plupart des articles qui faisaient honneur à l'élégance parisienne. Le but d'une vie était atteint : Angèle ne bougea plus de cet emploi pendant une vingtaine d'années. Jusqu'en 1950 exactement, date de la mise à la retraite de son mari.

Dès lors, notre couturière prit le parti d'œuvrer en sa maison, jamais dans un atelier. Elle forma quatre petites mains, mais les complications administratives la dissuadèrent vite de persévérer dans ce genre de bonne action. Sa vocation était de tirer l'aiguille, point de la faire tirer par d'autres.

L'Occupation fut certainement la période qui exigea le plus d'imagination et de dévouement dans la confection. Il fallait faire de tout, mais avec rien. C'était la mode de la débrouille. Les gens dépendaient des guenilles dont aucun chiffonnier n'aurait voulu en temps ordinaire, des hardes qu'un épouvantail se serait vexé d'endosser, des haillons de traîne-misère, n'importe quels oripeaux ; et c'était dans ces penailles qu'il fallait tailler des ensembles bon chic bon genre, des toilettes printanières, des trois-quarts de belle coupe. En ces années-là, beaucoup de couturières prouvèrent qu'elles avaient des doigts de fée. Angèle fut l'une d'entre elles.

Tenez : au plus tristounet des pénuries, un couple âgé, peu argenté, vint lui confier un paletot ramassé on ne sait où, donné peut-être par quelque âme miséricordieuse. Le monsieur avait dans les soixante-dix ans ; la dame, guère moins. De ces bons petits vieux qu'on a envie d'aider. Angèle s'aperçut immédiatement que le pardessus était en tissu réversible : à chevrons du côté élimé, à motif écossais sous la doublure. Elle leur dit quelque chose comme : « Revenez dans une semaine, vous ne vous déplacerez pas pour des prunes. » En effet, le jour dit, les petits vieux n'en croyaient pas leurs yeux. Leur méchant paletot s'était transformé en un macfarlane neuf ! Notre magicienne dut leur expliquer son tour de passe-passe et, devant tant d'incrédulité, découdre un ourlet pour qu'enfin ils ne doutent plus !

Jean prit donc sa retraite de cheminot en 1950. Ça tombait pile : le gouvernement venait de l'exproprier. Le pavillon, qui se situait dans le périmètre d'extension de l'aéroport d'Orly, était promis aux démolisseurs. Les Brugière retournèrent à la case départ, direction Neuville-aux-Bois. Mais Angèle ne demeura pas inactive pour autant. Elle continua de coudre pour la maison Larcelet. La SNCF consentit même à lui délivrer une carte spéciale de transport : ainsi pouvait-elle monter à Paris par Les Aubrais et revenir par la Gare de Lyon, via Malesherbes, à sa convenance.

M. Larcelet, qui était un octogénaire bien pesé, lui proposa alors quelque chose qui méritait attention. Il s'agissait de créer, à Neuville, un atelier de couture dont elle, Angèle, serait la contremaîtresse. Effectif envisagé : dix mécaniciennes et dix finisseuses.

L'offre était alléchante, convenons-en. Angèle courut aussitôt en parler au maire, Kléber Malécot, afin que la municipalité soutienne l'affaire en louant un local communal. Mais le magistrat ne partagea point l'enthousiasme de son administrée : « Ma pauvre Angèle, lui rétorqua-t-il en manière de refus, tu ne sais donc pas que personne n'est prophète en son pays ? » Le projet n'alla pas plus loin. Les falbalas de la haute couture parisienne ne tourneraient point le chignon des petites cousettes de la Beauce ! Angèle dut se contenter de la clientèle qu'elle s'était attachée aux alentours, et dont les robes en vichy défilaient dans le petit salon de rotin.

« Ici, à Neuville, j'ai habillé plus de cent vingt mariées ! » estime-t-elle. Il y a de quoi se piquer d'une pointe de fierté, certes. Dommage, quand même, pour l'atelier qui aurait dû s'implanter en ville… Sauf le respect qu'on leur doit, les maires n'ont pas toujours la jugeote que requiert leur charge.

On sait que les décennies glissent sur une vie comme les aiguillées dans un chas : personne ne peut prévoir combien il en faudra pour parvenir au point d'arrêt. Quatre enfants ont ramené le bonheur de vivre dans l'univers d'Angèle. Quatorze petits-enfants ont suivi, qui ont engendré vingt arrière-petits-enfants. Aucune couturière parmi les filles, mais toutes capables de l'être. Bon sang ne saurait mentir.

En 1977, Angèle fut l'une des premières pensionnaires à s'installer dans la résidence pour personnes âgées Ambroise-Croizat, à Fleury-les-Aubrais. C'était il y a vingt et un ans ; elle en avait soixante-dix neuf. La voilà centenaire depuis une paire d'années. Entre-temps, elle a bouclé une croisière autour de la Méditerranée, à bord du *France,* puis elle s'est envolée pour les immensités canadiennes. Angèle a précédé le siècle et, croyez-moi, elle se jure bien de lui survivre. En attendant le fameux an Deux Mille, la supermamie déploie une énergie stupéfiante qui n'a d'égale qu'une curiosité insatiable.

J'hésite à vous en causer, mais bon, vous ne le répéterez pas, hein, parce que ça susciterait les médisances. On m'a chuchoté qu'il y a peu, Angèle s'amusait – devinez à quoi – Angèle s'amusait à surfer sur le *Web* en compagnie des internautes du collège des Jacobins ! C'est comme je vous le dis. Mais où sont les centenaires d'antan ?

Rencontre du printemps 1998.

Le fondeur de cloches

« Oh ! fondeur, le jour est déjà levé ;
Oh ! fondeur, la cloche est encore au sol !
Monte vie cette dame au clocher
Pour qu'enfin sa claire chanson s'envole ! »

Voici la complainte qu'on pouvait entendre, certains matins d'autrefois, quand le saintier tardait à commencer sa journée. Le saintier, c'était le fondeur de cloches, un façonnier ambulant toujours par monts et par vaux, hier ici et demain ailleurs, un compagnon qui usait les clous de ses souliers sur tous les chemins caillouteux de France et de Navarre.

Dans les époques très anciennes en effet, ces fameux saintiers – les faiseurs de « seings à toquer », grâce à qui le bedeau pouvait sonner le tocsin dès la moindre alerte – ces saintiers travaillaient sur place, au pied des tours d'église assoupies parce que frappées de mutisme, avec l'aide, souvent, des habitants qui, outre les métaux d'œuvre, leur fournissaient tout le bois et l'argile nécessaires. C'étaient encore eux, les habitants, qui aidaient à creuser la fosse dans laquelle serait coulée la cloche. Ces corvées-là, le plus fréquemment, prenaient des airs de fête villageoise ; le vin y pissait dru pour mieux soutenir les hommes en labeur, et la bonne chère n'y manquait jamais…

Il faut bien comprendre que jadis, en chaque patelin, quelle qu'en fût l'importance, les cloches avaient un rôle d'information et de ralliement que personne ne contestait, pas même les sans-Dieu de mon acabit. C'étaient leurs sonneries, des matines à l'angélus du soir, qui ponctuaient le quotidien des paysans, qui leur commandaient de dételer pour enfin se rendre à la soupe, qui leur ordonnaient de regagner le champ après le petit somme du midi, qui les autorisaient à rentrer au bercail, les jambes lourdes de fatigue, à la nuit déjà descendue.

Les cloches annonçaient également les grands moments familiaux : les baptêmes, les mariages, les décès ; elles signalaient aussi les incendies, les épidémies, les guerres hélas !

Maudit parpaillot !

Dans son *Histoire anecdotique de l'Orléanais* (Orléans 1977), le malicieux Jacques-Henry Bauchy rapporte, après l'écolier allemand William Botzheim, cette cuisante péripétie de la Saint-Barthélémy en la cité guêpine : un fondeur religionnaire *se renferma dans sa maison, garnie de barres de fer, jeta son argent par la fenêtre aux catholiques et, comme ceux-ci s'approchaient pour le ramasser, répandit sur eux huile bouillante et plomb fondu ; enfin, mettant le feu à sa demeure, y périt en louant Dieu avec femme et enfants.*

D'aucuns, des durs à cuire, ont vraiment le chic pour verser de l'huile sur le feu !

La croyance populaire, qui sait parfaitement accommoder la superstition à la religion, leur accordait maints pouvoirs : on pensait qu'elles protégeaient de la grêle et de l'orage, qu'elles repoussaient au diable vauvert les esprits malfaisants et les chevaucheuses de balai, qu'elles dissipaient le brouillard, qu'elles refoulaient la vermine, les rats et les fléaux comme la peste ou le choléra.

D'aucunes, à ce qu'on prétendait, calmaient par-dessus le marché les rages de dents, les migraines et les convulsions. Par conséquent, un clocher sans cloche n'était pas plus utile qu'une fontaine sans eau, et c'est pourquoi le commun des mortels accordait tant d'intérêt au bourdon de son église. Certains bourgs employaient même deux sonneurs, l'un paroissial et l'autre municipal !

Les cloches seraient originaires de la Chine. En Mésopotamie et dans la Rome antique, elles ornaient les temples païens et ajoutaient à la solennité des cérémonies ; les Grecs en usaient dans leurs mystères sacrés. Il semble que saint Paulin, évêque de Nole en Campanie, ne les introduisit dans le christianisme que vers l'an 400, pour rassembler les fidèles, mais qu'elles devinrent très vite un accessoire prépondérant des édifices cultuels.

L'âge d'or des fondeurs de bronze, si je puis me permettre cette boutade, se situe dans la première moitié du XIXe siècle. Au lendemain de la Révolution en effet, les pies qui nichaient dans les clochers de France ne risquaient point d'être assourdies car il ne restait pratiquement plus de cloches en ce pays. Toutes, ou presque, avaient été décrochées puis reconverties aussitôt en tubes de canon ou en méchante monnaie de billon. De chantant, le bronze se faisait vite tonnant en ces temps de guerre !

Chaque paroisse ne pouvait posséder qu'une seule et unique cloche, étant entendu que celle-ci servirait autant à sonner les alarmes de la Patrie en danger que l'invitation aux offices des ci-devant curés. De la sorte, gros des campanes furent cachées sous des tas de fumier, ou immergées dans des mares vaseuses, ou encore enfouies en quelque ossuaire avec les objets de dévotion ; mais bien peu furent récupérées par la suite.

Ding dong !

Lu dans *Le Folklore de la Beauce et du Perche*, sous la plume de Félix Chapiseau (Maisonneuve éditeur, 1902) :

Au XVIIe et surtout au XVIIIe, les carillons étaient très en vogue. Chaque paroisse essayait de se signaler et de surpasser la paroisse voisine dans la composition de ses morceaux de musique destinés au carillon. Les airs se jouaient sur un nombre de cloches variant de quatre à quinze.

Quatre cloches suffisaient pour exécuter le carillon de Vendôme. Orléans, Beaugency, Notre-Dame de Cléry, Vendôme Vendôme. *Sur cet air, les habitants de Pontgouin (Eure-et-Loir), qui aimaient le carillon au point d'en abuser et d'entrer en lutte avec leur curé, avaient adopté les paroles suivantes :* Saint-Eliph, Vaupillon, Montireau, Fontaine-Simon, La Loupe La Loupe.

Chartres a eu aussi son carillon célèbre dont le motif musical était une réminiscence d'un chant breton.

Il faut mettre nos biaux habits
Pour célébrer la Saint-Louis
Sur l'air de ce beau carillon
Il faut danser en rond
Il faut danser en rond.

Ainsi, rares sont les cloches à être antérieures à la tourmente révolutionnaire, dans notre foutue République une et indivisible.

Voici deux siècles et plus, beaucoup de saintiers itinérants étaient originaires du Bassigny lorrain, à la limite des Vosges et de la Haute-Marne, région plus réputée encore dans la science campanaire que ne l'étaient les Flandres. L'ancêtre des Bollée, Jean-Baptiste, qui avait vu le jour à Clefmont en 1715, était un modeste paysan que l'ouvrage n'effrayait nullement. Pour occuper ses saisons creuses, il aidait volontiers les saintiers dans leur besogne : c'est de cette manière, à force de voir faire puis de faire voir, qu'il passa maître dans l'art de fondre les cloches.

Pendant quarante ans, il voyagea de Champagne en Normandie, partout où une paroisse réclamait ses services, accompagné de son fils aîné Félix qui, à son tour, enseigna le métier à son neveu Pierre-François. Au fil des mariages, la famille Bollée s'unit aux Mutel, aux Châtelain, aux Salva, qui tous formaient à l'époque les grandes dynasties des fondeurs de Lorraine. Une de ses branches, avec Alexis-Nicolas, s'orienta toutefois vers la médecine jusqu'à ce que les petits-fils de ce dernier reprennent la tradition ancestrale.

Ce sont eux, Jean-Baptiste-Amédée et Ernest-Sylvain, qui regarnirent la plupart des clochers du centre de la France : ils travaillèrent notamment à Sennely en Sologne et à Brinon-sur-Sauldre en 1833, à Fay-aux-Loges et à Ouvrouër-les-Champs en 1834, à Beaulieu en 1835, à Lailly-en-Val et à Aulnay près de Mer en 1836. On relève aisément la trace de leur passage dans les départements du Loiret, du Loir-et-Cher, du Cher, de l'Indre-et-Loire, du Maine-et-Loire, de la Sarthe et des Deux-Sèvres.

Mais le monde bougeait. Le début de l'ère industrielle imposait de profonds changements dans l'organisation de tâches dont les méthodes archaïques semblaient pourtant immuables. Les frères Bollée se trouvaient sur le chantier de Bou, en cette année 1838, quand ils comprirent qu'avec l'apparition du chemin de fer, la fonte des cloches gagnerait bougrement à se sédentariser et, désormais, à se pratiquer à poste fixe.

C'est alors que Jean-Baptiste-Amédée installa sa fonderie aux portes d'Orléans, parmi les vergers de la barrière Saint-Loup, tandis qu'Ernest-Sylvain implantait son usine au Mans où il allait se spécialiser dans les béliers hydrauliques et les éoliennes. Son fils Amédée s'illustra particulièrement dans les véhicules à vapeur. Les Bollée du Mans, avec Léon-Auguste et son cadet

Amédée-fils, se révélèrent être d'ingénieux constructeurs-mécaniciens dans les domaines naissants de l'automobile et de l'aviation. Léon Bollée contribua à perfectionner le moteur de l'aéroplane piloté par Wilbur Wriget, le célèbre pilote américain dont il était l'ami.

Une véritable guerre de clochers

Deux villages attenants du Blésois, Herbilly et Courbouzon, s'affrontèrent lors d'une fameuse querelle à la Noël de 1840. En voici, dans les grandes lignes, les faits déplorables :

L'Assemblée nationale constituante avait rattaché la grosse paroisse d'Herbilly à celle de Courbouzon, guère plus importante pourtant, afin de ne former qu'une seule et même commune. Mais c'était sans compter avec le chauvinisme de ses habitants, lesquels refusèrent toute allégeance administrative à leurs voisins. Les bourgades en vinrent aux mains quand il fut décidé, en haut lieu, que l'église d'Herbilly céderait sa cloche à l'église de Courbouzon, le bedeau de la dite église, un fieffé nigaud, ayant fêlé la sienne en tapant dessus, au marteau, comme un sourdingue qu'il était réellement, sapristi de sapristi !

Il y eut sédition, et il y eut bagarre. Les uns défendirent d'arrache-pied la coupe de bronze que les autres voulaient accaparer. La paix civile ne revint qu'avec la maréchaussée et la troupe, envoyées au pays par le préfet. Mais le revanchisme, lui, mit beaucoup plus de temps à s'effacer des esprits rancuneux.

Tandis que les Bollée du Mans continuaient d'imaginer leurs drôles de machines, certaines roulant et d'autres volant, mais toutes pétaradant à en abasourdir leurs intrépides conducteurs, les Bollée de Saint-Jean-de-Braye ne déviaient pas d'un pouce de la droite ligne tirée jadis par les saintiers du Bassigny. Toutefois, grâce à l'esprit inventif de son promoteur Jean-Baptiste-

Amédée, la fonderie de Saint-Loup améliora rapidement ses procédés de fabrication tout en veillant à ne rien sacrifier de la qualité. C'est ainsi qu'en 1866, notre homme mit au point une méthode d'analyse harmonique capable d'évaluer avec précision le nombre des vibrations émises par chacune des différentes parties d'un timbre ; cette découverte lui permit de perfectionner les tracés, d'améliorer les retouches par tournage et d'obtenir la note désirée au 1/32 de ton près !

Un tympan exercé distingue cinq degrés diatoniques sur le pan d'une même cloche : l'octave inférieure, la note fondamentale, la tierce, la quinte et l'octave supérieure. Une note ne résulte que du rapport mathématique diamètre-épaisseur. De deux cloches d'évasement égal, la plus épaisse donnera la note la plus aiguë car les vibrations qu'elle produira seront les plus courtes. « Pour modeler la tonalité, indique Jean Bollée, il convient de varier le diamètre sans changer l'épaisseur, ou à l'inverse, de modifier l'épaisseur sans toucher au diamètre, ou encore, dans une proportion étudiée, de jouer et sur le diamètre et sur l'épaisseur. Plusieurs combinaisons sont envisageables pour parvenir à un résultat identique. » De la sorte, une cloche de six cent cinquante kilos et d'un mètre de diamètre pourra tinter en sol, exactement comme une autre qui ne pèsera que cinq cents kilos mais dont la gueule ne dépassera pas les quatre-vingt-dix centimètres.

Le plus étonnant, c'est que Jean Bollée n'est pas musicien et qu'il ne se vante point de posséder l'oreille d'un mélomane infaillible. En écoutant une cloche, il hésitera à reconnaître sa note. En revanche, il saura donner aussitôt son poids sans se tromper. Compétence de fondeur, pardi !

La cloche de France la plus imposante, la « Savoyarde », balance ses dix-neuf tonnes et son battant de huit cents kilos dans la basilique du Sacré-Cœur, à Montmartre. Le bourdon de Notre-Dame de Paris, qui n'a été fondu qu'au

XVIIe siècle (il ne s'agit donc point, chère Esméralda, de la Grosse Marie qui rendit sourd ton pauvre Quasimodo !), n'atteint qu'un poids de quinze tonnes. Ce sont d'exceptionnels mastodontes, bien sûr. Le plus fréquemment, nos cathédrales ne peuvent supporter que des clarines de quatre à six tonnes, guère davantage.

Ces dernières années, la fonderie de Saint-Loup fit une cloche de quatre mille trois cents kilos pour l'abbaye de Tarbes, puis une autre, en 1984, qui approchait des cinq tonnes : l'Augustin-Marie du Très Saint Sacrement, deux mètres vingt de hauteur pour un diamètre de cent quatre-vingt-quatorze centimètres, la réplique parfaite du bourdon de la cathédrale d'Orléans ; celle-ci était destinée au monastère de Tarasteix, en Bigorre. De véritables événements que ces fontes-là ! Mais il est loin, le temps où les aïeux de Jean Bollée fondaient de gigantesques cloches à pied d'œuvre, trois mois durant sans quitter l'endroit, comme cette fois mémorable où ils coulèrent huit tonnes et demie de bronze incandescent devant le parvis de la cathédrale de Bordeaux...

De nos jours, le poids d'une cloche d'église ordinaire tourne seulement autour de quatre cents kilos, selon les modèles. Un bourdon, qui constitue la base d'une sonnerie, n'est pas forcément colossal si la note qui suit se situe beaucoup plus haut que la sienne. A titre d'exemple, dans un carillon do-fa-sol-la-do, il pourra ne pas excéder deux cent cinquante kilos. Autant dire un grelot pour Gargantua, quoi !

À la volée

Si l'on a rarement vu une cloche voler, même en période pascale, en revanche on a souvent constaté le vol d'une cloche. Comprenez : la disparition d'une cloche due à l'indélicatesse d'un voleur.

Jean Bollée a un souvenir personnel là-dessus. Cela se passait à Béthune. Une dizaine de ses cloches s'étaient volatilisées de la remise où elles attendaient sagement le moment d'être accrochées. De louches clochards, probablement. Mais rassurez-vous : on les retrouva très vite, car il n'est pas facile de caser une pareille camelote. C'est toujours à la refourgue que les aigrefins se font sonner les cloches...

Un fondeur n'utilise, en son art, que l'airain tant célébré par les poètes. Il s'agit d'un bronze idéal, sonore, d'une matière quasiphilosophale dont la formule, pourtant, n'a rien d'un secret d'alchimiste : un quintal d'airain se compose de soixante-dix-huit kilos de cuivre rouge et de vingt-deux kilos d'étain. Ces métaux simples sont achetés chez un affineur sous forme de lingots. L'alliage se fait à la fonderie.

Les cloches à remplacer sont également refondues. Toutefois, il est fort rare que la masse récupérée d'une cloche réformée serve exclusivement à la fonte de sa remplaçante. « Il n'y a pas d'attachement particulier au métal, dit Jean Bollée. Ça serait possible, évidemment, mais très dispendieux car cela obligerait à des dispositions spéciales. »

A l'inverse des sonnettes de jardin qui sont coulées en creuset à de multiples exemplaires, les cloches d'église naissent d'une longue préparation où le fondeur fait montre d'une indéfectible maîtrise et d'une profonde connaissance des divers éléments mis en ouvrage. C'est en effet au cœur d'un vulgaire tas d'argile commune, terne et grossière, que se concrétera le bronze le plus prestigieux, clair de voix comme d'éclat ; et ce sera de cette gangue de terre grise, précisément, que chaque cloche tiendra son unicité.

L'étape initiale consiste à déterminer les caractéristiques de la pièce à réaliser en fonction de son poids, de ses dimensions et de la note désirée. Vient ensuite le traçage des gabarits appropriés, sur une planche de hêtre, au moyen d'un pantographe imaginé par Amédée Bollée en 1883. Cette planche, le « calibre », portera le dessin des trois moules successifs, nécessaires au profilage de la cloche. Après découpe du premier tracé, le calibre est fixé sur un mât vertical, l'efforce, autour duquel il pivote pour indiquer le volume exact du moule inférieur, le « noyau ».

Ce noyau circulaire, évidé en son centre, est construit en briques sommairement taillées, puis encapuchonné de boue finement broyée et poncée. Il correspond à la paroi interne du timbre. Un feu, allumé en dedans, suffit à en accélérer le séchage et le durcissement.

Quand le noyau est sec et que ses bosselures sont minutieusement limées, l'artisan chantourne à nouveau le calibre en se guidant sur le second profil, celui qui représente le contour extérieur du timbre. L'intervalle qui sépare le noyau du second profil équivaut donc à l'épaisseur de la cloche.

Le noyau reçoit un enduit de cendre qui éliminera tout risque d'adhérence, avant que l'intervalle – dit « fausse cloche » – ne soit comblé de grosse terre soigneusement lissée en surface. Ce factice est alors imprégné de suif liquide, toujours à l'aide du calibre, puis décoré d'ornements, de cordons et d'inscriptions. Ces motifs sont reproduits en relief sur des lamelles de cire, lamelles ramollies dans un bain d'eau tiède et gravées avec des matrices en buis. A ce stade, la fausse cloche préfigure ce que sera le véritable timbre. Cette façon de procéder s'appelle le « moulage à trousse ».

Le chemisage de la fausse cloche exige beaucoup de délicatesse, afin que l'empreinte du moindre détail ne disparaisse point. On emploie pour cela un savant mélange de terre de Gonesse pulvérisée, de cendre de bois, de sablon et de crottin de cheval. Ce mélange est appliqué au pinceau ou au plumeau, subtilement, touche après touche, couche après couche, jusqu'à constituer une protection d'un bon centimètre.

Ensuite, la coque obtenue ayant pris de la rigidité en séchant à l'air, on enrobera le tout, sur trois doigts d'épaisseur, d'une chape résistante composée de glaise et de filasse de chanvre. Le feu sera rallumé dans l'évidement du noyau pour hâter la dessication.

Entre-temps, on prépare les semblants des anses de tête, en cire aussi, dans des formes d'aluminium. Ces fausses anses seront adaptées sur le cerveau de la fausse cloche qu'elles couronneront ; la boucle du battant positionnée, on les réunira à l'ensemble par une chape semblable à celle qui enveloppe le timbre.

En poussant le feu au centre du noyau, la cire et le suif ne tardent pas à fondre sous l'action de la chaleur. Ce qui apparaissait en relief sur la fausse cloche, s'imprime aussitôt en creux sur la chape qui se décolle maintenant du reste. On la soulève au palan et on la dépose à côté tandis que la fausse cloche est retirée et cassée. On replace derechef la chape sur le noyau, l'espace les dissociant étant destiné à recueillir le métal en fusion.

Les moules ainsi encastrés sont descendus dans de larges fosses fouillées au pied des fours. Une fosse peut contenir une douzaine de cloches étagées sur plusieurs niveaux, les plus grosses au fond. Le nombre des pièces à couler varie évidemment en fonction de la capacité du four et de l'importance de ces pièces. L'enterrage implique un damage consciencieux qui empêchera la dilatation des moules sous la poussée du métal en liquéfaction et, par conséquent, la déformation des cloches.

Le point de fusion se situe à 1200 degrés centigrades. La chauffe du four ne se fait qu'au bois de charme et de chêne. En effet, ce combustible naturel – à condition toutefois d'être bien sec – soumet le cuivre à une épuration supplémentaire en le couvrant d'une croûte de braises qui le garantit des principes oxydants de l'air. Sur une fonte de cinq tonnes, la perte à la fusion s'avère infime, de l'ordre de 0,1 %, alors qu'elle dépasserait les 6 % en fonte ordinaire.

De plus, la masse de métal fondu, d'où le brasier ronflant arrache de formidables bouillons, est constamment touillée avec de longues perches de bois vert, brassage indispensable pour augmenter la purification du cuivre rouge. Les lingots d'étain, incorporés au dernier moment, apporteront à l'alliage la fluidité souhaitée pour conduire une coulée impeccable.

Les fours de la fonderie Bollée sont à réverbère ; c'est-à-dire qu'une cloison de briques réfractaires sépare le foyer de la cuve, que l'on appelle la « sole ». Les flammes ne surchauffent donc que la voûte qui, elle, réfléchit sa chaleur sur le métal. L'intérêt de cette méthode réside dans la régularité thermique obtenue et dans la simplification de fonctionnement, aucun encrassage de grille n'étant à craindre.

On débonde l'ouvreau du four, d'un coup de marteau, juste avant que l'airain n'atteigne cette température fatidique qui, selon la croyance, invite le diable à venir y réchauffer ses vilaines pattes crochues. Vous pensez aisément qu'une seconde de trop serait une aubaine pour le Malin qui s'emparerait illico, fourbe comme on le sait, d'une belle cloche promise au bon Dieu !

Le bronze ardent se déverse immédiatement dans les rigoles qui communiquent avec les orifices des moules. En un rien de temps, le long serpent lumineux s'insinue dans les veines de la fosse, tandis que les évents crachent des langues de gaz enflammées et que les trous de coulée rejettent leurs ultimes scories. Il y a quelque chose de fantastique dans ce spectacle.

Et c'est dans le secret des profondeurs du sol que s'accomplit déjà la métamorphose des carillons qui, demain, feront vibrer les nues, consécration de l'union de la terre et du ciel...

Le démoulage s'opère au pic, après un refroidissement d'une demi-journée, alors que la cloche est encore chaude. Autrefois, quand le temps ne comptait guère, les fondeurs attendaient plusieurs jours avant d'effectuer le déterrage et le cassage de la chape. Aucune retouche ne sera apportée sur la cloche qui, brute de fonderie, doit offrir la résonance voulue. Sa note sera vérifiée, toutefois, à l'aide d'un diapason à masselottes gradué de cinq en cinq vibrations, diapason qui est frappé sur une masse de bois puis aussitôt appliqué sur la cloche : la transmission des vibrations suffit à mettre l'airain en voix. Cet ultime contrôle intervient à la suite du polissage d'apprêt.

« On ne loupe pratiquement jamais une pièce, affirme Jean Bollée. Une sur mille peut-être, et encore. La cause en est toujours une défectuosité du métal, une bulle d'air. On la refond alors pour la coulée suivante. » Le jour de fonte revient régulièrement, un mercredi sur trois.

Le battant d'acier doux est choisi en fonction du poids de la cloche, poids dont il ne dépassera pas les quatre pour cent. Il s'accroche à un anneau quasiment inusable, le brayer, fait de lanières de gros cuir renforcées d'acier.

Jadis, on se contentait d'une simple bande de buffleterie qui, au fil des sonneries, finissait par se distendre. Le battant s'en trouvait descendu d'autant, heurtait la « patte », la partie la plus mince de la panse, et, à la longue, parvenait à la briser. Jean Bollée est catégorique là-dessus : la plupart des cassures s'expliquent ainsi. « Les battants, s'empresse-t-il d'ajouter, ne sortent pas de notre fonderie. Nous nous fournissons à Auxonne, en Bourgogne. Leur fabrication ne demande aucun talent particulier. »

Chaque cloche est signée et baptisée. Le parrain et la marraine proposent un nom en accord avec les autorités ecclésiastiques. Dans les temps anciens, ce parrainage revenait de droit à ceux qui assuraient la dotation. Maintenant, on prend plutôt des groupes, en dehors de toute considération financière : les communiants de l'année, par exemple.

La création d'une cloche est payée désormais par une subvention de la municipalité à laquelle s'additionne une souscription du conseil de fabrique. La refonte d'une cloche, en revanche, reste à la charge intégrale de la commune puisqu'elle appartient exclusivement au domaine public. Cela lui permet donc, comme l'énonce la formule, de chanter aussi bien pour Dieu que pour la patrie : *Pro Deo et Patria canto*. Le religieux et le civil se rejoignent alors...

Quand l'père Dupanloup se la tapait hardiment...

Voici quelques années, alors que je cueillais un bouquet de persil, j'ai ramassé un jeton de bronze vert-de-grisé dont le format dépassait les deux sous de mon enfance. J'ai astiqué cette pièce. C'était la médaille de baptême d'une cloche d'Orléans (diamètre : 32 mm, épaisseur : 2, 5 mm). Sur l'avers, je pus déchiffrer ceci. "Jeanne d'Arc. St Michel Ste Marguerite Ste Catherine F. Dupanloup. Cloches baptisées le 1er mai 1898. Par Mgr Touchet évêque d'Orléans. Parrains S.E. Leccoullie arch. de Lyon Mgr Desnoyers M. de La Rocheterie C. Baguenault de Lacombe. Marraines Mmes de Larnages Syver de Champvallins S. Charoy E. de Larochefoucault. Georges Bollée fondeur."

L'autre face porte en carnèle : « Messire m'a envoyée pour sauver la bonne ville d'Orléans. » Au centre figure un écusson rayé horizontalement, avec en dessous une colombe tenant en son bec un phylactère où s'inscrit : « De par le roy du ciel". La tranche est lisse. Il s'agit d'une petite merveille à laquelle je tiens beaucoup ! »

(D'après une lettre de Guy Lacour, d'Orléans.)

Jean Bollée mettait un point d'honneur à poser ses cloches lui-même. « Je partais le vendredi soir, raconte-t-il, pour arriver dans le pays le samedi matin. J'installais la cloche dans le chœur de l'église pour sa bénédiction, après quoi j'entreprenais les travaux nécessaires dans le clocher et je préparais l'emplacement. Par sécurité, il fallait quelquefois remplacer plusieurs poutres, en moiser ou en ajouter. On hissait la cloche dès la cérémonie achevée, au moyen d'un palan. »

Aujourd'hui encore, le rituel de dédicace d'une cloche implique une messe solennelle rehaussée d'un certain faste liturgique, l'événement n'étant pas si fréquent. En l'occurrence, on déploie volontiers tout le saint frusquin.

Après la purification par aspersion d'eau lustrale, ont lieu la consécration avec le saint chrême et l'encensement. Ensuite, chaque paroissien – derrière la marraine, le parrain et les édiles – est invité à faire tinter la cloche en tirant sur une faveur nouée à son battant. La journée se termine souvent à l'auberge du bourg en compagnie du curé, des représentants épiscopaux et des membres du conseil paroissial.

« La pendaison d'une cloche n'a rien d'une gageure extraordinaire, précise Jean Bollée. A présent, ce sont les charpentiers qui l'exécutent le plus souvent : ils ont le matériel pour ça. L'électrification des cloches n'a modifié ni les instruments, ni leur balancement. Il n'y a plus de bedeau suspendu aux cordes, voilà toute la différence ! »

De nos jours, il faut bien le reconnaître, la clientèle d'une fonderie comme celle des Bollée est forcément limitée puisqu'une cloche dure de deux à trois siècles. « Un client servi est un client perdu, admet Jean Bollée. Les carillons réalisés par mon arrière-grand-père Jean-

Baptiste-Amédée ne seront remplacés que par mon arrière-petit-fils. Cela nous repousse loin dans l'avenir ! »

Fort heureusement, il y a l'entretien des cloches existantes et la substitution de celles qui se fêlent, qui se cassent, qui tombent même. Ce dernier cas, extrême, est toujours la conséquence d'une coupable négligence. L'usure provoque du jeu dans les tourillons du mouton qui, à la longue, finissent par rompre. Qui ne se souvient de ce terrible accident dû à la chute soudaine d'un bourdon sur les fidèles rassemblés, voici peu, dans une petite église de village ?

Le travail d'un fondeur n'est pas obligatoirement tributaire d'événements si tragiques, nul ne s'en plaindra. Les occasions exceptionnelles de fourniture campanaire répondent souvent à des considérations de pure convenance. Pour le centenaire, par exemple, d'une église qui possède déjà deux cloches et dont les pratiquants veulent compléter la sonnerie d'une troisième, afin de dignement commémorer l'érection de l'édifice ; ou quand le châtelain du coin désire pérenniser un moment qui lui semble important, le baptême d'un fils ou le mariage d'une fille...

La fonderie de Saint-Loup produit ainsi, annuellement, une centaine de grosses pièces, soit quarante tonnes de bronze environ, qui sont expédiées sur les cinq continents, jusqu'aux antipodes. Il faut dire que la concurrence ne contrarie guère les Bollée qui, sereins, peuvent dormir d'un sommeil de sonneur. On ne dénombre en effet qu'une cinquantaine de fonderies comparables à la leur de par le vaste monde, dont trois seulement en France : une à Villedieu-les-Poêles en Normandie, une autre à Annecy en Savoie et une troisième à Herepian en Languedoc.

Selon Jean Bollée, le marché actuel est nettement plus facile que voici une quarantaine d'années, au sortir du second conflit mondial. Lors de la reconstruction des villes bombardées, la détérioration des cloches était assimilée aux dommages de guerre, et la refonte attribuée par adjudication. De ce fait, tous les fondeurs se disputaient les mêmes affaires, d'où des dérapages entraînant des surenchères inévitables. Ceci n'a plus cours maintenant. Les fondeurs travaillent au juste prix, un point c'est tout.

De quoi choper le bourdon

Les cordonniers sont les plus mal chaussés, et il y a quelque chose qui cloche chez nos fondeurs orléanais. Qu'on en juge :

Le bourdon de la cathédrale Sainte-Croix, à un rosaire de la fonderie de Saint-Loup, souffre de mutité depuis belle lurette, les bombardements de la dernière guerre l'ayant sérieusement endommagé. Or, l'entreprise Bollée en a conservé pieusement les gabarits d'origine, datés de 1898. Il n'empêche que les Monuments historiques s'obstinent à écarter tout projet de refonte. Parce que si l'on ne tient pas à filer à la cloche de bois, il vaut mieux soupeser son argent avant de couler le bronze.

Nul n'est prophète en son pays quand le silence est d'or !

Mais un bon fondeur n'est point homme à n'écouter qu'un son de cloche, cela va de soi. Aussi Jean Bollée n'a-t-il pas hésité à diversifier son catalogue et à se changer en sonnettier. Il propose de la sorte des carillons de beffroi ou d'horloge, des cloches marines ou de détresse, des clochettes de propriété et d'autres sonnailles de modeste dimension dont on grave l'empreinte dans le sable bien tassé de châssis métalliques. Le procédé ne varie pas de celui décrit plus haut, mais il s'effectue à échelle réduite, avec des moules appropriés qui évitent la mise en fosse.

La fonderie est désormais dirigée par Dominique, le fils de Jean, cinquième maillon des Bollée de Saint-Loup.

Elle emploie trois ouvriers en permanence mais les jours d'enterrage, son équipe se renforce d'un contingent de terrassiers occasionnels.

Au demeurant, rien ne semble avoir vraiment bouleversé l'endroit depuis l'installation en 1838 du saintier Jean-Baptiste-Amédée, le trisaïeul du patron d'aujourd'hui. Les méthodes n'ont guère évolué, les gestes se répètent d'une génération à l'autre. Mieux : Dominique Bollée cherche parfois à renouer avec les façons d'antan.

C'est ainsi, à la Pentecôte de 1983, qu'il est parti fondre une cloche en place publique, devant l'église de la paroisse Saint-Paul à Agen, à la manière de ses devanciers du XVIIIe siècle. Ce métier paraît si intemporel qu'il autorise cette confusion du passé et du présent, gage d'une virtuosité constante dont il tire une grandeur supplémentaire.

Les visiteurs de la fonderie, qui sont nombreux, ne s'y trompent point lorsqu'ils viennent se frotter à ces artisans d'une autre époque. Devant leurs yeux, on continue d'œuvrer ici comme on œuvrait au Moyen Age sur le chantier des cathédrales. Dominique Bollée projette d'ailleurs d'adjoindre un musée à la fonderie familiale.

L'intention est louable, bien sûr, mais comment s'y prendra-t-il donc puisque c'est sa fonderie tout entière qui mérite ce titre ?

Rencontre du printemps 1988.

Le feu sacré du bon saint Glinglin

Dès qu'un péquin évoque la Saint-Glinglin, on pense immédiatement à une farce. Pourtant il n'en est rien. Car malgré la définition proposée par les dictionnaires, la Saint-Glinglin qualifie bel et bien une frairie que l'on organisait à date précise en Petite Beauce. Exactement le dernier dimanche du mois d'août en mon hameau de Prenay, commune de Josnes en Loir-et-Cher.

Ce jour-là, les habitants de l'endroit brûlaient d'impatience de faire renaître un vieux mythe de ses cendres. Ils dressaient un semblant de bûcher – trois ou quatre gerbées suffisaient grandement – au carrefour de la mare, face au calvaire de fonte, près de l'orme vénérable qu'on disait être un arbre de la Liberté. La liesse n'était complète que lorsque le feu de joie couronnait d'une auréole de fumée le bonhomme de paille qui figurait le bon anachorète.

Ce protecteur étrangement révéré n'était pas un apôtre du tout-venant. Rien de commun avec ces bienheureux ordinaires dont on pèle machinalement le nom, feuille après feuille, sur les éphémérides. Excusez du peu ! Le seul, le vrai saint Glinglin ne s'accommodait d'aucune banalité. Son nom même avait de quoi surprendre, vous en conviendrez.

Mais sous ses allures de plaisantin sacrilège, le dit saint Glinglin était beaucoup plus sérieux qu'il ne paraissait. Oyez plutôt, amys, l'édifiante histoire de ce laissé-pour-compte auquel les hagiographes n'accordent nul chapitre dans leur martyrologe, nulle date dans leur agenda ; et, de grâce, ne le brocardez plus en affirmant niaisement que sa fête reste un vague synonyme de jamais !

Qui était donc cet élu que l'on connaît tous, mais qu'aucun livre hiératique ne daigne mentionner ? S'agissait-il d'un de ces personnages apocryphes qui hantaient les croyances populaires, jadis, et qui donnaient lieu à de fréquents « voyages » comme saint Coqueluchon, saint Foutin ou saint Teignon ? La raison de sa célébration, par l'origine même du vocable, semble se référer à des us fort anciens.

En effet, si l'expression « à la Saint-Glinglin » ne fut notée officiellement qu'à la fin du siècle précédent, selon le lexicographe Paul Robert, il ne fait aucun doute qu'elle appartenait depuis longtemps au langage parlé. Vraisemblablement depuis le haut Moyen Age.

Il faut savoir qu'en ces époques, la locution en question s'entendait phonétiquement et s'appliquait à une sonnerie de cloches lancées à la volée. Le mot « saint » s'écrivait alors seing, du latin signum, et désignait le signal, plus particulièrement l'airain que l'on battait pour avertir les populations d'un péril imminent. On disait que le seing glinguait, que le seing faisait glin-glin. Cette étymologie se devine également dans le mot « tocsin », toquer le seing, qui signifiait : battre le signal. Et à trop glinguer derrière ses abat-sons, une cloche risquait évidemment de se déglinguer !

Devenu obsolète, le terme disparut pour ne resurgir, bien plus tard, que sous le quiproquo cocasse qui prête maintenant à sourire. Le sens était modifié ; son orthographe, changée. Bienheureux mis au ban du calendrier, tous les jours à fêter étant réservés, le pauvre saint Glinglin ne désignerait plus, désormais, qu'une échéance improbable. Voilà pour la sémantique.

Toutefois, certaines choses tardent à s'estomper de la mémoire collective. Ainsi, dans le hameau de Prenay, l'expression ne perdit rien de son acception onomatopéique ; et c'est bien le plus étonnant. Cela nous renvoie, encore une fois, à un passé lointain.

Réfléchissons un instant. Dans nos campagnes moyenâgeuses, à quelles occasions glinguait-on le seing en dehors des appels religieux ? Quand le feu se déclarait dans les moissons, bien sûr ! Durant l'été, les croquants se rongeaient les sangs dans la crainte d'une telle malédiction. Que la foudre enflammât un lopin de froment, craquant sous le soleil de juillet, et c'était la plaine entière qui s'embrasait tout de go, avec, au bout, les huches vides et la condamnation à une interminable année de disette.

Des guetteurs, les messiers, se postaient donc en haut des clochers et s'y usaient les yeux à fixer l'horizon qui tremblotait dans la chaleur caniculaire. Dès la moindre alerte, à l'appel des cloches, le pays se précipitait à la mare ou au puits, les seilles en main.

Une communication de notre ami André Prudhomme, qui préside actuellement aux destinées d'une société savante de Loir-et-Cher, tend à renforcer cette hypothèse lorsqu'il révèle que saint Glinglin pourrait avoir été invoqué en d'autres localités de la contrée. Outre le culte quasi païen qu'on lui vouait naguère à Prenay, le bougre possédait sa fontaine dans le parc du château de Diziers, à Suèvres : sans doute les paysans y couraient-ils dès qu'ils distinguaient le premier tintement suspect, dans le but de faire une chaîne de seaux et de combattre le sinistre...

Ouf ! Quand toute menace s'éloignait enfin, quand les moissons blondes étaient fauchées puis engrangées, quand tout danger d'incendie semblait écarté pour de bon, chacun et chacune ne songeaient qu'à s'ébaudir de ce qui les avait tant effrayés auparavant, et ensemble se réjouissaient à qui mieux-mieux. Pour se moquer d'eux-mêmes, véritablement soulagés, les uns agitaient une caricature de clochette, tandis que les autres jetaient aux flammes un mannequin empaillé dont le symbolisme profane paraît indéniable. On riait de la flambée de paille qu'on redoutait tellement, la veille encore. Brûlage dérisoire, certes, qui permettait toutefois de conjurer de vieilles peurs...

En dépit du patronage de ce brave saint Glinglin, ces joyeuses dévotions conservaient incontestablement un caractère quelque peu iconoclaste, sans jamais se départir d'un burlesque bon enfant.

L'autre but de ces festivités était d'inviter le monde des campagnes à s'égayer entre les périodes de rudes travaux. Ainsi à Josnes, chaque hameau tenait à célébrer sa journée patronale distinctive, avec facétie souvent, en marge du bourg qui honorait solennellement la Saint-Médard. Il s'agissait peut-être de faire gentiment la nique à une fête paroissiale qui ne s'écartait jamais des abords immédiats de l'église, au propre comme au figuré.

On dressait une buvette de fortune quand le hameau ne possédait pas de cabaret, on organisait les inévitables jeux d'assemblée et on guinchait aux flonflons d'un accordéoneux. C'était, à Trugny, la Saint-Margoton et son défilé de lampions creusés dans des citrouilles ; à Isy, la Saint-Mathieu où la fanfare municipale offrait un concert attendu ; à Ourcelle, la Pentecôte et ses chambouletout... Plus loin on sacrifiait gaiement à saint Greluchon (Villemuzard), à Quasimodo (Cravant), à sainte Marie-Jeanne (Briou), ou à quelque autre élu de pure fantaisie. Après tout, le protecteur importait moins que les joyeusetés qui agrémentaient son culte éphémère.

Sur la commune de Josnes à ce qu'il semblerait, deux hameaux seulement ne respectèrent point cette sacro-sainte tradition des dévotions cocasses : Lavau et Origny. Dans l'un comme dans l'autre endroit, les habitants abandonnèrent tout projet de kermesse au soir de leur première tentative. « Ça n'eut lieu qu'une année à Lavau, bien avant Quatorze, me confirma Léon Breton, le doyen de 94 ans. Je ne sais pas au juste pourquoi on n'a jamais recommencé. Je ne me rappelle même plus de quel nom était baptisée notre fête. »

A Origny en revanche, Henriette Rousseau, 92 ans, se souvient parfaitement de la déveine qui refroidit aussitôt l'enthousiasme du hameau : « Ça oui, dit-elle, je l'ai entendu répéter bien des fois. Ce fut le jour où Emile Nourrisson, qu'on surnommait Milot-Jérémie, se cassa une patte en sautant d'allégresse ; il devait rester estropié toute sa vie. Cela se passait avant 1905. »

La fête venait de débuter qu'elle était déjà finie !

Au fil des générations, malgré plusieurs interruptions, la tradition de la Saint-Glinglin parvint à se perpétuer à Prenay. Né-natif du lieu, je me plais à expliquer cette fidélité par le fait qu'une majorité de huguenots tenait l'écart et qu'il y avait là, en plus de la simple kermesse, un excellent prétexte à singer certaines simagrées dont les calotins raffolaient.

Les grands-pères se souviennent toujours du temps béni où le « déglingage » de leur effigie attirait une radieuse cohue. Les pèlerins rappliquaient de toutes les paroisses d'alentour, dansaient aux accents de l'Union républicaine, trinquaient autour d'une buvette improvisée.

Le sacrifice se déroulait invariablement à proximité de la mare, par précaution, à la tombée de la nuit. La gambillerie ne s'achevait qu'à une heure tardive, et tant pis pour ceux qui peineraient à se lever le lendemain matin !

M. Alfred Perrochon, qui a grandi sur les hauts de Saint-Aignan-sur-Cher, nous affirmait l'autre soir que l'on célébrait également saint Glinglin voici seulement une soixantaine d'années, dans les grosses fermes, du côté de Mareuil et de Pouillé, pour marquer l'achèvement des moissons. Là-bas, nous dit-il, l'habitude commandait d'attacher une croix de saint André, en chaume, au bout d'un piquet, avec un bouquet d'épis lié dessous. Planté sur la têtée d'un champ en éteules, ce repère indiquait que personne ne devait y glaner. Le pacage des chèvres et des moutons y était interdit.

Ainsi donc, saint Glinglin aurait bel et bien été honoré en diverses régions...

Cette coutume, en mon hameau de Prenay, cessa pendant l'entre-deux-guerres pour reprendre épisodiquement dans les années 1950. La jeunesse la ressuscita trois étés de suite : en 1961, 1962 et 1963 ; puis elle tomba en désuétude.

C'est seulement en 1985 que les gens du coin, désireux de renouer avec les usages d'antan, tentèrent de sauver leur assemblée d'un oubli total. Confusément, ils prirent conscience que leur fameuse Saint-Glinglin, de par son histoire et son originalité exceptionnelles, n'avait rien d'une festivité ordinaire, qu'elle se présentait comme un divertissement folklorique à part, comme une particularité authentique qui devait perdurer. Je fus de ceux qui, à l'époque, militèrent le plus activement pour cette résurrection. Cela coïncidait avec mon retour au pays.

La tâche, hélas ! frisait la gageure. A cette heure, la chicanerie s'en mêlant parfois, les campagnes dépeuplées et vieillissantes s'engourdissent lentement et préfèrent gober les badauderies télévisuelles plutôt que participer aux distractions villageoises.

Une fête qui veut se maintenir doit se renouveler sans cesse, répondre aux goûts du jour. Mais il n'est pas facile d'innover sans corrompre les traditions anciennes qu'on se promettait de préserver. Et très vite, les idées manquent autant que les bonnes volontés. Il semblerait qu'un boutefeu qui s'amuse à flambager les basques d'un épouvantail n'intéresse plus grand monde aujourd'hui...

A moins que saint Glinglin ne consente à accomplir bientôt un véritable miracle, il y a fort à parier que son pèlerinage facétieux ne s'envole définitivement en fumée avant longtemps.

La Petite Beauce aura perdu alors la plus pittoresque de ses réjouissances. Voilà qui est bien attristant, tout de même !

MÉTIERS DES CHAMPS

Au loin de mon enfance, très loin, il y a le soleil. Le soleil éclatant et radieux des étés d'insouciance. On se lève tôt, on se couche tard ; néanmoins, malgré l'urgence de la moisson, mon père prend le temps de « dormir son midi », et toute la maisonnée se repose avec lui. Seul un écervelé se tuerait à trimer par les éteules chauffées à blanc, sous ce soleil qui cogne dur au plus haut du ciel. Alors la maison s'assoupit dans une torpeur immobile. Du lit-cage où l'on m'enferme pendant ces trêves forcées, j'entends un méchant coq qui trouve malin de s'égosiller, comme pour appeler au branle-bas. D'autres cris de ralliement me parviennent : les garnements du hameau partent à l'attaque de quelque guignier, sans moi.

Des automnes de mon enfance s'écoule le merveilleux jus des vendanges.

Les gamins disputent aux corbeaux les noix oubliées. L'équipe de la batteuse s'éreinte sous les hangars, devant les granges, contre les gerbiers. Déjà les écharpes de brume s'étirent sur les rayures monotones des champs labourés. La plaine aux guérets tristes, mais tristes ! se ponctue çà et là de tas de fumier dont l'auréole fétide se confond aux brouillards. Octobre est venu et voici que ma grand-mère me traîne sur le chemin de l'école, toute à sa crainte d'arriver en retard.

Mon enfance, hiver après hiver, collectionne les matins gris, les onglées et les sirops pectoraux.

Au point de l'aube, la gelée a pétrifié la friche rouillée du talus. La brise mord les joues, malgré le passe-montagne. La semelle ferrée des galoches sonne sur les pierres de la route. Les engelures mûrissent sous leur couche de pommade, au secret des chaussettes de laine. La marmaille se console comme elle peut : elle guette la neige qui ne vient pas, ou si peu. Les soirs mauvais, mon grand-père m'attend à la porte de l'école, son vélo à la main. On a fêté le cochon en journée ; les andouilles festonnent aux solives du fournil.

Les printemps reverdissent mon enfance en camaïeu dès qu'ils colorent le puzzle des parcelles.

L'herbe du pré s'épaissit et s'émaille de coucous, de pissenlits, de jonquilles. Le lilas embaume la haie. Les poules se décident enfin à pondre de nouveau dans les mangeoires de l'écurie ; les poussins et les canetons s'aventureront bientôt hors de l'aile protectrice. La nature renaît avec l'éclosion des bourgeons épargnés par la lune rousse. Les premières hirondelles dessinent de joyeuses arabesques dans les nuées de moucherons. Les vaches quittent l'étable et les vachères se dépouillent de leurs vieux tricots. Les planches du potager sont tirées au cordeau, binées, ensemencées ; et c'est dans ce jardin d'adulte que se niche mon jardinet de maraîcher en culottes courtes : trois carottes et quatre radis pour une passade de bout de chou. Les temps délicieux sont revenus.

A la fin de mon enfance, tout près, s'est endormi ce quotidien d'autrefois, constant et routinier, mesuré au plus juste, quelquefois précipité et souvent harassant, réglé d'année en année par le rythme immuable des travaux qu'imposaient les saisons. Il m'en reste le sourire de ma sœur et le souvenir d'une jeunesse heureuse. C'est dans ce bonheur simple que j'ai grandi. A l'évidence, je garderai toujours en moi un petit quelque chose de cet atavisme paysan.

Je serais bougrement ingrat, à la soixantaine révolue, de ne pas en être fort aise.

Les faucheurs

En ces époques où les étables étaient pleines de bestiaux, les cultivateurs commençaient à couper leur trèfle incarnat courant mai. C'était le farouch, le « faraud » qu'ils donnaient à consommer en vert dans les râteliers. Ils en laissaient grener une partie qu'ils vendaient ensuite en semence.

Il s'agissait d'un travail ingrat qui ne procurait qu'un méchant bénéfice. En effet on devait coucher sa récolte à la pointe du jour, à la rosée, pour ne pas « l'égrémiller » sous la faux. Plus d'un gars solide y perdit la santé. On revenait en nage à la maison et la moindre brise glaçait les sangs dans la fraîcheur du matin. Nombreux furent ceux qui attrapèrent un « achauferdi » en ces moments-là, au point que plusieurs en moururent. Car souvent une pleurésie se déclarait peu après, quelquefois même la tuberculose. En ces temps, on n'en réchappait guère. « Le pauvre Machin souffre de la cocotte », disait l'un ; et tous les autres comprenaient qu'une famille serait bientôt en deuil.

On ne connaissait pas grands remèdes à ces maux, jadis. Le médecin préconisait un repos total de quatre à six mois durant lequel le patient ne devait pas mettre le nez dehors avec l'ordre, surtout, de manger gras pour ne pas dépérir. Bien sûr, il lui fallait engager des saisonniers qui abattraient le boulot à sa place. Un cruel manque à gagner, donc, et bien content encore quand le malheureux n'en passait pas l'arme à gauche !

Les faucheurs arrivaient dans la première semaine de juin, sitôt la Saint-Médard fêtée (ce bienheureux était leur patron, mais il n'y avait là qu'une simple coïncidence). Ils venaient fourrager les foins qui seraient engrangés, secs, en mangeaille d'hiver : le sainfoin, la vesce, le trèfle jaune ou noir, le lupin, la luzerne... On les surnommait les « calvégniers ».

Ces journaliers se présentaient par équipes de deux, généralement en couple. L'homme fauchait tandis que la femme ramassait. Certains vivaient dans le pays ; d'autres rappliquaient du Limousin, du Perche ou de Bretagne. Quelques-uns, de pauvres hères, paraissaient très attardés. « Après la Grande Guerre, se rappelle mon voisin Georges Forhan, il vint par chez nous un Belge qui ne savait même pas utiliser la faux. Il se servait encore d'une faucille à scier comme celle que maniait le grand-père de mon grand-père ! »

Ces faucilles au croissant largement ouvert, à la lame mince et dentelée, n'avaient plus cours depuis belle lurette dans nos régions. A les employer on ne malmenait pas les épis trop mûrs, certes, mais on n'avançait guère en besogne. On leur préférait évidemment la faux, même pour les trèfles à graine. Le souci du rendement, déjà. Les moissonneurs ne conservaient l'usage du faucillon que pour les seigles dont ils destinaient les longues tiges à la fabrication des liens, des corbeilles, ou au rempaillage des chaises.

La journée de fenaison débutait à l'aurore, sur le coup des trois heures et demie. Un honnête faucheur ne déjeunait point tant qu'il n'avait pas étendu un arpent de prairie (cinquante ares environ). A six-sept heures, la fille de la maison apportait le panier de victuailles. On avalait une fromagée, un bout de lard salé et une tartine de rillettes, une gorgée de vin pour faire couler le tout ; puis on se remettait à la tâche jusqu'à midi, les hommes balançant régulièrement leur faux, les femmes réunissant les aindains en javelles, derrière, à l'aide de leur fauchet. D'aucunes liaient ces « sangles » en « mouillettes », en bottes coniques qu'elles attachaient par le sommet avec un tortillon d'herbe avant de les aligner debout. Le foin n'était entassé en meulons qu'après un fanage de trois ou quatre jours, selon le hâle de la saison.

La fille de la maison reparaissait à midi avec son panier. On s'accordait une ronflette d'une heure avant de rattaquer l'ouvrage. A quatre heures on goûtait d'un morceau de fromage. Le vin était sévèrement contingenté par la maîtresse.

Les faucheurs et les ramasseuses ne regagnaient la ferme qu'à la tombée de la nuit, dans les senteurs enivrantes du foin coupé qui enchifrenaient les uns et chaviraient la tête des autres. Ils soupaient avec les domestiques – du rata au cochon – et s'installaient ensuite dans la litière des bergeries. En cette période de l'année, les moutons restaient à brouter dans la plaine.

Le rentrage des moyettes s'effectuait après une semaine de séchage. La voiture et ses ridelles disparaissaient complètement sous la charge échevelée qui pendouillait de tous côtés, malgré un rapide peignage à la fourche au moment de quitter le champ. Le comble de la malchance était lorsqu'un tourbillon de vent décoiffait la charretée ; le pire, quand il se mettait à pleuvoir. Dans l'un de ses poèmes, Gaston Couté raconte la triste soirée de noce d'un gars qui, voyant le ciel se brouiller de nuées, néglige sa mariée éplorée – une petite boutiquière de la ville – pour ne consacrer ses ardeurs qu'au « foin qui presse » !

On salait le fourrage tous les deux lits, au fur et

à mesure qu'on l'engrangeait. Cela assurait une meilleure conservation de l'affenage. Mais si les mulons n'avaient pas suffisamment « sué » sur champ, le fermier devait craindre une fermentation qui menaçait de gâter toute sa fenaison. On prétend même qu'un tas de foin pouvait s'échauffer au point de s'enflammer et que cette malchance avait déjà ruiné plusieurs fermes.

La rentrée de la mangeaille ne devait pas déborder la fin du mois de juin. Car le premier jour de juillet, par tradition, le fermier ne pensait plus qu'à sa moisson qu'il convenait d'entamer sans tarder. Alors les saisonniers battaient leur faux, les femmes rappointaient les dents de leur fauchet qui s'étaient émoussées, toute l'équipe enfin repartait en besogne dans la plaine aux ors ondulant sous le soleil de l'été. Les calvégniers devenaient alors les « aoûtrons ».

C'étaient donc les mêmes journaliers qui, sitôt la fenaison engrangée, fauchaient les moissons. Dans les grosses fermes, le personnel employé au terme ne collaborait que très rarement à cet ouvrage pénible. On couchait d'abord les seigles, puis les escourgeons, les blés et les orges, enfin les avoines.

Départ à trois heures trente, comme pour les foins, mais avec une lichette de goutte dans le gosier, en prime, pour se donner du cœur au ventre. Le premier soin du faucheur était de battre sa faux, chaque matin. Il s'asseyait sur le talus de chaintre, fichait son enclume en terre, entre ses genoux écartés, et martelait patiemment sa grande lame, minutieusement, à tapotements mesurés. Le tranchant convenablement aiguisé, le faucheur remmanchait sa lame et en refixait le harnais, le rabattoir à trois longues et fines dents de bois. Son fauchon était prêt pour la journée.

Une ferme importante embauchait de cinq à huit hommes de fauche, et autant de ramasseuses. Les faucheurs tournaient autour du champ en file décalée, à la même cadence. Un pas, un coup de faux ; un pas, un coup de faux. Au bout de cinq cents pas, ils s'arrêtaient pour raffûter le fil de leur lame à l'aide de la pierre qui, engainée dans le « goguet » qu'ils s'accrochaient à la ceinture, leur grelottait continuellement au dos (souvent une corne de vache remplie d'eau fournissait le coffin idéal). Puis ils repartaient de plus belle. Un pas, un coup de faux ; un pas, un coup de faux... Dans sa journée, un calvégnier coupait ainsi un bon arpent, surface qui rapporterait une dizaine de quintaux au battage.

Chaque faucheur était suivi d'une ramasseuse. Cette dernière, tout en glanant, javelait les sangles de sa faucille ou d'un fauchet. Deux javelles formaient une gerbe ; et gare aux chardons ! Le faucheur bottelait derrière la ramasseuse, au lien de seigle.

En cette période de labeur éreintant où il ne s'agissait pas de mollir, les repas étaient plus copieux que ceux de la fenaison. En quantité s'entend, nullement en qualité. Du cochon, encore et toujours, du rata et du fromage. En revanche, la maîtresse ne chipotait plus sur les rabiots de tambouille.

Question vin, c'était une autre paire de manches : chaque aoûtron recevait son litre quotidien, pas une goutte supplémentaire. Moitié au déjeuner, moitié au goûter. La bonne apportait cette ration dans des pots en grès appelés « geigneux » – un mot qui évoquait bien sûr les plaintes que poussaient les ouvriers en touchant une si faible part. Ensuite, ils devaient se satisfaire d'une piquette rosie d'un filet de picrate, quelquefois même d'une giclée de vinaigre !

Les équipes de la fauchaison mangeaient toutes ensemble sur le champ, à l'ombre de quelques gerbes dressées en abri. Les pots à boisson se gardaient au frais sous la paille. La bonne transportait les aliments dans des récipients de terre qui, emboîtés, constituaient un porte-à-dîner muni d'une anse. On déjeunait à sept heures, on dînait à midi et on goûtait à quatre heures. Le souper était servi à la ferme. Partis avant l'aube et rentrés après le crépuscule, les faucheurs ne se reposaient que pendant l'heure de la méridienne. Malgré ces journées de quatorze heures minimales, ils revenaient toujours avec une chanson aux lèvres, autant pour allonger la jambe que pour oublier leur lassitude…

Le bottelage achevé, les faucheurs et les ramasseuses construisaient leurs alignées de « terriaux ». Un tas se composait de cinq, six, neuf, treize ou dix-sept gerbes disposées en croix. La précaution principale était de ne jamais coller les épis au sol afin d'empêcher qu'ils ne germent. La gerbe de coiffe, fortement inclinée, protégeait l'intérieur de la moyette des pluies éventuelles.

Au contraire des autres céréales, les avoines n'étaient pas mises en tas. Les paysans ne les rentraient qu'après les avoir laissées sur les chaumes, en brassées ou en faisceaux, pendant une huitaine, le temps que leurs épis se noircissent sous la rosée. Cette façon de procéder bonifiait le grain que l'on réservait à l'alimentation des chevaux et des poules.

On effectuait le rentrage des terriaux le plus tôt possible, par crainte que les hargnes orageuses ne causent du gaspillage. Les charretiers équipaient les gerbières de cadres, de hautes ridelles, et tous les gens disponibles participaient au voiturage. On comptait trois chevaux et trois personnes par charrette. Le tasseur et deux broqueteurs. Le chargement était maintenu par un cordage, la lieuse, que l'on serrait au pouliot. C'était évidemment la honte du tasseur lorsqu'une des voiturées venait à s'écrouler en chemin.

Je ressens encore le plaisir que j'éprouvais, gamin, à me percher tout là-haut avec ma sœur, au retour. Nous

nous amusions à voler une poignée de noix vertes quand la gerbière passait sous un calotier et nous riions de recevoir la gifle d'un branchage en punition. Le brou nous salissait les doigts. Nous mâchouillions aussi quelques grains de blé à défaut de véritable chewing-gum.

Les granges et les hangars bourrés à craquer, on bâtissait les meules, rondes ou rectangulaires, aux abords de la ferme, sur les pâtis immédiats. Dans leurs flancs s'étageaient les niches des broqueteurs, les « chaises ». Là encore je me souviens de mes vacances d'écolier, quand mon père me réquisitionnait – rarement – pour passer les gerbes sur la bauge. Armé d'un broc (bident) plus haut que moi, je devais lui présenter les gerbes que me lançait le broqueteur de la chaise – mon grand-père Camille. Et régulièrement je me faisais houspiller parce que je passais les bottes n'importe comment, sans prendre garde à leur position, la mèche tantôt d'un côté, tantôt de l'autre. « Sacré bernassier ! » me criait-on. Moi je n'avais qu'une idée : me sauver et m'en aller courir dans les bosquets à la tête d'une bande de brigands en culottes courtes. Ce qui ne tardait jamais. Ma mère montait bientôt me relayer. « File maintenant ! Tu mets tellement de mauvaise volonté que tu empêtres plus que tu n'aides ! » Alors je m'échappais sans qu'on ait besoin de m'y inviter deux fois. On dira ce qu'on voudra : se barbouiller la frimousse au jus de mûres reste beaucoup plus marrant que se piquer la tignasse avec des brins de paille, surtout pour un galopin de quatorze ans !

Voici bougrement longtemps, les fermiers commandaient aux maçons du pays de venir couvrir leurs meules avec de la paille prélevée d'un chaumier de l'année d'avant. On auréolait ensuite le faîte de la couverture d'une vieille jante de tombereau que l'on assujettissait avec des pieux, des fils de fer et des grosses pierres. Plus tard, on camoufla les meules sous un double pan de gerbes rangées à clin, sous une bâche ou sous des tôles.

Si par une déveine les récoltes étaient entassées humides, on empilait des sacs de bale au centre de la meule en guise de conduits d'aération.

La dernière voiture du rentrage prenait parfois les allures d'un char de cavalcade. Les charretiers la fleurissaient de coquelicots, la paraient de ramures. La dure besogne se terminait enfin. Personne n'en était mécontent.

Dans certaines fermes, on fêtait l'événement par un festin que la cuisinière préparait pour le souper du samedi suivant : c'était la fameuse « parcie ». Dans d'autres maisons, le personnel mangeait seulement « un peu moins mal que d'habitude », sans ripailler pour autant. Il y avait du lapin en civet au lieu de l'inévitable cochon, parfois même du gâteau, et toujours du vin à satiété. Exceptionnellement les maîtres consentaient à s'attabler en compagnie de leurs ouvriers.

Parcie ou persille ?

Mais à propos, que signifie le mot « parcie » qui était encore utilisé en Beauce voilà une trentaine d'années, avant le règne sans partage des moissonneuses-batteuses ?

Dans son *Glossaire du pays blésois* (Orléans 1892), Adrien Thibault indiquait le terme « parsille » pour désigner le « repas d'apparat que le maître offre à son monde le dernier jour de la moisson, et le dernier jour de la vendange ». Il citait également un texte de 1416 signalant que les laboureurs de Pontoise « appellent la *parcye* (...) leur mengier d'après aoust ». Toujours selon Adrien Thibault, le mot pouvait venir de l'ancien français *parcier* – qui prend part à – ou tout simplement de *persil*, plante aromatique fort employée à cette occasion.

Hubert Fillay, dans le *Glossaire du pays de Sologne* (Blois 1933), avançait une définition plus restrictive – repas copieux suivi de réjouissances, mais seulement en fin des vendanges – tout en reprenant les mêmes hypothèses étymologiques : cela lui permit de modifier l'orthographe en « persille » pour mieux appuyer l'idée de la persillade, probablement. Quant à Jacques Cartraud, avec le *Guide du Val de Loire mystérieux* (Tchou, 1968), il opta pour la « parsie » et présenta ce repas comme la collation finale des vendangeurs, plus abondante que les précédentes et arrosée « du vin des meilleures années ».

Bernard Edeine, de son côté, pencha pour la « parcie » ou « percie » à la page 186 de son *Vieux parlage solognot* (CLD, Chambray 1983). Il n'oublia pas les travaux d'été, Dieu merci ! mais il doubla les ripailles d'une fête, avant de reproduire le texte mentionné jadis par Adrien Thibault...

Que peut-on ajouter à toutes ces savantes explications ? Pas grand-chose, ma foi ! sinon la confirmation que ces agapes constituaient une coutume répandue dans la Beauce d'autrefois, après les moissons, ainsi que le bouquet qui fleurissait les ridelles de la gerbière finale.

Mais pour ma part, je verrais plutôt la racine du mot dans le latin *parseier*, qui signifiait tout bonnement : moissonner complètement, et je n'en chercherais pas plus long. Il convient enfin de noter qu'en d'autres contrées, on disait pareillement la « farcie », la « passée d'août » ou, par déformation sans doute, la « pensée douce ».

Pour désigner le festin des vendanges, on disait plus fréquemment « cochelet » ou « berlot ».

Les Belges n'avaient pas la frite, une fois

Découpé dans *La République du Centre*, du 19 juillet 1979 :

« Les hirondelles d'août », ou les « aoûteurs », c'est ainsi que dans la Beauce et dans la Brie, on nommait, il y a cent ans, les ouvriers belges qui venaient faire la moisson en France.

Ils arrivaient alors par centaines à la gare du Nord, traversaient Paris et repartaient vers Blois, Orléans ou Chartres, là où le travail les appelait. Ces braves gens mettaient en commun labour et profit. Ils obéissaient à un chef, chargé pour chaque équipe de débattre le prix de la besogne avec les fermiers et de recevoir les salaires.

Ces pauvres diables travaillaient depuis quatre heures du matin jusqu'à neuf heures du soir, interrompant seulement la journée par une sieste de deux heures.

Ils mangeaient du pain sec et buvaient de l'eau. Quelques-uns poussaient le luxe jusqu'à frotter leur pain d'un oignon et à mêler quelques gouttes de vinaigre à leur eau.

La moisson finie et les comptes réglés, on se livrait à un festin dont voici le menu : trente-six œufs par escouade de douze travailleurs ; on cassait les œufs dans un immense saladier, on les battait, et chaque convive venait tremper dans cette omelette crue des mouillettes grosses comme des manches à balai.

Le banquet fini, chaque « aoûteur » recevait son décompte, l'empochait et retournait au pays avec 75 ou 80 francs nets dans son porte-monnaie, qui était ordinairement une chaussette de laine ou une blague à tabac.

(Texte rédigé par André Prudhomme,
sous le titre « La moisson en Beauce, autrefois »,
d'après *Le Monde illustré* du 16 août 1873).

On blaguait, on chantait, chacun plaisantait de la besogne qui l'avait usé encore un peu plus. Mais ces bombances ne duraient qu'un soir car on affainéantissait la domesticité à trop l'engraisser, bien évidemment. Le lendemain matin, tout était desservi.

Jadis, la dernière gerbe rentrée était offerte au curé de la paroisse. En plusieurs contrées, les prêtres célébraient une messe des moissonneurs au cours de laquelle ils bénissaient des croix de blé et des bouquets porte-bonheur.

La coutume accordait aux bonnes femmes un droit de glane d'une journée après l'enlèvement d'un champ. Le garde champêtre surveillait ensuite les éteules jusqu'à l'arrivée des moutons ; et il n'hésitait guère à verbaliser lorsqu'il appréhendait une fraudeuse !

Ce sont les épis les plus lourds, donc ceux qui contiennent les plus beaux grains, qui se cassent avant le fauchage. Autrefois, les glaneuses sélectionnaient ces magnifiques épis avec une attention particulière. En effet, plutôt que de les jeter à leurs volailles, elles les revendaient aux fermiers comme semence.

Les charretiers déchaumaient derrière les troupeaux, qui avaient tout ratiboisé. Eclatante de blondeur voici peu, la plaine se rapiéçait peu à peu de parcelles terreuses.

Les faucheurs s'engageaient pour les betteraves fourragères ou retournaient dans leurs pays, un petit pécule en poche. Vers 1910, ils gagnaient dix-huit sous en bronze par jour (un paquet de tabac en coûtait deux).

La moisson était finie.

Rencontre de l'été 1986.

Le chauffeur de locomobile

Nous avons rencontré Alcide Hermeline à Saint-Victor-de-Buthon, aux confins des collines du Perche. Ce jour-là, le village organisait sa fête annuelle des moissons à l'ancienne et lui, Alcide Hermeline, en était un peu la vedette. Un hommage bien mérité puisqu'il fut chef de batterie, dans les alentours, pendant près d'un demi-siècle. Pendant quarante-cinq ans exactement. Un bail !

Il a gardé bon pied bon œil, le bonhomme, et l'esprit clair. Il gagnait sa croûte dans les fermes comme charretier avant la Guerre de 1914. Retenu prisonnier durant trois ans en Allemagne, ce fut là-bas, au hasard de sa captivité, qu'il apprit à faire chauffer la machine. A son retour, en bonne logique, il s'engagea donc comme conducteur de locomobile chez son frère Gaston, son cadet de trois ans, qui tenait une entreprise de battage au bourg de Frétigny. Mais les affaires tournèrent mal, à cause de la concurrence d'un autre entrepreneur, au point que Gaston dut s'exiler à Cernay, près d'Illiers-Combray, puis à Marcheville. Alors Alcide, prenant ses cliques et ses claques en un pauvre baluchon, préféra sagement revenir au pays. C'est ainsi qu'il trouva à se caser chez l'entrepreneur de Vaupillon, un nommé Boucher, et qu'il n'en bougea quasiment plus. Il tirait un trait sur la baguenaude, estimant avoir suffisamment roulé sa bosse par monts et par vaux. Désormais, il ne traînasserait qu'au gré d'une batteuse en tournée.

Alcide Hermeline se mettait en branle sitôt les moissons rentrées, dans le courant du mois d'août. En dehors de la saison, il abattait du bois pour les cultivateurs, participait aux fenaisons, fauchait et engrangeait les récoltes, accomplissait les mille tâches qu'on lui commandait d'un jour à l'autre.

Le moment sonné, il recrutait lui-même ses « galvaudeux ». Il choisissait des gars de la contrée qu'il fréquentait depuis toujours, des journaliers qui besognaient comme lui, çà et là, dans les fermes des environs, partout où l'on réclamait un coup de main. Ici, dans ce coin du pays percheron où il n'y avait pas plus de pain à glaner que de manne à mendier, on ne croisait point de vagabonds en quête d'embauche à la petite semaine. Les gens du voisinage complétaient la troupe, à charge de revanche.

Lahire Ridoux, soixante-seize ans, conduisait lui aussi une unité de battage. Les parcelles de son père ne suffisant pas à nourrir une nichée de sept filles et trois garçons, il vaquait au service d'autrui depuis l'âge de dix-sept ans selon un calendrier qui ne variait guère : battage, arrachage des betteraves à l'automne, élagage en forêt durant l'hiver, sarclage des betteraves au début de l'été, moisson, battage, betteraves, et ainsi de suite...

Denis Morgeat, aujourd'hui décédé, publia ses souvenirs dans un livre intitulé *Les Mémoires de P'tit Dédé*. Il nous avait envoyé ce témoignage avant de faire paraître son ouvrage.

À dure école

Le premier décembre je devais, petit alo, quitter la ferme et prendre le chemin de l'école, celle-ci étant obligatoire jusqu'à douze ans. J'avais du retard sur mes camarades de classe. Après une semaine d'école, l'entrepreneur eut besoin d'un ouvrier pour délier les bottes de grain sur la batteuse, pendant quelques jours. J'y suis allé et j'y suis resté tout l'hiver. J'ai eu mes douze ans à la batteuse.

Les hommes qui y travaillaient étaient tous du pays. Ils me prenaient chez mes parents en passant le lundi matin, à l'heure de la soupe que nous partagions souvent, à cinq heures et demie. Quand nous avions six à sept kilomètres à parcourir par les routes boueuses, nous marchions en file indienne derrière la lampe-tempête que portait le premier. Nous partions du lundi au samedi soir. La nuit nous dormions dans les granges où étaient entassées les bales à bestiaux. Je n'étais encore qu'un enfant ; l'hiver, les bons vieux me couvraient d'un sac à grain jusqu'aux épaules et en roulaient un second sous ma tête : j'avais ainsi un bon lit. Brisé de fatigue, je m'endormais profondément malgré le froid. Le matin au réveil, nous nous secouions, un peu d'eau sur la figure pour nous remettre d'aplomb, la soupe ensuite et la journée reprenait dès six heures sonnantes.

La paille était liée à la main. Je ramassais tous les bouts de ficelle car les cultivateurs les rachetaient contre une petite pièce. Nous étions bien payés mais nous travaillions dix heures par jour. Puis la fête de Saint-Jean arriva et mon père me loua comme vacher.

Pour sa part, Lahire entamait la campagne dès le dix-douze juillet, quinze bons jours avant le père Hermeline. Au contraire de ce dernier, il n'engageait que des trimardeurs, que des pigeons voyageurs comme il disait. Seuls l'engreneur, un des porte-sacs et un homme de la presse constituaient ses ouvriers réguliers. A défaut d'effectifs, il enrôlait également les voisins.

Les supplétifs de la vadrouille se présentaient au patron. On trouvait des chemineaux de tous acabits : des bons sujets et des moins bons, des types qui causaient beaucoup et des qui se taisaient, des courageux et des qui ne l'étaient guère, des propres-à-rien et des trop-se-mêle, des qui avaient tout fait et des qui ne faisaient rien, des qui avaient peut-être tué père et mère, allez savoir ! Tout ce qu'on exigeait d'eux, c'était qu'ils se tiennent à carreau et qu'ils ne salopent pas le boulot : le restant ne regardait personne.

Certains ne s'écartaient pas de toute la campagne ; d'autres ne demeuraient qu'une journée ou deux : ils empochaient les quelques sous qui leur revenaient et ils s'empressaient de les boire au bistrot, puis ils partaient se faire pendre ailleurs. Lahire en vit même d'aucuns qui ne s'arrêtèrent qu'une couple d'heures, le temps d'enfiler un canon. Ceux-là, que la bougeotte rendait malades, ne recevaient pas un centime. C'était convenu au départ : ne seraient payés que ceux qui auraient attendu la fin du battage dans la ferme commencée.

Les voiturages de Mme Voiturin

L'entreprise Voiturin, d'Ascoux ou de Pithiviers, avait dix-sept batteuses qui tournaient dans la Beauce. Pour mettre en route ce matériel, il fallait recruter un nombreux personnel parmi les « pigeons ». Alors durant la saison des battages, Mme Voiturin ne faisait qu'aller et venir au volant de sa camionnette.

Elle se rendait à Orléans, je ne sais sur quelle place ; et quand elle ne trouvait pas, elle filait à Chartres. Ceci représentait presque deux cents employés, et qui ? des repris de justice, des vagabonds ne restant que deux ou trois jours à l'entreprise ! Il ne fallait pas leur donner de l'argent le samedi sinon le lundi, il n'y avait plus personne pour reprendre le collier.

(Lettre de Désiré Bouthegourd, de Mardié.)

Excepté ces désertions, jamais de problèmes. Quelques rouspétances au pire, mais pas d'empoignades. L'instant d'après on n'y pensait déjà plus. Plusieurs de ces trimardeurs participèrent à sept campagnes d'affilée sous les ordres de Lahire, preuve qu'ils ne se plaignaient point de ses façons. « A gueuler on n'arrive à rien, estime l'ancien chauffeur. Il faut savoir hausser le ton pour se faire entendre, bien sûr, mais jamais se laisser emporter par la colère. » De son côté, Alcide Hermeline tient semblables propos ; il se définit volontiers comme « un bon gars d'habitude, mais qui ne rigolait pas à la batteuse ».

Campagne 1917

J'ai connu de nombreuses batteries, ayant été moi-même un gars de batteuse au foulard rouge. Mais je n'ai jamais gaspillé ma paye de la semaine, le samedi soir ou le dimanche. Mon but était d'avoir une petite fermette à moi dès que j'aurais amassé les quelques francs nécessaires. Je fus comblé en 1927.

J'ai commencé en 1912 comme délieux. Ensuite, j'ai tenu tous les postes. Pendant cinquante-deux ans, j'ai participé aux battages, soit comme ouvrier, soit à mon propre compte en pratiquant l'entraide deux à trois semaines par saison.

C'est la campagne de 1917 qui fut la plus pénible de toute ma carrière, physiquement et moralement. Ma mère cuisait le pain, pas de problèmes, mais ailleurs le personnel devait apporter ses cartes. A la suite de plusieurs mouvements, la mairie dut accorder un supplément. Nous n'étions pas à la noce. Toutefois, nous pensions à nos aînés qui mouraient dans les tranchées. Cette année-là, l'équipe de battage ne se composait que de jeunes et de vieillards.

Je fus promu porte-sacs. Je pesais cinquante-cinq kilos et je portais des charges une fois et demie plus lourdes que moi. Ce qui ne m'empêche pas aujourd'hui, à quatre-vingt-six ans, d'être encore assez vigoureux !

(Lettre d'Aristide Dion, de Chanteau).

Ah ! ces trimardeurs de la batteuse, on pourrait en raconter si long sur leur compte que la nuit n'y suffirait pas ! C'étaient de pittoresques personnages, ça oui !

Braillards, cravateurs à ne plus pouvoir démêler le vrai du faux, capables de céder leur âme contre une chopine, ils apeuraient les gosses et les boniches tout en piquant leur curiosité juvénile. « Si tu t'approches trop près de moi, criait l'un de ces zèbres à un gamin qui l'empêtrait, je te fourre dans ma culotte ! » Le garnement s'esbignait prestement, aussi vite que s'il avait frôlé le père Fouettard, et la boniche s'empourprait comme une pivoine, convaincue de côtoyer un impitoyable Barbe-Bleue.

Les commères se plaisaient à cancaner derrière leur dos en les observant à la dérobée. Et ce qu'elles n'avaient pas réussi à dévoiler de leur passé, elles l'inventaient avec un luxe de détails. Le grand Joseph, l'espèce de dépendeux d'andouilles qui ne quittait jamais sa casquette graisseuse, était, paraît-il, un monsieur de la haute que le malheur avait poussé sur la route. Un fils de bonne famille, assurément, qui avait de l'instruction à revendre et des manières de dandy. Un châtelain déchu pour les uns, un banquier ruiné pour les autres. Son infortune venait évidemment d'une femme, d'une mondaine, d'une cocotte qui avait trahi son amour. Depuis il trimballait un cœur plus lourd que sa maigre besace.

Ti-Tapiau, à ce qu'on croyait, sortait de quelque séminaire. Un phénomène. Il aurait même été curé voici longtemps. Une malheureuse fredaine avec une paroissienne, en compagnie de laquelle il se serait défroqué, l'aurait contraint à s'enfuir au loin. Il lisait continuellement un missel mais ne pensait qu'à la gaudriole. Quand il ne passait pas les froidures à l'hôpital, il demandait aux gendarmes de le boucler en prison.

Prenons-en de la graine !

On rencontrait quelquefois de singuliers personnages, généralement des "vieux gars", des célibataires définitifs. L'un d'eux, Graine-de-Trèfle, avec lequel je faisais équipe quelquefois, était bien le bonhomme le plus sale que j'aie connu. Il ne se changeait jamais. Ses habits s'usaient sur lui "dans leur neuf". Il en émanait un fumet épais à en asphyxier un bouc. Cela surprenait au premier abord. On craignait ne pouvoir résister longtemps à cet environnement fétide ; puis, comme de tout, on s'y faisait. Graine-de-Trèfle devait son sobriquet à une aventure prétendue réelle mais trop belle pour l'être vraiment, bien que peu ragoûtante.

Sans doute lors d'un chargement de fourrage un peu tard en saison, donc fort avancé, une graine de trèfle lui était tombée dans la chemise. Descendue au nombril, elle avait germé dans ce milieu favorable, à la fois chaud et humide, car le bougre transpirait abondamment, ce qui aggravait encore les odeurs. Puis la graine s'était développée jusqu'à dépasser par l'échancrure de la chemise. Continuant son cycle normal, elle y avait fleuri. L'homme se montrait très fier de cette décoration ; on le considérait comme une attraction. Il en profitait pour se faire abondamment rincer (mais seulement à l'intérieur !)...

Un autre devait sa célébrité locale à une grande disponibilité d'estomac. Rien ne l'écœurait. Quand j'entendis parler de la particularité de son alimentation, je fus persuadé qu'on me racontait des bourdes. Je dus bientôt me rendre à l'évidence.

Lorsqu'il ne restait plus que quelques gerbes d'une meule en battage, on découvrait presque toujours, en dessous, plusieurs nids de souris. Notre gourmet accourait, attrapait rapidement les souriceaux encore "tout nus" et vous les gobait en les tenant par la queue, sans un haut-le-cœur, devant une assistance horrifiée, prête à en vomir, mais qui n'aurait pas laissé sa place pour un festin ! Il se régalait également de limaces dorées au feu de bois.

C'est encore lui qu'on surprit sous une pluie d'orage, juché en haut d'une charrette de fourrage, tout nu et allongé sur ses vêtements qu'il préservait ainsi de la saucée, par crainte d'avoir à se revêtir de sec comme nous autres, moins inventifs.

Il lui arrivait d'ailleurs d'adopter cette tenue lorsqu'il binait des betteraves dans la plaine, par temps chaud. Pas gêné le moins du monde. On le regardait de loin et on souriait. Personne n'y voyait malice. Il n'y avait là rien d'indécent, encore moins d'intention perverse, seulement une innocence naturelle. Ce pittoresque gastronome est encore bien vivant ; si par hasard il lit ces lignes, je lui adresse mon plus confraternel salut.

Je n'ai cité que ces deux cas, mais ils étaient légion en ce temps-là. Du plus gros des fermiers au dernier des bricoliers, chaque campagnard avait son originalité propre. On colportait leurs coups d'éclats et leurs extravagances. Il leur fallait bien cela pour donner un peu de piquant à cette vie harassante dont on dit maintenant : "Ah, c'était le bon temps !" Pour quelques-uns peut-être, mais pour la plupart, tiens, mon œil !

(Lettre d'Alain Vigner, de Saint-Gondon.)

Dédé-le-Manchot, lui, n'était qu'un sale individu dont tout le monde se méfiait. Le bruit courait qu'il avait fichu le feu, par vengeance, à une étable de la Sarthe parce que le fermier lui avait lâché son chien aux trousses. Il ingurgitait de l'alcool à brûler, tellement que sa cervelle s'en était ramollie. Une carrure de lutteur de foire. De son moignon il pouvait casser une noix. Sa vigueur herculéenne, malgré son infirmité, lui permettait de coltiner des fardeaux impressionnants. On l'affectait aux sacs.

Bugeaud, de son véritable nom Thomas Leguébalec, un Breton pure laine, s'était embarqué sur les bateaux à douze ans. Il avait fait deux fois le tour du monde, ramassé les maladies de tous les tropiques et tenté sa chance dans toutes les colonies sans rapporter le moindre butin. Très porté sur la chose, il se vantait d'avoir abandonné deux épouses au Tonkin et une tripotée d'autres en Afrique équatoriale, qui guettaient impatiemment son retour. D'un séjour à la Légion étrangère il gardait un magnifique tatouage sur la poitrine, une mousmé à poil alanguie sous un palmier, une créature de rêve qui émoustillait les gadouillots. Un drôle de numéro, celui-là, aussi bête que méchant. Dès qu'il chopait un verre dans le nez il devenait violent. Un samedi de beuverie, il a tout saccagé dans un café, pour une parole de travers. Le fils du bistroquet lui a épousseté les abattis et on ne l'a plus jamais revu dans nos parages...

Voilà les jolis cocos qui gravitaient autour de la machine, parmi quelques autres. Lorsqu'ils toquaient à la porte d'une ferme pour se creuser un nid dans une bauge ou dans la litière de l'écurie, le maître leur retirait leurs papiers et leurs allumettes. La patronne leur accordait une tranche de pain, un fond de casserole et un gobelet de boisson. Il n'en fallait pas davantage pour les amadouer. Souvent on confond les loups et les chiens errants...

Un mets des plus piquants

Les trimardeurs de la batteuse faisaient feu de tout bois et lippée de peu. Ainsi, loin de cracher sur les hérissons, urinaient-ils dessus pour mieux les saisir lorsque ceux-ci s'étaient mis en boule, selon une méthode chère aux renards. Ensuite, ils moulaient le « niglo » déployé dans une carapace de glaise et ils le fourraient vivant sous la braise. La coque était cassée en fin de cuisson, comme une tirelire. La terre arrachait les piquants (n'est-ce pas là, mesdames, le principe de vos cires dépilatoires actuelles ?). La bête se trouvait dépouillée et prête à être boulottée. Les romanichels procédaient de même avec les poules, sans les plumer auparavant. Avec les poules chapardées aux paysans, cela va de soi !

Cette façon d'accommoder le hérisson n'était pas la seule cependant. Un mien copain, chiffonnier-ferrailleur dans les environs de Saint-Léonard, opère différemment. Il assomme d'abord l'animal d'un coup de trique bien assené, puis il pratique une incision dans une de ses pattes arrière, de la pointe du canif. Aussitôt il y enfile une paille d'avoine et souffle dedans afin de « gonfler » sa proie. La peau se décolle des chairs. Après quoi, barbifier le hérisson ballonné devient un jeu d'enfant ; il suffit pour cela d'un simple couteau convenablement affûté. La préparation se termine par un rapide flambage. La cuisson de la bestiole se fera en cocotte, sur un fond d'ail.

Sachez encore qu'on peut ramasser deux sortes de hérissons dans nos contrées : les nez-de-chien et les nez-de-cochon. Les premiers sont plus courants que les seconds mais les seconds sont plus savoureux que les premiers, parce que plus gros. Les nez-de-cochon se reconnaissent immédiatement à leur rondeur et à leur couleur roussâtre. Ils se laissent facilement attraper durant les froids, quand ils se blottissent douillettement au creux de leur nid en friche sèche. Pendant cette saison-là, qui s'y frotte ne s'y pique donc pas forcément. Encore faut-il posséder le tour de main adéquat, bien évidemment.

Toutefois, d'aucuns naturalistes fort savants objectent qu'il n'existe point deux races de *hericius* en nos campagnes, mais une seule et unique. A les en croire, les mêmes animaux paraissent si grassouillets en automne que leur tête semble pourvue d'un groin, et si maigrichons au printemps – après l'hibernation – que leur nez s'allonge en un museau de méchant roquet. Une métamorphose identique s'observerait chez les blaireaux.

Ceci étant, tournez sept fois votre bêche en l'air avant d'estourbir un hérisson. Il s'agit en effet d'un mammifère insectivore qui rend d'appréciables services dans les jardins et qui s'apprivoise très facilement. Son espèce est protégée par la loi.

L'entrepreneur qui employait Alcide possédait quatre batteuses et quatre locomobiles ; celui de Lahire, Ephraïm Richard, établi à Loury, en disposait d'autant.

La locomobile était une pesante et puissante machine mue par la vapeur, montée sur des roues de fer, capable d'actionner les plus lourds mécanismes mais inapte à se remuer d'elle-même. Naguère, on l'utilisait fréquemment dans les scieries, sur les lieux de forage, partout où une force motrice devait appuyer l'effort de l'homme. Chacune d'elles, dans les batteries, avait son sobriquet qui prêtait à plaisanterie. « J'm'en vas chauffer Titine ou Rosalie », lançait le conducteur avec un clin d'œil entendu. Plus tard, quand les tracteurs supplantèrent les chaudières, ce furent les batteuses qui héritèrent de ces familiarités. La plupart des locomobiles étaient fabriquées à Vierzon-Forges – Société vierzonnaise et Merlin – ou à Orléans – Rivierre-Casalis et Brouot.

Toutefois, la batteuse n'était pas l'unique moyen, à l'époque, de battre le grain. Outre l'antique fléau, le « flo » dont certains fermiers se servaient toujours pour les avoines afin d'occuper leur hiver, comme aux vieux temps des batteurs en grange, il y avait la « pleurésie » et la « terpigneuse ».

La pleurésie, qu'on appelait quelquefois la « poitrinaire », était un appareil à manivelle qui datait du siècle d'avant. Elle épuisait tant le bonhomme (on le devine à ses noms) que le pauvre risquait de s'y crever les poumons sous sa liquette trempée de sueur. Alcide l'a pratiquée quand il bricolait dans une culture près de Bonneval. « C'était une vacherie qui ne volait pas son surnom, se souvient-il. Ça ne fournissait aucun rendement et ça bousillait le peu que ça arrachait aux épis ! »

La trépigneuse, Alcide s'y est frotté aussi. On en trouvait pas mal dans les grosses exploitations, en appoint. L'engin était entraîné par un tablier roulant, incliné, sur lequel « trépignait » inlassablement un cheval, un picotin d'avoine sous les naseaux pour l'encourager dans sa marche immobile. La trépigneuse, parfois, était reliée à un manège ou à un moteur à essence. « Le résultat qu'on en obtenait n'était ni fait ni à faire, grimace Alcide. On devait ensuite tarater le grain, le vanner au tarare, car ça ne le nettoyait pas. »

Rien ne valait la batteuse, sapristi ! cette grande caisse en bois, pataude sur ses quatre roues, aux flancs garnis de poulies, de courroies, de taquets, de vilebrequins, de claies, de bouches à vomir la paille et de goulottes à pisser le beau grain blond !

La paille sans le grain

Chez nos lointains cousins du Canada français, au début de ce siècle, on prétendait – peut-être à raison – que les batteuses de là-bas tombaient en panne deux jours sur trois. Cela n'était pas pour déplaire aux batteurs qui, ravis de cette aubaine à répétition, en profitaient pour s'engraisser à bon compte aux dépens de l'habitant, quitte à le mettre... sur la paille !

(Information de Joseph Cloutier, de Sainte-Marie, Québec.)

L'équipe se composait d'une dizaine ou d'une vingtaine d'ouvriers, selon l'ouvrage à abattre.

En gros battage, deux gars grimpaient sur la meule : l'approcheur et le broqueteur. Trois se tenaient sur le pont de la batteuse, coude à coude : le délieur, le dépeceur (ou éparpilleur, ou démêleur) et l'engreneur. C'était lui, l'engreneur, qui réglait la cadence du travail en fonction des avalées de la machine et qui gouvernait ses pourvoyeurs. Tantôt il ordonnait de ralentir les fourchées, tantôt de les activer. Trop gavée, la batteuse se mettait à toussoter, à caler même, à faire sauter la courroie de transmission. Alors le chauffeur engueulait l'engreneur, qui se retournait contre le dépeceur et le délieur, qui s'en prenaient à ceux du tas ; et puis ça repartait vaille que vaille en ahanant – poum poum poum – et chacun oubliait l'incident jusqu'au prochain étouffement.

Le délieur de gerbes était généralement un galopin

du voisinage. Il se faisait une petite gratte en récupérant les liens ou les ficelles qu'il revendait au fermier pour quatre sous. Plus tard, un seul homme de pont suffira à l'alimentation des engreneuses automatiques.

Autour de la machine s'affairaient deux ou trois monteurs de grain, des gars costauds qui portaient un sac de cent vingt kilos sur leurs épaules à longueur de journée, quatre ou cinq lieurs de paille à la claie de l'arrière, deux porteurs de paille, un ou deux ramasseurs de menu, deux balistes et deux entasseurs sur le pailler. A ce bataillon s'ajoutait encore, parfois, le vacher qui remplissait le cuvier d'eau, en permanence, près de la chaudière. Comptez : avec le chauffeur, on atteint les vingt-trois hommes !

La course au sac

Notre vieil ami Louis Tranchant, de Fleury-les-Aubrais, nous affirme que son grand-père paternel, qui habitait Huêtre, se faisait fort de se promener sans peine, dans une cour de ferme, en tenant un sac de blé sous chaque bras. « Or à cette époque, précise Louis, un sac pesait le quintal, quelquefois même cent vingt kilos ! » Mais il ajoute que le bonhomme n'était pas un gringalet. On s'en serait douté.

Le menu désignait les déchets – du « pesard » et du « guernipi » – qui tombaient de la grille de fond, sous la batteuse. On les recueillait dans une bâche étendue dont on râtelait les bords au fauchet. Ce menu finissait dans la mangeoire aux vaches.

Les balistes procédaient de même, avec une bâche ou un grand drap. Plus tard on s'équipa de souffleries et de tuyaux. Les glumes servaient également à la nourriture des bestiaux ; on les mélangeait aux betteraves fourragères hachées au coupe-racines et on laissait le tout s'échauffer pendant quelques heures : cela donnait le « fermentage ». Les bales d'orge, le « pou », n'étaient jamais conservées : on les brûlait ou on les dispersait sur le tas de fumier.

En Beauce, les « gars de la batteuse » se reconnaissaient à leur foulard et à leur ceinture de flanelle rouges. C'était la mode du pays. Le foulard empêchait la poussière de s'enfiler par le col de la chemise tandis que la ceinture pompait la sueur.

Les ouvriers de passage, les itinérants, se signalaient plutôt par une poche à grain jetée sur l'épaule, à la manière d'un bissac : on les surnommait pour ça les « pochetons ». Au cul de la machine, les porteurs de paille se garantissaient toujours en se coiffant d'un sac plié en capuche.

Par la suite, les entrepreneurs se dotèrent d'un appareil de liage – le « guignol » –, puis de presses botteleuses, enfin de presses à ballots. Ces dernières liaient au fil de fer, ce qui requérait un aiguilleur d'un côté et un passeur de fil de l'autre. Les porteurs de ballots s'armèrent alors d'un long croc acéré pour mieux assurer leurs faix.

Les ficelles du guignol

Dans la région d'Oucques, les tracteurs sont apparus à la fin de la Grande Guerre. Les marques alors connues étaient Case et Mogul, bien sûr américaines. Les fermes qui les utilisaient les abandonnèrent après quelques années. Je crois qu'en dehors d'une fiabilité mécanique limitée, le principal obstacle était l'absence de pneumatiques, qui ne sont venus que bien plus tard. Pour circuler sur route, il fallait ajouter des cercles sur les crampons, et ceci n'était pas facile. Combien de fois, enfant, me suis-je sali avec le cambouis de ces tracteurs, chez un voisin réparateur !

Jusqu'à la guerre de 1914, la paille tombait à la sortie de la batteuse sur des claies de bois. Plusieurs ouvriers la prenaient là et en faisaient des bottes avec des liens de seigle. Ensuite est arrivé le lieur mécanique qu'on appelait le "guignol" ; son fonctionnement était précaire, surtout avec les longues pailles parfois humides. Je me souviens des ennuis de mon père à ce sujet. Les batteries ont terminé avec la presse ; c'était un lieur perfectionné qui ajoutait le tassement avant le liage et qui réduisait le volume. La presse à ballots, plus rarement employée, était, elle, à haute densité et utilisait le fil de fer.

J'ai été témoin d'un incendie dû à la foudre tombée sur une meule de blé en cours de battage. Le feu n'a pas pris à l'extérieur mais à l'intérieur seulement. Il fallait voir à quelle vitesse les ouvriers de la batterie essayaient d'éparpiller les gerbes avant qu'elles ne s'enflamment ! En fait, ce blé n'a pu servir qu'aux volailles car il gardait un goût de brûlé.

Lorsque le battage devait avoir lieu dans une ferme dont le précédent propriétaire était parti en fin de bail, la tradition voulait que ce soit l'entrepreneur qui se charge de prévoir la nourriture des "hommes". Ma mère se transformait donc en cuisinière, sur place, après que tables, bancs et tréteaux eurent été amenés avec la carriole.

Il y avait bien sûr des trimardeurs parmi les gars de la batterie, mais aussi des saisonniers venus de Bretagne. On appelait les porteurs de grain, les "Nantais", car c'étaient souvent des dockers en mal de bougeotte. Il y avait encore quelques Polonais dont plusieurs ont fait souche dans la région, de même des Polonaises bonnes de ferme qui, mariées au pays, sont devenues des "maîtresses". Voilà pourquoi, par-ci par-là, on rencontre des filles dont les cheveux sont d'une blondeur éblouissante... Il y avait enfin d'autres étrangers. J'ai même connu un Hollandais vêtu d'un smoking (!), et qui chantait en dehors de ses heures de travail. Sans doute cette vie, qui n'avait probablement rien de commun avec celle qu'il menait auparavant, lui procurait-elle quelques consolations...

(Lettre de Négrin, de Cloyes-sur-le-Loir, dont le père était entrepreneur de battage.)

L'ordre de la tournée était établi par l'entrepreneur, en accord avec sa clientèle : « Vous aurez la batteuse dans la matinée de tel jour, à telle heure, ou dans la soirée » ; puis il avisait son chauffeur du tour de rôle à respecter.

En priorité on battait le seigle qui était rentré sitôt la fauchaison terminée. Ensuite on s'attaquait au blé, à l'orge et à l'avoine. On bouclait d'abord une « tournée volante », autrement dit on ne s'attardait jamais plus d'une demi-journée chez l'un ou chez l'autre ; en contrepartie on servait toutes les maisons pareillement. Ainsi les cultivateurs pouvaient-ils joindre les deux bouts en paille et en grain. Le père Auxile Rousseau me raconta qu'on entamait toujours la campagne, autrefois, par la récolte du maire de la commune.

Ensuite on menait la véritable tournée et l'on ne s'éloignait point d'un endroit tant que son grain n'était pas battu. Les gros fermiers se réservaient parfois deux ou trois gerbiers qu'ils faisaient battre en fin de saison, quand leurs greniers s'étaient vidés à nouveau.

L'acheminement du matériel s'effectuait avec les chevaux des clients. Celui que l'on quittait emmenait la batteuse ; celui chez qui on se rendait apportait la locomobile. Par les ornières détrempées après un orage, on devait atteler six percherons à la chaudière. Ailleurs, c'étaient deux paires de bœufs derrière un cheval tenu à la bride ; quatre autres bœufs tiraient la batteuse.

L'équipe défilait à la suite, à pied ou à bicyclette, en devisant gaiement. Le chauffeur n'éteignait jamais son foyer, sauf en fin de semaine, le samedi. Les mains entortillées dans un sac pour ne pas se brûler, il se contentait de plier la cheminée de la locomobile sur son fourchet, précaution qui évitait de casser ce tuyau long de quatre mètres durant les manœuvres.

L'installation des machines nécessitait un juste coup d'œil qu'on n'acquérait qu'avec l'expérience. Le chauffeur s'ingéniait à ranger son bazar entre deux meules afin de limiter les déplacements et les débrayages qui gaspillaient de précieuses minutes. Il évaluait d'un regard le bon niveau de la batteuse, en corrigeait l'aplomb à l'aide des crics de côté, calait les roues, vérifiait l'alignement de la poulie d'entraînement sur le volant de la locomobile. Puis il tendait la courroie de transmission en reculant sa chaudière – top ! ça va ! – et il la tournait à la main pour s'assurer que rien ne clochait, qu'il pouvait mettre en mouvement sans craindre le ripage. Quand la courroie avait tendance à patiner, il l'enduisait de résine ou, au pire, la remplaçait avant qu'elle ne s'échauffe ou ne se rompe. Il en prévoyait continuellement un jeu de rechange, pour le cas.

Le chauffeur, le chef de la batterie, s'occupait de son chaudron tout en surveillant d'un œil vigilant la bonne marche de l'ouvrage. C'était lui qui plaçait les machines à la queue leu leu contre les meules à dévorer, lui qui maintenait la locomobile en pression, qui en poussait le feu, qui la remplissait d'eau. C'était encore lui qui réprimandait les jean-foutre de la bande, qui veillait au pépin mécanique, qui arbitrait certains petits conflits entre les équipiers. Quelquefois on le nommait « capitaine » et l'on considérait l'engreneur comme son lieutenant. Il s'agissait d'un grade à responsabilité, d'un travail pénible bien sûr, autant à cause des efforts à déployer que de la poussière à bouffer ; mais dame ! on était son maître sinon son patron. Nuance ! Ce semblant de liberté avait son importance pour quelqu'un qui ne supportait pas de se sentir un fil à la patte...

Un bon coup de balai

Il était d'usage, avant de battre un autre grain, de balayer la machine. Hélas ! il n'était pas facile de trouver un bon balai : la fermière rechignait à prêter le sien de peur qu'on en abîme la paille de riz, celui de bouleau – qui servait à l'étable – était vraiment trop sale et celui de l'écurie, si usé qu'il n'en restait que le "croûton" et le manche... Voilà pourquoi on remarquait quelquefois de l'orge dans l'avoine, de l'avoine dans le blé et du blé dans le seigle. De la sorte, le méteil était pratiquement prêt pour la semence !

Quand ce fichu balai paraissait inutilisable, le délieur puis l'engreneur se servaient d'une gerbe. Durant les années de sécheresse, certains fermiers demandaient que l'on pousse les bottes défaites directement dans la trappe des secoueurs car le batteur en aurait cassé les grains.

Lorsque j'étais mousse, un fermier me tendit un jour un balai de bouleau tout neuf mais trop souple pour être efficace. Le broqueteur, qui n'était guère comique, bien qu'on le surnommât Fernandel, grimpa sur le pont et me dit : "P'tit gâs, regarde bien. Je vais te montrer comment on doit balayer une batteuse." Il empoigna le balai, se plaça au milieu du plancher et entreprit d'en nettoyer toute la largeur d'un seul coup. Malheureusement, quelques brindilles de bouleau s'enfilèrent entre le batteur et le contre-batteur. Il eut beau se cramponner, la machine ne voulait rien en lâcher. L'homme se raidissait, mais centimètre par centimètre, le balai était avalé. Dans un effort suprême, le broqueteur tenta de sauver le manche. En vain. Le batteur émit comme un rot de contentement. La presse ne rendit qu'une poignée de débris tout juste bonne à allumer le feu du lendemain !

Le conseilleur, mortifié, descendit sous les huées de ses camarades ; jamais plus il ne devait m'enseigner les bonnes manières. J'avais tout compris ce jour-là ! »

(Lettre de Jean Pasquet, de Semoy.)

La journée du conducteur commençait dès trois heures par la mise en chauffe de la locomobile, pendant que les batteux déjeunaient. De la soupe et du cochon. Il allumait le foyer au bois avant d'y enfourner le charbon. Au premier coup de sifflet, les gars allaient casser la croûte ; au deuxième, une demi-heure après, tout le monde devait se lever de table et rejoindre son poste.

Le matin, c'était à qui devancerait les autres dans les alentours. Le chauffeur mettait un point d'honneur à siffler le démarrage quelques minutes avant les équipes des confrères. Il grommelait : « Un tel m'a doublé aujourd'hui mais demain ça sera mon tour ! » Cet esprit de compétition bon enfant animait également les gars de la compagnie, qui se livraient à des concours entre eux. Ainsi les porteurs de grain mesuraient-ils leur robustesse en soulevant le sac le plus lourd ; parfois ils devaient parcourir une centaine de mètres pour se rendre de la batteuse à l'échelle du grenier, et aucun ne voulait déclarer forfait devant son rival !

L'ordinaire variait d'une région à l'autre (parfois même d'une maison à l'autre !). Dans le Perche on ne buvait pas de vin ; en compensation on soutirait du cidre à volonté. « On n'avait pas à se plaindre des gens, admet Alcide. Ni en boisson, ni en pitance. On ne manquait de rien. » Il en était autrement dans la plupart des fermes de Beauce où la boniche venait servir à chacun, toutes les deux heures, un verre – un seul ! – de vin pur. Là encore prévalait la hiérarchie : le chauffeur se désaltérait le premier, puis l'engreneur, enfin les autres. On éclusait le gobelet d'un trait, on l'égouttait d'un balancement du bras et on le tendait au suivant. Dans les bonnes maisons toutefois, les porte-sacs pouvaient boire à discrétion ; ils montaient leur bouteille au grenier et la redescendaient dès qu'elle était vide.

Le régime se faisait beaucoup moins sévère dans le Val ou en Sologne. On s'y abreuvait sans compter et l'on grignotait la galette au milieu de la matinée. A dix heures, les porteurs de grain bénéficiaient d'une tasse de café, parfois corsée d'une lichette de goutte.

On stoppait le boulot vers midi, au coup de sifflet, quand la cuisinière accourait prévenir le chauffeur que le repas était prêt. Avant de pénétrer dans la salle, chacun se toilettait au baquet de flotte, à la porte de l'étable. Bouillon gras au pain trempé, pot-au-feu, fromage et puis à la revoyure, du balai ! Un canon par personne, pas davantage. Celui qui avait encore soif devait se contenter de la « bouète », de vin mouillé.

Tout en dînant, le chauffeur surveillait la pression constante de la locomobile et, quittant souvent la table, rechargeait le foyer en conséquence. Après la pause d'une heure qu'on passait à roupiller dans un coin d'ombre l'été, au chaud de l'écurie l'hiver, chacun reprenait le travail au sifflet pour ne s'arrêter qu'au moment de ne plus y voir, toujours au signal du chef.

Des chiqueurs pas chics

Mme Gilaine, de Sèvres, nous signale que beaucoup d'hommes chiquaient dans la Beauce d'autrefois. Les charretiers crachaient leur mâchée au moment de se mettre à table, et ç'en était dégoûtant. Ils tenaient peut-être cette manie des saisonniers bretons, d'anciens marins quelquefois, qui suivaient la batteuse autour de laquelle le chauffeur interdisait souvent de fumer. Chaque matin avant le déjeuner, les bonnes sablaient donc le carrelage rouge de la salle commune afin de tout nettoyer, d'un simple coup de balai, à l'heure du coucher.

Une affaire qui roule...

Christian Bacher, d'Orléans, possède une curieuse roulotte en bois recouverte de tôle peinte à l'extérieur. Ce véhicule hippomobile, monté sur quatre roues à bandage plein, s'ouvre par une porte vitrée, deux fenêtres latérales et deux vantaux sur le toit aux bords arrondis. Sous son châssis : un énorme coffre.

Reconvertie en caravane de plaisance, cette voiture serait une ancienne roulante qui, en Gâtinais, suivait l'équipe d'un entrepreneur de battage.

Les journées alignaient leurs quatorze heures, pas souvent moins. Le souper se composait d'un brouet, d'un rata et d'un morceau de fromage.

Le chauffeur cachait alors son feu pour la nuit. Il

bourrait la gueule de la locomobile avec des briquettes entières qu'il recouvrait de cendres. Il fallait que la chaudière couve, qu'elle brûle à feu mort. Le lendemain matin, pas besoin de rallumer : il suffisait de donner du tirage en faisant fonctionner la locomobile à vide, après avoir regarni le foyer d'un peu de bois pour que la pression remonte immédiatement.

L'entrepreneur fournissait les briquettes de charbon qu'un grossiste lui livrait en gare, par wagon. La veille de son grand jour, chaque client venait lui en acheter son comptant, avec une charrette. Une locomobile consommait dans les trois briquettes de dix kilos à l'heure, qu'il fallait briser avant d'enfourner. Tout dépendait de leur qualité. Un mauvais charbon chauffait mal et se transformait en un mâchefer qui encrassait la chaudière.

Une batteuse flambant neuve

Quand elle traversa notre hameau devant nos yeux d'enfants émerveillés, nous ne trouvions pas de mots pour dire combien elle était belle, toute neuve, peinte en rouge. Deux puissants chevaux la tiraient. Un voisin, tout aussi admiratif que nous, dit : "C'est vraiment dommage qu'elle ne remorque qu'un vieux lieur au lieu d'une presse en long !" Mais le petit entrepreneur qui l'avait achetée, ne pouvait pas faire deux achats en même temps.

Nous la vîmes s'éloigner vers une culture où elle resta deux jours, puis par un mauvais chemin quatre chevaux l'entraînèrent jusqu'à la ferme la plus éloignée de la commune. Nous la regardions au loin, magnifique point rouge entre les meules blondes...

Le lendemain matin très tôt, notre voisin vint réveiller mon père : "Robert, il n'y a plus rien !" Toute la maisonnée se leva. En chemise, nous découvrîmes le désastre. Dans la nuit tout avait brûlé. La belle batteuse, les meules, les tas de paille, rien n'avait été épargné !

Le charretier de la ferme était parti sur un méchant vélo, à travers champs, puis par les routes, quérir du secours. C'était pendant l'été 1940, après l'exode. Le temps de sonner le tocsin, de trouver un véhicule automobile, d'y accrocher la motopompe, c'était trop tard. Il ne restait plus que quelques braises.

Aucun voisin n'avait participé à l'opération de sauvetage. Certains avaient bien entendu du bruit, des paroles, mais en ce début de l'Occupation, la peur des Allemands poussait à la prudence. Le téléphone n'existait pas. Des gens du bourg étaient passés près des maisons sans songer à avertir les hommes valides qui y dormaient.

Quelques jours plus tard, l'entrepreneur récupéra la locomobile qui était sans doute la cause de la catastrophe. Elle repassa tel un convoi funèbre. Lui lancer des pierres nous aurait soulagés. Elle avait détruit sa compagne de travail. C'était une criminelle. Elle avait apporté le malheur dans une maison dont la femme, en l'absence de son mari retenu prisonnier, avait déjà bien du mal à survivre.

Notre belle batteuse n'avait vécu que ce que vivent les coquelicots !

(Lettre de Jean Pasquet, de Semoy.)

L'incendie, non, on ne le craignait pas malgré la proximité du feu et de la paille. La cheminée, tout en haut, était coiffée d'un pare-étincelles. Et puis il se trouvait continuellement un cuvier d'eau à trois pas du chaudron. Une locomobile engloutissait ses cent à trois cents litres de flotte à l'heure selon le travail qu'on lui demandait. Un bricolin de la ferme l'approvisionnait en eau avec une tonne qu'il remplissait au puits, à l'abreuvoir ou à la mare. Lorsqu'un bassin se situait auprès, c'était le chauffeur qui y puisait au seau. L'hiver par fortes gelées, on devait tirer l'eau au fur et à mesure de son utilisation. Durant les derniers froids de la Grande Guerre, on eut beau envelopper les locomobiles de paille, au risque de provoquer un sinistre, la vapeur n'atteignit jamais la pression susceptible d'entraîner une batteuse !

Histoire d'eau

Au sortir de la guerre, rassasié des combats, je me suis senti une vocation agricole, ce qui m'a permis de connaître la campagne de jadis. Avant 1950, elle avait moins évolué depuis le Moyen Age qu'elle ne le fera de cette date à aujourd'hui. Mais comme je n'étais pas "né-natif" dans la profession, il ne me fut pas facile de me faire admettre. Il m'a bien fallu trente ans pour cela !

Il n'y avait que deux tracteurs dans la commune lorsque je me suis installé. La batteuse et la locomobile étaient amenées au pied des meules à grand concours d'attelages par des chemins où elles roulaient mal.

Je me souviendrai toujours de mon premier battage, de ce branle-bas pour tout préparer, trouver les bonshommes manquants, nourrir tout ce monde de telle manière qu'on ne pourrait critiquer la manière dont je "recevais", la hantise qu'il ne pleuve, etc. Par la suite, je n'ai jamais vu arriver ce moment sans terreur, et la "moiss-batt" fut accueillie comme une libératrice.

Bien entendu, il n'y avait pas l'eau courante. On "tirait" au puits pour les besoins ménagers, mais il n'était pas question de s'en servir pour ce gouffre que représentait la locomobile. Par chance, je disposais d'une mare profonde et de belle étendue. C'était en fait un petit étang. Lorsque j'ai parlé de l'utiliser pour approvisionner la chaudière, le chauffeur a carrément refusé, prétextant qu'elle ne manquerait pas de "bouillir" car elle contenait trop de poissons. Or, quelqu'un me souffla tout bas, à l'oreille, qu'il ne faisait pas tant d'histoires avec mon prédécesseur.

Néanmoins, je ne voulais pas faire d'esclandre ni me dégonfler, puisque c'était uniquement ce qu'on attendait. Un voisin secourable me prêta un cheval et une tonne à eau, un autre me permit de puiser dans sa propre mare. J'ai fait la navette et tout s'est bien passé.

Au moment du paiement, je ne me suis pas montré "ch'tit", y compris et surtout, en toute duplicité, envers le chauffeur qui ne manqua pas d'établir, comme je l'espérais, une relation entre le pourboire et l'eau de ma fosse ; il manifesta comme un remords immédiat. Peut-être après tout qu'elle aurait pu convenir... Et comme de fait, les fois suivantes, elle convint !

(Lettre d'Alain Vigner, de Saint-Gondon.)

Toutes les opérations se réglaient donc au sifflet. Chaque chauffeur avait sa façon de « subletter », son langage. De loin, seulement en tendant l'oreille, on devinait que telle équipe battait en tel coin. Trois coups brefs annonçaient la soupe ; deux coups : le départ ou l'arrêt du travail. Un sifflement prolongé appelait les chevaux. Les charretiers de la ferme savaient qu'ils devaient quitter les champs car le battage venait de s'achever. Il leur fallait aussitôt se tenir à la disposition du chauffeur, eux et leurs canassons, pour évacuer les engins de la batterie jusque chez le fermier d'après.

Une vaillante équipe battait quotidiennement dans les cent quintaux. En franche année tout se déroulait à merveille. En été humide hélas, comme en 1941, on perdait beaucoup de grain car les épis avaient germé sur champ, dans les meulons, et cela provoquait du déchet.

Leur journée finie, les batteux n'avaient souvent qu'une hâte : celle d'aller se coucher. Ils ne veillaient que dans les contrées de modestes cultures où le labeur était moins harassant, selon la cordialité du paysan. Après le manger on causait, on chantait, on tapait les cartes et on partageait la galette. Les trimards racontaient des boniments d'ailleurs, des menteries dont on rigolait et qui n'abusaient personne. Quelquefois on ne se séparait qu'à la mi-nuit ; le lendemain d'aucuns peinaient à se réveiller. Alcide, qui ne buvait jamais un verre en dehors des repas, priait parfois les hôtes trop généreux de réduire les beuveries nocturnes. A boissailler de la sorte, les gars s'usaient davantage qu'à trimer autour de la batteuse et il n'y avait plus rien de bon à en espérer...

Alcide rentrait chaque soir au bercail, à vélo, mais beaucoup de ses équipiers dormaient au petit bonheur la chance : à la belle étoile, dans un pailler, une grange, un grenier. Ce fut pendant longtemps le sort de Lahire, qui logeait « où ça se trouvait ». Après son mariage, il ne regagnait ses pénates que dans la nuit du samedi au dimanche ; il les quittait évidemment dans celle du dimanche au lundi.

Le chauffeur et les trois ouvriers à contrat saisonnier étaient payés par l'entrepreneur, en fin de campagne. Leur salaire s'additionnait à la location du matériel. Les autres membres de l'équipe recevaient directement leurs gages du client, selon leurs heures de travail accompli. En fait, l'argent était confié au chef, à charge pour lui de le répartir équitablement entre ses hommes. Lahire avait coutume de distribuer les soldes au café du bourg, le soir, quand le battage d'une exploitation avait été terminé dans la journée. Un chauffeur touchait alors dix francs de l'heure, ce qui n'était pas si mal en comparaison du traitement d'un simple charretier.

En bout de tournée, fin décembre début janvier, le dernier client prêtait ses chevaux au patron pour lui permettre de remiser son matériel. Le chauffeur nettoyait la batteuse et astiquait la chaudière avec un décapant jusqu'à ce que les cuivres brillent à neuf. L'orgueil d'un conducteur était en effet de laisser une locomobile rutilante après chaque campagne. Ensuite, l'entrepreneur offrait un formidable gueuleton à l'ensemble de ses gars, à sa table, et chacun prenait congé en jurant de revenir pour la saison prochaine. Alcide courait s'embaucher comme porteur de sacs dans une équipe qui tournait encore tandis que Lahire partait arracher les betteraves...

Les galipettes de la Joconde

Mme Jeanne Jarry, de Férolles, nous dit avoir reconnu son père sur la carte postale qui illustre ce chapitre.

« *Il était le patron de l'entreprise et s'appelait Emile Gouyneau,* nous écrit-elle. *On le voit en chapeau, accoudé à la locomobile. Gazé pendant la guerre, il est décédé en 1924. A ses côtés se tient M. Prudhomme, mort au champ d'honneur. Parmi les galvaudeux se trouvaient Cent-kilos, Barbe-d'or et Béquillon, qui boitillait. Il y avait également une femme surnommée la Joconde. Je me souviens de ces quatre-là. Une fois, en pleine nuit, mon père a dû remettre de l'ordre dans cette troupe qui, prise de boisson, menait joyeuse vie dans un fossé près de chez nous.*

« *Chez certains cultivateurs c'était un peu la fête, autour d'une bonne table. Mais chez d'autres c'était une véritable corvée, avec du gras de cochon qui tremblait dans le plat. On connaissait les bonnes et les mauvaises maisons.* »

Les travaux de battage se modifièrent considérablement lorsque apparurent les tracteurs durant l'entre-deux-guerres. Il s'agissait de solides mécaniques aux noms américains : Mac Cormick, Ford Ferguson, Bolinder, Bulldog. Par la suite on vit des Renault, des Robuste et les inévitables Société Française constamment agités de tremblote. Il pétarada aussi des Rotapède, des engins munis de chenilles, comme les tanks, soi-disant mieux adaptés aux terrains marécageux. Alors Alcide se mit au diapason, bon gré mal gré. Il apprit à se servir d'un moteur à essence monté sur chariot, puis à piloter un tracteur. Fallait bien. On ne décide pas toujours de faire ce qui plaît.

Notre bonhomme se maria sur le tard, en 1960, avec Lucie, une des rares femmes qui suivaient la batteuse. Elle avait une génération de moins que lui et elle servait dans son équipe en tant que délieuse. Ils partageaient la même vie depuis belle lurette, à la colle, et le mariage ne fut pour eux qu'une façon de régulariser un long concubinage, sans plus. C'était vraiment la fin d'une époque pour Alcide. Dans son existence intime comme dans le travail quotidien.

Car depuis la Seconde Guerre, on ne croisait plus de trimardeurs pour constituer les équipes. Du reste, les cultivateurs du pays préféraient maintenant les moissonneuses-batteuses dernier cri aux vieilles machines d'autrefois. Ça leur coûtait moins de temps, de suées et de pognon.

Alors les battages à l'ancienne cessèrent, faute de batteurs. C'était il y a vingt ans, guère avec.

Rencontre de l'été 1985.

Le conducteur de battage

Osman dit lui-même qu'il est né sous la cabane d'un bout de vigne, par hasard, et que sa mère l'a ramené à la maison dans son devantier !

C'est un personnage que l'on connaît bien dans les parages de Josnes. Il n'est guère de jours qu'on n'entende teuf-teufer sa 2 CV verte dans les rues du bourg. Il marche en fauchant de sa jambe raide – un souvenir du fameux 18 juin 1940, une rafale de mitraillette – et il n'aperçoit jamais un gamin sans fouiller dans la poche de son paletot pour en retirer une poignée de noisettes. C'est sa manière à lui de montrer aux gosses qu'il les adore. Un bon bonhomme, vraiment.

Il est vrai qu'avec un prénom comme le sien, il n'est guère facile d'être confondu avec le commun des quidams. Beaucoup pensent d'ailleurs à un sobriquet, sans en chercher davantage. « Pas du tout, leur rétorque Osman en souriant. Il s'agit bel et bien de mon nom de baptême. Ça viendrait de Turquie, à ce qu'on m'a dit. Mais je ne sais pas pourquoi mes parents, qui étaient beaucerons bon teint, m'ont appelé ainsi. Les gens d'autrefois avaient d'étranges lubies ! »

Entre nous, je suis tenté de croire que rien n'a changé de nos jours en ce domaine. Certains prénoms actuels me semblent tout aussi extravagants que ceux d'hier et cela ne contrarie guère le cours du temps. Autre époque, autres vogues...

Osman était lui aussi conducteur de battage, comme Alcide Hermeline. A la différence près qu'il ne menait pas une locomobile mais un tracteur « Société Française », et qu'il travaillait pour le compte d'un syndicat, non pour le profit d'un entrepreneur.

Quand il commença à suivre la batteuse en 1943, Osman n'était qu'un simple ouvrier de l'équipe commandée par Lucien David. Puis il devint engreneur, ce qui représentait déjà une nette amélioration pécuniaire. La machine était alors entraînée par un moteur électrique monté sur un chariot auquel on attelait un cheval.

Vers 1950, les coopérateurs décidèrent d'acheter un tracteur de marque « Société Française », reconnaissable entre tous à son bruit saccadé, son capot vert et ses roues jaunes. Le chauffeur Lucien David, qui s'estimait trop âgé pour apprendre à piloter l'engin, consentit à céder la place à plus jeune que lui. A matériel nouveau, il fallait des hommes neufs. Le président du groupement, André Brûlet, proposa donc le poste à Osman, l'engreneur, comme l'exigeait la coutume. C'est ainsi que notre ami devint le conducteur de la coopérative de battage et de motoculture du secteur Josnes-Lorges.

René Chaubert, d'Orléans, nous rappelle que les tracteurs existaient déjà pendant la Grande Guerre. A ce sujet, il nous avait envoyé une communication que nous avions publiée dans le second tome de la collection *Ils étaient de leur village*. Il nous écrit de nouveau :

Le ministère de l'Agriculture institua des batteries de tracteurs agricoles à la fin de 1918. En janvier suivant, je fus désigné pour diriger une de ces batteries avec le titre de régisseur. J'avais sous mes ordres dix tracteurs américains de marque Titan, dix charrues trisocs, vingt conducteurs, un mécanicien, un forgeron, un comptable, un secrétaire, deux chauffeurs pour un camion Renault et une automobile Ford, et une cuisinière.

Ces tracteurs à essence démarraient avec une adjonction de pétrole et de vapeur d'eau. Ils se mettaient en route grâce à une grande manivelle de côté. On s'en servit pour remettre en état les champs des régions libérées. Pour ma part, j'ai travaillé avec dans le sud-est de Lille.

Dans ce coin de la Petite Beauce, autrefois, deux sociétés de battage se livraient une sorte de guéguerre sous prétexte de divergences religieuses et politiques. (Hou-là ! j'en devine plusieurs qui m'accusent déjà de ranimer de vieux conflits. En effet, dès que j'évoque ces désaccords du passé, d'aucuns me soupçonnent illico des pires intentions, comme s'il était déraisonnable d'aborder certains épisodes, pourtant notoires, de ces derniers cent ans. Mais l'histoire populaire, braves gens, n'est pas seulement un conte pour enfants sages ; on y relève maints paragraphes déplorables qu'on ne saurait ignorer. Fermons la parenthèse.)

Donc, autrefois, deux sociétés de battage se partageaient la contrée depuis que la discorde avait provoqué la scission de l'unique association. A l'aube de ce siècle, la vente aux enchères du matériel, sur la place du village, avait permis la constitution de deux syndicats rivaux dans la commune. Il y avait désormais la « Charlotte » (ainsi désignée en hommage à son président, Charles Venot), et la « Huguenotte » (dont le qualificatif soulignait la confession de son président, Abel Boidron). Toutes ces dissensions s'étaient apaisées, évidemment, quand Osman s'engagea dans le second syndicat. La « Charlotte », menée par Louis Boizard, ne regroupait plus grands actionnaires tandis qu'à l'inverse la « Huguenotte », devenue entre-temps la « Numéro un », possédait deux équipes : celle de Marius Blanchard et celle dont Osman faisait partie.

Les statuts furent modifiés après la Seconde Guerre et les syndicats se transformèrent en coopératives. Par la suite, les deux sociétés seront contraintes de fusionner car les battages à poste fixe ne cesseront de diminuer devant la prépondérance des moissonneuses-batteuses. On reviendra ainsi à la case départ. Voilà pour la petite histoire des associations de battage dans les environs de Josnes. On retrouve probablement de semblables anecdotes en divers endroits.

La « Numéro un » disposait d'un équipement de première qualité. Son parc se composait de deux tracteurs, d'une petite batteuse grainetière réservée aux plantes fourragères, de deux grosses Merlin pour le colza, les graminées et les lentilles, et de quatre presses.

Belote ou rebelote !

L'arsenal de la coopérative de battage sortait chaque année pendant une dizaine de jours. Cet ensemble composé d'une batteuse, d'une locomobile et d'une lieuse de paille appelée « guignol », effectuait le tour de la commune, battant une journée maximum chez l'un, une demi-journée chez l'autre, employant douze à quinze personnes. Cela donnait surtout une occasion de rassemblement aux petits cultivateurs et aux ouvriers ; ils étaient heureux de se rendre service et de se réunir au moins une fois l'an autour d'une bonne table. Car la maîtresse considérait comme un devoir de mijoter au mieux un repas qui ferait honneur à sa maison.

Ces repas, principalement ceux du soir, duraient longtemps et se terminaient souvent par quelques belotes ou histoires très pittoresques. Il est bien évident que les fermes les plus importantes faisaient appel à un entrepreneur de battage dont les méthodes de travail n'étaient pas du tout les mêmes.

(Lettre de Pierre Péron, de Fleury-les-Aubrais).

La saison débutait dès la Saint-Jean, par les trèfles incarnats et les luzernes. Un travail pénible à cause d'une poussière inimaginable. Marius et Osman, qui travaillaient ensemble sur la grainetière, rentraient le soir plus noirs que des charbonniers. Le trèfle était vendu cher, mais il offrait un faible rendement.

Fin juillet, on remisait la grainetière et l'on sortait les Merlin. Marius et Osman partaient chacun de leur côté. Ils battaient d'abord le peu de colza que les cultivateurs récoltaient alors, puis ils entamaient les céréales : le blé, l'orge et l'avoine. Ils finissaient généralement par les lentilles que les paysans écoulaient aussitôt, en ces années de pénuries alimentaires dues à l'Occupation, sans contenter les plus offrants. « Le kilo de lentilles valait un franc et vingt centimes, se souvient Osman. Presque une fortune. On aurait pu se payer un château avec. Ça se battait sans difficulté à condition de diminuer la vitesse d'entraînement et de desserrer le batteur au maximum pour ne pas réduire les graines en poudre ! »

Il faut préciser que plusieurs cultures de maintenant étaient encore méconnues en ces temps-là : les betteraves à graines, les maïs en grains, les tournesols, les sorghos, entre autres.

Comme partout, chaque équipe accomplissait d'abord un tour d'urgence afin de dépanner ceux qui manquaient de provisions. La batteuse se rendait un jour chez l'un, un jour et demi chez l'autre, jamais plus longtemps, en fonction de l'importance des exploitations. Parfois, pour gagner du temps sur les allées et venues, elle s'installait en un endroit convenu où les sociétaires apportaient une ou deux voiturées.

Puis la grande tournée commençait selon un ordre établi d'une année sur l'autre. Les cultivateurs se renseignaient auprès du conducteur pour savoir à quel moment ils devaient tuer le cochon qu'ils destinaient à la nourriture des batteux. Osman visitait ainsi une trentaine de maisons, donc goûtait à une trentaine de porcs. Il passait par les écarts d'Origny, Ourcelles et Prenay. Plus tard, à la réunion des deux coopératives, son périmètre s'étendit sur Lorges, Briou, Morigny, Villemuzard, Fontenailles, Messilly, Cerqueux et Isy. Il séjournait parfois un mois dans un même hameau.

Lors des déplacements, Osman tractait trente-trois mètres de matériel accroché à la file. Le convoi comprenait le « Société française », la batteuse Merlin, la grosse presse à ballots, la petite presse botteleuse, la remorque aux tuyaux à bale et à grain, la souffleuse du monte-grain, enfin la citerne à gazole. L'itinéraire était soigneusement étudié pour permettre une progression sans anicroche. Effectivement, il fallait se soucier des tournants trop accentués qui forçaient à rompre les flèches d'attelage ou à écorner le pignon d'une maison.

La mobilité du tracteur, comparée à la lourdeur des anciennes locomobiles, avait l'avantage de faciliter les manœuvres de rangement. Les gars calaient d'abord la machine, puis Osman reculait son « Société » de façon à placer le milieu du volant d'entraînement dans l'alignement du bâti de la Merlin, jusqu'à obtenir la tension désirée de la courroie de transmission. De ce fait, il n'enduisait jamais cette courroie de résine pour pallier un éventuel patinage : il lui suffisait d'écarter le tracteur d'un poil afin de la tendre à nouveau, de serrer le frein et de bloquer un cric sous le nez du « Société » pour que plus rien ne bouge.

La fille d'un entrepreneur entreprenant

J'ai soixante-cinq ans, je suis la fille d'un entrepreneur de battage et je reconnais beaucoup de scènes vécues dans vos histoires.

Mon père était assez moderne. Bien avant la drôle de guerre, plusieurs de ses matériels étaient équipés de monte-gerbes, d'engreneurs automatiques et même de monte-sacs. Il y avait aussi des lieurs mécaniques et, ensuite, des botteleuses Rousseau ou Rivierre-Casalis. De la sorte je n'ai jamais vu quinze personnes autour d'une batteuse, même au temps de la chaudière.

Mon père eut son premier tracteur en 1928, en même temps que M. Trumeau de Saint-Lyé-la-Forêt. Ces tracteurs arrivaient en gare d'Artenay et je me souviens que tous les gens du village accouraient sur la place publique pour les admirer. Ça fumait, ça pétaradait, ça faisait beaucoup de bruit en roulant sur les bandages de fer.

En 1936, les batteuses et les presses à ballots furent montées sur pneus. Cela permettait un déplacement plus rapide et plus silencieux. Mon père battait à vingt kilomètres à la ronde.

Pendant l'Occupation, avec ma mère et mes sœurs, je travaillais presque toujours à la batteuse. Nous coupions les ficelles, nous passions les fils de fer ou nous approchions les bottes sur le tas. Mes frères, les plus jeunes de la famille, ne nous ont aidées qu'à la fin de la guerre. Puis tout a évolué...

Mes frères, qui sont aujourd'hui entrepreneurs de travaux agricoles, ont conservé un de ces matériels. Ils le faisaient encore tourner pendant quelques jours voici cinq ans. J'étais très émue en regardant cet équipage. »

(Lettre d'une lectrice de Crottes-en-Pithiverais,
qui désire garder l'anonymat.)

Ce tracteur était une mécanique inusable. En revanche, son emploi comportait quelques inconvénients. La rumeur prétendait notamment que ses tressautements continuels exposaient son conducteur à des ennuis cardiaques. Mais on craignait surtout les incendies que son pot d'échappement pouvait occasionner. Par précaution, Osman emboîtait souvent un coude à bale en guise d'embout, qui déviait les étincelles des tas de paille. Un ramonage immédiat s'imposait dès que ce fichu tuyau crachait des langues de feu. La prudence conseillait de garder un cuvier d'eau à proximité.

Le système d'allumage du « Société » était particulier. Il se composait d'un chalumeau à gaz fixé à l'avant et d'un énorme boulet de fonte. Le tracteur ne démarrait, après un rapide pompage de gazole, que lorsque ce boulet était chauffé à rouge cerise. Osman devait se lever de table une dizaine de minutes avant ses équipiers pour préparer cette mise en route. Un porteur de sacs, toujours le même, l'aidait à lancer le moteur. Mais une fois sur deux, le volant d'entraînement tournait à l'envers. Rien de bien grave en vérité. Osman avait l'habitude de ces caprices : il ralentissait le mouvement et à la seconde où le volant prenait le bon sens dans son oscillation de balancier, il enclenchait brusquement pleins gaz. Tout repartait convenablement. Ce n'était qu'un coup à saisir...

Son tracteur, Osman le connaissait par cœur. C'était le sien, avec des pédales spécialement adaptées pour lui faire oublier son handicap. Un soir par semaine, il le ramenait chez lui, dans sa cour, et il le décrassait de sa croûte de cambouis poussiéreux. Il décalaminait le pot d'échappement en y enflammant une giclée de gazole, il briquait le capot, il revissait un boulon défaillant. Il le bichonnait. Le lendemain à la première heure, le « Société » tonitruait derechef à toute berzingue, comme pour réveiller la campagne endormie. « Ah, ça ! les gens devaient sursauter au fond de leur lit quand je fonçais sur mon bolide ! rigole Osman de son air malicieux. Sûr que certains s'en souviennent encore ! Faut pas le dire mais je le faisais un peu exprès, des fois. » Promis : on ne le dira pas. Motus et bouche cousue !

Osman veillait également au bon état du matériel qui lui était confié. Il dressait l'oreille au moindre cliquetis suspect. Il s'arrangeait pour réparer les pannes insignifiantes ; en cas de casse importante, il n'hésitait pas à déranger le forgeron, René Dupuis. Il effectuait le graissage des machines en compagnie de l'engreneur. Malgré sa patte raide, Osman n'avait pas son pareil pour se glisser dans les entrailles de la batteuse. Un véritable contorsionniste.

La raison du plus fort

C'était pourtant une bonne ferme, avec un hangar plein jusqu'aux auvents, et l'une des meilleures équipes de battage du canton. Néanmoins, le fermier ne cessait de rouspéter sur tout, de critiquer, de réprimander. Alors le chauffeur, n'en pouvant supporter davantage, saisit la masse ; il aurait pu assommer le fermier mais il préféra faire choir la courroie de transmission. Le moteur du tracteur s'emballa et la batteuse s'étouffa aussitôt. On arrêta le travail. Les cales furent retirées ; le matériel quitta l'endroit en un triste convoi, sous les injures du fermier. Les batteux avaient abandonné le chantier, ils ne seraient pas payés...

Je trimais alors dans une autre équipe. Nous vîmes arriver l'entrepreneur. Il parla longuement avec notre chauffeur. A la halte suivante, il nous réunit et nous expliqua que le comportement de nos collègues risquait de lui faire perdre un "bon" client, qu'il avait dû présenter des excuses, qu'on devait aller terminer le travail laissé en plan... Il fit transporter – un dimanche ! – le matériel chez l'agriculteur irascible et le lundi matin, sous l'œil noir de ce dernier, nous achevâmes ce que nos confrères avaient refusé de finir.

Cela se déroulait en 1946. Les usines ne fonctionnaient plus dans la région et les fermiers régnaient en maîtres sur les petites communes, comme au temps des seigneurs. Les pauvres devaient courber le dos sans se rebeller s'ils voulaient travailler.

(Lettre d'un lecteur désirant garder l'anonymat.)

La journée débutait à six heures tapantes. A la demie de huit et de dix heures, on se dépoussiérait la luette d'un canon. A onze heures et demie on dînait ; puis on roupillait un somme, à l'ombre d'un pailler, pendant une trentaine de minutes. A la reprise de treize heures, chacun se dépelotonnait de la paille et se rattelait à l'ouvrage jusqu'à dix-huit heures et demie. Le tantôt on buvait un verre à quatorze heures et demie et un autre à seize heures.

Les batteux se sentaient trop flapis de leur journée pour s'attarder en veillée. Osman rentrait chez lui à bicyclette quand son tracteur ne réclamait pas un nettoyage.

La première paye

C'était durant l'été 1943. J'avais alors douze ans. Un fermier du voisinage vint demander à mes parents si je pouvais remplacer le délieur car la batteuse se trouvait chez lui mais le titulaire s'en allait. Le lendemain, je me levai donc de bon matin puisque la machine se mettait en route à cinq heures et demie. On devait travailler à jeun pendant deux heures avant d'avoir le droit de manger.

La locomobile, chauffée au bois, était sous pression. Après un bref coup de sifflet, le chauffeur actionna un levier et les volants commencèrent à tourner. Des entrailles de la batteuse, la poussière et les fleurs de chardon emmagasinées la veille sortirent en un gros nuage. La presse fonctionnait à vide dans un bruit infernal. Tout tremblant, je grimpai sur la batteuse par l'échelle. L'engreneur était déjà sur le pont. A mes pieds, le batteur bourdonnait ; tout l'ensemble trépidait. J'avais bien du mal à me tenir debout.

En ce temps-là – l'Occupation –, la ficelle en sisal ou en papier n'existait plus. Les gerbes étaient liées avec du fil de fer ; en aucun cas il ne devait en passer un bout dans la paille car les vaches et les chevaux, l'avalant, en seraient crevés. A l'aide d'une pince coupante, je sectionnais le fil juste au nœud pour mieux le retenir. Je le dégageais de la paille, je le coupais d'un coup sec puis j'étalais la gerbe devant l'engreneur. Celui-ci n'avait plus qu'à la pousser dans le batteur en la divisant encore.

A huit heures, j'avais déjà les mains en sang, des chardons pleins les doigts. La journée fut un calvaire. Aux repas, la nourriture ne coulait pas. La boisson n'était que de la piquette et, en plus, on buvait tous dans le même verre, chiqueur ou non !

Au soir, j'étais complètement lessivé. Après la soupe au gras, le pot au cochon et un morceau de fromage douteux, ce fut la paye. Le chauffeur et l'engreneur reçurent leur argent les premiers, puis les porte-sacs, puis les autres. Sauf moi. Le fermier dit alors : "Il faudrait bien donner quelque chose au petit délieur." Une espèce de trimardeur, celui qui faisait office de broqueteur, s'insurgea aussitôt : "Le petit délieur a fourni le travail d'un homme, il doit être payé comme tel." Le fermier me donna mon dû sans rétorquer, craignant la colère de mon protecteur inattendu. Sans cet homme, je me serais usé pour rien, ou presque.

J'ai gagné soixante-cinq francs de l'époque. Cette première paye, je m'en souviendrai toujours.

(Lettre de Jean Pasquet, de Semoy, qui fut gars de batterie pendant huit ans.)

L'équipe regroupait de dix à douze personnes : le chauffeur, l'engreneur, une couple de broqueteurs (trois sous une ferme de hangar), un aiguilleur et un attacheur à la presse, deux costauds aux ballots, deux autres au grain. Le plus éreintant restait évidemment le portage des ballots. En ce qui concerne les sacs à monter au grenier, il suffisait de donner le bon coup d'épaule.

Le cultivateur s'assurait régulièrement de la qualité du rendu. Il plongeait la main dans la coulée de la goulotte, soupesait la poignée qui s'échappait de ses doigts, croquait quelques grains. Il ordonnait à l'engreneur de desserrer le batteur s'il remarquait des épis mal dépiqués dans la paille.

Parvenus à la base d'une meule, les broqueteurs se méfiaient des gros rats gris qui se nichaient fréquemment sous les gerbes du dernier lit. Un jour, l'une de ces satanées bestioles coupa l'empeigne d'un soulier d'Henri Rabier, d'un coup de dent. Pour éviter qu'un surmulot ne s'enfile par une jambe de leur pantalon, les prévoyants se laçaient un bout de ficelle autour de la cheville, à la mode des braies d'antan. Un soir, au moment de se coucher, Osman pêcha une souris qui le gratouillait au fond de sa culotte !

L'odeur des rongeurs attirait les chats à l'intérieur de la batteuse, pendant l'arrêt du midi. Le conducteur remettait quelquefois en marche alors qu'un matou furetait toujours dans la machine, et c'était le drame. A Toupenay, un aiguilleur en retira un de la presse à ballots. Le mistigri avait déjà reçu un rude coup de bélier quand Osman débraya in extremis. Il était moins une. Le chat vivait encore, mais il paraissait sacrément étourdi. Aussitôt libéré, il s'enfuit au loin et nul ne le revit fouiner autour d'une batteuse... Chez nous, c'est dans le tuyau à bale qu'un minou faillit pousser ses ultimes miaulements. Toutefois, personne n'osait s'approcher des malheureuses bêtes prises au piège, car chacun sait qu'un chat blessé peut devenir fort dangereux.

Les enfants à la fête

Je suis originaire de Vigneux-de-Bretagne, en pays nantais. Dans mon enfance, j'ai connu les dernières locomobiles et, surtout, je conserve quelques souvenirs des battages du blé avec les tracteurs et les batteuses. Habitant le bourg, j'ai participé à ces travaux dans les deux ou trois fermes où mes parents, artisans, m'envoyaient chercher du lait, des œufs et des volailles.

Là-bas, les fermes se regroupaient par dix ou douze au sein d'une équipe de batterie pour le circuit d'un tracteur « Vierzon » et d'une batteuse. Le temps de la saison, chaque ferme devait fournir un ou deux ouvriers : soit le fermier, soit son employé, soit un journalier. Le travail ne différait guère de vos descriptions. Les gerbes étaient liées à la paille (avant et pendant la guerre). L'ouvrier, sur la batteuse, coupait ce lien de sa serpette et l'engrenait avec la bottelée.

Nous, les enfants, avions habituellement un travail facile, mais utile cependant. Deux choses nous étaient demandées : le ramassage de la baie et la distribution du cidre. La baie devait être poussée près d'un mur ou d'une haie. Nous l'entassions à l'aide d'un racloir. La seule difficulté était de passer sous les courroies. Les femmes venaient y remplir leurs paniers pour garnir des oreillers et des traversins.

Je descendais à la cave avec une bouteille et je tirais le cidre à la barrique. Il y avait toujours là deux ou trois hommes qui se reposaient en buvant et en bavardant, à tour de rôle. Mon arrivée était la bienvenue sur le gerbier. Mais je devais faire attention au coup de fourche maladroit car on ne m'entendait pas approcher dans le bruit de la batteuse.

Un jour de grand vent, en reculant du monte-charge d'où s'envolaient des paquets de paille, j'ai glissé de la meule et je suis tombé de plusieurs mètres sur l'herbe avant qu'un ouvrier ait pu me retenir ou crier gare. Abasourdi, je ne me suis relevé qu'après quelques secondes, au soulagement de tous. La bouteille n'avait pas de mal ! Malgré notre faible contribution à la moisson, nous avions droit au repas de batterie : c'était le principal intérêt de cette main-d'œuvre que nous fournissions gratuitement. Ah ! ces repas pantagruéliques ! Sous le hangar, on dressait des tables en longues planches posées sur des tréteaux, on alignait des bancs et des chaises. Il y avait des nappes blanches, des assiettes solides, et parfois même des bouquets comme à une noce.

Chaque ferme assurait un repas à la fin du travail, sauf si sa durée de battage était trop réduite. Dans ce cas, deux maisons s'arrangeaient entre elles : une année l'une, une année l'autre. Ainsi, certains jours, on festoyait à trois reprises. Le menu variait peu : une soupe aux légumes et au pain trempé, de la charcuterie et des crudités, une viande en sauce (poulet, lapin ou pot-au-feu), un rôti de bœuf ou de veau accompagné de légumes verts et de salade, fromages, fruits ou gâteau, cidre ou vin, café et pousse-café. On accordait aux enfants un canard à la gnole ou au rhum. Un vrai régal !

(Lettre du docteur Legoux, de Bulles.)

L'équipe ne rassemblait pratiquement que des saisonniers originaires de la région, renforcés au besoin par un ou deux voisins serviables. Les trimardeurs étaient rares. On en voyait cependant quelques-uns, des solitaires qui vagabondaient à pied ou à vélo, avec une musette sur le dos. Ils venaient trouver Arcade, le secrétaire de la coopérative, et ils lui proposaient leurs bons offices. Ils ne fainéantaient point, mais hélas ! ils souffraient souvent d'une pépie endémique. Le soir, certains poivrots dégringolaient entre le tas et la batteuse, pintés à mort. A la fin de la semaine, la panse dûment remplie et la trogne rubiconde, ils disaient à Osman, d'un ton penaud : « Patron, je crois que je vais vous quitter. – Tu ne te plais donc pas avec nous ? – Si, mais je dois partir quand même. » On perdait son temps à tenter de les retenir. Alors Osman calculait leurs heures et Arcade les payait. Grand merci, à un de ces quatre ! Quelques-uns revenaient l'été suivant, la plupart s'égaraient on ne sait où...

Le porte-sacs et le porte-monnaie

Le Giennois ne disposait pas, comme la Beauce, de tous ces travailleux qui formaient une masse de manœuvre dans laquelle on pouvait piocher à volonté. Les journaliers disponibles commençaient à se raréfier. On se "rendait le temps" entre voisins, soit que l'on envoyât son commis, qui rechignait souvent, soit qu'on payât de sa personne. C'est ainsi que je fus affecté aux sacs dans pas mal de fermes.

Je n'avais pas choisi ce poste, qui correspondait pourtant à mes capacités, je m'en suis rendu compte par la suite, mais tous les autres paraissaient déjà pris. Chacun s'était vite emparé d'une fourche. Finalement, je n'étais pas le plus mal loti. Pas question de postuler un emploi à responsabilité. Entasser la paille, par exemple, était une œuvre de spécialiste hautement qualifié. Ça ne m'emballait pas non plus de "tendre" les gerbes. On faisait alors partie d'une équipe ; c'était presque du travail à la chaîne, fastidieux. Les sacs laissaient quelques moments libres : lorsque la récolte n'était pas fameuse, ou quand on livrait le grain au grainetier au lieu de le monter au grenier... Dans ce dernier cas, on chargeait seulement les sacs dans la voiture après les avoir "réglés" sur la bascule (un kilo en sus pour l'emballage !)

Le patron venait de temps à autre vérifier si ça « pissait » bien. Il recueillait un peu de grain dans le creux de sa main, l'éprouvait de l'ongle, le goûtait, l'appréciait en connaisseur, d'un hochement de tête, et donnait son avis. J'opinais toujours. Comme au début je savais à peine distinguer un grain de blé d'une pomme de terre, je me gardais de formuler le moindre jugement. Par la suite, j'ai appris !

La première fois, je m'épouvantais d'avoir à me coltiner des cent kilos sur des distances qui pouvaient atteindre une centaine de mètres, puis de les monter au grenier, quelquefois par l'escalier, le plus souvent au moyen d'une échelle. Je préférais de beaucoup l'escalier, d'autres aimaient mieux l'échelle. Au bout de plusieurs journées, j'avais pris le rythme et n'en faisais plus un exploit. C'est beau d'être jeune !

Une fois le sac déchargé, on marquait un trait sur une poutre, à la craie ; le patron pouvait évaluer sa récolte d'un regard.

A côté de la porte, la dive bouteille. Personnellement, je n'en usais pas, ce qui semblait anormal. Sans vin, on ne va pas loin ! D'autres tombaient dans l'excès inverse, qui n'arrivaient pas à terminer la journée. Pour se prémunir contre de tels incidents, la fermière "coupait" son vin en "boisson". Double bénéfice : du travail en plus pour du pinard en moins.

D'une manière générale, et indépendamment du rendement, la vitesse de battage résultait de la générosité du patron et de la qualité du menu. On connaissait les places d'avance. Dans certaines, on était sûr de ne manger que du cochon ou quelque vieux coq désintégré à force de cuisson pour le ramener à un degré supportable de comestibilité. L'esprit d'économie surpassait la vaine gloriole de passer pour la meilleure table. En d'autres endroits, la fermière s'ingéniait à diversifier les repas et à servir du vin moins clair. Finalement, tout le monde y gagnait : il s'y battait plus de gerbes à l'heure que dans les maisons où l'on rognait sur tout. Pourtant, on était souvent tenté de quitter au plus vite les lieux inhospitaliers pour, au contraire, s'attarder là où l'on était bien traité. Mais par souci de moralité, on sacrifiait volontiers son propre bien-être. De la vertu, pour ainsi dire !

Le moment de vérité était celui de la paie. Le chauffeur griffonnait sur un bout de papier le compte d'heures. A partir de là, le patron – ou la patronne – préparait ce qui revenait à chacun. On avait souvent intérêt à ce que ce soit le patron qui se chargeât de l'opération : il avait plus tendance à arrondir et d'aventure, pour compenser la pingrerie d'une épouse, il distribuait quelque pièce en douce. D'habitude, les "porteux de sacs" avaient droit à un petit supplément, selon la peine qu'ils s'étaient donnée, mais rien n'y obligeait. Et ce n'était pas forcément les plus à l'aise, ni ceux chez qui on en avait le plus bavé, qui se montraient les plus « francs ».

Je me souviens d'une ferme où l'on m'avait supplié de venir, ce qui ne m'arrangeait vraiment pas. J'y avais particulièrement arcandé. Les meules étaient éloignées ; tout avait été monté au grenier par une échelle raide ; en haut, la porte était trop basse pour que l'on pût la franchir debout avec son sac sur le dos. Il fallait le décharger à l'entrée, le reprendre et le traîner jusqu'au tas. C'était exténuant. Bien évidemment, il n'était pas question de s'insurger contre les conditions de travail. D'autres y étaient passés avant et n'en avaient pas fait tout un plat. Pour le coup, on m'aurait traité de petite nature et de paysan d'opérette. J'espérais qu'au moins, à titre symbolique, la fermière ferait un geste. Je t'en fiche ! Il s'agissait d'une personne aussi organisée que resserrée du porte-monnaie. Elle s'était garantie contre le manque de menues piécettes. Elle avait tout un stock de mitraille qui lui permettait de régler au sou près. Je fus payé jusqu'au dernier centime, mais pas un de plus. C'était comme ça. L'inverse aurait paru insolite.

(Lettre d'Alain Vigner, de Saint-Gondon.)

Les bulletins de salaire n'existaient pas à cette époque. Le conducteur et l'engreneur touchaient leur argent du secrétaire ; le restant de l'équipe était rétribué par les sociétaires de la main à la main. Certains cultivateurs épluchaient les comptes au point de tatillonner pour un misérable franc. On discutaillait parfois à n'en plus finir sans obtenir gain de cause.

Le conducteur gagnait davantage que l'engreneur, et l'engreneur ramassait plus qu'un simple batteux. Un gars empochait quarante francs de la saison en 1930 (le prix d'une bicyclette), vingt-quatre sous de l'heure pendant l'Occupation. En 1955, Osman percevait quotidiennement dans les huit francs. Trois ans plus tard, cent quarante-six jours de battage lui rapportèrent trois mille deux cent quatre francs et vingt-neuf centimes, soit près de vingt-deux francs par jour.

On connaissait les bonnes maisons, bien sûr, et les moins bonnes aussi. Ici le vin chatouillait le palais, là il s'affadissait d'un curieux goût de flotte. Partout on mangeait en quantité suffisante, il ne faut pas médire à tort, et jamais on ne quittait la table avec les boyaux qui criaient famine. Mais les plats n'étaient pas forcément cuisinés par des cordons bleus, ça non !

Quoi qu'il en soit, une joyeuse ambiance régnait toujours autour de la batteuse. Les gars de machine soutenaient une réputation de farceurs impénitents. On raconte qu'un jour, des lascars s'amusèrent à tartiner du cambouis sur le guidon des vélos que les gendarmes avaient imprudemment accotés près de là. Une autre fois, un plaisantin crut finaud de corner à tout-va en voyant passer une femme qui menait sa vache au taureau. Vous imaginez aisément la corrida qui s'ensuivit ! La bonne femme courut après sa vache pendant plusieurs heures, à travers champs, avant de la rattraper...

La campagne de battage s'achevait ordinairement courant mars. Marius et Osman garaient leur matériel dans le bâtiment de la coopérative et le révisaient pièce par pièce. Ce nettoyage les occupait pendant une quinzaine entière. De fin mars à début juin, Osman consacrait ses congés à bricoler de droite à gauche, au hasard des travaux communaux et des demandes du voisinage. Il désherbait les allées du cimetière, il jardinait dans le village ou il sarclait les betteraves et les maïs.

Tout fut bouleversé en 1961 quand la « Numéro Un » acheta sa « Lanz », une moissonneuse-batteuse qui, simultanément, fauchait la moisson, battait le grain et pressait la paille. Deux types abattaient dorénavant le boulot de douze ouvriers, et sans s'échiner. On déchargeait les sacs par dix, sur le chaintre où attendait le plateau du cultivateur. Plus tard, on s'équipera de trémies et on livrera le grain en vrac, directement aux silos de La Franciade à Beaugency ou de L'Union à Mer. Cela semblait trop merveilleux pour être croyable ! Osman avoue honnêtement que cette invention ne le séduisait guère au début. Il montrait cette même réticence que les chauffeurs de locomobile avaient manifestée devant les tracteurs, vingt ans auparavant. L'histoire n'est qu'un éternel recommencement. Il se disait que cette belle trouvaille échouerait probablement dans les ferrailles, comme celle qui rouillait dans les orties d'Orcières : à présent, l'enthousiasme fondu devant le piètre résultat obtenu, le fermier refusait de l'utiliser !

Osman écouta néanmoins les explications du représentant et il apprit à conduire l'engin de son mieux.

« C'était immenable, dit-il. Si tu t'engageais dans la pièce du voisin par inadvertance, tu ne pouvais t'arrêter qu'à l'autre bout ! Et on ne devait couper qu'après l'évaporation de la rosée... »

Il essaya néanmoins de s'accoutumer aux méthodes modernes, bon gré mal gré. Durant la semaine, il se relayait avec Marius ; il se sacrifiait un dimanche sur deux. « Tout change trop vite, maugréait-il. Bien malin qui peut dire où l'on va ! » Il devinait confusément qu'une profonde mutation était en train de s'opérer, au détriment des hommes de sa condition. Le 30 septembre suivant, il abandonnait la partie et devenait garde champêtre.

Aujourd'hui, Osman Gasnier admet volontiers que l'apparition de la moissonneuse-batteuse fut une étape nécessaire dans l'évolution du monde agricole. A freiner on n'avance pas. Une ère nouvelle sonnait. Mais c'était une ère où les ouvriers de son âge n'avaient plus aucun rôle à jouer.

Rencontre de l'été 1986.

Les lapins à plume

Perché sur sa batteuse, l'engreneur pouvait jeter un regard à l'arrière de la machine. Il se rendait compte ainsi du rendement, de l'arrivée de la bonne apportant le canon, de la visite inopinée des gendarmes. Et aussi du travail de la fermière et des servantes en cuisine.

Dans les fermes bien organisées, vers neuf heures et demie, le repas de midi s'élaborait déjà. Un panier avec des poireaux, un navet, des choux et des carottes signifiait un pot-au-feu ou le pot au cochon. La poursuite d'un vieux coq ou d'une poule déplumée laissait prévoir un ragoût. Un lapin occis après onze heures annonçait un civet mal cuit pour le dîner. Quant au mouton qui mijotait dans la casse de fonte de la chaudière à lessive, il pouvait durer pendant quatre jours. Seuls changeaient les légumes : haricots, navets, pommes de terre, haricots encore... Dans une maison dont la principale activité était le braconnage, nous mangions du lièvre trois fois par jour. Or du lièvre au petit déjeuner, ce n'est pas facile à avaler !

Mais il y avait des fermes où la maîtresse se surpassait. Si le lapin était mal cuit le midi, il reparaissait le soir dans le même plat que la poule, comme dans les boîtes de pâtée pour nos chiens d'aujourd'hui. Quand la marmite arrivait sur la table et que chacun s'était servi suivant l'ordre hiérarchique, les derniers n'avaient plus que les têtes. Quelquefois, pendant les repas, les batteux essayaient d'identifier la composition du mets. Certains laissaient sur le bord de leur assiette les plumes qui flottaient dans la sauce.

Quand se déclara la myxomatose, les batteux débarrassèrent les clapiers de leurs lapins suspects. On en voyait dans les enclos en arrivant mais il n'y en avait plus lorsqu'on repartait.

Dans les fermes où la nourriture était honnête, on dévorait comme des ogres, autant pour compenser ce qui avait manqué avant que pour se préparer à affronter l'après. Le noah aidait à faire couler la poussière. Il fallait un estomac solide pour résister à un tel régime !

(Lettre d'un correspondant désirant garder l'anonymat.)

Un freux affreux

Crénom ! je n'aurais jamais osé attribuer une si belle âme à certains de mes semblables. Voici de quoi il retourne. Lisez bien : ça vaut son pesant de moutarde, de celle, indigeste, qui me picote vite le nez.

Un aimable lecteur m'adresse plusieurs feuillets à propos des battages auxquels il a participé autrefois, afin d'ajouter – sur notre invitation – son témoignage à cet ouvrage.
Les anecdotes qu'il relate remontent à une quarantaine d'années. Aucun nom n'y est cité, aucune allusion ne permet de reconnaître l'un ou l'autre. Pas un mot de diffamation à l'encontre de quiconque en particulier. Très bien. Je publie volontiers, dans le quotidien régional, ces informations qui

cadrent parfaitement avec les besognes évoquées, puisque personne ne devrait s'estimer interpellé.

Mais qui se sent morveux ne peut s'empêcher de se moucher.

Peu après, notre correspondant reçoit une prose fort intéressante, au style pour le moins édifiant. La lettre est anonyme, cela va de soi, car une telle franchise ne supporte aucune signature. Cette délicate bafouille a voleté jusqu'à moi, telle une méchante feuille morte avant l'automne, et je ne peux me retenir de vous la soumettre. Bien évidemment, je la reproduis *in extenso* dans toute sa poésie, sans en corriger les fôtes d'hortografe :

Monsieur je vous connais je vous ai servi la soupe à la table de ma batterie mais souvenez vous sur ma cuisinière j'avais deux cocottes très propre ou mijotais soit un bœuf mode ou du bœuf mode bourguignon un fait-tout avec dedant de la soupe au vermicelle ainsi que des pommes cuites au four et du vin rouge. A votre sortie de table je n'avais plus qu'à décroter vos pattes sales. Qelle honte pour vous d'écrire des choses pareil, sur un journal, quelle honte pour vous et votre famille, tout le pays n'a que de vous à parler votre pauvre mère que vous attaqué doit en rougir de honte dans le fond de sa tombe et votre père qui raclait souvent le fond de sa bourse ? Je vous connais, vous avez bien de la chance de brasser maintenant des millions, je connais la vie ?... Fermer donc votre grande gueule monsieur, je vous ai fait votre soupe et décroter vos pattes sales et fermer votre grande gueule. Je vous connais. Regardez-vous ?

Une cultivatrice.

C'est joliment écrit, n'est-ce pas ? et qu'en termes choisis ces compliments-là sont-ils exprimés ! Quel dommage de devoir clouer le bec à un tel oiseau ! Mais attention, madame l'épistolière inconnue : à trop croasser, un corbeau (ou une corneille) y laisse toujours des plumes.

Le meunier

Louis est l'héritier d'une longue famille de paysans qui servit la meunerie à vent, sans interruption, depuis le règne de Louis XV. Autrefois, les Hiault tenaient moulin à La Madeleine-Villefrouin. Le bisaïeul, marié à la fille du meunier de Conan, s'établit comme farinier à Saint-Léonard-en-Beauce et sa descendance n'en bougea plus. En ces époques, les ailes se tendaient encore de toile ; c'est le grand-père de Louis, Jean-Denis, qui fit remplacer cette voilure par un assemblage de planches coulissantes, tel qu'on en voit de nos jours sur la plupart des moulins restaurés. Grâce à cet ingénieux système inventé par le mécanicien Berton en 1840, le meunier pouvait régler la surface déployée, en fonction de la force du vent, sans accomplir les acrobaties d'antan, quand il devait « dévêtir » à la hâte dès qu'une bourrasque menaçait à l'horizon. Maintenant, il actionnait une tirette de l'intérieur et tout était immédiatement résolu. En outre, cette amélioration permettait d'augmenter l'envergure des ailes ; c'est alors qu'on dut rehausser les piliers de nombreux moulins.

Celui de Saint-Léonard semblait fort ancien puisqu'il figurait déjà sur une carte que Cassini de Thury dressa au XVIIIe siècle. Toutefois sa poutre d'assise, la sommière, aurait été changée en 1811 à en juger la date gravée sur un de ses pans. Ce genre de réfection était pratique courante. Les charpentiers soulevaient ces constructions d'une quarantaine de tonnes à l'aide de vérins sans, dit-on, en montrer grand chagrin.

Il n'était pas rare, d'ailleurs, qu'on décidât du déplacement d'un moulin à la suite d'une cession ou de la recherche d'un endroit mieux venté. Les exemples ne manquent pas. Ainsi, celui que l'on peut visiter à Maves fut-il construit à l'origine, vers 1450, à Boisseau, avant d'être replanté à Epuiseau, dans les environs d'Oucques-la-Joyeuse. Ce n'est qu'en 1870 que Modeste Tournois le fit démonter pièce par pièce pour l'installer en son lieu actuel.

Le moulin à Cataudiau, de Concriers, qui avait brûlé en 1861, céda la place à celui dont on se défit à Bizy, près d'Ouzouer-le-Marché. Celui de La Caillardise, à Gidy, fut poussé de trois cents mètres vers la hauteur afin de bénéficier d'une meilleure prise au vent ; l'opération se fit sur des rouleaux et demanda trois semaines d'efforts, à en croire la tradition orale. Le moulin du Chesnay, à Moutiers, fut écarté d'une cinquantaine de mètres pour libérer ses abords que le propriétaire vendait en terres labourables. En 1873, celui de Montbricon fut transporté à Saint-Martin-sur-Ocre, au lieu-dit « La Grande-Maison », pour le compte de David père ; racheté une vingtaine d'années plus tard par Marius Lahaye, le moulin fut démoli et son bois vendu en loterie pour financer l'édification de l'église que le curé Ramondot appelait de ses vœux. Nous pourrions citer encore maints cas semblables...

On distinguait trois types de moulins à vent par chez nous : les « tours » dont le toit pointu coiffait un corps de pierre cylindrique sur lequel il virait pour orienter ses volants ; les « caviers » qui perchaient leur petite cabine

– la hucherolle – au faîte d'une haute maçonnerie tronconique ; et les « chandeliers de plaine », de loin les plus nombreux.

Imposantes caisses aveugles dont les ailes paraissaient davantage brasser les airs qu'être vraiment battues par la bise, ces mastodontes de bois provoquaient tout à la fois des impressions de brutale pesanteur et de grande vulnérabilité, un peu comme ces géants de légende qui pouvaient bouleverser ciel et terre autour d'eux mais qui chancelaient sous un jet de fronde.

Leur charpente pivotait autour d'un axe vertical, le bourdon ; les soles en croix et les étançons reposaient sur quatre murets. Ce bourdon supportait la sommière, la poutre maîtresse qui, percée en son milieu d'une mortaise d'appui, assurait la giration de la carcasse. La stabilité du moulin dépendait du parfait équilibre de ces éléments.

L'ossature, la grande partie du mécanisme et le bardage étaient en bois. Légèrement incliné sous la toiture, énorme, d'un poids approchant les deux tonnes, l'arbre de couche, solidaire des ailes, transmettait son mouvement aux engrenages par une large roue dentée, le rouet. Dessous se trouvait la trémie qui déversait son grain dans l'orifice central des meules au moyen d'un auget secoueur. Nous ne reviendrons pas sur la description des meules déjà mentionnée dans le second volume de notre collection *Les Gagne-misère*, au chapitre des Rhabilleurs.

L'étage inférieur comportait le régulateur à boules et la goulotte d'où s'écoulait la mouture à ensacher. C'était également à ce niveau de la « cage », autrefois, que se situaient les tamis en soie naturelle qui composaient la bluterie. On récupérait la farine panifiable et les issues par des conduits séparés. Le son et le gruau servaient à l'alimentation des bestiaux.

Les louis de Clovis

On prétendait qu'un louis d'or était toujours placé sous le bourdon d'un moulin, en talisman. Notre vieil ami Albert Lefèvre en ramassa effectivement un sur le chemin après qu'il eut démonté son moulin de La Caillardise. Toutefois il ne peut affirmer s'il s'agit vraiment d'un porte-bonheur ou plutôt d'une pièce perdue par son oncle, lequel avait la manie de fourrer son argent à même sa poche.

Cet oncle Clovis se vantait d'ailleurs d'être salué par tous les gosses du village. Rien d'étonnant à cela : il gratifiait d'un sou chaque garnement qui lui souhaitait le bonjour !

A ses moments d'ennui, Clovis fabriquait des alliances avec les louis que les belles lui apportaient avant de se marier.

En ces temps-là, chaque ménagère cuisait la miche de sa maisonnée. Les clients apportaient leur grain tandis que ceux qui ne récoltaient rien – exception faite du curé, du maître d'école et de quelques bourgeois – venaient acheter leur besoin directement au moulin. La mouture et le blutage d'un sac de blé coûtaient alors dans les quarante sous. Guère plus de la moitié pour un sac d'orge.

C'était l'âge d'or de la meunerie familiale pour peu que le moulinier sût moudre une fine et belle farine. Le père de Louis, Daniel Hiault, s'honorait de posséder le tour de main qui convenait. Il donnait cent kilos de farine au boulanger du village et le boulanger lui rendait cent kilos de pain. Car avec cent kilos de farine, un bon mitron pouvait produire cent et vingt kilos de pain ; la différence constituait donc sa façon et son bénéfice.

Les meuniers de Gidy, quant à eux, étaient aussi boulangers. Ils cuisaient deux fournées par semaine : la première pour leur consommation et la deuxième pour celle des gens du pays.

Un meunier à vent ne travaillait qu'à façon. Il n'achetait

donc pas de céréales pour les revendre en farine ou en pâtée ; il écrasait seulement le grain que les paysans reprenaient moulu.

L'interdiction de moudre farine, en 1910, porta un rude coup à la meunerie traditionnelle. Désormais, on ne devait plus cuire son pain. A plusieurs reprises les gendarmes vinrent perquisitionner chez des minotiers suspectés de fraude. On ne rigolait pas avec la loi, non mais ! Les fariniers furent alors condamnés à ne produire que de la repasse destinée à l'alimentation animale. Parce qu'il ne pouvait plus participer à la préparation du pain quotidien cher aux hommes, le meunier perdait le rôle quasi religieux qui le valorisait jadis.

Louis devint le maître du moulin de Saint-Léonard à son retour du régiment, en 1922, l'année où la tuberculose emporta son père. Cette terrible maladie causait beaucoup de ravages parmi les meuniers, du fait de la poussière qu'ils respiraient à longueur de journées. Daniel Hiault n'avait que cinquante-trois ans lorsqu'il mourut. C'était une profession qui comptait moins d'alertes vieillards que de poitrinaires encore jeunes.

Mais plus que les affections pulmonaires, le meunier craignait l'accident. Dans un moulin où toute pièce n'obéissait qu'aux humeurs incontrôlables du vent, où tout rouage se hérissait de dents et d'alluchons comme pour agripper l'imprudent, où la pierre écrasait et broyait avec avidité ce qu'elle pouvait happer, la moindre étourderie risquait d'être fatale. C'était ici un commis écervelé qui n'aurait jamais dû s'approcher si près des ailes, là un client inconscient qu'une poulie accrochait par le gilet.

En 1927 à Talcy, Charles Hardillier fut étranglé par son écharpe qui s'était nouée au pignon du monte-sacs. Le malheureux tournoya autour de l'arbre, les vertèbres brisées et les pieds fouettant le vide jusqu'à s'en décharner.

Louis faillit chèrement payer sa témérité, lui aussi. Une nuit que son moulin tournait à plein régime, il entreprit de graisser l'arbre tournant sans mettre en panne. Aussitôt un boulon du rouet l'attrapa par le derrière de son pantalon et, par miracle, l'envoya choir sur les couvre-meules. Louis réalisa dans la seconde le drame qu'il venait de frôler. Il n'eut que la force d'arrêter le moulin et, les pattes en coton, le visage plus blanc qu'un linge, de rentrer à la maison pour se remettre de ses émotions. « Et pourtant, dit-il, je connaissais le moulin comme le fond de ma poche puisque j'y travaillais depuis l'âge de treize ans en compagnie de mon père ! Mais un jour, on se croit plus malin que les autres, on se fait trop confiance et vlan ! c'est l'imprudence qui ne pardonne pas ! »

On redoutait également le feu et la foudre. Le moulin de Villesiclaire s'embrasa comme une torche sous l'orage, et bien d'autres encore. Parfois, on accusait le poêle à bois qu'on allumait l'hiver, dans la petite chambre installée dans un coin de la bluterie ; d'autres fois c'étaient les meules qui, ayant moulu tout leur grain, chauffaient tellement qu'elles enflammaient leurs sarches, leurs planches de protection. Et en quelques minutes, il ne restait plus rien du moulin.

Ces dangers permanents expliquaient l'attachement des meuniers à certaines coutumes qui, espéraient-ils, leur garantissaient la bienveillance divine. « Par principe, on était croyant, admet Louis, mais pas forcément pratiquant. C'étaient surtout les femmes qui assistaient à la messe. » Aux Rameaux, on ne manquait jamais de faire bénir une croix de buis que l'on clouait ensuite au-dessus de la porte.

Pour les raisons évoquées plus haut, beaucoup de meuniers révéraient sainte Barbe, la patronne des gens exposés au feu, les pompiers et les artilleurs ; d'autres vénéraient sainte Catherine. Toutefois le protecteur en titre de la corporation restait le bon saint Victor. Martyr du IIIe siècle, ce légionnaire romain endura moult tortures sans renier sa foi. On le couvrit de chaînes, on l'estrapada, on lui trancha un pied. Enfin, on tenta de le broyer sur la meule d'un moulin, mais la meule s'éclata à l'instant crucial. Alors on le précipita à la mer avec une autre meule liée autour du cou. Là encore, le prodige ne se fit pas attendre : la meule se mit à flotter comme une bouée ! Décapité en l'an 308 à Marseille, pendant les persécutions ordonnées par l'empereur Dioclétien, saint Victor est souvent représenté tenant un moulin en guise de sceptre.

A la colère céleste et à l'inattention du farinier s'ajoutait encore la folie des hommes. Les moulins de la plaine eurent à subir de sanglants assauts durant les guerres. Lors des combats de 1870, tantôt observatoires et tantôt avant-postes, ils devinrent les cibles des canonniers de toutes les armées. Les officiers, qu'ils soient français ou prussiens, accusaient mêmement les meuniers de signaler leurs mouvements à l'ennemi en bloquant les ailes selon un code convenu. On en fusilla quelques-uns en représailles, souvent par méprise. A Ymonville, les uhlans incendièrent les ailes d'un moulin qu'ils mirent en marche ; avec les ferrures qu'il retira des cendres, le forgeron du bourg ouvragea une croix de chemin dont l'écusson indiquait ceci : « En mémoire des soldats français morts à la bataille de Loigny. Offert par Duchon, marchand de porcs à Boisville-la-Saint-Père. Avril 1871. »

L'Histoire se répète fréquemment, et pas toujours dans ses heureux épisodes : le 17 juin 1940, les Allemands brûlèrent un second moulin à Ymonville, sur la route de Prasville !

Au vent de l'histoire

A la mort du meunier ou de l'un des siens, les ailes étaient bloquées en croix et tournées vers la maison éprouvée ; elles ne rebattaient qu'après les obsèques. Or en 1870, Elie Lefèvre faillit être passé par les armes pour avoir immobilisé son moulin de la sorte, en signe de deuil, face aux Prussiens qui approchaient de La Caillardise.

Les envahisseurs, qui ignoraient cette coutume, soupçonnèrent un signal destiné à renseigner l'armée française. Elie Lefèvre ne dut la vie sauve qu'à un soldat allemand au courant du langage des ailes en temps de paix. Néanmoins, notre meunier patriote fut condamné à livrer deux tonnes de farine et trois tonneaux de vin à la population parisienne. Il partit avec trois voitures, son traîne-son et son charretier, sous l'escorte de deux cavaliers prussiens, et ne revint pas avant un mois !

Une mésaventure identique se raconte à Bois-de-Feugères.

Dans ces régions de l'Orléanais, les meuniers exerçaient généralement un métier de complément car le moulin n'aurait pas suffi à leur assurer une vie décente. On prétendait à tort qu'un chandelier de plaine rapportait autant qu'une culture de quatre chevaux. En vérité, il n'en était rien. Louis, comme nombre de ses confrères, ne s'en tirait qu'en exploitant une vingtaine d'hectares avec deux chevaux. Son charretier se changeait en traîne-son : c'était lui qui effectuait la tournée de la clientèle. A l'aller, il emportait la mouture à livrer ; au retour, il rapportait une voiturée de grain à moudre. On le surnommait quelquefois le « chasseron » en souvenir du droit de chasse que les seigneurs d'antan concédaient aux fariniers en échange d'une redevance. Bien entendu, la chasse en question ne signifiait que la quête du grain à moudre, nullement l'autorisation de traquer un gibier quelconque !

La tournée se déroulait une fois par semaine. Le traîne-son attelait le cheval à la charrette et visitait ses fermes habituelles. A Saint-Léonard où l'on comptait trois moulins en activité, chaque meunier fournissait une clientèle attitrée. Jamais l'un ne venait empiéter sur la chasse gardée de l'autre. « Ici, je ne craignais pas grosse concurrence, reconnaît Louis. Les deux autres, des vieux gars, se contentaient de peu. On ne se chicanait point. »

Au vrai, une profonde solidarité unissait les gens de la petite meunerie. On s'entraidait volontiers lorsqu'il s'agissait de démonter une verge ou de repiquer une meule. On n'appelait le père Laroche, le charpentier de Talcy, qu'en cas de nécessité absolue, quand on ne pouvait plus faire autrement. Car il y avait parfois des avaries extraordinaires, bien évidemment. Ainsi, en 1912, au moulin de La Caillardise, les quatre ailes se détachèrent tout à trac de l'arbre pourrissant ! Ce furent les charpentiers de Bazoches-en-Dunois qui réparèrent. Il en coûta deux mille francs – une somme à l'époque ! – et le préjudice d'un mois d'arrêt.

Un meunier se tenait prêt à travailler chaque jour de l'année, mais c'était le vent qui commandait. Quelquefois, il attendait des jours et des jours ; rien ne bougeait. Pas une herbe, pas une feuille. Les airs semblaient morts. Ces périodes de calme se produisaient souvent dans les premiers jours de septembre. Alors les gens défilaient au moulin en maudissant tout à la fois le meunier et le bon Dieu. « Mes cochons n'ont plus de pâtée ! » geignait l'un. « Ma huche est vide ! » pleurnichait l'autre. Et le pauvre meunier ne savait plus à quel saint se vouer. Matin après matin, il escaladait l'escalier de son moulin endormi et il scrutait anxieusement le ciel. « Ça ne soufflera pas encore aujourd'hui », ronchonnait-il en redescendant. Ces fautes de vent finissaient par le fatiguer davantage qu'une saison de tempête tant l'inaction lui rongeait les sangs.

Louis gardait toujours une réserve de pâtée sous sa remise, afin que les plus pressés prennent leur mal en patience. Il en cédait un boisseau à celui-ci, un boisseau à celui-là. « Le temps va peut-être se réveiller demain ! » leur disait-il sans trop y croire. Les autres faisaient mine d'espérer.

Quand sa réserve se trouvait épuisée, Louis chargeait sa carriole de sacs et partait à Fréteval. Là-bas tournait le moulin à eau de maître Leroy. Il arrivait le soir, à l'heure où le minotier pensait à se coucher. « Je te confie le moulin pour la nuit », acceptait maître Leroy. Le lendemain matin, Louis revenait ainsi avec une carriolée de pâtée, juste de quoi amadouer les plus grognons...

Mais dès que la brise daignait se manifester enfin, le meunier se mettait en besogne sans se soucier ni du jour ni de l'heure. Que ce soit un dimanche ou à minuit, rien ne pouvait le décourager. Il ne devait pas laisser passer le vent sans en tirer profit. Il travaillait alors nuit et jour, ne s'accordait plus aucun moment de répit, s'échinait comme pour rattraper le temps gâché.

D'abord, il se dépêchait de pousser au vent, c'est-à-dire de diriger les ailes en bonne prise, bien en face du souffle. Un homme seul parvenait à orienter un moulin parfaitement équilibré et graissé, en s'arc-boutant sur la queue. D'aucuns s'aidaient d'un cabestan ou d'un bourricot. On n'attelait le cheval que pour suivre un vent qui virait « bout pour bout ». La moindre erreur de position pouvait provoquer d'importants dégâts dans le mécanisme, parfois même le chavirement du moulin soudain saoulé d'un méchant revers de galerne. C'était rare, heureusement. Les meuniers demeuraient très vigilants car ils savaient qu'un vent sournois avait tôt fait de tourbillonner en bourrasque, quand il complotait à la ruine d'un moulin. Soudain la nue se gonflait, malmenait l'édifice, hurlait dans les ailes jusqu'à les emballer, leur arracher quelques planches, les contraindre à tourner à l'envers. Il fallait vite plier les ailes, serrer le frein et, toutes précautions prises au moment voulu, s'en remettre à la miséricorde du Très-Haut. C'était une bêtise que de tenter le diable pour l'orgueil d'avoir déplanché en dernier. A ce jeu de quitte ou double, certains vaniteux avaient tout perdu !

Donc, par bon vent, le meunier ne ménageait pas sa peine. Il couchait alors dans le moulin. Un lit de fer était installé sous la bluterie. « On s'y reposait, dit Louis, mais on n'y dormait guère. » La besogne ne permettait pas de fermer l'œil. Malheur à l'indolent qui se laissait alanguir, bercé par le tic-tac régulier des engrenages ! Comme dans la chanson, le moulin d'un meunier assoupi allait trop vite, allait trop fort, au risque de se déglinguer. Les meules s'échauffaient dangereusement. Pour un instant de rêve, on se réveillait dans le cauchemar. Il importait de veiller aux caprices du vent, de contrôler la marche du travail, de hisser les sacs de grain, de les vider dans la trémie, de recevoir la mouture, de l'ensacher, d'en inspecter la finesse… Comment somnoler dans ces conditions ?

Autrefois, quand Clovis Lefèvre regagnait en pleine nuit son moulin de La Caillardise, les gendarmes lui tendaient fréquemment une embuscade : attirés par sa lanterne, ils croyaient appréhender un alouetteux en maraude ! Au vrai, le malicieux bonhomme ne tentait rien pour les détromper si, par hasard, il les soupçonnait de patrouiller dans les parages. Après tout, il n'y a pas de mal à rigoler de temps en temps. Aussi se plaisait-il à rouler dans la farine ces sacrés pandores qui rappliquaient avec le bec enfariné, déjà, et qui tombaient immanquablement dans le panneau !

Mais ce qu'ils ignoraient, les gendarmes, c'était que presque tous les meuniers élevaient une chanterelle dans leur moulin. De la lucarne du haut, ils pouvaient canarder autant de perdrix qu'ils le désiraient dès que la maréchaussée venait de tourner les talons !

L'hiver, le moulin ne s'immobilisait que pendant les jours de verglas, quand la glace empêchait le coulissage des planches de volée. Le meunier bloquait les ailes, les tapait avec une perche pour les dégager de leur croûte gelée, les pliait et attendait que le radoucissement de la température dégivre le mécanisme.

Durant les longues soirées de froidure, on allumait le poêle qui se trouvait dans la petite chambre de la bluterie, près du lit de fer. La femme de Louis tenait souvent compagnie à son mari lorsqu'il travaillait la nuit. Elle cousait auprès de la lampe à pétrole mais jamais ne participait au broyage de la pâtée. « Un meunier aimait se comparer à un capitaine de bateau, dit Louis. Son moulin ressemblait à un navire perdu dans un océan de blé ; il ballottait, craquait sous la tempête, pareil aux bâtiments de la marine en bois, et les toiles de jadis rappelaient la voilure d'un vaisseau. Un meunier se considérait comme le seul maître à bord, à l'image d'un capitaine. L'un et l'autre devaient composer avec les vents pour ne point naufrager. »

Un patron de moulin était quelqu'un dans le pays. On le respectait et l'on écoutait ses conseils. Il dominait la plaine ; il voyait les choses arriver de loin ; il remarquait mille détails que les laboureurs, à ras de terre, ne pouvaient distinguer. Et surtout, il savait lire dans les nuages. En mars, il ne se laissait jamais surprendre par ces méchantes barres qui se formaient au sud et qui balayaient la contrée à grands coups de giboulées. Il interrogeait le soleil, la lune, le vol des oiseaux, les saints, les proverbes. Il prévoyait la pluie, les tornades, les vents contraires. Marcel Barbier « voyait ça par habitude. C'était un instinct comme un chien qui sent un lièvre ». Le jour des Rameaux, à l'heure où le curé bénissait les croix, les meuniers notaient la direction du vent car selon le dicton, c'est de là qu'il soufflerait pendant les trois quarts de l'année. S'il venait du bas, du midi, il serait abondant et docile ; du nord, il annonçait une année de misère.

Les meuniers s'observaient également d'un moulin à l'autre. Une paire de jumelles ou une lunette d'approche pendait toujours à côté de la lucarne. De son perchoir, Louis apercevait le moulin de Talcy, les deux de Maves et celui de Lory. Quand l'un d'eux pivotait, cela indiquait que la brise se levait et qu'il était grand temps de se tenir prêt. A l'inverse, on se renseignait sur la montée d'une hargne. Dès que le voisin pliait ses ailes, il convenait d'en faire autant. Ceux qui jouaient de l'épate pour montrer aux copains que la bise ne les intimidait pas, qui narguaient les intempéries par bravade, ceux-là s'exposaient à de cruelles traverses. Un jour ou l'autre leur moulin s'affolait et cassait ses verges, parfois même se disloquait complètement. Le vent avait toujours le dernier mot ; mieux valait donc ne pas le défier sottement...

> Jean Mercier, le meunier de Bazoches-en-Dunois, prit son moulin en main dès l'âge de douze ans. Cinquante tonnes de bois à manœuvrer sous le zéphir ! « Par grand vent, disait-il, toute la région n'était que vie et mouvement. A la lorgnette, j'apercevais jusqu'à trente-deux moulins autour du mien. Une véritable armada. »

Le père de Louis, pour sa part, n'utilisait jamais de longue-vue puisqu'il bénéficiait d'une acuité visuelle hors du commun. Un matin, il aperçut un charretier qui, à trois kilomètres du moulin, après avoir décroché un lièvre colleté en bout d'une vigne, le cachait sous des fanes de pommes de terre, à la sauvette. Il était flagrant que le gredin dérobait l'aubaine d'un braconnier ; il se rendait probablement au bourg et il avait dans l'idée de filouter l'animal à son retour. Alors le père dit à Louis de sauter sur son vélo et de courir chiper le lièvre à son tour. C'était le voleur volé, en quelque sorte ! La morale était sauve. Enfin, presque.

Il faut avouer que les meuniers avaient la réputation de vivre en joyeux drilles. On accusait souvent les jeunes de poser aux jolis cœurs devant les demoiselles. Au bal, les filles à marier ne refusaient jamais de danser dans leurs bras et certains polissons ne se privaient pas de jeter leur gourme tous les quatre matins. Dame ! un fils de meunier offrait une condition séduisante : pour décrocher la timbale, une greluchonne devait donc savoir éveiller les sentiments sans pour autant balancer son bonnet par-dessus les moulins. En un mot, recevoir la promesse d'un enviable bénéfice sans rien investir de son petit capital...

Au début du siècle, un garçon farinier ne brossait jamais ses habits de fête car un peu de fleurage, sur le retroussis de son col, témoignait de sa qualité et facilitait grandement ses intrigues amoureuses dès qu'il courait le guilledou auprès de quelque tendron à déflorer.

Les mauvaises langues prétendaient encore que plusieurs mouliniers particulièrement espiègles n'accéléraient le mouvement de la volée que dans le but d'effaroucher les attelages des dames sur la route. Il ne s'agissait que de médisances, bien évidemment. « L'ombre des ailes sur le chemin suffisait à apeurer les chevaux, plaide Louis. Ce n'était pas la peine d'en rajouter ! » Mais les paysannes ne se méfiaient pas assez. Une fois, une bonne femme conduisit son âne si près du moulin qu'elle faillit être assommée par une aile ! Ce lui fut commode, ensuite, de se disculper en disant pis que pendre du garçon meunier...

Lieu de rencontres où les paysans conversaient à plaisir en attendant leur mouture – ce qui tenait le meunier au courant de tous les potins des environs – le moulin était aussi un endroit de franche gaieté pourvu que le caractère du maître s'y prêtât.

Ainsi à Gidy, durant la nuit qui suivait le conseil de révision, les conscrits avaient coutume de se déguiser avant de se retrouver dans le moulin de La Caillardise. « Ils apportaient un petit fût de vin, précise Albert Lefèvre, mais ils n'invitaient jamais leurs promises. » En 1880, la fanfare s'y produisait régulièrement ; on la surnommait d'ailleurs la Musique de La Caillardise parce que le meunier en avait payé les instruments. Municipalisée huit ans plus tard, elle deviendra l'Espérance de Gidy.

Il y avait également les jeux et les paris que se lançaient les garnements trop audacieux. A douze ans, Albert Lefèvre réussit un exploit qui lui valut l'admiration des galopins de son âge. Par vent faible, il s'attacha au bout d'une aile, avec son ceinturon, et fit un tour complet dans les airs. « Si mon père avait appris ma prouesse, avoue aujourd'hui Albert, il m'aurait sûrement tiré les oreilles ! » Des petiots se sont tués pour moins que ça...

Chez les Hiault, de tels divertissements n'étaient pas autorisés.

Selon un vieil aphorisme, nul n'égalait en hardiesse la chemise d'un meunier, qui prenait chaque matin un voleur par le cou. Cette maxime populaire, bien qu'outrancière, n'était peut-être pas dénuée de tout fondement. En effet, les paysans se plaignaient souvent de ne jamais recueillir leur dû de farine quand ils confiaient leur grain à moudre.

De fait, un meunier ne rendait jamais mesure pour mesure. Il prétextait qu'un peu de mouture basse s'évaporait toujours lors du broyage, au contact des meules échauffées. Il objectait encore qu'il lui fallait bien soustraire quelque chose pour compenser les crottes de rat ou le tracas que lui causait l'ail sauvage, cette saleté qui graissait les meules au point qu'il devait ensuite en décrasser les rainures à l'eau bouillante et à la brosse en chiendent.

L'évaluation de ces déperditions variait d'un moulin à l'autre. L'un prélevait deux livres sur chaque sac de cent kilos, l'autre en exigeait cinq. En réalité, tout dépendait du nombre de porcelets que la meunière projetait d'engraisser dans son semestre. Un autre adage, tout aussi vérifié, certifiait que les cochons élevés à l'ombre d'un moulin devenaient les plus gras de la contrée, tout bonnement parce que l'augée ne leur était jamais rationnée. Ces suppléments de profit, perçus en nature, constituaient ce qu'on nommait l'envolage. Or dans le mot « envolage », il y a le radical « vol » !

Bien entendu, ce grappillage n'était pas sans soulever de véhémentes contestations de la part des clients qui s'estimaient honteusement floués. On reprochait au meunier d'être trop gourmand, de tirer deux moutures d'un même sac, de ne penser qu'à ses intérêts. D'aucuns murmuraient même que certains fripouillards mélangeaient du sable à la repasse afin d'en augmenter la densité ; la roublardise crevait les yeux quand la fermière en retrouvait au fond de l'auge, après que ses gorets avaient goinfré leur pâtée !

Louis Hiault n'eut jamais à répondre à ce genre de procès. A Saint-Léonard, on se gardait bien d'attiger sur l'envolage. Il en était de même en d'autres endroits, n'en déplaise aux persifleurs. D'ailleurs, l'opulence du meunier s'apparentait à une légende inspirée par la jalousie de quelques-uns et la vantardise de quelques autres. A La Caillardise, c'est véridique, Clovis Lefèvre préférait sacrifier un peu de son propre grain, quand le rendement s'avérait médiocre, plutôt que d'essuyer des réflexions désobligeantes !

Le meunier se faisait payer à la mouture. Jadis, il retenait le huitième de la quantité à rendre mais il n'empochait pas d'argent. Après la Grande Guerre, il réclamait cent sous du sac de blé. Les tarifs grimpèrent vite par la suite.

Vers 1930, le même service coûtait sept francs. Cinq francs et trente centimes pour un sac d'orge moulue ou d'avoine aplatie. Les riches fermiers ne réglaient leur compte qu'une fois l'an, après Noël. Il est connu qu'on fait plus facilement crédit à un gros propriétaire qu'à un petit métayer.

De haute volée

Les meuniers d'hier, et principalement ceux de Beauce, avaient la piètre réputation d'être lourdauds de la main quand il s'agissait de prélever leur part de farine. Cela datait de toujours. Une ancienne légende tentait d'ailleurs d'en donner la raison.

Au temps jadis, un meunier beauceron rêva que le bon saint Pierre lui commandait de voler. Habitué qu'il était à vivre dans le vent, le moulinier ne saisit pas tout de suite l'impossibilité de réaliser un tel exploit. Sitôt réveillé, il grimpa donc jusqu'à sa lucarne de moulin et, de là-haut, se laissa choir en battant des bras. L'essai ne fut pas concluant, comme on l'imagine, et le meunier ne dut son salut qu'au tas de sacs empilés en son point d'atterrissage. Pourtant, la nuit suivante, le bon saint Pierre revint à la charge en lui susurrant un perfide « Vole, mon gâs, vole ! »

Le meunier comprit alors. Voler ne signifiait point voyager en l'air, mais plutôt gratter sur les sachetées à moudre que les paysans des environs lui apportaient. Jusqu'alors, la coutume féodale ne lui accordait que le seizième du grain à écraser. Désormais, il n'aurait plus aucun scrupule à prendre davantage. Ce qu'il fit aussitôt, et tous ses confrères avec lui. Voilà à quoi tenait la mauvaise réputation des meuniers de Beauce. Tout cela avec la bénédiction du bon saint Pierre !

La meunerie familiale déclina pendant l'entre-deux-guerres, comme tant d'autres corporations. Malgré une puissance qui atteignait trente chevaux sans occasionner la moindre dépense de fonctionnement, un moulin à vent restait tributaire des lubies atmosphériques ; il ne pouvait donc pas rivaliser avec les moteurs à essence, disponibles à volonté, que les meuniers jugeaient si pratiques. Le progrès incitait à battre le chien devant le loup.

Etaient dans le vent, dorénavant, ceux qui ne l'employaient plus. Ce revirement marqua la fin d'une belle et longue histoire : peu à peu, les cultivateurs équipèrent leurs granges de concasseurs individuels. Les chandeliers de la plaine s'éteignirent les uns après les autres. Ne leur insufflant aucune vie désormais, les galernes s'acharnèrent à précipiter leur mort...

Louis Hiault cessa de moudre en 1937. Mais à l'époque, un moulin désaffecté demeurait soumis à la patente tant qu'il conservait ses ailes. Alors Louis maugréa : « Puisque c'est ainsi, j'abattrai les ailes et le moulin avec ! » Il tint parole. Les planches de volée furent vendues à des meuniers qui travaillaient encore ; les grosses poutres, transportées par le tramway, firent le bonheur d'un ébéniste d'Orléans ; les meules se brisèrent d'elles-mêmes lors de la démolition.

Aujourd'hui, Louis regrette d'avoir terrassé ce géant plusieurs fois centenaire. « Je le revois dès que je baisse les paupières ! », confesse-t-il tristement. Mais il se reprend aussitôt car, s'il l'avait préservé de l'ingratitude des hommes, il serait continuellement dérangé par les touristes de maintenant. « A mon âge, s'excuse-t-il, on apprécie la tranquillité. »

Alors, plus modestement, pieusement, seul avec ses souvenirs, sur un coin de sa table de cuisine, il se contente de le reconstruire en maquette, une ancienne carte postale en guise de plan.

Rencontre de l'été 1986.

Le berger

Le jeune Léonce n'avait que quatorze ans, pas un poil au menton, lorsque son père Léon, le charron-forgeron de Saint-Lyé-la-Forêt, le plaça comme marmiton dans la plus grosse ferme du coin, à Mamonville-la-Jolie. Là, il aidait la bonne à la vaisselle et à la basse-cour. Un an plus tard on le retira de la maison et on l'envoya dans la bergerie. Nous étions en effet en 1915 ; le berger venait de recevoir sa feuille de route. Les gosses remplaçaient au pied levé les hommes appelés sous les drapeaux.

Le début ne fut pas facile, comme on imagine. Il y avait un troupeau de deux cent cinquante brebis à surveiller et quatre chiens à pousser de la voix. Une lourde responsabilité pour un gamin de quinze ans.

En ce temps-là, chaque ferme de Beauce élevait des moutons. Pas pour le lait, seulement pour la viande et la laine. Dans les bergeries qui abritaient jusqu'à cinq cents têtes, le berger était secondé par un « barbiquet », souvent un gadouillot qui apprenait le métier. On cherchait d'ordinaire embauche à la louée de la Saint-Jean – les tontes étaient finies et l'on s'apprêtait à gagner les pâturages –, ou plus rarement à celle de la Saint-Michel, quand les bêtes venaient de rentrer au bercail. Un fermier reconnaissait un berger à la touffe de laine qui ornait la boutonnière de son paletot comme une faveur. Le moutonnier se présentait parfois avec son chien, un bas-rouge ou un briard mâtiné de barbet et de beauceron. Quelques fermes possédaient leurs propres molosses. Un berger de l'époque demandait un salaire annuel d'une centaine de francs.

Dans la Sologne berrichonne du début de ce siècle, une bergère touchait, en plus de ses gages annuels, une brebis de deux ans prête à l'agnelage. Elle pouvait également joindre douze de ses bêtes au troupeau de son maître. Uniquement dans les bonnes fermes, bien entendu.

Sitôt la Saint-Jean fêtée, le pâtre gagnait sa ferme. On ne lui laissait pas le répit de dénouer les effets roulés qui arrondissaient sa besace : déjà il devait ouvrir les portes de la bergerie et mener le troupeau sur les jachères. Une cabane à trois roues et des claies l'attendaient sur le champ à brouter. Le chevrier était passé devant car il est bien connu que les moutons ne laissaient qu'un désert derrière eux. Dans la Beauce d'autrefois, les fermiers indiquaient les parcelles interdites au pacage en marquant leurs chaintres avec des « gardes champêtres », trois ou quatre pierres posées les unes sur les autres.

Le berger disposait son enclos de claies lorsqu'il ne voulait pas que ses moutons s'égaillent dans la nature. Sinon il laissait vadrouiller le troupeau, se contentant de lancer ses chiens aux jarrets des brebis égarées. Il restait ainsi des journées entières sans bouger, emmitouflé dans sa limousine de laine brune ou blotti sous son large parapluie bleu, appuyé sur son bâton ou cuté dans la friche, à rêvasser d'on ne sait quoi. Parfois une bête qui s'éloignait, semblait le réveiller de ses songeries ; alors il empoignait sa houlette et, le manche de néflier bien en poigne, soulevait de la cuillère, large comme la paume d'une main, une petite motte qu'il envoyait à plus de cent pas en direction de l'animal désobéissant. Avec le crochet de la houlette, il attirait par la patte les brebis qu'il désirait examiner de plus près.

Il parquait au même endroit tant que restait un brout d'herbe, puis il démontait les claies et s'installait sur une parcelle voisine. Quand il demeurait dans les parages de son logis, il s'accordait parfois une couple d'heures de liberté. Il courait bisouter sa femme ou bêcher son jardin tandis que les chiens gardaient le troupeau.

Le nid d'amour

Un berger beauceron parvint, un beau soir, à entraîner une innocente pastourelle au creux de sa roulotte dans l'intention évidente de la mignoter un brin, et non de compter les moutons. Mais son manège ne passa inaperçu et, au plus tendre des ébats, plusieurs garnements firent basculer l'abri porte contre terre. Nos amoureux se trouvèrent ainsi bouclés durant toute la nuit. Les charretiers ne les délivrèrent qu'au matin ! L'histoire, toutefois, ne précise pas si l'agnelle apprécia cette singulière façon de se faire culbuter...

Cette mésaventure nous a été racontée par Maurice James, le ligotier d'Achères-la-Forêt. Elle serait arrivée à l'un de ses oncles.

Dès que les moissons étaient engrangées, les charretiers déchaumaient les éteules pour permettre le véritable parcage, c'est-à-dire la fertilisation du sol par la fumure des moutons. Le berger déplaçait désormais ses claies chaque jour pour bien amender le champ (on prétend même que certains se levaient en pleine nuit afin de mieux uniformiser l'engraissement de la terre). Bon sang ! ça donnait du beau blé, la crotte de mouton !... En premier lieu, le berger conduisait son troupeau sur les champs les plus éloignés de la ferme, ce qui épargnait aux charretiers la fatigue d'y épandre le fumier d'étable.

Juillet et août étaient des mois de « lutte ». Le pasteur divisait ses ouailles par groupe d'une trentaine de brebis pour un bélier. Certaines femelles portières ne cédaient parfois qu'au deuxième ou troisième mâle. L'insémination s'achevait en principe à l'Assomption. Les différentes espèces comprenaient les berrichons peu laineux, les chamois de petite taille à la tête découverte, les métis coiffés de laine jusqu'aux yeux, les solognots au museau et aux pattes rouille, et les brebis du Maine à la peau sombre. On ne mêlait jamais ces bêtes en un même troupeau, par crainte de la contagion des maladies ovines et du croisement des races.

Un charretier de la ferme ravitaillait le troupeau en eau avec la tonne attelée à un cheval ; une boniche apportait chaque matin le manger du berger dans un grand panier. Et chaque mois, un litre de gnôle.

Les nuits de belle saison, le berger s'allongeait à la belle étoile sur une litière d'herbe ou de paille. Par gros temps il se calfeutrait dans sa cabane roulante, qu'il rembourrait d'une paillasse et d'une couette de plume. Il se reposait douillettement sous ce toit de rouche ou de tôle, et il se riait autant des orages que des farces de galopin. Car le soir avant de boucler son contrevent, il prenait garde de lâcher ses chiens afin de dissuader les mauvais plaisants de l'enquiquiner. Il pouvait ainsi pioncer en toute sérénité…

Les grands méchants loups

Ma grand-mère paternelle me racontait son enfance triste et misérable. Elle était née au cœur de la Sologne, du côté de La Ferté-Beauharnais. A l'âge de sept ans, elle fut placée pour garder les moutons sur la propriété de Hauteroche. Elle ne savait ni lire ni écrire. Elle partait au lever du jour, hiver comme été. Pour toute nourriture : un morceau de pain noir avec du lait caillé. Elle dormait sur la paille, près des bêtes.

C'étaient le troupeau et les chiens qui la réchauffaient car elle n'était habillée que de grosse toile et de bas en laine de brebis. Aux pieds : de lourds sabots qu'on ne lui remplaçait qu'une fois l'an. Les loups rôdaient autour de ses moutons. Puis vint la guerre de 1870, avec les Prussiens. Ma grand-mère en avait très peur.

(Lettre d'une correspondante désirant conserver l'anonymat.)

Le troupeau rentrait à la bergerie vers la Toussaint. Un charretier partait rechercher la cabane et les claies pendant que le berger s'acagnardait dans quelque réduit des bâtiments. Les autres domestiques le lorgnaient ici d'un sale œil, l'accusant de jouer parfois au sorcier ; ailleurs au contraire ils le tenaient en grande estime, pour les mêmes raisons. Ce qui effrayait les uns, émerveillait les autres. A dire le vrai, la réputation équivoque dont aimaient à s'entourer les bergers était souvent sans fondement.

La stabulation réclamait bien sûr plus d'efforts que le pâturage. Les bêtes ne sortaient plus de la bergerie ; on les nourrissait à l'auge, de pulpe, de tourteau et de grain.

L'agnelage se produisait dans le courant de novembre ou de mars, selon la période d'accouplement choisie par le fermier. Le berger aidait les brebis à mettre bas. Les agneaux de l'automne étaient meilleurs mais ceux de printemps ne coûtaient rien à élever puisqu'ils grossissaient aux champs. On vendait les premiers après trois ou quatre mois d'hivernage, au boucher qui les envoyait vers les abattoirs de la ville ; les seconds partaient dès le retour du troupeau à la bergerie. L'intendance militaire en réquisitionna beaucoup pendant la Grande Guerre.

Dans les temps anciens, les bergers de Beauce considéraient la nuit de Noël comme leur nuit à eux. Ils défilaient en procession à travers la plaine, derrière un lumignon brandi bien haut au bout d'une perche – tout à la fois évocation de l'étoile du berger et de l'astre des rois mages. Le cortège se rendait ainsi à l'église, où un pastoureau déposait en offrande un agneau devant la sainte crèche...

Cette coutume se répétait en Sologne, et certainement en d'autres provinces. Mais là, en Sologne, les bergers observaient une tradition bien régionale : celle de ramasser soigneusement les cendres du « terfou » (la bûche de Noël) et les miettes de la galette du réveillon. Ils voyaient en ça une médication infaillible pour enrayer les épidémies de piétin, de muguet et, pire, de charbon.

Les folkloristes de certaines paroisses n'ont pas oublié que Noël fut, de longue date, la fête des bergers. Ainsi la tradition se poursuit-elle encore au cœur de la Sologne, à Neung-sur-Beuvron. Chaque année, une famille pratiquante se charge d'élever et d'apprivoiser l'agneau qui sera présenté pendant la Messe de minuit. Symbole évident du sacrifice de Jésus, l'animal est paré de faveurs puis conduit jusqu'à l'autel entre quatre bergerettes encapuchonnées de blanc, chacune tenant une branche de houx enrubannée. L'agneau béni, les enfants de chœur l'entraînent autour de l'église tandis que les fidèles, tout en bêlant un retentissant « Çà bergers, assemblons-nous ! », se serrent en troupeau derrière la houlette du pasteur officiant. La procession finissait jadis par la mise aux enchères du « mouton de Noël », vente dont le profit bénéficiait aux bonnes œuvres du curé. Il semble toutefois que cette offrande n'ait plus cours de nos jours : les temps sont durs pour tout le monde, pardi !...

Le vétérinaire procédait à la vaccination du troupeau aux premiers jours du printemps. Les charretiers participaient à l'ouvrage ; ils coursaient les bêtes et les immobilisaient pendant la piqûre. La fermière leur octroyait une chopine de vin en dédommagement des coups de sabots qu'ils recevaient.

La tonte commençait en mars et durait un bon mois. C'était l'affaire de quelques bonshommes du pays qui allaient de bergerie en bergerie et vous cisaillaient une toison en un tournemain, à grandes mâchées de leurs forces. Ils tondaient les agneaux de printemps en dernier, juste avant les moissons. La laine des gros moutons était liée en ballots ; celle des agneaux, fourrée en sacs. Puis la charrette du marchand lainier venait prendre livraison. En certains coins on fêtait la tondaille.

Léonce Besnault garda les moutons pendant plus d'un demi-siècle. « Quand on fait un métier, déclare-t-il, il faut que ça plaise ou alors on change d'occupation ! »

Il ne bavarde guère et ne sourit jamais. A vivre en solitaire au milieu des moutons, on finit peut-être par perdre l'habitude de causer. Ou alors on se parle à soi-même.

Rencontre du printemps 1983.

La chevrière

Les Leveaux entretenaient, bon an mal an, un petit troupeau caprin d'une dizaine de têtes, jamais plus. Rien d'étonnant en ces confins du Berry et de la Sologne, où la modestie des cultures obligeait chaque famille paysanne à élever plusieurs vaches et quelques chèvres, en appoint d'un budget souvent difficile à équilibrer. Il fallait tirer parti de toutes les possibilités, comme on dit, même des moindres, et n'en délaisser aucune, déjà qu'on ne disposait pas d'un grand choix…

Les chèvres, ces vaches du pauvre, étaient d'un bon rapport pour qui ne se montrait pas trop gourmand. Leur nourriture ne posait aucun problème et ne coûtait pratiquement rien, ou si peu que cela ne mérite vraiment pas d'en parler, alors que l'argent gagné, sans atteindre pour autant des sommes mirobolantes, permettait au moins d'améliorer le quotidien d'une maisonnée.

Les bêtes quittaient l'étable deux fois dans la journée, en matinée et le tantôt, lorsque le temps l'autorisait. Les chèvres devinaient que le moment de sortir approchait dès qu'Aline prenait sa badine. S'animait aussitôt un joyeux désordre de petites queues retroussées et de barbichettes arrogantes, chaque biquette cherchant à devancer ses compagnes pour être la première à grignoter le meilleur de l'herbe.

On rentrait pour la traite du midi car à ce qu'on assurait, les chèvres « tirées » à trois reprises, journellement, donnaient davantage de lait que celles dont on ne pressait le pis que le matin et le soir. A l'époque, la traite se faisait évidemment à la main : trois à quatre minutes par animal, selon le sujet, et, en fin de corvée, les doigts douloureux d'avoir tellement serré les trayons.

La chevrière allait d'une bête à l'autre, s'accroupissait ou s'asseyait sur son tabouret, maintenait fermement le seau entre ses genoux, libérait le lait moussu en jets cadencés et puissants, tandis que les chèvres continuaient de ruminer leur fourrage sans s'inquiéter outre mesure.

Sur un plateau

Les marchés aux fromages étaient nombreux dans nos régions, les fromageries également, et plusieurs des spécialités qu'on y proposait sont parvenues à se maintenir jusqu'à nous, du moins dans le souvenir de quelques gourmets nostalgiques.

En Berry, terroir aux traditions profondément enracinées, les chevrières coulent toujours des jours heureux. A titre d'exemples, le selles-sur-cher (commercialisé sous l'appellation, s'il vous plaît !) s'enorgueillit d'une enviable notoriété tandis que la réputation du crottin, de Chavignol ou d'ailleurs, a franchi les finages du Sancerrois depuis belle lurette. Succès identique pour les pyramides de Valençay, de Levroux et de Pouligny-Saint-Pierre.

La situation est nettement moins florissante dans le Perche ou en Beauce, où la fameuse « feuille de Dreux » semble avoir perdu beaucoup de ses amateurs. Il s'agit d'un fromage au lait cru de vache, pétri à la main, moulé à la louche et, enfin, couché sur une feuille de châtaignier à laquelle il doit son nom. Les vendômois bleuis à la cendre sont devenus, eux aussi, difficiles à trouver.

Le désastre, cependant, se situe en val de Loire où ne subsiste pratiquement rien des activités fromagères d'antan. Ont disparu les cendrés de Chécy à la pâte moelleuse sous leur croûte fleurie, les frinault d'Olivet, les pithiviers au foin, les jargeau subtilement aromatisés au fleurain de luzerne, les saint-benoît enrobés d'une feuille de platane, les fromages frais de Blois et de Saint-Gervais, les bleutés de Pannes et de Gien... J'en passe et des meilleurs.

Dehors, le troupeau était placé sous la surveillance d'une bergère comme Aline ou sous la garde d'une grand-mère qui, sûre de son chien prêt à bondir à la voix, tricotait et reprisait les effets de sa parentèle dans un coin abrité, pour ne point céder à l'oisiveté. A l'ombre d'un genêt par gros soleil ou sous la protection d'une haie par méchant vent, la gardienne avait un œil sur son panier à couture et l'autre sur cette fichue cornue qui ne pensait qu'à s'écarter et à entraîner ses semblables au loin.

Ailleurs, c'était un enfant qui conduisait les chevrettes, un barbiquet boutonneux dont l'école semblait pouvoir se passer et qui, le regard en biais, se disait qu'il remplacerait bien ce grand escogriffe de charretier auprès de la petite vachère dont la fraîcheur n'avait d'égale que l'innocente malice.

Chaque ferme laissait un lopin en jachère afin d'assurer la pâture nécessaire, lopin auquel s'ajoutait presque toujours un carré de sainfoin ou une parcelle de luzerne en prévision de la fenaison. La friche des chemins n'était pas négligée pour autant, car tout ce qui était brouté à hue serait économisé à dia.

Après les moissons, juste avant les moutons, les chèvres paissaient les chaumes. On les menait sur les prés coupés à l'automne puis, l'hiver venant, on les enfermait dans la bergerie ou dans l'étable jusqu'au printemps. Les chèvres craignent, en effet, le froid. Le rendement qu'elles fournissent l'hiver est nettement supérieur lorsqu'elles n'ont pas les intempéries à supporter.

Tout campagnard vous le confirmera : la chèvre est une bête particulièrement intelligente à laquelle il ne manque guère que la parole pour se faire comprendre. Intelligente, oui, d'où maintes croyances la concernant. Ainsi, le vulgaire d'autrefois décelait-il quelque flamme diabolique dans les doux yeux de ces cabris que les Bohémiennes trop envoûtantes se plaisaient à faire pirouetter sur le parvis des cathédrales – tu te rappelles, Gringoire ? – ; et cela avec une telle espièglerie que les archidiacres en devenaient chèvres à leur tour, chèvres à bouffer la mandragore par la racine, malédiction dont saint Uguzon soi-même, pourtant pasteur incontesté des chevriers, n'arrivait point à voir le bout.

Quant aux boucs noirs, vous saisissez que je me garderai bien d'en causer, par peur de réveiller une multitude de sorcières, une ronde endiablée d'incubes et de succubes étroitement enlacés dans une fantastique copulation, une folle sarabande de fornicateurs aux pieds fourchus que j'aurais toutes les peines à ne pas rejoindre. Chacun connaît ses faiblesses, allez !

Les croyances populaires n'étaient pas toutes aussi tourmentées, heureusement. On prétendait notamment qu'une plante mangée par une chèvre s'avérait également comestible pour l'homme, sans réserve aucune, et qu'une plaie léchée par l'animal se cicatrisait au plus vite, précisément parce qu'une chèvre ne mâchonnait jamais rien de mauvais.

A l'inverse, chaque médaille ayant son revers, on assurait qu'un arbuste grignoté par une bique était condamné à dépérir et à mourir, navrante particularité salivaire que la chèvre partageait avec le lapin de garenne.

Intelligente, certes, mais capricieuse aussi ; et c'était souvent là le drame ! Plus entêtée qu'un bourricot, sûrement, et avec ça, toujours prompte à encorner sa voisine dont les manières de brouter ne lui revenaient pas. Les plus teigneuses, on était obligé de leur brûler les cornes au fer à chaud, c'est vous dire !

Ce comportement ombrageux faisait dire à certaines nourrices, d'ailleurs, qu'un bébé élevé au lait de chèvre ne pouvait avoir qu'un sale caractère en retour. Car en ces temps-là, bien sûr, la personnalité d'un adulte dépendait en grande partie des mamelles que, moutard, il avait tétées. « Le lait de chèvre a un goût prononcé que les enfants n'apprécient pas toujours ! » consent Aline.

Et puis, il faut bien l'admettre, les chèvres présentaient un autre inconvénient, ô combien gênant celui-là, parce qu'inévitable. C'était l'odeur, cette terrible odeur dont s'imprégnaient vos vêtements, vos cheveux, votre peau, l'odeur qui forçait le voisinage à plisser le nez. Quelle histoire c'était, lorsqu'il fallait se débarrasser de ces tenaces effluences ! Les dimanches où l'on rendait visite aux cousins, les soirs de bal et les rendez-vous galants de la jeune bergère avec son prince charmant vidaient systématiquement la bouteille d'eau de Cologne ; pourtant cela ne suffisait pas à changer la puanteur en parfum. On avait beau se savonner, frotter, se rincer à grande eau, rien ne réussissait vraiment.

Une chance, encore, qu'il ne se trouvât pas de bouc chez les Leveaux ! Car avec un bouc dans la maison, funérailles ! c'était le bouquet : vous cocotiez tellement que les gens qui vous approchaient en restaient tout chose, comme frappés d'un ahurissement subit. Dieu merci, le bouc du village appartenait à un voisin : on n'en avait que des effluves lointains, donc atténués.

Aline emmenait ses chèvres au mâle autant de fois qu'il convenait. Elle payait une somme forfaitaire par bête, non à la saillie, et elle ramenait les rétives, plusieurs jours de suite, sans rien devoir débourser d'autre, jusqu'à ce que toutes fussent enfin prises.

« Les chèvres portent cinq mois, explique Aline. On les faisait couvrir pendant les vendanges, fin septembre début octobre. La mise bas intervenait en février-mars. Une "biquonnée" comprenait de un à quatre chevreaux. »

Les Leveaux ne gardaient les petits que durant une quinzaine. Ailleurs, les biquets étaient séparés de leur mère dès leur naissance, après leur première tétée, puis nourris au lait de vache avec un biberon. Sevrés à deux mois, ils partaient à la vente lorsqu'ils atteignaient leurs huit kilos.

La production laitière et fromagère durait donc d'avril à novembre, du chevretage à l'insémination. Une bonne chèvre fournissait ses trois litres par jour, de quoi faire trois chevrotins. Le rendement était meilleur au printemps et à l'automne car l'été, surtout en période orageuse, le lait s'appauvrissait et demandait à être rafraîchi avant l'emprésurage. Alors perdait-on parfois un tiers du volume.

Chaque maison du pays, jusqu'à la plus dénuée des locatures, possédait un réduit qui servait de laiterie, le plus fréquemment un cagibi attenant à la pièce à vivre. Deux impératifs étaient à respecter : la bonne aération du local et, surtout, la température moyenne constante qui devait y régner. Vingt degrés environ, été comme hiver.

Pendant les grands froids, le lait ne « prenait » plus le caillé ; il fallait alors le mettre à tiédir pas trop loin de la cuisinière, durant quelques heures, dans un pot en grès. Pendant les grosses chaleurs en revanche, on ajoutait une pincée de bicarbonate de soude à la présure, bien que cela provoquât un noircissement superficiel des fromages.

Par saison idéale, le lait tiré, encore chaud du pis de la chèvre, était laissé en repos pendant un tour d'horloge dans un coin de la laiterie. Le matin, on y versait la présure – une cuillerée à café pour dix litres –, on touillait et on laissait coaguler le temps qui convenait, dans la tiédeur de la laiterie, sans rien brusquer. La formation de la caillebotte était plus ou moins rapide, selon l'atmosphère ambiante.

Durant la matinée du lendemain, on transvasait dans les faisselles le caillé obtenu. Celles-ci, qu'on nommait par ici les « cageots », étaient autrefois en terre ; elles furent plus tard en aluminium et sont, maintenant, en plastique. L'égouttage demandait une pleine journée. On récupérait le petit lait, le « maigre », qui, comme le babeurre du barattage, finissait coupé d'eau dans l'auge au cochon. Rien ne devait être jeté.

Le démoulage intervenait à la suite. Chaque faisselle était retournée sur une clisse ; ou plutôt sur un panier d'éclisses, comme on disait déjà il y a fort longtemps, car les gens du pays ont toujours eu la fidélité de l'ancienne parlure. Ces claies étaient d'osier ou, mieux, d'une fenasse d'agrostide que les femmes faucillonnaient l'hiver, en sous-bois, et qui, tressée en « paillettes », se nettoyait de première à la brosse en chiendent. Toute ménagère prévoyante tenait une réserve de ces « agoutasses » pour n'être jamais démunie, au cas – bien improbable – où...

A ce stade, les fromages pouvaient être consommés tels quels, frais. On pouvait également les placer en séchage après les avoir soit enveloppés de foin, soit copieusement saupoudrés, sur les deux faces, d'un mélange de sel et de charbon de bois écrasé au mortier ou broyé au moulin à café. Ils étaient rangés ensuite sur la clayette à liteaux de la laiterie, toujours sur leur clisse, ou enfermés dans un garde-manger, à l'abri du soleil et de l'humidité, ou encore mis à l'affinage dans la « séchière » que l'on approchait parfois d'une cheminée, afin d'activer la maturation désirée. Les fromages devaient être retournés chaque jour, tant que se poursuivait leur mûrissement, par crainte de la moisissure qu'on appelait joliment le « poil de chat ».

La cendre d'affinage la plus recherchée, à ce qu'on prétendait, était celle que les vignerons retiraient des feux de sarments ; et le foin particulièrement odorant de la forêt des Loges n'avait pas son égal, à en croire les gastronomes.

Le marchand fromager passait deux fois par semaine dans les hameaux. Il exigeait des fromages pur chèvre ou pur vache, mais il refusait les mi-l'un, mi-l'autre. C'est à lui, au fromager, que l'on achetait la « tournette », la présure.

A l'automne, les chevrières constituaient leurs provisions en vue de l'hiver. L'affinage durait alors une quinzaine de jours, pas moins. Elles entortillaient les fromages dans des feuilles de platane, pour leur assurer une conservation parfaite, et en remplissaient plusieurs pots en grès. Certaines les faisaient même macérer dans le vin blanc. De la sorte, les tables familiales ne manquaient pas de fromages durant les mois sans lait.

Mais cette perfection réclamait tellement de temps, tellement d'attention, que les petits crottins qui en résultaient n'étaient point pour la goule des pique-assiette, si vous voyez ce que je veux dire.

Pardi ! un fromage de bique vaut la peine qu'on sache le déguster à sa juste nature, qu'il soit tendre à cœur comme une pastourelle ou plus sec qu'un caillou du chemin. Il mérite qu'on le savoure en connaisseur, pas en goinfre, de la pointe du couteau, sur une tranche de pain croustillant, avec quelques noix du dernier octobre et une lichette de la récente cuvée, en clappant bien de la langue pour mieux affirmer le compliment.

Ces manières-là, voyez-vous, font partie d'un certain secret de vie, d'un secret qui vous assure une longévité centenaire pour peu que le malheur ne s'en mêle point. Et je vous fiche mon billet qu'Aline Leveaux ne me démentira pas là-dessus !

Rencontre de l'automne 1988.

Le laitier

Mme Bergerard était l'épouse d'un cultivateur d'Ingré dont les lopins étriqués ne suffisaient pas à occuper un couple à plein temps ; aussi avait-elle trouvé un complément d'ouvrage en livrant le lait du voisinage jusqu'en Orléans. C'était une besogne courante dans le pays, puisque sur la seule commune d'Ingré, on ne dénombrait pas moins d'une dizaine de « petits laitiers » qui, tous, avaient leur quartier réservé dans la ville.

Oh ! bien sûr, il ne s'agissait pas d'une affaire importante ! Chacun des voisins ne possédait qu'une ou deux vaches, rarement trois. Ensemble ils remplissaient cinq ou six bidons de vingt litres, plutôt moins que plus. Mme Bergerard réglait ce lait au jour le jour, dès qu'on le lui apportait, puis elle attelait son cheval à la carriole et s'en allait aussitôt le distribuer, à son de corne, dans la rue du Petit-Chasseur qui était son secteur attitré.

Arrivée là-bas, Mme Bergerard transvasait son lait dans un pot de cinq litres muni d'un long bec verseur. Cet ustensile facilitait le remplissage des récipients que les ménagères lui tendaient. Elle appuyait le pot contre la garniture de cuir qui lui protégeait la hanche et elle versait la quantité qu'on lui réclamait. Elle ne vendait qu'aux particuliers, d'une porte à l'autre, demi-litre par demi-litre.

Les clientes qui avaient dû s'absenter posaient leur casserole sur le rebord de la fenêtre, bien en vue ; elles la retrouvaient à leur retour, dûment remplie. Un couvercle lesté d'une pierre empêchait les chats de gouttière d'en faire leur aubaine. La confiance était de mise à l'époque. Mme Bergerard écoulait ainsi une centaine de litres dans sa matinée, plus quelques paniers de légumes qu'elle récoltait de son potager. Elle ne proposait ni beurre ni fromage. Lorsqu'elle estimait qu'il lui manquerait du lait pour gagner la fin de la rue, elle prenait sur elle de rationner chaque maisonnée. Au contraire elle forçait à la consommation quand elle craignait un excédent. Les gens comprenaient aisément ses raisons. Ils la payaient au passage, à la semaine ou au mois, selon leur convenance. Les comptes ne réclamaient jamais de calculs compliqués. Tout le monde acquittait son ardoise sans ronchonner, même les mères de certaines familles nombreuses qui, avec une vingtaine de bouches à nourrir et une marmaille bruyante accrochée à leurs jupes, peinaient pourtant à joindre les deux bouts à longueur d'année.

Commencée vers sept heures, la tournée s'achevait aux approches de midi. Aussitôt revenue chez elle, Mme Bergerard s'empressait de laver ses bidons à grande eau et à la lessive de potasse ; elle ne dînait qu'ensuite. La petite laiterie exigeait effectivement une propreté indiscutable.

Robert Lecomte, le gendre de Mme Bergerard, conduisait le gazogène d'une usine à ce moment-là. Rien n'aurait dû bouleverser son train-train si un stupide accident n'avait failli l'expédier dans l'au-delà. Une intoxication imputable au mauvais fonctionnement de son engin, tout bêtement. Robert s'en tira de justesse mais il mit trois ans à se retaper. Et c'est cette interminable convalescence qui, paradoxalement, décida de sa chance. En effet, le docteur lui conseilla de ne travailler désormais qu'à l'air libre. Or Mme Bergerard, qui se sentait bien fatiguée, semblait disposée à lui recéder son modeste commerce. Voilà donc comment Robert Lecomte assura la suite de sa belle-mère en 1931, alors que cette idée, jusque-là, ne l'avait jamais effleuré !

Son épouse, Armandine, le seconda dès le premier instant. Il racheta le cheval de Mme Bergerard et une charrette neuve, le beau-père tenant à garder la sienne pour se rendre à ses champs. Robert afferma également une modeste culture, comme il était de coutume, au hameau de la Bigottière. Mais très vite, il dut changer son fusil d'épaule pour rentabiliser une entreprise qui ne demandait qu'à se développer. En quelques mois, son périmètre s'étendit de la trop courte rue du Petit-Chasseur aux quartiers du Baron et des Carmes.

Au contraire de Mme Bergerard, Robert n'attendait pas que ses voisins viennent lui apporter le lait chaque matin. Il préférait organiser son ramassage et ne point gaspiller de précieuses minutes. On convint d'un endroit de collecte dans chaque hameau afin de lui éviter des arrêts répétés. Puis il s'aperçut que certains cultivateurs le trompaient honteusement sur les volumes qu'ils prétendaient fournir, et ces abus l'obligèrent à tout vérifier à l'aide d'un décalitre. Aussitôt les fraudeurs contestèrent l'exacte capacité de sa mesure, toujours dans l'intention de lui ratiboiser quelque menue monnaie, mais les récriminations ne durèrent guère.

Le lait d'alors contenait une forte proportion de matière grasse, dans les trente-six grammes par litre. Cette particularité était certainement liée à la race des vaches élevées au pays, de robustes normandes, et à la richesse des pâtures. Robert devait néanmoins veiller à la constante qualité du lait qu'on lui attribuait, déceler celui qu'on avait baptisé, refuser celui qui provenait des bêtes malades. Il dégustait donc chaque bidon, la nature l'ayant doté d'un lactomètre infaillible : sa langue. Un supplice pour lui qui, ironie du sort, détestait le goût des laitages ! Or, c'était précisément parce qu'il n'aimait pas ça qu'il était capable de détecter un mauvais lait dès la première gorgée sans tomber dans une complaisance gourmande…

Le métier était plaisant car il permettait de croiser beaucoup de monde, mais c'était une obligation contraignante qui n'admettait aucune matinée de repos. Toujours en travail, fêtes comme dimanches, du 1er janvier au 31 décembre. Pas de congés, jamais. Qu'il brouillasse ou qu'il neige, la tournée devait être bouclée jour après jour, saison après saison. Robert ne se serait pas pardonné de priver un enfant, un seul, de son lolo quotidien. Il y avait du sacerdoce dans le devoir du laitier !

Robert partait en carriole au point du jour. Le village le surnommait le « réveil de cinq heures » à cause de son canasson qui, en agitant les grelots de son collier, sonnait le lever général.

Découpé dans la plaquette ronéotypée « Au temps du cheval de trait », publiée par le comité des fêtes de Saint-Denis-en-Val (octobre 1979), ce témoignage de Mme Hélène Saintonge.

Bête à manger des bettes !

« *J'allais porter le lait à la ville* (Orléans) *avec le cheval et une quatre-roues. On partait vers six-sept heures et on revenait vers neuf-dix heures. J'avais une clientèle dans plusieurs rues : rue du Tabour, rue des Carmes, rue de la Vieille-Poterie…*

« *Je faisais presque du porte-à-porte. Pendant que je servais les clients, le cheval à l'arrêt posait ses deux pattes de devant sur le trottoir, en biais, et attendait ainsi, peut-être pour se reposer. Mais cette position de l'animal était interdite et les sergents de ville intervenaient. Allez donc dire à un cheval qu'il est interdit de se tenir de telle façon !*

« Le matin, dans la Boulaie, dans la rue de Rosette, c'était un vrai défilé de voitures convergeant vers la ville. Il y avait les fermières qui portaient le lait et les jardinières qui partaient vendre leurs légumes au marché. Les chevaux se suivaient. Un jour le mien a trouvé le moyen de manger les bettes qui se trouvaient sur le derrière d'une carriole. Je ne sais plus si c'étaient les bettes à Zinet ou à Morin ; en tout cas, ça allait mal !

« J'ai porté le lait de 1930 jusqu'à la guerre. D'autres fermières vendaient leur lait à Orléans dans une « tapissière » tirée par un cheval. Le samedi, elles se rendaient au marché avec leurs œufs, leur beurre et leurs volailles. »

Précisons que la carriole des laitiers se composait d'une caisse exiguë à capote mobile ; elle possédait quatre roues, deux petites sur un essieu directeur à l'avant et deux grandes à l'arrière. La « tapissière » désignait un cabriolet à deux grandes roues, également couvert d'une capote à soufflets.

Mme Geneviève Le Morvan, de Sainte-Geneviève-des-Bois, nous écrit par ailleurs que son beau-père, *vers 1910, voyait sous les porches, dans certains quartiers de Paris, des vendeurs de café au lait.* Ce café était souvent grillé dans la rue.

Au plus rigoureux de l'hiver, il fallait ferrer à glace pour éviter que le cheval ne fasse des embardées sur les pavés glissants. L'épreuve se compliquait quand la charrette s'engageait dans cette terrible rue de Vauquois orientée au nord, où le thermomètre dégringolait parfois à dix degrés au-dessous du zéro.

Ces jours-là, le lait gelait dans la jauge en fer-blanc ; on servait trois clients puis on demandait au quatrième de déglacer, sur un coin de cuisinière, la mesure dont la croûte réduisait la contenance. On effectuait alors les tournées à trois : Robert, sa femme Mandine et une vendeuse. L'un se dépêchait de toquer aux portes et priait qu'on prépare les casseroles, casseroles que les deux autres se hâtaient de remplir, la roupie au nez et l'onglée aux doigts. Ah, çà ! on ne traînassait pas en bavardage quand les froidures mordaient au travers des manteaux !

Mais l'été ne valait guère mieux, hélas ! Car par les chaleurs orageuses, le lait menaçait de cailler dans les bidons pour peu qu'on s'attarde un instant en chemin. Passé midi, on tremblait. Des mécontents couraient parfois derrière la voiture pour faire remplacer une casserolée qui venait de se coaguler, et c'était autant de perte. Robert tentait de remédier à ces déboires en plongeant les bidons encore chauds de la traite dans des baquets d'eau fraîche.

Cette méthode ne réussissait pas à coup sûr, évidemment. Alors avec la caillebotte et les surplus occasionnés par la mévente, notre laitier se lança dans la fabrication des fromages blancs. Il lui restait quelquefois une centaine de litres à emprésurer immédiatement. De quoi produire deux cents fromages qu'il égouttait dans des linges avant de les présenter dans des faisselles en tôle étamée.

Mandine complétait l'éventaire avec des mottes de beurre qu'elle rapportait chaque semaine du marché de Meung, avec des camemberts, des œufs et même des pommes de terre. Robert, enfin, récupérait le babeurre et le petit-lait pour engraisser la demi-douzaine de cochons qu'il destinait aux charcutiers des environs (il n'en proposera la viande, en tournée, que pendant la guerre).

Après un an de pratique, le secteur et la clientèle des époux Lecomte s'agrandirent considérablement. Comme la carriole à cheval ne répondait plus aux exigences d'une distribution élargie, Robert devina qu'il lui fallait jouer la carte de la modernisation. Il investit ses économies dans un véhicule automobile, une camionnette Ford modèle T, puis il abandonna la culture et ne se consacra plus qu'à sa laiterie. Ses tournées englobèrent dix-sept rues d'Orléans et une grande partie de Saint-Jean-de-la-Ruelle. Le matin, il commercialisait son lait et ses produits ; le tantôt, il gérait sa comptabilité.

Robert pense avoir été le premier laitier du Loiret à se motoriser. Au début ses confrères se moquèrent de lui, disant qu'il voyait trop grand et qu'il ne tarderait pas à manger la grenouille. Mais l'avenir lui donna raison puisque tous ses détracteurs, les uns après les autres, s'équipèrent à leur tour de fourgonnettes à essence. Les gaz d'échappement succédèrent ainsi aux bonnes vieilles odeurs de crottin.

Autre initiative : Robert lâcha les petits fournisseurs de sa belle-mère, des vétilleux toujours prompts à chinoiser pour un rien, et ne traita plus qu'avec les gros fermiers de la région. Certains d'entre eux lui confiaient jusqu'à deux cents litres de lait par jour ! Dorénavant, il n'y avait plus à mégoter : qui veut la fin veut les moyens, comme on dit…

Vers 1935, Robert rationalisa encore son approvisionnement en installant une chaîne de dépôts sous des remises qu'il louait ici et là à des cultivateurs de connaissance. Les producteurs venaient y remplir directement ses bidons. Il ouvrit un de ces dépôts au bourg d'Ingré, un autre à Sandillon, un autre à Saint-Denis-en-Val, et ainsi de suite. Il s'entendit également avec plusieurs sociétés laitières des alentours. Avant guerre, il débitait de la sorte une moyenne journalière de six cent cinquante litres. Il desservait alors la quasi-totalité des quartiers ouest de l'agglomération orléanaise.

La laiterie Lecomte employa deux ouvrières durant cette période bénie. Une vendeuse accompagnait Mandine tandis que la seconde ravitaillait une autre zone en poussant une voiturette à trois roues lourde de pots.

Robert renforçait la première équipe. Il déposait les bidons pleins de place en place au volant de sa camionnette. Mandine et la vendeuse passaient derrière lui et livraient de maison en maison pendant qu'il filait plus loin avec son chargement de légumes. Ensuite il revenait pour enlever les bidons vides et, au besoin, aidait les femmes à terminer leur tournée. On finissait d'ordinaire par la rue Creuse. Le plus étonnant fut que personne ne soutira jamais une goutte de lait des bidons en attente. Aujourd'hui, on ne serait pas éloigné de dix pas que tout aurait déjà été chipé, le contenu et le contenant !

Le temps des vaches grasses ne devait pourtant point durer : ce fut bientôt la déclaration de guerre et, par contrecoup, le déclin du commerce.

L'exode surprit nos livreurs lorsqu'ils abordaient le coin de la Madeleine. La ville évacuait en une pagaille monstre. Robert se sauva comme tout un chacun sans trop savoir vers où il lui fallait mener sa famille. La veille, par chance, la commune d'Ingré lui avait accordé deux cents litres d'essence !

Il laissait derrière lui six cochons de cent kilos. Le voisin qui les nourrit en son absence, en vendit deux à la kommandantur et deux autres à un charcutier de La Chapelle-Saint-Mesmin : il garda les derniers pour leur propriétaire, qui reparut un mois plus tard. Robert le remercia en lui cédant un des deux porcs.

Les années noires de l'Occupation ruinèrent tout espoir de prospérité, du moins pour notre homme : la coopérative laitière de Saran ne lui accordait en effet que soixante-dix litres par jour.

La Libération n'arrangea guère la situation. Robert survécut malgré tout en maintenant, vaille que vaille, un semblant de fromagerie dans laquelle il n'utilisait que le lait écrémé acide – impropre à l'alimentation tel quel – liquidé à bas prix par la coopérative de Fay-aux-Loges. Mais déjà on vantait les vertus d'un nouveau produit, un caillé miraculeux qui rendait centenaires les bergers de Bulgarie. La France découvrait le yoghourt !

Robert sauta sur cette opportunité.

Il mit un an à concocter la formule idéale, et personnelle, de ce merveilleux yoghourt dont les fabricants parisiens cachaient jalousement le secret. En 1951, il s'estimait fin prêt à reconquérir le marché orléanais. Il s'associa avec son beau-frère et il fonda une fromagerie industrielle à l'emplacement de son ancienne laiterie artisanale.

Mais comme on l'écrit dans les romans à quat'sous, ceci est une autre aventure…

Rencontre de l'été 1984.

Le vigneron

Les ermites entreprenaient d'évangéliser le pays que les coteaux du fleuve, des monts arvernes jusqu'à la mer, déroulaient déjà leur couverture de vignes coquettement ourlée d'une guipure de sable d'or et d'eau argentée. Cette prospérité venait de la Loire et de ses gabares, atouts déterminants pour le transport et le commerce des barriques.

Une bonne vigne, disait-on, devait se refléter dans la rivière. Cela signifiait qu'il n'y avait point long cheminement entre les treilles et les bateaux, le vin supportant mal les voiturages trop cahoteux. Dans l'attente d'être embarquées, les futailles s'entassaient au frais des grottes creusées par les crues dans la falaise. On ne répétera jamais assez que, durant le Moyen Age, le vignoble de l'Orléanais brillait d'une réputation que lui jalousaient ceux des autres provinces. Son fleuron, l'auvernat, agrémentait les franches lippées des tables royales. Le duc Charles rappelait en 1411 que sur quatorze lieues et plus, de Châteauneuf-sur-Loire à Beaugency, toute la vallée était plantée de vignes qui assuraient la fortune de la région... Le vignoble d'Orléans était comparable en puissance et en richesse au vignoble bordelais d'aujourd'hui. Mais cette douce félicité ne dura hélas point et les crus de Bourgogne dépréciérent tant nos vinées que notre auvernat, misère de misère, fut bientôt rabaissé parmi les gros noirs ordinaires. Alors les vignerons de l'Orléanais tentèrent de se mettre au goût du jour en plantant un cépage à la mode : un pinot bourguignon, qu'ils baptisèrent gris-meunier. Je vous ai rapporté en d'autres ouvrages le jugement peu flatteur que certains closiers portaient sur ce « misérable fromenté », productif certes mais de piètre qualité.

Le gris-meunier devint néanmoins le cépage spécifique des coteaux orléanais vers 1750. De maturité précoce, il donnait un vin de robe claire et transparente, au goût fruité. Pas un nectar vraiment, mais une honnête boisson pour se rincer la gargoulette. L'inconvénient, ou l'avantage pour les boit-sans-soif, était qu'il ne se conservait point longtemps et qu'on devait le consommer dans l'année. Ses détracteurs prétendaient qu'il se gâtait et verdissait dès les chaleurs du printemps, que l'orage de l'été suffisait à l'aigrir, que son plant ruinait les terres à vigne. Tous griefs qui, bien évidemment, ne tinrent point...

Les drames survinrent pourtant après le tournant du siècle passé, quand les vignerons du Midi importèrent des plants américains qui devaient résister à l'oïdium. Las ! ces variétés miraculeuses n'apportèrent que le champignon du mildiou et le puceron du phylloxéra, anéantissant en moins d'une décennie la moitié du vignoble de France. On essaya divers remèdes pour enrayer le fléau, usant de sorcellerie quand la religion restait inefficace, mais aucune formule ne réussit de manière probante. Ici on tentait de noyer la maladie en inondant les vignes, là on défilait en procession et l'on enterrait des crapauds dont le venin devait tuer les maudits insectes, ailleurs on enfumait les ceps ou on enfonçait à leur pied de petites croix votives. Sans résultat, bien sûr. Alors on apprit à greffer, puis à hybrider, puis à sulfater, façons qu'on ignorait auparavant.

Le père de Léon Chartier, Lucien, vigneron de son état, faisait valoir une dizaine d'arpents encépagés à La Nivelle. Sa nichée comptait six enfants vivants, quatre filles et deux gars. Léon en était le benjamin. Il prêta la main à son père jusqu'à l'âge de dix-neuf ans, aux vignes et aux champs, tandis que les autres travaillaient dans le voisinage ; puis il partit à la guerre dans la fournée d'août 1914.

De retour des tranchées, il se remit aussitôt en besogne. Les vignes de la contrée avaient rudement souffert de l'absence des hommes et beaucoup d'entre elles ne méritaient que l'arrache-souches ou la pioche. Deux ans de peine sans profit, c'était ce qu'il en coûterait pour rattraper quatre années d'abandon. Quelques-uns cédèrent au découragement et quittèrent la terre ; ils décrochèrent un emploi dans les chemins de fer ou dans les postes. Les autres retroussèrent leurs manches, crachèrent dans leurs paumes et s'attaquèrent hardiment à l'ouvrage.

Le travail ne manquait pas, ça non ! Léon suait sang et eau derrière son père pendant quatre jours de la semaine. Les deux journées restantes, il les passait chez d'autres vignerons comme semainier. Salaire quotidien : deux francs, nourriture comprise. Il se maria en avril 1920 et s'installa à son compte.

Il emménagea dans une maison de La Nivelle qui appartenait au docteur Chemin, d'Orléans. Le paiement du loyer se faisait sur les vignes « prises à moitié ». Autrement dit : le propriétaire prélevait en fin d'automne la demi-récolte de son métayer. Léon livrait cette part du vin en voiture à cheval jusqu'en Orléans. Cela s'appelait un bail à partage de fruits.

Ces modalités de fermage, courantes à l'époque, n'étaient pas sans raviver des relents d'autrefois. Depuis le temps des rois en effet, la bourgeoisie entretenait des

« folies », bâtiments et clos, dont elle confiait l'exploitation à des vignerons sans avoir. Le possédant logeait la famille de son bordier mais ne lui accordait jamais sa totale confiance. Le maître soupçonnait toujours son vigneron des pires friponneries, vols des fagots de sarments ou indolence naturelle, et ne cessait de le surveiller.

Il l'obligeait à n'avoir qu'une seule vache pour quatre arpents de vigne, à la condition toutefois d'en récupérer le fumier au meilleur marché ; à ne point lui manquer de respect ni de soumission en toutes occasions ; à davantage soigner la propriété que les quelques treilles qu'il pouvait tenir dans ses maigres biens ; bref à demeurer servile à souhait et ne relever la tête que pour aussitôt saluer bien bas. Au moindre écart, le bourgeois menaçait de rendre la faute publique et de congédier son locaturier sans autre forme de procès. Un vigneron éconduit devait malgré tout aider son successeur à la vendange suivante puis évacuer la place, restaurée à ses dépens, avant le midi du lendemain de la Toussaint. Il va sans préciser que le vin n'était point pour le gosier de celui qui le récoltait, la chopine de la locature ne contenant qu'une méchante piquette appelée la « bouète ». Voilà, mes bons amis, la triste condition d'un vigneron à bail sous l'Ancien Régime. Rien de comparable, évidemment, avec ce que le docteur Chemin demandait à Léon Chartier.

Les bombardements de 1940 mirent fin au contrat passé entre le médecin et le paysan. Le docteur Chemin périt sous les décombres de son immeuble et son fils fit savoir que le bail serait dorénavant payé en espèces, non plus en vin.

Puis la maison et les vignes furent mises en vente dans les années 1950. Léon acheta les bâtiments plus un hectare et demi des terres ; c'est tout ce que lui permettaient ses moyens. Avec la couple d'arpents qu'il possédait déjà, cela lui donnait suffisamment à trimer. Il cultivait encore deux ou trois lopins pour nourrir ses deux vaches et son cheval. Plusieurs vignerons d'alors, au pays, se contentaient d'un cheval pour deux maisons, ou d'ânes.

Dans les environs de La Nivelle, les vignes se composaient essentiellement de gris-meunier. Léon Chartier en renouvela quelques « tires » car le gros des ceps avait été planté d'avant lui. Un de ses clos, celui de la rue Gallet, repris derrière son père, datait de 1907 ; son frère aîné avait participé à son provignage. Léon le fit valoir, ce clos-là, jusqu'en 1974, année où la ville l'expropria pour y bâtir des lotissements. C'était une vigne à souches énormes qui rapportait toujours. Un véritable crève-cœur de la voir saccagée par les bulldozers. Quasiment un crime.

Chaque mois de l'année occupait à une besogne différente. Un bon nombre de dictons illustrait le calendrier du vigneron, parfois même en se contredisant. En voici quelques-uns :

JANVIER
S'il pleut à la Saint-Vincent
Le vin monte au sarment.
Saint-Vincent clair et beau
Plus de vin que d'eau.
Saint-Vincent met la goutte aux ronces
Quand une année de vin s'annonce.

FEVRIER
Quand il tonne en février
Monte tes tonneaux au grenier.
S'il tonne en février
Sors ta cuve sur le fumier.
Vin soutiré en février
Est toujours bien clarifié.

MARS
Quand mars tonne
Apprête tonneaux et tonnes.

Pluie à la Saint-Aubin
Fait l'eau plus chère que le vin.
Taille tôt, taille tard,
Rien ne vaut la taille de mars.
Le vigneron me taille,
Le vigneron me lie,
Le vigneron me baille
En mars toute ma vie.

AVRIL
Bourgeon qui pousse en avril
Met peu de vin en baril.
Tonnerre en avril,
Blé au grenier, vin au baril.
S'il tonne en avril
Vigneron, prépare ton baril.
Quand il tonne en mars,
Bonhomme enfonce ton quart,
Mais s'il tonne en avril
Bonhomme casse ton douzil.
Pâques haut ou bas
Toujours vignes à tailler.

MAI
Bourgeon de vigne en mai
Remplit le chai.
A la Saint-Urbain
Ce qui est à la vigne est au vilain.

JUIN
Pluie de Saint-Jean ôte le vin
Mais ne donne point de pain.
S'il pleut la veille de Saint-Pierre,
La vinée se réduit du tiers.

JUILLET
Prépare tes tonneaux
Si juillet est beau.

Mi-juillet sec et beau
Fait du vin comme de l'eau.
Sainte-Madeleine fait la noisette pleine,
Le blé épié et le raisin coloré.

AOÛT
A tonnerre d'août
Grosses grappes et bon moût.
En août et en vendanges,
Ni fêtes ni dimanches.
Août pluvieux
Rend cep vineux.

SEPTEMBRE
Août mûrit, septembre vendange,
En ces mois tout bien s'arrange.
Les tonneaux ne seront pas vides
Si septembre est humide.
Etoiles filantes en septembre,
Tonneaux pleins en novembre.

OCTOBRE
Gelée d'octobre
Rend le vigneron sobre.
C'est mauvais signe pour le vin
Quand Saint-Gall coupe le raisin.

NOVEMBRE
Saint-Martin boit le bon vin
Et laisse l'eau courre au moulin.
Pour la Saint-Martin,
âne qui ne boit de vin ;
Âne deux fois qui trop en boit.

DECEMBRE
Noël c'est certain
Ne fut jamais marchand de vin.
Noël venteux,

Vignerons heureux.
Vingt-six décembre au vent
Laisse vin grandement.

Sitôt la vendange terminée, le vigneron labourait entre les rangs et buttait les ceps de façon que les pluies s'écoulent dans les « sillées ». Sur ses talons, la vigneronne démaillonnait les branches en les libérant de leurs attaches de jonc et d'osier. Autrefois, avant qu'on n'utilise le fil de fer, chaque treille s'entortillait autour d'un échalas, le « charnier », qu'il fallait arracher ; ces paisseaux étaient en chêne, en charme ou en acacia.

En décembre, le vigneron déchaussait à la marre fendue, dite parfois « crouet », pour dégager les pieds de la terre rabattue par la charrue. C'était le « décrottage » de la vigne.

La taille des rameaux se faisait en janvier, au sécateur et à la serpette. Les mauvais brins étaient éliminés au profit des grosses branches, les « chenoles », et des pousses prometteuses, les « viètes ». De cet émondage dépendait la récolte à venir (les vignerons de l'ancien temps ne taillaient que le jour du Vendredi saint, par superstition). On assarmentait à la suite : les javelles devenaient des fagotins liés avec des « rottes » d'osier, menu bois que l'on remisait précieusement pour allumer le feu.

Le vigneron sarclait les ceps dès le début du printemps car les herbes aggravaient la morsure des gelées tardives En avril, avant la montée de la sève, les femmes partaient maillonner : elles attachaient les viètes au fil de fer avec des liens d'osier rouge. C'était l'époque, dans les temps anciens, où l'on replantait les échalas.

En juin, on accolait les jeunes pousses avec des ligatures en paille de seigle ou en jonc assoupli après un trempage dans l'abreuvoir à vaches. Il y avait deux manières d'accolage. On fixait chaque brin séparément quand les échalas ne supportaient qu'un unique fil de fer. En cas de doublage, les brins étaient glissés entre les fils que l'on serrait ensuite avec des nœuds de jonc. Il fallait répartir trois maillons dans l'intervalle de deux piquets, pour trois ou quatre ceps.

Les brins accolés, on soufrait et on sulfatait à la bouillie bordelaise. On étêtait les pousses, on élaguait les gourmands et les rejets, on rognait les drageons pour aérer les pampres : cela favorisait la formation et le mûrissement des grappes.

Juillet était là, chaud et sec les bonnes années de nouaison, froid et pluvieux les mauvaises. Le vigneron dégageait encore une fois les souches d'un coup de « bézouet », passait l'extirpateur et binait les dernières herbes. Par été trop torride, il « rancurait » un peu de terre autour des pieds pour les garder en fraîcheur durant la véraison.

La futaille réclamait également des soins attentifs. Les tonneaux vidés étaient aussitôt dégravelés, rincés et mis à l'égout. On les méchait ensuite pour éviter qu'ils ne chancissent. On recommençait le soufrage au printemps lorsque les fûts restaient en cave ; les pièces remisées dans un endroit sain, grange ou chai, ne nécessitaient pas tant de précautions.

Dans la semaine précédant la vendange, le vigneron aiguisait ses sécateurs, nettoyait sa hotte et son grugeoir à manivelle, abreuvait à grande eau l'ensemble de ses tonneaux. Pressoir, cuve, fûts, barriques, muids, foudres, jales, cuveaux, gueulebées, tout ventre de bois étanchait sa soif au bec de la pompe du puits. Les douelles hâlées regrossissaient dans leurs cercles et ne menaçaient plus ni de se disloquer au roulage, ni de boire leur tonnelée.

Le vigneron du val cultivait par ailleurs quelques petits lopins maraîchers à côté de ses vignes, qui produisaient des haricots verts, des pois ou des pommes de terre. Il entrecoupait ses rangs de ceps par des talles d'asperges, des pêchers ou des touffes d'osier. Ces dernières fournissaient les liens du maillonnage et les tiges avec lesquelles, l'hiver, le vigneron tressait ses paniers à légumes.

L'heure des vendanges sonnait en début d'automne. L'affaire durait de dix à quinze jours selon l'importance des vignes et le contingent de métiviers embauchés. Certains maîtres d'école ne commençaient pas la classe tant que le raisin des alentours n'était point encuvé, les enfants préférant bien sûr la leçon de choses dans la vigne à l'exercice de lecture devant un tableau noir. Et puis les grappes ne pouvaient pas attendre alors que l'alphabet qui n'était pas appris à l'instant le serait sans problème dans la semaine suivante...

Dans l'ancien Orléanais, voici fort longtemps de cela, tous les vignerons d'une même paroisse se rassemblaient sur la place du bourg dès que le maire commandait au bedeau de branler les cloches. Ils décidaient d'un commun accord du premier jour des vendanges et désignaient un bataillon de messiers. Ces gardes s'armaient d'un gourdin d'épine et patrouillaient jour et nuit, trois par trois, pour traquer les éventuels trimardeurs de la grappille.

Enfin le tambour battait le ban ; les journaliers se réunissaient devant l'église, une cuillère à la main, gage symbolique qu'ils remettaient au vigneron après entente sur le salaire. Ils récupéraient évidemment leur caution à la fin des vendanges.

La récolte du raisin mobilisait tout le voisinage vacant : hommes, femmes et gamins. Chacun se présentait à l'heure convenue avec son seau et, parfois, avec son sécateur personnel. Léon Chartier employait une dizaine de personnes : son fils, ses filles et ses gendres, ses petits-enfants, au besoin quelques amis. La bonne humeur était de mise ; même lorsque les lassitudes, au terme d'une journée passée à croupetons, arrachaient les geignements de bonnes femmes au dos endolori. Mais va ! on se moquait de ses courbatures, on papotait et on chantonnait, on se faisait des niches. Les gosses se barbouillaient le museau d'une grappe écrasée et rigolaient de la mascarade. C'est vrai qu'on retrouvait la gaieté du carnaval dans les vendanges. Voilà un travail qui prenait des allures de divertissement. Bien avant le vin, le raisin réjouissait déjà les cœurs !

Le gaillard le plus costaud de la compagnie, bouille au dos, hottait sans répit les seillées des vendangeurs jusqu'aux tonneaux qui béaient de la gueule en bout de vigne, solidement amarrés aux ridelles de la charrette. Là, les grappes étaient écrasées au grugeoir ou « tapées » au pilon pour un remplissage serré des gueulebées et des bannes.

On revenait tous ensemble à la maison du vigneron au moment de la dînée. On ne mangeait à l'ombre des treilles que dans les vignes très éloignées. Puis on reprenait qui son seau qui sa hotte, et l'on retournait disputer les grappes juteuses aux grives et aux becfigues, les lèvres vermeilles et le gosier sucré...

Une vigneronne prévoyante ne manquait pas de réserver pour sa table, en bout de rang, trois ou quatre treilles fruitières de raisin blanc, du chasselas Bonne-dame le plus souvent.

Les belles grappes étaient coupées bien sèches en fin des vendanges, puis accrochées aux solives du cagibi, à l'abri de l'humidité. Elles fanaient là-haut jusqu'à la fin de l'année mais contenaient encore un peu de jus à Noël. La vigneronne les dépendait pour en régaler sa famille au réveillon ou les offrait aux gosses qui venaient lui souhaiter le guignaneu.

Le soir tombé, les plus fatigués grimpaient dans la charrette aux baquets débordants de raisin, jambes pendantes, tandis que les autres suivaient à pied en un joyeux cortège. La voiture reculait sous la grange et le contenu des gueulebées était versé dans la cuve. Le vigneron foulait alors le raisin aux pieds, sans attendre, pour l'aider à mieux fermenter sans s'échauffer. Ce trépignement recommençait à chaque transvasement, en fin de journée. Une danse rude, et dangereuse avec ça ! Car le vigneron devait se méfier des cuves à moitié pleines dont les flancs retenaient une haleine empoisonnée, une touffeur qui l'étourdissait mieux qu'une avalée de goutte et qui menaçait de le retenir au fond, ivre-mort d'avoir trop respiré les vapeurs suffocantes du moût. Le fouleur se hissait hors de la cuve au plus vite dès qu'une gêne sournoise lui tenaillait l'entrejambe. Un avertissement qui ne trompait pas. Les couilles sensibles et la glotte puissante, pour crier à l'aide, c'étaient encore les meilleures garanties du vigneron contre les accidents de la cuvaison…

Le foulage du raisin fut fatal à plus d'un de nos patriarches. Leur femme s'inquiétait de ne voir personne revenir du cellier ; elle appelait, elle cherchait et elle retrouvait le malheureux inanimé sur son matelas de mousse violâtre. Ç'en était fini du vieillard. Mort de n'avoir pas été assez alerte. Asphyxie par absorption de gaz carbonique.

Le père Jules, de La Nivelle, est parti ainsi, étouffé dans sa cuve mal remplie ; et aussi l'oncle de Léon, le père Henri. Celui-ci frisait la septantaine. N'ayant plus suffisamment d'agilité pour fouler des pieds, il s'était installé sur une chaise – une simple planche posée en rebord de la cuve – d'où, bien assis, il pouvait aisément pilonner le raisin en fièvre. Mais là encore, ce fut le drame. La tête lui tourna et il bascula dans le gouffre…

Les vendangeurs coupaient maintenant les dernières grappes. En certaines modestes closeries, par automne d'abondantes récoltes, il convenait de suspendre l'ouvrage et d'attendre que la cuve soit libérée de sa ventrée.

On ne fêtait pas la fin des vendanges chez Léon Chartier, mais cette coutume se pratiquait ailleurs. C'était, en Sologne, le repas du « berlot » ; en grande Beauce, la

« gobine » ou le « cochelet ». On allait même, en divers endroits, jusqu'à couronner un roi d'un diadème de feuilles avant de le promener à califourchon sur un âne.

Le raisin bouillottait en cuve pendant une dizaine de jours. On l'entendait gémir ; on le voyait s'enfler comme ce dragon des légendes qui, à l'agonie, change son sang amer en liqueur de vie. Les gamins venaient siroter une bolée de vin doux dans les premiers soirs et beaucoup n'en repartaient qu'avec la colique en boyaux.

La fermentation arrivait à son terme, après plusieurs bêchages du marc, quand des nuées de moucherons se mettaient à voleter au-dessus de la cuve. Le vigneron soutirait alors régulièrement un baquet de bernache pour rafraîchir le marc qui, de jour en jour, ne parvenait plus à remonter sur le moût. Puis il tirait un verre au douzil, le mirait dans le soleil pour en vérifier la couleur, le tâtait longuement en mâchouillant ses gorgées. Tout se décidait sur cette appréciation. Le vin devait encore cuver s'il sentait la grappe ; au contraire il était immédiatement enfûté s'il se chargeait déjà d'âcreté et de rudesse.

Le vigneron plantait la cannelle à la place du fausset et la cuve pissait aussitôt son vin dans les jales. On entonnait sans attendre dans les futailles. Les tonneaux du cellier étaient remplis à la tine, sorte de seau ovale muni de deux anses et d'un large bec verseur ; ceux de la cave demandaient un dispositif plus astucieux composé d'un chantepleure placé devant le soupirail et relié à la bonde du poinçon par un tuyau flexible. Dans les anciennes maisons vigneronnes où les fûts se trouvaient sous la pièce à vivre, on enfilait le tuyau dans un trou qui perçait tout simplement le plancher de l'habitation et la voûte de la cave : cela épargnait mille va-et-vient.

Un vigneron fier de ses résultats n'oubliait jamais d'inviter son voisinage à venir, au soir, goûter à sa « tisane de bois tordu ». On lichotait pour mieux s'imprégner les babines de cette dernière générosité de Bacchus ; on comparait la gouleyance du cru à celle des années passées et l'on se remémorait certains millésimes qui prenaient valeur de dates historiques.

Quand par bonheur un cru méritait de rester dans les annales, une douzaine de bouteilles bouchées à la cire était soigneusement couchée dans un bassin rempli de sable, au fond de la cave, avec promesse de ne s'en rincer le gosier qu'aux grandes occasions...

Léon Chartier ne possédait pas suffisamment de fûts pour encaver tout son vin. Les négociants de Meung et d'Orléans passaient donc de temps en temps et remplissaient directement leurs propres muids à sa cuve. Certains pinardiers particulièrement roublards carottaient un supplément de sept à huit litres par demi-pièce, soi-disant pour compenser les fonds de tonneaux qui se troublaient toujours de « chiennes » et se gâtaient d'un goût de lie. D'autres récoltants vendaient une partie de leur vinée à des cafetiers du bourg.

Il est à noter qu'avant la Grande Guerre, les vignerons de La Nivelle pressuraient leur raisin rouge sans le mettre en cuvaison, comme pour un vin blanc ou rosé. Le jus recueilli, la « biscotine », était incolore car le gris-meunier ne se teinte que pendant sa vinification. Les fûts filaient aussitôt par chemin de fer jusque dans les caves de Reims et n'en ressortaient que sous l'étiquette de champagne véritable !

La cuve soutirée, les résidus étaient portés sur la maie du pressoir. On les coiffait avec la bottelée de paille qui avait servi, en fond de cuve, à tamiser l'écoulement de la goulotte. On ajustait les lourds madriers et deux hommes, les pressureurs, pesaient de tout leur poids sur le bras de la vis. Le marc crachait ses dernières gouttes. On laissait parfois le premier jus se décanter (on disait

« se débourrer »). Dans les grosses fermes beauceronnes, on arrosait copieusement le marc avant l'ultime pressée, à l'eau du puits évidemment, et il en coulait de la « boisson ». On pouvait également remplir une gueulebée de marc bien tassé, la recouvrir de sable et la mouiller en permanence pour obtenir de la « râpée » à la cannelle. Il va sans dire que ce genre de picrate était destiné à l'ordinaire de la domesticité !

Chez Léon Chartier, on ne buvait point de ces vinasses. Le marc était conservé dans des cuveaux sous une épaisse couche de terre humide. On veillait à ce que cette terre ne se craquelle point par sécheresse, ce qui aurait fait moisir le marc et l'aurait rendu impropre à la brûlerie. Un paysan du pays conduisait l'alambic en hiver, dans les mois de janvier-février. Léon rapportait bon an mal an son hectolitre de goutte. Il se réservait les vingt litres de son privilège et vendait le restant au pinardier de Meung.

Le vin qu'il récoltait titrait dans les sept à huit degrés. Ce n'était certes pas un breuvage capiteux mais on l'estimait parce qu'il « coulait » bien. Au grand jamais on ne le forçait au sucre. Certains vignerons chaptalisaient sans doute mais le voisinage n'en voulait rien savoir. Ces histoires-là ne regardaient point le monde et les fraudeurs n'avaient à se débrouiller qu'avec leur conscience. Ou avec les gabelous, au pire.

Le paysan ne cessait de surveiller le vin qu'il élevait en cave. Il ouillait ses fûts en début d'année, les soutirait à la nouvelle lune de février, mettait en bouteilles dans le décours de mars, ouillait de nouveau en avril. Entretemps il méchait les tonneaux vides et frottait la maie de son pressoir avec une gousse d'ail pour en éloigner les rats... Sa dernière cuvée ne serait bue qu'après « avoir fait ses Pâques ».

Le patron des vignerons, chacun le sait, était saint Vincent, un diacre d'Espagne qui mourut martyr pour avoir prêché en Gaule et souvent servi le vin de messe. On l'honorait le 22 janvier. Le programme variait peu d'une paroisse à l'autre : office religieux dans une église décorée de vigneture, distribution du pain bénit et des galettes, procession dans les nefs latérales derrière la bannière et les insignes corporatifs. La fanfare embouchait ses cuivres à la sortie de la cérémonie, sur le parvis, et entraînait le défilé dans les rues du village. Vers midi on buvait le verre de l'amitié puis on s'attablait pour le traditionnel banquet qui s'achevait par une danserie, tard dans la nuit.

La veille, en certaines contrées de la région, les vignerons sacraient leurs deux rois de l'année. L'événement s'est maintenu à Mardié. Sitôt les dauphins de l'année précédente élus souverains, une délégation se présentait à la porte des monarques détrônés pour abattre l'emblème de leur titre perdu – un sapin érigé en mât dans un coin de cour. Cette abdication se faisait évidemment dans les rires. Une escorte bruyante se dirigeait ensuite vers la mairie pour introniser les nouveaux rois et leurs dauphins, désignés parmi les plus jeunes membres de la confrérie, tandis que les cloches sonnaient à la volée. Des sapins récemment mis à bas – les « mais » de saint Vincent – étaient plantés devant les maisons royales pendant que les arbres anciens, secs après un règne de douze mois, crépitaient déjà en un formidable feu de joie ; les flammes grillaient saucisses ou harengs et chauffaient une pleine casse de fraîche tirée.

Un roi célibataire pouvait choisir sa princesse, la « lisotte », parmi les cendrillons du pays. En tout bien tout honneur, s'entend. Il ne la reconduisait, avec l'accord des parents, qu'à la fin des réjouissances qui, parfois, duraient la semaine.

Mais ces moments de liesse ne revenaient hélas pas souvent. De même que le cordonnier était le plus mal chaussé du village, le vigneron ne s'enivrait guère de bonnes trinquées : il devait vendre sa récolte, point la boire. Et c'est Léontine, la femme de Léon Chartier, qui mit le point final à notre entretien lorsqu'elle murmura : « Ah çà, on avait bien du mal pour ne pas gagner grand-chose ! »

Rencontre de l'été 1983.

Le cidrier

Jules Delacroix, personne ne sait de qui il s'agit dans la vallée de l'Huisne. Mais Moustache, en revanche, on connaît. On ne connaît même que lui à trois lieues à la ronde. Moustache, c'est comme qui dirait la vedette du canton.

Un sacré personnage, pour sûr. Son surnom, il le tient évidemment des superbes bacchantes qui broussaillent sous son gros tarin couperosé. Avant de pouvoir exhiber un blase aussi haut en couleur, croyez-moi, faut en avoir ingurgité quelques-unes, des lichettes de calva ! D'aucuns s'évertuent à décorer de rouge leur boutonnière ; Moustache, lui, préfère se vermillonner le nez. A chacun les rosettes qu'il souhaite ! Les goûts et les couleurs, ça ne se discute pas.

Pas banale, la touche du bonhomme. Tout à la fois patriarche et vagabond, vieux sage désabusé et vétéran à la fière tapette. L'œil goguenard et l'air bougon. Affublé de son caban et de sa casquette de marin, il pourrait poser au loup de mer à la retraite. Eh bien, pas du tout ! Il ne fut qu'un terrien pure laine. Voici Jules Delacroix : un être qui ne laisse de surprendre ceux qui l'approchent. Le tantôt où nous l'avons rencontré, par hasard, il était attablé à l'hôtel du Commerce. Il entretient là, semble-t-il, quelques habitudes. L'endroit lui sert de boîte aux lettres et, plus ordinairement, d'abreuvoir.

Oui, Jules Delacroix est un de ces personnages inénarrables, truculents et forts en gueule, qu'il n'est pas donné de fréquenter souvent. Sa vie ? Un véritable roman ! Tout écrivain en mal d'inspiration glanerait vite auprès de lui un beau boisseau d'idées. On plonge dans les plus sombres chapitres de la littérature populiste dès qu'il évoque sa prime enfance. Son histoire tient tour à tour de « Vierge mais déjà mère », de « La jolie Cendrillon du lupanar » et de « L'innocent enfant du péché ». Un mélo tel qu'aucun feuilletoniste n'osera plus jamais en imaginer...

« Ma mère s'appelait Yvonne-Augustine-Zoé Michon, commence l'ami Jules. C'était quelqu'un d'exceptionnel, une femme palace ! »

Pourtant, en fait de palace, Yvonne Michon ne tenait qu'un claque de quatorze chambres au 7, rue de la Charbonnière, dans le quartier de la Goutte d'Or à Paris. Il s'agissait d'une situation enviable, et certainement enviée, qui nécessitait autant de doigté que d'entregent, sous une frivolité d'apparence.

Mais avant de mener une vie en rose, notre tenancière avait dû surmonter bien des moments gris.

Elle se destinait au service de Dieu quand, nonnette sans méfiance, elle s'était laissé suborner par un confesseur de passage, un ratichon pas très catholique. Sa faute ébruitée et la pomme défendue croquée jusqu'au trognon, elle avait été chassée du couvent et jetée à la rue. Poussée sur le trottoir, plus exactement. Sur le trottoir, où elle ne tarda pas à monnayer ses charmes. Sa consolation fut de gagner quelque argent en marchandant ce qui avait perdu son honneur. Du bidet au tiroir-caisse, il n'y avait qu'un pauvre escalier branlant à redescendre. Une reconversion vite accomplie.

« Je suis né dans un fiacre, poursuit Moustache. Juste devant la mairie du dixième arrondissement. Déclaré enfant naturel, cela va de soi ! »

Peu après éclatait la Grande Guerre. Finie, la Belle Epoque ! Bien que maisons closes, les bordels se vidèrent. Désormais, les fêtards des boulevards s'entichaient de Madelon, et tant pis pour les demoiselles de la Goutte d'Or ! Le mâle drapeau tricolore émoustillait plus ces messieurs que la coquine jarretelle fuchsia. Alors Madame Yvonne en prit son parti. La fille d'amour devint une femme de cœur. Sentant poindre en elle une irrésistible ardeur patriotique, elle courut confier son marmot à l'Assistance publique et elle partit fabriquer des obus dans une usine de Bergerac. Le petit Jules fut casé chez la brave Mme Zéphyr, une nourrice de Tremblay. C'est ainsi qu'à l'âge de trois ans, il atterrit au fin fond du Perche.

En ces abords de Nogent-le-Rotrou, la campagne emprunte des allures de paysage bocager à la Normandie toute proche. Les collines verdoyantes se maillent de brise-vent touffus et de bosquets linéaires, les rivières serpentent dans l'herbe grasse des prés et certaines maisons enjolivent déjà leur façade en la rayant de colombages. Dans la vallée de l'Huisne, au centre du Grand Perche, les champs de pommiers se présentent groupés, parfois en vergers. La contrée a su préserver l'excellente réputation de ses pommes à cidre, une réputation qui rivalise avec celle du Pays d'Auge et de certains coins de Bretagne ou du Maine, en dépit d'une nette régression de la production.

« Il n'en reste quasiment plus rien aujourd'hui, déplore Moustache en reniflant. Ah ! Si vous aviez vu ça, autrefois… »

Autrefois, les collines se couvraient de pommiers. Les pentes, à la feuillaison, se pommelaient d'arbres à perte de vue ; puis les frondaisons se coloraient de jaune et de rouge au déclin de l'été, et cela annonçait la récolte à venir. Quand le vigneron vendangeait, le cidrier préparait ses barriques.

Du cidre, on en faisait presque partout, naguère. En Beauce, en Gâtinais et ailleurs. Il s'agissait ici d'un halbi, là d'une boisson fadasse qu'on n'avalait qu'à regret. Sortis de Chuelles ou de Châteaurenard, les assoiffés du Montargois buvaient plus souvent de la lavasse que du nectar. C'était du pareil au même dans la plupart des patelins situés entre Loire et Seine. Mais plus on s'écartait vers le couchant, plus le cidre s'améliorait. Dans la vallée de l'Huisne, on s'en suçait le poil des moustaches tellement il coulait franc.

Le règne béni de la pomme à cidre, dans le Perche, débuta au Moyen Age. Durant la Renaissance, les pommeraies remplacèrent peu à peu les vignes, qu'elles supplantèrent totalement à la Révolution. Le Bellêmois et le Nogentais furent les grands bénéficiaires de ce changement. On disait qu'en année généreuse, la pomme permettait d'acquitter les fermages et de doubler les revenus des métayers.

Bon pour ma pomme !

Une très ancienne tradition voulait que l'eau tirée du puits au matin de la Saint-Jean, mais avant la pointe du jour, bonifie le cidre qui en serait légèrement baptisé à l'automne. Pour une meilleure efficacité, cette eau devait être gardée dans un tonneau, au fond de la cave. Elle avait aussi la particularité de rendre amoureuses les filles à marier.

Eau à la bouche, cidre à boire et bécots à cueillir : comment ne pas tomber dans les pommes ?

Le cidre percheron, et plus particulièrement celui produit dans la boucle de l'Huisne, équivalait en renommée aux cidres bretons et normands, auxquels on l'apparentait volontiers. Les terroirs cidricoles s'étendaient de la Montagne d'Arrée, dans le Finistère, aux méandres du Loir, en limite du Perche-Gouët et de la Beauce dunoise. Les pommiers réclamaient des sols d'argile, caillouteux de silex, assez légers et point trop mouillés, à l'abri des fortes gelées. « Nous autres, en lisière de la Basse-Normandie, claironne Moustache, nous étions parmi les meilleurs producteurs de fruits à cidre ! »

On distinguait plusieurs espèces au pays : les Fleuritard, les Impériales, les Risettes, les Bédan... Toute pomme était bonne à presser, sauf celles dont la chair semblait vraiment trop farineuse. La préférence allait toutefois aux douces-amères. La plus juteuse restait la Raté. La reinette du Mans n'était pas mauvaise non plus. On ramassait tout ça pêle-mêle et on mélangeait afin d'homogénéiser la récolte.

Un pommier n'atteint sa fructification maximale qu'au bout d'une vingtaine d'années. Cinq ans plus tard, il convient d'en éclaircir la ramure car l'épaississement du feuillage empêche les fruits de se gorger de soleil. La pyrale, le puceron, le charançon et la moisissure constituent ses menaces les plus sérieuses.

« On a toujours eu des maladies sur les pommiers, précise Moustache, mais cela ne tuait pas les arbres pour autant. Le pire ennemi était le gui. On coupait les toues, on grattait leur attache et l'on traitait l'arbre à la chaux. A force d'en sucer la sève, le gui aurait fini par faire crever un pommier. A chaque printemps, au débourrage, on démoussait les troncs à la brosse en chiendent, on les lavait puis on les chaulait. On employait rarement la bouillie bordelaise. »

Moustache ne peut mettre au-dessus de lui que le Perche ait abandonné sa vocation cidrière au lendemain de la Libération. « On a supprimé les haies, déplore-t-il, on a couché les vergers, on a tout saccagé. On a fait table rase de tout, sans s'occuper des conséquences désastreuses que cela risquait d'entraîner. Les remembrements ont tout bouleversé. Le gouvernement encourageait les paysans, à coups de subventions et de primes à l'arrachage, à se défaire de leurs pommeraies. Une misère ! » Résultat : le territoire du cidre a terriblement fondu sur l'Orne et l'Eure-et-Loir. Pour ne rien arranger, les complants épargnés par la hache, maintenant vieillissants, ne seront probablement pas remplacés.

Il sait de quoi il cause, Moustache, lorsqu'il parle de pommiers, de pommes et de cidre. Car il était propriétaire d'une pommeraie de deux cent cinquante sujets.

« Pas propriétaire, interrompt-il. Héritier, nuance ! »

Soit : héritier. De deux cent cinquante pommiers tout de même. Et d'expliquer que le fermier qui l'employait, le père Eugène, le considérait comme son fils au point d'en avoir fait son légataire. « Jamais un mot de tendresse, se souvient Moustache ; il me traitait de tordu mais au fond, il m'aimait bien ! » C'était son paternel, ce bonhomme-là, tout comme. Jules le chérissait certainement davantage qu'il ne chérissait sa propre mère. « J'avais dix-neuf ans à la mort d'Yvonne, raconte-t-il. Je l'ai enterrée moi-même, je n'ai fait que mon devoir, sans plus. »

Cette ferme tombée du ciel n'était pas un mégot. Elle se tenait au lieu-dit « la Basse-Fouillerie ». Outre les vergers, elle comprenait quarante-cinq hectares de bonne terre sur lesquels poussaient du blé à foison, de l'avoine et de l'orge. Il y avait six vaches dans l'étable, ce qui était beau en ce temps-là, six vaches dont la moitié étaient toujours pleine. Le lait et le fromage n'y manquaient jamais. Beaucoup de familles n'en possédaient pas autant, ni d'aussi bon. Dans les parages, la surface des pommeraies variait d'une exploitation à l'autre en fonction des moyens matériels, de la nature du terrain et de l'exposition des vergers.

La récolte des fruits se déroulait dans la lumière ocre des fins d'octobre. On profitait des dernières belles journées qui dureraient jusqu'à l'été de la Saint-Martin, malgré la fraîcheur des aubes brouillasseuses. Les hommes gaulaient les pommes en secouant les branches de leur longue perche, pommes dont les femmes, agenouillées dans l'herbe du matin au soir, les jupons trempés de rosée, emplissaient de grands mannequins d'osier. Son panier garni à ras bord, chaque ramasseuse adressait un signe au gamin qui, contre trois sous la journée, se chargeait de reverser les fruits dans le « banniau », dans le tombereau.

La voiturée était mise à cul, comme on disait, près de l'endroit où s'installerait le pressoir ; et les pommes, laissées en tas. On n'y toucherait pas avant deux ou trois semaines, tant que les gelées blanches ne seraient pas passées dessus. C'est en effet après les barbelures de l'automne, début novembre, que les fruits se gorgent du meilleur de leur suc. Leur maturation est optimale. Il faut alors prendre de vitesse la pourriture.

Dès que la saison se mettait à gelarder et que l'air du petit matin faisait sentir l'approche des frimas, on attelait les chevaux au pressoir roulant, une fine équipe de trois ou quatre gars derrière, occupés à deviser joyeusement, et l'on entamait la tournée des fermes. Celui qui pressait les pommes était souvent celui qui menait la machine à battre ; il travaillait pour le compte du même entrepreneur. Il avertissait : « Nous serons tel jour chez Untel » et c'était bien le diable s'il ne tenait point parole.

On broyait d'abord les pommes. Les modestes récoltants utilisaient un grugeoir portable, monté sur quatre pieds, muni d'un cylindre cannelé et d'un large volant à manivelle. Un volume de pommes plus important nécessitait un matériel mieux adapté : un lourd concasseur à rouleaux actionné par un manège à cheval (c'était notamment le cas à la Basse-Fouillerie). Enfin, dans les maisons dont la tradition cidrière remontait à plusieurs siècles, le broyage s'effectuait au bon vieux moulin de pierre, à course circulaire.

Le pressurage s'effectuait dans la foulée. On ajustait les claies du pressoir, hautes de deux mètres, à angle droit ; on pelletait la pulpe que l'on couvrait d'un paillis de seigle. Puis on posait les madriers, on engageait la barre dans la tête de vis et l'on pesait de toute sa force. On serrait à plusieurs, on serrait et on serrait encore.

Le jus s'échappait de la goulotte en une pissée claire ; on le transvidait immédiatement dans des pipes de six cents à huit cents litres. Une pincée de sulfite accélérait la défécation. On soutirait et on laissait en fermentation. Le cidre mousseux était obtenu par un embouteillage opéré en cours d'alcoolification.

La ferme de la Basse-Fouillerie, comme la plupart des grosses exploitations, possédait en propre son pressoir. Les voisins en profitaient, qui mêlaient leur récolte à celle de Moustache. On travaillait en communauté, c'était le terme employé, et aucun ne chipotait au poinçon près lorsqu'il s'agissait de procéder au partage du jus. Tatillonner pour récupérer une centaine de litres sur les copains aurait été fort mal vu. On n'était pas si regardant, autrefois !

Les mentalités d'alors n'avaient rien de commun avec les motivations qui animent les cultivateurs d'aujourd'hui. On s'entraidait sans compter ni son temps ni ses efforts. Le riche prêtait son cheval au pauvre, lequel rendait le service en main-d'œuvre, dans l'intérêt mutuel. On ne calculait qu'en demi-journées, jamais en heures, et on tenait pour point d'honneur d'offrir plus qu'on ne recevait.

Le marc qu'on retirait du pressoir était réduit à l'état

de purée. Il n'y avait plus rien à en espérer, pas même pour engraisser un jardin. On le laissait à l'écart, bien à découvert, de façon que les intempéries de l'hiver finissent par l'éliminer.

L'unique précaution à observer était de veiller à ce que les animaux ne viennent point renifler ces résidus. Il fallait souvent enfermer le bétail et boucler la volaille, sous peine d'être confronté à de burlesques péripéties. Car combien en avait-on surprises, des vaches et des poules, complètement saoulées par les effluences des déchets qui flottaient à l'entour ? La bête, soudain, ne bougeait plus. L'ivresse lui interdisait le moindre mouvement. Vous pouviez hurler, la menacer, la cogner même, elle ne remuait ni d'un poil ni d'une plume tant qu'elle n'était pas dégrisée ! L'aventure amusait, bien sûr, à condition toutefois de ne pas se répéter fréquemment...

Le cidre se forme, s'élève comme le vin ; et comme le vin, il exige des soins attentifs. Il faut savoir le laisser se décanter, le transvaser au moment précis, pas un jour trop tôt, pas un jour trop tard, l'empêcher de se piquer, de s'aigrir, de se graisser, de se gâter sous la fleur. C'est à ce prix qu'on peut déguster un breuvage très agréable, naturel et désaltérant. Il ne figure pas parmi les denrées dispendieuses, ne titre pas suffisamment – six degrés – pour être nocif, agrémente enfin certains plats d'une saveur inimitable. Bref, la boisson idéale !

... La boisson idéale dont on ne perdait pas une goutte. Car le peu qui restait de l'année, au fond des fûts de chêne, n'était point jeté au ruisseau, surtout pas ! On le distillait en eau-de-vie bien sûr, en fameux calvados. Au secret des vases en cuivre de l'alambic se réalisait le grand œuvre d'une merveilleuse alchimie : la condensation des lourdes émanations en un philtre quintessencié, transformation aussi éblouissante que la coupellation du plomb terne en or éclatant ! C'était cette liqueur, braves gens, qui vous creusait l'estomac d'un bon trou normand, au beau milieu d'un banquet, et vous autorisait à refestoyer d'autant.

La frênette (cidre de frêne)

Tout semblait bon, jadis, pour se rincer l'avaloir sans débourser gros. Les braves paysannes préparaient donc des boissons de ménage avec les ingrédients les plus divers. C'étaient des breuvages plus ou moins pétillants, plus ou moins désaltérants, à base d'alises, de cormes, de prunelles, de noix vertes. Une macération de pousses d'épine noire donnait une imitation de vin, de même qu'une décoction de feuilles de noyer ou de pêcher. En guise de bière, on se contentait d'une infusion de houblon sauvage dans l'eau sucrée. Les fermières économes servaient à leurs domestiques une lavure de marc acidulée d'un jet de vinaigre, une boisson de peu qu'on appelait ici la « bouète », ailleurs la « râpée ».

Les pousse-au-crime liquoreux étaient tout aussi variés. Faute de pommes à brûler, de poires, de prunes ou de marc de raisin, on gavait l'alambic de topinambours, de betteraves fourragères ou de pommes de terre. Les tord-boyaux qu'on en retirait manquaient souvent de finesse ; ils rendaient fous ou aveugles ceux qui en abusaient, mais ils auraient réveillé un mort et réchauffé un bougre transi de froid !

Avec des feuilles de frêne, on obtenait une sorte de cidre dont voici l'ancienne façon :

100 g de feuilles de frêne sèches, 100 g de chicorée d'épicier, 100 g de sel d'acide tartrique, 1 pincée de levure de boulanger, 5 kilos de sucre en poudre.

Dans, une marmite contenant 100 litres d'eau, faites bouillir la chicorée pendant une quinzaine de minutes. Ajoutez les feuilles de frêne et laissez infuser durant une bonne semaine. Versez dans un tonneau, avec le sucre, le sel d'acide tartrique et la levure. Prévoyez une autre semaine de fermentation avant la mise en bouteilles.

A la bonne vôtre, et gare aux rots !

Huit hectolitres de cidre vieux fournissaient une soixantaine de litres de calva, à vue de nez. En début de brûlerie, le jet pesait dans les quatre-vingt-dix degrés ; quiconque y goûtait, en avait le gosier en feu. On réservait cet alcool pour corser les bouilles qui paraissaient un peu faiblardes. A l'inverse, on ne tirait au degré qu'en allongeant le calva au jus de pomme, jamais à l'eau.

« Tout ça, c'est fini et ça ne reviendra plus ! » Moustache porte le deuil de ces époques enfuies. Aujourd'hui, il n'est plus qu'un vieillard solitaire, sans toit ni famille. Il a tout bouffé : les pommiers, les quarante-cinq hectares de bonne terre, les six vaches de l'étable et la ferme tout entière. Il s'est marié quand même, et il a eu trois fils. Mais il ne sait pas où ils sont au juste. « Ils se baladent dans la nature, suppose-t-il en se tordant la lippe d'une moue dubitative. Dès qu'ils ont atteint l'âge de se débrouiller tout seuls, je leur ai dit "Démerdez-vous !". Depuis, ils font comme les papillons, ils volent de place en place. »

Lui aussi, leur père, baguenaude de droite à gauche, selon son humeur du moment, en semant à tous vents ses théories libertaires. Il couche et mange au petit bonheur, ici un jour, là le lendemain, au gré des rencontres et des coteries. Tant qu'il aura sa rincette quotidienne, il sera le plus heureux des hommes. Il n'en demande pas davantage. Ça durera ce que ça durera, comme dit l'autre. Le plus longtemps possible serait le mieux, évidemment.

Rencontre du printemps 1988.

Nota : Moustache, qui prétendait s'appeler Jules Delacroix, se nommait en réalité André Giroux !

L'huilier

Fabricant d'huile de noix à Noyers : avouez que le hasard se plaît à jouer sur les mots... Le hasard ? Peut-être pas à la réflexion ! Car en ces bords du Cher, à la frontière du Berry et de la Sologne, croissaient autrefois de nombreux noyers – des « calotiers », comme disent encore les vieilles gens de par là. L'étymologie du lieu viendrait même de cette particularité, selon toute vraisemblance.

Donc, beaucoup de noyers à Noyers, et beaucoup de noix à gauler en octobre. On en charroyait de lourdes brouettées, de pleines voitures, des tomberées remplies jusqu'à hauteur des ridelles, autant comme autant. Une année sur trois, c'était écrit dans les grands cycles de la nature, on croulait sous la récolte tellement il y en avait à ramasser. De sorte que cette production d'appoint, presque une manne du Bon Dieu, assurait la prospérité d'une multitude de moulins à huile dans la région. L'entreprise Guénard – les actuelles Huileries du Berry – est le rappel de ce passé.

La maison fut fondée en 1824, à Saint-Aignan. Hippolyte Couffrant en hérita et y demeura jusqu'en 1918. Le moulin fut repris par son gendre, Octave Guénard, puis par le fils de celui-ci, Jacques, en 1957. Aujourd'hui, l'établissement est dirigé par Jean, qui a succédé à son père voici peu. On est donc huiliers depuis quatre générations dans la famille Guénard ; et, tout en restant très attentifs à l'évolution du marché, on ne se montre pas peu fiers de cette longue tradition, gage d'un savoir-faire infaillible.

Du temps du grand-père Hippolyte, cette activité était rentable, bien que fort commune, car les paysans des environs ne consommaient, en matières grasses comme en autre chose, que ce qu'ils produisaient : du beurre, du saindoux et cette fameuse huile de noix qui ne réclamait pas une folle dépense. Chaque village, même le plus modeste, possédait son moulin ; chaque ville en comptait plusieurs. Il en fonctionnait quatre à Saint-Aignan, quatre dont l'ouvrage ne manquait jamais en saison. Le moulin d'Hippolyte Couffrant était du lot.

Comme ses confrères, le bonhomme travaillait à façon les trois derniers jours de la semaine. Le marché se déroulant le samedi, il réservait ce jour-là aux paysans qui, de sortie au bourg, faisaient ainsi d'une pierre deux coups. Le matin ils apportaient leur chargement de noix préparées, traitaient leurs affaires en journée et repartaient au soir avec leur bonbonne d'huile. Le samedi, au moulin d'Hippolyte Couffrant, il n'était pas question de se tourner les pouces en rêvassant : on s'attelait au travail dès les cinq heures, quand arrivait le premier client, et on ne soufflait qu'après les dix heures du soir, longtemps après la tombée de la nuit, lorsque s'éloignait le dernier paysan. Certains habitués, le midi, s'installaient dans un coin de l'atelier, leur panier à provisions sur les genoux, et y cassaient la croûte en attendant leur précieux dû.

Sa clientèle amplement fournie, Hippolyte battait la campagne et achetait les surplus de noix qu'il pouvait glaner alentour. Les paysans le livraient avec leurs tombereaux. Quelques femmes du pays s'embauchaient volontiers comme casseuses. Hippolyte fabriquait alors une huile qu'il proposait ensuite aux épiciers des environs. Il effectuait sa tournée en charrette à cheval, dans un rayon d'une trentaine de kilomètres. L'huile se vendait à la mesure, comme le lait, dix centilitres par dix centilitres. De cette manière, les ménagères déboursaient moins à la fois.

Il ne s'agissait évidemment que d'une besogne saisonnière qui n'occupait son homme qu'en automne et en hiver, durant quatre ou cinq mois. Le restant de l'année les huiliers cultivaient la vigne sur les coteaux. Ailleurs, comme dans le Périgord, les fabricants d'huile étaient également meuniers. L'un dans l'autre, on ne se croisait jamais les bras.

Hippolyte Couffrant vécut ainsi, sans histoire. A cette époque, bien avant la Grande Guerre, celui qui travaillait mourait rarement de faim, mais il ne s'enrichissait guère non plus. Il gagnait et son pain et sa vie. Il n'en demandait souvent pas davantage, et il ne se plaignait point. Du moment que sa maisonnée avait correctement de quoi se nourrir, se vêtir et se loger, l'essentiel des besoins était satisfait. Personne ne crachait sur le supplément quand cela se présentait, bien sûr ; mais il fallait être pingre à en crever pour ne penser qu'au profit, au point, parfois, d'en faire son unique raison de vivre !

Les cerneaux du Gâtinais

Les anciens du Gâtinais avaient une façon particulière de manger leurs « calots » à la fin de l'été.

Ils cueillaient les noix encore vertes, dans leur brou. Ils en décalottaient l'écale au couteau, côté attache, puis ils les ouvraient. Les demi-amandes, retirées de leur coque, étaient plongées dans un bain d'eau salée et vinaigrée, dans lequel elles macéraient pendant une journée entière, jusqu'à en devenir brunâtres. On les consommait avant le fromage, pour se stimuler l'appétit. Uniquement les jours de grands banquets, évidemment.

Ainsi préparées, ces noix étaient appelées des « cerneaux ». C'était un amuse-gueule très apprécié au pays.

Dès les années 1920, Octave Guénard s'attacha à rationaliser son huilerie. Il embaucha un compagnon et se pourvut d'un véhicule automobile. L'ouvrier se démenait au moulin, tandis que lui, Octave, élargissait sa zone de commercialisation sur une ronde de quatre-vingts kilomètres. N'ayant pas de représentants, il visitait chaque épicerie une fois par mois, selon un ordre de passage établi. Il livrait son huile en dames-jeannes clissées et consignées. D'autres huiliers se servaient de cruches en grès, de bidons en fer étamé ou de simples bouteilles de verre.

L'huile de noix était une denrée appréciée, certes, mais trop onéreuse pour s'écouler en gros débit auprès des petits détaillants de la campagne. Les récoltants prenaient garde de ne pas utiliser plus que leur propre production ; les autres, moins chanceux ou moins argentés, se contentaient de la graisse empotée lors des dernières cochonnailles.

Il faut noter, aussi, que les rebouteux d'alors prescrivaient l'huile de noix en guise d'embrocation, que les charretiers l'employaient en onguent siccatif pour cicatriser les plaies de leurs chevaux, enfin que certaines dames en faisaient souvent absorber à leur galant en guise de philtre aphrodisiaque !

Octave modernisa également l'équipement de son moulin, dans la limite de ses faibles moyens. L'antique meule en granit fut entraînée par un moteur à essence : jusque-là, c'était une vieille rosse qui la roulait, parfois un âne, manège incessant, usant, qui obligeait qu'on encapuchonne l'animal pour lui éviter de tomber en folie. Octave remplaça encore les toiles de lin, employées au pressage, par des « scourtins » de coco ; puis il améliora la qualité de son produit en ajoutant des filtres de coton.

Avec un chaudron et deux presses, Octave pouvait traiter huit cents kilos de matière par jour. Comme son prédécesseur, il travaillait à façon pour les particuliers, pour les paysans des environs qui venaient avec leurs tombereaux pleins de noix décortiquées ; et il œuvrait ensuite pour son compte grâce aux excédents de récolte que ces mêmes paysans consentaient à lui céder.

Mais cela ne suffisait pas à constituer une besogne de plein temps. La fabrication de l'huile ne s'effectuait que du jeudi au samedi inclus. Les autres jours étaient consacrés au lavage des bonbonnes. Dégraissage à l'eau de cristaux (tiède pour que le verre n'éclate pas), rinçage à l'eau chaude et aseptisation à l'eau froide légèrement vinaigrée, enfin égouttage le goulot en bas. En principe, on avait toujours une bonne semaine d'avance en récipients vides.

C'est pour ne plus être désœuvré la moitié de l'année, et pour rentabiliser davantage son activité, qu'Octave se lança bientôt dans la fabrication des « huiles noitées », des huiles de table aromatisées par macération puis cuisinées avec des noix. Ce nouvel article lui procura du travail en toutes saisons. L'élément de base, l'huile de lin, provenait de Bombay en fûts de deux cents litres. Ces substances hybrides présentaient l'avantage de ne pas coûter cher, donc d'être à la portée des budgets les plus étriqués.

En dépit d'une qualité nettement inférieure à celle des pures noix, le débouché local de ces succédanés s'étendit rapidement aux départements limitrophes. Bien qu'Octave Guénard ne s'en doutât pas encore, la première phase de l'industrialisation était commencée. Les huileries artisanales qui refusèrent de se plier aux nouvelles exigences du marché, durent fermer les unes après les autres.

Et pourtant, malgré ces changements de mentalité, le métier n'évoluait guère, ni en gestes ni en matériel. Seules les presses hydrauliques s'étaient perfectionnées : carrées naguère, elles étaient rondes maintenant et s'ouvraient par le fond, ce qui facilitait l'extraction des résidus compressés en galette. Mais les méthodes de fabrication demeuraient immuables pour l'essentiel.

Le gaulage et le ramassage des noix s'accomplissaient au début de l'automne. Les fruits étaient immédiatement « énoulés » et « curés » en veillées, à l'aide d'une planchette et d'un maillet ; on triait ensuite les amandes selon leur apparence et leur couleur. Le récoltant conservait ces amandes – les cerneaux – dans des clayettes, au frais dans sa cave, pendant un mois ou deux. A basse température, cela ne risquait pas de rassir. En revanche, il devait se méfier de ce qui se trouvait entreposé à proximité car les cerneaux ont tendance à s'imprégner des odeurs ambiantes. C'est ainsi que plus d'un paysan s'étonna de déceler comme un vague goût de pomme à son huile de noix !

L'écrasage se faisait (et se fait toujours) de manière archaïque : sur une lourde meule tournante, en pierre. L'axe supportait une lame d'acier arquée, le ramasseur, qui raclait les noix broyées et les refoulait sous le rouleau. La pâte obtenue, blonde et onctueuse, contenait 60 % d'huile.

Dans les temps anciens, quand la notion de bien vivre n'était pas une vaine philosophie, on prenait l'attention d'arroser les cerneaux écrasés avec du vin blanc. Ce petit secret donnait un meilleur rendement et, surtout, agrémentait l'huile d'une saveur des plus subtiles. Mais l'attente devant la meule était souvent bien longue, et la chaleur des fourneaux n'arrangeait rien. Pris de pépie, nombre de clients débouchaient leur tourie de pinard avant l'heure, et tant pis si la qualité de l'huile rapportée s'en ressentait ! Ce qui est dans un bout n'est pas dans l'autre, disait ma grand-mère Aurore.

Après le pilage, avec ou sans la rincette d'un sauvignon de derrière les fagots, on procédait à la cuisson, opération qui exigeait bon nez autant que bon œil. Là, tout dépendait de l'expérience et des leçons qu'on avait su en retenir. Le résultat se jouait sur l'arôme, sur la teinte et sur la consistance de la pâte qui bouillottait pendant une heure, à feu doux, dans un chaudron de fonte chauffé au bois. Il cuisait ainsi, en une casse, de cent à cent dix litres de noix écrasées, soit une masse de soixante à quatre-vingts kilos.

« Pour nous autres, précise Jacques Guénard, le chaudron se nomme la poêlette. C'est un terme de métier. De même, la fluidification de la matière grasse sous l'action de la température s'appelle ici le "suage". Pressée à froid, la pâte rendrait beaucoup moins d'huile ! » Jacques Guénard s'exprime au présent car la méthode d'extraction n'a guère varié en un siècle.

On élevait la poêlettée jusqu'à 160 ou 180 degrés, en la touillant sans cesse avec un puisoir pour empêcher que la pâte ne colle aux parois. On conduisait le feu en fonction de la chauffe désirée, en combinant les pouvoirs calorifique et flambant des différentes essences de bois dont on disposait : de l'orme ou du châtaignier, du charme ou du sapin, des charbonnettes de chêne ou des rondins de hêtre. Les jours de cuisson, ce n'était qu'une odeur d'huile qui flottait autour du moulin, effluves délicieux pour certains mais remugles écœurants pour d'autres.

L'huilier se comportait en véritable maistre queux. Régulièrement il goûtait la préparation, la testait de la langue, disait « encore », disait « assez ». Parfois, il décidait de baisser le feu dix minutes plus tôt que prévu ; parfois, il le prolongeait d'un bon quart d'heure. Question de fragrance : cela se sentait, se devinait, se respirait ; mais cela ne s'apprenait pas.

L'huilier, du flair et du regard, guettait l'instant où la pâte commençait à suer son jus. Alors vite, sans se soucier des éclaboussures brûlantes qui lui piquetaient les mains, il remplissait une bassine de vingt litres à l'aide de son puisoir, bassine qu'il s'empressait de vider entre les toiles de lin qui garnissaient la presse hydraulique. Soumise pendant une trentaine de minutes à une puissance modulée de deux cents kilogrammes-force, la pâte laissait pisser un jet roux d'or fondu : l'huile, évidemment, qu'il convenait de filtrer et de mettre à décanter avant l'embouteillage. Une mise en repos de quatre à cinq jours ne pouvait que bonifier le précieux liquide. Les filtres étaient nettoyés chaque semaine ; on en reversait les dépôts dans la casse de cuisson afin de recueillir jusqu'à la dernière goutte.

Jadis, comme la coutume était de tirer parti de tout sans rien gâcher, on effectuait deux pressions successives. A la seconde, on réchauffait les noix, on les humectait d'eau, on les remuait, et l'on récupérait ainsi un rabiot de deux ou trois litres. Il fallait prévoir deux kilos de cerneaux pour un litre d'huile.

L'extraction achevée, l'huilier dégageait la galette compacte des résidus, le tourteau, qui gardait encore un bon tiers de ses composants oléifiants. Ces tourteaux, après émiettement, constituaient un excellent aliment pour le bétail des fermes environnantes. De nos jours, les pêcheurs les utilisent aussi, pulvérisés, comme appât.

En 1976, l'atelier ancestral fut transféré de Saint-Aignan, où il était vraiment trop à l'étroit, vers Noyers-sur-Cher. Neuf ans plus tard, hélas ! le 8 décembre, un incendie ravagea l'établissement de fond en comble. La meule, dont le granit était imprégné de gras jusqu'au cœur, éclata dans la fournaise. Il fallut en dénicher une autre. On en dégota une paire dans des moulins désaffectés, que l'on accoupla. « Si nous n'avions pas subi ce sinistre, suppose Jacques Guénard, ces meules jumelles n'auraient jamais supplanté celle du grand-père Hippolyte ! Remarquez, on ne les a pas payées cher car personne n'en voulait. A part nous, les Guénard, il ne subsistait déjà plus d'huiliers dans la contrée. »

Bien qu'un formidable développement en ait fait une entreprise semi-industrielle, les Huileries du Berry respectent scrupuleusement l'esprit d'autrefois. Le matériel ne s'est guère modifié depuis l'époque d'Hippolyte Couffrant, les presses exceptées. « Je me suis borné à multiplier l'équipement, admet Jacques Guénard, mais les améliorations techniques n'ont vraiment rien de spectaculaire. Nous fabriquons presque à l'ancienne, tout en affichant une réelle compétitivité. »

Le propane a remplacé le bois de chauffage, les poêlettes se sont munies d'un bec verseur à trappe, et le râteau de brassage est actionné mécaniquement. Pour le reste, rien n'a vraiment changé en effet.

Actuellement, l'entreprise est équipée de quatre poêlettes et de huit presses. Elle emploie deux personnes à la fabrication artisanale – un mois par an, tradition oblige ! – et vingt ouvriers à la production industrielle. Sept cents tonnes d'huile sont pressées chaque année à Noyers, dont un bon tiers destiné à l'exportation. La concurrence est rude, mais la réputation séculaire de la maison constitue un solide atout commercial auprès des grands circuits de distribution.

De plus, la diversification des produits a fait apparaître de nouvelles spécialités. On fabrique aussi des huiles de noisettes, d'amandes, de pignons de pin et de pistaches, afin de compléter un éventail déjà bien garni. La pérennité des Huileries du Berry est liée désormais à leur capacité d'innovation et à leur compétence. Le travail à façon ne représente plus grand-chose à présent, sinon la volonté de ne pas renier certaines pratiques d'antan, liens intangibles entre une activité immémoriale et une région attachée à ses richesses passées.

La règle de base, elle non plus, n'a supporté aucune dérogation : une huile de qualité exige des fruits irréprochables. Les rebuts, les déchets, les brisures, tout ça n'offre rien de fameux.

Mais les noix ne proviennent plus des alentours depuis longtemps. Dans l'année, la région n'en fournit pas cinq tonnes quand l'huilerie en absorbe plus de trois cents. Les noix arrivent maintenant du Périgord et de l'Isère. Les noiseraies de là-bas ont été replantées avec des espèces américaines très fructifères (le bois, de nos jours, n'intéresse plus guère). Un de ces noyers donne une première récolte dès ses quinze ans, mais ne vit que six ou sept décennies. Ceux d'autrefois duraient en revanche trois siècles, sinon davantage, mais ne produisaient que rarement avant leur vingt-cinquième automne. Tout doit aller vite aujourd'hui, même les arbres !

En Périgord, du côté de Sarlat, il existe toujours une main-d'œuvre pour le cassage des noix ; des foires aux calots s'y déroulent encore régulièrement. C'est dans cette région que les Huileries du Berry vont s'approvisionner. « Les fruits de par là sont appropriés à cette utilisation, dit Jacques Guénard. Leur coque se brise sous le maillet plus facilement que celle des nôtres, qu'on appelle des noix sauvages. Les Périgourdines ont le coup de main qu'il faut, c'est dans leur nature ! » Les cerneaux sont stockés en chambre froide en attendant d'être expédiés sur le Cher.

Certaines noix, naguère, furent importées de Californie et de Chine ; mais devant les essais peu concluants, Jacques Guénard affermit la nette prédilection qu'il portait à ses fournisseurs du Sud-Ouest. Les noisettes proviennent de l'Orléanais et du Lot, parfois de Turquie et d'Italie. Les amandes arrivent de Provence, de Grèce, d'Espagne et du Portugal.

Voici longtemps, les paysans de la contrée fabriquaient également de l'huile avec des graines d'œillette et de moutarde. Le colza et les cerneaux noirs fournissaient un oléolat combustible, pour l'éclairage, de même que les faines, les marrons d'Inde et les glands. Sous d'autres cieux, les gourmets vantaient les huiles de navette, de tournesol et d'olive...

Soyons cocardiers pour une fois, nom de nom ! et clamons bien fort que l'huile de noix est une spécialité de l'art culinaire français, puisque nul ne saurait nous contredire. Là-dessus, comme sur les vins et les fromages, il faut tenir bon, mes compatriotes, et défendre les fleurons de notre gastronomie contre l'invasion des sandwicheries américaines. Aux Etats-Unis, justement, il est récolté des quantités de noix, mais les dérivés qu'on en tire ne servent qu'aux peintures ou aux cosmétiques. Pour ce qui est de l'alimentation, les petits-neveux de l'Oncle Sam préfèrent nous réserver leur entière confiance. C'est pas beau, ça ?

L'huile de noix, on dira ce qu'on voudra, n'a pas sa pareille pour parfumer les assaisonnements. Sa finesse de saveur, en l'état originel, ne nécessite aucune opération de raffinage. Une cuillerée en vaut trois d'arachide. En revanche, elle est déconseillée pour les bains de friture, bien que les pêcheurs de la Dordogne se plaisent à faire frire leurs poissons dedans, avec une pointe d'ail.

Outre le bois d'ébénisterie et la production d'huile, une noiseraie procure d'autres avantages qui, sans être de gros rapport, n'en sont pas négligeables pour autant. L'écale verte fournit le brou, et une décoction de feuilles peut devenir une liqueur excellente. Les coquilles broyées sont utilisées en teinturerie ; on s'en sert également dans les boues de forage ou comme fleurage en boulangerie. Les membranes intérieures des noix, les zestes, sont employées pour colorer le cognac… Quoi qu'on puisse en dire, vivre à l'ombre des noyers n'a rien d'un passe-temps à la noix !

C'est pourquoi Jacques Guénard montre quelque fierté d'avoir su maintenir et sauvegarder le métier de ses aïeux. Même si la fabrique familiale y a sacrifié un peu de son âme, inévitablement – c'était ça ou disparaître –, le souci du travail parfait n'a jamais faibli depuis le grand-père Couffrant. On ne transige pas sur la perfection.

Pour sa part, Jacques Guénard ne reproche qu'une chose à son boulot : c'est qu'il est salissant. Il y a des lustres de ça, le vieil Hippolyte s'en plaignait déjà ! Je vous le disais : rien n'a vraiment changé…

Rencontre de l'été 1988.

Le caillouteur

Parisien retiré à Meusnes, Jean Emy s'installait dans une paisible villégiature lorsqu'il fut intrigué par les allées et venues, entre son jardin et la rivière, d'un estivant pas comme les autres. Cet étrange vacancier, en effet, passa une quinzaine de jours à fouiner dans les environs. C'était un éminent professeur tout droit débarqué d'une université des Etats-Unis, un certain Caryle Smith, qui cherchait à se documenter sur les armes anciennes, ou quelque chose d'approchant. Voilà qui ne manqua pas d'éveiller la curiosité de notre retraité. Pour quels motifs cet Américain s'intéressait-il de si près aux vieilles pétoires de cette orée du Berry ? Il y avait certes de quoi s'étonner. Jean Emy entreprit d'effectuer sa petite enquête. Et c'est en feuilletant une ancienne géographie qu'il découvrit le mystère de la contrée : jadis, le bourg de Meusnes s'honorait d'être la capitale incontestée de la pierre à fusil, rien de moins !

Pourtant, en cette vallée du Cher des années 1960, peu de gens gardaient souvenance de cette industrie passée. Quelques vieillards se rappelaient avoir entendu causer, dans le temps, d'un gagne-pain de ce genre, mais ils n'en racontaient rien que de très confus. D'ailleurs, le sujet ne passionnait pas grand monde. Le dernier des caillouteurs, le vieux Métivier, avait cessé d'éclater la pierraille une quarantaine d'années auparavant, au lendemain de la Première Guerre mondiale ; depuis lors, le temps avait enfoui son image jusqu'au tréfonds de l'oubli.

Jean Emy se mit à fureter dans l'histoire locale avec la frénésie d'un archéologue flairant un formidable site néolithique. Aussi étonnant que cela puisse paraître aujourd'hui, aucun historien n'avait consacré une étude détaillée à la question, bien que la pierre à fusil fût étroitement liée à trois siècles de conflits armés. De cartes minéralogiques en rares documents d'archives, de vagues témoignages oraux en outils exhumés du bric-à-brac des remises, Jean Emy parvint, à force de patience et d'obstination, à ressusciter des personnages et des gestes qu'on croyait perdus à jamais. C'est à lui, à ses connaissances et à son amabilité, que nous devons ce chapitre.

A en croire la légende, tout commença vers 1550, quand des voyageurs venus de Saintonge firent halte à Bellebas, en un hameau de la paroisse de Couffy. Remarquant que des silex de qualité abondaient à l'entour, ils en emplirent leurs fontes, à la sauvette, et se mirent aussitôt à les tailler sous la lune. Mais les croquants, qui avaient le sommeil léger, ne tardèrent pas à surprendre leurs manigances, à les épier dans les ténèbres, à les regarder faire, enfin à les imiter. Il n'en fallait pas davantage pour que la paysannerie trouve là un passe-temps qui, à défaut de l'enrichir, lui procurait une gratte pécuniaire à ne point négliger.

Le bourg de Couffy devint bientôt le centre principal de cette nouvelle activité. Les parages regorgeaient de ce silex blond et translucide, si précieux en armurerie, dont la cassure lisse paraissait assez dure pour pétiller en franches étincelles mais point trop pour ne pas endommager les platines des mousquets. A sa pureté naturelle s'ajoutaient l'habileté des faiseurs berrichons et, tout autant, le bon marché que les négociants savaient en tirer.

La chose s'ébruita. Les villages avoisinants misèrent sur ce succès naissant, partout où le sol l'autorisait, de sorte que l'espace de la caillouterie s'étendit rapidement de Maray à Angé, englobant les pourtours de Saint-Aignan, de Lye, de Fontguenand. On se mit à tailler dans les écarts de Paulmery, de Porcherioux, de Bois-Pontois, du Puits-de-Saray, de Luciou, de Vieilles-Barzelles, des Bourdebuses, de la ferme de La Viguière... Les paysans des autres provinces tâtaient eux aussi du cailloutage – ainsi en Champagne, en Charente, en Bourgogne, en Provence, dans le Nord, jusqu'aux barrières de Paris – mais nulle part ailleurs la fabrication des pierres à feu ne connut un essor comme en ces bords du Cher. D'ordinaire on se contentait de répondre à ses justes besoins domestiques, en briquets ou en fusils de chasse, sans jamais envisager la pérennité d'un commerce à enseigne.

Il faut bien penser qu'en ces époques où les souverains d'Europe envoyaient une déclaration de guerre plus souvent qu'ils ne signaient un traité de paix, la pierre à fusil constituait une munition indispensable, au même titre que la poudre et le plomb. Chaque Etat belligérant essayait donc de subvenir à la fourniture de ses régiments et d'assurer ainsi son indépendance militaire. Au soir de la bataille, les vainqueurs s'empressaient de ramasser les gibernes sur les cadavres ennemis avant même de secourir leurs blessés et de fossoyer les morts. Si les officiers paradaient avec une agate ou une opale au chien de leur fusil, ils remplaçaient vite ces pierreries étincelantes par un silex pyromaque dès que les clairons sonnaient l'attaque. Les châtelains trichaient de même pendant les parties de chasse.

La pierre blonde du Berry, qui garantissait l'autonomie cailloutière du royaume de France, ne manqua pas de susciter les convoitises au-delà des frontières. Les

Anglais, bien entendu, furent les premiers à comploter, et pour cause. Le fameux Malborough, qui n'avait rien d'un personnage de faridondaine, réussit à capturer sur le champ de Malplaquet, en 1709, plusieurs fantassins nés natifs de Meusnes ; il les déporta dans les carrières siliceuses du Suffolk. Mais les malheureux, dit-on, bâclèrent le travail sans dévoiler leur science et ces damnés Anglais en restèrent pour leurs frais.

Entre-temps, le roi de Prusse Frédéric-Guillaume dépêchait un espion à Saint-Aignan, un armurier belge établi à Potsdam, du nom de Mathias Close. Le mouchard, qui parlait le français sans accent, parvint à s'informer sur l'art et la manière de tailler le caillou. Ce fut néanmoins peine perdue car la caillasse de Prusse ne se prêtait point à la façon berrichonne.

L'empereur d'Allemagne Joseph II, de son côté, profita des prémices de la Révolution pour avancer ses pions. Ses émissaires soudoyèrent un caillouteur de Meusnes appelé Thimothée Rochette, lequel consentit à les suivre moyennant une somme rondelette. Sa mère lui reprocha sa trahison mais le curé de la paroisse, qui pressentait probablement les désordres à venir, n'hésita pas à lui accorder sa bénédiction. Rochette partit en chaise de poste. Il devait reparaître au village quatre mois plus tard, à pied, son baluchon de trimardeur sur l'épaule, découragé par la médiocrité du sous-sol de là-bas.

Les conspirations suivantes n'eurent pas d'autre résultat. En 1821, deux négociants français établis en Belgique débauchèrent le sieur Jamet, caillouteur meusnois, et lui commandèrent d'implanter une taillerie à Mons : le bilan fut décevant, faute de silex adéquat. On prétend que le pacha d'Egypte Muhammad-Ali essaya lui aussi de percer les arcanes de la pierre à feu du Berry, en vain comme de raison.

En vérité, nos caillouteurs n'entendaient point divulguer leurs secrets. A demeurer bouche cousue, ils éliminaient sûrement les menaces de concurrence étrangère. Ils faisaient donc mutisme sur tout : sur les endroits d'extraction, sur les méthodes de creusage, sur les procédés de taille. Ils se transmettaient leur savoir de parents à enfants sans rien en souffler à quiconque. Pas le moindre renseignement non plus à espérer des commissionnaires dont l'unique souci était de préserver une exclusivité commerciale fort avantageuse. On discutait de cela entre gens du pays, à mots chuchotés, jamais en présence d'un quidam de passage. Rien ne transpirait. C'est pourquoi aucun ouvrage ne put être publié à propos de cette énigmatique besogne tant que l'on s'y livra dans les parages de Meusnes. Et après, personne ne vit l'utilité d'un tel livre.

Au début de ce siècle, le cafetier de Gièvres, un bonhomme qui avait pourtant vent des mille potins du canton, avouait tout ignorer des tailleries qui ne se situaient qu'à trois lieues de son bistrot. Et quand Jean Emy interrogea un septuagénaire de Saint-Aignan, en 1964, le pépé lui confirma que des gaillards de Meusnes venaient souvent percer des « terriers de lapins » dans le ravin du château, autrefois, mais que ce n'étaient pas des gars causants. Jamais ils ne pipaient sur ce que devenaient les pierres qu'ils retiraient. Voici la preuve qu'à l'approche de la Grande Guerre, les caillouteurs observaient toujours la consigne du silence, en dépit du déclin de leur industrie. Tant de cachotteries, nous le verrons sous peu, ne dissimulaient cependant qu'un ouvrage des plus primitifs !

Une brève leçon de géologie, voulez-vous ? La veine qui fit la renommée des pierres à feu du Berry, s'étire depuis la pointe du Danemark jusqu'au-delà du Poitou ; elle gît plus ou moins profondément sous divers pays, notamment au Grand-Pressigny, mais c'est dans les environs de Meusnes qu'elle s'étale à bonne portée de pioche. Ici, son « arrachage » ne demande qu'un fouissement de dix à vingt mètres.

Les beaux cailloux de silex blond – les « chailloux » en patois – dorment entre les couches crétacées. Hélas ! on bute fréquemment sur des bancs de chétives espèces. Ce sont des « giaunes » friables, des « grimeaux » biscornus, des « grinchus » difformes ou des « couenneux » enrobés de craie. Il y en a des rouges, des jaunes, des gris, des noirs, des bruns, des verdâtres, de toutes couleurs qui ne convenaient guère au commerce d'antan.

Pendant deux siècles et demi, jusqu'après la Restauration, la moitié des paysans de la région s'adonna donc au taillage des pierres à feu. En 1818, on recensait encore cent quatre-vingts familles de caillouteurs entre Selles et Saint-Aignan. Mais il ne s'agissait que d'une occupation d'appoint puisque le maigre salaire qu'on en retirait ne suffisait pas à nourrir une nichée. Le travail de la pierre complétait tant bien que mal celui de la terre, de sorte que le rendement des paysans-caillouteurs baissait de beaucoup en saison de moissons ou de vendanges. D'aucuns, à la faveur des guerres de la Révolution et de l'Empire, purent néanmoins exercer leur métier à plein temps.

Les tailleurs de cailloux vivaient modestement car leurs puits ne se changèrent jamais en mines d'or. La plupart d'entre eux ne possédaient même pas une masure ; ils affermaient leurs murs, leur ouche, trois lopins de petite culture et un carré de vigne à piquette. Ils devaient également louer leur « terre à cailloux ».

Un droit de fouille coûtait bougrement plus cher qu'un bail de simple labour, ce qui contraignait les caillouteurs à s'associer. Les concessionnaires versaient la demi-somme en acompte à la signature de l'acte, par-devant notaire, généralement aux récoltes engrangées. Ils ne s'acquittaient du solde qu'en fin d'exploitation, sous réserve toutefois d'avoir déterré un bon filon ; sans quoi ils débattaient d'un prix raisonnable avec le propriétaire. Un droit de fouille portait habituellement sur une boisselée, soit un huitième d'arpent, pour la durée d'un an.

La prudence conseillait d'ouvrir deux puits simultanément, l'un en contrebas de l'autre : ainsi doublait-on ses chances d'échapper aux inondations provoquées par les pluies d'orage. Il était rare en effet qu'une averse noie toutes les excavations à la fois.

Les caillouteurs décapaient la surface du sol à la marre avant de foncer un entonnoir guère plus large que la margelle d'un puits à flotte. Ce « crot » plongeait ensuite en escalier, par décrochement d'une dizaine de pieds (trois mètres environ), jusqu'au gisement espéré. Cet étagement facilitait la remontée des matériaux tout en protégeant les mineurs d'éventuelles chutes de pierres. Une chaîne de pelleteurs, un homme à chaque niveau, évacuait la terre dégagée par le fouilleur. On approfondissait à la pioche mais on enlevait les déblais à la pelle en bois.

Le fouilleur conduisait un boyau horizontal dès qu'il touchait le filon. C'était la « cave », un trou de taupe voûté, haut de trois à quatre pieds, qui grignotait la strate de silex. On ne s'y glissait qu'à quatre pattes. D'autres galeries identiques seraient creusées en étoile, plus tard, et chacune d'elles se ramifierait de caveaux perpendiculaires. L'épaisseur d'une paroi de soutènement, entre les cavités, devait correspondre à une largeur de trouée. Ces « piliers » constituaient l'unique consolidation de la mine puisqu'on ne boisait pratiquement jamais.

Les fouilleurs s'insinuaient dans le crot en sautant de marche en marche ; ils n'en ressortaient qu'en s'arcboutant des coudes et des genoux, à la manière des ramoneurs dans une cheminée. On n'introduisait une échelle qu'en cas extrême, lorsqu'un gars se sentait pris de malaise ou que les panerées à hisser se faisaient vraiment trop lourdes.

L'arrachage mobilisait une équipe de trois à six compagnons, selon la richesse et la profondeur du lit. Là encore il fallait un gars à chaque palier pour remonter les rognons, de main en main ou dans des paniers d'osier. On utilisait rarement un treuil, pour ne pas écrire jamais.

En fond de cave, les hommes fouissaient à croupetons ou agenouillés, quelquefois à plat ventre, leur pic à manche court bien en main. Ils poussaient les gravois derrière eux, entre leurs jambes, et un galibot les en désencombrait à mesure. Les rognons étaient lancés au premier homme de la chaîne, qui faisait suivre, tandis que le rebut obturait les enfonçures abandonnées. Tout ce travail s'accomplissait à la lueur d'une bougie soudée à un moellon par une bavure de suif. Un caillouteur ne s'arrêtait de piquer qu'à l'étouffement de sa chandelle, quand il peinait à respirer lui-même. L'ouvrier engagé à l'arrachage gagnait ses quinze sous par demi-journée, de quoi s'acheter trois livres de pain.

On creusait par « bordée » de trois ou quatre heures. En principe le lundi matin, une descente suffisant à fournir assez de silex à tailler pour occuper cinq ménages pendant une semaine. On fouillait à jeun, c'était la coutume. Tôt en matinée l'été, par crainte des chaleurs. Les *chailloux* remontés au jour étaient partagés en lots au moment de quitter le crot et attribués par tirage au sort. Chacun emportait son butin, à dos d'homme ou à dos d'âne, dans la grande bouille d'osier qui lui servait à hotter le raisin.

De retour à la maison, les caillouteurs cachaient leur piètre trésor sous une niche de jonc afin d'éviter sa totale dessiccation. Il importait en effet que les cailloux « ne suent pas leur eau de carrière », car secs à l'excès ils se fragmentaient sous le marteau. En hivers rigoureux, quand la gelée se plaît à fendre les pierres, on rangeait son silex en retrait de la cheminée, dans la tiédeur de la pièce commune. Ces précautions à ne jamais omettre obligeaient les caillouteurs à la sagesse : ils n'extrayaient que la juste quantité nécessaire à leur huitaine, point trop ni trop peu, et ils ne gaspillaient sottement ni leurs filons ni leurs efforts.

Quand les veines de la vallée s'épuisèrent à la fin de l'Empire, les caillouteurs de Meusnes durent élargir leur prospection jusque sur le canton de Valençay. Ils s'éloignaient le lundi à l'aurore, en carriole, et ne revenaient qu'au soir avec leur provision de cailloux. La configuration des lieux leur permit alors de creuser des fosses à ciel ouvert. Ils partaient quelquefois par familles entières, éclataient les rognons sur place, au bord de la tranchée, et ne rentraient qu'avec les lames utilisables.

Les caillouteurs, qui étaient tenus de combler leurs carrières désaffectées, rebouchaient les crots avec la rocaille et la terre qu'ils y avaient puisées ; mais l'endroit en restait tellement bouleversé que le propriétaire devait le laisser en repos pendant une couple d'années avant d'y risquer la charrue ! Cette jachère forcée justifiait les droits de fouille dispendieux.

Si la corvée d'avulsion ne fatiguait que les hommes, la taille des pierres à feu requérait en revanche la participation de la maisonnée entière, femme comme enfants. Un gamin aidait ses parents dès sa dixième année ; il débutait par le découpage des grolles à briquet, dont la facture était moins soignée que celle des silex à fusil.

L'outillage, forgé par le maréchal du village, se composait d'un marteau pesant le kilo, à têtes carrées : l'assommeux ; d'un autre, mi-lourd, à deux pointes : le fendeux ; et d'un disque d'acier non trempé, bombé et coupant, large comme un écu de six livres (soit d'un diamètre de deux à trois pouces) : la roulette.

Une simple bille fendue faisait office de table. Montée sur quatre pattes grossières, elle se perçait en son centre d'une encoche où se logeait un ciseau – bien souvent une vieille lime ébiselée – calé à vingt degrés par un coin de bois. Une alignée de « paillons » tressés à la ronce entourait cet établi rudimentaire : d'un côté les corbeilles contenant les éclats, de l'autre celles à remplir de pierres taillées. L'homme se cutait par terre, les cuisses sous son tablier de grosse toile, tandis que la femme s'asseyait sur une chaise basse, derrière le billot. Le premier détachait les lames du chaillou, la seconde débitait ces lames en pierres.

Le caillouteur sondait d'abord les rognons en les tapotant de son marteau, et il rejetait tous ceux qui sonnaient creux. Puis il « découennait » les chailloux de leurs impuretés corticales et les décalottait d'un coup d'assommeux. Le plan de frappe obtenu permettait l'ébesillage. Cette opération consistait à écailler le noyau, à l'aide du fendeux, en lames appelées « coupiaux ». C'étaient ces éclats, longs d'une vingtaine de centimètres, que la femme sectionnait en pierres à feu sur le ciseau de son billot, à la roulette. Elle en « raffilait » l'aiguisé ou en arrondissait le talon selon les formes à respecter.

Une personne débitait près de deux mille pierres dans sa journée à raison d'une cinquantaine par chaillou. Chaque arme réclamait sa forme de pierre appropriée : les frustes pour les escopettes à la chenapan, les minces pour les mousquetons de la gendarmerie, les délicates pour les pistolets de poche ou de manchon. Or distinguait une vingtaine de modèles en tout : les double mèche (deux faces biseautées) destinées à l'exportation, les talons ronds réservés à l'armée, les palets pour les fusils de rempart et les boucanières, les flins pour les carabines de chasse, les culs-longs, les cornues, les niolles, les carrées, les grolles et tutti quanti...

Lu dans *La nouvelle géographie historique du département de Loir-et-Cher* par M.A. Pinet (Librairie Ducrocq, Paris 1860) :

On exploite, dans le département de Loir-et-Cher, (...) des carrières de silex pyromaque les plus considérables de France. Ces carrières sont situées dans les communes de Meusnes, de Saint-Aignan, de Noyers et de Couffy ; elles s'étendent dans le département de l'Indre. Les cailloux propres à être taillés en pierres à fusil se trouvent par bancs horizontaux, à la profondeur de 14 à 16 mètres, dans une terre crayeuse et marneuse, molle et gélatineuse ; ils sont couverts d'une croûte crayeuse, fine et très spongieuse, blanche, jaunâtre ou rougeâtre, suivant la couleur du caillou qu'elle renferme, de 9 à 27 centimètres d'épaisseur. Les pierres les plus communes dans le département sont les jaunes et les grises.

Les trognons joliment décortiqués étaient parfois vendus comme presse-papiers aux notables du pays. Jean Emy assure avec malice qu'on peut en admirer quelques-uns dans les collections paléolithiques de certains musées, où ils sont exposés sous l'étiquette « nucléus du Magdalénien ». Cette confusion s'explique d'autant mieux que les caillouteurs reproduisaient d'instinct les gestes des chasseurs de la préhistoire. Ainsi Jean Emy parle-t-il volontiers du « deuxième âge du silex taillé » lorsqu'il évoque la période cailloutière de la vallée du Cher.

Le négoce se déroulait le samedi, par tradition. Les caillouteux ensachaient leurs pierres dans des « couettes », dans des sachets de drap, en les comptant par « jetées » de cinq, et s'en allaient les proposer aux courtiers réunis sur la place des villages.

Ces marchands, qui s'intitulaient abusivement « fabricants de pierres à fusil », jouissaient d'un monopole rémunérateur. Ils tenaient boutique dans les bourgs ou dans les hameaux de gros rendements, et ils payaient les pierres achetées, le lendemain dimanche, à la sortie de la messe. Un prix de misère, évidemment. Deux à dix francs le mille vers 1800, selon les catégories ; vingt sous seulement pour les grolles à briquet.

Les commerçants traitaient avec les pourvoyeurs et les trafiquants du monde entier. Ils alimentaient sans distinction les troupes françaises, leurs alliés et leurs ennemis. Le profit ignore les scrupules patriotiques. Or le silex du Berry était si recherché que les marchands ne couraient jamais après les acquéreurs. Ils expédiaient les pierres dans de vieux tonneaux récupérés chez les pinardiers des environs.

Mais il rôdait également par le pays de soi-disant colporteurs qui, munis d'un passeport de complaisance, battaient la campagne dans l'espoir d'empocher une bonne glane. Des contrebandiers, bien sûr. Les Bretons approvisionnaient l'Angleterre et les insurgés des Amériques ; les Lorrains se tournaient vers la Prusse et l'Autriche. Les caillouteux ne se faisaient guère prier pour leur céder quelques couettes, d'autant que les bougres se montraient beaucoup plus généreux que les marchands patentés. Les transactions clandestines se concluaient la nuit, cela va de soi, en cachette de la maréchaussée.

Dès 1794, le Comité de salut public réagit en déléguant un agent comptable dont la mission était de se fournir directement auprès des caillouteurs, à la barbe des marchands. Les bâtiments municipaux de Meusnes et de Saint-Aignan furent réquisitionnés et aménagés en magasins d'artillerie.

Les armées de la Révolution et de l'Empire n'acceptaient en effet que le silex blond du Berry. Les vaillants soldats de l'An Deux usèrent dix millions de pierres, soit le tiers de la livraison annuelle. La fabrication berrichonne atteignit les cent millions cinq ans plus tard. Durant les campagnes napoléoniennes, les cent soixante-huit caillouteurs de Meusnes en écoulèrent, à eux seuls, vingt-cinq millions par an, uniquement par le biais de l'intendance militaire !

La production devint telle que les voyageurs de passage béaient d'étonnement devant les tas de débris qui dominaient les maisons. Ces monticules s'élevaient parfois à trois hauteurs d'homme sur une longueur de soixante-dix mètres. « Les champs circonvoisins, les chemins et les rues du hameau (de Porcherioux), écrivait François Deleau en 1884, sont littéralement couverts de ces déchets tranchants qui coupent les chaussures et privent les habitants de marcher nu-pieds pendant la belle saison. »

Las, ces résultats surprenants n'améliorèrent pourtant guère le sort quotidien des caillouteurs. On s'éreintait à la tâche sans jamais saisir la fortune. Les accidents se répétaient fréquemment. Les crots s'effondraient après les gelées et les pluies provoquaient le glissement de ces maudites couches argileuses qu'on nommait les « savonnettes ». Une cave s'éboulait souvent sur ses piocheurs et les ensevelissait vivants, comme pour les punir d'avoir creusé leur propre tombeau. Ailleurs c'était un tassement qui étouffait un fouilleur, plus loin un affaissement qui en estropiait un autre, ou un écroulement qui écrabouillait toute une équipe…

Et puis les maladies, avec ça ! L'humidité des galeries et les pénibles postures vrillaient de terribles rhumatismes dans les membres des fouilleurs. Les hommes sortaient du crot la chemise trempée de sueur, et une mauvaiseté leur détraquait bientôt la poitrine. On les voyait tousser, cracher, suffoquer ; un matin, on apprenait qu'ils étaient morts de tuberculose.

A la taille, c'était pour ses yeux que l'on tremblait. Un éclat avait tôt fait de vous éborgner. Certains se confectionnaient des lunettes avec du grillage mousseline ; mais ils ne voyaient plus clairement, leurs lorgnons sur le nez, et les marchands prétendaient que la finition du travail en pâtissait. Ce qui signifiait un manque à gagner au bout du compte. Entre le risque de se crever un œil et la certitude de perdre quelques sous, on n'hésitait guère ; alors on repliait ses lunettes, tant pis.

Et surtout, entre toutes ces misères, on craignait la « caillotte », la silicose des caillouteurs, une malédiction qui rongeait les poumons et qui laissait peu de chance aux caillouteurs de fêter la quarantaine. On avait beau implorer saint Roch, le patron au nom prédestiné, les prières ne remédiaient quasiment à rien. C'était à croire que le silex se vengeait en étouffant les caillouteurs qu'il n'avait pas réussi à écraser dans le crot.

Le commerce périclita après la défaite de Waterloo pour reprendre avec la conquête de l'Algérie et les expéditions coloniales. Mais la demande se réduisit considérablement en 1840, date à laquelle le système à amorce supplanta la batterie à pierre dans l'armement. Alors on tailla quelques lames de « djaroucha », qui sont des faucilles à dents de silex utilisées en Asie Mineure, mais cela ne mérite d'être noté que pour l'anecdote. En vérité, le « deuxième âge du silex taillé » était sur le point de s'achever.

A la Belle Epoque, un joaillier de Saint-Aignan tenta de lancer la mode des bijoux en jaspérine, breloques qu'il faisait fabriquer en Allemagne avec le silex jaspé des alentours. L'idée n'obtint qu'un succès mitigé. Finalement, ce fut le curé de Meusnes qui la reprit à son profit pour renflouer la caisse de ses œuvres paroissiales. Les rares familles qui continuaient de caillouter, à la veille de 14, étaient les Bardon, les Besson, les Chuet, les Gibault, les Métivier et les Vaillant. Il n'y avait qu'en Belgique qu'on fabriquait toujours des armes à silex, dites « de traite ».

Les fusils à pierre servaient au troc dans les colonies d'Afrique. Les « toubabs » pensaient qu'avec de telles antiquités, les Congolais ne parviendraient jamais à les chasser de ces pays. On sait maintenant comment se termina cette histoire belge !

Le tout dernier marchand de pierres à fusil, un certain M. Plat, de Villetrois, lâcha son affaire en 1928. Et la mémoire de la contrée enterra peu à peu, au profond des crots oubliés, le souvenir de cette vocation surannée...

Jean Emy peut être considéré comme le mainteneur de la caillouterie dans la mesure où il dut remployer la roulette pour satisfaire plusieurs musées de batailles et diverses associations de chasseurs à l'arme ancienne. Mais à Meusnes, de nos jours, la pierre à fusil ne semble plus qu'une bizarrerie de l'Histoire. Certes on y a consacré une petite exposition permanente dans un recoin de la mairie – c'était bien le moindre des devoirs envers les ancêtres – mais il n'y a vraiment que les viticulteurs qui aiment à discourir sur le sujet. Pas pour s'attendrir sur le pauvre destin des caillouteurs de naguère, non, seulement pour vanter ce « goût de pierre à fusil » qui embellit la réputation de leurs vins ! Le bizness d'abord.

Or, cet argument publicitaire fait tiquer Jean Emy. Car le beau caillou blond ne peut pas refléter le soleil sur les grappes en véraison puisqu'il ne se trouve point à fleur de terre ! Il vaut mieux en rigoler, bien entendu : ce n'est pas la première fois que la réclame invente de ces cocasses charlataneries et ce ne sera certainement pas la dernière non plus. Vidons plutôt nos verres, amis, et fi du slogan fallacieux pourvu que le vin soit bon !

Rencontre du printemps 1984.

MÉTIERS DES BOIS

L'activité forestière, pour saisonnière qu'elle fut, tenait une importance capitale dans les campagnes d'autrefois. Il n'est, pour s'en convaincre, que de relever dans la toponymie les localités dites « aux Loges », « aux Bois », « la Forêt » ou « les Rouvres ».

C'était généralement pendant les froidures que les « carcottiers », les petits paysans, quittaient leurs champs et leurs vignes pour s'en aller besogner en renfort des rares bûcherons de métier.

Les acheteurs éventuels visitaient les lots de coupe, les « ornes », dès l'automne. L'administration des Eaux et Forêts réservait au préalable un balivage de trente-deux arbustes par hectare ; ces baliveaux à épargner étaient layés sur pied, au marteau. La vente s'effectuait le deuxième lundi d'octobre sous l'autorité d'un commissaire-priseur du chef-lieu de préfecture, selon le mode des enchères décroissantes.

L'embauche des bûcherons se décidait en novembre. Adjudicataires et tâcherons s'assemblaient à la croisée des chemins la plus proche de l'endroit à déboiser. Ils débattaient des salaires, des conditions d'ouvrage, des grappillages consentis. Puis les patrons procédaient au découpage des ornes et à leur attribution par tirage au sort entre les différentes équipes. Chacun construisait alors sa loge.

L'exploitation du bois occupait les ouvriers tout l'hiver. La forêt s'animait et résonnait du han ! des bûcherons, du crissement des scies, du craquement des billes écartelées par les coins, du hue ! des rouliers, du juron des charbonniers, du piaillement des marmailles en cavale...

Les débardeurs dégageaient les carreaux à mesure que le travail progressait. La saison s'achevait avec le « remontage » des lais, que l'on émondait de façon à favoriser leur croissance pour garantir de belles futaies aux générations à venir.

Car un arbre, on le sait, ne profite qu'aux enfants de celui qui en a pris soin.

Le bûcheron

La maison se dresse, imposante et fière, au beau centre du bourg. La place villageoise la sépare de l'église, qu'elle semble regarder de biais. Solidement assise sur ses murs épais, probablement plusieurs fois séculaires, elle conserve quelque chose d'une orgueilleuse prospérité. Ici, autrefois, demeurait un maquignon cousu d'or.

De l'intérieur émane aussi l'impression d'une aisance passée. Il s'y dessine encore, malgré l'estompage du temps, le luxe raffiné d'un désir de paraître, la satisfaction d'afficher une réussite pécuniaire, l'arrogante tentation d'affirmer une position bourgeoise dans un monde rural. Les cloisons du corridor se couvrent de marbre vert, peint en trompe l'œil ; le lambris du salon, entre les solives vernies, se décore d'élégantes arabesques. L'alcôve du maître dort toujours derrière ses boiseries. L'élégant dessin du carrelage en terre cuite témoigne d'une finesse de goût peu commune…

Tout y est astiqué, briqué, ciré, décapé, encaustiqué, selon l'a b c de la parfaite ménagère, soucieuse de sauvegarder le domaine sur lequel elle règne sans partage. Anne-Marie, qui veille à l'entretien des lieux avec un soin jaloux, maudit ces visiteurs qui n'ont pas même la politesse de retirer leurs bottes boueuses avant d'entrer. Elle nourrit, pour cette maison, un attachement viscéral : c'est celle de son enfance, celle de ses parents, celle de son père. C'est la plus belle à la ronde.

Mais Michel Deniau, le bûcheron, n'a pas eu la chance d'être élevé dans un logis aussi confortable. La maison du maquignon, il l'a achetée quand il a pu voler de ses propres ailes. Ses parents à lui habitaient le hameau de Normaigne, à l'écart du bourg. C'est là-bas qu'il passa sa jeunesse, entre les labours de la plaine et les halliers de la forêt. Cela explique qu'il hésita longtemps, sans pouvoir se décider vraiment, entre le métier de laboureur et celui de forestier.

La « Silva Longa » de Jules César

L'antique forêt de Marchenoir est une barrière de verdure qui sépare la petite et la grande Beauce. Elle s'explique, sur le plan géologique, par une avancée d'argile à silex sur le plateau calcaire beauceron.

D'après l'archéologue Claude Leymarios, ses contours se sont vraisemblablement précisés dès l'époque gauloise, pour ne plus guère se modifier par la suite. Tôt pénétrée, carroyée et sillonnée par des voies importantes, devenues les chemins de César ou des Moines, cette chênaie étirée entre le Loir et la Cisse correspondait probablement à la Silva Longa mentionnée dans les « Commentaires sur la guerre des Gaules ». Un passionné de géographie, André Bouillaux, a émis récemment l'hypothèse selon laquelle le haut lieu consacré des druides, le mythique ombilic de nos ancêtres les Gaulois, aurait pu se situer à Viévy-le-Rayé, au lieu-dit « Le Parlement », point central du pays Carnute selon la cartographie celtique.

Grâce à la photographie aérienne, on peut lire dans les champs verdoyants, au printemps, comme dans un livre d'images. De nombreuses traces de structures celtes, gallo-romaines et mérovingiennes ont été découvertes sur le pourtour du massif forestier. Les recherches archéologiques ont permis, à ce jour, de localiser treize implantations préhistoriques de terre fossoyée et quatre mottes médiévales. Les dévotions populaires conservent le culte d'un ermite guérisseur qui se serait retiré en orée, sous le règne de Clovis : il s'agissait de Léonard du Dunois, dont la cellule se trouvait à l'emplacement du village qui porte désormais son saint nom.

Le peuplement s'opéra en lisière des bois, hormis de rares installations monastiques réalisées en clairière, comme en témoignent les vestiges imposants de l'abbaye cistercienne de l'Aumône. En bordure ouest, ce furent les moines de Marmoutier qui établirent vers 1100, à Morée, un prieuré et l'église actuelle. Sur le chapitre des édifications religieuses, il convient d'indiquer également la chapelle Saint-Thomas-de-Belou, oratoire érigé, peut-être, en expiation tardive du meurtre de Thomas Becket, archevêque de Canterbury, et dont l'un des assassins n'était autre qu'un fils du seigneur de Fréteval.

Bien qu'élément primordial du paysage de la région, la forêt de Marchenoir n'a que fort peu titillé l'imagination des conteurs. Dans son répertoire des *Légendes de Loir-et-Cher* (Blois, 1981), Jacques Cartraud ne signale pas le moindre dit sur le sujet. Quant à Paul Léger, il ne rapporte dans ses *Contes du geigneux beauceron* (Le vent du ch'min édit., 1977) qu'une maigrichonne anecdote à propos des frères convers de Petit-Cîteaux. Rien sous la plume de Félix Chapiseau, point davantage sous celle de Marcel-Robillard. Toutefois, la tradition orale entretient le souvenir de quelques chasses à courre royales menées pendant les guerres de Religion, en ces châtellenies alors très favorables à la Réforme.

Ces profonds couverts, malgré les gîtes sûrs qu'ils offraient, n'ont attiré ni fuyards ni brigands. Plusieurs meneurs de la fronde des Sabotiers, en 1658, habitaient les parages – Lézanville à Clesle, La Pagerie à Saint-Mandé – mais nul épisode de la jacquerie ne s'y déroula. Plus tard, aucun des « chauffeurs » d'Orgères, dont la bande sévissait pourtant sur toute la Beauce, n'avoua s'être égaré par là. Les moblots et les francs-tireurs s'y embusquèrent durant les combats sur la Loire, en décembre 1870 ; mais les seuls fugitifs qui vinrent s'y cacher, longtemps après, furent les réfractaires du STO, durant l'Occupation. C'est ailleurs, au-delà du Loir, dans les bois de Villebout, que la Résistance organisa un camp de ralliement où, de mai à août 1944, se dissimulèrent cent cinquante-deux aviateurs alliés, abattus par les DCA allemandes.

Il suffit de comparer la carte de Cassini et les documents cadastraux en vigueur pour constater que le massif forestier s'est maintenu dans des limites pratiquement inchangées au cours de ces trois derniers siècles. Quelques extensions ont compensé les déboisements entrepris sur la commune de Roches. De nos jours, la forêt s'étend sur quinze communes. Sa superficie atteint presque les cinq mille cinq cents hectares, dont un quinzième seulement revient à la partie domaniale de Cîteaux. A l'inverse, la population qui vivait de l'exploitation traditionnelle du bois, jadis en grand nombre, s'est réduite à peu de personnes. Les cuiseurs de charbon ont disparu, les scieurs de long aussi, et avec eux les balaitiers, les lieurs de fagots, les fendeurs de marrains... Il ne reste que de rares scieries familiales en pourtour, à l'avenir incertain pour la plupart.

Lucienne Deniau perdit son mari en 1914, aux premières fauchaisons de la guerre. Elle avait trois enfants tout petits à faire grandir. Plus tard, elle se mit en ménage avec Jules Gousset, qui bûcheronnait aux alentours ; toutefois, elle ne se remaria pas, afin de conserver sa rente de veuve de guerre. Du second lit naquirent trois autres loupiots, qui ne portèrent jamais le nom de leur véritable géniteur. Michel fut celui du milieu, dans cette deuxième couvée.

Six bouches à nourrir, quatre filles et deux garçons, constituaient déjà une famille importante à l'époque. Mais il y avait plus nombreux, bien sûr : des maisonnées de huit, neuf, dix marmots. Un berceau ne restait jamais vide longtemps chez les Beaubras, ni chez les Gaillard, encore moins chez les Orgebin. Les Gonçalvès alignèrent jusqu'à vingt gosses !

« A la maison Gousset, dit Michel, la viande se

trouvait autour de la table, rarement dessus. » Ce qui signifie que la marmite y faisait plus souvent maigre que ripaille. Le rosbif ou le tournedos, on en ignorait le goût. Au mieux, on se contentait d'un pot-au-feu le dimanche, d'un lapin du clapier quelquefois. La mère devait économiser sur tout, même sur le beurre qu'elle contingentait à une demi-livre par semaine. Ses gamins se rattrapaient sur le saindoux, qui était beaucoup moins onéreux. On mangeait toujours à sa faim, mais on ne s'accordait aucune dépense inconsidérée.

A cause de son concubinage, Lucienne Deniau ne se trouvait pas en odeur de sainteté au nez de certains, notamment auprès du prêtre d'une paroisse voisine. Quand la brave femme mourut, elle qui était très croyante, cet abbé de malheur refusa catégoriquement de lui administrer les sacrements de l'Eglise. « C'est le seul homme à qui je ferme ma porte ! » jure Michel. Lui, sa vie durant, s'est dicté comme devoir de respecter les idées d'autrui ; mais faire bonne figure à ce sectaire-là, ça non !

Etrange anathème, en vérité, que celui d'un curé qui, de notoriété publique, partageait la couche de sa bonne : inconvenance dont, naturellement, nous ne l'aurions jamais blâmé si cela n'avait paru tellement contraire aux principes que le dit curé défendait avec tant de sévérité... Faites ce que je dis, pas ce que je fais ; on connaît la litanie ! Pour le reste, cet aparté ne devrait choquer personne, puisque aussi bien le crime est moins d'éventer une faute que de la commettre.

Brandis Brandons

Une fort ancienne coutume, qui se maintient encore ici et là, faisait que les bûcherons, plus que les autres, se trouvaient vraiment à la fête. Cette coutume était celle des Brandons. Selon les endroits, elle se déroulait entre le Mardi gras et les Rameaux. Sa date la plus fréquente correspondait au dimanche d'après Carnaval, donc au premier dimanche de carême.

Il s'agissait d'un feu traditionnel comparable à celui de la Saint-Jean. Dans la semaine précédente, les bûcherons fagotaient cinq ou six cents bourrées de méchant bois, qu'ils dressaient en bûcher autour d'un sapin ébranché que la jeunesse du pays avait érigé en mât. Ce sapin n'avait conservé, pour parure, que son toupet : le « mouchet ». Par facétie, on y attachait de vieux paniers, des vessies de porc gonflées de pétrole, parfois même, tout là-haut, un pendu de paille couronné de feuillage ou fleuri d'un bouquet d'ajoncs. Ce mannequin symbolisait le bon roi Carnaval, dont la destitution venait de sonner.

Comme la plupart de ces cérémonies calendaires héritées d'on ne sait quand, le « dimanche brandelonnier » mêlait sans vergogne le profane et le sacré, le paganisme et la liturgie. On s'amusait à immoler une hostie de chaume sur l'autel du feu, sacrifice on ne peut plus païen, mais toujours avec la bénédiction du curé et rarement sans avoir confectionné auparavant de nombreuses croix de paille !

La journée était consacrée à la purification des terres emblavées. Les jeunes gens couraient par les champs en brandillant des flambeaux de paille. Cependant, ils beuglaient une chansonnette propre à chasser les mulots et à détruire les mauvaises herbes. Au soir descendu, les « brandonneurs » se réunissaient en un cortège bruyant qui encerclait bientôt le bûcher. La mise à feu était généralement confiée aux derniers mariés du pays. S'enchaînaient alors les danses, les sauts par-dessus les flammes, les coups de fusil qui étêtaient le sapin ou crevaient les vessies, les crêpes dont les assistants se gavaient à qui mieux mieux, la quête pour acheter des harengs aux conscrits de l'année...

Les cendres de cette flambée salvatrice étaient pieusement recueillies par les cultivateurs et les jardiniers, car selon la croyance populaire, elles avaient le pouvoir d'éloigner les rongeurs et d'empoisonner le chiendent.

Un garnement ne s'engraissait pas en regardant les siens peiner, sous le toit de Jules Gousset. Michel obtint son certificat en juin, à douze ans. Dès septembre, finies les gamineries, il débutait dans les bois, derrière son père, six jours par semaine. Son demi-frère, beaucoup plus âgé que lui, trimait déjà dans les fermes. Les plus chanceux des enfants, au village, fréquentaient l'école jusqu'à treize ans, guère après.

Au commencement, histoire de s'exercer la main et de durcir ses muscles, Michel débita de la charbonnette à l'aide d'une serpe et d'une scie à bûches. Cela dura une campagne. Son père le rabrouait souvent : « Va du dret, animal ! » Car à scier en biseau, il fatiguait inutilement et gâchait un temps précieux, ça se comprend. Or du temps, on n'en avait jamais assez, au contraire de la fatigue, qu'on avait toujours trop : cela fut la première leçon que Michel apprit en forêt.

Le travail d'un gamin représentait peu de chose évidemment ; mais c'était autant de bricolage à faire en moins et, aussi, quelques sous qui s'ajoutaient à la paie du père. Le drôle remboursait quasiment sa nourriture et son habillement. A douze ans, on ne pouvait pas lui en demander davantage.

Quand il eut pris de la force, vers sa quatorzième année, Michel quitta les bois pour servir dans une grosse ferme des environs, où il devint apprenti charretier. Mais user sa belle jeunesse à mener les chevaux ne le motivait que très moyennement. Non, ce qui lui convenait, c'était la sensation d'être libre, indépendant, tributaire d'un minimum de contraintes. Musarder si ça lui chantait, ou se rompre en besogne lorsque la nécessité le commandait, mais sans jamais devoir en référer à quiconque. Ne se sentir le subordonné de personne, voilà. La fameuse devise « Ni dieu, ni maître » pouvait aisément se décliner en « Ni curé, ni patron » parmi les gens de la forêt. C'est donc vers eux que Michel revint ; il avait dix-huit ans et une solide constitution.

Ce besoin viscéral de n'agir qu'à sa guise était commun à tous les forestiers. La liberté, pourtant, s'est toujours payée au prix fort. « Nous devions travailler comme des bêtes, dit Michel. Le repos du dimanche n'était jamais pour nous. »

Pas de fêtes, pas de jours fériés de tout l'hiver. Les bûcherons ne s'accordaient que le premier de l'an, tout juste, pour se prélasser à la maison. La Société d'exploitation, en les rétribuant à la tâche, les poussait à s'échiner encore et encore. Chaque mois, au bureau de Saint-Léonard, un comptable de la Compagnie versait les salaires en fonction de l'ouvrage effectué.

D'aucuns, des vieux ou des moins allans que les autres, ne touchaient qu'une somme maigrelette. Heureusement, les bûcherons se montraient peu exigeants. Du moment qu'ils avaient de quoi se vêtir et qu'ils ne mouraient pas de faim, ils ne se plaignaient guère. On se satisfaisait de peu. L'électrification du village n'eut lieu qu'en 1932, on puisait toujours l'eau au puits. Le téléphone et l'automobile, nul n'en parlait.

On ne pensait ni au confort ménager à l'époque, ni aux loisirs. Il serait inconcevable de vivre ainsi aujourd'hui, et ce n'est pas un mal. Autres temps, autres mœurs.

Cassé par le travail

Mon grand-père paternel était bûcheron l'hiver, et l'été il travaillait dans les champs : la fenaison, la moisson, les battages, les vendanges. Ensuite il retournait dans les bois où il couchait sous une loge. Il travaillait dur. Je l'ai toujours connu cassé en deux. J'avais aussi un oncle qui était charbonnier. Quant à moi, j'ai toujours vécu dans une locature.

(Lettre de Mme Henriette Quatredeniers, de Massay.)

L'outillage individuel se composait d'une cognée, d'une scie à bûches et d'une serpe. Il fallait être deux pour utiliser le passe-partout. Une cognée ordinaire pesait deux kilos ; seuls les gars costauds en maniaient une de cinq livres.

Michel possédait deux passe-partout, qu'il tenait de son père. Jules Gousset les avait récupérés auprès des soldats américains que l'état-major du général Pershing cantonnait dans les camps de toile, durant l'été 1917. Ces régiments, qui bivouaquaient à l'Etoile et à la Grande Scierie, appartenaient au génie.

Ils ne se compliquaient pas l'existence, les soldats américains ! Pour s'éviter d'épatter les arbres qu'ils devaient abattre, ils les coupaient à un mètre du sol. Un massacre. Les tâcherons du cru étaient partagés entre la réprobation devant un tel saccage, et la tentation de s'approprier leurs outils. On prétendait, en rigolant, que les Américains travaillaient « avec des gants ». Sans se salir les mains, autrement dit, et sans attraper de « callus ».

Les gens d'ici, eux, ne travaillaient pas avec des gants. Au pire des frimas, ils « pouillaient » leurs bombardes. C'étaient des manchettes communément découpées dans les bras d'un vieux paletot, qu'ils enfilaient à revers et qu'ils boutonnaient au poignet. De la sorte obtenaient-ils une manière de moufles qui leur protégeaient les mains, par temps d'onglée, sans en gêner les doigts.

> Chaque contrée avait ses modes de vêture, et ces modes dépendaient en grande partie des besognes à fournir et du climat de la saison. En plusieurs villages de Beauce, comme le mentionnait Michel Deniau, la particularité vestimentaire des hommes de peine était la paire de bombardes, des manchettes rabattues sur les mains, que beaucoup préféraient aux mitaines.

L'avantage de la bombarde sur le gant était double, remarque en écho Lucien Marin, de Sougy : elle n'entravait pas les doigts et, surtout, sa confection ne coûtait qu'un coup de ciseaux dans un veston de rebut. Cela ne déplaisait qu'aux épouvantails, dont on mutilait la garde-robe !

On en dira ce qu'on voudra, mais les passe-partout américains, bien affûtés, avaient beaucoup plus de mordant que les nôtres : cela expliquait leur succès parmi nos bûcherons. A l'inverse, leurs haches à double tranchant n'étaient guère appréciées, parce que jugées trop épaisses. Au pays, il n'y avait que les Tournois, du Plessis-l'Echelle, qui s'en servaient pour dégager les pieds et rompre les racines apparentes, à ras de terre.

On facilitait le mouvement du passe-partout en en frottant la lame avec une couenne. Ce graissage se pratiquait surtout en fin d'hiver, lorsque s'amorçait la montée de la sève et que le bois « crassait ». Si la lame venait à serrer dans son trait de sciage, on l'avoyait – on lui donnait de la voie – en écartant ses dents à la pince ; mais sans jamais exagérer, car trop de voie provoquait une mauvaise coupe. Un passe-partout usé devait être « défoncé ». C'était une réparation très rare, qui consistait à recreuser les entre-dents au tiers-point.

L'aiguisage des outils importait énormément. La qualité d'un bûcheron se mesurait à sa façon d'affiler une hache.

En principe, les taillants étaient émoulus à la maison, sur la meule à eau. Chacun avait ses habitudes, ses manières de procéder, ses manies. Les uns préféraient les outils de tel forgeron, les autres choisissaient plutôt ceux de tel taillandier. Un dénommé Durand, toutefois, était considéré comme l'outilleur le plus malin des alentours. Son atelier se situait au hameau de la Brosse, commune de Viévy-le-Rayé. Ce n'est certainement pas demain la veille qu'on dénichera un artisan aussi accompli, tant ce qu'il fabriquait était parfait !

Chieur de long

Mon grand-père maternel était un scieur de long auvergnat. J'ai toujours en souvenir le dur métier qu'il pratiquait, malgré mon jeune âge à l'époque. Je le vois encore, avec sa hache spéciale appelée « brisoir ». Cet outil était employé comme rabot lorsque les nœuds des grumes avaient été sectionnés à la grosse hache. L'équarrissage qui s'ensuivait, avait pour but de désépaissir les croûtes et d'alléger le poids de chaque grume, afin d'en faciliter la montée sur le chantier, juste avant le sciage en planches.

(Lettre de M. Raoul-Robert Gasnier, de Lamotte-Beuvron).

La révolution de coupe était de trente à quarante ans pour les taillis sous futaie : cela signifiait qu'un bûcheron, jeune encore, ne reviendrait sur le même terrain qu'à la vieillesse approchant, et qu'il ne triplerait sûrement point son travail.

Un quadrillage découpait le secteur à déboiser en carreaux de quatre cent vingt mètres de côté. Chaque carreau se subdivisait en bandes de largeur variable pour constituer les lots, les « ornes ». Une largeur de douze mètres correspondait à une surface d'un demi-hectare ; dix-huit mètres, à soixante-quinze ares ; et vingt-quatre, à un hectare. Afin de délimiter les coupes et de les localiser d'un abattage à l'autre, les bûcherons en bornaient chaque coin d'un têtard haut de 1,20 mètre en guise de pied cornier.

La forêt produisait du bois de chauffage et du bois d'œuvre. Ses essences principales étaient le chêne et le charme. Elle comprenait aussi des « blancs » – du bouleau, du tremble – et quelques alisiers. Il convenait de ne pas mélanger les espèces à l'entassement. On pouvait raisonnablement tabler sur deux cents stères à l'hectare, en taillis, alors qu'on n'en obtient guère que soixante-dix aujourd'hui !

A l'annonce des attributions, les gardes marquaient, à la peinture rouge, les arbrisseaux à ne point toucher. Une quarantaine à l'hectare, en général. Poussés avec le taillis, ces baliveaux complétaient la sélection opérée lors des coupes précédentes. Ils s'ajoutaient aux « modernes », forts de leurs soixante à quatre-vingts printemps, et aux « anciens », trois fois plus âgés qu'eux. Le peuplement à l'hectare atteignait alors une centaine de sujets préservés.

Mais l'existence des arbres très vénérables demeurait approximative, quant à son évaluation. On tenait compte autant de la tradition orale que de la circonférence des troncs, l'une comme l'autre n'apportant que des indications imprécises. La longévité des « bi-anciens » était estimée à un siècle et demi, tandis que les « vieilles écorces », sentinelles figées dans l'abandon des époques enfuies, devaient remonter à la monarchie de Juillet, pas loin… Il n'était pas exceptionnel, en futaie, d'abattre un arbre de cent quatre-vingts ans. Un « ancien », s'il s'agissait d'un chêne, fournissait d'un à deux mètres cubes de bois utilisables en charpenterie ou en menuiserie. Une « vieille écorce » au cœur sain, même sénescente, pouvait en donner cinq ou six.

Une saison d'abattage courait de la fin octobre au milieu d'avril, à un battement près d'une quinzaine, avant et après, selon les impératifs climatiques du moment. Les offres d'embauche émanaient de la Société d'exploitation forestière, non de marchands adjudicataires comme souvent. Les petits cultivateurs se joignaient en nombre aux bûcherons de métier, leurs lopins de peu ne suffisant pas à les occuper durant l'hiver.

On se réunissait au jour dit, au lieu convenu. On

emplissait une casquette de papiers pliés en quatre, un numéro inscrit sur chacun ; on secouait, on tirait au sort. Le hasard décidait de la répartition. Cette méthode semblait la plus juste, car personne ne pouvait se sentir défavorisé de prime abord. On savait, en effet, que des endroits étaient mieux boisés que d'autres, et tous espéraient en devenir les heureux attributaires ; mais ce genre de loterie supprimait toute triche, sinon tout ressentiment. Certains avaient une veine de cocu ; d'autres, non. La chance ne se commande pas. Fallait faire contre mauvaise fortune bon cœur.

La forêt des illusions perdues

Certains soirs d'hiver, le frimas silencieux du dehors pousse les gens, sitôt la porte refermée, à se réchauffer de belles paroles. Le vieil homme était ainsi. Après avoir rechargé le foyer de la cuisinière, il plaçait deux ou trois betteraves rouges dans le plus profond du four, derrière les briques qui, tout à l'heure, serviraient à bassiner les draps ; puis tranquillement, à gestes comptés, il se calait sur sa chaise geignarde, étendait ses jambes fatiguées, enfin bourrait sa bouffarde d'une pincée du tabac gris qu'il conservait, avec quelques rondelles de carotte, dans une vessie de porc, blague et précaution obligatoires pour quiconque tenait à garder son herbe à pipe dans une humidité idéale.

Les pattes de la chaise et les jambes du vieil homme faisaient entendre les mêmes craquements de vieuture. A cette heure de la soirée, le bonhomiot avait déjà parcouru son « journiau ». Il l'avait replié en maugréant contre les événements d'Indochine ou la surabondance du lait, l'avait ajouté à la pile des journaux précédents, à côté du poste de TSF, ses lorgnons posés dessus. C'était pour lui le moment des histoires à raconter ; et pour son garnement de petit-fils, c'était celui des histoires à écouter.

Parmi le vaste répertoire qui se renouvelait sans cesse, et qui allait des aventures du grand-oncle La Moukère en Algérie aux gaillardes virées des dragons à Joigny, plusieurs sujets revenaient souvent. L'évocation du cousin Maxime, par exemple, qui était un peu sorcier et qui jouait les pires attrapes lors des repas de famille...

Mais ce qui intéressait surtout le gaminet, ce qui lui faisait ouvrir toutes grandes les esgourdes et ribouler des quinquets, c'était quand le vieil homme commençait par un sentencieux « La forêt de Marchenoir devrait nous appartenir ! ». Là, le conteur tenait un effet assuré.

Oui, cette belle forêt de Marchenoir aurait dû nous appartenir ! Pas en totalité, bien sûr, mais en partie. Ce que disait le vieil homme était toujours l'exacte vérité, la vraie de vraie, et seul un plus menteux que lui aurait pu douter de ses raconteries.

Cette revendication de propriété le renvoyait loin en arrière, bien avant les Prussiens dont s'effrayait tant sa mère, alors jeunette, bien avant Napoléon III qu'un vétéran de la paroisse prétendait avoir croisé sur une route de Sologne, plus loin encore que l'autre Napoléon, le premier, qui cherchait noise au monde entier à ce qu'il paraît. Cela nous renvoyait à la Révolution.

A cette époque, à en croire le vieil homme, les seigneurs des environs – qui ne roulaient point sur l'or mais qu'on n'estimait pas pour autant, car ils ne valaient guère mieux que des baise-la-piastre, que des grippe-sou – les seigneurs avaient préféré filer à l'anglaise, abandonner château et métairies, s'exiler enfin et attendre patiemment que s'apaise la vindicte populacière. Leurs domaines furent donc expropriés et vendus en biens nationaux. La forêt de Marchenoir se trouva ainsi découpée en lots et cédée aux plus offrants.

Un ancêtre du vieil homme, François, qui était vigneron au hameau de Trugny, dénoua son bas de laine et devint de la sorte un des acquéreurs de la ligne bleutée qui avait toujours limité son horizon. Mais la fête fut de courte durée puisqu'à la seconde Restauration, le comte de Villèle fit voter la « Loi du milliard » qui indemnisait grassement les émigrés dont les biens avaient été confisqués par les révolutionnaires. Le vigneron François perdit son lot de forêt sans obtenir le moindre remboursement. C'est depuis cette époque que les labboureurs de la Petite Beauce se plurent à affubler leurs cochons du délicat sobriquet de Charles Dix. On se venge comme on peut, pas vrai ?

Ainsi parlait le vieil homme, avec moins de précisions historiques bien entendu, certains soirs d'hiver, quand le frimas silencieux du dehors poussait les gens à se réchauffer de belles paroles. Et ce vieil homme, vous l'avez sûrement deviné, c'était mon grand-père Camille, un ancien de la vieille école que d'épaisses moustaches faisaient ressembler à un paysan de bagaude. Lorsque quelqu'un me demande de qui je tiens mon goût de raconter des historiettes, je réponds que c'est de lui.

Mais parfois, et je ne m'en plains pas, ces anecdotes héritées d'un aïeul m'échappent et nourrissent le talent d'un mien compère. Roger Judenne, à qui j'avais détaillé la mésaventure du vigneron François, un jour qu'il passait par la maison, s'inspira de l'épisode pour écrire son amusant bouquin « Le propriétaire de cathédrale ».

L'intérêt de la Société était évidemment de proposer des salaires au plus bas et de vendre le bois au plus haut. Problème d'arithmétique élémentaire, ça. Les saisonniers, qui, heureusement savaient calculer, n'acceptaient pas de se faire dindonner sans réagir. Les discussions allaient donc bon train, le matin des engagements. Ça négociait ferme. Les prises de bec entre les bûcherons n'intervenaient que plus tard, quand les éternels insatisfaits outrepassaient leur lot et débordaient sur celui du voisin, qu'ils jugeaient plus avantageux que le leur. On les connaissait, ces indélicats : c'étaient toujours les mêmes, envieux d'autrui et dénués du moindre scrupule. On se méfiait de leurs manigances et l'on ne se privait jamais de les remettre en bonne place, au besoin en les menaçant de leur frotter les oreilles.

L'abattage d'un chêne mobilisait deux bûcherons. D'abord, à la cognée, on sectionnait les pattes et l'on dégageait le pied. On disait qu'on « arrondissait » l'arbre, façon nécessaire pour le couper au ras du sol. Les copeaux qui se détachaient mesuraient parfois plus de quarante centimètres. Une heure n'était pas de trop pour préparer un maître chêne.

L'arrondissement mené à bien, on déterminait la direction de chute en entaillant d'une « coupe » la base de l'arbre. Une zone de rupture était prévue, qui empêcherait que le chêne ne vire en tombant, ou ne s'affale de flanc. La coupe achevée, on attaquait le fût à revers, au passe-partout. Par sécurité, on enfonçait une couple de coins derrière la lame, dès que celle-ci était suffisamment engagée. On essayait de diriger la chute afin que l'arbre, en s'effondrant, ne détériore aucun baliveau à proximité. On regardait aussi à ce qu'il ne s'écrase pas sur un de ses gros bras, ce qui risquait de faire éclater son tronc, de l'écuisser. On se reculait prestement dès que l'arbre émettait son craquement d'agonie, car on craignait toujours qu'en s'écroulant, il décroche une branche d'un chêne proche et, ultime vengeance d'un condamné, qu'il assomme l'un de ses exécuteurs. La prudence réduisait de beaucoup le danger, de sorte que les accidents se faisaient rares.

Terrassés, écimés, ébranchés, les troncs devenaient des grumes que les débardeurs évacueraient l'été suivant. Enfin, les bûcherons « ressapaient » les souches trop hautes, les rempiétaient, en bombaient les plans de coupe, à la hache, pour les soustraire à un pourrissement précoce. De même, autrefois, ils se souciaient de n'abattre qu'en décours les arbres destinés à la charpente, condition essentielle pour les préserver de la vermoulure.

Il y a longtemps de cela, très longtemps, les gens de la forêt vivaient en communauté sous des cabanes qu'ils construisaient dans quelque clairière. Chaque famille, avec la femme et les gosses, s'installait sous son « cul-de-loup » pour toute la durée des travaux.

Nous l'avons écrit souvent : c'était un gîte de branchage, d'une hauteur de deux à trois mètres, recouvert de ramée, de mousse, de mottes de gazon, et sous lequel il faisait bon se terrer : frais pendant les chaleurs et tiède par temps glacial.

Parfois, les bûcherons bâtissaient également un abri commun, la loge, vaste hutte d'un diamètre de six à sept pas, revêtue d'une épaisse couche de glaise, où la tribu se réunissait à l'heure de la dînée et, par vilains jours, sous laquelle elle se jouait des intempéries. Mais ces façons-là dataient d'un lointain passé. Michel Deniau n'a connu qu'un bonhomme qui continuait de vivre sous un cul-de-loup. Il s'agissait de Clothaire Huguet, un conscrit de son père : autant dire que ça ne date pas d'hier.

Le vieil homme habitait le hameau de Villesiclaire, sur la commune de Binas. Il préférait demeurer à pied d'œuvre afin de s'épargner des voyages qui l'auraient affaibli inutilement. Il arrive un âge où mieux vaut ne plus gaspiller le peu de forces qui reste, c'est sûr ! Le père Huguet, donc, fut le dernier, dans les parages de Saint-Laurent-des-Bois, à loger sous la feuillée, selon l'antique manière.

Du repaire au repère...

Moult contrées forestières ont abrité les repaires des proscrits et des hors-la-loi. Qui ne se souvient du fameux Robin des Bois entraînant sa bande d'archers infaillibles au profond des futaies de Sherwood, dans le Nottinghamshire, un parti de soudards aux trousses ? Là-bas, à ce qu'on prétend, se trouve un chêne quatre fois centenaire, dont la circonférence approcherait les dix mètres. On le surnomme Major Oak.

En Petite Beauce, on ne saurait prétendre à de tels monuments, hélas ! Toutefois, il y a le fameux « Chêne

Pattu » dans la forêt de Marchenoir, et ce n'est pas négligeable, à la réflexion. Voici un sylvestre géant qui lance ses bras à une centaine de pas de la route Lorges-Saint-Laurent...

D'où lui vient ce nom ? De ses racines apparentes, tout simplement, qui lui font comme des pattes. Un arbre de taille impressionnante, vraiment, profondément enraciné dans les traditions du pays.

Six bûcherons, bras écartés, ne seraient pas de trop pour entourer son gigantesque tronc. Quant à l'abattre, si malheureusement il leur en prenait la folle envie, il leur faudrait sûrement y user plus d'une cognée chacun !

Néanmoins, en dépit de ses dimensions impressionnantes, notre Chêne Pattu ne semble pas avoir une histoire des plus originales. « Il ne s'agit probablement que d'un survivant de la forêt primitive », nous disait André Prudhomme l'autre jour. Pour sa part, le régisseur Antoine Breton ne lui accorde que trois cents ans d'âge. Ni Vercingétorix ni Astérix ne se sont reposés sous son ombrage ; les vergobrets n'y ont point célébré quelque gauloiserie, non plus que les eubages ; saint Louis n'y a jamais rendu la justice et Georges Brassens ne l'a pas mis en chanson.

Tant pis ! il n'en demeure pas moins magnifique aux yeux des nombreux flâneurs qui ne manquent jamais de venir le saluer, au passage. On a les repères qu'on peut.

Entre les deux guerres, la forêt assurait du travail à beaucoup de monde. Les bûcherons venaient derrière les fagoteurs, qui avaient nettoyé les carreaux de leur bois mort, de leur « ganivelle ». Après eux se succédaient les débardeurs, les charbonniers, les équarrisseurs, les scieurs de long. On vit même, un hiver, un Yougoslave qui s'essaya à la fente des merrains, au coutre ! Les autres travailleurs étrangers étaient principalement des Portugais et des Belges. Au vrai, cette population immigrée n'importunait guère, et personne de sensé n'en sourcillait :

dans les bois, la valeur d'un individu se mesurait à son courage, à sa robustesse, pas à un ailleurs vague d'où la misère l'avait chassé. Les malheureux ne s'exilent que rarement d'un cœur joyeux, on le sait. Ici, nul ne volait son pain : on le gagnait bien honnêtement, de quelque nationalité qu'on fût.

Les balaitiers, eux, fréquentaient plutôt les taillis d'une douzaine d'années. Là se concentraient de jeunes bouleaux, qu'ils élaguaient et dont ils n'épargnaient que le houppier. Les balais étaient immédiatement confectionnés sur la boulaie. Liée en fagotins, la « boulette » servait également à chauffer les fours des boulangeries. Toutefois, les bûcherons d'antan choisissaient un autre combustible, très supérieur, pour cuire leur miche : l'épine, noire ou blanche. Quand ils avaient vu, en partant le matin, que la huche était presque vide et que leur femme grattait le pétrin, ils ne rentraient jamais, au soir, sans en rapporter une brassée à la maison.

La coquetterie vestimentaire n'avait pas cours en forêt, parmi les gens humbles, pour qui faire importait davantage que paraître. Les bûcherons ne suivaient aucune mode, n'observaient aucune règle d'habillement particulier.

Ils demandaient à leur paletot d'être chaud l'hiver, à leur chemise d'être légère l'été, sans formuler d'autres exigences. Ils se coiffaient qui d'un chapeau, qui d'un béret ou d'une « bonnette », à la convenance de chacun. Les vieux se chaussaient de sabots à bride ou à guêtron, mais la plupart des jeunes optaient déjà pour les bottes en caoutchouc. Les sabots-houseaux, ces « bourbettes » dont les paysans de Sologne se guêtraient pour ne pas perdre pied dans leurs terres mouillées, on les appelait localement les « pommes-poires », allez savoir pourquoi, peut-être parce qu'en combinant le bois et le cuir, ils tenaient à la fois, sans vraiment se définir, de la galoche et du brodequin.

On se déplaçait à bicyclette, le casse-croûte dans la musette et les outils sanglés au cadre. On partait la nuit pour s'atteler à l'ouvrage dès la pointe du jour. Quiconque s'obligeait à débiter une corde de bois dans sa journée, ne devait pas s'amuser.

Beaucoup de femmes accompagnaient leur mari et participaient à la tâche. Joséphine, Thérèse, la mère Fanfan, toutes travaillaient en forêt. Dolorès Barbosa exploita même, seule, l'hectare que son homme, charretier dans les fermes, avait abattu. Elle n'était pas causante, Dolorès, mais elle besognait vite et bien, avec sa scie et son gouet ! Michel faisait équipe avec son épouse, Rosalie. A eux deux, ils alignaient une moyenne quotidienne de huit stères – cinq pour lui, trois pour elle –, bois entassé et site mis à blanc, c'est-à-dire débarrassé de ses broutilles.

A midi, on s'accroupissait derrière un tas, à l'abri du vent, et l'on allumait une flambée de ramilles pour y réchauffer les gamelles. La régalade rôtissait les poitrines pendant que la bise gelait les dos. On mangeait ce qu'on produisait : de la cochonnaille, des patates du jardin, des haricots. Le fricot était rapidement avalé : il ne fallait pas flemmarder, ne serait-ce qu'un instant. Personne ne s'accordait seulement trois minutes pour se laver les mains, à moins qu'une rigole ne coulât tout près. Le plus souvent, on avait oublié d'amener un bidon d'eau.

Le vin, par contre, ne manquait jamais, sauf en fin de journée particulièrement assoiffante. Comme la quasi-totalité des travailleurs de force, les bûcherons ne crachaient pas sur le rouquin. Là-dessus, Michel faisait figure d'exception. Ni vin, ni tabac. Ce qui ne l'empêchait point d'être dans les cinq abatteurs de tête, vantardise mise à part. Et pourtant, attention ! il y avait des balèzes, à l'époque, surtout parmi les familles portugaises venues au pays dans les années vingt : les Montero, les Pereira, les Costolio... Le champion incontesté en était un certain

Dias, de Lorges, un phénomène aussi fort qu'un cric, avec des biscoteaux d'hercule de foire.

En taillis, on faisait du « cent-quatorze », de la billette et de la charbonnette. Les cimes et les branches de moyenne grosseur, les « parements », étaient réservées à la fabrication des bourrées. Pour faciliter le liage des fascines, les bûcherons bâtissaient un métier rudimentaire, l'âne, constitué de deux fourches solidement plantées et de trois chaînes à crochet. Ils ceinturaient les fagots au fil de fer, puis, dans l'attente de l'ouverture des coupes, ils les entassaient debout, en pyramides de vingt-cinq.

Dans l'automne grisailleux de décembre, afin de ne point gâcher des journées trop écourtées par les nuits, les forestiers ne brûlaient leurs menuailles qu'après le crépuscule, en s'éclairant à la lueur dansante des flammes. Ils chargeaient le feu à l'aide d'une fourche qu'ils avaient taillée dans une perche branchue.

Le bois mort était abandonné aux bûcherons, de même que les copeaux. Cette gratte royalement consentie par la Société forestière, parvenait à combler leurs besoins en chauffage. Ce bois mort, qui n'avait aucune valeur marchande, devint pourtant fort précieux durant l'Occupation, quand les autorités rationnèrent le bois de coupe. Plusieurs fermiers en échangèrent, au marché noir, contre les denrées qui manquaient tant : du lard, des pommes de terre, des œufs...

Il est probable que le braconnage améliora l'ordinaire de quelques-uns, durant les périodes difficiles. Pourtant, Michel Deniau ne s'y risquait point. Il avait pour principe de ne jamais aller à la maraude dans la forêt. Les six gardes, qui ne lâchaient pas de l'œil les bûcherons, se montraient intraitables envers les fraudeurs. Surpris la main dans le sac, un pauvre bougre était expulsé immédiatement de sa coupe, sans autre forme de procès ! Michel, donc, chassait en toute franchise, selon une tolérance depuis longtemps établie au bénéfice des paysans de la lisière. En effet, devant les dégâts fréquemment causés dans leurs champs bordant le massif, les cultivateurs avaient obtenu la permission de tirer les bêtes intruses. Ainsi se dédommageaient-ils en tuant un sanglier, un cerf, une biche. Les gendarmes ne verbalisaient pas tant qu'aucun abus n'était constaté (leur longanimité disparaîtra dès que la préfecture consentira des versements indemnitaires aux agriculteurs). Parce qu'il cultivait quelques parcelles en orée, Michel ne se privait pas de dérouiller son fusil sur le gros gibier qui passait à portée de chevrotines.

Fine gâchette, Michel Deniau l'était assurément ; et ça se savait dans les parages. Même que ce talent ne semblait pas être apprécié à l'unanimité. Un matin, pour le narguer, un garde lui glissa dans le creux de l'oreille : « Je goûterais bien un bout de biche, moi ! » Michel, d'une voix innocente : « J'en ai pas actuellement, chef, mais je penserai à vous si ça se trouve. »

Le surlendemain justement, comme un fait exprès, notre bûcheron tua un daguet qui saccageait une de ses parcelles. Chose promise, chose due : il préleva un bon carré de viande, dans les reins, qu'il courut porter au garde, au vu et au su de toutes et de tous. L'autre ne s'attendait pas à être pris au mot ; il en fut d'autant plus mouché que sa femme, elle, accepta le cadeau avec le sourire et, mieux, qu'elle offrit le café à Michel, en remerciement. Ah ! le garde, il en entendit parler longtemps, de cette tournée-là ! De partout, on lui demandait malicieusement : « Alors, il était à ton goût, le bout de biche du gars Deniau ? »

En vérité, Michel n'a jamais admis que le gros gibier, qui s'engraissait aux dépens des cultivateurs, en dévastant leurs récoltes, fût réservé aux parties de chasse des galetteux de la haute. Le temps des cerfs, soit, pas celui des serfs ! Michel n'éprouvait pas l'ombre d'un remords à se payer sur la bête ; il ne récupérait que son dû, après tout.

Ce genre de raisonnement n'était pas pour plaire à certains gardes, on s'en serait douté. Ceux de la Société forestière contrôlaient simultanément les chasses et l'exploitation des coupes. Ils rempierraient les allées, élaguaient les abords des layons, faucardaient le talus des fossés. En s'éreintant, pour quelques-uns, le moins possible.

Il y avait de braves types dans leurs rangs, certes, mais il y avait aussi des peaux de vache qui se conduisaient en maîtres incontestés. La forêt leur appartenait de plein droit. La casquette plate crânement enfoncée, le flingot en bandoulière, ils affichaient des airs prétentieux lorsqu'ils condescendaient à s'adresser aux bûcherons, dont ils se croyaient nettement supérieurs. Une certaine jalousie en chatouillait d'aucuns, qui devinaient qu'un ouvrier courageux pouvait gagner plus qu'eux.

Le Grand Pierre était sans contredit le garde à qui on serrait la main le plus volontiers. Celui-là n'embêtait jamais les braconniers, pour la bonne raison – il ne faut pas le crier sur les toits ! – qu'il était le premier d'entre eux. L'ami des bûcherons, vraiment.

Tous ne lui ressemblaient pas, hélas ! Le pire d'entre eux s'appelait Lohézic Rousseau. Il était né au pays et avait l'âge du père naturel de Michel. Ce dernier le tutoyait, sans entretenir des relations amicales pour cela. Cet hiver-là, Michel bûcheronnait à La Bouâche. Il avait entassé ses copeaux de manière qu'ils ne mouillent point, à son habitude. Voici mon Rousseau qui s'amène et qui, sans bonjour ni salut, se met en devoir de disperser le tas, de la botte, histoire de vérifier que des « bougauds » – des baliveaux parfaits pour la charbonnette – n'y étaient pas dissimulés. Comme ça, d'emblée, sans une parole... Oh ! mais là, Michel a vu rouge ! Tout assermenté que le garde était, il l'a empoigné par le revers de sa vareuse, et, les yeux dans les yeux, il ne lui a pas envoyé dire ce qu'il pensait de son attitude. Lohézic Rousseau ne réitéra plus : il avait enfin compris qu'une casquette plate ne donnait pas tous les droits à celui qui s'en couvrait.

Soyons juste : aucun garde, à notre connaissance, ne se fit casser la gueule par un bûcheron. Mais il s'en fallut de peu, quelquefois. L'algarade ne dépassa jamais les menaces. On serrait les poings, puis on se raisonnait tant bien que mal. Cela valait encore mieux qu'une peignée, pour sûr !

Il arrive, aujourd'hui, qu'un ancien bûcheron croise un ancien garde, par hasard, qu'il l'apostrophe vertement et lui crache ses quatre vérités. Les rancunes se ravivent aussitôt : « Tu ne méritais pas la corde pour te pendre, mon saligaud, quand tu te trimballais avec une visière sur le front. Bon sang ! ce que j'ai dû me retenir de ne pas te la faire sauter d'un coup de bâton ! Tu ne l'aurais pas volé, tu sais ! » Les années atténuent néanmoins les amertumes. On rigole et, même, on va jusqu'à boire un verre au bistrot, comme de vieux copains contents d'évoquer leurs fredaines d'autrefois. De nos jours, les gardes forestiers n'ont plus guère de bûcherons à ennuyer, alors quelques-uns se vengent sur les cueilleurs de champignons.

Pendant les coupes d'hiver, les bûcherons ne laissaient derrière eux, debout, que les baliveaux et les arbres layés par les gardes. Ils sursoyaient également à l'abattage des sujets qui semblaient promettre un bon rapport au démasclage. Ces derniers ne seraient couchés qu'à la veille de leur décortication.

La période de la pèlerie – on disait plutôt le « curage », dans cette forêt – coïncidait naturellement avec la montée de la sève. Mettons de la fin mars à la mi-avril, en gros. On écorçait tant que ça voulait bien se décoller. Le pelan était bottelé aussitôt, puis mis à sécher sur le carreau. Les voituriers l'achemineraient plus tard vers les tanneries, qui en assuraient la pulvérisation. La coupe terminée, le régisseur procédait à l'évacuation du bois bûcheronné. Chaque acquéreur, ce jour-là, devant la cabane du garde-vente, recevait un ticket correspondant au lot acheté. Ce bon était présenté aux gardes qui, l'ayant en main, indiquaient sans contestation possible les stères et les bourrées à enlever. Les charretiers venaient avec leurs lourdes gerbières ; ils les chargeaient jusqu'aux ridelles et ils accomplissaient autant de voyages qu'il fallait, se méfiant des bouillons où leurs attelages risquaient de s'enliser. Les scieries disposaient, le long des allées importantes, de rails sur lesquels roulaient des plates-formes hippomobiles (les débardeurs du Baron conduisaient même un Decauville !). Personne ne s'abaissait à chaparder sur le tas des autres : ce n'était pas la mentalité d'alors. De plus, parce qu'on se connaissait tous, il y aurait eu une profonde honte à se faire pincer en flagrante malhonnêteté.

Michel travailla toujours dans les proches alentours, sauf pendant l'Occupation, quand il dut se cacher pour ne pas filer en Allemagne, comme STO. Il n'était pas le seul dans ce cas : beaucoup de clandestins vivaient au secret des fourrés complices. Lui, Michel, se planquait au-delà de Briou, du côté d'Autry.

Il se rendait là-bas à bicyclette, en empruntant des sentiers peu fréquentés. Quand le passage devenait trop bourbeux, il descendait de son vélo et il le tenait par le guidon. Il partait tôt, il rentrait tard. A la nuit noire. Les gendarmes de la brigade veillaient au grain. Certains matins, ils tapaient au volet pour inciter les réfractaires à plus de précaution. « Question de ça, dit Michel, c'était un bon canton que le nôtre. Il y eut très peu de dénonciations. Les gens ne s'aimaient pas forcément, mais ils ne se détestaient pas au point de commettre des saletés ! »

Six mois au bois, six mois aux champs. Ceux qui ne sortaient pas de la forêt, passé le 15 avril, se consacraient à la fabrication du charbon en meules. Les autres se rabattaient sur les travaux agricoles. C'étaient les moissons, la batterie, les betteraves. Michel en profitait pour cultiver ses quelques lopins, mais la charrue l'inspirait bougrement moins que la hache. L'été était sa mauvaise saison. Il ne nourrissait qu'une idée : celle de redevenir un bûcheron, sitôt les hirondelles envolées.

Un ancien bûcheron confiait naguère que chaque feuille émet un bruit particulier sous le vent ou sous le soleil. Ce bruit lui suffisait pour deviner l'essence de l'arbre. « Même aveugle, jurait-il, je me rendrais encore dans les bois pour y écouter le bruit des frondaisons ! » Cette chanson de la nature, ils étaient nombreux, jadis, à en apprécier la mélodie. Voilà soixante ans, une centaine d'ouvriers vivait encore en périphérie de la forêt. Ils habitaient à Autamville, à Poisly, au Ramage, partout. De nos jours, ils ne sont plus que deux : Robert Avignon, qui tient maintenant le Café de La Colombe, et notre ami Michel Deniau, qui réside dans la maison du maquignon, à Saint-Laurent-des-Bois.

Deux, sur la centaine d'autrefois : c'est vraiment un faible pourcentage. Les autres, plus âgés, sont morts. La contrée a fourni des bûcherons qui étaient des as de la cognée et du passe-partout, mais qui n'ont pas su, ou pas voulu, s'adapter à la tronçonneuse. Des équipes sont alors rappliquées du diable-vauvert, tandis que les saisonniers du cru refluaient vers les fermes où ils s'engageaient, pour un travail moins pénible et plus rémunérateur, comme ouvriers agricoles. La foresterie indigène n'en avait plus pour longtemps...

Racines

Les atlas routiers foisonnent d'indications sur l'origine forestière de nos villages. Certains lieux-dits se passent de toute explication étymologique : Ormoy, La Boulaie, Le Chêne Vert, Le Coudray, Les Feuilletis, Le Bois-de-la-Leu, Noyers, La Glandée, Tremblay, La Genetière, Epinay, Tilloy... la liste est longue.

D'autres localités évoquent également une végétation précise, mais à partir de mots tombés en désuétude, ou très déformés : La Bussière, Boësses, Boisseaux (buis) ; Arrabloy, Herblay, Cernoy (érable) ; Chasnais, Chassin, Chasseneuil, Lacassagne, Cassuejouls, Cassagnoles, Darvoy, Quesnet, Tortequesne, Jargeau, La Jarrie (chêne) ; Auneau, Launois, Auvers, Vernou, Verneuil, Lavergne, Bernède (aulne, verne) ; Fresnay, Fressines, Fréchendets, La Freissinouse, Fragnes, Fralignes (frêne) ; Fouquerolles, Fluquière, Feliceto, Falga, Falgueyrat, Le Fugeret, Le Houga (fougère) ; Fay, Foutelaie, Faouet, Fayolle, Fayette, Haget, Hagedo (hêtre) : Oussoy, Lousseau, Housseteau (houx)... Plusieurs lieux-dits rappellent des métiers anciens : La Scierie, Le Sabot, Charbonnières.

La toponymie signale aussi l'emplacement de forêts disparues, à travers les radicaux suivants : Breuil, Haye, Sault, Sauve, Vaud, Vabre, Bosc, Touche, Garenne, Lutz, Bâtis, Forest, Fourasse, Gayon, Gault, Gouet, Coët, Silve, Serbière, Bouesc, Vove, Bouchet, Brosse, Espois... Là encore, tout n'est pas mentionné. A dire vrai, il est souvent difficile de distinguer la racine de l'arbre qui cache la forêt !

Michel cessa de bûcheronner dans les années 1960, lorsque sa culture prit de l'extension. Désormais, il serait un homme de la terre. Il ne retourna dans les bois, au plus rude de l'hiver, que par fidélité à ce qu'il avait tant aimé. Les quelques stères qu'il faisait, étaient, pour lui, le prétexte de renouer les liens qui l'unissaient si intimement à sa chère forêt. On ne se guérit jamais de ses tendres amours.

Aujourd'hui encore, il a besoin de respirer l'odeur doucereuse des feuilles en décomposition. Il lui faut s'étourdir du silence des hautes futaies, frémir au bruissement de la brise dans les taillis, s'imprégner de la paix crépusculaire qui enveloppe les grands bois, vibrer au brame qui déchire les nuits de solitude. La forêt est son refuge de prédilection, la forêt reste son élément.

Et pourtant, aucun de ses cinq enfants ne fera le bûcheron. Tous ont suivi de brillantes études. Par bonheur, ils ne seront point confrontés à la pénible condition qui était celle de leur père. Michel a tout fait pour leur éviter cela.

A présent, la forêt n'est pour eux, comme pour beaucoup d'autres, qu'une merveilleuse invitation à de longues promenades mélancoliques.

Rencontre de l'hiver 1993-1994.

Coupable !

Une affiche du XVIIe siècle donnait à lire ceci :

Arrêt de la Cour du Parlement, qui condamne Charles Moulin à être attaché au carcan par l'exécuteur de la Haute Justice à un poteau, qui, pour cet effet, sera planté sur la place de Coucy et y demeurera un jour de marché pendant deux heures, ayant un écrit devant et derrière portant les mots Coupeur d'arbres, et au dit lieu, flétri des trois lettres GAL, ce fait être mené et conduit aux galères du Roi comme forçat pendant trois ans.

(Document communiqué par René Chaubert, d'Orléans.)

Le débardeur-roulier

Daniel Desvergnes est né quand l'autre siècle se mourait, en 1899, dans le village de Piffonds, département de l'Yonne. A quinze ans tapants, il savait déjà mener une attelée de chevaux, aussi bien qu'un charretier expérimenté. C'était l'époque qui voulait ça : son père se trouvait à la guerre depuis la mi-août et le drôle devait le remplacer derrière ses cinq canassons. Mais quand le père mourut en 1918, la mère dut recéder la ferme familiale.

Lui, Daniel, ne se battit pas contre l'ennemi héréditaire. Il traîna néanmoins ses bandes molletières au-delà du Rhin pendant six semaines, dans les rangs de l'Armée française qui occupait les centres miniers de la Ruhr. De la gloire, il n'en rapporta guère ; il revint en revanche avec une typhoïde carabinée qui lui changea les boyaux en serpillière. Les autorités militaires le convoquèrent au 8e Chasseurs d'Orléans pour lui délivrer sa feuille de démobilisation. Sa jeune femme le rejoignit et c'est ainsi que le couple se fixa dans notre région.

Tous deux servirent d'abord chez un docteur de la ville mais à l'annonce de leur second enfant, ils préférèrent se louer comme basse-couriers à La Ferté-Imbault. Ils demeurèrent là-bas pendant sept mois, puis Daniel s'embaucha dans une ligoterie de La Ferté-Saint-Aubin en qualité de charretier. Sa nichée logea dans une maisonnette de l'entreprise. Il y avait deux autres charretiers, six chevaux en tout, dix lieuses à la fabrication des ligots et un bataillon d'ouvriers à la scierie. Outre les allume-feu, l'usine débitait des madriers et des planches, des cotrets et des systèmes (qui étaient des demi-cotrets destinés aux boulangers).

Après neuf mois de charriage à la ligoterie, Daniel décida de se mettre à son compte comme débardeur et roulier dans les alentours. Il connaissait parfaitement les chevaux et les conduisait comme personne. Le boulot, qui ne manquait pas dans la contrée, ne l'effrayait point. Il disposait enfin de petites économies qui, à force de besogne, l'aideraient à s'acheter une paire de robustes bourrins. Il n'hésita pas davantage.

Nous étions en 1924. Quatre rouliers claquaient déjà du fouet autour de La Ferté-Saint-Aubin ; ils fournissaient à trois scieries locales et à cinq marchands de bois. L'intense activité forestière permettait à un cinquième roulier de s'établir sans causer tort aux autres.

La famille Desvergnes s'abrita au lieu-dit « La Ville-Saint-Moûtier », dont les bâtiments de maître appartenaient à un meunier de Saint-Hilaire. Daniel se contenta de la locature et de la petite écurie accotée tout contre. On vécut là pendant sept mois, tant qu'il y eut du bois à remuer dans les environs : au bas mot près de huit cents stères à retirer des chantiers. Ensuite il fallut chercher un autre coin et creuser sa tanière plus loin.

C'était en effet le lot de ces gens que de déménager souvent. Dès qu'un endroit ne proposait plus suffisamment d'ouvrage, les proches du débardeur renouaient leurs baluchons et s'en allaient gîter sous un autre toit, à l'orée des coupes récemment ouvertes. L'homme perdait de la sorte moins de temps en traites tout en épargnant à ses chevaux la fatigue d'un trajet inutile. Après La Ville-Saint-Moûtier, Daniel Desvergnes installa sa maisonnée dans une fermette de Bois-Durand, puis à La Couapelière, près de la gare de Vouzon, puis à La Sapinière, enfin à la ferme de Courcelles, commune de Ménestreau-en-Villette. Tandis que sa femme agençait le domicile, lui se présentait aux marchands qui exploitaient les parages et il leur offrait ses services.

Un débardeur-roulier ne fainéantait jamais. « J'ai gagné ma vie dans le métier, dit aujourd'hui Daniel Desvergnes, mais j'ai bossé dur. » Debout avant la pointe du jour, il commençait par donner la botte à ses chevaux ; puis il cassait une croûte et il s'accordait une petite demi-heure de repos. A cinq heures sonnant, il se relevait, pansait les bêtes, leur apportait la ration d'avoine et le seau d'eau. L'écurie était vide à six heures. Il emportait dans sa musette le litron et la gamelle de fricot qu'il mettrait à réchauffer le midi sur une flamblée de brindilles, sans oublier les sacs de picotin.

Il trimait les douze mois de l'année. Les bûcherons attaquaient les abattages à la Toussaint ; ils ne s'arrêtaient qu'en avril, à la montée de la sève. C'était la saison où les sols se saturaient de flotte et interdisaient au débardeur d'engager ses chevaux en forêt ; alors il acheminait vers les scieries les grumes qu'il avait sorties l'été précédent et qui attendaient sur le bord de la route. Il occupait le reste de son hiver en voiturage et ne pénétrait sur les coupes qu'au printemps, quand les bûcherons abandonnaient les lieux. Il retirait d'abord les troncs abattus à l'automne car ils avaient séché durant les froidures et pesaient donc moins lourd.

Le débardage des grumes se faisait avec les chaînes. L'homme se tenait prudemment à l'écart et commandait son équipage à la voix : il devait en effet se garder des méchants troncs qui, déséquilibrés par la rude tirée des chevaux, s'arrachaient de leur enchevêtrement en toupillant pire que des quintaines, en brisant tout à la ronde, baliveaux comme guiboles. Une ou deux bêtes, selon la grosseur des grumes, traînaient leur somme entre les souches, parfois sur deux kilomètres de traverse, jusqu'à l'accotement frichu de la route. Là les pièces étaient couchées sur deux cotrets : ainsi le roulier les ceinturait-il plus aisément avec ses traits au moment de les attacher sous son fardier. Un cheval, seul, pouvait tirer à plat une ou deux grumes à la fois, soit près d'une tonne de bois !

Le débardeur réservait ses samedis à un travail moins pénible. Il attelait sa charrette et passait la journée à enlever les fagots. Une voiturée ordinaire correspondait à cinq stères mais sur certains terrains poisseux, il valait mieux diviser la charge en plusieurs allées et venues, de la coupe à la route, et ne point s'enliser ou verser dans quelque bourbier. Au besoin on harnachait un deuxième cheval devant le limonier. A Bois-Durand, Daniel Desvergnes déblayait jusqu'à trente stères par jour ; mais il n'en assurait alors que le débardage, pas le voiturage. Il entassait les cotrets sur le bord de la route, à côté des grumes, et les camions les embarquaient derrière lui.

Le débardeur ôtait également les bourrées que les bûcherons empilaient en fagotiers. Il venait les chercher dans le courant de l'hiver. Les voitures utilisées au transport de ces menus bois n'avaient point l'allure des gerbières de plaine : leurs ridelles étaient beaucoup moins hautes, ce qui en facilitait le chargement.

Le roulage des grumes déposées en bordure de route, nous l'avons précisé, débutait sitôt la Toussaint fêtée. Du temps de Daniel Desvergnes, on se servait encore de triqueballes sous les essieux desquels on suspendait les troncs. Ces antiques fardiers possédaient deux trains de roues que l'on espaçait en fonction des longueurs à charroyer. On calait ces grandes roues avec des cotrets ; un cheval hissait les grumes en tirant sur les chaînes pendant que l'autre patientait entre les brancards. Le chargement terminé – quatre à cinq grumes –, le roulier arrimait solidement le tout puis attelait le cheval de chaîne devant le limonier, en flèche. On ne bouclait généralement qu'un seul voyage dans sa journée, deux ou trois lieues séparant souvent les coupes de la scierie. Parti de l'écurie avec ses lanternes allumées, l'équipage ne rentrait qu'à la brune. Un roulier s'arrangeait néanmoins, dans la mesure de son possible, à revenir chez lui avant la nuit noire. Il devait encore distribuer la paille à ses chevaux et les bichonner avant de penser à sa soupe.

Le roulage s'améliora plus tard avec l'apparition des fardiers montés sur pneus pleins. Leur plateau, bas, coulissait pour mieux s'adapter à la longueur des grumes. Il ne s'agissait plus de suspendre le bois sous les essieux, mais de le hausser par-dessus les roues. On appuyait alors deux madriers contre le fardier en guise de rampe. Le halage des grumes continuait de se faire à l'aide de chaînes tirées par un cheval. On évitait de prendre des câbles qui, à l'usure, finissaient par se barbeler, par se détordre, et qui risquaient de lacérer les mains du roulier. Un fardier à pneus supportait trois fois plus de charge qu'un triqueballe. Quand le roulier voyageait à vide, il rapprochait les trains de roues pour moins encombrer le chemin ; il attachait le cheval de chaîne à la traîne.

Un débardeur-roulier n'était rien sans ses chevaux. Il les connaissait par cœur, savait leurs tics et leurs manies. Le Bayard chauvissait-il des oreilles ? Cela signifiait qu'il était bien luné. Le Pêchard s'ébrouait-il ? Il n'en ferait qu'à sa tête aujourd'hui, pour sûr... L'homme les aimait ainsi, avec leurs qualités et leurs défauts. Il y avait des carnes certainement, des rosses dont on se méfiait et que l'on maudissait cent fois dans la journée ; il y avait des sournois et des retors qui ne filaient jamais droit et qui vous faisaient virer en bourriques ; et puis il y avait les francs de collier, ceux qui se tuaient au travail, qui marchaient au doigt et à l'œil sans jamais renâcler, qui mouraient même quelquefois dans la limonière, tout à trac, d'épuisement. Les chevaux sont comme les hommes : pas deux ne partagent une nature pareille.

On choisissait, autant que faire se pouvait, des bêtes dociles et obéissantes, vigoureuses mais point fougueuses cependant. Des bêtes qu'on calmait facilement d'une tape sur la croupe et qui ne fonçaient pas à en craquer leurs bricoles... On en avait vu, de ces bourrins têtus, qui bousculaient tout sur leur passage et qui flanquaient à dame un chargement complet de fardier, uniquement parce qu'ils ne sentaient pas leur force et qu'ils tiraient sur les chaînes de montée sans rien entendre. Ah, sapristi ! de tels chevaux retardaient plus qu'ils n'avançaient, en bout de course. Mieux valait une bête tranquille, allante et d'humeur égale, sur laquelle on pouvait compter.

Daniel Desvergnes, pour sa part, appréciait davantage les bretons que les percherons. Le maquignon lui en avait vendu une couple et, ma foi, il s'en contentait. Il les avait dressés sur le tas, à sa convenance. Le Bijou lui causait bien quelques inquiétudes, comme nous le verrons bientôt, mais il ne s'en plaignait pas malgré tout. Attelé dès ses quatre ans, un cheval durait une douzaine d'années pour peu qu'on sache en prendre soin, le nourrir bien, le bouchonner autant de fois qu'il convenait, ne point le rudoyer sans raison et lui permettre de souffler de temps à autre.

D'aucuns prétendaient qu'un roulier mignotait plus souvent ses haridelles que sa bourgeoise. Il leur parlait comme à des personnes, c'est vrai ; il les flattait ou il les engueulait selon le moment mais toujours il les surveillait d'un œil vigilant. Car il devait deviner le fameux coup de sang au premier signe de faiblesse et le prévenir incontinent.

Le drame se déclenchait généralement en période de travaux pénibles. Une poignée supplémentaire d'avoine valant mieux qu'un claquement de fouet en l'occurrence, le roulier cédait parfois à la tentation de forcer un peu trop sur le « barbotage » du matin, sur l'avoinée, histoire de ragaillardir son attelée. Mais si un peu d'avoine excite les chevaux, beaucoup leur fait bouillir les sangs. Quand par mégarde le roulier avait eu la main trop lourde, le malheur se manifestait quelques heures plus tard, au premier effort violent à fournir. Un des canassons paraissait soudain étourdi, comme saoul, dodelinait mollement au lieu d'encenser régulièrement, se raidissait ou au contraire tirait en « queue de branle », à hue et à dia, sans rien écouter, puis ne bougeait plus, bref devenait sujet à mauvaise affaire. Il ne fallait pas tergiverser mais prendre aussitôt le mors aux dents. Une seule parade appropriée, un véritable remède de cheval : la saignée immédiate.

L'homme dépliait son couteau sur-le-champ et il incisait l'énorme veine qui palpitait au cou de l'animal. Il laissait couler une longue giclée de raisiné échauffé, de quoi remplir un demi-seau, puis il recousait tranquillement l'entaille avec l'aiguille et le fil qu'il conservait précieusement sur lui, dans son porte-monnaie. Le cheval se requinquait bientôt, nullement fâché de redémarrer après un répit d'une vingtaine de minutes. Le vétérinaire de la ville n'aurait point mieux réussi, à la différence près qu'il ne se serait pas servi d'un vulgaire couteau, mais d'un bistouri appelé « flamme » ou « lancette ».

Si la malignité du malaise nécessitait une intervention plus radicale encore, le roulier dételait son cheval et le ramenait à l'écurie, puis il courait alerter le maréchal-ferrant. Ce dernier rappliquait en brandissant ses pinces à courtauder. Il tranchait une rondelle de queue comme on entame un saucisson, quasiment pareil, faisait pisser un jet noir puis, la saignée estimée suffisante, cautérisait la plaie en appliquant une pelle à feu chauffée à blanc.

Tout était réglé. Daniel Desvergnes dut pratiquer deux ou trois opérations de ce genre dans sa vie de débardeur.

Hormis ces rares alarmes, les chevaux ne posaient guère de graves problèmes. Oh ! bien sûr, l'un d'eux attrapait quelquefois les coliques et l'on passait alors une nuit blanche à le cajoler. On se méfiait surtout de celui qui souffrait des fièvres car la fébrilité l'améchantissait souvent et le poussait à mordre. Mais sinon, le manège des chevaux du bois tournait rondement dans le meilleur des mondes. On se rendait toutes les trois semaines à la forge lorsqu'on roulait sur les routes empierrées, toutes les six semaines seulement lorsqu'on débardait en forêt. Le maréchal ne changeait d'ailleurs pas systématiquement les fers ; en revanche, il « relevait » les sabots. C'est-à-dire qu'il déferrait, rognait le trop de corne et reclouait les fers non usés.

Oui, Daniel Desvergnes aimait son métier, les chevaux, les bois et la liberté. Pourtant, il faillit bien ne pas faire de vieux os dans la corporation. Ecoutez voir : il n'était pas à son compte depuis une huitaine qu'il chopait déjà son premier accident. Une sacrée claque du destin. Voici la chose :

Un soir qu'il poussait le Bijou à sa place, dans l'écurie de La Ville-Saint-Moûtier, une bête d'ordinaire si fiable, vlan ! une ruade sous le menton envoie notre bonhomme valdinguer je ne sais où. Sa tête cogne contre le mur. Trente-six chandelles au fond du béret, un éclair dans le crâne et puis plus rien, le noir. C'est sa femme qui, inquiète de ne point l'entendre revenir, le retrouva sans connaissance, à plat dos dans sa mare de sang. Elle dut appeler le médecin.

Ça s'emmanchait plutôt mal pour un début, je ne vous dis que cela !

Les autres désagréments ne vinrent pas des chevaux, heureusement. Des ennuis sans grande conséquence :

un maillon de chaîne qui s'ouvrait sous la tension ou une trésaille de ridelle qui pétait sous la charge... Un débardeur prévoyant emportait toujours un trait de rechange et ne s'éloignait jamais sans son couteau de poche. Pour saigner un cheval au besoin, mais aussi pour sectionner un harnais avant qu'une lanière n'étrangle la bête dont la charretée menaçait de verser. Une telle mésaventure était continuellement à craindre. Daniel Desvergnes en fit la triste expérience.

C'était un de ces jours de malchance que le bon Dieu nous réserve parfois pour nous punir de nos péchés, un de ces jours où rien ne va comme on voudrait, où les chevaux piaffent plus qu'ils ne tirent, où le brouillard vous laisse enchifrené, où vos vieilles douleurs se réveillent pour vous torturer l'échine, un de ces jours enfin où votre bonne amie ne vous sert qu'une panade à la grimace quand vous espériez d'elle un lèche-museau sucré.

Ce matin-là, donc, Daniel Desvergnes aurait gagné à flemmarder au lit plutôt que trimbaler sa misère. Il achevait d'enfaîter une voiturée de déboutures, des hauts de souches, pour le père Charbonnier, quand il s'aperçut que cinq rais d'une roue venaient de casser dans le moyeu. Merde alors ! Il emprunta la charrette d'un voisin et il transborda son chargement en pestant contre le sort. Mais il n'était pas rendu au bout de son épreuve, le pauvre. Arrivée au beau milieu du bourg de Ménestreau, badaboum, la voiture s'affale sur le trottoir et les déboutures dégringolent à la va-que-je-te-pousse. Un désastre.

Daniel n'eut que le temps de bondir par-dessus les oreilles du limonier pour ne pas être écrabouillé sous l'avalanche. La peine d'une sainte journée réduite à néant et deux voitures bousillées, qui dit mieux ? Il eut grande peur, notre bonhomme, mais encore moins que le père Charbonnier qui suivait à cinquante pas et qui assista à la catastrophe sans rien pouvoir tenter !

Dans les années trente, les marchands continuèrent d'engager des débardeurs à chevaux mais ils ne leur demandèrent plus guère d'effectuer les roulages. Ils employaient maintenant les camions. C'est lorsqu'il travaillait à Bois-Durand, en 1925, que Daniel Desvergnes sursauta aux pétarades des premiers fardiers automobiles. Il comprit de suite que les chevaux perdraient la compétition. Il continua de débarder les coupes à blanc-étoc, là où les véhicules à moteur n'osaient pas encore s'aventurer, par crainte de s'enliser, mais il n'effectua guère de route désormais. L'époque du roulage traditionnel n'en avait plus pour longtemps. Les rouliers cédaient progressivement la place aux transporteurs. Il fallait s'adapter, vite. A La Couapelière, près de la gare de Vouzon, Daniel se reconvertit dans le chargement des wagons qui emportaient des étais de mine vers le Nord. Un an plus tard, il loua la ferme de Courcelles, dix-sept hectares de petite terre, et il ne se consacra plus qu'au voiturage d'hiver. Il embaucha un charretier et acheta trois autres chevaux.

Survint juin 1940 et la débâcle que l'on sait. L'exode bouchait les routes. Plus de voiturage possible. Le pays se sauvait en tous sens dans une pagaille monstre. Alors Daniel attendit patiemment la suite des événements sans se mêler à la cohue. Pour tromper le temps, il entreprit d'abattre un orne de bois juste bon à brûler dans la cuisinière. Mal lui en prit : il ne put esquiver la chute d'une grosse branche qui le frappa au ventre. Le choc fut si fort qu'il crut défaillir sur l'instant. Mais non : la douleur s'estompant, il rempoigna sa cognée et oublia l'incident.

A l'automne, il fêta le cochon et mangea une copieuse platée de boudin. Trop certainement puisque les flatuosités ne tardèrent pas à lui tortiller les entrailles. Il consulta le médecin. Lequel décela immédiatement un ulcère de l'estomac non pas dû à la boudinaille, mais au coup reçu naguère. Notre bonhomme dut absorber des emplâtres pendant un an. Pouah !

La santé recouvrée, Daniel accepta d'aller chercher une charretée de cotrets pour le boulanger de Ménestreau. Allons bon ! Un rondin glissa et revint lui taper dans le ventre. Exactement comme l'autre fois. C'en était vraiment trop, à croire qu'un sort s'acharnait sur lui. « Ce coup-ci, jura notre bonhomme, c'est terminé : je ne garde qu'un cheval et je ne remets plus jamais les pieds dans les bois ! »

Et le croirez-vous, il tint parole. Car on perd toujours à vouloir braver les malédictions, en Sologne.

Rencontre de l'hiver 1983-1984.

Le scieur de long

De tout temps on fut scieur de long ambulant chez les Romano. Le grand-père déjà, voici bien longtemps, au siècle d'avant, parcourait les chemins avec une scie sur l'épaule et un baluchon à la main. Il avait marché loin, le bonhomme : jusqu'en Grande Kabylie, dans les montagnes de l'Algérie !

Son fils Luigi, le père de Nicola, reprit le métier dans sa région natale de Savone, à Martina-Olba, bourgade accrochée aux flancs des Apennins liguriens. De là-haut, on voyait la mer scintiller sous le soleil. Mais un panorama, aussi merveilleux soit-il, ne peut que remplir la tête, point le ventre. Le travail manquant, Luigi Romano dut nouer sa besace et, à son tour, chercher embauche ailleurs. C'est ainsi qu'après avoir franchi les Alpes par les passes enneigées, il trouva à gagner quelques poignées de sous dans nos forêts.

N'était pas scieur de long qui voulait. Il fallait de la robustesse et ne point craindre de mouiller sa chemise par tous les temps, automne comme hiver. Un métier de forçat pas racontable, se souvient Robert Grélier en parlant de son père. La plupart des scieurs de long étaient étrangers, italiens ou yougoslaves, car le métier obligeait à de fréquents déplacements ; or les Français, c'est bien connu, se sentent perdus dès qu'ils ont quitté leur clocher des yeux. Ces migrants s'éloignaient donc de leur famille pour plusieurs mois. Partis le plus souvent à pied aux derniers beaux jours pour se présenter sur les coupes dès la Toussaint, ils ne reparaissaient au pays que longtemps après la Saint-Jean. Tout dépendait évidemment du chemin qu'ils avaient à parcourir pour rentrer chez eux. Certains s'installaient au loin pendant deux ou trois ans d'affilée afin de s'éviter de la fatigue. De retour à la maison, ils avaient parfois grande peine à reconnaître leurs enfants poussés comme herbe folle durant leur absence !

Lu dans la brochure *Coutumes et traditions en Vendômois*, publiée en mars 1980 par le Centre régional de documentation pédagogique à Orléans :

En 1851, il n'y avait que deux scieurs de long à Montoire et une dizaine seulement pour tout le canton. C'est que leur travail était exténuant. Il ne pouvait être effectué que par de solides gaillards qui travaillaient le plus souvent d'octobre à Pâques, afin d'éviter les jours chauds, trop pénibles pour leur rude tâche. Le reste du temps, ils cultivaient leur petit lopin de terre ou se louaient pour les travaux agricoles.

Oui, les scieurs de long demeuraient rarement au même endroit d'une saison sur l'autre. Sans cesse trimballés par monts et par vaux au hasard des engagements, ils s'usaient autant les jambes en voyage que les bras en travail. D'aucuns, dit-on, firent ainsi la tournée de l'Europe.

Etienne Chevarin quant à lui, le grand-père paternel de Suzanne Romano, scieur de long également, s'écarta de son Auvergne pour suivre les Compagnons dans leur tour de France ; puis il se rendit en Allemagne et en Suisse, toujours poussé par son métier. Mais son itinéraire s'arrêta entre Sologne et Berry, à Aubigny-sur-Nère, contrée où l'ouvrage ne faisait point défaut dans les bois d'alentour. Pour ne rien gâcher, il fréquenta une jeune fille de Cerdon qui ne demandait qu'à devenir une bonne épouse. Il la maria donc et, gaillard en toutes choses, ne lui fit pas moins de douze enfants ! Ses garçons – dont René, le père de Suzanne – continuèrent le métier à sa suite jusqu'en 1926. C'étaient des hommes qui aimaient ce qu'ils faisaient parce qu'ils se sentaient libres et proches de la nature. Et l'histoire, même petite, n'étant qu'un éternel recommencement, notre Suzon se maria à son tour avec un scieur de long qui passait par la Sologne : Nicola Romano. La petite fille revivait en quelque sorte les amours de sa grand-mère.

Le chemin que suivirent Nicola et son frère jumeau, adolescents d'une quinzaine d'années collés aux semelles de leur père des versants de Ligurie aux bois de Sologne, ce chemin ne fut ni droit ni facile à couvrir. Ils se déplaçaient encore à pied, comme des vagabonds, couchant plus souvent dans les granges que dans les auberges. Certains soirs, pelotonnés l'un contre l'autre pour se tenir chauds, les deux frères s'endormaient le cœur gros à la pensée de leur mère restée au pays et les pieds gonflés par la trotte de la journée. Mais il leur fallait repartir à la première heure du lendemain car le père n'admettait point que ses fils traînent la patte en pleurnichant. « La première campagne nous parut longue et pénible, raconte aujourd'hui Nicola. Mon frangin et moi, nous étions tristes de vivre loin de notre mère, d'autant que le père ne nous amusait guère ! Nous venions en France pour travailler, pour ramener un peu d'argent au pays, pas pour nous désoler sur notre sort. »

En compagnie de son père et de son frère, puis seul, Nicola Romano trima pendant dix ans dans les forêts de l'Orne, de la Sarthe et de l'Orléanais. Les scieurs de long comme les autres bûcherons, proposaient leurs services aux propriétaires forestiers ou aux marchands de bois. Ils besognaient sur le lieu de coupe, ce qui dispensait le patron d'engager des rouliers et des débardeurs. Certaines commandes de sciage occupaient plusieurs hivers.

Dans les temps anciens, en Sologne et en Gâtinais, les scieurs de long habitaient à la même enseigne que les autres travailleurs des bois, sous la cahute de branchages et de terre nommée « cul de loup » ; mais leur condition s'était sensiblement améliorée dans les années 1920 : ils logeaient désormais à quatre ou cinq à proximité du chantier, dans une bicoque louée par leur employeur.

Un refuge sans confort néanmoins. Ni électricité, souvent, ni eau courante. Des lits de camp. Pratiquement pas de meubles pour ne pas compliquer les déménagements qui se succédaient selon l'ouverture et l'importance des coupes. La tambouille mijotait sur un fourneau de fortune.

A sa première place, Nicola – qui n'avait pas encore de quoi s'acheter un vélo – devait se rendre à pied de la cagna au chantier. Six kilomètres à l'aller et six kilomètres au retour. Le midi, il mettait sa gamelle de pâtes à chauffer sur une flambée de broutilles.

Il y avait beaucoup de monde qui s'échinait sur la coupe : les bûcherons, les rouliers, les équarrisseurs, les écorceurs, les fagoteurs et les scieurs de long ; mais chacun accomplissait son boulot sans jamais chercher noise aux autres. On était là pour gagner sa vie, non pas pour se chicaner. Quand le chantier tirait à sa fin, le marchand de bois venait chercher ses ouvriers et les emmenait vers un autre lieu d'abattage, vers une autre guitoune perdue au fond des bois, et tout recommençait.

Sitôt arrivés sur le chantier, les scieurs de long montaient leur chèvre à longue queue, qui servirait pendant la saison entière, au besoin pendant les années suivantes, puis ils donnaient un dernier coup de hache sur son banc de montage pour bien l'équarrir, enfin ils taillaient les coins et assuraient la chaîne d'amarrage qui maintiendrait les billes à débiter.

Chaque scieur, selon son origine ou son habitude, construisait une chèvre différente. Les Auvergnats et les Yougoslaves fixaient deux pattes à leur baudet, les Orléanais en mettaient trois. Parfois on remarquait des dispositifs à double chevalet.

Cette chèvre assemblée, il convenait d'affûter la scie, que d'aucuns appelaient la « niargue ». L'outil se présentait sous la forme d'un cadre de bois, d'une hauteur d'homme, au milieu duquel était bandée une large lame dentelée. Une poignée complétait la scie dans sa partie supérieure.

Tout dépendait de l'affûtage de la lame. A en croire Nicola, il fallait posséder le don pour savoir bien préparer sa scie et lui donner une bonne voie. Certains maladroits n'avaient pas leur pareil pour vous affûter une lame alors que des maîtres scieurs en étaient incapables. Lui, Nicola, tenait le don de son père. Quelques-uns graissaient leur scie à la couenne, au nombril ou à la queue de cochon, ce qui facilitait le glissement de l'acier dans le bois. On réaffûtait chaque jour, le plus souvent à la reprise du tantôt.

Une équipe de scieurs se composait toujours d'un couple d'hommes : le chevrier et le renardier, le scieur d'en haut et le scieur d'en bas. Cela explique que les registres de jadis mentionnaient fréquemment le passage de compagnons appariés, souvent des frères venus d'une lointaine paroisse. Ensemble, ils équarrissaient d'abord les fûts à l'aide de leur hache à large fer, à même le sol. Un travail bien plus délicat que le sciage, et qui exigeait une surprenante habileté. Un bon équarrisseur ne le devenait qu'après un apprentissage de trois ans, au bas mot. Cela, tous les gens de la forêt en conviendront.

Une fois la bille parfaitement équarrie et lisse à la main, restait à la ligner avant de la chaîner sur la chèvre et d'empoigner la niargue. Les traits de scie se traçaient à la cordelette. Rien de plus simple : on trempait une ficelle dans une jattée d'eau noircie à la cendre puis on tendait cette ficelle sur la bille, aux mesures désirées, et on la pinçait comme la corde d'un arc. La ficelle marquait le bois en claquant.

La pièce enfin apprêtée, les scieurs la hissaient sur la chèvre à la force des poignets ou, pour les madriers pesants, au moyen de leviers (les « queues ») et d'un cric de voiturier. La bille était ensuite calée avec des coins et solidement maintenue par la chaîne d'amarrage. On vérifiait parfois sa verticalité au fil à plomb. L'opération du sciage pouvait alors commencer.

Le chevrier grimpait sur la bille, debout et le plus souvent pieds nus, tandis que le renardier se plaçait en contrebas, les jambes fermement écartées. Ils tiraient la scie vers eux l'un après l'autre. Le chevrier guidait la lame, qui ne mordait le bois qu'en descendant. Chacune des positions avait ses désagréments : le scieur d'en haut, qui travaillait en reculant, souffrait vite des reins – il s'entourait quelquefois la taille d'une large ceinture de flanelle – tandis que son partenaire d'en bas, qui travaillait en avançant, recevait la sciure dans les yeux. Quand le bois était trop serré ou la bille trop épaisse, deux renardiers devaient conjuguer leurs efforts pour bien abaisser la scie. La bille entamée aux deux tiers, on la faisait pivoter sur la chèvre et on l'attaquait à contresens jusqu'à ce que la portion se sépare enfin du gros de la pièce.

On débitait de la sorte des poutres pour les charpentiers, des planchers pour les menuisiers, des traverses et des fonds de wagon pour les chemins de fer, des étais pour les mines, des limonières (toujours dans le cœur de l'arbre !) pour les charrons. Les dimensions variaient selon les besoins du client. Certaines poutres de maison dépassaient les onze mètres et l'on ne pouvait que sourire quand les Auvergnats entonnaient leur chant traditionnel qui vantait de singuliers exploits :

Nous en chions trois mètres
Bougra fouchtra
Nous en chions trois mètres
Trois mètres de long...

La Jeannette à Petit Pierre

En 1925, dans son recueil *Chansons populaires du Val de Loire et des pays avoisinants*, Maurice Chevais publiait ces quelques couplets introduits en Sologne par les scieurs du Limousin ou d'Auvergne.
[A placer ici repro d'une partition (document joint)]
Y a rien d'aussi habile,
Congré lon la
Barbagnat
Berdingé
Répond : crrré...
Y a rien d'auss habile,
Que nos scieurs de long (bis).

Quand ils sont sur leurs pièces,
Congré...
Quand ils sont sur leurs pièces,
En sciant du chevron (bis).

Le maître vient les voir (re),
Congré...
Le maître vient les voir (re),
« Courage, mes garçons ! » (bis).

Quand l'ouvrag' sera faite,
Congré...
Quand l'ouvrag' sera faite,
Nous nous en irons (bis).

Pour aller voir nos femmes,

Congré...
Pour aller vois nos femmes,
Tous ceux qui en auront (bis).

Y a plus que l'petit Pierre,
Congré...
Y a plus que l'petit Pierre,
Mais nous le marierons (bis).

A la petit' Jeannette,
Congré...
A la petit' Jeannette,
La fille du patron (bis).

I r'cevront en mariage,
Congré...
Y r'cevront en mariage,
Une bell' bott' d'oignons (bis).

La botte n'est pas grosse,
Congré...
la botte n'est pas grosse,
Mais le jus en est bon (bis).

Les scieurs marnaient à la tâche, dès la pointe du jour, pendant douze à quinze heures juste coupées par la pause du midi. « Nous devions travailler beaucoup pour gagner notre manger », dit Nicola Romano. Le patron payait au mètre cube débité, selon un barème qui tenait compte des différentes essences d'arbres. Le plus intéressant restait le sciage des traverses de chemin de fer parce que ces pièces, très épaisses, réclamaient moins de travail. On les débitait dans des troncs de chêne, de hêtre, d'orme ou d'acacia. Jamais dans du châtaignier : les cheminots prétendaient que les tire-fond des rails s'en arrachaient trop facilement. On réservait donc ce bois aux charpentiers puisqu'il offre la propriété d'écarter les insectes.

Quand le bois se laissait mordre gentiment, une

équipe de deux compagnons produisait ses douze à quatorze traverses dans la journée. Le rendement chutait à huit ou neuf lorsque les billes, plus dures, refusaient la scie. Les fardiers des marchands passaient régulièrement sur les chantiers pour y charger les traverses, les poutres et les madriers. La paye d'une journée de travail permettait au scieur de s'acheter une paire de souliers en cuir de moyenne qualité, guère davantage.

Plusieurs bûcherons amélioraient leur ordinaire en braconnant peu ou prou le lapin, bien sûr. Robert Grélier revoit son vieux se faufiler dans les fourrés, la musette au dos, les soirs où les trois malheureux sous ramassés en journée ne suffisaient pas à nourrir sa nichée. Mais pourtant, Nicola Romano jure n'avoir que très rarement participé à ces équipées nocturnes. « Dans les bois, dit-il, je consacrais tout mon temps à tirer la scie et quand la nuit tombait, j'étais trop éreinté pour jouer au Raboliot. Et puis nous autres étrangers, nous venions là pour vivre de notre métier, pas pour causer du désordre. Au moindre faux pas, les gardes ou les gendarmes nous auraient vite sauté sur le poil ! »

A cette époque, entre les deux guerres et même avant, les rouliers traînaient les troncs avec des chaînes ou les transportaient sur des fardiers à grandes roues. Une attelée de trois à quatre chevaux était nécessaire, selon l'humidité du terrain. Un tel débardage, lent et relativement dispendieux, contraignait donc les patrons à réduire les distances de trait. Voilà pourquoi les scieurs de long travaillaient au plus près des lieux d'abattage, parfois sur la coupe même.

Tout fut bouleversé avec l'apparition des camions. Les grumes filèrent bientôt directement vers la scierie voisine, qui les débitait en série. Oui vraiment, le métier de scieur de long ne résista ni à la motorisation des véhicules, ni aux premières scieries mécaniques qui, impitoyables, venaient temporairement s'installer sur les coupes. Avec une locomobile au début, puis, le progrès décidant, avec un moteur diesel. Alors Nicola Romano n'eut pas d'autre choix que celui de se convertir en scieur ambulant.

Il s'équipa d'abord, vers 1947, d'une scie circulaire. L'engin assurait évidemment un important rendement, et cela sans trop fatiguer celui qui le gavait, mais sa lame épaisse de cinq millimètres « mangeait » trop de bois. Il fallut alors se rabattre sur la scie à ruban, qui crachait moitié moins de sciure. L'âge d'or des scieurs de long n'était déjà plus qu'un vague souvenir.

De nos jours, Nicola occupe sa préretraite en équarrissant des linteaux et des manteaux de cheminée qui décoreront les résidences secondaires, fantaisies qu'il ne fignole que dans le profond respect de la tradition familiale. Car c'est toujours avec une intense émotion qu'il empoigne aujourd'hui la hache léguée par son grand-père, cet homme d'autrefois quasi légendaire duquel il a aussi hérité le prénom et l'adresse, ce gaillard d'Italien que rien ne semblait pouvoir arrêter, pas même la mer, et qui, dans l'autre siècle, bûcha les plus gros arbres des montagnes de la Grande Kabylie.

Les scieurs de long de cette trempe appartiennent à l'Histoire ; il ne nous en reste désormais qu'une ou deux cartes postales agrandies et placardées sur les panneaux de nos écomusées, modestes clichés qui intriguent les visiteurs et font rêver les collectionneurs.

Rencontre de l'automne 1985.

Le charbonnier

On a coutume de dire que ni la condition, ni le travail n'avaient évolué entre les « goules noires » du Moyen Age et les « boisseriers » de l'avant Grande Guerre. Les charbonniers d'autrefois menaient une vie de gueux au fond des bois. Ils se nourrissaient chichement de raves ou de patates bouillies, quelquefois de gibier braconné. Le village ne les voyait point pendant quatre à cinq mois. Puis ils débuchaient soudain en fin d'été et se dirigeaient droit sur le cabaret. Là ils rattrapaient le temps perdu et ne dessaoulaient guère pendant trois semaines. Ils n'en repartaient qu'après avoir bu leur dernier liard. Alors ils se renfonçaient en forêt, plus pauvres que Job, et l'on finissait par les oublier jusqu'à leur sortie suivante. Les anciens de Millançay se souviennent encore d'un de ces bougres plus noir qu'un cul de chaudron ; il confiait tout son pécule au bistrot dès son arrivée et il le picolait entièrement sans mettre la hure dehors. Le mastroquet ne flanquait le bonhomme à la rue que lorsque sa bourse était vide !

Dieu merci, notre ami Norbert Niveau n'était pas de cette engeance. Il tenait le métier de son père Joseph, qui le tenait lui-même de son beau-père, le second mari de sa mère. En ce début du siècle, un charbonnier ne cuisait que pendant la belle saison. L'hiver il fabriquait des balais. En effet on ne pouvait pas carboniser quand les gelées durcissaient la terre et en empêchaient le pelletage. Or la terre, nous le verrons plus loin, le charbonnier en avait constamment besoin dans son travail.

Norbert n'aida pas son père tout de suite. Il fut d'abord chauffeur dans une scierie, puis homme de main dans les fermes. Il ne s'associa vraiment au travail paternel qu'en 1936, à la trentaine passée, avec un des frères. L'hiver, tandis que son père continuait de lier ses balais, il cherchait embauche dans les châteaux ou dans les métairies.

Voilà comment on procédait : un marchand de bois achetait des coupes sur lesquelles il plaçait, outre ses bûcherons, des charbonniers de sa connaissance. Différentes équipes se partageaient parfois une même clairière mais chacune d'elles besognait à ses meules sans se soucier d'autrui. A côté des Niveau travaillait souvent un autre charbonnier secondé par ses trois fils.

La saison commençait aux premiers jours de mars. On construisait d'abord la loge : deux fourches reliées par une traverse, un toit en appentis couvert de ramures et de terre. On résidait là-dessous tant que la coupe restait à carboniser, sans retourner au village. Certains charbonniers y habitaient en famille. La maman de Norbert, qui était couturière au bourg, ne rejoignait la cabane qu'au beau temps, avec ses dix marmots dans les jupes.

La charbonnette était en principe débitée par les bûcherons, plus rarement par les charbonniers. De préférence au chêne, on amassait des branches de charme car c'est un bois qui « oudrille » – qui conserve son eau sous une écorce compacte. L'acacia donnait également un très bon charbon, meilleur que celui de châtaignier. En revanche le bouleau, le noisetier et le sapin n'offraient point de grands rendements. Quoi qu'il en soit on cuisait tout, mais en évitant autant que possible de mélanger les essences en une même meule.

Le charbonnier choisissait un endroit approprié qu'il débroussaillait aussitôt. Ce devait être un emplacement de terre meuble, parfaitement aplani. La moindre pente faisait couler le feu et provoquait des « incuits ». On carbonisait le plus souvent sur un ancien fourneau pour ménager sa peine.

La meule était bâtie autour d'un poteau central de deux mètres, au pied duquel on déposait du fraisil et des copeaux. Puis on accotait une couronne de charbonnettes contre ce poteau, sur un rayon de sept coudées. Les branches, sciées à 85 centimètres, devaient être serrées verticalement et ne point s'enchevêtrer de façon que la meule s'effondre progressivement au cours de sa calcination. Cette assise rangée, on couchait dessus une seconde étagée de charbonnettes disposées en soleil.

La meule entassée atteignait une hauteur d'un mètre soixante et se composait de douze à quatorze stères. On la recouvrait alors d'une épaisse coiffe de feuilles, à défaut de mousse et de « fenasse », d'herbes ou de roseaux arrachés au bord des étangs, puis on la chemisait d'une « cache » de terre qu'on agglutinait au besoin d'un arrosoir de flotte. C'était cette lourde chape qui permettait au bois de se calciner lentement, sans flamme vive. La meule se présentait alors sous la forme d'un monticule arrondi qui la faisait appeler « dos de tortue ».

Un charbonnier dressait plusieurs meules dans sa clairière mais il n'en allumait qu'une à la fois, pour ne pas se laisser déborder par l'ouvrage. Il regardait le ciel et s'inquiétait de la brise avant de « conduire » son fourneau. Un jour, Norbert se fit surprendre par un orage ; l'averse noya sa meule qui commençait seulement à cuire. Elle paraissait pourtant prometteuse, cette tortue-ci, mais il n'en retira hélas que des fumerons !

Une meule était allumée à la première heure du matin. Le charbonnier grimpait dessus, extirpait le poteau central qui dépassait du faîte et versait dans son conduit une pelletée de braises rouges. Une fumerolle indiquait que le feu dévorait déjà le fraisil et les copeaux. Alors le charbonnier rebouchait la cheminée avec un pieu et conservait le poteau pour confectionner d'autres meules.

La cuisson d'un fourneau s'étalait entre trente-six et quarante-huit heures selon l'importance du tas, sa composition et le tirage qu'on donnait. Le brasier grondait sous la carapace de terre qui en bâillonnait l'haleine, qui en muselait la voracité. Le charbonnier veillait à son évolution en observant la couleur des volutes qui auréolaient le dôme ; il devinait la partie qui se consumait mal, grattait la cache de son râteau pour attiser le foyer qui couvait trop mollement, lutait au contraire l'évent qui menaçait d'embraser la meule. Car un brûlage causait du dégât et laissait plus de cendre que de charbon.

Les flancs de la meule s'affaissaient doucement mais le sommet ne se tassait guère qu'en fin de combustion. Alors le charbonnier montait sur les « épaules » du fourneau, qu'il foulait du sabot afin d'en réduire les cavités. Au second soir, il étouffait la meule sous un nouveau manteau de terre et la laissait s'éteindre pendant la nuit.

L'ouverture du fourneau exigeait deux bonnes heures d'un travail harassant, précis et rapide. C'était la phase la plus délicate de l'ouvrage. Le charbonnier déchaussait d'abord la meule, c'est-à-dire qu'il en dépouillait la base de sa gangue terreuse, à la raclette ou à la pioche-rabot. Il fallait faire vite pour que le feu ne se ravive point. Les fumerons étaient écartés du charbon incandescent que l'on aspergeait d'eau ou que l'on étouffait à la terre. Le bois de bouleau restait le plus traître : on le croyait éteint et voilà qu'il se rallumait dès qu'on tournait le dos.

Le charbonnier s'activait dans une fournaise d'enfer. La poussière brûlante le suffoquait. Cent fois son râteau à longues dents de fer, l'arceau, fouillait les entrailles de la meule pour en arracher les braises ; et cent fois l'homme s'y incendiait les poumons. Il n'entassait le charbon en « roue » que lorsque tout était étalé et refroidi. Il en garnirait plus tard de larges paniers d'osier, les raisses, au moment de l'ensachage.

Une meule remplissait une vingtaine de sacs de dix décalitres chacun. Un sac pesait dans les trente kilos ; on ne le liait pas comme une vulgaire poche de grain mais on le barrait avec de longs morceaux ficelés en travers de la gueule. Un bon charbon devait ferrailler quand on le versait de la raisse dans le sac.

Le patron payait ses charbonniers au volume, à la sachée, non au poids. Ses charrettes venaient au chargement chaque semaine. Il ne passait jamais de bougnats puisque la vente se faisait sur la région. On utilisait alors énormément de charbon chez les paysans et les vignerons. Chaque maison possédait une chaufferette pour redonner un bouillon à la soupe du dîner.

La malchance envenimait les choses quand le feu trompait le charbonnier et se propageait sournoisement en sous-bois.

C'est précisément ce qui advint au père Joseph le jour de la Saint-Jean 1921, alors qu'il cuisait des déchets de sapin du côté de Villeny. Il faisait une sécheresse épouvantable depuis plusieurs semaines et en de nombreux coins déjà on avait préféré éteindre les meules.

Donc le père Joseph cassait la croûte sur le coup de midi, en compagnie de ses deux fils. Le bonhomme, qui avait l'ouïe fine, s'écria soudain : « Bon sang, j'entends des craquements comme si quelqu'un marchait sur des branches ! » On se retourna. Une sacrée flambée venait de se déclarer dans un taillis. En un rien de temps le sinistre prit des proportions considérables. On avait beau le circonscrire ici, il reprenait de plus belle ailleurs. La chaleur devint insupportable et l'on sut qu'on ne pourrait jamais mater le brûlis sans recours. Alors d'autres bûcherons appelèrent les pompiers du village.

La corporation des charbonniers était souvent vilipendée en ce temps-là, de sorte que les enquêteurs eurent tôt déduit que le cuiseur n'avait point respecté les précautions d'usage. L'un d'eux supposa même qu'il s'était absenté et que la catastrophe résultait de son impardonnable négligence. Tout ceci ne correspondait nullement à la réalité, bien évidemment. Fort heureusement, un garde du pays se porta garant de l'intégrité et du sérieux du père Joseph. L'affaire en resta là. Ce fut le seul pépin dont Norbert se souvient. On présuma par la suite qu'un caillou brûlant avait sauté sur un lit d'aiguilles sèches...

La saison s'achevait en octobre, dès que les gelardées menaçaient de durcir la terre gorgée d'eau. Le charbonnier passait les froidures à bûcher dans le bois ou, comme le père Joseph, à fabriquer des balais. Exceptionnellement, en certaines contrées abritées, on cuisait tout l'hiver.

Les villageois tardèrent à nuancer le mépris que leurs ancêtres vouaient aux « goules noires ». Pour eux autres c'étaient toujours ivrognes et compagnie. Norbert s'en rendit compte le jour où il vint acheter une miche à la boulangerie d'une bourgade voisine. Le gindre, qui ne le connaissait pas, le reluqua en fronçant les sourcils et lui dit à brûle-pourpoint : « Vous n'emporterez du pain qu'en avançant cent francs ! » Une coquette somme à l'époque. Norbert ne se laissa pas intimider, bien sûr. Il apprit plus tard que certains commerçants du pays agissaient ainsi parce que plusieurs charbonniers les avaient dupés auparavant. « On trouvait beaucoup de pègre dans les bois, c'est vrai, reconnaît-il aujourd'hui. Mais de là à croire que nous n'étions tous que des vauriens, non ! »

Ce lamentable incident contribua néanmoins à ce qu'il changeât d'emploi par la suite. Sa jeune femme ne voulait plus d'un mari si piètrement considéré, d'un époux relégué au rang des voleurs de poules, des braconniers et des soiffards. Norbert abandonna donc à la veille de la dernière guerre. Il s'engagea à droite et à gauche comme journalier ou comme saisonnier. Mais longtemps il regretta ce métier d'homme libre. « La liberté est une chose au-dessus de tout ! » dit-il. Au-dessus de tout, sauf d'une compagne déterminée à vivre dans la normalité. Et dès lors, Norbert ne carbonisa plus qu'à l'occasion d'un coup de main prêté à d'autres.

L'Occupation provoqua cependant un regain d'activité parmi les charbonniers, quand la pénurie d'essence mit le gazogène à la mode. On brûlait dedans du menu bois, de la braise et de la braisette. Les patrons flairèrent aussitôt le bon marché et décidèrent de vendre leur charbon non plus au sac mais au poids. Et comme le charbon n'est jamais lourd, ils demandaient quelquefois à leurs vendeurs de l'arroser d'eau, en cachette, pour en augmenter la densité. C'était bien sûr de la fourberie qui ne contentait guère la clientèle, d'autant qu'un charbon mouillé se consume à remords...

Puis les commandes se raréfièrent après la guerre et le butane remplaça le charbon de bois. Les rares charbonniers qui persévérèrent dans le métier abandonnèrent l'antique meule pour le four cylindrique en tôle. La qualité obtenue n'était point comparable et l'on notait parfois une différence de vingt kilos en moins par stère de charbonnette ! Enfin apparurent les fours dits « à système », qui crachent du grésillon en continu. Ce sont ces appareils qui fabriquent le charbon épuré dont on se sert aujourd'hui pour les barbecues.

Mais de ces engins modernes, Norbert n'en parlera point. Il se contentera de sourire et de hausser les épaules.

Rencontre de l'été 1983.

La fagoteuse

C'est grâce à un droit coutumier, l'affouage, que les manants et les vilains du Moyen Age purent survivre aux rigueurs des pires hivers, vaille que vaille, sans geler leurs pauvres os sous une méchante couette, au fond de leur chaumine.

En effet, cette tolérance féodale leur permettait de ramasser, dans les halliers tenus par leur seigneur et maître, le « mort bois » dont ils avaient besoin pour chauffer leur masure et cuire leur maigre brouet. En aucun cas ils ne pouvaient vendre leurs fagots.

Ce profit de peu s'est maintenu au cours des règnes et des régimes, bien que, dans les faits, il ne subsiste guère aujourd'hui. Il s'exerce en théorie sur les massifs banaux, au bénéfice de la population communale. La répartition est fixée tantôt par foyer demandeur, tantôt par tête d'habitant, voire par foyer et par tête à égalité de lots.

Le droit d'affouage, dans la forêt de Marchenoir, était toujours en vigueur entre les deux guerres ; mais il ne concernait que les femmes du pays. Celles-ci, d'ailleurs, ne disposaient que d'un jour par semaine pour glaner leur provision hebdomadaire de bois à flamber. La surveillance des affouagères était très stricte.

La réglementation spécifiait que les fagoteuses

devaient n'utiliser aucun instrument coupant ou tranchant, ni couteau ni hachette, et qu'elles ne pouvaient casser ou arracher les ramures qu'à la force de leurs mains nues, quitte à s'y prendre à deux pour venir à bout d'une grosse branche. En vérité – ne le répétez surtout pas ! – certaines d'entre elles enfreignaient la loi en dissimulant une serpette sous leur devantier, et bien effronté eût été le garde qui y aurait regardé d'aussi près ! Mais gare à la contrevenante qu'on surprenait en train de s'aider d'un gouet, ou à cette autre qui s'appropriait quelques branchages débités par les bûcherons ! Ah ! sapristi de gardes, ils ne rigolaient pas avec ça...

Les fagoteuses étaient des paysannes de modeste condition, bien évidemment. La plupart avaient pour mari un saisonnier qui se louait dans les fermes. Elles allaient au bois parce que le salaire de leur homme était trop riquiqui pour assurer un quotidien décent. Alors elles grappillaient sur ce qui se présentait.

Quelques-unes élevaient des poules, des lapins, une chèvre ; une vache, au mieux. D'autres cultivaient trois choux dans un carré de jardin. Elles parvenaient à s'en tirer ainsi, à condition de ne jamais s'autoriser un écart pécuniaire. A leur table, les ortolans revenaient moins souvent que le rata. Les habits de leur nichée devaient faire le double d'usage que les vêtements des autres : ils étaient reprisés, ravaudés, rapiécés, rapetassés, traînés par la marmaille entière ; et après le tout dernier gamin, étaient-ils encore offerts au petiot d'une voisine, afin qu'aucune de ces femmes n'eût à ressasser le remords d'avoir jeté ses guenilles aux chiffons...

Marie-Louise, qui n'était pas plus riche que les fagoteuses, voyait défiler tout le petit monde de la forêt devant sa cour. Elle vivait alors, bien chichement, des volailles qu'elle vendait à un coquetier itinérant. Comme la plupart des femmes du pays, elle se rendait quelquefois dans le bois pour en rapporter de quoi faire bouillotter son fricot.

Elle n'a pas eu beaucoup de chance dans l'existence, Marie-Louise. Quand elle est née, les fées ont oublié de se pencher sur son berceau ; et quand elle a grandi, le Prince charmant n'est pas venu. Ses parents faisaient valoir un modeste « carcottage » de deux chevaux et six vaches, sur une vingtaine d'hectares, à Oucques. Elle y prenait sagement sa part de peine, en brave fille de métayers qu'elle était, lorsqu'elle en fut tirée par un prétendant de Saint-Laurent-des-Bois, qui l'épousa et l'installa dans son village à lui. Une vieille histoire dont il y a gêne à reparler. Le couple eut bientôt une fille, Lucette.

Bon an mal an, sans joindre les deux bouts facilement, Marie-Louise parvint à vivoter de l'humble élevage avicole qu'elle créa en lisière de la forêt, sous son nom à elle, dans le hameau de Villegruau, sur une couple d'hectares.

C'est en serrant les œufs, à la pointe du jour, que Marie-Louise apercevait les fagoteuses sur le chemin, leur gamelle à la main. Elles se rendaient à l'endroit que le régisseur leur avait désigné. Le sous-bois serait ainsi nettoyé avant l'arrivée des bûcherons.

Marie-Louise les regardait revenir, à la tombée de la nuit, quand elle engrenait les mangeoires de sa basse-cour. Chacune d'elles coltinait un énorme fagot à l'aide d'une bricole d'épaule, d'une perche taillée en fourche, d'une hotte d'osier ou d'un large balluchon en toile de jute. Les plus astucieuses laissaient dépasser un bâton de leur fardeau, qui leur faisait comme une queue raide : sur cette béquille improvisée, elles pouvaient appuyer leur charge, sans la déposer à terre, à chaque fois que leur dos endolori les obligeait à s'arrêter et à redresser l'échine. Le gros des bourrées qu'elles avaient liées en journée, attendait, au bord de quelque layon, le passage d'un voiturier complaisant.

Les ténèbres tombaient sur les talons des attardées. C'était l'heure où les premières rentrées allumaient leur brassée de bois mort sous la crémaillère. C'était l'heure, pour Marie-Louise, de quitter ses poules, ses oies, ses couvées, et de retrouver sa petite Lucette, au chaud de la maison.

Rencontre de l'hiver 1993-1994.

Le balaitier

Lorsque Paul Foltier revint de captivité en 1945, ce fut pour reprendre la balaiterie artisanale de son beau-père, Jules Lamoureux, sise au bourg de Chaon. Le bonhomme était mort pendant l'Occupation et sa fille – la femme de Paul, donc – avait assuré sa succession tant bien que mal avec l'aide de deux ouvriers. Mais il manquait un homme à la tête de l'entreprise ; alors Paul quitta son emploi de chauffeur à la ville de Paris pour devenir un modeste balaitier de Sologne, non toutefois sans avoir longuement pesé le pour et le contre avant de se décider.

Cette petite balaiterie, le grand-père de Mme Foltier, Sylvain, l'avait montée en 1907. Briquetier à l'origine, l'épuisement des veines de fine argile l'avait contraint à changer de métier. De sécherie, la remise s'était transformée en atelier et le four, sa cheminée démolie, faisait depuis office de cave.

Il faut se souvenir qu'à l'époque, l'industrie balaitière représentait une activité considérable dans cette région boisée. On trouvait peu de grosses fabriques mais une prolifération d'ateliers familiaux dont les rendements confondus avaient de quoi surprendre. Pensez que la ville de Paris, à elle seule, commandait chaque année ses trois cent mille balais ! On disait d'ailleurs, en blaguant, qu'un cantonnier en usait un par jour : moins à balayer, s'entend, qu'à s'appuyer dessus.

En fait, la plupart des balaiteries, au pays, vivaient peu ou prou sur le débouché parisien. Mais il y avait également les services du Gaz à fournir, et ceux du Chemin de fer, et aussi les grandes usines qui enlevaient deux mille balais par fournée, et encore les grossistes des villes environnantes...

La production annuelle du beau-père, de son épouse et de ses trois compagnons habituels, atteignait les soixante mille balais, oui monsieur !

Cet artisanat profitait essentiellement à la Sologne. Les trois balaiteries de Chaon employaient chacune de deux à quatre ouvriers, hommes ou femmes. D'autres ateliers s'étaient implantés à Souesmes, à Salbris, à Marcilly-en-Gault, à La Ferté-Imbault, à Pierrefitte-sur-Sauldre, jusqu'à Neuvy-sur-Barangeon, aux confins du Berry. L'unique fabrique importante de la contrée, quasiment une usine, dix-huit ouvriers en permanence, fonctionnait à La Ferté-Beauharnais.

Hors les bois solognots, sur le département de la Seine-et-Marne notamment, on connaissait bien sûr quelques bricolins dont la concurrence n'inquiétait guère nos gens. Pas davantage on ne se souciait des aricandiers du Perche ou de Beauce. A dire le vrai, on les considérait plus en trimardeux qu'en confrères. Ils traînaient sur leur dos, entre deux braconnes, une besace renflée de peaux de lapins et une brassée de méchants balais pendus à leur bâton d'errance. Ces riens leur permettaient tout juste d'acheter leur miche au lieu de la quémander, et parfois de rincer un gosier qui souffrait d'une pépie endémique.

Au pays des raboliots, foin de cela ! La balaiterie n'était nullement affaire à galvauder ; elle possédait ses maîtres et ses apprentis, et on la choisissait comme occupation principale. Seuls les charbonniers d'autrefois s'y frottaient durant les froidures, quand la gelée contrariait la cuisson des meules, pour ne pas tournailler à ne rien faire. Et c'était bien logique puisqu'en contrepartie, de nombreux balaitiers d'alors carbonisaient leurs tas de chicots à côté de l'atelier. De la sorte, balais et charbon de bois allaient souvent de concert. On faisait cause commune sans se chercher noise. Mais à part les charbonniers et quelques bûcherons, personne d'autre ne se hasardait sérieusement dans le métier…

Voici donc notre Paul installé à Chaon. Il garda le père Joubert et la mère Jeanne, les derniers compagnons de défunt son beau-père, mais il n'essaya point de s'agrandir. Les charges sociales sans cesse croissantes l'effrayaient. Quand les deux bons vieux décédèrent, l'un en 1958 et l'autre dix ans plus tard, il préféra rester seul dans l'atelier plutôt que de crouler sous le poids des cotisations patronales. Il se contenta de se ravitailler dans les petites boulaies des métairies et ne prétendit jamais aux vastes abattis commandités par les marchands de bois. Il écoulait ainsi quelque dix-huit mille balais dans l'an, bien tranquillement.

Si les bois résonnaient de l'effort des bûcherons dès la Toussaint, le fagotage des cimes de bouleau destinées aux balaitiers ne commençait qu'après la défeuillaison. Les bûcherons assemblaient cette « boulette » en bourrées sur la coupe même ; un débardeur en effectuerait le voiturage jusqu'à la balaiterie dans le courant de l'hiver. Les compagnons entassaient le chargement en un fagotier à proximité de l'atelier pendant que le maître balaitier acquittait son dû. Bûcherons et débardeur étaient rétribués à la bourrée apportée. Ceux des métayers qui trompaient la mauvaise saison dans leurs boulaies, s'arrangeaient tout à la fois du fagotage et de la livraison ; on les réglait pareillement au rendu.

Un fagotier ne devait pas être construit n'importe où ni n'importe comment. On lui demandait de durer car un balaitier entreposait parfois dix mille bourrées d'avance. Il exigeait donc un endroit sec, à l'écart de l'égout des pluies, mais suffisamment proche de l'atelier afin de réduire les allées et venues des compagnons. Ses bourrées de couverture étaient toujours disposées en versant pour le protéger des mouillures. Ainsi élevé en couches bien serrées, il ne menaçait pas de se détériorer et pouvait attendre une couple d'années sans que la boulette ne perde de sa qualité. On n'en jetait que le lit de fond, inévitablement moisi par l'humidité du sol et souvent creusé par les musaraignes.

Il n'en était pas de même, hélas, avec les tas de bourrées que le débardeur avait dû abandonner sur les coupes par temps de gadoue, sous peine d'embourber sa charrette. Lorsqu'on partait les retirer à l'été, sacré bonsoir ! on n'en récupérait guère d'utilisables. La moitié des fagots avait pourri dans la tourbière et l'on ramenait davantage de déchets que de bois sain.

L'idéal était de garer la boulette en fagotier avant la fin du mois d'avril. Passé ce délai, il suffisait qu'un orage détrempe les bourrées éparses pour que celles-ci se mettent aussitôt à « botter » et à « s'agoutter ». Elles se couvraient alors de champignons et devenaient cassantes.

Enfin, on confectionnait tout aussi bien des balais avec de la bruyère haute ou du genêt qu'on laissait sécher avant de fagoter. Ces balais-ci servaient le plus souvent aux travaux ménagers ; on délaissa la « breumaille » lorsque apparut la paille de riz.

La balaiterie garantissait un énorme privilège : celui de donner du travail durant l'année entière. C'est pourquoi les compagnons, certains qu'ils étaient d'encaisser un salaire régulier quelle que soit la saison, admettaient de toucher un peu moins que les bûcherons qui, eux, l'hiver finissant, devaient courir s'embaucher dans les fermes pour ne point crier famine. Et puis bien à l'abri dans l'atelier, on se riait des intempéries : le confort était aussi un avantage à ne pas dédaigner.

A cinq heures moins le quart, le faiseur de balais enfilait son devantier de cuir renforcé d'un plastron en lattes de bois. Il s'attaquait à l'ouvrage sans lanterner et ne s'arrêtait qu'à midi sonné. Il dînait dans l'atelier ou rentrait chez lui s'il habitait dans les abords, puis il reprenait le collier à une heure et demie jusqu'à sept heures du soir.

Sa première besogne, le matin, consistait à tirer une vingtaine de bourrées du fagotier, de quoi lier une centaine de balais, et à les porter dans l'atelier. Il les éventrait pour en ôter les fortes branches et le bois mort. Puis il divisait chaque bourrée en quatre ou cinq bottes identiques, les belles brindilles à l'extérieur, et cassait les rameaux – les « alettes » – à longueur désirée. Ces bottes étaient immédiatement comprimées et attachées.

L'ancien outil se présentait comme un établi muni d'un cercle de fer que l'on serrait en pesant du sabot sur une pédale ; on liait avec trois « rotins » et l'on rognait le talon du balai à la sciotte. Les rotins, ou éclisses, se composaient tout bonnement de tiges d'osier, de rejets de coudrier ou de ronces que l'on fendait en quatre. Après la guerre, cet instrument archaïque céda la place à un appareil plus perfectionné, le massicot, qui combinait une presse à main et une lame guillotine.

Mais le progrès n'offre pas que des bienfaits, on le sait. Ainsi ce massicot qui épargnait tant d'instants et de fatigue, empêchait-il en revanche de ligaturer à l'éclisse, façon d'œuvrer séculaire qui requérait un tournemain et une souplesse incompatibles avec le bel engin. Désormais, on entourait donc un balai avec deux brins de fil de fer, liens que l'on se procurait aux tréfileries de Vierzon. Un tortillon à la pince, un coup de guillotine : c'était terminé.

En dépit de cette évolution, les services d'entretien du Métropolitain demeuraient fidèles aux balais liés avec des rotins. Ce conservatisme était dicté par des précautions de sécurité, les ingénieurs n'acceptant pas qu'on approchât du fil de fer, élément conductible, de l'installation électrifiée des stations.

Dans sa journée, un ouvrier fabriquait ses cent balais à trois rotins, ou le double lorsqu'il ne liait qu'à deux fils de fer. Il les bêchevetait ensuite en paquets de dix pour en faciliter l'empilement. Ces paquets étaient expédiés sur Orléans ou sur Paris par chemin de fer. Un roulier en transportait trois ou quatre voiturées à chaque voyage, cinq mille balais au bas mot, jusqu'à l'embarcadère de Lamotte-Beuvron. Ces livraisons furent assurées plus tard par un camionneur de Ligny-le-Ribault.

Il faut signaler que la fourniture des manches ne relevait pas de la compétence des balaitiers. Quelques-uns tentèrent cependant d'en tailler dans les environs mais ils se découragèrent vite. Les grossistes reprochaient aux manches solognots d'être tordus. Cet à-côté cessa définitivement d'intéresser quand on calcula qu'un même bâton pouvait servir à une quinzaine de balais successifs. Un maigre marché, vraiment, qui ne méritait pas qu'on s'y attardât…

Ce dédain ne signifiait pas pour autant que l'on crachait sur les petits profits, certainement point. Au vrai, on vendait tout ce qui trouvait preneur. Les grosses branches retirées des bourrées, on les attachait en margotins (les mitrons allumaient leur four avec) tandis que les rognures des talons, les « sciures », étaient ensachées comme ligots à l'intention des ménagères du voisinage. Les compagnons grattaient un pourboire apprécié en recueillant ces menus. On notera que pendant l'Occupation, la pénurie de combustibles força les balaitiers à se relancer dans la carbonisation des chicots.

Quand il approvisionnait la ville de Paris, le faiseur de balais devait respecter les normes de fabrication stipulées dans le cahier des charges : vingt-cinq centimètres entre les deux liens de fil de fer et aucune alette de diamètre supérieur à huit millimètres. Les paquets étaient inspectés et toute pièce litigieuse repoussée séance tenante. Les balais refusés restaient sur les bras du fabricant qui essayait de les brader à un grossiste, lequel grossiste n'en proposait évidemment que trois fois rien. Paul ne connut cette mésaventure qu'une seule fois : mille balais rejetés d'un coup !

Ces mesquineries de fonctionnaires s'expliquaient par la surproduction. Les bûcherons s'apercevaient que l'offre ne répondait plus à la demande, alors ils se mettaient tous à fabriquer des balais à tire-larigot, de sorte qu'ils engorgeaient bientôt le circuit. Le négoce chutait, les prix pareillement, et les bûcherons faisaient chou blanc. L'abondance entraînait une crise qui ne profitait qu'aux grossistes. Les bûcherons dépités déclaraient forfait, la vente reprenait peu à peu son cours normal et les choses rentraient dans l'ordre.

Cette situation critique ne se répéta qu'à trois reprises en trente ans. N'empêche, on ne parvenait plus à écouler le moindre paquet durant ces périodes folles. On vivotait au jour le jour ; on comptait chaque sou et on tirait le diable par la queue. Les balais invendus s'amassaient sous une remise. On patientait, impuissant. Quand les paquets séchaient, on savait qu'il faudrait les reficeler dès que s'annonceraient de meilleurs lendemains. Tout cela causerait une perte supplémentaire de temps et d'argent dont on se serait bien dispensé. Fort heureusement, Mme Foltier remplissait vaille que vaille la marmite avec ses travaux de couture ; sinon ç'aurait été la misère noire dans le ménage.

Nous l'avons dit, les balaiteries de Sologne prospéraient grâce aux commandes de la ville de Paris. On procédait par soumission cachetée sous la responsabilité du préfet. Chaque contrat portait sur un lot de trente mille balais. Avant 1914, les balaitiers se pliaient au quatre-du-cent, une coutume honteuse qui les obligeait à fournir cent quatre balais pour n'en recevoir que le prix d'une centaine. Cette injustice n'existait plus quand Paul s'installa dans l'atelier de Chaon.

Le principe des soumissions cachetées n'était certes pas critiquable en soi puisqu'il réservait une chance équitable à tous les postulants. Il impliquait néanmoins une part indéniable de risque et de spéculation. L'artisan s'engageait en effet à livrer un volume considérable dans son année sans modifier ses tarifs. Or si la cote du balai augmentait entre-temps, le manque à gagner se faisait rudement sentir, d'autant que le balaitier avait dû réduire sa marge bénéficiaire au plus mince pour décrocher l'affaire. Car par la faute d'une différence de cinq centimes la pièce sur un confrère – et certains ne se gênaient pas à sacrifier les prix ! – il aurait vu la fabuleuse commande lui passer sous le nez. C'est d'ailleurs ce genre de revers qui provoqua par la suite la création d'un syndicat de balaitiers.

Paul, quant à lui, aimait mieux s'arranger avec le client de gré à gré. Il avait conservé suffisamment d'accointances dans les services municipaux de la capitale, du temps qu'il était chauffeur, pour conclure un honnête débat. Le courtier lui disait : « Vous êtes plus cher que tel autre », et Paul voyait le rabais qu'il pouvait concéder sans en être de sa poche. Le courtier prenait ensuite sa décision.

L'ouvrage continua ainsi, bon an mal an, jusqu'en 1974, date à laquelle Paul Foltier entra en retraite. Un balai rapportait encore 1,20 franc mais la demande se raréfiait bougrement. Les fibres plastiques supplantaient déjà les faisceaux végétaux. C'était le moment de clore boutique.

En ville, de nos jours, on ne balaie plus les caniveaux : il y a trop de bagnoles qui stationnent le long des trottoirs. Lorsqu'il faut nettoyer, on envoie la balayeuse automobile. Les unes après les autres, les balaiteries de Sologne ont fermé leurs portes ou se sont recyclées dans la fabrication de nouveaux articles : dans les allume-feu pour barbecues, dans les haies pour hippodromes ou dans les bûches pour fausses cheminées de résidences secondaires.

Paul Foltier devine qu'il fait aujourd'hui figure de phénomène. On frappe à son huis tous les quatre matins, on l'enregistre au magnétophone, on le photographie devant ses outils désuets. Ça l'amuse et c'est sans se départir de sa bonhomie familière qu'à l'occasion, il consent encore à lier un balai d'alettes. Pour montrer aux jeunes qui ne savent pas comment il convenait de s'y prendre…

Quand il ne pourra plus s'arracher de sa chaise, eh bien ! ses visiteurs n'auront qu'à relire un chapitre comme celui-ci ; peut-être parviendront-ils à se faire une vague idée du balaitier solognot et de ses gestes d'outre-temps. Il leur faudra cependant imaginer le craquement de la boulette qu'on écrase, les senteurs du bois et, surtout, la chaleureuse simplicité de Paul Foltier. Ce sont ces détails anodins qui deviendront nos plus précieux souvenirs, parce que disparus à jamais.

Le matériel sommaire de l'atelier poussiéreux finira sans doute exposé sous le savant éclairage d'un quelconque musée de sous-préfecture. Sursis illusoire en vérité : ces objets trop bien briqués seront morts, irrémédiablement morts. C'est la main du compagnon qui réveille les outils endormis, rarement les pieux discours d'un brocanteur officiel.

Rencontre de l'hiver 1983-1984.

Le fendeur de merrains

C'est au fin fond du Berry, à l'écart du bourg d'Achères, sur la route des Chauvignats, dans une maisonnette cachée derrière un rideau de verdure, que nous avons fini par dénicher celui que nous recherchions : Roger Blin, l'un des derniers merrandiers que l'on puisse interroger aujourd'hui.

Le bonhomme tétouillait son mégot sur la table encore encombrée du dîner. La raison de notre venue l'a bougrement surpris car il n'aime guère causer du temps d'autrefois, comme si ses soixante ans passés dans les bois lui avaient appris à se méfier des vaines parlottes. Un bon taiseux vaut toujours mieux qu'un méchant dégoiseux. Il se sent maintenant fatigué et il ne comprend point qu'à notre époque des écrivailleurs de ma sorte tentent de glaner le peu qui subsiste des métiers disparus. « Tout ça n'est que de la vieillerie, maugrée-t-il, faut pas revenir dessus ! » Mais il nous a cependant offert un verre de vin et son œil malicieux s'est mis à briller devant notre insistance. En vérité, sous ses airs bourrus, il est quand même bien aise de raconter ce que fut son pénible travail.

Il vit le jour au début de ce siècle dans le village de Jars, canton de Vailly, en Pays-fort. Son enfance fut celle de tous les drôliots de la contrée, c'est-à-dire qu'il garda plus souvent les vaches qu'il ne se rendit à l'école. Quand ils le jugèrent suffisamment robuste pour rapporter sa pitance, ses parents l'envoyèrent rejoindre les bûcherons qui besognaient sur les bords de la Petite Sauldre. Rien d'exceptionnel à cela. C'est ainsi qu'il devint merrandier, fendeur de merrains. Puis il partit au régiment, comme les autres. « J'ai été voir la mère Patrie qui m'a payé de beaux voyages et qui m'a fait user trois paires de souliers », dit-il en rigolant. Il revint avec un certificat de bon soldat en poche et il se renfonça aussitôt dans les bois pour fendre ses merrains. C'en était terminé des beaux voyages : il ne bougerait plus guère de ses parages.

Des fendeurs, on en rencontrait autrefois dans toutes les régions forestières. Il y en avait en Sologne et en Gâtinais, cela va de soi, mais ailleurs aussi. Nicola Romano, le scieur de long, en croisa plusieurs dans la Marne et dans l'Aisne entre les deux guerres. Ils achetaient à prix sacrifiés les chênes que les batailles avaient incrustés d'éclats d'obus et qui, de ce fait, n'intéressaient plus les scieries.

Le Berry non plus ne manquait pas de fendeurs. Sur la seule commune d'Achères, on en comptait une quinzaine et aucun ne manquait de boulot. C'étaient de solides gaillards aussi acharnés à l'ouvrage que forts en gueule, et qui ne refusaient jamais de licher une petite goutte. On prétendait également qu'une fois sortis de leurs forêts, ils ne restaient pas à la traîne pour courailler après les demoiselles. En digne fendeur qu'il est, Roger Blin se vante de demeurer toujours un chaud lapin (sa brave femme ne le contredit point). Il faut l'entendre fredonner la chanson que ses compères braillaient lorsqu'ils descendaient au village :

C'est un gentil fendeur
Dans sa loge jolie
Qui tenait à la main

Une rose fleurie.
Fendeur dormez-vous ?
Fendeur, gentil fendeur,
Réveillez-vous !
Belle si tu venais
Dans ma loge jolie
Bien voir je t'y ferais
Le ciel de l'Italie.

Fredaines à part, le métier de merrandier était un rude gagne-pain de solitaire qui ne connaissait point de morte saison. On vivait jadis en loge, à la manière des bûcherons et des charbonniers, à pied d'œuvre sur le carreau d'abattage. Mais dame ! ça oui, on n'obéissait qu'à ses envies, point aux ordres d'un maître. Pas de patron sur le dos, jamais. La liberté, quasiment.

Les fendeurs ne travaillaient qu'à façon. Les coupes étaient proposées aux marchands de bois par adjudication. La vente conclue, le bénéficiaire engageait un contingent de bûcherons puis s'accordait avec quelques merrandiers qu'il rémunérait à la tâche. Ceux-ci sélectionnaient les grumes destinées au fendage tandis que les rouliers tiraient les troncs non retenus vers la scierie.

Les fendeurs devinaient la valeur du douvain à première vue. L'arbre devait présenter une écorce lisse, sans nœuds. Ils choisissaient de préférence des chênes limousins de haute futaie, aux fibres sèches et serrées ; les autres variétés, les chênes francs et les derlins, ne leur convenaient guère. Ils s'arrêtaient parfois sur un châtaignier ou sur un robinier. Ce dernier arbre, appelé communément le faux acacia, était surtout employé pour la fabrication des tonneaux à eau-de-vie : dedans la goutte se teintait légèrement et se bonifiait d'un petit goût agréable que le chêne ne lui donnait pas.

La panoplie du fendeur comprenait peu d'outils : une scie, une cognée, des coins, un coutre, un départoir et une plane. Le coutre et le départoir se ressemblaient, avec leur longue lame perpendiculaire au manche ; mais le fer du premier, convexe, était coupant tandis que celui du second, droit, ne l'était pas.

Tout cet équipement sortait de la forge des taillandiers qui excellaient dans la trempe de l'acier. Un fendoir devait mordre le bois sans se tordre ni s'émousser. Le merrandier affûtait ses fers lui-même, à la meule ou plus rarement à la lime ; il faut signaler en effet que le tanin du chêne et du châtaignier rongeait les outils à l'usage. Chaque fendeur avait donc soin de garder à ses lames un tranchant impitoyable pour les doigts des malhabiles. Roger Blin, qui ne craignait pourtant personne en adresse, conserve une cicatrice à la main gauche, souvenir d'un coup de coutre malheureux. On ne déplora cependant pas d'accidents graves au pays car chacun ne manœuvrait ses outils qu'avec grande attention. La corporation n'endurait point les étourdis.

Un fendeur devait posséder l'œil juste et la main sûre ; sans cela il ne faisait jamais un honnête ouvrier. Tout d'abord, il examinait sa grume qui « n'avait pas trop de nœuds, pas beaucoup ou pas du tout ». Puis il marquait ses mesures et la sciait en longueurs de 120 à 55 centimètres selon la contenance des futailles que les tonneliers désiraient assembler. Une barrique de 200 litres demandait des douves de 90 centimètres ; un tonneau de 100 litres des douves de 72 centimètres. Il fallait également prévoir les douelles de fond, plus petites mais de bois parfaitement droit. Les douvelles plus courtes, enfin, étaient réservées à la « racaille », autrement dit à la tonnaille qui ne contiendrait que le vulgaire pinard du pays.

Les grumes débitées, le fendeur partageait les billes

encore vertes à l'aide des coins et des fendoirs, plus rarement à la cognée. En deux francs-quartiers d'abord, puis en quatre, puis en huit. Pour diviser une bille en deux francs-quartiers égaux, il suivait la taillade naturelle, la « détente », qui en coupait diamétralement le cœur. Il respectait aussi le « virant » du bois, la légère tournure des fibres, cela pour ne point perdre la valeur d'une douve par quartier. Toutes ces observations, comme bien on pense, nécessitaient un regard exercé et un savoir-faire infaillible.

Chaque quartier était ensuite fendu en trois ou quatre douves, sur un billot. Le merrandier maintenait sa pièce avec une fourche, dispositif rudimentaire qui lui permettait de détacher les ais sans laisser filer son outil de travers. L'entaille d'amorce se faisait au coutre ; l'éclatement complet, au départoir et au maillet. Puis, au coutre, l'homme retirait l'aubier, le cœur et les « calots » des joues afin d'équerrer ses planchettes à vives arêtes.

La finition se pratiquait à la plane, sur un chevalet. Les douves, parfaitement dégauchies, étaient ensuite entassées en lits croisés. Le fendeur les posait sur des chutes de bois, les chantiers, qui les isoleraient de la terre humide pendant tout le temps qu'elles attendraient là, quelquefois pendant plusieurs mois.

Nombre de fendeurs approvisionnaient les tonneliers de la région. Roger Blin, pour sa part, expédiait le gros de son travail aux distilleries de cognac, dans les Charentes. Mais notre bonhomme ne se contenta pas de fendre des douves : il produisit également des cotrets de boulange, des lattes de toiture, des planchettes pour la boissellerie, des piquets de clôture ou de vigne, des cales en hêtre pour les rails du chemin de fer et, enfin, pas moins de trente mille aisseaux avec lesquels on recouvrit l'église de Nohant, chère à la bonne dame George Sand !

Le métier de fendeur récompensait correctement son homme, surtout avant cette guerre. Un gars qui fournissait ses quatre-vingts douves dans la journée – soit dans les quatre mètres cubes au bout du mois pour un volume double de bois brut – ce gars-là empochait un salaire deux fois plus important que le traitement d'un ouvrier agricole. En revanche, il ne bayait pas souvent aux corneilles car il était payé à la pièce.

Sa journée commençait dès potron-minet et ne s'achevait qu'aux ténèbres. Celui qui rentrait à la maison pour ne pas dormir sous la loge, partait de chez lui à la nuit, sa lanterne à carbure dans une main et sa gamelle dans l'autre, et ne revenait qu'aux fenêtres allumées.

C'était une vie dure, certes, mais pour rien au monde Roger Blin n'en aurait rêvé d'une autre. Il ne dépendait de quiconque, tout seul au fond des bois, et il adorait son travail. Il fendit donc le chêne jusqu'à ce que sonne une retraite méritée, dans les années 1970.

Il était d'ailleurs grand temps pour lui de dételer, puisque les merrandiers de sa génération ne trouvaient plus leur place dans l'industrie forestière où tout, désormais, se mécanisait tristement. Le rendement primait dorénavant sur la qualité et le bel ouvrage s'accommodait fort mal de ces nouvelles exigences.

Aujourd'hui, Roger Blin accuse. Son métier a été tué par des incapables qui ont cru malin de scier le douvain au lieu de le fendre. Quelle ânerie, sapristi ! Résultat : leurs douves se cassent souvent au cerclage, la scie ne respectant jamais le fil du bois. Pire, les tonneaux qu'elles forment fuient comme de vraies passoires et ça, c'est impardonnable. Car le vin doit abreuver les hommes, point les fûts.

A quoi bon courir si l'on ne sait pas où l'on va ? Mieux vaut calmement fignoler les choses sans les bâcler et ne point devoir les refaire cent fois pour une, nom de nom ! Croyez-le : c'est un des derniers merrandiers qui vous le dit. Il en est certainement de même pour tous les autres métiers.

Ce sera le mot de la fin.

Rencontre de l'hiver 1983-1984.

Le fendeur lattier

André Lhéritier, alors gadouillot de seize ans, n'eut pas besoin de suivre un long apprentissage pour savoir fendre les lattes. Il lui suffit d'observer la manière dont s'y prenait son grand-père, qui était également garde-chasse en ce coin du Perche. Le bonhomme frisait la septantaine. C'était sitôt après la guerre, la Grande, en 1919.

A cette époque, on trouvait beaucoup de fendeurs de lattes dans la contrée, un ou deux par village (aujourd'hui il faudrait courir bien loin avant d'en dénicher un seul !). Ils travaillaient en forêt ou dans les scieries, selon la demande, pour les cultivateurs ou pour les marchands de bois. Le métier était plaisant, comme la plupart des occupations sylvestres de ce temps-là. D'abord et surtout, parce qu'on ne sentait jamais la présence d'un patron derrière soi. Nul n'avait à rendre compte de son ouvrage. On s'arrêtait de besogner quand on le voulait, et l'on repartait de même. On vivait à sa convenance, sans avoir à fournir des explications à n'en plus finir sur le moindre de ses gestes, sans avoir à demander la permission d'un contremaître pour aller pisser ou pour téter le goulot de sa bouteille.

Un fendeur bûchait toute l'année, sauf pendant les moissons où il prêtait la main aux fermiers. Il produisait principalement des lattes à toiture et du lattis à plâtrer, que l'on nommait du « bacula » ou du « palisson ». Pas de merrains ni de palis à clôture, pas de feuillards ni de piquets : cela dépendait d'un autre métier, semblable et différent.

« Une toiture de tuiles sur lattes fendues durait un demi-siècle sans bouger, assure André Lhéritier. Les couvertures de grange peinaient davantage que celles des habitations, à cause du foin salé qu'on y entassait et qui dégageaient une buée corrosive. Ce n'étaient pas les lattes qui pétaient mais les clous qui rouillaient ; alors tout glissait sur les chevrons. »

De nos jours où le rendement prime plutôt que la qualité, les couvreurs se satisfont de n'importe quel bois scié, du sapin comme du peuplier, sans se soucier de la belle ouvrage. Le boulot doit être terminé avant d'être commencé. Mais naguère, pardon, on y regardait à deux fois. Un fendeur tenait à sélectionner les plus beaux chênes, rien d'autre, afin de ne craindre aucune remarque désobligeante. Question de réputation.

D'abord, arrivé sur l'abattis, il construisait la bique sur laquelle il éclaterait ses lattes : un chevalet composé d'une branche fourchue et de deux pieds assemblés en pyramide. Une fourche de bonne forme était précieusement conservée par le fendeur qui la traînait de chantier en chantier, au même titre que ses autres outils.

L'affutâge du lattier comprenait trois sortes de départoirs : la doloire, le coutre et le latton, plus une mailloche à tête cylindrique, la « babou », taillée dans une pièce de bois. Les lames, qui sortaient de la forge du taillandier, paraissaient inusables pour qui savait les aiguiser d'une main légère sur une meule à eau. Le fer du coutre mesurait une quarantaine de centimètres ; celui du latton n'en faisait que la moitié.

Les chênes étaient débités encore verts. On sciait d'abord les billes à une longueur de quatre pieds (1,33 mètre). Certains arbres donnaient jusqu'à quatre billes, de quoi obtenir cent bottes de cinquante lattes ; on chercherait en vain de tels monuments dans les forêts du Perche actuel !

Les billes étaient ensuite divisées en demis puis en quartiers avec la doloire, enfin en huitièmes trépanés – mis sur trois pans – à l'aide du coutre. « On fendait les huitièmes en lattes, explique André Lhéritier, la lame du latton parallèle à l'écorce, en débutant par le cœur. L'amorce d'angle, le charnier, servait d'échalas ou de quenouillot. »

Un fendeur ne parlait qu'en anciennes mesures, en pieds et en pouces. Une latte devait atteindre la largeur d'un pouce, soit le douzième d'un pied (2,7 centimètres environ). Pour son épaisseur on comptait sept lattes en deux pouces, ce qui réduisait chacune à sept ou huit millimètres. On fendait deux lattes de bacula dans une latte de toiture. On achevait l'ouvrage à la serpe et à la plane, sur la bique.

Un gars que le labeur ne rebutait pas, parvenait à gagner correctement sa vie dans le fendage des lattes. Il était payé à la botte de cinquante, botte qui correspondait grosso modo à une heure de travail. Rares étaient ceux qui dépassaient les dix bottes dans leur journée.

André Lhéritier exerça la profession pendant cinquante ans. Chaque soir il rentrait chez lui mais le midi, il s'arrangeait pour être nourri par le client. Il se maria en 1934 : sa femme Georgette resta à la maison où elle éleva leurs six enfants. « C'était aussi une sacrée corvée que de torcher tous ces petiots ! » reconnaît André.

Le bonhomme cessa de fendre en 1970, quand sonna l'âge de la retraite. Il devinait que personne ne reprendrait ses outils après lui. Il ne se trompait pas : le métier n'offrait plus aucun avenir face à la concurrence des scieries semi-industrielles.

Et pourtant, André Lhéritier remporte toujours son petit succès lorsque, au hasard d'une fête de village, entre le maréchal-ferrant et le rempailleur de chaises, il s'amuse à faire une démonstration de son habileté. C'est d'ailleurs lors d'une de ces occasions que nous l'avons rencontré à Champrond-en-Gâtine. Désormais, le vieux fendeur de lattes est devenu une attraction de frairie !

Rencontre de l'été 1986.

Le fabricant de ligots

Une sale nouvelle attendait Maurice James à son retour de captivité en Allemagne : l'exploitation agricole de son père, vaste de cent quarante-trois hectares et forte de douze chevaux, avait été vendue en son absence par suite des réquisitions militaires trop lourdes à supporter. Il fut donc embauché comme simple domestique dans la ferme où il pensait s'installer en maître. Il ravala néanmoins son amertume et y resta chef de culture pendant six ans, histoire de voir venir comme dit l'autre. Mais la situation ne s'arrangeant guère, il se décida enfin à vivre autrement. Il récupéra un camion dans les stocks américains, un vieux GMC à benne basculante, et se lança dans le transport du bois et des betteraves autour de Milly-la-Forêt.

Les choses se seraient certainement améliorées si tous ses clients avaient payé ses services en temps et en heure. Ce ne fut hélas pas souvent le cas. En 1952, il dut reprendre l'affaire moribonde d'un charbonnier endetté pour effacer la sérieuse ardoise qu'on lui devait. Cette compensation l'enchantait peu mais à la réflexion, il n'avait pas d'autre choix. Voilà par quel biais il devint fabricant de ligots.

Le mot « ligot », braves gens, désigne tout simplement les fagotins de bûchettes dont les ménagères se servaient pour allumer le feu. Leur emploi restait courant dans les villes d'autrefois, moins dans les campagnes ou l'on se contentait d'une poignée de brindilles vite ramassée. Il ne faut pas confondre ces ligots avec les margotins, les fascines de chicots proposées par les balaitiers, ni avec les cotrets de 120 centimètres fendus par les merrandiers, ni avec les systèmes de boulange qui étaient des demi-cotrets. En fait, la fabrication de ces allume-feu marchait presque toujours de pair avec celle du charbon de bois. Il ne s'agissait donc que d'une activité de complément au profit très modeste.

Les ligotiers ne s'intéressaient qu'au bois blanc facilement inflammable : du pin, du sapin, du tremble ou du bouleau. Ce bois provenait en grande part de la Sologne, des environs de Fontainebleau ou de la forêt d'Orléans. Le faiseur achetait rarement des coupes pour son industrie ; ou alors c'étaient des parcelles de piètre qualité, dédaignées par les scieries, qu'il pouvait enlever sans trop débourser. En pratique courante, il s'entendait avec un marchand forestier. Celui-ci acquérait un lot d'arbres sur pied, en contrôlait l'abattage et ne débardait que les grumes de bon rapport. Les troncs négligeables étaient abandonnés à bas prix au ligotier. Ce dernier venait en chercher une vingtaine de stères chaque jour avec son camion.

Son atelier, Maurice James l'avait établi au milieu des bois, à proximité de la route. Le matin il prenait sa vieille C4 et il s'en allait cueillir ses employées sur le pas de leur porte ; il les raccompagnait le midi et recommençait les mêmes virées le tantôt.

Le bois glané sur les coupes était empilé sous une remise construite à côté du chantier. Le séchage avait en effet son importance. Un ligot bien sec brûle vite, les ménagères en consommaient donc davantage et cela grossissait sensiblement la vente !

Les fûts étaient d'abord débités à la scie circulaire, en rondins d'une longueur de dix centimètres. Le scieur veillait à écarter les anneaux de nœuds qu'il balançait dans les déchets, avec les dosses dont on débarrassait les marchands et les branchages ramassés derrière les bûcherons. Ces rebuts finissaient en charbon tandis que les rondins étaient jetés dans de grands coffres pour être fendus.

Le taillage à la serpe ne se pratiquait plus depuis belle lurette. On se servait maintenant de fendeuses mécaniques, de ces lourdes machines que l'on se procurait dans les Landes ou dans l'Ain. Les premiers modèles étaient mus par des locomobiles mais à l'époque de Maurice James, on préférait évidemment les moteurs à essence ou à diesel.

Cette machine à fendre comportait un tablier sur les bords duquel roulaient deux chaînes reliées par des palettes de fer. Une bielle actionnait un énorme bras terminé par un large couperet triangulaire, le couteau, et ce bras s'abattait à cadence rapide entre les chaînes. Les rondins, posés debout sur le tablier, étaient entraînés par les palettes jusque sous le couteau qui les fendait de la sorte en fines bûchettes.

La machine se montrait vorace et son ouvrier n'avait pas un instant à perdre en rêvasserie. Les rondins devaient être serrés les uns contre les autres entre les palettes ; sinon ils risquaient de se coucher sous le couperet et il n'en sortait alors que de la vilaine déchiqueture. Les accidents venaient d'ailleurs de là. Maurice James en garde de cuisantes mutilations. Un jour, un rondin mal posé bloqua les chaînes. Notre bonhomme avança la main gauche pour le dégager. Funeste imprudence ! Le bras de la fendeuse, en s'abattant, lui sectionna deux doigts net et en esquinta un troisième !

Les bûchettes passaient ensuite sur un crible qui les nettoyait de la sciure et des fragments d'écorce, puis elles tombaient pêle-mêle dans de profondes boîtes rangées sous le dégueuloir de la machine.

Aussitôt remplies, ces boîtes étaient emportées sur les tables où des femmes réunissaient les bûchettes en bottes. Pour ce faire, les ouvrières garnissaient des moules ovales dont elles refermaient le collier en pesant sur un levier à main. Le bois craquait dans son carcan. Les lieuses enroulaient prestement la botte d'un fil de fer, donnaient un tortillon avec une pince : le ligot était fabriqué.

Il ne restait plus qu'à rassembler ces fagotins en couronnes, c'est-à-dire en lots de cinq. Là on utilisait une presse semblable au moule précédent, mais de diamètre supérieur. Les gestes ne variaient pas. On achevait parfois l'ouvrage en trempant les couronnes dans une casse de résine chaude.

L'atelier de Maurice James employait un scieur, un fendeur, une demi-douzaine de lieuses (toujours des femmes) et deux hommes qui chargeaient le camion et assuraient les livraisons.

Le ligotage à proprement parler disparut quand vint la mode de présenter les allume-feu en sacs de papier. Cette façon économisait bien sûr de la peine tout en multipliant le rendement. Dès lors, une ensacheuse remplaça les six lieuses d'avant. L'atelier produisit dans les mille sacs d'allume-feu par jour, auxquels il convenait d'ajouter mille autres sacs de charbon cuit dans les sept fours métalliques du chantier.

Un ligotier d'autrefois faisait rarement fortune dans son commerce car pour écouler sa marchandise, il devait se plier aux appétits d'un grossiste de la ville qui, lui, s'en mettait plein les poches sans vergogne. C'est cette injustice qui encouragea Maurice James à détailler sa production. Il engagea un représentant et fournit ainsi, sans intermédiaire, les marchands de couleurs et les bougnats de Paris comme ceux des villes de la région. Ce négoce lui permit de s'offrir un camion Citroën tout neuf dans les années 1950. Pour bénéficier d'une 2-CV en prime, précise-t-il en souriant.

Mais la déveine s'en mêla douze ans plus tard quand un fichu rondin se coinça dans la fendeuse, encore, et chauffa tant qu'il flanqua le feu à tout le fourbi. Il faut reconnaître que de tels sinistres ruinaient fréquemment les ligoteries. C'est la mésaventure qui advint également à Maurice Hutteau, faiseur de ligots à Sermaises-du-Loiret.

Lui, Maurice Hutteau, avait pris l'habitude de considérer les choses en grand, si bien que son atelier tirait quasiment sur la petite usine. Dans le souci de rénover et de rationaliser l'ancien fonds hérité du grand-père, cet ingénieux bricoleur avait réussi à moderniser son matériel en rafistolant des engins d'occasion. Il créa ainsi une fendeuse révolutionnaire munie de tapis roulants, de trappes et de moules à pédale.

Sa ligoterie occupait dix-sept personnes ; elle atteignait une production journalière de trois mille cinq cents ligots qu'un camion livrait sur Paris, chaque matin, pour s'en revenir l'après-midi chargé de fret à destination d'Etampes ou de Pithiviers. Son représentant circulait continuellement et notait les commandes. Sa clientèle comptait cent cinquante détaillants dans la capitale et certains droguistes vendaient leurs cinq cents couronnes par semaine. L'entreprise gagnait cinq francs par couronne, tous frais déduits. Une affaire sacrément juteuse, mine de rien...

Maurice Hutteau ne voulut pas s'arrêter en si bon chemin. Il perfectionna bientôt son installation en inventant une lieuse mécanique. Le plus compliqué fut de résoudre le problème de l'expulsion des ligots. Il trouva la combine adéquate en adaptant sur son engin le dispositif d'éjection des douilles qui équipait les canons 75. Grâce à cette astuce, trois femmes accomplissaient le travail de douze ouvrières ! Les résultats obtenus ne manquèrent pas d'éveiller la curiosité des autres ligotiers de la contrée et notre débrouillard se vit contraint de cadenasser les portes de son usine afin de déjouer les tentatives d'espionnage de plusieurs concurrents.

Cette étonnante bécane ne fonctionna hélas que deux jours. Le surlendemain de sa mise au point, elle disparut dans un incendie qui ravagea les bâtiments. C'était vers 1965. Le feu se déclara en pleine nuit ; il crépita pendant trois jours. On incrimina un poêle à sciure trop bourré mais aucun gendarme ne put transformer ces soupçons en certitude.

Des cendres, Maurice Hutteau ne retira que les carcasses tordues de ses prototypes. Ses espoirs venaient de s'envoler en fumée. Les autorités ne lui donnèrent jamais l'autorisation de reconstruire son usine tant l'incendie avait effrayé les gens du bourg.

« Bah, dit-il aujourd'hui, il ne faut rien regretter. De toute façon, mes inventions arrivaient beaucoup trop tard : l'âge d'or des ligots était terminé depuis longtemps ! »

Rencontre de l'hiver 1983-1984.

Le fourmilleur

Le père Clovis Rat était venu au monde le 20 mai 1885. Il s'est éteint en 1984. Pas centenaire, mais presque : à quatre-vingt-dix-neuf ans moins deux mois.

Les gens du village le surnommaient « Sécouet », le sécot, parce qu'il avait été malingre dans son jeune âge, au contraire de son frangin, qui paraissait robuste à vivre cent ans et davantage, et qu'on appelait le « Magnifique ». Le jour et la nuit, les deux frères. L'un semblait n'avoir rien laissé à l'autre...

Mais ce bonhomme-là, Clovis, n'avait pas son pareil au pays, à ce qu'on prétend. En effet, il vivait quasiment dans les bois, entre ses mouches à miel et les fourmis, parce qu'il exerçait, entre autres besognes saisonnières, le métier de fourmilleur. Voilà qui n'a rien de banal, pas vrai !

Ne cherchez pas dans votre dictionnaire, c'est inutile. Ecoutez plutôt : le fourmilleur désignait celui qui ramassait le couvain de fourmi, les œufs si vous préférez. Lui, le père Clovis, avait appris la façon, longtemps avant la Grande Guerre, au tout début du siècle, d'un certain Gibouin, un vieux qui restait aux Coteaux, sur la commune des Bordes.

En ce temps-là, plusieurs bûcherons pratiquaient le fourmillage dans les environs, en attendant la reprise des abattages. Il y en avait un à Autry-le-Châtel, un nommé Coilbeau, et trois à Lorris : Ballet, Godin et Sougeart. En fouinant bien, on en trouverait probablement quelques autres ailleurs, notamment en ces coins de Sologne où le bon ton obligeait les régisseurs à élever du gibier à plume afin d'améliorer les tableaux de chasse des châtelains.

Car les œufs de fourmi servaient essentiellement à débrouiller les faisanneaux et les perdreaux d'aviculture, plus rarement les volailles de basse-cour.

« Les fermières en donnaient aussi à leurs dindes qui faisaient leur rouge, dit Marcel, le fils de défunt Clovis. Ça les fortifiait, les dindes. Ça les aidait à teinter de la crête et du jabot, ça les réchauffait. Mais gare ! on forçait un peu trop sur la dose et il n'en fallait pas davantage pour les brûler d'un coup de sang. Tiens ! c'était comme un cheval auquel le charretier n'aurait pas mesuré l'avoine. »

Il sait de quoi il cause, Marcel, puisqu'il aida son père, dès la fin de la Seconde Guerre, dans cette tâche si particulière. D'ailleurs, selon lui, en jargon de fourmilleur, le mot « fourmi » ne s'emploie qu'au masculin singulier – c'est le fourmi ! – et une fourmilière s'appelle plus communément un « nid ».

Il s'agissait d'un travail de belle saison qui occupait de la première quinzaine de mai à la mi-août. On se levait avant l'aurore, pour être sur place à la pointe du jour. La récolte ne s'effectuait que le matin, à la fraîche, quand le fourmi n'est pas tout à fait réveillé. Mais dès que le soleil prenait de la hauteur, c'était fichu : le nid s'avivait et le fourmi se défendait, grimpait par les jambes du pantalon, piquait la peau.

Pas la peine d'insister : mieux valait revenir à l'aube du lendemain et ne point s'obstiner.

La tournée se faisait en automobile (jadis, le père Clovis se contentait de son vélo, évidemment). « On devait parfois s'enfoncer loin dans le bois à pied, raconte Marcel. On ne s'inquiétait guère d'user nos chaussures ! » L'un derrière l'autre, leur sac sur le dos, le père et le fils se faufilaient entre les buissons épineux, se coulaient sous les feuillages sombres, se glissaient dans les fourrés broussailleux.

A eux deux, ils connaissaient l'emplacement de deux à trois mille fourmilières. Chaque matin, ils visitaient leurs cinquante nids et rapportaient trois cents litres d'œufs, à un verre près.

Vous pensez, les fourmilières, ils les avaient repérées depuis longtemps ! Au moment propice, il n'était pas question d'hésiter sur l'endroit ni de gâcher de précieuses minutes en vains tâtonnements. Ils flairaient les bons coins, comme pour les cèpes et les girolles. En principe, les meilleures aubaines se trouvaient dans les terrains sablonneux et couverts de bruyère.

Un fourmilleur qui avait l'œil localisait ses nids le soir des journées chaudes, à l'heure où le fourmi « va aux champs », ou en période orageuse. Mais il fallait compter avec la malice de l'insecte.

« Quelquefois, explique Marcel, on en voyait une ribambelle dans une clairière, attelées à une chenille. Elles entendaient du bruit, aussitôt elles abandonnaient leur proie et elles se sauvaient à l'opposé de la fourmilière, pour tromper l'éventuel prédateur. Astucieux, non ? Alors nous devions nous armer de patience, ne plus bouger, attendre que les fourmis reviennent, rassurées, et nous indiquent la bonne direction. »

On devinait que le but était proche lorsque les fourmis se faisaient plus nombreuses sur le chemin de la fourmilière. « Observez attentivement un fourmi, conseille Marcel, et vous constaterez qu'il ne contourne jamais un obstacle qui lui barre la route, mais qu'il l'escalade toujours de face, du côté de la fourmilière. Quand on sait cela, on découvre plus facilement les nids. »

Pourtant, il n'était pas rare que le fourmilleur dût remonter le chemin sur cinquante mètres, sur cent parfois, avant de dénicher le monticule qu'il espérait tant.

Par temps froid en revanche, bernique ! aucun insecte ne sort : on peut s'asseoir à proximité d'une fourmilière en pleine activité sans même en soupçonner l'existence.

Le nid le plus important qu'ait jamais vu Marcel fut celui qu'un marchand de bois lui signala sur une coupe de sapins, dans les alentours de Vitry-aux-Loges. « Ses bûcherons se plaignaient d'être bouffés par les fourmis, se souvient-il. Le père et moi, on y a été. Le nid était gigantesque, d'une circonférence de trente-quatre pas. Les ouvrières s'écartaient à plus de deux cent cinquante mètres à la ronde. Le père et moi, on en a retiré cent litres la première fois. Cent litres, imaginez donc ! »

Un sacré butin, effectivement, en comparaison de celui que recelait un nid ordinaire. Une fourmilière moyenne atteint soixante à soixante-dix centimètres de haut et, à vue de nez, le double en diamètre ; elle ne renferme que cinq à vingt litres d'œufs, en fonction de l'espèce et de la population qui l'occupent. Quarante litres représentaient déjà un don exceptionnel de la nature. Car la fourmi n'est pas prêteuse ; c'est là son moindre défaut.

Bien évidemment, Marcel peut distinguer les différentes sortes de fourmis d'un simple regard : les petites noires des champs, les rouges des herbes – qui sont méchantes en diable – et les grosses jaunes des bois. Chacune se comporte diversement. Ainsi, les petites noires déposent-elles leurs œufs sur le pourtour du nid, tandis que les grosses jaunes rassemblent les leurs au milieu.

« Les plus généreuses pour nous, dit Marcel, étaient

les petites qui tirent le sable tout autour de leur fourmilière. Malheureusement, c'est une espèce qui ne pond plus après la mi-juillet. Passé cette date, on avait recours aux grosses, à celles qui font d'énormes buttes sur les souches, mais dans lesquelles on ne raclait pas beaucoup. »

Donc, Marcel et son père Clovis arrivaient devant les nids à la pointe du jour, avant la forte chaleur. Il leur fallait s'activer, je vous le dis. D'abord, ils décalottaient la fourmilière à la serpe – une pelle aurait tout bouleversé – et, les mains protégées par des gants de cuir, ils se dépêchaient d'en extraire les œufs. Le couvain prélevé, ils reformaient immédiatement le cône du nid avec des bouchons de feuilles, des mottes de bruyère, des fleurs de sapins, des graines de genêt...

Le sanglier, qui ne montrait pas tant de délicatesse, était sans contredit le pire ennemi des fourmilleurs. De ses boutoirs, il fougeait les fourmilières, les éventrait du groin, les saccageait et, finalement, s'en désintéressait très vite. Or une fourmilière aplatie, écrasée ou fouillée, mouille sous les ondées et se perd. Une autre à l'inverse, que l'homme avait dûment reconstituée, se remplissait bientôt de nouveaux œufs. Deux semaines plus tard, le fourmilleur n'avait qu'à se repointer. Quelquefois cependant, il n'en retrouvait rien : la colonie, contrariée, avait déménagé.

« Il fallait s'activer, ça oui ! insiste Marcel. Surtout si le tonnerre menaçait. L'orage a toujours excité les fourmis. A la moindre alerte, on les voyait se charger d'un œuf chacun, d'un œuf de la taille d'un grain de riz, et au revoir ! » En contrepartie, s'il faisait très chaud, le fourmilleur devait creuser davantage, les œufs étant enterrés plus profondément que d'habitude. Les journées sèches étaient idéales pour la récolte, car les œufs ne s'agglutinaient pas.

Le couvain dégagé, on le tamisait aussitôt pour le débarrasser des détritus et des fourmis ; avec un crible plus fin, on éliminait le sable et les poussières. Ceci accompli, on le conservait dans des sacs en toile de jute, de vulgaires sacs à grain qui contenaient une cinquantaine de litres.

Dès que l'ensachage était achevé, le fourmilleur descendait sa précieuse moisson au frais de sa cave où, mélangée au fleurin de breumaille – à la fleur de bruyère –, elle pouvait être gardée pendant deux ou trois jours. Par précaution, les sacs étaient rangés sur des claies, debout les uns contre les autres, jamais entassés. Si par malheur un courant d'air tiède provoquait un commencement d'éclosion, c'était la consternation : tout le lot devait être jeté car les faisans n'en voulaient plus.

L'histoire du faisan

Lu dans l'Almanach illustré du *Petit Parisien* de 1930 :

Originaire des bords de la Caspienne et de l'ouest de l'Asie, le faisan commun vit depuis très longtemps en Europe. Sans parler de Jason qui, au dire de la légende, le rencontra, le premier, sur les rives du Phase, et le rapporta de la Colchide, au temps des Argonautes, les Grecs comme les Romains surent apprécier la chair savoureuse et délicate de ce gallinacé. César l'introduisit dans les Gaules et en Germanie. Plus tard, Charlemagne en fit non seulement l'éloge dans ses Capitulaires, mais il le propagea si bien dans son vaste empire que, depuis lors, on le rencontre à l'état sauvage en Autriche, en Bohême, en Hongrie et dans l'Allemagne du Nord. A l'époque de saint Louis, cet aristocratique gibier fourmillait dans les bois de Vincennes, tandis que Louis XIV en peupla ceux de Versailles.

Actuellement, les éleveurs européens gardent longtemps les faisans dans des parquets, afin de les protéger contre les influences atmosphériques et de les soustraire aux renards, aux hérissons, aux éperviers, aux geais et autres carnassiers qui aiment à s'en régaler.

On installe la faisanderie à proximité du bois à peupler, sur un terrain sec et quelque peu surélevé. Outre l'habitation du garde, elle comprend, entre autres constructions, des volières pour mettre les reproducteurs, une ou plusieurs chambres d'incubation et divers hangars ouverts au levant ou au midi. On aménage, d'autre part, le reste de l'enclos en prairies verdoyantes coupées d'avenues assez larges, en clairières parsemées de touffes de genêts, de bruyères et de mousses, et abritées contre les vents du nord et de l'ouest par une culture d'arbres feuillus. Certaines landes de la Bretagne, avec leurs haies et leurs ajoncs, ou les boqueteaux clairsemés de la Sologne remplissent parfaitement ce but.

D'ordinaire, on fait couver les œufs par des poules, puis, après leur éclosion, on place les jeunes faisandeaux dans de grandes boîtes d'élevage. Ces caisses en bois, de forme variable, se composent d'un compartiment destiné à loger la poule et d'un caisson allongé possédant un plafond à claire-voie. La case où se trouve la mère couveuse porte, sur un de ses côtés, des barreaux permettant à celle-ci de passer seulement le cou pour picorer. Quand il fait beau temps, on sort ces boîtes, mais, s'il pleut, on les conserve sous des hangars exposés au midi et ensablés.

Les œufs de fourmi étaient vendus aux gardes-chasse de la région qui les ajoutaient au grain et à la pâtée dont ils nourrissaient leurs faisanderies. Le litre valait dans les sept francs en 1945, quand Marcel a débuté. « Ce n'était pas si mal payé, admet-il. A raison de trois cents litres par matinée, ça suffisait grandement à rentabiliser notre journée ! »

Au vrai, Clovis et son fils ne fournissaient pas à la demande puisque, en plus des élevages locaux, un grossiste de Perthes-en-Gâtinais, M. Berthelot, leur achetait toute la quantité qu'ils pouvaient lui procurer. Deux cent cinquante litres par jour ne lui faisaient pas peur. Les sacs étaient expédiés par l'autocar qui partait de Sully, en messagerie ordinaire, parmi les autres paquets. Les usagers, habitués à ce trafic, ne s'effrayaient nullement des quelques fourmis qui couraient sur leurs colis... Toutefois, le père Clovis se réservait toujours plusieurs sacs d'avance, en prévision des matins pluvieux où la tournée serait impossible.

Pour mener à bien leur affaire, les Rat louaient deux lots dans la forêt d'Orléans, l'un sur le canton des Brosses, l'autre sur celui des Six-Routes. Ils demandaient auparavant l'autorisation de l'adjudicateur de chasse et un permis spécial auprès du brigadier des Eaux et Forêts. L'obtention de ces documents leur coûtait une prestation communale de quatre journées durant laquelle ils aidaient les cantonniers ou quelque cultivateur du pays en retard sur le calendrier des champs. Ils allaient également sur les domaines privés, avec l'accord des propriétaires.

« Le fourmi est une bête sympathique, courageuse et intelligente, tout comme l'abeille, plaide Marcel. Je ne vidais jamais un nid par gaieté de cœur, ça non, mais dame ! il fallait bien croûter ! » Nous autres on tue ce qu'on aime, chantait naguère le Québécois Félix Leclerc.

Le reste de l'année, Marcel tenait l'atelier public, l'alambic. Pendant vingt ans d'affilée, il a pressé de la pomme à cidre et abreuvé le patelin d'eau-de-vie. Il organisait son travail au gré des saisons : les œufs de fourmi en été, la pomme en automne, la goutte et le bois en hiver, le gravillon au printemps. Ce caillou, il l'extrayait du fleuve à l'ancienne mode, à l'aide d'une claie et d'une brouette. Fort heureusement, ces besognes-là n'ont plus cours à présent : les récoltants ont arraché leurs pommiers, les jeunes boivent du Coca-Cola et les dragues ont remplacé les tireux de jars. Maintenant, Marcel Rat turbine à l'année à la scierie d'Ouzouer : il est bien plus tranquille qu'autrefois, n'ayant plus à s'inquiéter de l'ouvrage qu'il devra entreprendre le lendemain.

Les œufs de fourmi, ça fait une paie qu'il ne les récolte plus. Les faisandiers et les basse-couriers se sont tous mis au granulé chimique dans les années 1960. C'est bien plus commode, voyons !

Il n'empêche : l'œuf de fourmi n'avait pas son égal si l'on en juge les résultats enregistrés. La mortalité des gallinacés ne dépassait pas les cinq pour cent. Cinq fois moins qu'avec les granulés, faites le calcul. Les faisanneaux picoraient à pleines béquées et forcissaient à l'œil nu, pour ainsi dire. Ah ! il fallait les voir accourir quand on approchait les sacs de la volière ! Ils en auraient défoncé le grillage !

Mais, va ! les gardes-chasse ne demandent jamais l'avis des oiseaux qu'ils ont ordre d'embecquer. Il ne s'agit, à leurs yeux, que de chair à fusil, ou peu s'en faut. Aussi, ce n'est pas demain la veille qu'on reverra des fourmilleurs dans les forêts du Gâtinais ou de Sologne. Ça fait un bail que Marcel Rat a mis une croix sur son ancien métier, qui était déjà celui de son père, lequel, Clovis, tenait la façon du vieux Gibouin, des Coteaux.

Voilà comment disparaissent les manières de jadis, braves gens.

Rencontre de l'été 1988.

MÉTIERS DE L'EAU

Ni trop ni pas assez.

Les vieux paysans le savent bien, qui se plaignent du temps tout le temps. Trop, c'est le débordement qui emporte tout. Pas assez, c'est la sécheresse qui ne laisse rien. Vous me direz : que faut-il donc pour contenter le monde, qui n'est jamais content ? Je vous réponds du tac au tac : « Juste ce qu'il faut, ni plus ni moins ! » Je parle de l'eau, évidemment. De l'eau, rien que de l'eau. Du meilleur et du pire des éléments. Qui abonde en prodigalités ici, qui s'acharne à semer la désolation ailleurs...

La rivière est belle, pour qui flâne dans le verdoiement estival de ses berges. Son chuchotis se veut lénifiant. Les promeneurs se laissent volontiers bercer par le bruissement du remous. Le pêcheur du dimanche s'abandonne au murmure des joncs, au clapotis de l'onde ; la baigneuse s'alanguit sous la caresse du courant qui lèche la plage. Mais, gare ! la rivière s'enfle parfois de terribles colères.

Brusquement gonflée par les neiges d'amont, la voici qui s'échappe de son lit. Elle submerge les gués, elle ronge les îles. Elle emporte les ponts, les moulins, les gabares. Elle noie les bourgades, les bestiaux, le menu fretin. Impudique, elle s'étale sous le ciel gris ; elle s'aventure au loin des prés, sans se soucier des désagréments qu'elle cause. En impitoyable dominatrice du val, elle répand la ruine et le deuil parmi les riverains. Ce n'est qu'après plusieurs jours de folie que, effrayée de son audace, elle fait mine de se raisonner.

Elle se retire alors, penaude et salie, dans la coulée qu'elle n'aurait jamais dû quitter. Elle s'amadoue, elle s'assagit, elle regrette ses égarements. Elle redevient caressante et soumise, mais elle demeure insaisissable. On lui pardonnerait certainement ses caprices, si on ne la savait tellement versatile ! En vérité, d'embâcles en étiages, le peuple de l'eau vive s'est toujours méfié de ces sautes d'humeur.

Le Moyen Age éleva d'abord des turcies que les terrassiers ancrèrent avec des pieux d'acacia. Ces talus ne constituant pas une protection suffisante, on les rehaussa en levées afin de canaliser le duit. Des déversoirs furent prévus ; on construisit des digues continues et, pour finir, des barrages. Toutefois, qu'on ne se berne pas : aucune contrainte ne saurait contenir le flot quand la saison le pousse à la crue et à la furie.

Les eaux dormantes ne sont pas sujettes à de telles véhémences, certes, mais cela ne vaut guère mieux : les marécages grouillent d'insectes venimeux, de vouivres abjectes, de légendes effrayantes. C'est la « malnoue », la fange souterraine qui pourrit des paysages entiers, la tourbière putride qui corrompt les puits et tarit les sources, le Styx de toutes les mythologies paysannes. Les mauvais airs y débilitent les malheureuses familles qui s'entêtent à vivoter entre bourbiers et vasières. Cela explique qu'on ne découvre souvent, autour des marais, que de pauvres contrées empoisonnées par les fièvres malignes.

Et pourtant, l'eau se fait délicieusement fraîche, au plus ardent de l'été, quand elle s'écoule de la claire fontaine en un filet cristallin. Elle joue à la nymphe espiègle lorsque, torrent d'écume plongeant de l'à-pic, elle s'amuse à éclabousser les randonneurs qui musardent à sa portée. Elle est merveilleusement limpide dès que l'azur se mire dans l'étang immobile, et revigorante pour peu qu'elle jaillisse d'un bassin thermal. Elle invite à l'évasion, au rêve insensé, en entraînant les bateaux par-delà l'horizon. Elle a un goût de paradis terrestre quand les enfants y barbotent près de jolies ondines aux seins délicatement ambrés...

Plus que jamais, dans ces moments-là, l'eau symbolise le besoin vital, le bonheur essentiel, le bien-être absolu. La vie, simplement.

Le sourcier

Sourcier ou sorcier ? Difficile de ne pas poser la question, mais plus ardu encore d'y répondre. A une lettre près, le profane peut s'emmêler. Car enfin, quoi, flairer la « malnoue » au tréfonds de la glèbe, ça ne s'apparenterait pas un peu à la sorcellerie, hein, des fois ? L'eau de la terre ne servirait-elle point à éteindre l'éventuel bûcher qui en guette certains ? Moi, le gobeur de ces fadaises un tantinet sulfureuses, j'hésiterais à y mettre la main au feu, justement. N'importe qui ne saurait humer l'onde des fluides ; quiconque ne peut capter le fluide des ondes. Je vous le dis : il y a sûrement du sorcier dans le sourcier, c'est pas Dieu possible !

Ça fait hausser les épaules à André Beauventre, ce genre de suspicion. Sorcier, lui ? Vous rigolez ! Il découvre des sources limpides, jamais de troubles fontaines à maléfices. C'est vrai qu'il est rebouteux également, mais nullement désenvoûteur. Gardons-nous de confondre ! Ses pouvoirs, il ne les doit ni à Dieu ni à diable, auxquels il ne croit guère. Ce sont des facultés qui sont liées entre elles, des dons qu'il détient de naissance, probablement, et qu'il ne saurait expliquer. Il constate, les voisins itou. Pour ce qui touche le pourquoi et le comment, mystère complet ! La nature ne justifie pas les grâces qu'elle consent à celui-ci plutôt qu'à ceux-là.

Le sentiment d'être un privilégié développe évidemment une forme d'altruisme : on ne bénéficie pas de pareilles faveurs sans les partager autour de soi. André tient pour principe de ne jamais monnayer ses prodigieuses possibilités. Il conçoit cela comme un service qu'il se plaît à offrir, en rétribution des bienveillances de la providence. Il ne réclame rien, hormis le défrai de ses déplacements lorsqu'on le convoque au loin. « Avec ce que je reçois dans l'année, calcule-t-il, je ne peux même pas changer les pneus de mon auto ! »

Pas question, pour lui, d'en faire un métier, ça non ! Il était paysan dans le val, sur une modeste exploitation qui produisait des asperges, et cette condition le satisfaisait pleinement. Il a son idée à propos des opportunistes qui rentabilisent leurs avantages innés. « Beaucoup d'entre eux glissent vers le charlatanisme, grince-t-il. C'est tout juste si d'aucuns ne vivent pas dans une caravane, à la porte de quelque cimetière, où ils tirent les cartes et disent la bonne aventure. Il faut rester sérieux, voyons, et laisser ça aux artistes forains dont c'est le gagne-pain ! J'aurais l'air de quoi, moi, en saltimbanque ? »

La plupart des sourciers adoptent un langage similaire : il y aurait hérésie à profiter de ces exceptionnels bienfaits consentis par… par qui, au fait, ou par quoi ?

Les avis divergent dès qu'on évoque le sujet. Les esprits pétris de rationalisme ne peuvent que tiquer devant les manifestations pourtant évidentes du phénomène. Certains sceptiques douteront toujours, quoi qu'ils puissent observer. C'est notamment la position de Michel Robert, foreur à Oisly, qui déclarait : « Les sourciers, je n'y crois pas du tout. Je donnerais cher à celui qui serait capable de m'indiquer l'emplacement d'un puits de cent mètres cubes. Mais je préfère me fier à mon flair qu'au leur. » Opinion contraire du bien prénommé Moïse Bruère, l'ancien puisatier de Lion-en-Sullias, qui affirmait : « Un sourcier me disait où creuser. Il me traçait les courants. Il ne se trompait pas, sauf quand le sol était argileux. »

André Beauventre, pour sa part, se refuse à de vaines polémiques. Son efficacité à lui a beau couler de source, il ne se mouille pas. « Quand vous allez voir un marcou pour qu'il soigne vos humeurs froides, argumente-t-il, c'est que vous reconnaissez ses talents de guérisseur, sinon vous ne seriez pas venu. Pour le sourcier, la règle ne varie point : ceux qui doutent n'ont qu'à s'abstenir. » La cause est entendue.

Cette science infuse, qu'en termes savants on nomme la rhabdomancie, eut de fervents adeptes depuis la nuit des temps. Ça fera bientôt deux millénaires, alors que la dynastie des Han régnait sur le Céleste Empire, le vénérable empereur Yu apparaissait sur un bas-relief avec une badine de sourcier en guise de sceptre. En Occident chrétien, il semble que ce domaine équivoque, à la frange de l'occultisme et des perceptions inquiétantes, fut longtemps la prédilection des bons prêtres : eux, au moins, ne risquaient pas de succomber à de sataniques effluences.

L'instrument originel était un rameau fourchu de coudrier, d'aune ou de hêtre. Ça ne serait qu'en 1662 qu'un abbé préconisa le recours au pendule. Trente ans plus tard, un paysan grenoblois, du nom de Jacques Aymar, prétendit mettre sa baguette magique au service de la justice. Il découvrit effectivement deux personnes assassinées dans une cave de Lyon. Sur sa lancée, l'étrange devin s'employa à démasquer les voleurs, à inventer les cassettes, à rafistoler les bancroches. Les beaux quartiers de Paris s'entichèrent de lui, et il fit sensation parmi les salonards qui se piquaient d'extravagances surnaturelles. Mais à l'inverse, il n'en fallait pas davantage pour que la rumeur faubourienne parlât d'un pacte conclu avec le Malin. Cela ne put que renforcer l'amalgame sorcier-sourcier, déjà très ancré dans la crédulité populaire. La méfiance qui s'attache souvent aux rhabdomanciens, de nos jours encore, vient probablement de ces déviations passées.

Toute confrérie de jadis, même regardée de travers, se devait de vénérer son protecteur attitré. La plupart des sourciers avaient élu saint Pipe, un pastoureau qui aurait vécu dans le Gâtinais d'avant les Barbares. Une statue naïve le représente en coquillart dans l'église de sa paroisse natale, Beaune-la-Rolande, dont il est également le patron. On le voit qui s'appuie sur un bâton de pèlerin, tandis qu'à sa ceinture pend une coloquinte arrangée en gourde. Fontainier pour d'aucuns, faiseur de pluie pour d'autres, le bienheureux Pipe savait ne jamais laisser ses implorateurs sur leur soif. Les fidèles processionnèrent en son honneur, surtout en périodes de grave pépie, jusqu'à voilà une centaine d'années. Une poignée de dissidents honorait de son côté saint Julien, sainte Radegonde ou sainte Montaine.

Qu'en est-il exactement de ces personnages prodigieux, ou supposés tels ? Détiennent-ils vraiment une sensibilité exacerbée, une réceptivité extrême, un sixième sens transcendantal, toutes sortes de capacités bizarroïdes qui les différencieraient du commun des mortels ?

On parle de pratiques paranormales, de démonstrations surnaturelles. Les cartésiens crient à la loufoquerie. Les scientifiques, pour la plupart, préfèrent adopter une prudence dubitative devant l'inexplicable. Les vantards et les aigrefins s'en donnent évidemment à cœur joie lorsqu'il s'agit de berner quelques gogos. Il y a aussi des individus moins doués qu'on le souhaiterait, des gars qui ne s'exercent pas assez, d'autres qui hésitent, qui se trompent... Pourtant, cela ne suffit nullement à classer le dossier au rayon des farces et attrapes. La radiesthésie existe bel et bien. Ses effets sont souvent spectaculaires, ahurissants. On se pincerait pour y croire, blague à part !

Plusieurs physiciens éminents, dont le professeur Yves Rocard, ont étudié de plus près le chapitre. Selon leurs conclusions, la perception aiguë des courants telluriques et de leurs variations de densité serait liée à la présence insolite de magnétite cristallisée dans certains tissus cubitaux. Soumis à la perturbation du tonus musculaire, les tendons modifieraient leur tension en produisant d'infimes et involontaires trémulations. L'accessoire tenu en main – une baguette ou un pendule – ne servirait alors qu'à amplifier ces signaux physiologiques. Il suffirait de neutraliser la zone des coudes pour interrompre tout effet de résonance. Ainsi donc, l'étrangeté intrinsèque des sourciers ne devrait rien à une aberration quasi démoniaque, puisque ce sont de doctes savants qui l'affirment. Tant pis pour les sectateurs aux spéculations fantasmagoriques !

Tout quidam tâtant de la rhabdomancie, peut rarement exprimer la réalité de son extra-lucidité sans s'équiper d'un ustensile divinatoire. C'est la fameuse branchette taillée dans une ramification d'arbuste, ou c'est le pendule plus ou moins sophistiqué. On utilise parfois les deux simultanément, l'un permettant de vérifier et d'affiner les indications fournies par l'autre. A chacun sa méthode. André préfère le pendule à la baguette, parce qu'il le trouve plus précis. Un de ses collègues pense le contraire. Il n'y a pas de loi formelle.

La baguette peut être en noisetier ou en merisier, en olivier ou en vergne : peu importe le bois, pourvu qu'il soit vert. Des magasins spécialisés proposent même des articles de luxe, en fanons de baleine ou en cuivre.

Les pendules sont en ébène, en argent, en métal doré, en pierre semi-précieuse, en cristal, simples ou tarabiscotés selon qu'ils ont été bricolés avec les moyens du bord ou qu'on les a achetés dans des boutiques très chics. André a reçu le sien d'un ami tourneur. Il s'agit d'un petit cône en laiton qui se balance au bout d'une chaînette longue d'une quinzaine de centimètres. « Un pendule ne renferme aucune force occulte, commente notre homme. Il n'exige pas de forme particulière. Une extrémité pointue favorise néanmoins la lecture des renseignements qu'il livre, notamment en ce qui concerne la profondeur des nappes. » A défaut, un oignon de gousset pourrait convenir.

Le sourcier marche à pas mesurés, lentement, presque en piétinant quelquefois. De long en large, il parcourt le champ dont il doit sonder le sous-sol. Il braque sa baguette devant lui, fermement, bien à l'horizontale au niveau de la ceinture, une branche dans chaque main. Ou, sans jamais crisper son geste, il encense de son pendule le pré d'où jaillira le flux espéré.

Il se concentre, il se tient aux aguets, il épie le signe invisible. Il interroge cette manière d'antenne qu'inconsciemment il charge de ses qualités sensorielles, et par transfert il s'interroge lui-même. La baguette, comme le pendule, n'est qu'un instrument anodin qui stimule son cerveau. Sans cela, il ne pourrait pas intercepter les échos ondulatoires. Rares sont ceux qui, les bras ballants, ne se réfèrent qu'au léger picotement leur titillant l'échine.

Mon vieux cousin Henri appartenait à cette caste remarquable. Il sentait l'eau sans la chercher, comme ça, en baguenaudant. Il se promenait avec vous, causait de la pluie et du beau temps, et s'arrêtait tout à trac. « J'ai un fourmillement dans la jambe, qu'il disait. La flotte est ici, à tant de creux. » On le plaisantait, lui et ses billevesées, mais il n'empêche que le bonhomme ne se gourait jamais.

Las ! s'il sentait l'eau, le vieux cousin Henri n'en buvait guère. Il aimait mieux le vin, et de beaucoup. Un soir qu'il s'éloignait du bistrot sans trop bien maîtriser son vélo, il fit une embardée qui le jeta contre une auto.

La bagnole roulait à vitesse réduite, heureusement. La collision ne provoqua qu'un vol plané. Le cousin atterrit dans le fossé. Il n'avait rien, il ne souffrait de nulle part. Le guidon de son méchant vélo fut corrigé en un tour de main. Allons, il y avait plus de peur que de mal... Trop vite dit, oui ! Car après ces boires et déboires, notre vieil Henri ne fut plus jamais capable de renifler la moindre flaque souterraine. Son fluide s'était tari sous le choc, croyez-le ou non !...

Notre sourcier continue d'avancer. Il distingue vaguement un début de vibration. Il tâtonne. Il sait qu'il approche du but.

Soudain la baguette s'alourdit. Les branches se tordent. L'ordre devient si impératif que le rameau menace de casser.

La baguette, s'infléchissant, désigne nettement un point dans l'herbe. Un pendule, à cet endroit, s'affolerait brusquement et se mettrait à girer de façon impressionnante. L'eau est là, sous les pieds du sourcier.

Cette vertu extraordinaire de déceler les passages d'eau, le plus riche des nababs ne pourra jamais l'acquérir. On la reçoit au berceau, comme une générosité des bonnes fées, ou on ne la détient jamais. Nul ne peut la transmettre de son chef. C'est une singularité héréditaire qui, parfois, saute une génération, davantage même. Sur les trois garçons d'André, aucun ne semble touché par la grâce.

Il convient de noter, aussi, que peu de femmes s'adonnent à la recherche des sources cachées, sauf dans les délicieux livres de Marcel Pagnol. Mais ce ne sont là que des romans, pardi !

André Beauventre eut la révélation de ses étonnantes aptitudes dans des circonstances fortuites. C'était il y a une cinquantaine d'années. Il avait besoin d'un point d'eau pour arroser l'un de ses lopins. Il appela donc le père Lallement, du hameau des Noëls, un vieillard qui n'avait pas son pareil pour dénicher les sources.

Rien que de très banal, jusque-là. Mais tandis que le pépé s'apprêtait à « décacher » la flotte, André réagit à un frissonnement inaccoutumé qui le traversa. Le père Lallement lui demanda de s'écarter de quatre-cinq enjambées, sous prétexte que sa présence contrariait les recherches. « Toi mon gars, supposa le bonhomiot, tu posséderais bien le fluide. »

Il lui tendit son pendule, histoire de savoir à quoi s'en tenir. C'était clair comme de l'eau de roche : André possédait le fluide, à n'en pas douter un instant. Voilà toute la vérité, pure comme au sortir d'un puits. André Beauventre n'avait besoin de personne pour renifler la flotte qui dormait au secret de ses lopins.

Parce qu'il partageait plusieurs parcelles dans la vallée avec un compère, agriculteur comme lui, il entreprit aussitôt de forer ici et là, afin d'irriguer indistinctement l'un et l'autre lot. Les profondeurs variaient entre cinq et sept mètres. Des tubes de chauffage central convenaient à ce qu'on attendait.

André n'a pas oublié qu'il avait évalué son tout premier point d'eau à cinq mètres et demi pile. Par malchance, le compère ne disposait que d'un tube de six mètres, qui fut enfoncé complètement. Pas une goutte. Le tube fut retiré de cinquante centimètres, à l'aide du système de relevage du tracteur, et l'eau se mit à sourdre en abondance ! André venait de confirmer la justesse de ses dons : dorénavant, il serait un sourcier écouté au demi-mètre près.

A dater de ce jour, il multiplia les découvertes dans les environs. Il prospectait de préférence le soir, quand le vent ne soufflait pas. Il signalait les sources d'accès facile, celles qui ne s'écartaient guère d'un chemin. Il annonçait aussi leur profondeur. On préparait les tuyaux en conséquence.

« Je rentrais vanné, dit André. Il m'était difficile de marquer plus d'une demi-douzaine de sources, dans ma journée, sans revenir exténué. La concentration que je devais fournir finissait par me crever. »

En 1976, qui fut une année de sécheresse épouvantable, il en eut vraiment plein les bottes de promener son pendule dans les jardins de Bas-Rivière, au milieu des concombres et des tomates qui se rabougrissaient à vue d'œil. Mais que voulez-vous ? Il fallait bien secourir les maraîchers du pays ! « Mes sources ont permis d'arroser certains champs pendant vingt ans, récapitule André. Aucun des bénéficiaires n'a eu à s'en plaindre. »

L'âge d'or des sourciers, en cette contrée du val de Loire, se conjugue avec l'apparition de nouvelles cultures qui, tels le tabac et les maïs, réclament une constante humidité. « Nous sommes sur du sable, rappelle André. S'il n'a pas plu à la mi-juillet, il faut mouiller artificiellement. Donc puiser aux sources et pomper dans les nappes. »

La technique de notre rhabdomancien paraît des plus ordinaires. Il s'oblige à demeurer détendu, ni raidi ni angoissé. Les jours de tracas, de fatigue ou de grippe, il s'abstient. Il réussirait à détecter quelque chose, bien sûr, mais ce ne serait pas ça.

Il va, il vient, sans se presser. Son pendule pend à la verticale de sa dextre. Quelques pas. Le pendule semble s'animer : il traduit la proximité de l'eau. L'homme se déplace doucement, doucement. Le pendule oscille franchement. Maintenant, le voici qui tournique à la volée, alors que la main reste souple. Il devient fou dès qu'il passe au-dessus du point d'eau. Mais sitôt qu'on l'en écarte, il s'apaise et s'immobilise. La localisation de la coulée est immédiate.

Le sourcier questionne ensuite son pendule, et c'est le moment le plus surprenant de l'opération. Il demande d'abord dans quel sens file l'onde. Le pendule modifie son mouvement giratoire pour se balancer longitudinalement : la direction est indiquée.

La profondeur, ensuite. Le sourcier frôle de son pendule un mètre déplié. L'oscillation se produit à une graduation précise, qu'il suffit de lire pour connaître la réponse à la question posée. Si le passage de l'eau est à seize mètres, le pendule bouge sur le trait des seize centimètres. En Poitou, d'aucuns procèdent autrement : autant de cailloux pris en main, autant de mètres à fouiller. Un maniement similaire renseigne sur le débit. La seule cause d'erreur, dans l'approximation de la profondeur, est imputable à la nature argileuse de certains terrains : une épaisse strate de glaise peut jouer le rôle d'écran.

Le sourcier doit encore déterminer la largeur de la coulée. Il s'accroupit, consulte de nouveau son pendule qui décrit une ligne par un branle. Une brindille est plantée en guise de repère ; puis une seconde, selon un rite identique. L'espacement des deux brindilles définira le travers exact du flot. Stupéfiant, n'est-ce pas ?

Mais vous êtes loin d'avoir tout vu. Car tenez-vous bien : André Beauventre, en radiesthésiste accompli qu'il est, ne se contente nullement de soutirer l'eau à la terre. Toujours au moyen de son infaillible breloque, il sait également retrouver le pendentif perdu au retour d'un bal, l'alliance jetée avec les épluchures de légumes, la boucle d'oreille tombée pendant la récré dans la cour de l'école.

Ça, les gendarmes ne voulaient point le croire. André ne se fit guère prier pour leur en faire la démonstration. Ils étaient deux, comme de juste. Le brigadier glissa sa chevalière dans le tiroir de la machine à coudre, pendant qu'André faisait le piquet dans un coin de la cuisine. Cinq minutes plus tard, le brigadier, éberlué, avait déjà récupéré sa bague !

Ces amusements de société ne sont rien, évidemment, en comparaison des originalités que je m'en vais vous conter.

L'aventureux docteur Widlocher séjournait au Brésil, d'où il avait le solide espoir de revenir cousu d'or. Toutefois, plutôt que de tenter une chance improbable dans les mines aurifères qui foisonnaient de sombres vauriens, il n'acceptait de se fier qu'à son étoile. Le pendule lui semblait bougrement mieux approprié qu'une lourde pioche pour taper dans le bon filon. Aussi, afin de ne point traînasser dans les quartiers mal famés, se limitait-il à explorer la ville par le biais d'un plan qu'il étalait sur un coin de table. Miracle ! un beau matin, le pendule s'agita à l'intersection d'une avenue et d'un boulevard. L'endroit ne pouvait que renfermer le pactole doré, depuis si longtemps guigné par notre toubib. Ce dernier se précipita aux lieu et place indiqués. Il y avait de l'or en effet, beaucoup d'or, mais c'était dans la vitrine d'une bijouterie !

Cette anecdote véridique, que me confia le docteur Widlocher lui-même au crépuscule de sa vie, prête à sourire, certes. Elle n'en est pas moins significative. La plupart des radiesthésistes se font fort d'identifier toutes sortes de choses, voire des plus saugrenues. Ils découvrent des grottes inconnues, déterrent des bornes enfouies, dévoilent des vestiges archéologiques, exhument des sépultures fabuleuses. Ils devinent l'emplacement des fils électriques dans les cloisons, discernent des magots emmurés, des trésors ensevelis. La gendarmerie, les policiers, les familles s'enquièrent de leur avis, avec discrétion s'entend, lors des disparitions inquiétantes.

Les uns battent le terrain ; les autres se penchent sur les dépliants routiers, les relevés cadastraux, les cartes du calendrier des Postes, parfois sur des croquis griffonnés à la hâte. A plusieurs reprises, malheureusement, les pompiers ont dû faire appel à celui-ci ou à celui-là pour repêcher le cadavre d'un noyé, emporté à vau-l'eau par une crue de la Loire. Mais la radiesthésie n'étant pas une science exacte, le succès de la démarche ne peut être garanti à tout coup. Pour ce qui concerne les cas épineux, on accorde officieusement un cinquième de résultats probants. Ça ne paraît déjà pas si mal, non ?

André est catégorique : il jauge aisément les gens qu'il côtoie, mais par précaution il se tait. Le pendule l'éclaire aussitôt sur la moralité de son prochain. Il lui suffit d'écrire sur un papier : « honnête », et sur un deuxième papier : « voleur ». Le pendule fait son choix.

« Mon voisin se plaignait de ce qu'Untel lui chapardait des patates, se souvient André. Sur quatre sacs, il soupçonnait l'indélicat de lui en avoir dérobé deux. Moi, je n'étais pas convaincu de la culpabilité d'Untel. J'ai interrogé mon pendule qui, effectivement, a blanchi l'accusé. C'est donc Machin ? que j'ai demandé. C'était Machin, un type auquel j'aurais volontiers confié mon porte-monnaie. Le voisin l'a saisi le lendemain, la main dans le troisième sac ! »

A l'inverse, André ne saurait prévoir une maladie à venir. Une douleur dont on souffre réellement, d'accord, mais pas une affection qui tarde à se déclarer. D'ailleurs, attention ! les guérisseurs magnétiseurs exercent une activité illégale, tolérée peut-être, quoique passible de prison. Incroyable : certains soignent même à distance, sur photo !

Lui, André, accepte à la rigueur – uniquement par charité – de soulager quelqu'un qui s'est démis un nerf. Il en a même rabiboché une tripotée, autant l'avouer, et jusqu'à l'épouse d'un médecin ; la pauvre endurait le martyre depuis plus de huit ans, engoncée qu'elle était dans une minerve. Le pendule a diagnostiqué immédiatement un déplacement des omoplates, alors qu'on soignait la malheureuse pour ses vertèbres cervicales !

Le premier patient d'André fut son cheval Boulot, une bête gentille comme pas une, qui s'était déjoint l'épaule. Impossible de sortir l'animal de l'écurie. Au terme d'un trimestre de soins coûteux, le vétérinaire n'en était toujours pas venu à bout. Finalement, c'est le palefrenier du château de Cheverny qui en eut raison. « J'ai regardé comment il s'y prenait, dit André, puis je l'ai imité. Mon cheval avait une faiblesse. Il se démettait tous les quatre matins, mais ce n'était plus un problème, pour moi, que de le rétablir sur ses pattes ! »

Aujourd'hui, André Beauventre a levé le pied. Des nombreuses fontaines mises au jour aux multiples luxations effacées, il peut se targuer d'avoir contribué amplement au bien-être quotidien de son entourage. Tout le monde n'a pas l'honneur de se flatter d'autant. Désormais, il frise l'âge de s'octroyer un brin de recul quant aux ressources époustouflantes dont la nature l'a gratifié. Au tour des jeunes, à présent.

Malgré tout, afin d'entretenir son fluide, il accepte encore d'intervenir au centre équestre de Chambord, où il est fréquent que montures et cavaliers aient besoin de son assistance. Il y accourt volontiers, vous pensez, heureux de se rendre utile de temps à autre. Avec, toujours, son pendule dans la poche. Car sans cet insignifiant cône de laiton, il se sentirait rien de moins que déficient. Sûr et certain !

Rencontre du printemps 1996.

Le puisatier

Lucien, encore galopin, commença à gagner sa croûte quand son père Désiré, qui habitait à Coulmiers, l'emmena avec lui dans les alentours où il extrayait des moellons à la demande des maçons. C'est ainsi que le garçon entra dans la carrière, au sens réel du mot.

Outre ce labeur de forçat, le père Dralet creusait aussi les rares puits dont le pays avait la nécessité. Trois ou quatre par an, guère davantage. A quinze ans, le jeune Lucien fit donc son trou, comme on dit. C'était au début de l'année 1914, en ce mois de juillet qui s'annonçait si beau que personne ne voulait croire à la menace d'un orage. Et pourtant, le père Dralet fut mobilisé avant de pouvoir terminer le puits qu'il avait projeté de foncer en compagnie de son fiston. La guerre venait d'éclater. « Ce fut là tout mon apprentissage », reconnaît humblement Lucien. Cela lui suffit néanmoins pour devenir un honnête puisatier.

En principe, c'était le maçon qui, avant de bâtir une maison, allait quérir le « puissier » et lui désignait l'endroit exact qu'il devait percer. Sans eau, pas de mortier ; et sans mortier, pas de construction. « On finit toujours par trouver de la flotte, dit Lucien. Il y en a partout sous nos pieds. Plus ou moins profondément, bien sûr. Le hic est d'aboutir au bon courant qui fournira le flux qu'on en attend ! »

Un puisatier, autrefois, ne demandait pas l'assistance d'un sourcier pour cela ; au contraire, il doutait du prétendu fluide de ces devins à la baguette magique. Lucien n'en vit qu'un seul à l'œuvre, un type venu spécialement de Paris. Le client n'avait pas de quoi payer une fouille au-delà de six mètres. Le sourcier conseillait de creuser ici alors que Lucien, qui jugeait la courbe du coteau par rapport au fleuve, se proposait d'intervenir ailleurs. Le client préféra s'en remettre à l'avis du sourcier. Alors, Lucien obéit sagement. Et il mena un conduit de six mètres dans lequel ne perla jamais la moindre larme, si ce n'est les gouttes de sueur qui lui tombèrent du front !

L'attirail du puisatier comprenait deux sortes d'outils : ceux de surface et ceux de fond. Une pioche, une fourche et une pelle pour le haut ; une barre à mine, un burin et une masse pour le bas. Il y avait également la benne (le seau à décombres), le treuil ou la chèvre, quelques planches et, enfin, une corde solide qui permettait de descendre dans les profondeurs et d'en remonter. On n'utilisait aucune échelle.

Dans les années 1920, bien avant la vulgarisation des bottes en caoutchouc, Lucien travaillait dans l'excavation chaussé de ses sabots, quelquefois pieds nus. C'était agréable l'hiver, au chaud dans la terre ; mais l'été, à cause du contraste des températures entre le fond et la surface, il tremblait comme une feuille à la remontée. L'eau du bas paraissait d'autant plus glaciale que le soleil tapait dur en haut. Un fouilleur ne se méfiait jamais assez du « chaud-ferdi » sournois qui, en période caniculaire, lui gelait les sangs !

En général, un puisatier ne trimait jamais seul. Il se faisait toujours aider d'un compagnon. Lucien avait associé son beau-frère à ses travaux. Ils se relayaient au fond, deux heures l'un, deux heures l'autre, tellement la tâche était pénible.

D'abord, dans les couches superficielles, ils dégageaient un trou large d'un bon mètre cinquante dont ils renforçaient le pourtour d'un moellonnage circulaire épais de vingt-cinq centimètres. La pierraille atteinte, plus besoin de parement : ils réduisaient le diamètre de l'enfonçure à un mètre. Et tour à tour, ils piochaient, piquaient, pelletaient jusqu'à toucher l'humidité.

Ils évitaient les glissements de terrain en étayant les niveaux suspects, par précaution. Quand un banc d'argile semblait très important, ils disposaient une couronne de planches verticales qu'ils assuraient avec des demi-cintres en fer bloqués par une énorme vis.

« On étrésillonnait parfois si fort que la glaise dégoulinait entre les planches ! se souvient Lucien. Des fois, on devait traverser plusieurs mètres de gras avant de retrouver du solide. Alors on se dépêchait de stabiliser l'ouvrage dans la journée, sans attendre, car la coulée menaçait de tout reboucher pendant la nuit ! »

Jadis, on consolidait en maçonnant à la hâte. Les buses en ciment n'apparurent qu'après la Grande Guerre. Les premières, qui pesaient dans les deux cent cinquante kilos chacune, ne possédaient aucun crochet de manutention ; on les glissait dans leur logement à l'aide de la chèvre et d'un large grappin qui les cramponnait par en dessous, puis on les calait en place avec des coins de bois.

Parvenu au roc, le fouilleur empoignait le long manche de sa barre à mine et forait la cavité qui recevrait la charge explosive. Du temps du père Dralet, les puisatiers ne se servaient que d'une poudre noire de médiocre efficacité. Souvent, rien ne pétait à cause de la mouillure. Les puisatiers grattaient quelquefois le rocher, un après-midi durant, sans réussir à sortir un malheureux seau de rocaille !

La dynamite marqua une nette amélioration dès 1924 ; en revanche, les cartouches faisaient long feu par fortes gelées. Lucien en achetait aux carriers des environs, sur présentation du certificat en bonne et due forme que lui délivrait la mairie. Plus tard, il employa de la cheddite, d'un usage encore plus commode pour un meilleur résultat.

Ses quatre ou cinq mines creusées dans le bloc à éclater, le puisatier ajustait dans les détonateurs une longueur de mèche lente qu'il évaluait à vue d'œil. Il déchirait les cartouches, fourrait un détonateur dans chacune d'elles, les ficelait et les suifait pour les protéger des suintements. Puis il rassemblait les mèches sur une planchette posée au milieu du fond et les recouvrait d'une poignée de poudre écrasée. Il remontait à la corde, poussait le treuil à l'écart de l'orifice, jetait de là-haut une pelletée de braise ou un journal enflammé, enfin s'empressait d'obstruer le puits avec des planches ou des ballots de paille avant que la gueule ne crache une bordée de caillasse tout autour.

Pour sa part, Lucien prenait garde de faire sauter ses mines les unes après les autres, séparément, afin de bien discerner les détonations successives. Ainsi était-il certain qu'aucune d'elles n'avait foiré. En explosant la première, la cartouche du centre produisait un petit cratère qui favorisait l'effet des charges suivantes. Si, par malchance, cette cartouche ne valait pas un pet de lapin, Lucien recommençait l'opération jusqu'à ce qu'il obtienne l'entonnoir souhaité. Ensuite, les autres déflagrations achevaient de désagréger le roc.

En fin de pétarade, le puisatier redescendait, toujours à la corde, pour déblayer les débris à la pelle. Sitôt le treuil réinstallé sur la bouche du puits, son compagnon lui envoyait la benne en tournant la manivelle.

Cette benne était un gros seau au ventre cerclé de fer. De par cette forme rebondie, les anneaux de son anse ne risquaient pas de s'accrocher aux aspérités de la paroi, ni de renverser le contenu sur l'homme de fond pendant la remontée. Un tel accident aurait été dramatique, évidemment. D'ailleurs, le manivelier ne halait jamais la benne sans que son copain du bas n'en ait caressé le cul de la main, auparavant, pour ôter le caillou qui aurait pu s'y coller et qui, chutant de haut, l'aurait estourbi raide.

Un puisatier savait qu'il avait atteint la nappe phréatique quand les parois se mettaient à suinter et que le fond ruisselait. Il devait encore approfondir le boyau d'une cinquantaine de centimètres pour que le puits soit « reçu », pour qu'il « se mette à l'eau ». On besognait désormais à deux. L'un tenait le burin, l'autre abattait la masse. Un exercice périlleux qui exigeait une sûreté de main infaillible, une adresse parfaite, une précision au cheveu près. Il suffisait en effet que le manche de la masse heurte une pierre saillante pour que le coup dévie et fracasse le crâne de celui qui tenait le burin. On en a froid dans le dos, n'est-ce pas ? C'était toujours Lucien qui « massait », jamais son compagnon. « Je me sentais sûr de moi, explique-t-il, et mon compagnon, qui n'en doutait pas, me faisait entièrement confiance. » La pétoche n'a jamais préservé du danger.

A cette époque, un particulier commandait un puits au volume. Par exemple, il désirait un débit de cinq mètres cubes à l'heure. Le puisatier louait donc une pompe à locomobile ou à essence, de la capacité correspondante, qu'il immergeait dans le puits ; et il continuait à creuser jusqu'à ce que l'engin ne fournisse plus à refouler toute l'eau. Le contrat n'était honoré qu'à ce moment-là.

Le record de Lucien fut de conduire un puits de vingt-deux mètres dans un sous-sol argileux et de le buser complètement. Conformément au vœu du propriétaire, un châtelain excentrique, l'eau ne sourdait que du fond, pas des côtés !

Notre bonhomme ne se plaisait qu'au tréfonds de ses gouffres, ce qui ne rassurait guère sa bourgeoise. La brave femme vivait dans la peur perpétuelle d'un mauvais sort, d'un geste maladroit, d'un éboulement, d'une suffocation. Elle avait de bonnes raisons à redouter le pire, bien entendu.

L'air se raréfiait fréquemment au fond d'un puits, surtout pendant les lourdes chaleurs de l'été, au point de provoquer l'asphyxie des puisatiers. Dès que la flamme de la bougie-témoin s'affaiblissait, il était grand temps de déclarer forfait et de surseoir au creusage jusqu'au lendemain, sans s'obstiner. Lucien a connu ce genre de mésaventure à cinq ou six reprises. Il veillait constamment au pépin, depuis.

Un jour d'orage qu'il étouffait dans son trou, la poitrine oppressée, il s'obligea à remonter avant que le sang ne lui tambourine les tempes. Son compagnon, un jeunot qui apprenait le métier, s'étonna de le voir reparaître si tôt. « C'est parce que je dois satisfaire une soudaine envie », lui répondit Lucien. L'innocent descendit à son tour, sans réfléchir davantage, soucieux de ne pas gaspiller un instant ; mais il n'était pas au fond qu'il s'écriait déjà : « J'ai le tournis ! Je ne peux plus respirer ! Qu'est-ce qui me prend ? » Lucien lui ordonna seulement de regrimper illico. « Tu sais maintenant ce qui perd les imprudents, le sermonna-t-il en rigolant. A l'avenir, tu feras attention ! » La leçon était bien apprise, et pour longtemps.

Tout méfiant qu'il demeurait, Lucien faillit néanmoins ne pas revoir le bleu du ciel un matin que des pluies diluviennes avaient inondé une cave proche du puits qu'il fouillait. Les pompiers venaient de lancer leur motopompe mais l'eau, viciée par les gaz échappés du moteur, s'écoulait déjà de la cave dans le puits. Lucien n'eut que le temps de se plaquer un mouchoir sur le nez, soudain pris de malaise, et de battre en retraite dare-dare !

On s'enfonçait d'un mètre par journée lorsque tout marchait sans complication. Un puits réclamait d'une semaine à un mois d'effort en fonction de la nature géologique du lieu. Le métier ne rapportait guère, dans les trente-quarante sous de l'heure vers 1925. Douze heures par jour, samedi compris. Un puisatier créait une douzaine de puits dans son année, en moyenne. Il s'occupait également des puisards.

Un puits correctement entretenu ne devait jamais s'encrasser, jamais occasionner des dépenses de curage. On repêchait les seaux décrochés de leur chaîne à l'aide d'une griffe à trois dents. Quant aux désespérés qui s'y précipitaient, c'était l'affaire des gendarmes et des pompiers, pas celle du puisatier. Ce manque de savoir-vivre restait exceptionnel cependant, car chacun comprenait qu'il pouvait se suicider autrement, sans empoisonner le voisinage pour autant !

Il y avait malgré tout des puits maudits, de ces cloaques infectés dont on ne tirait qu'un bouillon putride, de ces fosses qui exhalaient toutes les maladies du pays. Ces corruptions étaient dues en majeure partie à des infiltrations de purin attribuées à la proximité d'un tas de fumier. Les gens d'autrefois, bien souvent, ne respectaient aucune règle d'hygiène élémentaire ; par ignorance, ils causaient leur propre malheur. « Un jour, témoigne Lucien, j'ai dû colmater une fissure par laquelle des latrines communiquaient avec une fontaine commune ! » Quelquefois, il entendait dire : on meurt tôt dans telle maison. La contamination du puits en était presque toujours la raison.

Dans ses « Essais historiques » publiés en l'an IX, Jacques-Nicolas Pellieux écrivait ceci à propos de mon village : *On remarque que presque tous les six ans, il règne à Josnes, après les chaleurs de l'été, une dysenterie plus ou moins meurtrière : treize enfants en sont morts cette année.* A en croire défunt Auxile Rousseau, cette malédiction planait sur le hameau d'Izy. La faute en incombait à un fermier qui avait laissé pourrir les carcasses de ses moutons dans les ruines de sa bergerie incendiée.

A l'inverse, d'aucuns rêvaient à des richesses cachées en quelque abysse. Un brin d'imagination transformait un souterrain ordinaire en caverne d'Ali Baba et ce n'était plus le cristal qui miroitait dans l'obscurité, mais des diamants qui scintillaient de mille feux ! L'anecdote que voici en est une illustration significative.

La ferme de La Motte, ancienne bâtisse seigneuriale flanquée d'une chapelle, croupissait au mitan des marécages. Une légende locale prétendait néanmoins qu'un trésor y dormait quelque part. Avant de se décider à vendre, le propriétaire voulut en avoir le cœur net. Il convoqua un radiesthésiste de renom qui, le pendule tournicotant, lui confirma la véracité de la croyance. Le trésor se nichait là, tout près de la chapelle !

On requit immédiatement les services de Lucien, qui descendit une galerie jusqu'à se tremper le poitrail dans la bouillasse. Mais pas une rognure de piécette, sacré bonsoir ! Le radiesthésiste insistait pourtant : il couchait même dans la chapelle de crainte que le trésor ne s'envole. « Défoncez encore, encourageait-il. L'or ne tardera plus à jaillir, je le flaire ! » Son excitation finissait par troubler l'esprit de notre brave puisatier. Las ! la pompe s'engouait de trop avaler tandis que l'eau gagnait inexorablement. On courait à la tragédie. Lucien dut jeter l'éponge. « J'aurais donné n'importe quoi pour continuer », regrette-t-il aujourd'hui. Va savoir ! il tenait peut-être la fortune au bout de sa pioche ! Il n'empêche : personne à cette heure ne saurait le confondre avec un quelconque Crésus...

Au creux des puits d'autrefois se tapissait le père Tirebras. Un monstre, pas moins. Le génie sournois des eaux noires. Une créature visqueuse qui cachait des ronds de ciel dans les profondeurs de la terre...

Il s'agissait d'un vilain gnome – encore plus vilain que vous pouvez l'imaginer, je vous le jure ! –, d'un vague cousin du père Fouettard sans doute, d'un vieux birbe sans âge mais non sans malice, qui ne se plaisait qu'à agripper les garnements intrépides dès que ceux-ci avaient le malheur de s'approcher d'une margelle défendue.

Soudain, il jaillissait de l'au-delà, s'accrochait aux gamins et tirait, tirait jusqu'à les faire basculer dans l'abîme. Il n'en rendait jamais rien, évidemment. Vous avez deviné, bien sûr, que cette fable cruelle était racontée par certaines mamans à leurs marmailles trop audacieuses, dans le louable dessein de les tenir écartées du danger.

Mais le père Tirebras changeait parfois de nom, selon l'endroit, afin de mieux tromper son monde. C'est ainsi que dans les environs de La Chapelle-Saint-Martin-en-Plaine, on l'appelait plus familièrement le « carnaquoué ». Rien d'autre ne variait. Il se dissimulait toujours au fond de ses trous, d'où il guettait les petiots imprudents.

A l'occasion, il servait aussi de croque-mitaine lorsqu'un méchant bambin refusait d'avaler sa soupe. A la seule pensée de devoir affronter ce terrible carnaquoué, n'importe quel sacripant en culotte courte se sentait pris d'un soudain appétit et torchait son assiette en deux coups de cuillère !

En ces temps-là, le puits était le prétexte d'un chantage quasi permanent entre une mère et ses enfants désobéissants. On en parlait comme d'une oubliette, d'un cul-de-basse-fosse où grouillaient un tas d'esprits malfaisants. Quand ce n'était pas le carnaquoué qui en sortait, à défaut de la vérité vraie, c'était quelque marâtre qui menaçait de se précipiter dedans, en désespoir de cause.

La mère Eulalie fut précisément l'une de ces femmes poussées à bout de patience par les espiègleries de ses drôles. Elle avait deux garçons dans ses jupes, deux démons qui ne voulaient rien entendre. Un jour, lasse de s'user en vaines réprimandes assorties de beignes aussi retentissantes qu'inefficaces, elle s'écria, excédée : « Puisque c'est comme ça, j'en ai par-dessus la tête de vous ! Je vas me jeter dans le puits ! » La menace suprême.

Le plus jeune des garçons éclata immédiatement en sanglots mais son aîné, du haut de ses six ans, ne se démonta nullement. Il regarda sa mère s'éloigner et, d'un ton de petit homme qui ne s'en laissait point conter, il dit gravement à son frère : « N'aie pas peur ! S'il n'y a que ça, j'arriverai bien à m'occuper de toi ! »

L'époque bénie des puisatiers, qui avait débuté au lendemain de la Grande Guerre, quand la mode était à la construction de nouvelles maisons, s'acheva peu après la Libération, lorsque les communes de la région entreprirent de réaliser leur réseau d'adduction.

Bientôt les seules commandes consistèrent à repiquer les vieux puits qu'une baisse des eaux asséchait alors. Ceux qui s'entêtèrent dans la profession furent contraints d'investir leurs quatre sous dans un équipement mécanique, avec des derricks démontables et des trépans appareillés sur le châssis d'un camion. Quelques-uns comme Henri Bissonnet, établi à Saint-Gondon, bricolèrent eux-mêmes leur foreuse. La corporation se pliait désormais aux lois de la rentabilité qui régentaient le monde...

Les piques, devenues inutiles, se rouillèrent sous les remises. Lucien donna volontiers ses outils aux amis qui les lui empruntaient. « Gardez-les, leur concédait-il. Je ne m'en servirai plus dorénavant, ils m'embarrassent. »

De nos jours il ne conserve pratiquement rien de son métier passé, hormis les souvenirs qui nous ont permis de rédiger ce chapitre.

Maintenant, Lucien Dralet s'est retiré dans sa maison du bourg. L'âge n'a pas réussi à entamer son étonnante verdeur. Il montre une sérénité de patriarche qui ne cesse de surprendre ses familiers. Chaque matin, il s'offre une petite balade au volant de sa Quatre-Chevaux. Il file jusqu'au village voisin pour y acheter son journal. Ainsi va tranquillement la vie, comme dit l'autre.

Rencontre de l'hiver 1985-1986.

La laveuse

« Je suis la toute dernière du pays. Après moi, plus personne ne rencontrera une “poule d'eau”, par ici. Ça sera fini. »

C'est par ces mots que nous a salué Madeleine Pinon, une brave femme qui a la réputation de ne jamais fourrer sa langue en poche. On la connaît de loin et on l'aime bien, quoiqu'on redoute quelquefois la franchise de ses reparties. « Il faut me prendre comme je suis, avertit-elle d'emblée. Je n'envoie jamais dire ce que je pense, moi. » Nous voici prévenu. Et son franc-parler ne saurait nous déplaire, oh non !

Madeleine était donc une « poule d'eau », une lavandière. Benjamine d'une modeste famille de paysans qui comptait déjà cinq garçons, elle dut travailler chez les autres dès ses quinze ans, aussitôt la Grande Guerre achevée. Près de Tour-en-Sologne d'abord, à quatre lieues de la maison paternelle, puis autour du bourg voisin de Bauzy où elle crut trouver chaussure à son pied en épousant Alfred Courcimault. Mais son ménage ne résista pas à la mésentente. En 1950, divorcée et mère de trois fils, elle se remaria avec Olivo Felettig, un tailleur de pierre italien que les hasards de la vie avaient poussé, une décennie auparavant, jusque dans les bois de Bracieux, au milieu des bûcherons et des charbonniers. Par la suite, pendant trente-cinq ans et plus, notre poule d'eau devint l'une des figures les plus pittoresques du lavoir communal.

Autrefois, bien avant qu'elle ne s'installe à Bracieux, Madeleine lavait tantôt ici tantôt là, partout où les gens la demandaient. Souvent, elle se mettait en chemin avant la pointe du jour, évaluant au plus juste la distance à parcourir, afin d'arriver à l'endroit de son ouvrage à l'heure d'y voir assez clair. La coutume voulait qu'une laveuse à domicile apporte sa brosse en chiendent ; l'employeur la nourrissait en contrepartie.

En ces temps-là, le linge n'était décrassé que deux fois dans l'année, en avril et en octobre. Ces longues échéances nécessitaient une telle réserve de literie et d'effets de corps que les armoires en craquaient d'indigestion. « C'était beau, vous savez ! s'extasie Madeleine d'une voix émue. Les hommes portaient tous une chemise blanche, même aux champs, et les femmes une camisole à demi-manches, blanche aussi. Chaque maison recelait une montagne de draps, de taies, de torchons, de mouchoirs. Oh, oui ! c'était beau. On a du mal à imaginer cela, maintenant que la mode est de vivre au jour le jour. »

Le lavage ne se faisait qu'à la cendre de bois, et pas à n'importe laquelle bien sûr : ainsi écartait-on celle de chêne et de châtaignier dont le tanin aurait taché le linge. Un sachet contenant deux ou trois boules de bleu, plongé dans l'eau de rinçage, rendait le blanc si étincelant qu'on ne pouvait le regarder au soleil sans cligner des yeux. Et puis on usait volontiers de quelques bons vieux trucs de grand-mère. N'importe quelle bonne femme savait que des racines de saponaire ajoutées à la charrée valaient le meilleur des assouplissants tandis que des rhizomes d'iris parfumaient délicieusement la lessive…

Entre ces périodes de grand nettoyage, Madeleine

s'occupait de ménage et de cuisine dans les alentours. Par la suite, un volailler retint ses vendredis, le tantôt, pour la plumaison des poulets et des canards qu'il livrait chaque samedi sur Paris. Dans sa demi-journée, avec l'aide d'une autre plumeuse, elle devait apprêter une quarantaine de bestioles, au bas mot !

Le lieu du lessivage se situait toujours au bord d'un étang ou d'une rivière. La veille, la patronne et sa servante avaient préparé les ballots de linge qui s'entassaient au fond du cagibi, remonté les sacs de cendre de la cave, décapé la chaudière et les cuviers ; le charretier s'était chargé de voiturer le tout jusqu'à l'endroit habituel pour l'y disposer comme il convenait.

Le premier jour était entièrement consacré à l'essange et au trempage. La laveuse débourrait le linge d'un rapide savonnage et d'un coup de brosse ; ensuite elle le rinçait et le tirebouchonnait en boudins qu'elle jetait dans un baquet. Parfois, lorsque le linge lui semblait vraiment sale, elle le laissait macérer dans les cuviers durant la nuit.

La véritable lessive s'effectuait le lendemain. Il s'agissait d'une besogne harassante qui rompait les bras et endolorissait les reins. A se démener autour de la chaudière nimbée de vapeur, une laveuse n'avait bientôt plus un poil de sec, sans cesse en nage à s'empresser, autant moitie par sa propre transpiration que par la brouillasse ambiante. Dame ! ce n'était pas pour rien qu'on nommait ça la « buée » !

L'agencement de cette laverie occasionnelle avait de quoi surprendre. Du haut de son trépied, le cuvier ouvrait sa bonde sur une gouttière par laquelle son eau s'écoulait dans la casse de la chaudière, où elle bouillait et rebouillait. Au fond du cuvier : un vieux drap condamné à finir en torchons, puis un sac de cendre bien ficelé et, réparti dessus jusqu'à ras bord, le linge débouchonné.

Avec une puisette à long manche, la laveuse retirait l'eau bouillante de la casse pour la reverser sur le cuvier. Cette eau traversait le linge et la cendre avant de s'échapper par la gouttière et de retourner à la casse, d'où elle était repuisée et reversée sur le linge. L'échaudage ne cessait qu'au moment où les lavures ressortaient brûlantes de la bonde, ce qui indiquait la parfaite propreté du linge. Par précaution toutefois, la lessive était assainie dans un bain à l'eau de Javel avant de subir trois rinçages successifs.

La laveuse rendait le linge encore mouillé, tout au plus tordu pour l'alléger de sa flotte et faciliter son transport. Ni le séchage, ni le repassage n'entraient dans ses attributions. Madeleine n'acceptait de les assumer que pour obliger certaines clientes âgées.

Plus tard, la cendre fut remplacée par des cristaux de soude qu'on achetait en paquets d'un kilo. « Ça ne m'épargna guère de fatigue, glousse notre poule d'eau. Il fallait brosser fort car les cristaux dégraissaient mal les vêtements de travail. J'en ai usé du chiendent, sur les culottes de velours, les gilets molletonnés et les bas de laine ! »

Le savon de grand-mère

Une demi-tasse d'eau, 1 tasse de suif de bœuf, 2 cuillerées à café de cristaux de soude.

Immergez lentement les cristaux de soude dans l'eau froide et chauffez. Faites ramollir le suif à part. Mélangez les ingrédients et battez jusqu'à obtenir une crème homogène. Versez la préparation dans un bol et couvrez d'un carton. Démoulez après une journée. Laissez durcir pendant une bonne quinzaine avant l'emploi.

Sitôt établie à Bracieux, chef-lieu d'un canton solognot du Loir-et-Cher, Madeleine dut adapter ses agrestes façons aux bons usages d'une petite ville. Adieu les buées en pleine nature ! Désormais, elle n'exercerait ses talents qu'au lavoir communal, en rive du Beuvron. Voilà qui la changea bougrement du silence des étangs, croyez-moi ! Car l'endroit ressemblait souvent à une basse-cour où venaient caqueter toutes les autres poules d'eau du bourg.

« Mon Dieu, ce que d'aucunes pouvaient cancaner tout de même ! » s'étonne encore Madeleine aujourd'hui. Pour un oui comme pour un non, c'étaient des ragots à n'en plus finir. Chacune y mettait son grain de sel, de sorte qu'un secret insignifiant n'attendait pas la soirée pour courir les rues à son de trompe ! La radio d'un village se tenait toujours dans son lavoir.

Tout y était passé en revue ; tout y était imaginé, répété, détaillé, commenté, débattu, jugé même. Des choses vraies et d'autres qui l'étaient moins. Les fredaines de celui-ci et les galipettes de celle-là, la pingrerie de la bistrote (une teigneuse si avare qu'il lui en coûtait de vous donner le bonjour et qui aurait boulotté la crotte de ses voisins pour économiser la sienne !) et les gaspillages de la bouchère (une sainte nitouche qui achetait des dentelles polissonnes à l'insu de son mari, pour mieux émoustiller le commis, un gamin boutonneux dont la mère – une moins que rien – ne connaissait seulement pas le père !)... Les langues tournaient comme des moulins à paroles et les pies bavardes ne ménageaient personne. Pour ça, ces dames avaient tôt fait de déballer le linge sale que les familles lavaient d'ordinaire en cachette !

Et puis soudain, une blanchisseuse s'arrêtait de jaspiner et dardait un œil noir sur une de ses compagnes. Une réflexion de travers déclenchait immédiatement l'engueulade. Crénom ! les lavandières ne mâchaient pas leurs mots pour se lancer un savon ! Les grincheuses s'étrillaient avec cette malignité qu'elles réservaient à la bistrote et à la bouchère, l'instant d'avant. Le prétexte de la dispute était souvent une contestation de tour à l'une des deux chaudières du lavoir.

« Voyez-vous ce que je vois ? éructait une mégère, les poings sur les hanches. La Solange est à peine arrivée qu'elle veut déjà doubler tout le monde. A la queue, ma jolie, pas de passe-droit ! Je poireaute depuis une couple d'heures, moi ! »

Fort heureusement, les prises de bec ne s'achevaient que rarement en crêpages de chignon. Les chamailles s'apaisaient aussi vite qu'elles éclataient. La minute d'après, les deux chipies comméraient de plus belle et, ensemble, cassaient allègrement du sucre sur le dos d'une quelconque bourgeoise...

Il y avait toujours, au lavoir, cinq à six femmes en besogne. Chacune d'elles apportait son lot de linge sur sa brouette. Le volume variait selon les familles, le nombre d'enfants, la profession ; il doublait chez les commerçants de bouche pendant la période des fêtes. Les clients fournissaient le bois de chauffage nécessaire à leur lessive.

En plus des deux chaudières, le lavoir était équipé de plusieurs selles et de tréteaux servant à l'égouttage. Au printemps, durant la tondaison des moutons, on y dessuintait également les toisons. Les lavandières étaient payées à l'heure ; seules quelques-unes, habitant au loin, restaient à déjeuner sur place. Les soirs d'hiver, elles ne rentraient qu'aux lampes allumées. Les gens qui soupaient derrière leurs volets clos, bien au chaud, entendaient piauler les brouettes dans la nuit. Les lavages ne s'interrompaient qu'à la saison des grands gels, quand les glaces frangeaient les berges du Beuvron et que l'onglée des doigts violacés s'aggravait en engelures crevassées.

En ce coin de Sologne, les femmes s'affairaient debout, la brosse en main, piétinant des journées entières à côté de leur selle. Ailleurs, elles s'agenouillaient coude à coude derrière les larges planches du rebord qui s'enfonçaient dans la rivière, à l'oblique, pour frotter le linge dessus et le taper au battoir ; autre part enfin, elles se prosternaient dans un « cabasson » garni de paille, sorte de caisse pourvue, sur le devant, d'une tablette rainurée. Parfois, plouf ! l'une d'elles déséquilibrait son agenouilloir en tentant de rattraper un drap entraîné au fil de la rivière, et, la tête soudain plus lourde que le popotin, chavirait dans le courant. Vite on repêchait le cabasson, le linge et la pauvrette qui n'avait plus qu'à courir chez elle, les nippes dégoulinantes, pour s'y revêtir de sec. Mme Hélène Voisin, d'Olivet, nous raconta que suite à cette mésaventure, tombée en sueur dans l'onde glacée, sa grand-mère était demeurée patraque pour le reste de son âge.

Madeleine se tenait au lavoir trois jours par semaine : le lundi, le mardi et le mercredi. Cet emploi du temps permettait à ses clientes de ravauder leurs frusques de rechange pour le dimanche suivant. Les autres jours, elle se louait ici et là comme femme de ménage ou cuisinière.

« J'avais une force terrible dans les mains, dit-elle. Une fois sur deux, je déchirais un col de chemise en le frottant. Mais avec la brosse, je n'abîmais rien. Je me gardais de trop appuyer, c'est tout. Je brossais également les lainages pour ne pas les feutrer. »

Elle rinçait dans l'eau courante de la rivière, en touillant le linge avec une longue perche. « Vous pensez si les draps étaient doux ! s'exclame Madeleine. Aucun produit ne pourra jamais assurer un tel résultat ! » Son secret pour la couleur : ne pas tordre au dernier rinçage. Elle étendait simplement le linge sur les trétaux afin qu'il s'y égoutte en s'allongeant de lui-même, sans se chiffonner ni casser ses fibres. Les grosses étoffes étaient essorées à coups de battoir.

Voici peu, Madeleine se rendait toujours au lavoir, chaque lundi, comme autrefois. Elle était bien la seule. La machine à laver lui a causé du tort, bien sûr. Sa clientèle a fondu d'année en année. A la fin, elle se contentait de dépanner ses voisines, guère plus.

« La voilà, ma machine à laver ! dit-elle en montrant ses mains. Le boulot est bien mieux fait, ça coûte moins cher et le linge dure plus longtemps ! »

Récemment, à l'occasion d'une cavalcade sur le thème des anciens métiers, on est venu la chercher. « Je ne manquais pas de spectateurs ! plaisante-t-elle. Si j'avais perçu un droit d'entrée au lavoir, j'aurais sûrement empoché une coquette somme. »

Oui, il se pressait beaucoup de curieux au lavoir de Bracieux, lors de cette fête-là. Pourtant d'ordinaire, on n'y voit quasiment personne, sinon quelque ménagère qui vient stériliser ses conserves dans l'une des deux chaudières. « Pas dans la mienne en tout cas ! s'étrangle Madeleine. Jamais on fera des saletés dans la casse où je mets encore bouillir mon blanc ! »

Non, Madeleine, pas dans la vôtre. C'est bien l'ultime égard que les Braciliens doivent à leur dernière poule d'eau. Sous peu, si ce n'est déjà décidé en conseil municipal, le lavoir rejoindra la vieille halle sur la liste des constructions patrimoniales à sauvegarder.

Rencontre du printemps 1986.

Le tanneur

C'est en mai 1936, le 20 exactement, que Pierre Poinsset, vingt-quatre ans, entra comme drayeur aux nouvelles tanneries de Ferrières.

Un peu moins d'un an auparavant, l'affaire familiale que Mme veuve Duchesne, secondée par son gendre, était parvenue à diriger jusque-là, tant bien que mal, avait été reprise par les tanneries de Gentilly qui, elles, venaient de brûler. L'établissement avait été totalement modernisé et depuis quelques mois, les propositions d'embauche pleuvaient sur la main-d'œuvre locale. Ce fut vraiment une époque bénie pour les saisonniers qui, durant la belle saison, travaillaient à la sucrerie de Souppes, où le salaire était bon, puis se rabattaient en hiver sur la tannerie.

Du temps de Mme Duchesne, ah ! ça, il en allait tout différemment. On besognait à l'ancienne méthode, rien ne semblait avoir évolué au cours des siècles. Il y avait les fosses creusées dans la cour, à l'air libre ; c'était là-dedans que marinaient les peaux pour y subir la lente action des substances tannantes, semaine après semaine, mois après mois. La cour s'empuantissait constamment des épais remugles aigres que dégageaient les matières en macération.

Deux protecteurs pour cinq métiers

Les tanneurs, les corroyeurs, les pelletiers et les parcheminiers honoraient jadis saint Philippe et saint Jacques. Leur fête patronale se déroulait le 1er mai. Les chapeliers se joignaient parfois à ces dévotions corporatives.

Les propriétés du tannin végétal ne furent découvertes qu'à la fin du dix-huitième siècle par le Français Armand Séguin. Antérieurement, les peaux étaient seulement séchées au soleil ou fumées. On pratiquait également la mégisserie grâce à des bains d'eau, de cendre et d'alun, et le chamoisage du mouton ou de la chèvre par imbibition d'huile et de blanc de chaux. Mais ces techniques, pour rudimentaires qu'elles fussent, devenaient souvent des secrets de savoir-faire qu'un maître tanneur se gardait bien d'éventer.

Le tan était extrait de l'écorce du chêne, du châtaigner et du bouleau que les « pelureux » récoltaient à la montée de la sève, sur les abattis. Ce pelan, que le chemin de fer apportait du fin fond des bois, en bottes, était broyé à la tannerie puis modelé en épaisses galettes, à l'aide de moules que l'on pressait du sabot. On se servait aussi, pour le dégraissage des peaux, de la précieuse argile smectique qui fit, voici fort longtemps, la renommée des moulins à foulon de Châteaudun.

Les tanneries se situaient toujours sur la berge d'une rivière car l'eau courante, de préférence riche en carbonate de calcium, était nécessaire aux lavages successifs des peaux ; elles se trouvaient aussi, pour une raison évidente, près des régions d'élevage. Ferrières était le lieu indiqué pour accueillir une peausserie puisque la Cléry y coulait et, mieux, que le débit semblait suffisant à l'entraînement d'une turbine hydraulique. Cette situation avantageuse ne pouvait qu'intéresser, tôt ou tard, d'importantes tanneries comme celles de Gentilly.

Les dépouilles destinées au gros cuir étaient livrées par les abattoirs, à l'état brut, encore fraîches et sanguinolentes quelquefois, aussitôt l'équarrissage des animaux terminé. On les salait et on les entassait afin d'en assurer la conservation correcte. La première opération consistait donc, quand sonnait l'heure de les apprêter, à plonger les cuirs verts dans le cours d'eau, pendant une journée entière, pour les dessaler complètement. C'était la « trempe », le travail en rivière. Une suite de jetées en planches, sur pilotis, s'avançait dans le courant, le barrant presque, de façon à former des retenues dans lesquelles baignaient les peaux que les apprentis touillaient constamment avec des perches.

Par un mélange de lait de chaux et d'orpiment, le pelanage facilitait l'ébourrage et le dépilage que les drayeurs accomplissaient au chevalet, en raclant de leur boutoir les poils déjà rongés par le sulfure d'arsenic. Suivait l'écharnage, toujours au chevalet et au tranchet, qui éliminait les restes de chair et de graisse, résidus que l'on récupérait dans des bacs de décantation et qui seraient convertis plus tard en engrais. Le bain de déchaulage puis le rinçage permettaient d'obtenir des peaux « en tripe », c'est-à-dire nettoyées et enfin prêtes à être tannées.

Autrefois, les différentes étapes du tannage comportaient trois immersions plus ou moins prolongées dans des solutions accrues de tannins végétaux. La « basserie » impliquait la suspension des peaux, pendant un mois, dans un jus tannant. Puis ces peaux étaient étendues entre des couches de tan et abondamment arrosées du liquide dans lequel elles avaient séjourné précédemment : c'était le « refaisage » qui pouvait durer trois mois. La « mise en fosse », pour finir, donnait le cuir dit « en croûte ».

Le traitement d'une dépouille de bœuf demandait de quinze à vingt mois. Le tannage d'un quintal de cuir réclamait cent vingt kilos de peaux vertes et près d'une demi-tonne d'écorce réduite en poudre.

Des recettes bien cachées

Les composants des bains variaient dans leurs pourcentages selon les catégories de cuir. En voici les principaux ingrédients.

— Le déchaulage : Eau à 35°, sulfate d'ammoniaque, acide lactique dilué de 1 à 10, produit décalcifiant.

— Le piquelage : Eau à 20°, sel, formate de calcium, acide formique, acide sulfurique.

— Le prétannage : A la moitié du bain de piquelage, ajouter du basichrome dilué de 1 à 3.

— Le tannage : Ajouter à l'axe (repère de jauge du tonneau) de l'alun de chrome.

— La basification : Ajouter du carbonate de soude et du sulfure de sodium (gare aux yeux !). Laisser reposer quelques instants et tourner trente minutes avant de sortir.

Ces formules étaient inscrites d'une plume appliquée, à l'encre pâlie, autrefois violette, sur les pages écornées d'un vieux cahier roussi. En les recopiant à votre intention, j'ai eu l'impression, soudain, de m'immiscer dans l'étrange univers de quelque initié qui, au temps jadis, aurait détenu jalousement le secret d'une pierre philosophale. Décidément, mon imagination me jouera toujours de sacrées farces !

Mais entendons-nous bien : cela remontait au règne de Mme veuve Duchesne. Dès que les tanneries de Gentilly furent en place, toutes les techniques se modifièrent catégoriquement. Une ère nouvelle commençait : celle du progrès scientifique. Les fosses de la cour, bouchées, furent remplacées par une alignée de quelque dix tonneaux rotatifs mus par un moteur électrique. Le personnel atteignit bientôt les quatre-vingt-dix ouvriers, dont une dizaine de drayeurs qui furent équipés d'écharneuses mécaniques. L'usine se doubla encore d'un atelier de confection qui employa nombre de compagnons bourreliers recrutés ici et là dans les villages environnants.

La grande innovation fut toutefois l'abandon des tannins d'origine végétale au profit des composés chimiques.

L'implantation des tanneries de Gentilly dans le Montargois sonna le glas des bons vieux procédés d'antan. L'écorce d'arbre pulvérisée disparut devant les combinaisons quintessenciées des laboratoires. Désormais, en deux jours de tonnelage, on préparait une quantité de cuir supérieure à celle qu'on aurait traitée en six mois, dans plusieurs fosses, avec du tan de chêne : voyez l'évolution !

On déchanta rapidement, néanmoins, car la médaille du modernisme eut rapidement son revers. Les effluences chimiques, particulièrement nocives, aggravèrent bientôt la pollution de la rivière. Empoisonnée par les rejets de la tannerie, la Cléry devint un égout mort dont le lit nauséeux s'irisa de couleurs bizarres et vénéneuses. Plus de poissons, plus d'herbes aquatiques, rien. Mais les problèmes écologiques ne mobilisaient guère les attentions, à cette époque-là, et seuls les pêcheurs à la ligne trouvèrent sujet à rouspéter.

« Ça sentait mauvais à l'entour, admet Pierre Poinsset. N'empêche : c'était moins la puanteur des peaux que les émanations des acides qui nous arrachaient le nez ! »

Les phases du travail s'adaptèrent également au changement de matériel et aux produits utilisés. On prit ainsi l'habitude, après le déchaulage, de piqueler le cuir vert dans un bain acidifiant avant de le soumettre au prétannage. Un seul contrôle s'effectuait après le tannage : on prélevait une lanière de cuir que l'on plongeait dans l'eau bouillante. Le rétrécissement de ce témoin indiquait un résultat défectueux ; il convenait donc de renouveler le bain sans tarder.

Suivaient la basification, le séchage sur cadre et le découpage des croupons. Les autres interventions de corroyage dépendaient des sortes de cuir désirées : il s'agissait de la teinture, du glaçage de la pleine fleur, de l'assouplissement des vachettes, du durcissement par martelage des cuirs de cordonnerie.

L'essentiel de la production tournait cependant autour du gros cuir. Les peaux de vaches provenaient principalement de Belgique et d'Allemagne. L'atelier de confection attenant à la tannerie fabriquait des articles qui, en grande partie, partaient vers les magasins militaires de Bourges. La bourrellerie locale s'approvisionnait surtout auprès des grossistes.

Parallèlement à ces gros cuirs, la tannerie proposait des ouvrages plus délicats, à façon. Les peaux étaient envoyées de Paris, sèches. Souvent du mouton ou de la chèvre. Elles subissaient un étirage et une teinture dès leur livraison. On les employait généralement en maroquinerie ou comme doublures de chaussure. A ses débuts, ce fut sur ces peaux que Pierre Poinsset apprit le drayage ; il toucha ensuite à tous les autres postes et devint contremaître.

Le salaire d'un ouvrier tanneur était honnête mais le boulot n'avait rien d'une sinécure. C'était un métier malsain à cause de certains produits chimiques, notamment des solutions à base de chrome qui provoquaient de terribles allergies. Un travail malpropre, aussi.

« La tannerie nous fournissait un tablier de cuir, dit Pierre Poinsset. On portait des gants de protection et l'on se chaussait de sabots car le bois ne tachait pas le cuir. » Plus tard, les ouvriers adoptèrent les bottes en caoutchouc.

A la tannerie de Ferrières, les journées comptaient fréquemment une douzaine d'heures lorsque les commandes se bousculaient. On trimait parfois le samedi matin quand cela urgeait trop.

Et pourtant, les courbes de bilan s'infléchirent à la baisse dans les années 1950. En 1959, les tanneries de Ferrières fusionnèrent avec celles de Beaugency, qui fermèrent leurs portes.

« Beaucoup de gars de là-bas vinrent travailler ici, se souvient Pierre Poinsset. Certains prirent pension au pays. Ils débarquaient le lundi matin et ils repartaient le samedi midi. » Mais la précarité financière de l'établissement ne fit qu'empirer.

Le 31 janvier 1965, les tanneries Augère et Gentilly cessèrent toute activité. Le Montargois perdait une de ses industries traditionnelles.

Pierre Poinsset, qui était alors âgé de cinquantre-trois ans, put bénéficier d'un emploi communal au service entretien. Il goûte actuellement une retraite paisible dans sa maison perdue au mitan des bois de Ferrières, à trois coups de pédale de la Cléry.

Cette charmante rivière s'est depuis reparée de verdure. Car en près d'un quart de siècle, il a coulé beaucoup d'eau sous ses ponceaux et les pêcheurs à la ligne peuvent à nouveau y taquiner le goujon.

Rencontre de l'hiver 1987-1988.

Le sablier

L'histoire ne date pas d'hier, mes bons copains. Mais écoutez plutôt si vous avez un moment à me consacrer :

Lorsque Jules César – vous voyez de qui il s'agit, n'est-ce pas ? – lorsque Jules César s'en vint réprimer la turbulence des Gaulois de Genabum, ceux-ci ayant vilainement estourbi quelques dignitaires romains qui s'engraissaient honteusement sur le pauvre monde, lui, Jules César, ne quitta pas la place sans s'attribuer une coquette gratification destinée à le payer de son dérangement.

Et cette gratification substantielle, mes aïeux, ce fut un monceau de pièces d'or, une fortune considérable ; un trésor de guerre tel qu'aucun autre pillard ne réussit à en rapiner le quart, par la suite ; un butin incalculable, tout de monnaie sonnante, dont l'éblouissante brillance reflétait les terribles éclats du brasier dans lequel s'effondrait l'antique cité carnute.

L'or fut amassé sur une barque du port, tandis que les cohortes de Rome s'enfonçaient à marche forcée en pays biturige. Pourtant, Teutatès en soit loué ! cet or ne quitta jamais la contrée ligérienne, car à peine l'avait-on embarqué qu'il chavirait déjà dans les remous du fleuve.

Faut-il soupçonner là une maladresse volontaire imputable aux nautoniers de l'endroit ? J'aime assez à le croire. Il n'empêche que personne n'en récupéra le moindre profit, hormis cette légende, et que, longtemps après, le fleuve put parer ses plages dorées de fines écharpes aux blondeurs aurifères...

Depuis, vingt siècles ont coulé sous les ponts de la Loire. Voici peu, quand il s'usait la santé à racler les fonds avec sa drague à bras, Raymond Imbault n'espérait pas remonter autre chose que du sable, du caillou ou du gravier. Tirer le sable de la rivière, c'était son métier, comme d'autres extrayaient de la pierre du creux des carrières. Du sable, point de statères ni de sesterces.

Avant la Grande Guerre, rien qu'à Beaugency où vivait Raymond, la corporation de sabliers comptait une dizaine d'individus. En certaines familles, il était impensable d'assurer sa subsistance autrement. Chez les Imbault, évidemment, mais pareillement chez les Poligny, chez les Berthe, chez ce grand Reichlin qui venait d'on ne sait où.

De père en fils dans ces maisons-là, les hommes déchiraient les sablonnières que les crues reprisaient au printemps suivant. Une gravière venait juste d'être ouverte que le courant la comblait déjà, créant ainsi un filon inépuisable pour ces gaillards qui, parce qu'ils ne mordaient plus vraiment aux contes de fées, rêvaient davantage d'une traînée de jard que de jaunets en coulée.

« Mon père se nommait Edouard, dit Raymond, et mon grand-père s'appelait Ferdinand. Tous les deux travaillaient d'arrache-pied à fouiller le caillou. Du plus loin que la mémoire puisse porter, cet ouvrage fut toujours celui des Imbault. Mes deux oncles paternels ne dérogèrent pas à la tradition ancestrale, et moi non plus. Sur nos livrets, il était inscrit la profession de marinier-dragueur. »

Lui, Raymond, fit ses premières armes dans le métier à l'aube du 14 juin 1922. Il s'en souvient parfaitement. C'était un jeudi, le jour de grasse matinée pour les écoliers. La veille au soir, il avait quitté la classe définitivement. Terminées les leçons de géographie, les pages d'écriture à l'encre violette, les tables de multiplication à chantonner et les parties de pigeon-vole sous les tilleuls de la cour. Il devait maintenant mériter sa pitance. Ce jeudi 14 juin, il fêtait pile ses treize ans.

Il n'était pas gros pour son âge, oh ! ça non. Il paraissait même si menu qu'on lui colla immédiatement le sobriquet de « Mousse ». C'était la mode, sur le fleuve, de s'affubler de surnoms. Et la compagnie manquant probablement d'imagination ce matin-là, elle épingla la même épithète au chien avec qui le gamin liait matelotage. Dès lors, « Mousse » désigna indistinctement le toutou et son jeune maître, sur les quais de Beaugency. Il suffisait de crier après l'un pour que les deux rappliquent aussitôt !

Alors qu'ils se montraient si prompts à surnommer un des leurs dont la nature, à leur jugé, correspondait mieux à un qualificatif de leur invention qu'à son identité officielle, les pêcheurs de sable ne baptisaient que rarement la toue sur laquelle ils se rompaient les membres.

Comme la plupart de leurs confrères, les Imbault père et fils ne possédaient qu'un unique chaland, un gabarot d'une longueur de douze mètres, pas moins, pour un mètre soixante-dix de large et une petite demi-brasse de tirant. La piautre démesurée, le gouvernail caractéristique des gabares de Loire, formait une manière de queue à la traîne du bateau. Beaucoup de ces barques étaient construites par des charpentiers de Vierzon travaillant pour les bateliers du Cher et les canaliers berrichons. Les dragues à bras, de fabrication artisanale, ressemblaient à de grandes racles en tôle, à des boquets retournés, plus boîtes que pelles, trouées comme des passoires et emmanchées d'une perche de quatre mètres.

A bord : un homme ou deux, jamais davantage pour ne pas se gêner dans les mouvements. On nageait au bâton de marine, de l'avant tantôt et tantôt à culer, selon la versatilité des eaux. Tout en manœuvrant du bout de sa bourde, du bout de sa gaffe, à l'aveuglette quasiment, on sondait les fonds, les culs de grève, les profondeurs, la qualité des bancs, leur facilité d'extraction.

Le choix arrêté, on mouillait l'ancre puis on arrimait la piautre sur sa béquille de direction afin d'assurer la stabilité du bateau. Le courant portant l'embarcation, chacun jetait sa drague à la dérive, laissant glisser entre ses mains le long manche jusqu'à gratter le lit de la rivière. On retirait d'un seul coup un paquet de cinquante à soixante kilos pissant de flotte. Trois bonnes remontées suffisaient à obtenir un hectolitre de sable.

A cette rude besogne, Raymond ajoutait encore un tour d'acrobatie qui en stupéfiait plus d'un. Il se tenait en équilibre sur le rebord du gabarot, jouant de tout son poids pour donner de la gîte et réduire le franc-bord à deux doigts. « De cette façon, explique-t-il, je fatiguais moins que les autres lorsque je devais ramener ma drague, et le ballant du bateau me permettait de la relancer sans effort. En dépit du balancement spectaculaire qu'une telle posture produisait, je n'ai jamais fait verser la barque. Ça en aurait pourtant amusé d'aucuns, sûrement, une mésaventure pareille ! » Cette pratique périlleuse, que compensait une moindre pénibilité, était adoptée par nombre de sabliers d'Orléans qui, eux, n'avaient rien des poules mouillées.

Pieds nus aux beaux jours ou en sabots par temps frisquets, les reins ceinturés de flanelle, en chemise quelle que fût la saison, sans un poil de sec tellement ils suaient au labeur, les tireurs de sable ne perdaient pas un moment à bayer aux mouettes. Des lueurs de l'aube à la pénombre du crépuscule, ils ne s'autorisaient qu'une courte escale le midi ; et sitôt la gamelle torchée, ils reprenaient le boulot sans rechigner.

« On ne descendait même pas pour satisfaire certains besoins naturels, plaisante Raymond. Les gens ne nous appelaient pas les chie-en-l'iau pour rien, croyez-moi ! » Lorsque l'envie devenait par trop pressante, on baissait donc son pantalon à la va-comme-ça-se-présente, et l'on s'asseyait le cul par-dessus bord. Une rapide aspersion pour la propreté et l'affaire était expédiée. En ces époques-là, la vue des fesses d'un gabarier n'offusquait plus personne dans le val, pas même les vieilles filles. Ça faisait presque partie du paysage, quoi !

« On chargeait le bateau tant qu'on pouvait, continue Raymond, jusqu'à ce qu'il menace de sombrer. Cinq mètres cubes ne nous faisaient pas peur. Sept-huit tonnes à débarder, rien que ça. »

Le déchargement s'effectuait à la pelle et à la brouette, cent cinquante kilos à chaque voyage, par une passerelle de planches posées sur des madriers. Lorsque le perré était trop pentu, on ne montait les brouettes qu'en les poussant de biais. C'est depuis lors que Raymond souffre d'un pied légèrement tourné, infirmité qui l'oblige à marcher de travers.

La marque d'un fichu métier, constate amèrement Mme Imbault. Les jambes, le cœur, son mari ne va plus très fort maintenant. Le tribut au fleuve était lourd à payer, elle le réalise aujourd'hui. Encore heureux que le sable, lui, ne coûtait pas un sou à ceux qui le retiraient de l'eau ! « On ne nous a réclamé un droit d'extraction qu'à partir de l'installation des dragues mécaniques, précise Raymond. Avant, n'importe qui venait se servir sans devoir quelque chose à quiconque. La rivière n'appartenait à personne, elle était à tout le monde. »

Les sabliers n'observaient alors qu'une interdiction, une seule : celle de ne pas dégager les piles en fouillant à moins d'une distance convenue des ponts. Pour le reste, chacun prenait ce qu'il trouvait, et nul ne lui cherchait chicane sans passer pour un esprit vétilleux.

Sur les quais de l'ancien port aux vins qui bordaient le quartier du Moulin-Rouge, les alignées de petits tas coniques s'étiraient sur plusieurs rangs, dans l'attente d'être évacuées. Il avait fallu rouler les brouettes pleines, parfois, sur plus de cent mètres, malgré le pavage cahoteux qui brisait les bras à chaque tour de roue. Les tas étaient de cinquante ou de cent mètres cubes. Le cantonnier-chef vérifiait le métrage des monticules affectés à la voirie. On empochait trois à quatre francs du mètre cube vers 1930, autant dire : pas grande-chose, le litre de sueur ne valant pas cher en ces années-là.

Les Ponts et Chaussées et les entreprises de travaux publics transportaient les matériaux dans des camions à benne, loués à la journée le plus souvent. L'Administration réglait par mandats ou par chèques postaux, jamais en espèces. A l'inverse, les particuliers, qu'ils fussent maçons ou paysans, venaient remplir leur tombereau sans autres formalités qu'un salut de la tête ; ils payaient à l'enlèvement, de la main à la main, et ils allaient jusqu'à offrir une chopine à ceux qui consentaient à les aider pendant le pelletage. Toute occasion étant bonne à saisir lorsqu'il s'agissait de se rincer la glotte, même au pire verdagon, personne parmi les tireurs de sable ne refusait de rendre un tel service. A l'étiage, on simplifiait l'ouvrage en faisant reculer les tombereaux jusque sur les plages.

La matinée pour puiser, le midi pour accoster le quai, le début du tantôt pour débarder : la journée se déroulait ainsi. La dernière tâche quotidienne consistait à remonter le gabarot jusqu'à la sablonnière, afin de se tenir prêts à draguer dès l'aurore du lendemain.

En Loire, les dépôts fluviatiles sont en éternelle mouvance, de sorte que les enfoncements se déplacent et réservent de fatales traîtrises aux baigneurs imprudents. A l'évidence, les sabliers manifestaient moins de rancune que de méfiance. Les Imbault avaient coutume de se rendre à l'Ile-aux-Chevaux, dans le coude des Vallées, à une quinzaine d'encablures au-dessus de Beaugency. « Nous étions comme les pêcheurs, compare Raymond. Nous connaissions les bons coins ! »

La remontée s'opérait toujours par la rive gauche, à cause du courant qui s'affaiblissait à l'intérieur du méandre. Le père manœuvrait à la bourde, sur le bateau, tandis que les deux Mousse, le fils et le chien, s'échinaient sur le chemin de halage, attelés à la bricole. Le chaland mis à l'ancrage, son équipage revenait à pied pour s'attabler avant que la soupe ne soit refroidie.

Outre le sable, il était également retiré du jard, du gravillon et du gravier de la Loire. En principe, le caillou provenait des grèves non immergées. On le pelletait à la bogue et on le criblait sur place avant de l'embarquer.

Le triage s'effectuait au moyen d'une claie inclinée dont le cadre grillagé – soixante-dix centimètres sur un mètre soixante – reposait sur trois pieds. En dessous se logeait un caisson muni de poignées : la raisse. Le caillou glissait sur le grillage jusqu'à un trémillon de tôle qui le canalisait vers la raisse, tandis que le sable s'amassait sous la claie. Le contenu de trois raisses équivalait grosso modo à une brouettée.

Ce n'était qu'aux grandes chaleurs que les tireurs prélevaient du galet dans le lit du fleuve. Ils s'enfonçaient dans le courant jusqu'à la taille, à côté de leur bateau qu'ils chargeaient directement à la fourche à pierre. Ils s'activaient de la sorte pendant une couple d'heures d'affilée, sans souffler, la tête au soleil, les épaules luisantes de transpiration, le ventre éclaboussé par cette eau vive dont les tourbillons paraissaient d'autant plus glacials que la canicule surchauffait les airs au point d'en faire vibrer la broussaille du coteau. Et peu à peu, si l'on n'y prenait garde, un froid insinuant plaquait les chemises trempées contre les peaux brûlantes, instillait une sournoise raideur dans les corps, s'incrustait au creux des poitrines et, à la longue, altérait l'endurance des plus robustes. Les accidents de ce genre, bien malin qui pouvait s'en préserver vraiment ! On ne s'apercevait du mal attrapé qu'après coup, quand la fièvre clouait le bonhomme sur son lit...

Au bouillon, il fallait pourtant y replonger au méchant de certains hivers quand, surpris par un débordement imprévu, on devait enchaîner en catastrophe les barques qui s'affolaient au bout de leur amarre, comme saoulées par le flot impétueux qui s'amusait à les étourdir.

L'extraction s'interrompait durant les crues, prudence oblige. Les tireurs prenaient leur mal en patience ; ils musardaient autour des quais, la casquette rejetée sur la nuque et le mégot suspendu à la lippe ; ils battaient la semelle des journées entières, maudissaient la baisse des eaux qui tardait tant, se ragaillardissaient d'une bolée de vin chaud pour tromper le temps.

Ils gardaient également les bateaux à l'anneau pendant les embâcles ; mais ils se relayaient la nuit, à l'annonce de la lâchée des eaux, afin de veiller que la flottille n'accompagne point les glacons dans leur fuite éperdue. « En dehors des crues et des fortes gelées, affirme Raymond, il n'était pas question de fainéanter. »

Les sabliers de la Loire moyenne durent s'incliner, dans les années trente, devant les pontons à vapeur dont les appareils à godets ou à suceurs ne supportaient aucune concurrence. L'homme de peine n'a jamais pu lutter contre la machine inventée pour le supplanter.

La discorde endémique qui régnait chez les tireurs n'arrangea certainement guère la situation. Par le passé, on avait dû en séparer quelques-uns qui ne savaient résoudre leurs différends, consécutifs aux fréquentes appropriations par l'un de la bande de jard revendiquée par l'autre, qu'en se bigornant et s'entre-rossant d'importance, chacun n'étant avare ni des plaies, ni des bosses de l'adversaire. Ces querelles, on s'en doute, ne favorisaient nullement les initiatives communes, quand bien même le danger touchait l'ensemble de la corporation.

Les Imbault étaient logés à pareille enseigne que leurs voisins. Entre les chie-en-l'iau, ça se bouffait le nez. Raymond aurait volontiers investi ses trois sous dans un équipement mécanique, mais personne n'adhérait à ses projets de modernisation. La jalousie s'en mêla bientôt. Alors, faute d'accord, les Imbault continuèrent à curer la rivière avec leurs pelles, leurs brouettes, leurs dragues à long manche et leur gabarot sans nom qui ne tenait plus à force d'avoir été rafistolé.

Raymond ne put accepter de s'enliser dans ce métier éreintant, peu rémunérateur et dénué de tout avenir. Il décrocha en 1934, l'année qui suivit son mariage, car ayant dorénavant une femme à choyer, il se devait de rapporter quelque argent à la maison et, désormais, ne plus s'accommoder d'un salaire de misère. Il devint terrassier. « Je n'ai jamais connu le chômage, jure-t-il non sans fierté. Pas un seul jour je n'ai volé mon pain ! »

La Loire, il l'aime encore, bien sûr, même si elle ne s'est pas toujours montrée très généreuse envers lui. Mais elle a vieilli, et cela l'attriste quand, au hasard d'une promenade, il abandonne son regard au fil de l'eau. Elle s'est creusée, ses plages ont fondu et la plupart de ses îles, dont la galerne ébouriffait jadis les marseaux, se sont laissé ronger par la malignité des crues.

La Loire n'est plus ensablée. « Les dragues mécaniques l'ont trop fouillée, condamne Raymond. Des couches sédimentaires sont extirpés des volumes phénoménaux de granulats à longueur d'année. La Loire est comme une belle fille : on la courtise beaucoup, mais elle ne peut offrir que ce qu'elle a ! »

Voici peu, trois décennies peut-être, ce n'était qu'une coulée ambre pâle qui ourlait le fleuve de l'Ile aux Oies à Mardelles, des Corbellières au Pré-d'Allonne, de Bel-Air au tertre d'Avaray, et plus loin encore, en amont comme en aval. Nous, les mioches de l'après-guerre, nous y pataugions en été ; parfois même, nous en rapportions de gigantesques écailles, des coquilles de ces moules aujourd'hui disparues dont la consommation, disait-on, provoquait de funestes coliques dysentériques.

A présent, hélas ! les flaches vaseuses et les roselières ont dévoré les langues de sable blond, tandis qu'interdiction est faite aux gamins de barboter dans ces marigots fétides.

Fallait-il donc, pour acquitter à tout prix la rançon du progrès, dépouiller la Loire de ses rubans dorés ? Bien sûr que non ! Fort heureusement, et Teutatès n'en sera jamais louangé assez, le trésor de Jules César repose toujours au secret de quelque abîme oublié. Or, tant que la barque légendaire ne sera pas renflouée, et ce n'est sûrement pas demain la veille que cela se produira, la Loire ne cessera d'éblouir les imaginations avec ses histoires de pêches miraculeuses et de sable changé en poudre d'or.

Rencontre de l'été 1988.

Le tourbier

Imaginez mon étonnement. Sam'di soir après l'turbin, comme cela se produit quelquefois quand je me sens luné au mieux, je suggère à ma famille de regarder un film bien de chez nous. Pas à la télé, non : au cinéma, en vrai. Bon, on ferme la boîte aux inepties cathodiques, sans regret ; on expédie le repas en trois coups de cuiller à pot, vite fait bien fait, et en voiture : direction les fastes de la grande ville !

Au programme du « Dunois », le bon vieux ciné de Beaugency : *Les enfants du marais*. Ça tombe à pic : on l'aurait voulu qu'on n'aurait pas réussi. L'affiche évoque une historiette paysanne un peu surannée, un peu nostalgique, dans laquelle chacun, quel que soit son âge, peut retrouver un brin de son enfance. Voilà qui nous changera des pan-pan-zim-boum que nous balancent les Ricains à longueur de pellicule. Entre nous, franchement, je les aime bien, les Amerlocs, mais leur frime hollywoodienne me flanque l'overdose. Les trucs qui explosent aux quatre coins de l'écran, les malfrats qui n'arrêtent pas de se cogner aux malabars qui roulent des biceps à défaut de se creuser les méninges, les bagnoles qui se poursuivent et qui bousillent de la mécanique dans des giclées d'étincelles, les flingues qu'on défouraille pour un oui ou pour un non et qui crachent leurs bastos à tous vents, tout ça m'amuse un moment mais, à trop se répéter, finit par me lasser. Vivent, donc, *Les enfants du marais* ! Je m'enfonce dans mon fauteuil, tel un patriarche entouré des siens, et je salive déjà à la promesse du sachet de caramels que l'ouvreuse m'accordera à l'entracte.

La salle glisse lentement dans l'obscurité. Le rang de derrière froisse les papiers de ses ultimes bonbecs. La projection commence. Je devine que mon jeune voisin ne va pas tarder à poser la main sur le genou de la belle enfant qui se blottit contre lui. Indifférents à leurs caresses furtives, les spectateurs se laissent conter les truculentes péripéties d'une manière de pieds-nickelés égarés dans les marécages de je ne sais où. Des montagnes se profilent à l'horizon, plusieurs personnages s'expriment avec un accent méridional. Le propos est enjoué, chaleureux, bon enfant. On baigne dans une douce quiétude peuplée de grenouilles, d'escargots, de gamins en vadrouille.

Soudain, je sursaute. Quelque chose vient de me pincer l'oreille. Tout compte fait, heureusement qu'il n'y avait plus de caramels à l'entracte, car j'aurais pu en avaler un de travers, au risque de m'étouffer ! C'est quoi, au juste, ce qui vient de m'aiguillonner le tympan ?

Une réplique, tout simplement. Une expression lancée comme ça, au détour d'un dialogue, par le plus grand gaillard de la bande.

J'ai rêvé, non ? Dites-moi : j'ai mal entendu, hein ? Que nenni ! l'acteur réitère sa phrase, et ça donne à peu près ceci : « Nous on est peut-être des gagne-misère, mais on n'est pas des peigne-cul. » Et l'autre, son pote tout boulot, de reprendre en écho, afin d'effacer le dernier doute qui pourrait m'encrasser l'esgourde : « C'est vrai, on est des gagne-misère, mais pas des peigne-cul ! » Des gagne-misère. Vous avez bien lu : ce sont des GA-GNE-MI-SE-RE.

Ma consécration lexicologique venait de sonner, amis liseurs ! Parce que ce mot de « gagne-misère », excusez du peu, c'est bibi qui l'a créé, tout seul, en combinant *gagne-petit* et *traîne-misère*. J'avais écrit ça le samedi 16 juillet 1983, dans le journal *La République du Centre*, en annonce d'une de mes rubriques. Le vocable servait de titre, depuis, à ma collection de livres consacrée aux besognes de naguère.

Ce qui fait qu'en sortant du ciné, moi, je bichais à n'en plus pouvoir. Le magistral clin d'œil du Septième Art à mes modestes travaux ne manquait pas de clinquant. Je me dois de dire, maintenant, qu'il semble vraiment épatant, ce film ! Comment pourrais-je penser autrement ?... Et je me suis souvenu qu'il y a quelques années déjà, une même émotion m'avait réjoui à la vision de *La vie et rien d'autre*, de l'excellent Bertrand Tavernier. Cette fois, c'était Philippe Noiret qui parlait des gars de Lailly-en-Val, et il le faisait en des termes qui m'avaient rappelé un chapitre de mon livre. *Ils sont partis en chantant*. Ah, combien il est agréable de constater que ses maigres trouvailles ricochent ainsi sur l'œuvre de créateurs qu'on aime !

Bon, c'est pas tout ça, il faut raison garder et recoiffer son béret avant que la tête n'enfle trop. Tenez, justement, nous nous portons à la rencontre d'un authentique enfant du marais. Il s'agit d'Auguste Ginfray, qui fut tourbier dans les patouilles de l'Essonne. Lui aussi est un personnage attachant.

Ce n'est certainement pas un hasard si, dans les environs de Maisse, entre La Ferté-Alais et Malesherbes, se trouvent les lieux-dits « Les Patouillats » et « Le Marchais ». Nous sommes en vallée de l'Essonne. Par endroits, en bordure de rivière, la fondrière est noirâtre, spongieuse, marécageuse. Un promeneur de la ville s'y enliserait jusqu'à disparaître complètement que personne ne s'en apercevrait : l'imprudence n'imprime aucune trace dans cette gadoue mouvante. Le bourbier ne garde pas la mémoire des créatures qui s'y sont aventurées, que ce fussent des hommes désemparés ou des animaux perdus.

Le marais engloutit tout ce qu'il peut avaler, tout ce qu'on lui jette ; il ne rend rien. Des carcasses de chevaux pourrissent là-dedans, sûrement, et aussi des troupeaux de vaches crevées que les paysans d'autrefois ont enfouis à la sauvette – peut-être même des grincheux dont les proches ne supportaient plus les fichues manies, qui sait ? Combien y a-t-il de légendes boueuses, d'énigmes putrides, de mystères insondables qui sommeillent au secret de ces profondeurs abyssales ? Nul ne saurait le dire.

Maléfiques, ces marécages ? Non point, pas davantage que d'autres endroits qui paraissent plus engageants. Il convient de regarder où l'on pose le pied, voilà tout. Pour le reste, rien de bien effrayant n'est à craindre, hormis les moustiques des saisons chaudes et les miasmes qui empestent les airs quand l'orage alourdit le temps. D'ailleurs, voyez comme le paysage est verdoyant et propice aux escapades bucoliques. N'est-ce pas un petit paradis que cette vallée de l'Essonne ?

Il n'empêche. Ici, jadis, les riverains ne gaspillaient pas leurs jours à conter fleurette à quelque bonne amie lorsqu'ils allaient au marais. Ils avaient plus utile à faire. Ils y fouillaient la tourbe, le « coke du pauvre » selon l'expression d'alors. En ces époques-là, le menu peuple s'inquiétait moins des feux de l'amour que des flammes du fourneau.

D'Augerville à Courdimanche et au-delà, dans les pitrouillis de la Juine également, de Morigny à Chamarande, les « terrains à tourber » recelaient un combustible à moindre coût que le bois, quoique plus fumeux et laissant beaucoup de cendres. La tourbe compacte, celle dont l'exploitation offrait de l'intérêt, se situait toujours au plus profond du gisement. En superficie, on ne récoltait qu'un terreau de mousses, de sphaignes, de détritus végétaux et de vase.

A l'aide d'une large pioche et d'un palot étroit, les « bêcheurs » prélevaient des cubes de matière homogène, pissante de flotte. Les femmes brouettaient sans attendre ces paquets hors de la tourbière. Les mottes étaient amoncelées non loin de la fosse, sur un pâtis herbu où elles sécheraient pendant cinq à six semaines. Les monticules, les « pilettes », s'étiraient en une rangée de pyramides dont la hauteur ne dépassait guère celle d'un bonhomme. Le charriage se faisait au tombereau.

Le sol détrempé causait évidemment les pires désagréments. La mouillure remplissait la tranchée au fur et à mesure du creusement, au point que la situation ne tardait pas à se compliquer bougrement. Ça devenait vite un calvaire que de patauger dans cette fange traîtresse. Il fallait vidanger la fosse à tout moment. L'opération s'accomplissait au moyen d'un élévateur à balancier qui, manœuvré par deux ou trois forts-à-bras, permettait de remonter de pleins baquets d'eau. Les équipes mieux outillées utilisaient un tube muni d'une vis sans fin, actionnée par une manivelle.

En ces contrées de l'Hurepoix, on retira du « charbon des marais » jusque dans les années 1920. Ce fut toutefois durant la Grande Guerre, lorsque la houille vint à manquer, que le métier connut un regain d'activité dans les alentours. Il en fut de même dans le Marquenterre, en Bretagne, dans la Sarthe, en Grande Brière, partout où, avant le triomphe des mines du Nord, la tourbe faisait chauffer la marmite dans les chaumières. Mais au lendemain de la victoire, les charbonnages reprirent leurs droits ; les populations s'empressèrent de dédaigner les marécages qui, pourtant, leur avaient épargné la morsure des hivers précédents (les froidures de 1917 avaient été particulièrement rigoureuses).

Auguste Ginfray, pour sa part, n'a connu au pays que deux vieillards qui, il y a bien longtemps, continuaient de se chauffer à la tourbe. La bêche dans la brouette, ils se rendaient régulièrement jusqu'au marais où ils fouillaient un carré guère plus grand qu'un mouchoir de poche.

Ça ne durera pas jusqu'à perpète ! Voilà ce que lui, Auguste Ginfray, maugréait lorsqu'il travaillait chez les autres. Il se louait comme saisonnier agricole. Il usait ses forces pour le compte de quelque gros fermier, depuis tôt le matin jusqu'à tard le soir ; il n'en récoltait pas grands mercis pour cela. Un jour, il se dit que ce n'était vraiment pas une vie que la sienne. Il trimait autant qu'une bête de somme, et il n'était jamais plus riche au coucher qu'au lever.

Ça ne pouvait plus durer. Ça ne devait plus durer. Il lui fallait prendre son destin en main, s'attaquer à quelque chose sur quoi il bâtirait enfin une situation heureuse. Il avait charge de famille : une femme à entretenir et quatre gosses à nourrir. Il n'allait quand même pas rester au service d'autrui pendant toute son existence ! Il méritait mieux.

C'est alors qu'il pensa aux tourbières qu'on exploitait autrefois, dans la contrée. N'était-ce pas la bonne méthode de faire son trou, si l'on peut dire ? Il y avait peut-être là une opportunité à creuser. Sans prétendre déterrer le filon d'or, un homme courageux pouvait probablement ramasser un peu d'argent dans les vasières de l'Essonne.

On était en 1969. Aucune crise de l'énergie n'assombrissait l'horizon, aucun choc pétrolier ne menaçait la prospérité du monde occidental. La société de consommation battait joyeusement son plein, malgré la volée de pavés estudiantins qu'elle avait dû essuyer au printemps d'avant.

Plus personne ne se chauffait à la tourbe depuis belle lurette, évidemment, mais cela ne signifiait point que l'affaire était à dédaigner. Au vrai, il s'en vendait toujours ; et pas qu'un peu, mon n'veu ! Les jardiniers en employaient fréquemment, de même que les maraîchers, les fleuristes, les horticulteurs, les semeurs de radis et les planteurs de choux. En effet, il faut savoir que la tourbe constitue un ajout neutre, facilement amendable par l'utilisateur en fonction des besoins du sol, et dont l'avantage est d'alléger la terre à laquelle on la mélange.

« Beaucoup m'ont pris pour un dingue ! » tranche Auguste dans un haussement d'épaules. Quelle mouche le pique à cette heure ? se demanda le voisinage. D'où lui vient la lubie de ressusciter une besogne que les générations d'autrefois ont préféré abandonner ? Tout cela ne semblait pas sérieux. « Il va bouffer la grenouille d'ici peu ! » pronostiquèrent certains.

Mais alors que la plupart se gaussaient par-derrière, plusieurs finauds en étaient à se demander, déjà, si Auguste n'était pas moins fou qu'il y paraissait. Après tout, quand on y réfléchissait bien, la tourbe appartenait à celui qui prenait la peine de la retirer du marais. Qu'est-ce que ça coûtait d'essayer ? Puisque, tous calculs faits, Auguste envisageait de se lancer là-dedans, pourquoi d'autres n'auraient-ils pas pu s'y engager à sa suite ?

Ils furent sept à essayer, et ils furent sept à s'enfoncer dans un bourbier dont ils eurent grand-peine à se dépatouiller. Ils s'y enlisèrent tous, les uns après les autres. Auguste fut le seul à garder le pied ferme. Aujourd'hui, il peut se vanter d'avoir franchi un palus que nul n'avait balisé avant lui.

« C'est facile d'imiter son voisin, raille-t-il maintenant, encore faut-il savoir solutionner les difficultés qui se posent. » Or là, le problème à résoudre était de taille : comment pomper la flotte qui s'écoulerait dans la fosse dès qu'on fouillerait ? La question demeura longtemps sans réponse satisfaisante. L'élévateur à balancier et le tuyau à vis renvoyaient à des histoires anciennes. Il convenait d'inventer un moyen plus efficace, approprié aux impératifs de l'exploitation moderne.

C'est là que réside le secret d'Auguste. Nombre d'ingénieurs eurent beau se triturer le cervelet, aucun ne parvint à présenter une étude réalisable. Un technicien des plus futés soumit même la géniale idée – tenez-vous bien ! – de percer des rigoles d'écoulement ; il avait seulement oublié qu'une tourbière se situe toujours en plaine basse : en déverser les eaux stagnantes est donc impossible !

Le bon sens paysan vaut parfois de savants diplômes. L'astucieux Auguste Ginfray sut contourner l'obstacle contre lequel les autres butaient. Il mena son projet jusqu'au bout, tandis que les ingénieurs séchaient sur leurs problèmes d'humidité. Mais n'insistez pas : il ne vous en dévoilera rien. Un secret ne se divulgue pas, ou alors ce n'en est plus un. Tant qu'il se taira, Auguste préservera ce qui fut son gagne-pain ; et le boulot restera à ses quatre fils, qui ont pris la relève.

Avant de plonger tête baissée dans le marigot, Auguste prit la précaution de se renseigner quant à la meilleure façon de s'y hasarder. Il se documenta sur l'extraction industrielle qu'on menait en Ecosse et en Irlande. Il visita les tourbières du Nord, puis celles des Pays-Bas. Il ouvrit les yeux, il interrogea les ouvriers qu'il put rencontrer. L'enquête lui fournit des leçons instructives.

Revenu en vallée de l'Essonne, il émit les conclusions qui s'imposaient. Tout ne lui convenait pas dans ce qu'il avait observé là-bas. Plusieurs méthodes étaient à améliorer, d'autres devaient être adaptées au cas qu'il projetait. Quiconque sait analyser les négligences de ses semblables, s'évite souvent de vaines fatigues.

La première année fut modeste.

Il fallut souscrire à un emprunt, auprès d'une banque, afin d'acheter un camion semi-remorque, équipé d'une benne. Ce fut un Daf AZ 1900, trois ponts, une douzaine de tonnes en charge utile. Auguste acquit également une excavatrice Poclain, un puissant engin à chenilles muni de redoutables mâchoires mécaniques. Mais l'investissement hypothéqua si lourdement son avenir que notre homme dut mettre les bouchées doubles : en journée il s'échinait à la tourbière, la nuit il trimait aux halles. Quitte à ne pas fermer l'œil, autant tirer profit de ses insomnies !

En ces parages, un gisement peut s'enfoncer à une quinzaine de mètres. Hier comme aujourd'hui, la période d'extraction couvre les trois mois de la saison sèche : juin, juillet, août.

Auguste pria le Ciel de ne point noyer le marais sous un déluge d'orage. La fosse s'approfondit quotidiennement d'une centaine de mètres cubes. Le camion entassait sur l'accotement de la route la tourbe prélevée ; elle y sécha pendant un mois de franc soleil. Transportée vers son dépôt de traitement, elle fut débarrassée de ses scories, puis broyée au concasseur. C'est donc en vrac qu'Auguste la proposa à ses clients, des grossistes pour la plupart. Ceux-ci ensachèrent la tourbe par cinq, dix, quinze ou vingt kilos ; la vente s'effectua auprès des magasins spécialisés et de quelques particuliers.

« Deux ans ne furent pas de trop pour fidéliser une clientèle, confie Auguste. Rien n'était gagné au démarrage. » La concurrence étrangère lui mena la vie dure dès le début. Les Russes, surtout, pratiquaient des prix sacrifiés sur lesquels il semblait suicidaire de s'aligner. Mais finalement, grâce au bouche à oreille, la tourbe de l'Essonne conquit de haute lutte la place qui, sur le marché de la jardinerie, lui revenait naturellement. « A présent, ça roule ! reconnaît Auguste sans triomphalisme. Mes gars approvisionnent la grande région. Ils livrent jusqu'à Blois, jusqu'à Sens, jusqu'à Rouen, parfois au-delà. »

Les maraîchers de l'Orléanais ne sont pas les derniers à apprécier le produit. Les paysagistes en consomment régulièrement. L'implantation du parc *Euro-Disney* à Marne-la-Vallée, voilà quelque temps, en a absorbé une quantité considérable. La création et l'entretien des centres de loisirs, des stades, des espaces verts assurent aussi des débouchés importants.

Tout bail d'exploitation est consenti, par le propriétaire foncier, pour une durée de seize ans. Les Grands-Marais de Boigneville, qu'Auguste prospecta dès 1976, appartiennent à la famille Mancey. Leur superficie s'étend sur une douzaine d'hectares. A raison de vingt mille mètres cubes retirés par an, le marécage s'est changé lentement en un lac. C'est ce que les maraîchins du Pays Nantais nomment une « piarde ». Mais la fouille de l'endroit est arrivée à son terme ; et voilà qui, actuellement, soucie les quatre fils Ginfray.

« Nous avons devancé légèrement notre programme d'exploitation aux Grands-Marais, dit Auguste. Lorsque nous fîmes les démarches en vue d'ouvrir un nouveau site, ah ! malheur, nous avons dû affronter une succession de barrières insurmontables. »

Il faut savoir, en effet, qu'un dossier de ce type doit réunir les autorisations de huit administrations territoriales ou ministérielles. Sont concernés, pêle-mêle : la commune, la région, la préfecture, l'Agriculture, les Eaux et Forêts, les Mines, les Bâtiments de France, l'Environnement. « Ça fait beaucoup de signatures à collecter ! » se renfrogne Auguste. Et d'ajouter, d'un ton désabusé : « Vous voyez de tout, parmi les fonctionnaires de certains services. »

Il refuse d'en dire plus long sur cette course à chicanes, mais on devine combien l'épreuve lui a souvent coupé le souffle. S'il était malveillant, il pourrait relater de surprenantes anecdotes au sujet de ceux qu'il considère comme des despotes de chefferie. Ce sont des bureaucrates subalternes, embusqués derrière leurs piles de paperasses, qui font du zèle, qui fayotent, qui finassent, qui multiplient les mesquineries et les indélicatesses.

Les tourbières sont des zones fragiles, nul ne le

conteste ; leur faune et leur flore s'accommodent mal du bouleversement occasionné par une exploitation intensive. Mais Auguste ne manque pas d'arguments pour défendre son point de vue. Pardi, il en va de son droit au travail ! Il ne cesse de pester contre les théories que les pouvoirs publiques lui opposent. Il affirme qu'à présent, on ne doit plus toucher à une motte de terre, sous peine d'encourir les foudres du lobby des écologistes…

Un grain de politique risque soudain d'enrayer la conversation. Mieux vaut reparler de choses qui ne fâchent pas. La part d'activité qu'occupe la tourbe dans l'entreprise Ginfray, par exemple… « Soixante pour cent environ », s'empresse de répondre Auguste.

Ça fera une dizaine d'années qu'il a passé la main. Il profite de la retraite pour chasser. A ses quatre fistons, il a laissé trois camions sur la route afin qu'ils poursuivent l'affaire. Ils n'ont guère plus de véhicules, aujourd'hui, mais les volumes transportés ont augmenté. De quinze tonnes, les bennes sont montées à vingt-cinq. Cela provoque d'ailleurs des frictions avec les municipalités, lorsqu'il s'agit de refaire les routes empruntées par de tels bahuts. Il est souvent demandé à l'entreprise de rembourser une partie de la réfection.

« Le caractère saisonnier du boulot nous oblige à diversifier nos interventions », explique Auguste. Référencés dans la catégorie des transports routiers, ses fils participent aux récoltes betteravières, aux travaux de terrassement, à l'épandage de l'humus dans les champs, au débardage du bois, à l'enlèvement des pierres de carrière. Ainsi, d'une campagne à l'autre, ils meublent leurs douze mois de l'année et ne subissent aucune saison morte. Dans la famille, on n'est pas du genre à se croiser les bras.

« Quatre fils soudés autour de leur père, plus un ou deux ouvriers en appui, c'est du solide, vous savez ! » L'essentiel philosophique d'Auguste semble tenir dans cette phrase. Les coups de gueule qui éclatent quelquefois au sein de l'équipe, ne servent qu'à renforcer l'entente aussitôt après. « Des engueulades, oui, mais point de rancune entre nous. »

Selon Auguste, plusieurs envieux ne comprennent toujours pas comment il a pu réussir où tant d'autres ont échoué. Cela susciterait de vagues jalousies qu'il n'en serait guère étonné. Il ne se trouble pas pour si peu, puisqu'il est convaincu d'avoir sa conscience pour lui. Quand il a quelque chose à déclarer, il ne l'envoie jamais dire. Grâce à cette franchise de parole, et pour ses compétences aussi, ses concitoyens l'ont élu conseiller municipal pendant deux mandats successifs.

« Pour parvenir au but qu'on s'est fixé, professe-t-il en guise de conclusion, il faut dépenser moins d'argent que de courage. Les tours d'horloge qu'on accumule dans sa journée, mieux vaut ne pas les additionner. Les semaines de cinq jours à huit heures, très bien pour l'usine ou pour le bureau, mais pas pour nous autres, qui bossons à notre compte. Chacune de nos minutes doit avoir son utilité ! »

Je crois discerner, à travers ces sages remarques, une façon polie de me donner congé. Tout ça est bien joli, mais on a suffisamment bavardé comme cela.

L'après-midi glisse déjà vers le crépuscule, la brise fraîchit. Un voisin vient d'entrer, il souhaite le bonsoir. Il est vrai que discutailler, quand on n'a plus rien à raconter, équivaut à perdre son temps. Et j'ai un long trajet à parcourir avant de retrouver mes pénates.

Rencontre de l'hiver 1998-1999.

L'éclusière

Jeanne Martin devint éclusière en 1925, lorsqu'elle épousa un cantonnier du canal employé à l'entretien des berges. Par principe en effet, la tenue des écluses revenait en priorité aux femmes dont le mari travaillait sur le chemin d'eau. Le jeune ménage s'installa près de l'étang de La Noue-Malzone avant d'occuper la maison éclusière de Donnery.

Le couple était logé par la compagnie à quelques pas du barrage qu'il gardait, dans une maisonnette qui comprenait une cuisine et deux chambres. Il bénéficiait également d'un jardin potager et, chaque automne, d'un lot de bois sur pied pour satisfaire ses besoins de chauffage. Il s'agissait le plus souvent d'un bosquet d'acacias qui embroussaillait les bermes, d'un méchant taillis que l'homme abattait à son temps, durant l'hiver. N'a-t-on pas coutume de dire que le bois réchauffe deux fois celui qui le coupe : à l'abattage d'abord, au brûlage ensuite ?

Hormis ces avantages de peu, la condition des gens d'une écluse n'avait rien de bien mirobolant. Le salaire consenti par les Ponts et Chaussées ne faisait jamais craquer un bas de laine, même dans les familles les plus économes. « Pourtant nous ne disposions pas d'une minute à nous, dit Jeanne. Nous devions toujours nous tenir là, jour et nuit, dimanches et fêtes. Les congés, nous n'en avions pas la moindre idée. C'était ainsi, personne n'y trouvait à redire ! »

Le canal d'Orléans avait été ouvert à la batellerie en 1692, un demi-siècle après celui de Briare et trente ans avant celui du Loing. Ces trois voies se rejoignaient au nord de Montargis. Le canal latéral à la Loire, qui descend jusqu'à Roanne, ne datait que de 1822. Celui de la Sauldre enfin, qui devait relier ceux du Berry et de Briare, à l'origine, pour faciliter l'acheminement de la marne fertilisante du Pays Fort vers les terres acides de la Sologne marécageuse, restait une des entreprises chimériques du Second Empire. Son percement ne fut jamais achevé. Ce n'est maintenant qu'un bras d'eau verdâtre, dérisoire, qui ne débute nulle part et ne sait où aboutir, oublié depuis longtemps au profond du pays solognot...

Le canal d'Orléans était le trait d'union qui, entre la Loire et le Loing, permettait aux gabares nantaises, alourdies des produits d'Amérique, de remonter jusqu'à la Seine et, par là même, jusqu'à Paris.

Le projet de son creusement venait de Monsieur, le frère de Louis XIV, et sa réalisation entrait dans la politique des grands travaux décidée par Colbert. Commencé en 1678, il fut achevé quatorze ans plus tard. Long de soixante-dix-neuf kilomètres, il était jalonné de vingt-huit écluses à bassin unique. Seul le remarquable ouvrage de Grignon se composait de trois sas superposés.

La navigation cessa totalement en 1954, année qui vit le déclassement du canal et sa remise à l'Administration forestière.

En nos régions au relief aplani, les écluses qui jalonnaient les « chemins qui marchent » – l'expression serait de Pascal – servaient principalement à en régulariser le cours afin d'assurer une meilleure navigabilité. Sur le canal d'Orléans, le partage des eaux se situait précisément à La Noue-Malzone. Le versant Loire descendait à l'ouest vers Combleux ; le versant Loing se déroulait à l'est vers Buges. En saison d'étiage, les cantonniers lâchaient la bonde des nombreux étangs de la forêt pour maintenir un bon niveau de flottaison.

Mais quelquefois, la forêt s'asséchait à son tour. Alors l'usine électrique de Fay-aux-Loges se mettait aussitôt en pompage. Grâce à une succession de stations relais, elle prélevait l'eau nécessaire au canal, dans la Loire d'un côté, dans le Loing de l'autre, et ses machineries remontaient cette eau jusqu'à la crête de La Noue. Le trafic pouvait donc se poursuivre en dépit des sécheresses.

Hélas ! ce dispositif de secours fut saccagé par les soldats allemands durant l'Occupation. On dut revenir aux habitudes de jadis. L'été, par manque d'eau, les bateaux avalants réduisirent leur tirant en ne descendant qu'à demi-charge, la remontée s'effectuant à vide. Le canal connut à nouveau des périodes de chômage, comme autrefois. La navigation cessait pendant deux ou trois mois. Les cantonniers profitaient de ce répit pour faucarder les fossés des francs-bords. Les roseaux dérivaient paresseusement jusqu'aux portes des bassins, d'où l'éclusière les repêchait avant qu'ils ne bouchent les pertuis. On s'occupait aussi à désherber les perrés, à rempiéter les bajoyers, à vérifier l'étanchéité des vannes, à repeindre au noir les manivelles de manœuvre et les bollards des quais, à regoudronner les vantaux, à curer les déversoirs, à rempierrer les chaussées... L'ouvrage n'était jamais fini !

L'hiver, quand les glaces embâclaient le canal, la circulation s'interrompait encore, mais pas le travail autour de l'écluse. Les cantonniers devaient libérer les portes jour après jour avant que la banquise ne les endommage. Un boulot à geler debout, avec la roupie qui pendait en glaçon au bout du nez. Dans ces moments-là, l'éclusière laissait toujours une casserolée de vin à bouillotter sur les ronds de sa cuisinière.

Et puis il y avait les crues. Souvent. Plusieurs alertes chaque année, en toutes saisons. Un orage suffisait à faire grossir le canal. La forêt attendait parfois trois jours avant de s'écouler dedans. Le beau temps était revenu que le niveau n'avait pas varié de hauteur. Et soudain, alors qu'on pensait le danger écarté, l'eau grimpait d'un seul coup, assaillait les talus et inondait les caves des maisons riveraines. L'éclusière devait se lever en pleine nuit, la chemise au vent et sa lampe à la main, pour vite lever ses vannes. Elle surveillait le débit d'heure en heure, sans jamais s'autoriser à fermer l'œil. Les jours de verglas, par prudence, elle n'empruntait pas les passerelles mais franchissait le canal par le pont, quitte à parcourir une trotte plus longue.

« Une fois, se souvient Jeanne, la crue arracha un tronc d'arbre qui vint se coincer contre les portes. Plus moyen d'actionner les vannes ! Le tourtillon montait toujours. Mon Dieu, ce que j'ai eu peur ! J'ai dû appeler les cantonniers à la rescousse pour qu'ils dégagent le tronc avec leurs gaffes... A ma connaissance, jamais un arbre en dérive ne réussit à enfoncer une écluse. Néanmoins, c'était toujours une catastrophe à craindre en pareils cas. »

La maison éclusière se tenait en bordure du canal, à une trentaine de mètres en amont de l'ouvrage. Le bassin, d'une longueur de trente-cinq mètres environ, ne dépassait pas les six mètres dans sa largeur. En vidage, sa profondeur atteignait les deux mètres sur sa médiane et une soixantaine de centimètres seulement au pied des bajoyers.

La mise en pleine eau doublait ces hauteurs. Bien évidemment, une telle incurvation transversale obligeait les péniches en charge à ne pas s'écarter du milieu de la « chambre », sous peine de raboter leur coque sur la pierraille de fond. Il n'y avait guère que les « berrichons », des sapines de faible encombrement, qui pouvaient s'y engager de front, sans risque, en s'appariant bord à bord.

Pour vider ou remplir le bassin, l'éclusière ouvrait ou refermait les vannes des quatre lourds vantaux de bois renforcés de ferrures. Elle actionnait ces panneaux en pesant sur la poignée du levier à crémaillère, le « balancier », qui se dressait au sommet de chaque porte. Pour ce faire, elle devait s'avancer sur les passerelles mobiles par lesquelles, en bassin clos, elle sautait d'une rive à l'autre. Un garde-fou empêchait toute imprudence.

Le bassin montait ou baissait son niveau en moins de dix minutes. En temps ordinaires, les vannes d'aval demeuraient béantes afin de ne pas ralentir la remontée des chalands : il suffisait de les refermer derrière chaque bateau puis d'ouvrir celles d'amont pour hausser le niveau de flottaison. Les vannes d'aval augmentaient d'autant le débit des trop-pleins, durant les crues. Toutefois, quand le canal frisait la cote d'alerte, il fallait se résoudre à ouvrir grandes les portes par mesure de sécurité, les vannes et les déversoirs ne fournissant plus à l'évacuation du mascaret.

Tout au long de son cours, à intervalles réguliers, le canal s'évasait pour permettre aux bateaux d'accomplir un demi-tour. A d'autres endroits comme à Fay-aux-Loges, il y avait des embarcadères qui facilitaient le chargement des péniches. En ces parages, on transportait principalement des grumes débardées de la forêt toute proche. Les ports principaux se situaient à chaque extrémité du canal, près d'Orléans et près de Montargis.

Jeanne se souvient avoir vu des hommes haler les bateaux à la bricole, comme les bagnards d'autrefois. C'était à ses débuts. Cela dura plus longtemps sur le canal du Berry. Ces pauvres diables, ces trimardeurs dont le vagabondage se limitait aux chemins de halage, étaient surnommés les « arracheurs de persil ». En effet, ils se courbaient tellement lorsqu'ils tiraient sur leur bretelle que de loin, à les apercevoir ainsi, le nez au ras de la friche, on pouvait les croire occupés à quelque besogne de désherbage !

Trois-œils, tireur à l'aclée

Pour rapporter quelque argent à la maison, Théodore Quartier (1831-1908), orphelin de père à sept ans, faisait le halage des bateaux. C'était un métier très dur qu'il n'exerçait qu'en dernier ressort, quand il ne trouvait nul autre travail. Il appelait cela "aller à l'aclée". Le harnais de halage se nommait la bricole.

Il partait se louer sur le quai Penthièvre et, ordinairement remorquait avec plusieurs collègues les bateaux jusqu'à Moret-sur-Loing. Les haleurs étaient logés et nourris à bord du bateau ; ils recevaient leur salaire, d'un montant sûrement pas très élevé, au terminus. Puis de Moret à Châteauneuf, ils revenaient pieds nus ou en sabots, selon la saison. Ils se vantaient de parcourir cette étape (78 km) en une seule journée et d'aller danser au bal en arrivant !

Mon oncle Théodore aimait beaucoup me raconter ces choses lorsque j'étais gamin. Plus tard, il se maria et s'établit vigneron rue des Champs, actuelle rue Basile-Baudin. Il fut plus connu des générations suivantes sous le sobriquet de Trois-œils. Il avait eu un œil crevé par un éclat de pierre, je crois, et ainsi, avec sa femme, ils avaient "trois œils en eux deux". Maurice Genevoix en parle dans plusieurs de ses livres.

(Notes de Marcel Berzault, datées de 1975 et communiquées par le Musée de la marine de Loire, à Châteauneuf.)

Nota. « Aclée » viendrait du vieux français « acliner », qui signifiait : se soumettre, s'incliner. Le halage était un labeur auquel on ne se soumettait que par la force des choses.

Le faible courant ne suffisant pas à entraîner les chalands, les mariniers avaient toujours recours à un attelage de berge qui se composait d'ânes, de mulets, plus rarement de chevaux, des boulonnais pour la plupart. Le halage obligeait les animaux de trait à marcher de biais et cela, peu de chevaux y parvenaient.

Ces bêtes de louage n'étaient pas grasses. Le batelier les nourrissait, à l'étape du soir, avec un peu de foin qu'il achetait ici et là, aux paysans riverains ou aux éclusiers. Et quand il estimait que son attelage ne fournissait pas l'effort qu'il était en droit d'en attendre, il n'hésitait pas à le doper. Avec de l'avoine mouillée de vin rouge. Il s'agissait d'un excitant idéal, mais dame ! il ne fallait pas trop forcer sur la dose car un coup de sang avait tôt fait d'abattre un animal. On vit même des ânes saouls qui ne marchaient plus de biais mais de travers, nuance, et qui d'un seul coup, emportés dans une embardée, dégringolaient les quatre fers en l'air dans le canal ! Tout s'arrangeait quand le batelier ne se trouvait pas dans le même état que ses bêtes, sinon...

C'était l'homme, le plus souvent, qui menait l'attelage à la bride, tandis que la femme, ou l'un des gosses, se cramponnait au gouvernail. Les crues, en recouvrant les chemins de halage, interdisaient évidemment tout passage.

Les moteurs à hélice apportèrent de grandes améliorations. Plus de bêtes à guider, plus de débordements à craindre, plus de foin à marchander. Et surtout, une vitesse de croisière plus rapide pour beaucoup moins de fatigue. Les éclusiers ne se plaignirent pas davantage du progrès car désormais, le long des rives, ils retiraient d'énormes brochets que les pales des moteurs avaient tués. Le canal était effectivement poissonneux et les pêcheurs des environs connaissaient les bons coins. Les braconniers aussi, qui ne crachaient pas sur la matelote des « poissons de lune »...

Tombé dedans quand il était petit !

Je suis tombé dans le canal d'Orléans, exactement dans l'abreuvoir du vieux moulin, l'après-midi du 12 juin 1908. Mes parents, qui étaient en fenaison à côté, avaient poussé mon landau à l'ombre des grands peupliers de la rive. Un tourbillon d'orage a fait basculer la voiture dans la flotte. C'est mon père qui m'a retrouvé au fond de la poussette, évanoui ; il m'a ranimé comme il a pu. Depuis, je n'ai plus jamais eu peur de l'eau !

J'ai vu et connu beaucoup de mariniers par la suite. Je pêchais dans le sillage de leurs bateaux avec des ficelles et des gros vers. Je prenais de tout dans le remous provoqué par chaque passage : des brochets, des perches, des tanches, des anguilles, des brèmes. En revanche, il n'y avait ni carpes, ni sandres, ni poissons-chats à l'époque. Ces mariniers connaissaient tous les trucs ; ce sont eux qui m'ont appris à braconner honnêtement, de la main gauche. Le garde-pêche de Combleux m'a dit un jour qu'il m'avait guetté pendant neuf ans sans pouvoir me pincer. Une botte d'herbe sur les épaules, un mouchoir vert sous la casquette, j'attrapais des poissons à deux cents mètres de lui. Les oiseaux étaient mes sentinelles.

Je ne me souviens plus du nom de ces mariniers, sinon celui de Cochart, du « Marche-ou-Crève », qui était de Chécy, le pays de ma mère. J'ai vu également beaucoup d'hommes attelés à la bretelle, une ceinture de flanelle enroulée autour des reins, les sabots remplis de foin et la chique en bouche. Trois haleurs suffisaient à traîner un bateau. C'étaient pour la plupart d'anciens légionnaires tatoués comme des salamandres, et qui chantaient des grivoiseries pour se donner de la force. Rien ne les arrêtait. Ils se louaient au voyage et ne demandaient guère de temps à manger leur paye lorsqu'ils arrivaient à Orléans ou à Montargis.
Les mariniers d'autrefois étaient toujours chaussés de bois car s'ils tombaient au bouillon, leurs sabots se retiraient facilement des pieds et flottaient. Ils pouvaient ainsi les récupérer.

(Lettre d'André Bidault, de Fay-aux-Loges.)

Le batelier soufflait dans sa corne bien avant d'arriver en vue du barrage afin d'avertir l'éclusière qu'elle devait préparer son bassin. La manœuvre des portes se faisait manuellement et demandait beaucoup de force, malgré les engrenages démultiplicateurs du mécanisme. Souvent on n'était pas trop de deux à l'ouverture des vantaux. Le conducteur de l'attelage prêtait volontiers la main à l'éclusière. « Chacun s'occupait de sa porte, dit Jeanne. Ça durait ainsi une fois moins de temps. Sinon je devais courir de l'une à l'autre en passant par le pont. »

Avant la Guerre de 1940, une ligne téléphonique directe reliait les écluses, ce qui facilitait bougrement les choses. On se prévenait. « Une péniche ne va pas tarder, tu peux commencer à relever tes vannes. » Mais là encore, les Boches ont tout bousillé. Plus tard, les trompes à bouche furent remplacées par des sirènes.

Au vrai, une éclusière ne se laissait jamais surprendre par un bateau, même quand le marinier ne cornait pas. Elle devinait qu'un chaland approchait dès que le niveau variait de quelques centimètres et que l'eau se mettait à clapoter sur les bords. « Tiens, se disait-elle, l'écluse d'à côté vient de lâcher sa bassinée. » Alors elle se tenait prête.

Le bateau embouquait lentement le bassin qu'imprégnait une épaisse odeur de vase ; puis les portes se refermaient lourdement, avec des grincements sinistres, et les vannes vomissaient à grandes cascades. Le bateau s'élevait ou s'enfonçait, selon qu'il remontait ou descendait le canal, comme pris dans un piège. Le bon niveau obtenu, les vantaux s'écartaient devant sa proue et libéraient le passage. Le bateau s'échappait alors du sas, poussé par le dernier remous. L'éclusage était terminé ; il n'avait pris qu'une vingtaine de minutes. Le batelier rattelait ses bêtes au verdon, à la corde de halage, et le voyage continuait sans histoire, sur un salut de revoyure, jusqu'à la prochaine écluse où la même opération se répéterait.

En s'éloignant au pas tranquille des mulets, le chaland ridait de son étrave la surface du bief, redevenue miroir, de larges friselis ondoyants qui semblaient mollement flatter les berges...

Les accidents étaient rares, et généralement sans gravité. Parfois, une péniche s'engageait un peu trop rapidement dans le bassin et ne s'immobilisait qu'en butant du nez contre les portes, mais sans jamais les défoncer ; un autre jour, c'était une amarre qui se rompait et provoquait un roulis momentané de l'embarcation. Rien de bien alarmant. On retendait une haussière et tout se réglait aussitôt.

Au fil de l'eau

— V'là un batiau ! Venez vite : v'là un batiau !

Le premier qui arrivait au coin de la place des Marronniers, rameutait tous les autres. Et chacun de prendre ses jambes à son cou en houspillant les petits frères et sœurs pour ne rien perdre de la manœuvre.

En ce temps-là, il n'y avait pas un pont de béton comme maintenant, mais un joli parapet en fer forgé. En se penchant un peu, à travers les barreaux, on voyait ce qui se déroulait en dessous.

Le marinier restait sur la berge avec ses mulets, attendant que sa bourgeoise lui lance les cordages décrochés du bateau. Le gars rattrapait le tout d'une poignée. Il faisait passer le pont à ses mulets pendant que sa bonne femme, tout en serrant un bambin dans ses bras, continuait de manœuvrer. Elle se servait quelquefois d'une perche car la place manquait entre les bordages et les piles. Mais le bateau savait ce qu'il avait à faire et il filait droit son chemin. Le marinier renvoyait les cordages à sa femme et redescendait quatre à quatre l'escalier du pont. Puis le bateau repartait, tiré par les mulets...

Une fois, une seule fois, au plus loin de ma souvenance, j'avais dans les cinq ans, j'ai vu un bateau traîné par deux hommes encordés, le front bas et le corps tendu, vêtus de coutil gris, un mouchoir à quatre nœuds sur la tête, et qui tiraient, qui tiraient sur le chemin de halage !

Parfois, autant que je me souvienne, le bateau s'arrêtait entre le lavoir et l'abreuvoir pour que le marinier puisse faire ses commissions au bourg ; les mulets restaient à brouter l'herbe le long du canal.

Les mariniers, c'étaient des gens qu'on voyait passer tous les jours. On s'amusait à regarder le nom de leurs bateaux. Ils venaient au pain et à l'avoine, surtout pendant la guerre, à cause des tickets de rationnement. Leurs femmes, le teint basané par l'air et le soleil, presque toujours en robe noire, trois ou quatre marmots pendus à leurs basques, avaient presque l'allure des romanichelles. On les voyait mais ce n'étaient pas des gens causants. Bonjour, bonsoir ; c'est tout. Ils ne liaient point avec le monde. Ça déclenchait toute une histoire quand un bateau arrivait lorsque le marchand de paille ou un autre était en train de laver ses chevaux à l'abreuvoir, ou encore lorsque la mère Dupont rinçait son linge au lavoir !

Le dimanche, on se promenait jusqu'à l'écluse avec la demoiselle de l'école et là, souvent, on regardait comment ça fonctionnait. Il y avait cette brave femme, si courageuse et si bonne, qui a élevé – et bien élevé ! – de nombreux enfants de l'Assistance, tout en tenant l'écluse. Elle tournait la manivelle pour que l'eau du bassin descende au niveau du côté d'aval (car c'est drôle, la plupart des bateaux naviguaient dans cette direction, à ce qu'il me semble). Puis la péniche rentrée dans l'écluse, elle fermait la porte et faisait monter l'eau jusqu'à hauteur du côté d'amont. Ensuite, elle ouvrait la deuxième porte et le bateau s'éloignait lentement.

On suivait ça de tous nos yeux. La demoiselle nous expliquait que les rivières et les fleuves, dans nos régions, coulaient naturellement en pente douce alors qu'une voie artificielle comme le canal avait besoin de marches, avec une écluse pour chacune. Il y en avait trois de suite à Grignon et sept à Rogny, sur un autre canal. Vous pensez qu'à l'école, on en connaissait un bout sur le chapitre et qu'on pouvait en raconter dans nos devoirs !

Ce dont que je me rappelle le mieux, c'est quand j'étais à Fay, sur le pont au parapet en fer forgé, et que je regardais le bateau s'en aller sur Vitry. Ça m'en faisait poser des questions ! L'habitacle du bateau surtout, qui surmontait le reste, le chargement caché sous des bâches, si bien qu'on ne savait jamais ce qui était transporté, l'habitacle si petit qu'il ressemblait à une maison de poupée, où l'on s'enfonçait par un escalier étroit, et qui me donnait des envies d'aller voir comment c'était arrangé à l'intérieur... Et dire que je n'en ai jamais eu l'occasion et que je suis restée sur cette envie-là ! J'aurais voulu aller voir mais je n'ai jamais osé le demander. C'est du regret quand même...

Mais le plus beau de tout, c'était quand le bateau glissait vers Vitry, vers des pays que je ne connaissais pas et que j'imaginais. Plus tard, je connaîtrais le Gué-Girault, La Jonchère, La Chênetière ; mais à ce moment-là, je n'en savais rien et, agrippée au parapet, je rêvais, je rêvais. J'en oubliais mes petits frères et sœurs. Je ne pouvais seulement plus dire où je me trouvais jusqu'à ce que le bateau devienne un petit point sur l'eau, là-bas, après le détournement.

Au dernier jour de ma vie, je sais que m'accompagneront encore ces images merveilleuses, si profondément gravées en moi, et je les emporterai, j'en suis sûre, dans l'autre pays, avec moi, au plus profond de moi, parce qu'elles font partie de moi.

(Lettre de Françoise Béchu, d'Orléans.)

L'éclusière ne tenait aucun registre de circulation mais par simple curiosité, elle notait les passages sur une ardoise, au jour le jour. En pleine période, il défilait quotidiennement une dizaine de bateaux. Une file d'attente de trois ou quatre bâtiments s'étirait dans les deux sens. Pendant d'autres journées, à l'inverse, il ne s'en annonçait pas un seul.

Ces péniches portaient souvent des noms étonnants qui auraient fait pâlir d'envie un capitaine de haute mer. Il y avait le *Jean-Bart*, le *Surcouf*, le *Marche-ou-Crève*, autant d'appellations qui encourageaient les bateliers à prendre des allures de pirates d'eau douce. Pourtant, les prouesses des mariniers se limitaient seulement à quelques délits de braconnage, sans plus. C'étaient de rudes gaillards, des bougres mal embouchés, forts en gueule et un tantinet soiffards, pour la plupart des colosses, mais pas mauvais diables pour autant. On les connaissait de réputation et on s'habituait à leurs frasques. Rares étaient ceux qui se disaient propriétaires de leur bateau.

Leur famille au complet vivait à bord. Les gosses ne fréquentaient jamais l'école, pour ainsi dire. Le certificat d'études n'était point nécessaire pour faire un habile voiturier d'eau.

Les bateliers accostaient fréquemment devant les villages pour s'approvisionner en victuailles. Ils y achetaient des œufs, des légumes, du pain, des volailles. D'aucuns troquaient des lapins braconnés ou des poissons contre des articles d'épicerie. Ils avaient coutume de frapper aux mêmes portes d'un passage à l'autre, là où ils savaient qu'on les accueillerait sans méfiance. Ils se rendaient également chez le forgeron quand une ferrure de la péniche était à réparer, ou à la bourrellerie lorsque les harnais de halage réclamaient un raccommodage urgent.

A la tombée du jour, ils amarraient le bateau près d'une écluse afin d'en franchir le saut dès la première heure du lendemain. C'est alors qu'on en voyait certains boire plus que de raison pour se remettre de leur dure journée. Ronds comme des queues de pelle, bourrés à en tomber dans la flotte, ils titubaient, un faux pas et plouf ! au bouillon. Leur femme se dépêchait de leur tendre une perche sans s'émouvoir davantage. La routine, quasiment. Tout marinier avait appris à nageoter dès son jeune âge et ce n'était pas la faible profondeur du canal qui pouvait causer sa noyade. L'homme sauvé des eaux, la smala s'enfermait pour la nuit dans la cajute du bateau, une cabine exiguë qui comprenait des couchettes superposées, une table, des chaises, un poêle et un minimum de vaisselle.

Outre le bois produit par les scieries de la forêt, les péniches du canal transportaient du sable et du grain d'Orléans à Montargis, du ciment et des briques en sens inverse. Un prélart recouvrait presque toujours le chargement, de sorte que la nature de la cargaison demeurait un véritable mystère.

En effet, les bateliers se livraient une concurrence farouche. Or, sur le canal, on avait tôt fait de raconter n'importe quoi à propos de rien. Les rumeurs circulaient aussi vite que les bateaux. Les mariniers s'épiaient entre eux, cherchaient à se renseigner sur le fret que l'un venait d'embarquer, s'ingéniaient à savoir pour quel client l'autre naviguait, à quelle heure il était passé, où il comptait décharger, pourquoi un troisième ne bourlinguait plus dans la région depuis pas mal de temps...

L'éclusière faisait mine de ne rien voir, de ne rien entendre, de ne rien remarquer. Jamais un mot de plus à l'un qu'à l'autre. La moindre indiscrétion de sa part aurait immédiatement provoqué un tas d'embrouilles à n'en plus finir. Alors, elle se taisait pour couper court à toutes chicanes.

Un inspecteur des mines contrôlait régulièrement l'écluse, tandis que le chef cantonnier inscrivait les travaux d'entretien à effectuer sur un cahier qu'il déposait à la maisonnette. L'inspecteur vérifiait que tout fonctionnait bien, que les portes étaient convenablement goudronnées, que leur mécanisme avait été consciencieusement graissé.

Le chef cantonnier consignait les éboulements à relever, les rempierrements du chemin de halage à prévoir, la fauche de l'herbe des banquettes à entreprendre, les arbres à élaguer, les trous des rats musqués à reboucher. C'était une plaie que ces rongeurs ! Ils creusaient leurs terriers en basses eaux et, quand le niveau remontait, on voyait le canal qui se vidait comme une passoire !

La navigation, dont le déclin s'était amorcé durant la Grande Guerre, ne cessa de péricliter jusqu'à la débâcle de 1940.

Le canal fut définitivement déclassé dans les années 1950. Dès lors, il s'envasa et n'attira plus que les pêcheurs à la ligne. Le flâneur a parfois la surprise de découvrir, au hasard d'une promenade dans quelque ancienne gare d'eau, une vieille plaque de rue indiquant la venelle d'un port à l'Ardoise, une place de l'Embouchure ou une impasse des Mariniers. Il subsiste peu d'écluses en état maintenant. La plupart des portes ont été découpées au chalumeau et remplacées par un barrage cimenté percé de vannes.

Jeanne demeura cependant dans sa maisonnette de Donnery pendant une dizaine d'années encore, après que son écluse fut désaffectée, pour surveiller le débit du canal devenu inutile. Elle vit aujourd'hui en ville.

A son avis, d'après ce qu'elle entend dire ici et là, il se peut que la navigation de plaisance redonne bientôt un semblant d'animation au canal. C'est une forme de tourisme à la mode, paraît-il. Mais pour ce qui concerne l'acheminement des marchandises, alors ça, il ne faut guère y compter. Le transport sur l'eau ne coûte pas cher, bien sûr, mais le prix de la manutention, au chargement et au déchargement, s'avère ruineux. Et une fois la cargaison débarquée à bon port, l'affréteur doit encore louer des camions pour la livrer à destination. Non, cela n'est plus rentable ! Il ne faut pas rêver...

Les escaliers d'eau dormiront encore longtemps dans la solitude de la forêt. Je m'y suis hasardé récemment, à l'aube d'un jour d'octobre. Il faisait frisquet dans ce décor irréel, silencieux, sur lequel s'étiraient de longues écharpes de brouillard figées. Des nappes de brume stagnaient entre friches et frondaisons. La rosée brillait comme une gelée blanche sur les talus et, du canal étale, s'exhalait une vapeur blafarde, inquiétante. Pas un murmure à l'entour, pas même l'ébrouement d'une sarcelle effrayée de ma présence. Rien que le crissement de mes godasses sur le gravier du chemin. Ce n'est qu'en m'approchant de la maisonnette aux volets clos que j'ai pu distinguer, enfin, le bruissement de l'eau qui s'écoulait en contrebas des ferrailles rouillées de l'écluse, à quelques pas de là. Le temps ne fuyait plus.

Puis soudain, le grand disque du soleil malade s'est décroché de la cime des peupliers et, d'un rayon, a déchiré le rideau cotonneux qui enveloppait le paysage. La nature se réveillait doucement de sa nuit. Le temps se remit à fuir. La matinée serait belle...

C'était sensiblement l'heure où, autrefois, Jeanne Martin, la dernière éclusière de Donnery, lâchait la bassinée qui lançait la première péniche de la journée.

Rencontre de l'automne 1984.

La rabouilleuse

Elle avait vingt-cinq ans, Marie-Louise, quand elle quitta son Armorique natale. Son idée était de se louer dans une grosse ferme de la Beauce : les domestiques y trimaient dur, certainement, mais au moins ils mangeaient à leur faim. Ses parents vivaient dans les environs de Pontivy, où ils cultivaient des lopins trop ingrats pour subvenir aux besoins de la maisonnée. Marie-Louise avait l'âge de gagner sa vie au petit bonheur la chance, comme tant de ses compatriotes. Sa sœurette Marie-Thérèse, de onze ans sa cadette, l'accompagnait dans cette quête à l'ouvrage. Les galettes de sarrasin, à l'époque, ne parvenaient pas à nourrir tous les enfants de la Bretagne.

Marie-Louise ne manquait pas d'allant. Elle trouva du travail. Et comme elle ne mettait pas les pieds dans le même sabot, elle dégota chaussure à sa pointure. Ce fut le gars Deniau, Bernard, un journalier dont elle partagea bientôt la condition laborieuse. L'homme et la femme, ensemble, s'engagèrent ici et là pour les binages, les arrachages de betteraves, le coupage des graines.

Le couple s'installa à Saint-Cloud-en-Dunois ; il y demeura jusqu'en 1959, date à laquelle il vint en ville. Les Deniau emménagèrent rue de la Cuirasserie, dans le cœur médiéval de Châteaudun. Marie-Louise fit des ménages, avec trois petiotes dans ses jupes ; son époux s'embaucha à l'usine. Le chapelet des années se dévida ainsi, modestement, égrenant plus d'épreuves cruelles que de bonheurs fragiles. L'existence fut comme le Loir qui serpente au pied de la cité : elle ne coula pas sans remous.

Les bons souvenirs de Marie-Louise, justement, flottent au fil de la rivière. Ce sont les parties de pêche aux écrevisses qu'elle partageait avec son mari, pendant la belle saison, lorsque tous deux se rendaient à leur jardin, au bord de l'eau.

« On ne se souciait ni du jour ni de l'heure, sourit-elle. On s'y rendait quand l'envie nous démangeait. Nous enfilions nos bottes et nous partions. Tantôt nous prenions la barque, tantôt nous restions sur la rive. En ce temps-là, il y avait tellement d'écrevisses qu'on ne gardait que les grosses. Les petites, on les rejetait à la flotte. A chaque fois, on était assuré d'en rapporter une centaine, au bas mot. Dans les bonnes journées, on en remontait le double : une paire de bourriches pleines, dans les quatre kilos. On en donnait autant qu'on en mangeait, ça faisait plaisir aux voisins, mais on n'en vendait jamais. Ma façon de les accommoder était des plus simples : je les ébouillantais pendant une dizaine de minutes, puis je les servais avec de la mayonnaise ou du beurre. Mes filles en raffolaient. »

L'endroit idéal se situait en aval de la ville, dans les méandres de Douy. Beaucoup connaissaient les parages, ils ne se trompaient pas de place. D'aucuns s'aventuraient aussi en amont, jusque dans la Conie où les prises n'étaient pas mauvaises non plus.

Bernard avait ses coins à lui, évidemment. Il attrapait les crustacés à l'épuisette ou à la main, c'était selon. Il avait le coup, Bernard ; jamais il ne se faisait pincer. Les pêcheurs moins hardis que lui laissaient tremper des fagots bourrés de charogne, qu'ils ne relevaient que le lendemain ; d'autres utilisaient des balances.

Mais tout cela n'est que de l'histoire ancienne. Bernard finit par se fatiguer de la vie. Il vendit la barque, puis il ne voulut plus descendre au jardin. Voilà maintenant six ans que Marie-Louise est veuve. Le diabète lui cause de graves ennuis de santé. Sans les visites de Marie-Thérèse, sa fidèle puînée, la vieille dame se sentirait bien seule aujourd'hui. Plus personne ne parle des écrevisses, dans le quartier. Pensez, ça fait une éternité qu'on n'en a pas vu la queue d'une dans le Loir !

Rencontre de l'automne 1999.

La pêcheuse de sangsues

Ça devait se passer dans les années d'après-guerre, vers 1946. Claude Seignolle vivait à cette époque entre Sologne et Berry, à la ferme des Quatre-Vents, du côté de Presly ou d'ailleurs. Et bien sûr, à son accoutumée, il consacrait le plus clair de ses journées à l'écoute des anciennes gens des environs. Il enregistrait ainsi des paroles d'outre-temps qui, plus tard, dans ses écrits inspirés du fantastique populaire, enrichiraient certaines peintures paysannes de mille touches véridiques.

Donc, cette fois-là, il se tenait à l'affût en quelque coin marécageux et il traquait l'anecdote, l'oreille aux aguets, prêt à saisir au vol la moindre allusion susceptible de le lancer sur les brisées d'un rabatteur d'histoires sulfureuses en diable, lorsqu'une vieillarde toute décatie, une guenille née d'avant les Prussiens, lui souffla ce langage dans le creux de l'esgourde : « Moi, mon bon monsieur, je me demande par quel miracle du Saint-Esprit il me reste encore un peu de viande sur les os de jambes !

— Ah ! Et pourquoi donc ?

— Parce que dans mon jeune âge, j'ai fait quelque chose qui, à la longue, finissait par vous décharner les membres du bas. »

Claude Seignolle était maintenant tout ouïe, vous

pensez bien. Et c'est ainsi qu'il recueillit les confidences d'une aïeule qui, jadis, avait été pêcheuse de sangsues ! Cette vieille femme deviendra du reste, sous sa plume, la pitoyable héroïne d'une nouvelle intitulée « Désirée la sangsue »...

Il faut rappeler d'abord que ces minuscules goules des marais, mi-loches mi-serpenteaux, furent utilisées en médecine courante de la moitié du XVe siècle à voilà guère. Dans les années 1930, les médicastres continuaient d'appliquer ces satanées bestioles en guise de saignée afin de clarifier les humeurs épaissies. Une sangsue piquée sur chaque artère du cou, une autre au pli de chaque bras, deux ou trois dans le dos, sur les poumons, davantage en cas de malaise persistant. Elles soutiraient le mauvais sang d'un apoplectique en moins de deux. Ça valait autant que la lancette du docteur, autant qu'une bardée de ventouses scarifiées. Ça ne soignait pas toujours de la congestion, certes, mais ça soulageait souvent. Toinette, ma voisine de quatre-vingt-quatre ans qui réparait autrefois les parapluies, se souvient que sa mère en conservait constamment trois ou quatre dans un bocal, sur une étagère de la pièce-à-vivre, en prévision.

La pêche aux sangsues se pratiquait, autrefois, partout où se creusaient des fosses, des étangs ou des trous à pitrouille, lieux de prolifération naturelle. C'est néanmoins en pays solognot, contrée déshéritée entre toutes, gâtée par les palus et les airs miasmatiques, qu'on s'y adonnait le plus fréquemment. C'était d'un maigre rapport, évidement, mais toujours mieux que rien pour qui devait courir après le pain du lendemain sans jamais être certain de l'attraper.

Ah ! ça, non ! les sangsues ne manquaient pas dans les gâtines de Sologne ! Si par malheur une vache s'écartait en mouillère, elle n'en ressortait qu'avec les jarrets constellés d'affreuses lamelles noirâtres. Il fallait vite l'en débarrasser car ces monstres guère plus gros qu'un doigt l'auraient totalement vidée de ses forces. Il y a fort longtemps, à ce qui se racontait au pays, on avait même vu plusieurs taures crever dans les noues de cette terrible façon. Depuis, on se méfiait. Il arrivait pourtant, à en croire les gens, que des oies périssent, les intérieurs exsangues, après que des sangsues s'étaient infiltrées par leurs narines ! Une calamité, une punition du bon Dieu peut-être, mais également la possibilité de ramasser une poignée de sous. A condition de n'être point douillet et de ne pas craindre les marques de suçons !

La pêche se faisait à la belle saison, du début mai à la mi-octobre. Les jours de canicule ou de grand vent n'étaient guère propices à l'abondance puisque durant ces climats, les sangsues ont tendance à s'engloutir dans les fonds vaseux. En revanche, on était assuré de revenir avec un plein seau en période de chaleur tempérée, ni trop ensoleillée ni trop agitée, ou encore par temps orageux.

Les rares hommes qui se livraient à l'hirudiniculture – eh oui ! c'est le terme savant désignant l'étrange métier – s'équipaient d'une puisette à long manche, un instrument semblable à celui que les garnements se bricolent lorsqu'ils se préparent à une campagne contre les têtards ou les salamandres : une boîte de conserve trouée en passoire et clouée au bout d'une gaule. A l'aide de cet accessoire, les sabots bien au sec sur l'herbe du bord, ils ne cessaient de rabouiller l'eau pour voler vivement, au bon moment, quelques annélides au remous. D'autres employaient des écharpes de laine ou de flanelle qu'ils trempaient dans la fange en guise de havenets. Rarement ils consentaient à se mouiller les guiboles ; ils savaient, souvent par expérience, qu'une morsure de « sangsure » vous meurtrissait la couenne pour longtemps. Ce genre de flétrissures ne suffisait pourtant point à rebuter d'aucunes pauvresses qui acceptaient volontiers de souiller un bout de leur peau blanche contre un peu de menuaille.

Là-bas, au fin fond de la Sologne d'autrefois, les miséreux ne devaient pas se montrer trop regardants pour ce qui était de l'ouvrage. Lassés de crier famine, quelques-uns auraient vendu leur jeunesse en échange d'un quignon rassis. Quand, dans une famille disetteuse, la huche se faisait aussi vide que le porte-monnaie et qu'aucune autre embauche n'était à espérer, la mère et ses filles, sitôt leur nubilité constatée, se rendaient à l'étang pour y barboter une miette de pécune. Une besogne de « fumelles » souvent, de crève-la-faim toujours. Elles partaient pêcher les sangsues comme d'autres allaient ramasser les châtaignes, gauler les noix ou affouer le bois mort. « J'ai fait ça pendant toute mon adolescence, de mes premiers sangs à mon mariage, dit la vieillarde à Claude Seignolle. Mon père m'y obligeait et il n'aurait pas fait bon de lui désobéir ! »

Celles qui n'étaient point outillées ne pouvaient attraper les sangsues qu'en s'enfonçant dans le marais, les jupes retroussées sur les genoux. Elles piétinaient doucement dans la bourbe, juste ce qui convenait pour en réveiller le fond sans l'effaroucher, et elles attendaient que les limaces aquicoles viennent s'attacher en grappes à leurs mollets. Pic, pic, pic : autant de coups d'aiguille, autant de gros vers accrochés, autant de piécettes à cueillir. C'était ce qu'on nommait, au pays, la « pêche au sang ». Un peu d'argent contre un peu de vie.

Toutefois, il ne fallait point se laisser éblouir par les éclats de soleil qui, en se reflétant sur l'étang, piquaient des jaunets d'or dans les pensées de chacune. Car, bientôt, les morsures semblaient s'adoucir en une caresse troublante, en un attouchement équivoque qui annihilait toute réaction, toute prudence. On voyait soudain une fille s'amollir, vaciller, comme prise d'ivresse ou de vertige, quelquefois même s'avachir dans la barbotière, les fesses dans le bourbier mais l'esprit dans les nuages. Ses compagnes savaient ce qu'une telle défaillance signifiait : un affaiblissement de la volonté causé par le vampirisme insatiable des sangsues. Alors elles s'empressaient de hisser l'étourdie hors de la gadouille pour la libérer de ses parasites visqueux. Une franche rasade de pinard achevait de la requinquer.

Car le vin rouge jouait ici le rôle d'un fortifiant après trop de saignées répétées. Il aidait également au rendement. On prétendait en effet qu'il colorait les veines et, par là même, qu'il attisait la voracité des suceuses de raisiné. Ces croyances expliquaient, avec la mistoufle désespérante, ce qui poussait certaines jeannetons au sang de navet à se pocharder plus que de raison, les matins de pataugeage. Mais il ne fallait pas négliger non plus les formules incantatoires que l'on se transmettait de grand-mère à petite-fille, et qui favorisaient sûrement les pêches miraculeuses !

Lorsqu'elle estimait sa prise appréciable, c'est-à-dire quand elle touchait à la limite de son endurance, la pêcheuse regrimpait sur la berge, s'asseyait dans la friche et décollait une à une les sangsues de ses chairs, avant qu'elles ne se gavent de sève humaine. Il lui suffisait de les saupoudrer d'une pincée de cendre, de les frotter avec un grain de sel ou de les arroser d'un jus de tabac, ingrédients que chaque fille avait soin d'apporter dans le pot de grès qui lui servirait, au retour, à transporter sa récolte grouillante jusqu'au bourg.

C'était le pharmacien qui achetait les sangsues, hormis quelques mères de famille prévoyantes. Lui, le pharmacien, les payait autour d'un sou la pièce, selon la grosseur. Il les séparait en différentes catégories, à vue de nez. A droite les énormes, les « sangsues-vaches » ; à gauche les petites, les « sangsues-filets ». Ensuite il les reversait dans ses bocaux, selon les tailles, et il enfermait le tout dans ses armoires.

Plusieurs finaudes trichaient quelquefois dans l'espoir d'extorquer un petit supplément à l'apothicaire. L'astuce consistait à baigner les bestioles dans une jatte de sang remplie aux abattoirs du village. Ces maudites sangsues se mettaient à téter tellement qu'elles gonflaient aussitôt, triplant de volume pour le moins et pesant huit fois plus qu'à leur capture ! De la sorte, une sangsue-filet atteignait rapidement le prix d'une sangsue-vache, à la grande satisfaction de la pêcheuse. Mais neuf fois sur dix, le pharmacien s'apercevait de la supercherie parce qu'une sangsue repue s'engourdit et ne bouge plus guère durant sa digestion.

Les bonnes « preneuses » étaient conservées précieusement et faisaient double usage. Après une première application, le pharmacien les rangeait dans le grand bocal du fond de l'armoire, où elles dégorgeaient tranquillement pendant trois à quatre mois. Certaines étaient si gloutonnes qu'on pouvait leur trancher la queue sans interrompre leur suçage : le sang giclait alors de l'extrémité coupée comme une pissée gicle de la guerlette d'un drôletiau, au fur et à mesure que la sangsue continuait de l'aspirer ! Un véritable fausset de tonneau.

Le préfet se fait du mauvais sang !

Le trafic des sangsues fut, au siècle dernier, particulièrement actif. Au point même que les pouvoirs publics s'en préoccupèrent vivement comme on peut s'en rendre compte en compulsant le *Recueil des actes administratifs du département d'Eure-et-Loir*.

Ainsi, en juin 1846, le 30, pour permettre au gouvernement d'examiner « s'il n'y aurait pas des mesures à prendre pour empêcher la disette de ces annélides, dont on fait un si fréquent usage dans la pratique médicale », le préfet d'Eure-et-Loir engageait les maires de son département à lui « répondre positivement ou négativement » aux questions suivantes :

1) Existe-t-il dans votre commune des marais, des étangs ou des cours d'eau où l'on trouve des sangsues ? Ces sangsues sont-elles l'objet d'une pêche régulière ? Combien, approximativement, en livre-t-on chaque année à la consommation ?

2) Votre commune possède-t-elle des marais qui aient nourri autrefois des sangsues et qui n'en contiennent plus aujourd'hui ? Dans les marais qui en fournissent encore, la pêche est-elle plus ou moins abondante qu'autrefois, et en quelle proportion ?

3) Les marais, les étangs ou cours d'eau existant dans votre commune, où se fait principalement la pêche des sangsues, appartiennent-ils à des particuliers, à la commune, ou au domaine public ? Comment se fait, en général, cette pêche, et à quelles époques ? Est-elle soumise à quelques usages ou règlements locaux ?

4) Comment se fait le commerce des sangsues indigènes ; quel est leur prix moyen lorsqu'elles sont vendues sur place ; en exporte-t-on hors du département ?

5) Les médecins, particulièrement les médecins des hôpitaux, verraient-ils des inconvénients à la prohibition de la vente des sangsues dites vaches, ou des sangsues dont le poids serait inférieur à deux grammes ?

Outre les préoccupations relatives à une éventuelle disette des sangsues, « le prix toujours croissant desdites sangsues avait éveillé la sollicitude » du gouvernement

(Communication d'Yves Legrand, de Barjouville.)

La pêche au sang prit un nouvel essor dès que les équarrisseurs commencèrent à s'y intéresser de près. Leur idée fut de soutirer un ultime bénéfice sur le dos des chevaux fourbus que les métayers leur demandaient de tuer et de dépecer. Avant d'abattre un animal, ils l'entraînaient donc près d'un marécage pour l'abandonner aux sangsues qui s'agglutinaient immédiatement sur ses flancs amaigris (au besoin, ils en tailladaient les côtes au couteau afin de rendre cet appât vivant encore plus efficace).

Au second tour de ce manège cruel, la malheureuse bête torturée jusque dans son agonie, déjà usée par quinze ans de labour, était tant épuisée qu'elle n'avançait dans la vase qu'à grand-peine, le souffle court et la bave au mors. Soudain elle s'affaissait tout à trac, crevée avant d'être sacrifiée, saignée avant d'être égorgée, et ne s'arrachait péniblement que sous les claquements d'un fouet impitoyable. « Certains chevaux, écrivit Claude Seignolle, furent ainsi condamnés à deux morts. »

De nos jours, la terrible pêche au sang n'apparaît que dans les livres consacrés au folklore campagnard. En Sologne comme ailleurs, et nul ne s'en plaindra, les toubibs n'ont plus recours aux sangsues pour soigner les congestions. Il ne subsiste de ces lointaines manières que quelques contes cauchemardesques, plus imaginaires qu'historiques, et le poème en patois d'un certain Emile Quillion qui, docteur de jadis, s'approvisionnait vraisemblablement en sangsues auprès d'un vagabond dénommé Isidore :

J'seu Zidor l'pécheu d'sangsues
Pas d'écurie pou'mon troupiau
I'loge invisib'au fond d'l'iau
J'possédons un cheptel sans farme
J'ai pas d'chasse et j'manqu'pas d'gibier
J'ai pas besoin d 'payer d'loyer
J'crains pas qu'l'huissier m'réclam'mon tarme
L'sort m'favoris'comm'vous l'voyez
Mon bestiau s'nourrit sans pâture
J'le confie à la bounn'nature

Favorisant c'te pêche obscure
Su' mes jamb' qu'j'off'en nourriture
Tout's les sangsues iront s'coller.

Rencontre du printemps 1985.

MÉTIERS DES ROUTES
ET DES CHEMINS

L'homme qui passait sur le chemin, par le chaud comme par le froid, sortait souvent d'ailleurs. Il convenait donc de se méfier de lui. C'était un galvaudeux du diable vauvert, un traîne-penaille crasseux et feignant, un crève-la-faim d'on ne savait où, un musard qui mendiait plus volontiers un canon de rouge qu'une journée de besogne. Un propre à rien, assurément. Un parasite du monde laborieux. Au mieux, un chapardeur ; au pire, un assassin.

Pourtant, de passage en passage, certains de ces vagabonds finissaient par prendre leurs habitudes au pays, et cela rassurait les honnêtes citoyens. Ils venaient chaque année à la même époque, de sorte qu'on s'accoutumait lentement à leurs manières de trimardeux, à leurs esclandres de soiffards. Une bonniche les apprivoisait d'un quignon à jeter aux poules, d'un fond de rata à saucer avec. Un véritable festin. La panse pleine, ils tendaient leurs papiers et leurs allumettes au fermier, puis ils s'en allaient sagement roupiller dans la paille de la grange. Le lendemain et les jours suivants, on les voyait suer derrière la batteuse ; et un matin, bonsoir la compagnie ! ils s'envolaient plus loin, riches de leurs trois sous en poche, sans autre explication que la folle envie de bouger.

L'année d'après, on guettait leur apparition. On s'étonnait du moindre retard, mais sans jamais dramatiser. « Tiens, se disait-on, le vieux Fouinasseux ne s'est pas encore montré ! L'hiver a été rude : il doit être comme ces lérots qui peinent à se désengourdir. » Quelques semaines plus tard, on apprenait du marchand d'étoffe, celui qui remontait d'Auvergne à la belle saison, que le pauvre hère, enfin parvenu au bout de son voyage inutile, était clamecé au creux d'un fossé, sans déranger personne. Et d'aucuns de chuchoter aussitôt que le malheureux laissait derrière lui, bien entendu, un fabuleux héritage. Toujours cette légende dorée du crésus errant qui faisait tant fantasmer les campagnes de naguère...

Mais les braves paysans ne croisaient pas seulement des mendigots ou des romanichels sur les chemins d'antan, Dieu merci ! Il défilait également les commerçants en tournée, les colporteurs, les compagnons du Tour de France et toutes sortes de travailleurs itinérants, saltimbanques à la recherche d'un public ou saisonniers en quête d'embauche, qui proposaient çà et là leur camelote à cent sous, leurs boniments, leur savoir-faire.

C'étaient tous ces gens sans attache qui, par leurs allées et venues, rompaient l'isolement des villages reculés et les reliaient au reste de la région.

Le cantonnier

Le cantonnier qui cassait-des-tas-d'cailloux, ce cantonnier-là était à la voirie ce que le carrosse était à l'industrie automobile : l'image ancienne d'un vieux refrain démodé. Du temps de Robert, ça faisait belle lurette qu'on ne pratiquait plus ainsi. Pourtant, à bien regarder, les méthodes de travail semblaient n'avoir guère évolué depuis plusieurs siècles. La friche des talus se couchait toujours à la faux, comme voilà longtemps, quand une bonne femme ne la faucillait pas avant pour ses lapins ; et le caillou se remuait encore à la brouette et à la pelle. Certains paysans, enfin, continuaient de payer leurs impôts en jours de corvée, prestations en nature qui n'étaient pas sans rappeler les servitudes dont s'acquittaient les croquants du Moyen Age.

Sa jeunesse, Robert, il l'avait passée dans les fermes du val, à mener les chevaux. Un terme ici, un terme ailleurs, rarement deux saisons d'affilée au même endroit. On n'engraisse pas forcément plus vite en mangeant à plusieurs auges, mais on forcit mieux car la pitance s'en trouve plus variée. Cela vaut également pour l'ouvrage : ce n'est qu'en changeant souvent de patron qu'on apprend les mille trucs d'un métier. Les charretiers, comme les compagnons, ne coupaient pas à la règle. Chaque place enseignait quelque chose, et l'on ne devenait un maître gars qu'au bout d'un bon nombre d'embauches.

Il en fut de la sorte, pour Robert, jusqu'à l'âge de partir conscrit, et même un peu après. Quand la guerre éclata, il était toujours charretier. Les exploits militaires ne l'intéressant que très moyennement, il préféra, sitôt démobilisé, s'enfoncer dans le silence des bois solognots, loin du fracas des armes. Un jour, domestique ou jardinier dans une propriété de Chaon ; le lendemain, métayer à deux bœufs au château de Souvigny. Robert n'aspirait qu'à vivre en paix. Et c'est précisément au retour de cette paix tant souhaitée qu'il prit un autre chemin que celui des fermes.

Le 1er janvier 1946 est une date importante à ses yeux. Une nouvelle vie débuta avec la nouvelle année : Robert venait d'être embauché en qualité d'auxiliaire voyer par M. Seurel, l'ingénieur des Ponts et Chaussées en poste à Lamotte-Beuvron. Désormais, notre charretier ne courrait plus les louées. Il reçut bientôt son engagement définitif.

« Au commencement, dit Robert, j'étais un peu l'homme à tout faire, l'aricandier. Le chef m'envoyait aux quatre coins du secteur, partout où il y avait une bricole à effectuer. » Mais les conditions s'améliorèrent dès qu'il obtint sa titularisation. Dorénavant, il serait cantonnier à part entière.

Il fut nommé à Chaon, dans son pays. Comme il était d'usage alors, l'administration lui confia la responsabilité d'une portion déterminée de grande voirie. Ce canton comprenait neuf kilomètres de la départementale 126 ; le tronçon traversait les communes de Chaon et de Souvigny, des limites de Brinon-sur-Sauldre aux abords de Sennely. Dans ce coin, le Loir-et-Cher forme une enclave entre le Loiret et le Cher. Robert devait entretenir aussi trois kilomètres de la 129, la route qui filait sur Vouzon.

Neuf et trois : douze. Douze kilomètres. Trois lieues. Ça peut paraître une trotte insignifiante au conducteur qui écrase le champignon de sa bagnole ; mais pour qui doit les maintenir en parfait état, c'est une tout autre histoire ! Les kilomètres n'ont pas la même longueur pour celui qui s'y promène et pour celui qui s'y échine.

Les gens prétendent volontiers, sur le ton de la blague, qu'un cantonnier n'a de corne qu'au menton à force de rester arc-bouté, des journées complètes, du matin au soir, sur le manche de son outil. Billevesées que ça, évidemment ! De la médisance pure et simple. Ceux qui racontent ce genre de sornettes en abattent souvent moins que ceux qu'ils se plaisent tellement à critiquer. « En ce qui me concerne, se défend Robert, j'ai autant mouillé ma chemise sur la route que dans les champs à labourer. On ne s'amusait pas à contempler défiler des voitures, allez ! »

Chaque cantonnier obéissait aux ordres d'un chef et d'un ingénieur. Le supérieur de Robert logeait à Vouzon, dans la bourgade voisine, et couvrait de son autorité deux autres communes : Chaon et Souvigny. Une centaine de kilomètres au total. Plus tard, il habita Lamotte quand ce secteur fut rattaché au sien.

Le tronçon de la 126 attribué à Robert était déjà goudronné depuis plusieurs années. Le macadamisage des grands axes remontait aux alentours de 1920. Mais il fallait en rapiécer le revêtement, nettoyer les accotements, faucher les talus, faucarder et curer les fossés, prêter la main aux maçons qui construisaient les ponts d'écoulement. Les cantonniers des nationales se chargeaient, en plus, de l'élagage des alignements d'arbres et des replantations qui s'imposaient. En revanche, l'entretien des chemins vicinaux relevait des municipalités. « La friche des bas-côtés, note Robert, je l'ai coupée à la faux jusque dans les années soixante-dix, pratiquement jusqu'au moment de prendre ma retraite. Les tracteurs munis d'une lame d'herbière ne sont venus qu'après. Aujourd'hui, l'Equipement dispose de girobroyeurs. On se fatigue beaucoup moins, et c'est tant mieux ! »

La route de Vouzon, elle, n'était encore qu'un chemin de pierre à l'époque. Pendant dix ans, inlassablement, Robert a dû pelleter du caillou pour en reboucher les nids-de-poule. Dix ans, ça fait un bail, ça ! Vous imaginez le volume de caillou qu'il a écarté, en fin de compte ? Une peine de bagnard.

Pas loin du Grand Chemin

Il s'étire une seconde voie romaine dans les alentours de ma maison : celle que les gens de Prenay nomment toujours le « Chemin de Vendôme », et qui, reliant jadis cette ville à Meung-sur-Loire, passait par Langlochère, Villechaumont, Villemuzard, Bourrichard, la Madelaine Villefrouin. Entre Beaumont et Le Mée se trouve également le lieu-dit « Chemin de Vendôme ».

Lorsque, dans les années soixante, on procéda au remembrement des terres sur la commune de Cravant, plusieurs agriculteurs furent contraints de dépaver cette ancienne chaussée aux fondrières ébouriffées de friche. « On dut arracher de larges dalles taillées, nous a-t-on raconté. Il paraissait alors évident que cet humble chemin des champs avait eu, voici longtemps, une importance peu commune. »

D'autres modestes trimards de la contrée pourraient aussi témoigner d'un passé étonnant. Ainsi sur les derrières de Prenay, le « sentier des gendarmes » se faufilait-il entre la maison de Rochambeau (l'illustre maréchal vendômois y aurait cantonné son régiment lors d'un déplacement pendant la Révolution) et les jardins du voisinage : dans le temps, la maréchaussée à cheval arrivait évidemment de par là pour surprendre les alouettiers.

Parfois la toponymie suffit à réveiller les imaginations. C'est ici le Chemin-Bas, ailleurs la Grand-Ruelle, plus loin le chemin des Aniers. Ce dernier passage s'embranchait du chemin de Vendôme vers la Loire. Mimile Lestrade, quatre-vingt-quatre ans, a entendu dire dans sa jeunesse que les grisons de Beauce le suivaient quand ils livraient leurs sacs de grain aux meuniers de Beaugency. Outre le nom de ce chemin, ces équipages de bât ne laissèrent en souvenir que de nombreux fers à mulet, piètres porte-bonheur pour les charretiers de naguère.

Les voies empierrées étaient plus éreintantes à entretenir que les routes goudronnées, cela va de soi. Il y avait sans cesse des ornières qui se creusaient, des trous qui s'approfondissaient, des ravinées qui s'aggravaient sous l'orage. Au dégel de chaque hiver rigoureux, les véhicules s'enlisaient dans la gadoue et ne parvenaient plus à se tirer des bourbiers. Parfois, on devait appeler un cultivateur à la rescousse, qui rappliquait avec son cheval. Et c'était le rechargement qu'on entreprenait aussitôt, à la pelle et à la brouette, qu'il pleuve ou qu'il vente, afin que la mésaventure ne se reproduise pas tout de suite. On tassait ensuite le raccord à la demoiselle ou au rouleau. En cas de rempierrement total, on arrosait copieusement le caillou que le cylindre s'apprêtait à compacter.

La pierre provenait de Pierrefitte ou d'Argent. Les camionneurs la déposaient sur l'accotement, en une file de petits tas réguliers. Pour sa part, à Chaon, Robert ne se souvient pas avoir vu des paysans en corvée, même lorsqu'il était charretier. En revanche, cette coutume se perpétuait à Souvigny, commune dont le maire, Eugène Labiche, n'était autre que le petit-fils du célèbre auteur dramatique. A Ménestreau aussi, avant guerre, quelques ouvriers préféraient curer les fossés des chemins communaux plutôt que débourser leurs contributions en espèces. Pour eux, quoi qu'en dise l'adage, le temps ne valait sûrement pas de l'argent !

Non, les cantonniers n'usaient pas seulement le manche de leurs outils en s'appuyant dessus : ils attrapaient aussi des cals aux mains, et plus souvent qu'à leur tour ! Pourtant, malgré le labeur qui leur brisait les reins, d'aucuns prenaient encore la malice de braconner dès que le chef avait le dos tourné. Les Solognots sont intrépides là-dessus : quand ils ont un instant, c'est plus fort qu'eux, ça les bouffe, il faut qu'ils s'empressent de tendre un collet sur une passée de lapin. Et les bois semblaient si proches parfois, si tentants toujours, qu'il n'y avait qu'à prêter l'oreille pour entendre les garennes taper de la patte. Vous enjambiez le fossé et c'était déjà le fourré, avec son gibier qui sautait presque de lui-même dans votre musette ! Comment, dans ces conditions, vouliez-vous résister à pareille invitation ? C'eût été condamner un Solognot à la folie que de lui interdire d'attraper un raboliot qui trottinait tout auprès !

On ne range pas ses pots de confiture à portée d'un garnement sans permettre à celui-ci d'y enfoncer le doigt et d'y goûter...

Dans la région, le goudronnage du réseau secondaire ne se généralisa que dans les années 1950. Cela se fit par étapes. La départementale 126 fut rensablée en 1947, puis rechargée au gravillon dans les mois suivants, à la pelle et à la charrette à bras. Ce fut une des dernières fois que l'on procéda ainsi : les camions arrivèrent peu après. On regoudronna la départementale en 1954, puis on la couvrit d'un tapis d'enrobé dix ans plus tard. En 1971 enfin, sa fréquentation s'intensifiant, elle fut défoncée puis élargie et refaite complètement. La route de Vouzon, quant à elle, ne reçut son manteau d'asphalte qu'en 1956.

Les travaux de goudronnage avaient lieu l'été, par beau temps, quand le soleil aidait à maintenir la viscosité du produit. Le goudron était livré en fûts. Au début, les cantonniers l'étalaient au seau et à l'arrosoir. Par la suite, ce fut la goudronneuse qui déroula le tapis fumant, épais et âcre.

Le goudron recouvrait les nationales tandis que le bitume, plus léger, servait aux départementales. On mélangeait parfois les deux substances pour obtenir l'enrobé.

La façon de travailler a totalement changé pendant cette période, dès que les Ponts et Chaussées ont décidé de bitumer les routes. Avant, chacun allait son petit bonhomme de chemin, seul sur son canton. Lorsque le préposé se voyait sur le point d'être débordé par la tâche, quand la besogne le réclamait de partout et que ses deux bras n'y suffisaient plus, il en touchait un mot à ses supérieurs, lesquels engageaient aussitôt les auxiliaires qui convenaient. La main-d'œuvre occasionnelle, alors, ne manquait pas : c'étaient des gars qui attendaient la reprise des battages, des bûcherons sans contrat, des trimardeurs de hasard. Ils aidaient à déflancher, à reprofiler, à désherber, à débroussailler ; ils brouettaient du caillou ou pelletaient du sable. Mais tout cela finit sitôt qu'on entama les programmes de goudronnage. D'une part le boulot qui se compliquait, de l'autre la circulation qui grossissait jusqu'à en devenir dangereuse, tout concourait à constituer des équipes. En perdant sa solitude, le cantonnier perdait aussi son illusion de liberté.

Les prestations communales

Lu sous la plume d'un lecteur contribuable du *Petit Echo de la Beauce* (n° 12, février 1986) :

Ces prestations consistaient à effectuer un travail d'intérêt public venant en déduction des impôts.

Tous les fermiers apportaient leur contribution à l'entretien des routes communales et départementales. La corvée était calculée suivant l'importance des domaines et consistait à véhiculer des pierres depuis les carrières de Sougy, d'Ouzouer-le-Marché. Celles de Morée-sur-Conie étaient réservées principalement pour les routes départementales, car moins friables. Certaines pierres étaient acheminées par chemin de fer en provenance d'autres régions.

Les fermiers les transportaient et les déposaient par petits tas le long des routes et des chemins. Ces tâches s'effectuaient généralement l'hiver ; certains fermiers, ayant davantage de temps disponible, se louaient et remplaçaient d'autres cultivateurs (...).

Les cantonniers communaux assuraient ensuite l'entretien de toutes ces voies et ce jusqu'à la modernisation des années 1950.

Aux temps des chevaux et des bottes de sept lieues, quand il ne voyageait que des pataches et des calèches par chez nous, le rempierreur faisait figure de privilégié. Il marchait à son allure, n'allongeait que rarement le pas et se gardait bien de trop charger sa brouette. Le matériel public, ça devait se ménager pour qu'il dure plus longtemps. Ce que d'aucuns prenaient méchamment pour de la nonchalance, n'était rien d'autre que du civisme.

Ah ! Quelle heureuse époque ! Quand le thermomètre chutait au plus bas et que les frimas pétrifiaient les alentours, il savait se réchauffer les ardeurs d'une volée de vin chaud corsé d'une lichette de prune ; et il en ingurgitait facilement une seconde, si la première semblait sans effet. Par journée de canicule, à l'inverse, il se rafraîchissait volontiers en embouchant la bouteille de boisson qu'il gardait à l'ombre d'un buisson, ou dans l'eau du fossé, et il n'hésitait pas à prolonger sa mésienne d'un petit roupillon supplémentaire. On appelait ça « dormir son midi ».

L'heureuse époque, vraiment ! Il trempait souvent son tricot de peau à la besogne, soit, mais il se sentait quasiment son maître, sans personne sur le dos, sans ordres à recevoir ni à donner pour peu qu'il devinât à quoi il devait s'atteler, sans bolides, enfin, qui menaçaient de l'écrabouiller sur le bas-côté. Les voitures à chevaux, il les entendait approcher de loin : c'étaient des hue ! c'étaient des dia ! des druyau ! des claquements de fouet ponctués de jurons. Mais avec les bagnoles, vous n'aviez pas le temps de rouler une cigarette que vous suffoquiez déjà dans le gaz des pots d'échappement !

Les automobilistes, ça, il fallait s'en méfier ! On ne se montrait jamais assez prudent. Autrefois, quand l'agent voyer faisait son inspection en vélocipède, le cantonnier ne se signalait que lorsqu'il y pensait, en fichant sur le talus un écriteau peint en rouge ; dessus, il inscrivait, à la craie, la désignation du canton et le numéro de la route. Mais une inobservation au règlement ne portait guère à conséquence, sinon à une remontrance du chef. Les choses devinrent plus sérieuses avec l'afflux des véhicules motorisés.

En 1921, Robert n'était qu'un sublancul, qu'un gadouillot mal mouché. Dans la seule journée du 13 juillet, en compagnie du fils de la ferme avec lequel il jouait sur l'accotement, il s'amusa à compter le défilé de quatre-vingt-dix-sept autos sur la Nationale 20. Cet axe était déjà très passant, presque autant que la 7 qui inspirera une chanson à Charles Trenet. Six ans plus tard, jour pour jour, le père Venon, qui était cantonnier à Nouan-le-Fuzelier, en dénombra sept cents. Chaque mi-juillet sonnait l'heure d'un grand départ. La cohue redoubla évidemment après que furent votés les congés payés. C'est alors qu'on installa un compteur automatique entre Nouan et Lamotte.

Toutefois, la guerre donna un rude coup de frein à la circulation, puisque la fréquentation de 1939 (avec des pointes de deux mille véhicules à l'heure lors des grosses migrations) ne fut retrouvée qu'en 1951.

Des accidents – hélas ! – on eut à en déplorer. Dès le début, les prouesses des engins roulants ont été stupéfiantes. Certaines torpédos dépassaient allégrement les 100 km/h, quand l'état de la chaussée les y autorisait. Alors, fatalement, il en résultait des pertes de contrôle, des dérapages dans le décor, de la tôle froissée contre les platanes. Et des morts, malheureusement. Parmi les cantonniers comme parmi les automobilistes.

« La moindre inattention de notre part déclenchait la catastrophe, acquiesce Robert. Quand ils apercevaient nos panneaux de signalisation, certains fonceurs rouspétaient après nous, et refusaient de ralentir. » Mais les chefs de travaux se montraient vigilants sur la signalisation. Ils faisaient disposer trois panneaux : un « Attention travaux ! » à cent cinquante mètres, une limitation de vitesse à cent mètres et une deuxième, à trente. « Malgré ces précautions, regrette Robert, un copain fut fauché pendant qu'il jalonnait le talus, et un autre alors qu'il ramassait des balises. Beaucoup de cantonniers restèrent estropiés par la faute de chauffards. Dès qu'il empoigne son volant, un champion du dimanche devient un assassin en puissance ! » Il est vrai que pour d'aucuns, le permis de conduire automobile implique le droit d'écraser piétons et cyclistes, ou peu s'en faut. Les dingues de l'accélérateur ne sauraient partager la route, pas même avec les hérissons.

« Afin de nous rendre plus visibles, continue Robert, l'administration nous déguisa avec des vêtements aux teintes criardes : des cirés jaune cru et des plastrons rouge vif. Alors là, croyez-moi, les usagers nous distinguaient de loin ! » Auparavant, dans les années cinquante, quand la circulation était encore raisonnable, un cantonnier ne touchait qu'un bleu par an. Il recevait également, mais seulement en distributions bisannuelles, une paire de bottes en caoutchouc et une casquette qu'il ne portait guère.

Pourquoi ? Parce que sur cette casquette, il y avait l'estampille PC, gênante. Ponts et Chaussées, bien sûr. Et non pas « Pauvre Con » comme feignaient de le supposer les malintentionnés !

On joue aux quilles avec vous et en prime, on se paie votre binette. La gentillesse, comme la vitesse, a ses limites !

Rencontre de l'hiver 1987-1988.

Cheval rouge et lion d'or

Retour à la bonne Lorraine, qu'Anglois brûlèrent à Rouen : dans son livret *Jeanne d'Arc au cœur de la France* (Imprimerie Alleaume, Blois 1975), l'historien blésois Jean Chavigny confirmait que *le lundi 9 mai 1429, se dérobant aux ovations de la foule, l'héroïne, avec ses capitaines et une partie de l'armée, quitte Orléans pour revenir à Blois, par le chemin appelé encore aujourd'hui « le grand chemin » qui passe par Cravant, frôle Josnes (à Trugny exactement), traverse Séris, les hameaux de Villangond, Tremblay, Villefolet et rejoint la route actuelle de Villerbon. Ce chemin est encore pavé en sous-sol, et cet empierrement est visible en plusieurs points au sud de Josnes. Il est fait de morceaux et fragments tout-venant. A Séris se fit l'étape pour la nuit. Dans la rue du village, se voit la maison à un étage où coucha la Pucelle cette nuit du 9 au 10 mai (selon la tradition) et qui était la maison seigneuriale.*

Eh oui ! bien que fatiguée, cette vénérable demeure se tient toujours debout. Elle se situe effectivement dans le bourg de Séris, route de Concriers, au bord de l'ancienne voie romaine qu'on nommait également, autrefois, le Chemin de César ou le Chemin aux Bœufs. L'écusson sculpté dans un de ses linteaux atteste bien son appartenance d'origine à une seigneurie. Tout près, à l'orée du village, subsiste également la Mare aux Bœufs, abreuvoir obligatoire des bestiaux d'antan, en ces siècles lointains où, nous le répétons, les troupeaux suivaient cet itinéraire pour ravitailler les étaliers de Paris en viande de boucherie. L'une des principales artères du royaume, assurément. Rien d'étonnant, donc, que Jeanne d'Arc y ait chevauché.

Toutefois, voici déjà plusieurs années, alors que nous publiions l'ouvrage *Ils étaient de leur village*, Mme Camille Grenier, une lectrice de Mer, nous avait rapporté que d'après sa grand-mère, née en 1847, le roi Louis Quatorzième en personne, se rendant à Versailles, avait lui aussi emprunté ce Grand Chemin. Et même, tenez-vous bien, qu'il s'était reposé en cette maison et y avait demandé à boire frais !

Jacques-Nicolas Pellieux écrivait en son temps : *Avant la nouvelle Route de Mer, l'ancien Chemin qui va de Blois à Paris et passe par Séris, étoit très fréquenté et procuroit alors de grands avantages à ce bourg, où il avoit plusieurs Hôtelleries. Louis XIV, passant par cette Route, s'arrêta à Séris et y coucha dans une Métairie qui étoit alors la Maison Seigneuriale ; on y voyoit encore son lit peu de temps avant la Révolution.*

Là encore, rien de vraiment surprenant. « J'ai toujours entendu dire que cette bâtisse était dans le temps un relais de poste : l'auberge du Cheval Rouge », dit Raymond Hiault, l'actuel propriétaire.

En 1810, en effet, un certain Pierre Rocher y régnait tout à la fois en cultivateur et en hôte, mais sous l'enseigne du « Lion d'or ». Ce n'est point que ce fauve se rencontrait fréquemment dans les parages, Dieu merci ! Néanmoins son nom permettait un plaisant jeu de mots ; « Au lit on dort. » Ce gage de reposante étape, en ces époques de coupe-gorge et d'auberges aux paillasses grouillantes de vermine, valait la meilleure des réclames ; d'où les nombreuses hostelleries qui affichaient en dorure un emblème léonin sur leur panonceau.

Cet édifice séculaire a été cédé au père de Raymond Hiault en 1925. Sur la façade égratignée apparaissent, comme de vieilles cicatrices, les marques d'anciennes modifications : ouvertures rebouchées, voûtes noyées dans la maçonnerie, contre-murs ajoutés. On prétend, au bourg, que les pierres d'assises des jambages de la porte d'entrée ont été retirées, il y a belle lurette, pour effectuer des réparations dans le château de Talcy, puis remplacées par les briques que l'on voit maintenant.

La soixantaine, retraité du ministère de l'Intérieur, Raymond Hiault est revenu vivre à Séris, au pays natal. Son souhait serait évidemment de pouvoir restaurer le vieux bâtiment chargé d'histoire – la contrée n'en possède pas tellement ! – et, avant tout, d'en vérifier la toiture qui menace de prendre eau après chaque coup de galerne un peu fort. « Mais avec mes seuls moyens financiers, avoue-t-il, je n'y parviendrai jamais. Quelques subventions seraient les bienvenues ! » Avis donc aux pouvoirs publics concernés.

Pour l'heure, en attendant que ne s'abatte la pluie d'or espérée, ce sont les averses qui tombent comme des nuées de hallebardes sur la pauvre masure féodale. Et à force de passer et de repasser inlassablement sur le Chemin aux Bœufs, il est à craindre que les ans ne finissent par emporter les pierres de l'auberge du Cheval Rouge. Ce sera, hélas ! tout un pan du passé de la Petite Beauce qui s'écroulera alors.

Le traminot

C'était un dimanche matin de 1916. René Bire s'en souvient comme d'hier. Il paressait sous son édredon lorsqu'on frappa à la porte de la rue. Sa mère ouvrit et le chef du mouvement entra. L'homme en casquette déclara que les tramways du Loiret manquaient de personnel avec cette guerre qui n'en finissait pas ; il ajouta que René, un gamin robuste pour ses quatorze ans, ferait certainement un bon aide-facteur sur l'embarcadère de Saint-Marceau. La mère ne répondit pas non ; son défunt mari, que les Boches venaient de lui tuer, ne s'était jamais plaint d'avoir quitté le Paris-Orléans pour s'embaucher aux tramways dès leur création. Le fils reprendrait en quelque sorte la relève du père. Elle accepta donc et son René débuta au « tacot » contre un salaire mensuel de soixante francs. Cet argent grossirait la cagnotte de la maison.

A cette époque, les compagnies privées des tramways départementaux dotaient les campagnes d'un irremplaçable service de transports qui facilitait aussi bien le déplacement des paysans que l'acheminement de leurs produits vers la ville. Ces sociétés étaient l'œuvre des frères Fougerolle, ingénieurs-constructeurs dont la célébrité restait attachée à la réalisation d'importants travaux publics.

Les premiers tronçons de ces tramways à vapeur dataient du début du siècle. Ils déroulaient sagement leurs rails sur l'accotement des routes, en accord d'une concession de quatre-vingt-dix-neuf ans consentie par les Ponts et Chaussées. Les voies uniques épousaient en effet chaque virage du chemin tortueux. Leur écartement métrique avait même été calculé de façon que l'écheveau ferroviaire s'intègre au réseau routier sans le bouleverser, prévenance totalement étrangère aux chemins de fer dits de « site propre », tels le P.O. et le P.L.M. dont les puissants chaudrons fonçaient droit devant eux sans s'autoriser la moindre flânerie.

Cette sinuosité et cette étroitesse de voie n'étaient pas toutefois sans compromettre quelque peu la stabilité des wagons mais, compte tenu du trafic et de la vitesse qu'on leur demandait, les tramways gagnaient en harmonieuse simplicité ce qu'ils perdaient en équilibre. De ce fait, les tacots avaient immédiatement conquis les faveurs de la population locale. Nul paysan, même dans les bourgades les plus arriérées, ne trouvait à médire contre ces tortillards qui s'époumonaient le long des routes pour mieux désenclaver les contrées boudées par le Paris-Orléans.

Les besoins et les envies

La compagnie discuta longuement, vers 1910, de l'opportunité d'installer des commodités en certaines gares. Equiper toutes les stations du réseau aurait été ruineux, mais il était délicat de privilégier tel endroit plutôt que tel autre. Ici ou là, les besoins sont les mêmes !...

Pendant la Grande Guerre, les populations se plaignirent souvent des retards du courrier, dus aux lenteurs du tacot, qui ne cessaient d'augmenter l'inquiétude des familles de soldats.

Assurer le relais des grandes lignes jusqu'au fond de la province et raccorder les villages à la ville, en toute modestie et conformément aux besoins du terroir, c'était bien la mission des tramways. Les gens ne s'y trompèrent point. En un rien de temps les tacots se fondirent aux paysages et aux habitudes. Rien de comparable, on le voit, avec les levées de fourches que provoquent aujourd'hui, ici et là, les projets du « Tégévé » !

Le réseau étendit ses ramifications depuis Orléans dès la mi-mai 1905. Il faut cependant noter qu'une voie métrique appartenant au P.O. coupait depuis trois ans déjà les Gâtines et la Brenne, entre Argent-sur-Sauldre et Le Blanc. A la veille de la Grande Guerre, deux artères principales se faufilaient à travers les landes de Sologne en égrenant leur chapelet de gares en briques rouges.

La première ligne s'étirait sur quarante-huit kilomètres en direction de Neung-sur-Beuvron. Elle desservait successivement les bourgs de Saint-Nicolas, Saint-Hilaire, Mareau-Saint-Fiacre, Cléry-Saint-André, Jouy-le-Potier, Ligny-le-Ribault, Villeny, La Marolle et Neung. Là, à Neung, une bifurcation vers Romorantin se greffait sur l'axe Blois-Lamotte exploité par les tramways du Loir-et-Cher. Cléry établissait une autre correspondance avec une ligne de tramways électriques qui longeait la Loire jusqu'à Amboise. Inaugurée peu avant la guerre, cette ligne était pourvue d'un matériel roulant beaucoup plus lourd que celui des réseaux à vapeur : ses motrices à boggies traînaient aisément quatre wagons de trente tonnes !

La seconde ligne importante se dirigeait vers Brinon-sur-Sauldre en serpentant sur soixante-sept kilomètres. Elle passait par Saint-Jean-le-Blanc, Saint-Denis-en-Val, Sandillon, Darvoy, Jargeau, Vienne-en-Val, Tigy, Vannes-sur-Cosson, Isdes, Souvigny, Chaon et Brinon. La relation avec Le Blanc-Argent s'opérait au terminus tandis qu'une rocade déviait sur Sigloy et Châteauneuf-sur-Loire après l'embranchement de Tigy. Cette portion de sept kilomètres fut désaffectée par contrecoup de la mobilisation générale, la compagnie ne trouvant aucun suppléant pour garder le dépôt de jonction. Le promeneur peut toujours en voir un vestige près de Sigloy : une passerelle métallique à longrines sur laquelle le tramway franchissait la vallée du Riau souvent inondée par les crues du fleuve.

D'autres lignes plus discrètes complétaient ces deux artères. Celle qui reliait Nogent-sur-Vernisson à Châtillon-Coligny permettait d'agripper le P.L.M. Une desserte de la banlieue orléanaise fut également créée pour servir Saint-Hilaire et Saint-Denis-en-Val ; son automotrice à vapeur de type Perrey (neuf mètres de long, quarante places 1re et 2e classes) effectuait deux allers et retours par jour, l'un en matinée et l'autre le tantôt. Un agent unique suffisait à sa bonne marche tandis qu'un contrôleur se chargeait de la vente et du compostage des billets. Une ou deux voitures supplémentaires s'accrochaient derrière l'automotrice les jours de presse. Ce service suburbain fonctionna de 1906 à 1914.

Nous l'avons dit, les lignes à voie unique soulignaient les routes en rase campagne et se soumettaient volontiers à leurs capricieux détours ; elles ne s'en écartaient qu'aux abords des villages pour rejoindre les gares qui, le plus fréquemment, se tenaient en retrait des bourgades.

En Orléans, la gare centrale des tramways du Loiret – que l'on nommait la « gare de Sologne » – trônait dans le quartier Saint-Marceau, sur la rive gauche. Son pavillon de deux étages en briques rouges imitait le style architectural de la Belle Epoque.

Un orgueilleux cadran d'horloge ornait son fronton triangulaire comme pour faire croire que la ponctualité était le souci primordial des traminots (nous verrons plus loin que cette prétention prêtait à sourire !). Le magasin de marchandises se divisait en deux parties distinctes : l'une destinée aux colis urgents, l'autre aux paquets qui ne réclamaient pas une livraison rapide. La gare comportait encore un dépôt pour l'ensemble du matériel roulant et les ateliers de réparation. C'est ici, après avoir levé les engins à l'aide de vérins, que le personnel d'entretien révisait les mécaniques, reclouait les menuiseries arrachées et repeignait les voitures à neuf.

Cette gare Saint-Marceau communiquait avec les installations du P.O., situées sur la rive droite, au nord de la ville, par une bretelle qui empruntait la rampe du pont Neuf (rebaptisé pont Joffre après la victoire), puis les boulevards des Princes (actuellement Jean-Jaurès) et Rocheplatte. Cette liaison, généralement réalisée par le tramway qui revenait de Brinon, ne fut employée qu'au charriage des marchandises après 1914.

On doublait la gare du Moulin-de-l'Hôpital à mi-parcours, entre la rue Porte-Madeleine et la rue Porte-Saint-Jean. Cette station intermédiaire connectait la ligne à celle des tramways du Loir-et-Cher qui filait en Beauce blésoise via Ouzouer-le-Marché.

La petite gare de transbordement, en bout de bretelle, semblait se blottir dans l'ombre écrasante de l'édifice du P.O. Bien que commune aux compagnies du Loiret et du Loir-et-Cher, ses commis ne dépendaient que de Blois. Sur son quai s'amoncelaient les marchandises en transit déversées par les trains en provenance de Paris ou de Tours, marchandises que l'on répartissait ensuite en différents tas selon leur destination.

Mais ces escapades en ville n'allaient pas sans poser de sérieux problèmes, encore que les tramways revendiquassent la priorité absolue sur les autres véhicules.

Afin de déjouer les embûches du carrefour de l'Octroi, juste devant le pont Royal, un tunnel s'enfonçait sous les anciennes Tourelles, du quai de Prague à celui des Augustins ; de la sorte ne perturbait-on le flot d'aucune avenue. Mais les choses se gâtaient sur la rive d'en face quand le tacot osait brusquement se mêler à l'encombrement citadin qui, pourtant, n'était guère affolant à l'époque.

Dès que la rame approchait de la place Gambetta, son chef se hâtait de descendre en marche. Il courait devant le convoi en agitant son drapeau rouge pour que stoppent les fiacres et les automobiles à pétrole, les vélocipèdes et les tramways de ville. Car vous le comprenez, il ne s'agissait ni de casser l'élan, ni d'affaiblir la pression sur ces fichus boulevards qui grimpaient et qui tournaient tout à la fois ! Le chef de train ressautait sur le marchepied de la machine dès que le passage paraissait libre, pas avant.

L'obstacle le plus redouté des mécaniciens se dressait devant les abattoirs. Une épreuve perfide, un piège sournois qui déclenchait les moqueries des badauds, un traquet où s'engluait la fierté des meilleurs conducteurs… La déveine s'abattait toujours en période de franc soleil, à l'endroit précis où séchaient les peaux que les tueurs de bestiaux étendaient à même la chaussée, à quelques enjambées seulement de la voie. Par temps chaud en effet, ces peaux dégageaient une poussière grasse qui se déposait sur les rails. C'était alors l'opprobre. La machine renâclait et « s'essuyait les pieds » quand ses roues se mettaient à patiner. Le convoi n'avançait plus. Parfois même, reculait. Et les bourgeois de se fendre la pipe : « Le tacot vient de planter un chou ! » rigolaient-ils. Le chef de train, lui, se démenait comme un diable dans un bénitier. Il s'élançait vers la voiture de queue, en bloquait les freins puis écourtait la rame en son milieu. La locomotive crachotait quelques escarbilles de mécontentement, ahanait une bordée de fumeuses injures et repartait enfin cahin-caha en abandonnant derrière elle la moitié de traîne qu'elle reviendrait bientôt secourir…

Semblables tracas ne troublaient point les gares de

campagne qui présentaient toutes un aspect tranquille, loin qu'elles étaient des turpitudes de la ville. Petits bâtiments coquets en briques du pays, elles abritaient un hall d'accueil, un débarcadère et une guérite à billetterie. La compagnie considérait la délivrance de ces billets comme un emploi subalterne, donc féminin. Les préposées ne venaient qu'aux heures de passage ; elles distribuaient les titres de transport, en encaissaient les sous, enregistraient les marchandises, collaient les étiquettes d'expédition, remplissaient les formulaires, enfin refermaient les portes de leur gare tandis que le tramway s'éloignait de son allure nonchalante.

La station de Cléry, du fait de l'important trafic qu'on y faisait, nécessitait cependant la présence permanente d'un chef de gare. Chaque terminus de ligne, à Brinon et à Neung, accolait à son bâtiment une remise sous laquelle se garait la locomotive – et, derrière, une baraque de repos. Ce local renfermait trois lits, une cuisinière à bois pour réchauffer les gamelles, une table et des chaises.

Une rame mobilisait trois personnes : le mécanicien, le chauffeur et le chef de train. Les deux premiers travaillaient en équipe, toujours sur la même machine ; le troisième changeait d'affectation selon le calendrier de roulement décrété en fin de mois par le chef de mouvement.

Le mécanicien assumait l'entière responsabilité de la conduite. Le plus souvent, il tenait son expérience d'un aîné auquel il avait servi de chauffeur. Celui-ci, le chauffeur, alimentait la chaudière à grandes pelletées de charbon et surveillait la pression de la vapeur. Tous deux partageaient une passion identique du métier et mettaient un point d'honneur à entretenir le matériel que la compagnie avait daigné leur confier. Les cuivres de la robinetterie devaient rutiler au soleil et c'était la honte des propres-à-rien que de ne point huiler correctement les bielles en acier !

Le chef de train, que nous avons vu s'agiter sur les boulevards, percevait les colis enregistrés par le facteur de la gare et les entassait dans le fourgon à l'aide d'un diable. En cours de trajet il se postait sur la motrice, à gauche du chauffeur, prêt à se précipiter de son perchoir pour écarter l'obstacle imprévu. On le voyait encore trotter devant la locomotive lorsqu'il devait déverrouiller un aiguillage.

Les motrices ne brûlaient que du charbon. Le chauffeur allumait sa chaudière en enflammant un fagot avec une poignée de chiffons gras, puis il gavait la gueule de briquettes. Montée à deux bars, la pression actionnait automatiquement une valve de la cheminée, le souffleur, qui avivait encore davantage le tirage. Il fallait prévoir une couple d'heures entre l'allumage de la chaudière et l'ébranlement de la machine. Alors seulement commençait la manœuvre de formation du convoi.

La soute à charbon prolongeait le réservoir d'eau sur la gauche de l'habitacle. Le chauffeur empilait un surplus de briquettes sur la plate-forme du tablier arrière car on ne se ravitaillait jamais en combustible durant le voyage. Il emportait aussi un fagot en réserve, par prudence, au cas où la chaudière se serait étouffée à la suite d'une maladresse.

Il convient d'ailleurs de signaler que la compagnie contingentait sévèrement ses briquettes de charbon. Chaque équipe touchait sa mesure au plus juste et une prime d'économie récompensait le chauffeur qui s'évertuait à faire durer son lot.

On comprendra mieux pourquoi certains traminots se frottèrent les mains au plus dur de l'hiver 17. La guerre s'éternisait et la pénurie de charbon ménager s'aggravait dans les villes. Les tramways du Loiret durent alors remorquer chaque nuit, semaine comme dimanche, de Brinon à Orléans, dix wagons-tombereaux remplis à ras bord dans les houillères de l'Allier. Vous parlez d'une aubaine pour les chauffeurs qui ne piochaient qu'à regret dans leur ration de briquettes ! Espérant épargner le charbon réglementaire, ils n'eurent donc aucun scrupule à taper dans le chargement. Cette rapine fit long feu cependant car le gailletin de l'Allier ne valait pas tripette au brûlage. Ce n'était qu'une pierraille noircie qui calaminait les chaudières sans maintenir la bonne pression. Après seulement quelques heures d'ignition, les galettes de mâchefer engorgeaient tellement les foyers que les chauffeurs durent laisser tomber la moitié de leur feu sur la voie ! Ils attrapèrent leur ringard et décapèrent les chaudières en fulminant contre cette saloperie de grésillons. Bien mal acquis ne profite jamais, croyez-en le proverbe.

Si le charbon ne nécessitait pas d'arrêts en cours de trajet, il n'en était pas de même pour l'eau qui s'échappait en panaches de vapeur. Les « caisses à flotte », pleines au départ de la gare Saint-Marceau, avaient tôt fait de résonner creux après une trentaine de kilomètres. Il importait donc de « faire de l'eau » à mi-rendu : à Ligny-le-Ribault sur la ligne de Neung, à Tigy sur celle de Brinon, partout où les puits étaient munis d'une pompe de fond et d'un tuyau flexible.

Mais ces eaux plus ou moins limpides encrassaient les entrailles des locomotives. Certaines fins de journée, le mécanicien devait ranger sa machine sur la fosse-à-piquer du dépôt pour y faire tomber le feu. Le lendemain matin, la chaudière refroidie, il dévissait le couvercle des autoclaves et détartrait les tubulures à la lance d'incendie. Une machine était à l'image de l'homme qui la gouvernait : elle ne travaillait bien qu'en parfaite condition. Les lavages revenaient à deux ou trois semaines d'intervalle, en fonction des tractions accomplies.

Ces pauses de toilette exceptées, la chaudière d'une locomotive ne s'éteignait jamais. La motrice rentrée au dépôt ou remisée au terminus, le foyer était mis en sommeil pour la nuit. Le chauffeur poussait son feu contre la plaque tubulaire et le laissait couver sous un manteau de briquettes cassées en quatre. A l'heure de redémarrer, il émiettait les braises avec son ringard et rechargeait aussitôt de charbon.

La journée débutait à cinq heures du matin par l'embarquement des marchandises en gare du P.O. ; elle ne s'achevait que vers les huit heures du soir, parfois même longtemps plus tard. René Bire, promu chef de train à quinze ans, ne disposait que de trois mercredis de congé par mois ; si bien qu'en deux ans et demi, il n'eut aucun dimanche à lui. A dix-sept ans, quand il cessera de rouler, il aura perdu de vue la plupart de ses copains d'enfance et, pire, ignorera tout des danses qui enchanteront les jeunesses de l'époque. Un sérieux handicap pour un adolescent en âge de courir les filles !

Un train se composait d'une locomotive Corpet-Louvet type 030, à trois essieux moteurs accouplés, d'un fourgon et ordinairement de trois voitures de voyageurs.

Chaque locomotive portait sur ses flancs une plaque indiquant les initiales de la compagnie – TL –, un numéro et son nom qui, le plus souvent, rappelait celui d'une localité desservie. La numéro 1, la « Orléans », avait été conduite par le père de René Bire jusqu'en août 14, date à laquelle le pauvre était parti vers le funeste enfer des champs de bataille.

Les wagons de marchandises s'accrochaient en tête du convoi, juste derrière la locomotive. Ainsi placés, leur déchargement au débarcadère de Saint-Marceau s'en trouvait facilité de beaucoup. Leur fardeau ne devait pas excéder les dix tonnes, c'est du moins ce que stipulaient les textes de la compagnie.

Le fourgon comprenait un compartiment postal et

deux niches destinées aux chiens des chasseurs. On y logeait les bicyclettes, les colis, les paquets encombrants et les bagages volumineux des passagers.

Les voitures de voyageurs possédaient un couloir central et des compartiments 1re et 2e classes. Selon les possibilités de sa bourse, le passager s'asseyait sur une banquette capitonnée ou plus humblement sur un banc à liteaux. Deux lampes à huile éclairaient chaque voiture. Le chauffage se faisait grâce à de longues bouillottes cylindriques qui barraient la largeur d'un compartiment et sur lesquelles on posait les pieds. La motrice échaudait ces bouillottes amovibles d'un jet de vapeur, au départ de Saint-Marceau. En hiver, lors des haltes imposées par l'abreuvement de la chaudière, le chef de train les collectait sur son diable et courait les emboucher à l'haleine brûlante de la machine. C'est qu'on veillait au confort des usagers dans les tramways du Loiret, non mais !

Les villageois de la contrée constituaient évidemment les familiers du tacot. C'étaient des gens simples qui ne se compliquaient point l'existence en chichis. Le chef de train reconnaissait les habitués de la ligne d'un samedi sur l'autre lorsqu'il cochait les billets d'un trait de crayon bleu. Il remarquait parfois quelques rares Parigots qui, débarqués du P.O., se rendaient en visite chez un cousin terré au profond de la cambrousse.

Les resquilleurs n'étaient guère nombreux et, ceux-là aussi, le chef de train finissait par les repérer. René Bire se souvient d'un malin de Saint-Hilaire qui tendait toujours le même billet périmé dans l'espoir de voyager gratis. D'autres filous guettaient le ralentissement d'un « coup de cul », devant les grilles du Jardin des Plantes ou dans la côte de Ligny, pour bondir sur la chaussée et se carapater sans payer leur écot. Mais il ne s'agissait que d'anodines espiègleries, bien sûr, que l'on réglait dans la bonne humeur...

En semaine, les deux lignes principales proposaient chacune trois allers et retours quotidiens : le matin, le midi et le soir. La circulation du dimanche se réduisait à deux va-et-vient et le tramway, sur la ligne de Neung, ne dépassait pas Ligny.

Les journaux publiaient régulièrement les horaires mais à tout avouer, nul ne lisait ces indicateurs montre en main. Une couple d'heures de retard n'étonnait effectivement personne. Les gens attendaient complaisamment leur tacot et, en retour, le tacot rendait la politesse en attendant volontiers ses gens. Le père Sosthène s'était-il attardé sur le chemin de la gare de Chaon ? Qu'à cela ne tienne, on patientait jusqu'à son arrivée ! A l'occasion, les gars de l'équipe filaient boire un canon au café voisin. Un code était d'ailleurs convenu depuis belle lurette entre les mécaniciens et le bistroquet de Mareau. Un coup de sirène commandait une chopine ; deux coups, un litre. La fille Yvonne apportait immédiatement la bouteille et les verres. On trinquait sur le tablier avant de la locomotive pendant que les passagers claquaient les portières. Quand on s'estimait fin prêt pour la partance, le tapecul pouffait d'aise et se remettait gentiment en branle, nullement ému d'avoir encore accentué son retardement. Et il brinquebalait sur ses rails, à croire que le vin de la tournée l'avait un peu étourdi, tranquillement, sans jamais tenter de rattraper les instants enfuis. Ses pointes de vingt kilomètres à l'heure le satisfaisaient amplement, et encore fallait-il que les méchantes côtes ne s'amusent point à l'essouffler par plaisir ! Le tacot prenait le temps de ne jamais se griser de vaine célérité.

Les marchés du samedi provoquaient une véritable prise d'assaut des omnibus. Le matin, à Cléry, une paire de voitures renforçait chaque rame pour éviter les drames de la bousculade. La cohue investissait les compartiments tandis que les poulets, les lapins et les mannes d'œufs s'accumulaient au mitan du couloir en une pagaille indescriptible qui interdisait au chef de train de contrôler les billets. Les paysans en blouse et en sabots, parapluie en main, les paysannes en coiffe et en pèlerine, panier au bras, tout le monde de la terre se dépêchait vers la ville à grands saluts et tonitruants bonjours. Le soir, la même foule s'en revenait d'un pas lourd, bien fatiguée d'avoir tant battu le pavé des halles, tant traîné les menues emplettes qui remplaçaient maintenant les volailles au creux de ses paniers.

C'était toutefois en période de fêtes que le tacot vivait ses véritables heures de gloire. Ah, çà ! les jours de liesse, le voyage méritait son déplacement ! On pavoisait le 8 mai en l'honneur de Jeanne d'Arc et on fleurissait les machines le 14 juillet. Ces fois-là, le chef du dépôt – un bonhomme qui avait bourlingué sur la plupart des voies métriques du pays – payait l'apéro à ses collègues de Saint-Marceau.

Même tabac le 8 septembre, qui était jour de pèlerinage à Cléry. La compagnie de Loir-et-Cher allongeait les rames du Loiret d'une demi-douzaine d'éléments qu'une motrice haut-le-pied, c'est-à-dire seule, allait quérir la veille au changement de Neung. Il y avait même, s'il vous plaît, une voiture dévolue à l'évêque d'Orléans et aux personnalités en chapeau claque et redingote. Du monde et du beau, je ne vous en dis pas plus, qui chantait et qui riait à gorge déployée dans les compartiments archi-bondés. Sainte Vierge ! ces soirs de folles équipées, plus d'une enfant de Marie s'en retournait au bercail la breloque au cœur, encore toute chavirée de s'être trop désaltérée à la source de Mardereau en compagnie de quelque galant ! Et tout cela grâce au tacot, quasiment, puisque sans lui le pèlerinage de Cléry ne se serait guère distingué des autres dévotions de la contrée...

Vadrouilles et joyeusetés mises à part, les tramways contribuaient surtout à écouler les productions de la région : les céréales de Beauce transitaient par le Moulin-de-l'Hôpital, les marnes de Blancafort par Brinon-sur-Sauldre, les vins des coteaux par Cléry, les poissons du vendredi par Saint-Marceau. Ils approvisionnaient également, en os et en légumes, une usine de bouillon installée près d'Olivet. Mais plus encore, c'était le bois de la Sologne qui fournissait l'essentiel du fret. La gare de Ligny-le-Ribault disparaissait parfois totalement sous des montagnes de grumes destinées à étayer les mines du Nord.

Sitôt la guerre déclarée, le tacot fut en quelque sorte mobilisé pour soutenir l'effort national. Il délesta notamment les grandes lignes que les convois militaires engorgeaient pendant des mois entiers, durant les offensives.

L'intensité de la circulation devint telle que le service voyageur se limita désormais à un jour sur deux : les mardis, les jeudis et les samedis. Cent trucks du Tarn-et-Garonne vinrent augmenter le parc roulant de la compagnie du Loiret. Les chefs de gare oublièrent de respecter le règlement qui mentionnait qu'une rame ne devait pas compter plus de dix wagons. On recruta du personnel parmi les blessés en convalescence tandis que la manutention des marchandises échut aux prisonniers allemands.

Les troupes britanniques établirent en 1917 un embranchement à Vannes-sur-Cosson, le « Canadien », afin d'envoyer des caillebotis vers les tranchées du front et, à l'occasion, ravitailler leurs cantonnements solognots. Entre Chaon et Brinon, ce furent les soldats américains qui ouvrirent à travers la forêt une dérivation dont ils interdirent l'accès aux civils. Il n'y roula donc que le matériel qu'ils apportèrent avec eux d'outre-océan.

Nos traminots ne s'en approchaient qu'avec méfiance, de cet embranchement, car les Américains ne se pliaient à aucune discipline de mouvement. Plus d'une fois un de nos tacots faillit percuter de plein fouet un de leurs autorails bourrés de soldats éméchés qui revenaient de nouba !

Des accidents, sapristi ! on eut à en déplorer bien sûr, et pas seulement pendant la guerre ! On faisait pourtant attention mais cela ne suffisait hélas point à empêcher la casse.

La malchance dépendait souvent d'un simple madrier qui, mal arrimé sur sa plate-forme, glissait en saillie, heurtait un platane du boulevard et patatras ! flanquait tout le chargement par terre. Il n'était pas rare dans ces conditions qu'un convoi sème une partie de son bois au cours d'un trajet. Un jour de poisse, René Bire vit même un étai de mine éperonner un tramway de ville lors d'un croisement sur le pont Neuf : les vitres volèrent en éclats, toutes, mais il y eut fort heureusement plus de peur que de mal. Une autre fois, un dimanche midi, ce fut un wagon qui se bloqua dans une courbe de la voie et qui dégringola dans le fossé. Le déraillement se produisit sur le remblai de Saint-Nicolas, au milieu des vergers. On appela dare-dare l'équipe d'entretien de Saint-Marceau à la rescousse. On rafistola grosso modo le wagon après l'avoir remis sur roues et on le rechargea de ses grumes. La ligne fut déblayée le lendemain matin comme si de rien n'était.

Mais on craignait plus graves avaries que ces dégâts matériels vite réparés. Ainsi le mécanicien n'abordait-il jamais un village – sans avertir les gens d'un hurlement de sirène. Le populo s'écartait prudemment de la voie. Ce signal engendrait, hélas, de regrettables incidents : certains chevaux se cabraient de frayeur alors qu'on les ferrait et les brebis s'éparpillaient dans la nature en bêlant.

Un matin, à l'approche de Saint-André, la retombée d'une bouffée de vapeur apeura une rosse attelée à une carriole. L'animal recula brusquement et l'arrière de la charrette cogna contre le fourgon. L'équipage se retourna aussitôt dans un craquement sinistre. Constat : un limon brisé et le nez d'une vieille paysanne fracturé. Des broutilles en comparaison de la tragédie encourue...

Car il y eut plus lamentables catastrophes encore et plusieurs morts endeuillèrent le tacot. On parla longtemps d'un berger qui s'était endormi sur la voie et dont on ne retrouva que bouillie ; et aussi de ce boucher d'Orléans qui fut broyé à Cléry en essayant de monter en marche... Allons, taisons vite ces affreux épisodes et ne conservons en mémoire que les moments cocasses du petit tortillard dont l'épopée, déjà, tirait à sa fin.

Les Poilus revinrent en avril 1919 et René Bire fut muté dans l'administration de la compagnie, au contrôle des recettes. Ce boulot de gratte-papier ne lui convint pas. Il étouffait entre les quatre murs de son bureau. Alors il démissionna et prit son envol en s'engageant dans l'aviation.

Le déclin des tramways à vapeur s'amorça peu après, au virage des années vingt. Le tacot ne parvenait plus à soutenir la concurrence des camions ; la route supplantait le rail. Dans les gares, on voyait des rabatteurs qui incitaient les paysans à préférer les autocars au tapecul. « Nos véhicules sont plus rapides, affirmaient-ils. Vous y serez mieux assis et l'on vous déposera à l'entrée des halles ! » Alors les uns après les autres, les paysans firent la nique à ce moyen de locomotion qui leur paraissait vraiment trop démodé. Autrefois événement attendu, l'arrivée du tramway se changea bientôt en un remue-ménage inutile et désuet.

L'exploitation déficitaire se solda par la fermeture du réseau au terme de l'année 1934. On bazarda le matériel. Les ferrailleurs se ruèrent sur les locomotives. Lors d'une permission, René Bire assista les larmes dans les yeux au découpage des carcasses. L'adieu au tacot ne fut fleuri que par les gerbes d'étincelles qui fusaient des chalumeaux oxyacétyléniques, et c'est à coups de masse qu'on en sonna le glas.

En ce triste jour grisailleux, notre ancien chef de train ne regretta point d'avoir lâché les tramways pour les aéroplanes. Il avait deviné à temps que les girouettes ne tarderaient plus à tournicoter au vent du progrès. Et c'est bien parce qu'il avait gardé les pieds sur terre qu'il pouvait maintenant se promener la tête dans les nuages.

Rencontre de l'hiver 1983-1984.

La factrice

Quarante sous, la petite Nelly empochait quarante sous quand, le matin, elle courait porter le courrier du bureau de poste à la gare. Un trésor que la gamine serrait précautionneusement dans sa menotte et qu'elle se gardait bien de croquer en sucres d'orge. Elle avait déjà trop le souci de l'économie, malgré sa prime adolescence, pour dépenser cette parcimonie en futilités. Car chez elle, on connaissait d'autant plus la valeur de la pécune qu'on n'en possédait guère.

Sa mère s'usait les yeux en couture, un maigre profit gratté à longueur de veillées, tandis que son père tuait les cochons dans les fermes des alentours. Nelly, l'enfant unique de la maison, se débrouillait comme elle pouvait pour se constituer une cagnotte sans rien réclamer à ses parents. Une vraie fourmi elle était. Et puis chaque samedi, elle cueillait la pièce de dix sous en argent qui brillotait sur le manteau de la cheminée, entre les boîtes à épices : le grand-père, passant au bourg pour y faire ses emplettes de la semaine, venait de débourser son octroi habituel à l'intention de sa petite-fille.

Mais l'aubaine rêvée se présenta lors d'une louée. Ce jour-là, les commères du village n'avaient pas pointé le nez dehors, abandonnant la place aux hommes en discussion, de sorte que le poissonnier de Châteaudun se retrouvait en plan, tout bêtaud, avec un plein cageot de harengs frais au fond de sa carriole. Nelly vit sa mine dépitée et se paya le toupet, du haut de ses quinze ans, de lui soumettre un marché inespéré : elle empilerait les poissons dans sa brouette et irait les vendre de porte à porte, moyennant une modeste commission. Le poissonnier, bien que surpris, ne refusa point. C'était cela ou remballer sa marée, au risque qu'un coup de chaud ne la gâte sur le chemin du retour. Le jeu en valut d'ailleurs la chandelle puisque notre démarcheuse improvisée liquida sa marchandise en un rien de temps et, mieux, n'en eut pas pour les plus offrants ! Par la suite le poissonnier se le tint pour dit : il lui réservait chaque jeudi une brouettée de poiscaille que notre harengère s'en allait immédiatement écouler dans le bourg. Elle amassa bientôt une jolie tirelire, dans les deux cents francs, qu'elle déposa sur un livret de la Caisse d'épargne.

Elle dut cependant écorner cette fortune en 1920, quand le postier lui confia les télégrammes. Bien qu'elle arrivât sur ses seize ans, elle paraissait si menue qu'on n'osait point éternuer devant elle de crainte de la voir s'envoler. Il lui fallait une bicyclette. Elle en dénicha une, d'occasion, qui coûtait cent quatre-vingt-quinze francs. Sa mère lui prêta les deux tiers du prix ; l'appoint fut débité de son livret.

Les petits bleus, Nelly les distribua pendant six mois sans que quiconque ne pût lui adresser le moindre reproche. Le facteur-receveur, qui n'avait qu'à se louer de son aide, comprit rapidement qu'elle grillait d'envie de gagner un peu plus ; il lui demanda donc d'acheminer le courrier sur la commune de Péronville. Pas tous les jours, non, seulement en remplacement pour commencer, les dimanches et durant ses congés à lui, ou encore lorsqu'il se sentirait trop patraque pour attaquer ses tournées d'un pas alerte. Cet emploi de routine ne nécessitait aucun diplôme spécial ; le certificat d'études décroché par Nelly à douze ans suffisait parfaitement. Il ne fallait que de la bonne volonté et du courage, deux qualités dont notre amie ne manquait pas. La petite télégraphiste fut ainsi promue factrice intérimaire, sans autre forme d'examen que le bon vouloir du facteur-receveur.

En certaines localités, avant 1914, le courrier arrivait par la patache. En Orléanais, les facteurs se déplaçaient quelquefois en voiture à chien ; les cartes postales qui représentent ces pittoresques attelages sont très recherchées des collectionneurs.

Hélas ! la paralysie frappa le père quatre ans plus tard. Un rude malheur qui plongea la maisonnée dans le besoin. La mère et la fille eurent beau s'abîmer dans les ouvrages de couture, elles récoltèrent juste de quoi régler le médecin, guère davantage. Il s'agissait désormais de s'arranger autrement.

C'est à cette époque, vers 1925, que les postes décidèrent de rattacher la commune voisine de Villamblain à celle de Péronville. Cette fusion n'enchanta point le facteur titulaire de Péronville, qui devinait combien une telle mesure augmenterait et compliquerait son travail. Pour ne rien faciliter, l'homme qui se chargeait jusqu'alors du courrier sur Villamblain ne voulait plus continuer d'assurer le service. Ouvrier agricole sans embauche, il s'était rabattu sur cette besogne en attendant de dégoter une place de charretier ; or voici qu'un fermier des environs venait de lui promettre ce qu'il guignait depuis longtemps. Il partit donc à la Saint-Jean, selon l'usage, sans se soucier de sa relève. Le facteur ne trouva personne pour le seconder au pied levé. Aussi pensa-t-il à la jeune Nelly qui le suppléait si bien sur Péronville. Il lui alloua quinze francs par jour, beaucoup plus que ne rapportait la couture, et proposa à la mère d'effectuer les remplacements jadis attribués à la fille.

Ce village qui se situait aux finages du sien, Villamblain, Nelly ne le connaissait que par ouï-dire. C'était à ses yeux un vague pays étranger des gens et des façons duquel elle ignorait tout. Conquérir le bout du monde ne lui aurait guère paru plus aventureux qu'affronter cette paroisse inconnue, distante d'à peine une lieue de son clocher à vol d'oiseau. Son père se douta de ses appréhensions. Comme il marchait encore un peu en dépit de la maladie, il s'offrit de l'accompagner et de la guider par les chemins qu'il avait si souvent arpentés autrefois, quand il était cochonnier. Il tenta d'enfourcher son vélo, mais le pauvre n'avait pas avancé d'un tour de roue qu'il était déjà tombé. Nelly en eut le cœur bouleversé. « Ne te tracasse point, papa, le rassura-t-elle en l'aidant à se relever. Je saurai bien me tirer d'affaire toute seule. Retourne à la maison, je t'en prie. » Et elle s'éloigna en crânant, comme si elle se rendait à la frairie. Au fond d'elle-même pourtant, elle n'en menait pas large, oh non !

Mon Dieu, que les routes de par-là étaient mauvaises ! On y chutait d'ornières en nids-de-poule, de fondrières en bouillasses. Des chemins pas même empierrés par endroits, mille fois défoncés par les attelées de quatre chevaux pataudsqui tiraient de lourdes farinières, des percherons crottés prêts à vous écrabouiller à la première embardée... Nelly apercevait bien des fermes et des hameaux çà et là, au loin, mais elle ne savait ni leur nom ni ceux de leurs habitants. Où se terraient exactement Liconcy, La Pierre-Percée et La Mouise ? En quelles bâtisses logeaient les familles que le facteur avait inscrites sur sa liste ? La plupart des patronymes se répétaient et se ressemblaient, à croire que ces gens vivaient tous en cousinage. Mais ce n'était qu'un faux-semblant, le postier de Péronville l'avait bien avertie là-dessus. Elle l'entendait encore lui dire : « Ne te trompe surtout pas de destinataires, ma fille, quand tu liras tes enveloppes ! » Et il avait ajouté qu'on ne se causait plus beaucoup, là-bas, rapport à de vieilles disputes héritées des anciens, à des bisbilles de droit de passage et à des méchants procès. Les paysans ne pouvaient plus expliquer la réelle raison de leurs chicaneries ; n'empêche, ils s'empressaient de mordre dans chaque pomme de discorde qu'on leur tendait. Ça serait un drame, pour sûr, que de donner à l'un le journal auquel l'autre s'était abonné. Et puis d'aucuns ne répondaient qu'à leur sobriquet ; il fallait donc se casser la tête à déceler les véritables identités sous les surnoms, autre source de confusion et d'embrouille...

Le soir, Nelly rentra chez elle fourbue, le moral au plus bas et les jambes rompues. Elle traîna sa détresse le lendemain et le surlendemain ; ce fardeau lui pesait davantage encore sur les épaules que les sacs postaux. Au quatrième soir, elle s'affala sur la table de la cuisine et fondit en larmes, le visage dans les mains, autant brisée de désespoir que de fatigue. Elle avoua entre deux sanglots qu'elle ne parviendrait jamais à s'arracher de ce guêpier. Ses parents la réconfortèrent comme ils purent, et certainement d'un ton qui convenait. Le matin suivant en effet, Nelly repédalait hardiment sur sa bicyclette, ses deux sacs ficelés sur le porte-bagages, bien déterminée qu'elle était à ne plus céder aussi facilement au cafard. Son parti était pris : elle deviendrait la messagère que le facteur de Péronville espérait qu'elle soit !

Nelly desservait le bourg et les écarts de Péronville, puis elle se dirigeait sur sa lancée vers Villamblain. Là-bas la relayait partiellement M. Cheneau, un facteur vieillissant qui la soulageait en s'occupant des maisonnettes et des fermes situées aux confins. Nelly accomplissait ainsi deux tournées quotidiennes, l'une en matinée et l'autre le tantôt, ce qui représentait une cinquantaine de kilomètres à couvrir dans la journée, à bicyclette. Elle ne bouclait qu'un seul circuit les dimanches et les fêtes. Deux jours de repos par an, pas un de plus : le 14 juillet et le 11 novembre.

Les sacs étaient lourds. Il faut dire qu'on s'écrivait beaucoup à l'époque de l'entre-deux guerres. Aujourd'hui on se téléphone ; autrefois on griffonnait une carte postale pour un oui ou pour un non, pour signaler qu'on était bien arrivé, que la grand-mère se remettait difficilement de sa grippe ou tout simplement pour souhaiter un joyeux anniversaire à sa cousine. L'avalanche des vœux, en fin d'année, submergeait immanquablement le bureau de poste ; et aussi les périodes d'élection, quand chaque candidat semait sa réclame aux quatre vents qu'il jurait de faire bientôt virer. D'aucunes maisonnées ne recevaient pratiquement jamais de correspondance et n'en postaient pas davantage ; d'autres au contraire collectionnaient à chaque distribution plusieurs journaux et un bon paquet de lettres. Tout dépendait des relations familiales qu'on entretenait et de l'aisance de sa situation, bien sûr.

Le matin, Nelly quittait la demeure paternelle dès six heures moins vingt, exactement dix minutes avant l'arrivée du train en gare de Péronville. On imagine combien il lui était pénible, l'hiver, de s'arracher du lit. Elle passait à la poste et jetait le sac de courrier à expédier dans sa brouette ou sur son dos, selon le volume à emmener. Elle revenait avec les sacs apportés par le train, dont elle triait le contenu sans attendre, à la poste. Un tas pour Péronville, un tas pour Villamblain, un tas enfin pour M. Cheneau. Elle commençait sa première tournée sur le coup de sept heures.

En plus des lettres et des journaux, elle répartissait également les colis et encaissait les mandats et les chèques. Les commerçants réglaient ainsi leurs grosses dépenses, qui sa farine de boulange, qui ses viandes de boucherie. Nelly acceptait parfois des sommes importantes. Elle n'en était pas plus fière pour autant car elle tremblait à l'idée d'une malencontre. C'étaient surtout les chemineaux qui l'effrayaient, ces vagabonds guenilleux, mal rasés, à la trogne rougeaude de vinasse souvent, qui chapardaient leur pain et remplissaient leur besace de rapines. Elle pressait sa sacoche contre elle quand l'un d'eux la croisait au coin d'un bois. D'ordinaire, ces malheureux se tenaient vautrés dans la friche du fossé, leur bâton à portée de main, à ruminer on ne savait quel méfait. Alors elle appuyait bien fort sur les pédales afin de plus vite s'échapper de leur mauvaiseté. Jamais, Dieu merci, elle n'eut à en repousser les attaques.

Notre factrice vidait les boîtes publiques au cours de ses tournées. Chacune de ces boîtes, une par hameau, portait une lettre différente, l'empreinte, que Nelly devait cocher sur le formulaire qui attestait de son passage. Un contrôleur vérifiait quelquefois derrière elle et glissait un avis dans chaque boîte inspectée.

Nelly regagnait la poste de Péronville aux alentours de midi, plus ou moins tôt selon que les vents l'avaient retardée ou que son vélo s'était embourbé en chemin. Elle oblitérait les plis de la levée puis les fourrait dans le sac qu'elle livrerait à la gare lorsqu'elle irait chercher l'arrivage suivant, en début du tantôt. Enfin, elle rentrait chez elle et dévorait d'un franc appétit.

Le second train s'annonçait à une heure dix de l'après-midi. Nelly échangeait le courrier qu'elle avait relevé avant dîner contre celui qu'elle devrait distribuer dans sa fin de journée. Il y en avait beaucoup moins que le matin : quelques journaux du soir principalement et une poignée de lettres qu'elle triait rapidement. Elle repartait pour sa deuxième tournée à deux heures mais cette fois, elle délaissait les écarts isolés et ne passait que dans les bourgs et les hameaux importants. Elle réduisait donc considérablement son itinéraire et perdait moins de temps en route. L'unique ferme où elle se rendait derechef était celle du maire de Villamblain, fonction oblige, les dépêches et autres documents administratifs ne tolérant aucun retard dans leur acheminement.

Nelly ne lambinait jamais en chemin car sitôt son factage terminé, elle courait aider sa mère dans ses travaux de couture. Elle revenait à la poste vers cinq heures et demie, y déposait le courrier qu'elle emporterait au train du lendemain matin, puis rentrait à la maison. Aucun instant ne devait être gâché en vaines songeries. Elle cousait avec sa mère jusqu'à des heures indues. Les deux femmes veillaient fréquemment après minuit quand les commandes affluaient. Une nuit de Pâques, elles ne dormirent que pendant un double tour d'horloge. Le surmenage n'exempta pourtant point notre fille de repartir en tournée dès potron-minet, comme d'habitude.

Certains soirs de vilaine saison, tout en tirant l'aiguille, la mère tendait l'oreille à la galerne qui hurlait au-dehors, et elle se lamentait : « Ma petite, tu entends le vent ? Comment vas-tu faire demain matin ? – Ne t'inquiète pas, maman, lui répondait Nelly. Ça ne soufflera peut-être plus d'ici là ! » Tant de sérénité tranquillisait la brave femme ; elle était loin de penser qu'en vérité, sa fille se rongeait les sangs plus qu'elle ne voulait le montrer...

Dame oui ! les mois de grisaille sur les plaines de Beauce avaient de quoi affoler une demoiselle. Le paysage morne se déroulait à perte de vue et les labours d'hiver le changeaient en un désert terreux. Pour tout signe de vie, le croassement d'un corbeau ou le juron d'un charretier perdu à l'horizon d'un guéret. Un rien de brouillard suffisait à gommer les rares repères du trajet, de sorte qu'égaré entre deux patelins, on se sentait soudain perdu, oublié de ses semblables. Sous les giboulées de mars ou sous les pluies d'automne, le chemin se pourrissait en un long bourbier dans lequel Nelly avait grande peine à se dépatouiller. Elle gardait toujours en poche un couteau et une raclette de bois qui lui servaient à débourrer les garde-boue de son vélo. Mais l'été ne valait guère mieux puisque alors, c'était le hâle qui bétonnait les ornières à tel point qu'une roue de bicyclette se voilait en dérapant dedans ! Avec ses quarante-cinq kilos de jeunesse et ses deux sacs de courrier, Nelly menait sa bécane à rude épreuve. Aucune selle ne lui résista. En désespoir de cause, elle demanda à son père d'y adapter un vieux siège de moto.

Par temps de neige, finies les prouesses cyclistes : il fallait se déplacer à pied, avec les sacs sur l'échine. Nelly chantonnait pour entraîner son allure et tromper la longueur de la trotte. Elle chaussait ces jours-là des sabots surmontés de jambières en cuir, à lacets. Elle en possédait une couple de paires, une pour chaque tournée. Aussitôt rentrée à la maison, elle bourrait de journal les sabots qu'elle venait d'ôter et les poussait sous le poêle, où ils sécheraient pendant qu'elle mouillerait l'autre paire. Elle enfilait également d'épaisses chaussettes de laine qu'elle s'était tricotées en prévision des froidures.

Un soir de chien, dans les mois les plus courts, elle revint en traînant un genou affreusement enflé qui la faisait pleurer de douleur. Plus moyen de marcher. Le courrier du lendemain devait pourtant être distribué, torture ou pas. Elle sollicita deux de ses voisins de vouloir bien la remplacer. Rien à faire, les rudes gaillards en question ne tenaient nullement à ce que l'hiver leur gèle la moelle des os. « C'est la crève qu'on attrapera ! » s'écrièrent-ils. Et ils lui conseillèrent de ne point s'entêter. Allons donc ! un jour sans courrier, par ces températures, ne dérangerait sûrement personne… C'était méconnaître la ténacité de la petite factrice ! A bout d'arguments, elle se résolut à partir tout de même le lendemain matin, advienne que pourra. Son service n'avait pas à souffrir de ses défaillances, non mais ! Au moment de se coucher, elle entortilla son genou avec un chiffon imbibé d'essence de térébenthine. Un vieux remède de cheval préconisé par son père. Cet étrange pansement la brûla au point qu'elle n'en ferma pas l'œil de la nuit mais au matin, parole, le mal avait disparu en même temps que l'enflure ; Nelly gambadait sans ressentir la moindre gêne. Elle partit donc comme juré. Ses deux voisins en restèrent éberlués et, même, un peu confus quand ils la virent s'éloigner dans le froid. Ce qu'ils avaient refusé d'accomplir, eux les bravaches du bourg, une fille de fluette complexion n'en faisait ni une ni deux. Quelle leçon d'opiniâtreté pour ces grands dadais, vraiment !

Au demeurant, les gens de la contrée se montraient fort gentils envers leur factrice, voire prévenants. Ceux qui venaient assister à la messe, le dimanche, se rendaient d'abord à la poste et y retiraient leur courrier de façon à éviter du dérangement à Nelly. En frimas, les bonnes femmes des hameaux la guettaient pour la réchauffer d'une bolée de lait chaud ; la boulangère la gratifiait d'un pain au chocolat ou d'un morceau de brioche. Sur la route on se faisait un devoir de la secourir lorsqu'elle se trouvait dans l'embarras. Et toujours un petit mot aimable pour l'encourager…

Un dimanche enneigé de 1928, une des rares automobiles de la région s'arrêta aussitôt après l'avoir doublée. Le conducteur la délesta d'un sac lourd de courrier relevé, qu'il transporta jusqu'au bureau. Nelly put ainsi poursuivre son périple sans trimballer un poids encombrant. Cet homme obligeant s'appelait Henri Pousse ; il habitait à la ferme de Thironneau.

Une autre fois, ce fut le fermier de La Pierre-Percée qui conduisit notre factrice, en auto, de chez lui à Villamblain. Il était convenu que Nelly achèverait sa distribution habituelle avant de le rejoindre au café de la Place, où il l'attendrait pour la ramener à sa ferme et à son vélo. C'était une offre bien charitable, sans doute, mais qui s'accordait mal avec la timidité de notre amie. Car en approchant du lieu de rendez-vous, Nelly fut abasourdie d'entendre les braillées poissardes d'une équipe de clients particulièrement forts en gueule. Ce vacarme la pétrifia tellement qu'elle n'osa pousser la porte du café, de peur d'essuyer une averse de moqueries. Et elle revint à pied, penaude, jusqu'à La Pierre-Percée, pendant que le fermier s'étonnait de ne point la voir reparaître. « J'étais un peu nigaude, raconte-t-elle maintenant en souriant. Que voulez-vous, il n'en fallait pas beaucoup pour effaroucher une jeune fille en ce temps-là ! »

Certains facétieux de Péronville misaient d'ailleurs sur cette réserve pour lui causer quelques émotions. Sans penser à mal, bien évidemment. C'était leur manière de la taquiner un brin et d'en rigoler ensuite de bon cœur. Quand le crépuscule assombrissait l'allée de la gare, ces garnements prenaient la dégaine suspecte des trimardeurs et, le visage masqué par le chapeau, fonçaient vers elle d'un air décidé, menaçant. La pauvrette tremblait de tout son être, croyant déjà son heure sonnée. Eperdument elle serrait sa fichue sacoche dont la ventrée de monnaie tintait à chacun de ses pas, comme pour allécher encore davantage la canaille des grands chemins. Et les gars, ces chenapans, ne se découvraient qu'à l'ultime seconde, quand ils la touchaient presque, pour la saluer d'un retentissant bonsoir. Ils riaient de leur fredaine, les vauriens, et Nelly riait aussi, sacrément heureuse qu'elle était d'avoir frôlé le coupe-gorge de si près !

Quoi qu'il en soit, ces innocentes plaisanteries n'altéraient en rien le respect que chacun prodiguait à la jeune fille. Nelly était quelqu'un qu'on estimait pour ses mérites personnels comme pour les services dont elle s'acquittait avec dévouement. Jamais elle ne refusait d'apporter les bricoles qu'on lui demandait, en plus du courrier, et toujours elle se mettait en quatre pour dépanner autrui. Un tel la priait de lui acheter un paquet de gris, Une telle un petit quelque chose de mercerie ou d'épicerie. Factrice certes, mais commissionnaire tout autant. Elle ne demandait rien en échange ; on lui glissait néanmoins une piécette dans le creux de la main.

Comme on la savait moins empêtrée de courrier le tantôt, on ne lui confiait les colis à déposer en gare qu'à sa seconde tournée. Chaque semaine, un garde-chasse lui remettait les lièvres qu'il avait tués sur la propriété. Il entortillait ses bouquins dans des rouleaux de paille d'où ne dépassaient que les oreilles et les pattes. Le gibier filait à Paris, et c'est le maître du domaine qui s'en régalait. Nelly prenait sur elle de remplir les bordereaux d'expédition dès qu'elle arrivait au guichet de la gare.

En fin d'année, elle glanait une petite prime supplémentaire en colportant les traditionnels calendriers des postes. Chaque famille en choisissait un, heureusement, car notre factrice n'avait pas le goût à faire l'article. A vrai dire, cela l'ennuyait même un peu : elle craignait que « ça demande », que les gens voient en cela une manière de mendicité déguisée. Mais c'était la coutume et en fin de compte, elle ramassait ainsi de coquettes étrennes sans que personne ne puisse y trouver à médire.

Articulet découpé dans *La République du Centre* du jeudi 6 mars 1986, à la rubrique d'Ingré.

Bébert, facteur en milieu rural

Le jour où l'on « faisait la fête à boudin » (tuer le cochon), Bébert repartait avec une belle rouelle et un morceau de poitrine. A Pâques, il faisait sa tournée avec un panier. La tradition voulait qu'on lui offrît des œufs comme aux enfants de chœur. « J'avais un œil sur le panier, l'autre sur le courrier », dit-il. Il en a collecté une année soixante douzaines. Darius, le curé de Saint-Sigismond, l'avait retrouvé avec sa torpédo à Saint-Péravy-la-Colombe et les œufs avaient été vendus chez Leroux, le « volailleux » de la rue de la Gare à Patay.

Voilà qui mettait un peu de beurre dans les épinards ; comme les calendriers en fin d'année car les postiers ne perçoivent pas de treizième mois. Bébert raconte qu'une fois, une personne avait mis plus d'une heure pour choisir un calendrier. Et la brave dame de lui remettre une très modeste piécette loin de couvrir l'achat du calendrier.

Quarante années ont eu raison des quatre vélos fournis à Bébert par l'administration mais, fort heureusement, pas de notre facteur !

(Hommage signé G.P.)

Son travail lui plaisait, à Nelly, malgré les intempéries qu'elle devait endurer. Elle n'aurait pas accepté de vivoter cloîtrée entre ses quatre murs comme tant d'autres filles de son âge. Son seul regret : le début de la messe qu'elle manquait le dimanche. Cela contrariait bougrement ses convictions religieuses. Par bonheur, nous l'avons dit, sa tournée dominicale se réduisait de beaucoup puisque les familles pratiquantes prenaient les devants en se présentant à la poste avant de s'agenouiller à l'église. Le curé, qui n'ignorait rien de ses obligations professionnelles, l'avait absoute par avance tant il est vrai qu'en matière de croyance, la communion spirituelle n'implique pas forcément la présence physique. « Ce sera parfait, la rassurait-il souvent, si tu assistes à l'offertoire. » Le bon Dieu s'en contenterait, le curé et notre factrice aussi.

La danserie lui posait moins de problèmes. Eh, oui ! Nelly adorait valser. Pour rien au monde elle n'aurait voulu louper un musette. Elle s'y précipitait dès que son ouvrage et ses dévotions lui en laissaient le loisir. Un lundi matin, elle s'en souvient, elle abordait l'orée du bourg, à pied et en robe de bal, lorsqu'elle entendit le train siffler en gare de Patay. Elle ne disposait donc que de dix minutes pour s'apprêter. Elle prit ses jambes à son cou, se précipita chez elle, se déshabilla et se rhabilla à la hâte, enfin parvint à la gare de Péronville en même temps que le train annoncé. Ouf ! il s'en fallut de peu qu'elle ne ratât l'arrivée du sacro-saint courrier. Le soir même, elle repartait guincher dans un bourg voisin, à sept kilomètres de là, et ne rentrait que le mardi au matin pour reprendre le collier. Deux nuits à gambiller et trois jours à marcher, quasiment sans souffler !

Nelly interrompit ses tournées en 1935, quand il fut décrété qu'on n'effectuerait qu'une seule distribution quotidienne sur les communes jumelées de Péronville et de Villamblain. Elle s'installa alors comme couturière dans la maison de sa mère ; au besoin elle remplaçait au débotté les facteurs stagiaires.

Elle reprit la tournée juste avant la guerre, en 1939, à la demande du facteur-receveur. La gare fut désaffectée après la Libération. Dès lors les sacs de courrier arrivèrent par le car. Nelly s'acheta une motocyclette et continua ses distributions jusqu'en 68, l'année de la chienlit qui effraya tant nos campagnes.

Madame veuve Georget coule aujourd'hui une retraite paisible à Péronville, sous le toit qui l'a vue naître. Mais elle ne bénéficie d'aucune pension des Postes-Télégraphes-Téléphones, parce que sa titularisation n'a jamais été entérinée. Elle en fit jadis la demande, son dossier sombra dans la paperasse. Elle n'a rien osé réclamer depuis. L'administration semble avoir oublié ses états de bons et loyaux services.

Nelly ne se berce plus d'aucune illusion. Factrice, elle ne l'est restée que dans le souvenir des gens du pays. Les distributions se font actuellement en fourgonnette ; à cent lieues du village, dans les bureaux du ministère, on se soucie moins du passé que de l'avenir. On cogite sur la télématique, sur les satellites-relais ; on ne s'émeut guère d'une octogénaire qui distribuait jadis les lettres à vélo, en toutes saisons, par les chemins boueux.

« Que voulez-vous, dit humblement Nelly, on a fait notre temps du mieux qu'on a pu. Quand on leur raconte tout ça, les jeunes préposés de maintenant croient qu'on radote ! »

Rencontre de l'hiver 1983-1984.

Le messager

La famille Lefèvre est une de ces lignées beauceronnes dont l'histoire se confond avec celle des moulins à vent de la plaine. Les trisaïeux d'Albert tenaient l'auberge du « Bon Laboureur » à Gidy et c'est en épousant une demoiselle Néret que leur fils Prosper se serait marié avec le moulin de La Caillardise.

Ledit bâtiment, le plus important de la contrée, aurait fait partie, jadis, de la châtellenie de Chevilly dont le seigneur, le baron de Cypierre, était l'intendant de la généralité d'Orléans. La tradition orale prétendait que sa construction remontait à l'an 1440. D'une masse de cinquante tonnes, il possédait deux paires de meules, l'une à farine de froment et l'autre à pâtée de méteil, une bluterie et un concasseur à avoine. Son profit annuel équivalait encore, vers 1870, au rapport d'une cinquantaine d'hectares.

A la mort de Prosper, ce fut son gars Elie qui hérita de La Caillardise, puis les enfants de ce dernier, Clovis et Marcel, à la fin du siècle dernier. Les deux frères se partagèrent la tâche. Clovis se destinait aux ordres majeurs quand un accès d'humeurs froides vint contrarier sa vocation religieuse. De séminariste il devint donc farinier. C'est lui qui s'employa au bon fonctionnement du moulin. A Marcel, le père d'Albert, échut la responsabilité de battre la campagne et d'en ramener le blé à moudre.

Certaines grosses fermes d'alors fournissaient à deux moulins différents. Le meunier qui s'arrangeait à passer en premier emportait le grain tout ensaché tandis que l'autre, moins chanceux, devait se débrouiller à remplir ses propres « poches ». Cette coutume locale ne favorisait guère la confraternité entre mouliniers...

Marcel se présentait de ferme en ferme tous les quinze jours. Sur les quatre percherons du moulin, il y en avait toujours un sur la route. Mais en fait le quatrième cheval n'appartenait pas vraiment aux Lefèvre. C'était celui qu'un marchand auvergnat leur laissait en nourricerie entre ses tournées. Nos meuniers entretenaient l'animal ; en contrepartie ils l'utilisaient quand bon leur semblait. Ceci remboursait cela.

Cette quête incessante de grain à moudre occasionnait évidemment une dépense, en temps comme en argent, qu'il convenait de rattraper d'une manière ou d'une autre. La voiture s'usait et le ferrage des canassons finissait par coûter cher. Alors Marcel profitait de ses allées et venues pour assurer un service de messagerie entre le bourg et la ville.

Le gros du voiturage avait lieu le samedi. Ce jour-là, Marcel se rendait sur le marché aux grains d'Orléans. C'est en cette place que les paysans proposaient leur récolte sur échantillons et qu'ils discutaient âprement le bout de gras avec les courtiers en graineterie. Les gens du village savaient que Marcel ne manquait aucun marché puisqu'en bon meunier qu'il était, il devait se tenir au courant des prix pratiqués. Alors ils venaient au moulin dès la première heure et ils lui confiaient leurs papiers de commande. La longue voiture bâchée partait à vide pour revenir en charge. Quinze kilomètres à l'aller, quinze kilomètres au retour.

Sa ronde de marché terminée, Marcel visitait les grossistes et empilait dans sa voiture les paquets à emporter. Il s'agissait principalement de caisses pour les commerçants, plus rarement de colis à l'adresse des particuliers et pratiquement jamais d'animaux. Son meilleur client était sûrement le cafetier qui achetait son vin à un pinardier, par plusieurs tonneaux à la fois. Le petit gris du pays paraissait en effet trop clairet pour les bistroquets alors que celui du marchand gardait encore sa couleur même lorsqu'on le coupait avec la flotte du puits ! De retour au village, Marcel livrait à domicile avant de regagner le moulin. Son fils Albert l'accompagnait souvent et lui donnait volontiers un coup de main.

En d'autres endroits, les messagers de véritable profession effectuaient un parcours beaucoup plus long que le trajet suivi par le traîne-son de La Caillardise. Mon village de Josnes, en Petite Beauce, était desservi par le voiturier Louchard. Son équipage, qui se composait de trois charrettes couvertes, quittait Vendôme le jeudi matin pour ne parvenir à Orléans que dans la journée du lendemain.

Là-bas, en ville, les messagers avaient coutume de descendre dans les hôtels dont l'enseigne indiquait une possibilité de pension pour les chevaux et de remisage pour les voitures. Ils comparaient autant la bonne tenue des écuries et la qualité du picotin que le confort des chambres et le talent de la cuisinière. C'étaient « l'Hôtel du Renard » rue d'Illiers, « Au rendez-vous de la Beauce » au coin du faubourg Saint-Jean ou « l'Auberge du Commerce » faubourg Bannier.

La caravane de Louchard traversait Oucques-la-Joyeuse, Marchenoir et Beaugency. Le voiturier conduisait l'attelage de tête, casquette à visière cirée et tablier de cuir, tandis que ses deux autres voitures bringuebalaient sagement derrière, à la file. D'un tempérament constant malgré les fâcheries du temps, l'homme avançait sans jamais lancer un regard en arrière. On dit même qu'un jour, il perdit sa charrette de queue à mi-chemin et qu'il ne s'en aperçut qu'à l'arrivée !

Les villageois guettaient son passage sur la place du bourg. Il rangeait ses guimbardes devant le café, sous les tilleuls, abaissait les chambrières et abreuvait d'abord ses chevaux avant de penser à se jeter un canon dans le gosier. Sa venue constituait l'événement de la semaine. Au besoin, la jeunesse l'aidait à embarquer les veaux promis aux maquignons d'Orléans.

Les routes n'étant point trop sûres en ces périodes d'avant la Grande Guerre (de sinistres chenapans s'embusquaient encore aux maltournées, le gourdin prêt à s'abattre sur le chapeau du voyageur fortuné !), Louchard s'armait toujours d'un fusil de chasse dûment gavé de grenaille. Et comme abondance de précautions ne saurait nuire, il attachait un chien dans chacun de ses fourgons, à la ridelle.

Il reparaissait dans la soirée du samedi. Il distribuait aussitôt les lourds colis au moyen d'un diable et se faisait un devoir de les déposer sur le seuil de leur destinataire.

Marcel Lefèvre, quant à lui, continua la messagerie jusqu'à la mort de son frère Clovis, en 1917 ; ensuite, il ne s'occupa qu'à moudre le grain. Lorsque la paralysie le frappa cinq ans plus tard, il dut céder son affaire à sa fille aînée Marguerite, qui n'avait pas atteint la vingtaine. Le bonhomme disparut peu après, à cinquante-sept ans, une semaine avant qu'Albert ne parte soldat. Puis Marguerite se maria et La Caillardise s'engourdit dans un funeste abandon.

Quand Albert revint du régiment, le fier moulin d'antan n'était plus qu'une ruine. Des vandales l'avaient saccagé. N'en restaient qu'une carcasse au bardage crevé et des ailes en croix qui geignaient dans la galerne pire qu'un calvaire de cimetière. Or à l'époque, l'Etat percevait un impôt sur toute aile de moulin, même inactive, comme sur toute roue de charrette. Albert ne pouvait pas acquitter une telle redevance, d'autant que sa mère, tombée en indigence à son veuvage, avait contracté de nombreuses dettes. Alors à contrecœur, le garçon n'eut d'autre alternative que de démonter ce qui subsistait du moulin familial. Dès lors il ne se consacra plus qu'aux quatorze hectares de culture hérités de son père.

De la carcasse, il ne récupéra que trois fois rien, sinon un formidable tas de bois tout juste bon à flamber dans la cuisinière et une montagne de planches brisées où les mouches à miel se plurent à cacher leurs essaims. C'était en 1926. A vingt-cinq ans près, le moulin de La Caillardise aurait fêté ses cinq siècles d'existence.

Rencontre du printemps 1984.

Le « caïffa »

Maurice Echard est un de ces malchanceux qui servirent pendant sept ans sous les drapeaux, comme mon grand-père Camille. Deux années de régiment, quatre de tranchées, une d'occupation en Allemagne. Il eut malgré tout une sacrée veine dans son malheur puisqu'il n'y laissa point la peau. Son bataillon fut pourtant décimé lors d'une attaque ; la tuerie n'épargna que le copain Gabriel Delage, un conscrit originaire de La Ferté-Beauharnais, et lui, Maurice Echard. Deux survivants, pas trois. De cette épreuve, notre bonhomme garde aux Boches un chien de sa chienne, c'est plus fort que lui. Mais pas aux jeunes, bien sûr, qui n'y sont pour rien…

Quand l'armée le libéra enfin, Maurice s'engagea comme roulier dans les bois, puis il épousa une demoiselle de Saint-Julien, Fernande, la fille des Guibert, en 1921. L'année suivante, le jeune couple disposait d'un bas de laine contenant soixante francs, une misère qui suffisait néanmoins à prendre la succession de M. Delorme, lequel s'apprêtait à quitter son magasin « Au Planteur de caïffa ». La direction régionale de Vierzon approuva la candidature et voilà comment Maurice Echard devint marchand de café sur la place de la Paix à Romorantin, sous-préfecture de Loir-et-Cher.

Leçon de petite histoire

J'ai fort bien connu ces colporteurs de café. Ils avaient été lancés par un certain Albert Cahen qui avait acheté la cargaison d'un bateau au Havre, bateau qui, à la suite d'un coup de mer, avait eu son fret en partie noyé, donc en principe invendable. Cahen avait tout acheté ; il avait séché et fait griller le café, l'avait enfin vendu à la petite semaine par colportage. Ensuite il était devenu marchand de café et importateur. Il avait organisé son réseau de distribution dans les campagnes avec ses petites voitures à trois roues. Je me souviens même de la couleur de ses voiturettes : elles possédaient un couvercle noir tendu d'une toile cirée et leur caisse était peinte en vert foncé, un peu vert wagon. L'inscription « Au planteur de caïffa » apparaissait en jaune sur leurs flancs. Les chiens étaient attachés à la voiture par une bricole d'épaule. Il y en avait deux ordinairement.

(Lettre de l'ethnologue Bernard Edeine, de Caen.)

Le « caïffa » était une figure en vue, à l'époque, tant en ville qu'à la campagne. Il assurait la gérance d'une boutique dépendant d'une célèbre société dont le siège se trouvait rue Joanès à Paris.

Cet établissement à succursales multiples couvrait la France entière. Sa réputation venait principalement du café surchoix dont il se glorifiait à juste titre. L'éventail se composait aussi de sardines en boîtes, de pâtes, de gâteaux secs, de chocolat à croquer, de crèmes instantanées, d'huile et de vinaigre, de sucre, de savon et de lessive, de poivre, bref de l'ensemble habituel de l'épicerie courante. Chaque emballage de ces produits portait évidemment le label de la firme.

Un dépositaire percevait une marge bénéficiaire correspondant au dixième de son chiffre d'affaires réalisé.

Il touchait encore une guelte de deux et demi pour cent lorsque ses démarchages nécessitaient un véhicule automobile. Une livre de café valait alors dans les deux francs trente (un paquet de qualité identique coûterait actuellement cinq fois plus). Le sucre, en revanche, ne rapportait rien.

La maison fournissait en outre une coquetterie, une paire de casquettes par an : une grise en été et une verte en hiver. Ces coiffures étaient l'attribut du caïffa qui, souvent, complétait sa tenue d'un tablier de jardinier – très commode avec sa profonde poche sur le devant – et d'une sacoche d'épicier. Bien entendu, il ne manquait pas de se coincer sur l'oreille son inséparable crayon-encre dont il mouillait la mine, du bout de sa langue, avant de prendre note sur son calepin. Les médisants prétendaient que ce furtif léchage lui permettait de réfléchir à la meilleure façon de faire l'article !

Maurice dressait un inventaire tous les quinze jours, produit par produit. Un état des stocks lui demandait cinq à six heures de rangement. Puis il expédiait ses bordereaux à Paris, par la poste, avec le mandat de règlement et la commande de rassortiment.

L'approvisionnement était livré par le chemin de fer, en gare de Romorantin. Le café arrivait en sacs ; c'était au destinataire de le peser et de l'ensacher dans des pochons imprimés à la marque. Maurice lâchait toujours quelques grains en plus par paquet, histoire de compenser le poids du papier.

On ne vantera jamais assez l'arôme que dégageait ce merveilleux café, le prestige incontestable des magasins « Au Planteur de caïffa ». Ce nec plus ultra s'expliquait par le procédé de torréfaction employé : les grains n'étaient grillés qu'après un séchage naturel de deux ou trois ans, et non déshydratés en four sitôt la cueillette comme le veut la méthode d'à présent.

Entre les deux guerres, il faut également le mentionner,

le café constituait un breuvage très apprécié, même dans les familles modestes. Or, tout le monde savait qu'on pouvait acheter celui du caïffa les yeux fermés. Il était un peu plus cher qu'ailleurs, peut-être, mais il était extra. Personne ne rechignait à payer cette garantie de supériorité.

Et puis l'avantage du caïffa, hormis la qualité de ses articles et les solides structures de la maison, résidait dans la coutume singulière qu'il avait de mener son commerce. Il « chinait » en effet ; autrement dit, il se déplaçait à domicile. En ce sens, il perpétuait la tradition des colporteurs d'antan.

Maurice Echard n'utilisa point la fameuse poussette à trois roues, tirée par deux mâtins, qui semblait déjà démodée. Il fit d'abord ses tournées avec un triporteur auquel il attelait son chien-loup, Bob. Un cabot épatant qui s'était dressé tout seul et qui tirait sur son collier dès que son maître se mettait à pédaler. Par la suite, Maurice s'équipa d'une voiture à cheval ; il n'y attacha son clébard que pour voyager en bonne compagnie et, certainement aussi, pour décourager d'éventuels agresseurs. Il essaya bien d'embaucher un aide-livreur mais il dut le congédier bientôt car le garnement n'était rien d'autre qu'un cossard sans allant. Ça, la faignantise, Maurice en eut une sainte horreur, toujours !

Un vieil homme, une voiture et deux chiens

C'était l'époque où j'usais mes fonds de culotte sur les bancs de l'école. Les grandes surfaces, les supermarchés, les hypermarchés n'existaient pas encore. Et pourtant, les commerçants passaient dans les campagnes, les épiciers principalement. Je me souviens d'un vieil homme qui, tous les quinze jours, venait offrir sa marchandise. C'était le caïffa des Etablissements Debray. Comme moyen de transport, il n'était pas très bien équipé. Il vendait de l'épicerie. Celle-ci se trouvait dans une petite voiture à trois roues en bois, cerclées de fer. Devant, il attelait deux chiens qui avaient un petit harnais sur le dos, attaché par deux crochets à sa voiture.

Il s'arrêtait presque à chaque voyage devant chez nous pour manger le midi. Il tirait un casse-croûte de sa voiture. Pour ses chiens, il y avait un petit emplacement sur le côté. Il me demandait toujours d'aller chez mes parents leur chercher une gamelle d'eau. En récompense, il me donnait une petite raie de chocolat « Meunier ».

Tu vois, me disait-il, quand je ne serai plus là, eh bien personne ne prendra ma place. C'est bien trop dur à faire. Le monde s'épanouira, les gens auront beaucoup moins de mal dans leur travail.

Puis il attelait de nouveau ses deux chiens et repartait, sa vieille casquette à visière de cuir enfoncée sur sa tête.

(Lettre de Jules Fourniguet, d'Aschères-le-Marché.)

Les tournées n'occupaient que ses matinées, sauf celle de Pruniers, le mardi, qui l'obligeait à manger en cours de route. Il s'arrêtait sur le chemin de Selles, dans un bistrot de connaissance où le repas ne s'achevait point par un coup de fusil. D'autres caïffas préféraient emporter leur casse-croûte plutôt que de gaspiller leur argent au restaurant.

Maurice évaluait sa vente moyenne et il garnissait les étagères de sa carriole en conséquence. Il n'ignorait pas que telle maisonnée consommait un litre d'huile par quinzaine et que telle autre, avec sa demi-douzaine de trousse-pets, engloutissait trois tablettes de chocolat par semaine. Il ne se trompait guère dans ses estimations.

Parti dès les huit heures, il revenait pour midi, exception faite le mardi. Sa femme tenait la boutique en son absence. Du lundi au samedi, il visitait tous les alentours – Lanthenay, Villeherviers, Loreux, Millançay – selon un itinéraire défini par la direction. Chaque concessionnaire devait respecter scrupuleusement les limites de son secteur et ne point empiéter sur la chasse gardée d'un confrère. Toute localité importante possédait son caïffa. Quelquefois deux dépositaires permutaient un écart contre un autre afin de s'éviter un détour inutile, dans l'intérêt de chaque partie prenante, mais l'accord devait être entériné par le responsable de la région. Cette précaution supprimait ainsi les sujets à chicane.

Un caïffa astucieux s'arrangeait également avec ses concurrents, les épiciers de village, pour équilibrer les passages de l'un et des autres. En principe, on prévoyait de tourner à un jour d'intervalle sans jamais se doubler. De la sorte, on ne se causait pas tort et chacun y retrouvait son content.

Les gens guettaient le caïffa qui, on le savait, se pointait toujours le même jour de la huitaine, quasiment à la même heure. Parfois on le chargeait d'une commission pour le hameau voisin : souhaiter le bonjour à la tante Adèle ou transmettre des nouvelles de Machin à Chose. Il s'en acquittait volontiers car on ne perd rien à se montrer complaisant envers sa clientèle, bien au contraire !

Balades d'agrément à la belle saison, les tournées se changeaient en calvaires durant les froidures. Il fallait pourtant battre le pays sans regimber. Dans certaines maisons on réchauffait Maurice d'un « micamo », verre de café corsé d'une rincette de goutte. La manière d'offrir le requinquait autant que le gloria brûlant.

Aux bons acheteurs, Maurice dispensait des tickets à coller sur des carnets de réclame. En échange, on recevait des primes fabuleuses : des bibelots ou de la vaisselle, de la lingerie ou des couvre-pieds. Le gros lot consistait en un superbe carillon de bois verni. Ces cadeaux encourageaient les chalands à la fidélité, d'autant qu'on ne rencontrait aucun autre commerçant capable de semblables largesses.

Maurice distribuait par-dessus le marché, gratuitement, le « Journal du caïffa », un catalogue bimestriel qui informait les clients des promotions à saisir.

Il éparpillait ainsi ses soixante kilos de café par semaine à raison de six sorties d'une dizaine de kilomètres chacune. Il ramassait en une matinée un bénéfice rondelet d'une trentaine de francs. Maurice ne se cache pas d'avoir récolté un joli pécule, mais dame ! il ne ménagea guère sa peine. Plusieurs épiciers le jalousaient un tantinet de si bien réussir. C'est inévitable d'être envié quand on se débrouille là où d'autres se cassent le nez. N'empêche ! Ceux-là ne considéraient que le bon côté de la médaille, sans tenir compte ni du travail accompli ni des efforts d'amabilité déployés.

En dix-huit ans de pratique sous l'enseigne « Au planteur de caïffa », Maurice Echard ne fut contrôlé qu'à une couple de reprises. A chaque fois un inspecteur l'accompagna en tournée dans le but de vérifier que tout se déroulait au mieux dans le coin, avant de s'éloigner sans formuler la moindre remontrance.

Le père Debray

Du plus loin que je me souvienne, je vois encore la petite voiture du caïffa. On l'appelait le père Debray, du nom du dépositaire qui l'employait, mais il se nommait en réalité Mallet.

Je revois son arrivée au village. On l'apercevait de loin ; il venait de la localité voisine, Sainville, distante de quatre kilomètres. Peu d'autos l'inquiétaient sur son trajet. Il poussait sa voiture aux trois roues cerclées de fer. Seules les attelées de chevaux en trait le faisaient se ranger. Puis de maison en maison, il se présentait en criant : « Caïffa ! caïffa. », tout en répondant aux commandes. Ma mère avait pour habitude de lui prendre du café. Du Debray, disait-elle. Café, chicorée, chocolat, pâtes composaient son éventaire. Comme à cette époque on reprisait beaucoup, il proposait également du fil, du coton et des aiguilles. Il extrayait tout cela des tiroirs superposés qui meublaient sa cage roulante d'un mètre de côté.

Penché au-dessus de sa voiture du haut de mes six-huit ans, je humais le parfum particulier de celle-ci. C'était un mélange d'odeurs et ça sentait bon. Puis il accompagnait ma mère jusqu'à chez nous ; elle lui offrait un café, c'était l'habitude. Il repartait en répétant « Caïffa ! caïffa ! ». Il parcourait ainsi, dans sa journée, vingt à vingt-cinq kilomètres à pied, sur des routes en pierres bien entendu.

Ensuite est venue l'ère des chevaux. Les charrettes se firent plus modernes, plus grandes. Munies de quatre roues et tirées par un percheron, elles s'ouvraient maintenant sur les côtés. On pouvait y acheter des casquettes, des bérets ou des vêtements. Ce commerce hippomobile se rapprochait déjà des épiciers ambulants actuels. C'était il y a cinquante, soixante ans...

(Lettre de Pierre Parcineau, de Lethuin.)

La panade éclata néanmoins avec la Seconde Guerre mondiale. Notre bonhomme fut mobilisé comme brigadier réserviste. On lui ordonna d'escorter des recrues jusqu'à Dunkerque, où l'on sait le désastre qu'il advint. Fort heureusement, sur les quais d'Orléans, il croisa un commandant qui avait été son sous-lieutenant pendant la der des ders ; et l'officier eut la miraculeuse initiative de le renvoyer aussitôt dans ses foyers.

Retourné à la vie civile, il fut contraint de modifier son négoce, à cause de la pénurie de camelote. Là encore, le hasard et la démerde jouèrent leur rôle quand la maman d'un bambin le supplia de remplir ses biberons. Il se précipita à la laiterie de Châtres ; à la brune, il en rapportait quatre cents litres de lait qu'il écoula en un instant. Alors il continua sur sa lancée et s'installa comme crémier dans la rue du Tripot. C'est lui qui vendit la première bouteille de lait pasteurisé à Romorantin. Même que les gens le boudaient un peu au début, ce lait pasteurisé, parce qu'il valait quatre ou cinq sous de plus que l'autre...

Nous avons interrogé un second caïffa, René Cochin, 72 ans, un ancien ouvrier charron qui tint le dépôt de Sully-sur-Loire entre janvier 1935 et juin 1940, puis, après le bombardement de sa ville, celui d'Artenay jusqu'en mars 1943. A cette date, au plus sombre de l'Occupation, il tenta de recréer son magasin sullylois. Il termina sa carrière comme représentant en café.

A Sully, René Cochin effectuait ses cinq tournées hebdomadaires avec la fourgonnette Six-Chevaux Renault qu'il avait achetée dès la fin de ses quinze jours d'essai (il avait décroché son permis de conduire dans la foulée). Chaque matin il parcourait ses vingt-cinq kilomètres et ravitaillait une trentaine de clients attitrés. Il empochait une recette de trois cent cinquante francs par virée. Mazette !

Mais le plus surprenant a trait à ses tournées de ville, qu'il bouclait le dimanche avant midi. Car pour économiser deux litres d'essence, il avait renoué avec l'ancienne mode des caïffas, c'est-à-dire avec le colportage par poussette abandonnée depuis des lustres. Les bureaux de Paris avaient accepté de lui confier une de ces antiquités, sur sa demande. Ce jour-là, le dimanche, il proposait surtout du café et des gâteaux aux citadins. Il allait d'un immeuble à l'autre et il grimpait quatre à quatre les étages, sa musette en bandoulière remplie d'un échantillonnage de ses articles.

Les gens de Sully ne le connaissaient que sous le sobriquet de « caïffa », point sous son patronyme réel. Son épouse raconte que leur fils, un blondinet de cinq ans, rentra un soir de l'école en ronchonnant contre le maître qui s'obstinait à l'appeler Cochin alors que son véritable nom était Caïffa, Roland Caïffa ! La brave femme eut mille difficultés à faire comprendre au gamin que c'était pourtant l'instituteur qui disait vrai, comme toujours… Le terme « caïffa » ne désignait pas seulement un métier, c'était aussi une identité !

Les établissements « Au planteur de caïffa » durent affronter les restrictions dès la pagaille de 1940. Plus moyen de moyenner. Le déclin s'accentua à la Libération. La société ne parvint pas à s'adapter aux nouvelles règles commerciales de l'après-guerre. Trop d'investissements aléatoires finirent par l'acculer à la liquidation judiciaire. Elle publia son inventaire de cession le 6 juin 1953. La plupart des gérants purent acquérir leur magasin à petit prix, tandis que le restant fut cédé à la chaîne des alimentations « Familistère ». La marque « Caïffa », qui avait fusionné entre-temps avec « La Maison du Café », s'effaça définitivement des conditionnements vers 1962.

Depuis, celui qu'on nommait « le caïffa » a rejoint la cohorte des pittoresques personnages qu'on ne croisera plus jamais. Maurice Echard sera sous peu centenaire si le bon Dieu lui en accorde la faveur. A l'exemple du philosophe Fontenelle, qui attribuait sa longévité au moka, il ne se fait nullement prier pour déguster une tasse de café. Les jus de chaussette d'aujourd'hui ne le satisfont guère, hélas ! Ce ne sont que des lavasses en comparaison des nectars qu'on savourait jadis, du temps de son temps. « Remarquez que je m'en contrefiche comme de l'an quarante, s'empresse-t-il de chuchoter avec un éclair de malice dans la prunelle, car à mon âge, on ne sent plus aucun goût à ce qu'on boit ! »

Rencontre de l'hiver 1984-1985.

Le marchand de peaux de lapin

Quand on a la malchance de naître le premier dans une modeste famille de plusieurs enfants, il faut s'attendre à devoir consentir des sacrifices avant longtemps.

Chez les Thalamy, dans le fin fond de l'Auvergne, Michel était l'aîné. Il avait juste neuf ans lorsqu'il dut s'éloigner de la maison pour laisser de la place à ses puînés. Il suivit son père qui, scieur de long l'hiver, s'embauchait comme maître-charretier dans une ferme de montagne durant les six mois de la belle saison, de la Saint-Georges (23 avril) au jour de tous les saints. Dans cette ferme que huit lieues séparaient de son foyer, le père Thalamy travailla quinze étés de suite. C'est là qu'il trouva à caser son rejeton. Michel devint berger. A raison de 350 francs par terme, payables en pièces d'or, s'il vous plaît ! Ce fut toute sa jeunesse : les moutons puis la charrue.

Michel était de la classe 17. Sitôt après l'armistice, dès qu'il fut démobilisé, il s'entendit avec un de ses oncles qui s'appelait aussi Michel Thalamy et qui était de six ans plus âgé que lui. Les voilà tous deux partis sur les chemins, à vélo, sans autre viatique que leur insouciance. Car outre leur nom, ils partageaient également le même goût pour l'aventure raisonnable.

Avant guerre, cet oncle servait de commis à un gros chiffonnier de Clamecy. « Il y a quelque chose à gratter là-bas », avait-il flairé. Nos deux Auvergnats prirent donc la route de la Nièvre. Ils s'arrêtèrent dans un coin peinard, louèrent une petite bicoque et se lancèrent dans le ramassage des peaux de lapins.

« Pour débuter, dit Michel, j'avais emprunté mille francs à mon père. Ce n'était pas l'opulence mais ça me permettait de voir venir. »

Au vrai, ce maigre investissement fructifia très vite. Quatre mois plus tard, au début d'avril, l'oncle et son neveu revenaient au pays avec une coquette somme en poche. Pas riches comme Crésus, non, mais pas pauvres comme Job non plus. Et, surtout, avec plein de projets qui leur trottaient en tête. Des projets pour l'hiver à venir.

Ils passèrent les beaux jours à faucher puis à engranger les foins. Dans ces régions qui ne vivaient pratiquement que de l'élevage, les fenaisons constituaient l'essentiel de l'ouvrage pendant les périodes d'estivage. Des remises bien garnies de fourrage signifiaient l'assurance, pour un cultivateur, d'affronter les froidures en toute tranquillité.

L'été entier fut donc consacré à la coupe du foin, à sa mise en mulons et à son rentrage. On fauchait très tôt le matin, à la fraîche, les pieds trempés de rosée, car le pâturin se couche mal dès que le soleil l'a chauffé. « Il fallait de la santé pour être un bon faucheur, croyez-moi ! » s'exclame Michel en y repensant.

De la santé, lui, il en avait à recéder. Du sentiment aussi. Il était maintenant en âge de se marier. Il courtisa donc une jeune fille de Beaulieu, Marie Dumont, qu'il épousa pendant l'été. Puis la noce terminée, il réfléchit avec l'oncle sur la meilleure façon d'attaquer la prochaine saison d'hiver.

Il fut convenu qu'on ne voyagerait plus à bicyclette,

comme l'autre fois, mais en carriole. Les deux Michel achetèrent en commun un cheval et demandèrent au charron de leur fabriquer une voiture. Aux premiers jours de septembre, l'oncle reprenait la direction du Nivernais, les rennes d'une main et le fouet de l'autre, tandis que les tourtereaux empruntaient le train pour le rejoindre tranquillement sur les berges de l'Yonne.

Ils recommencèrent à battre la campagne dans les environs de Clamecy mais hélas ! les prix s'étaient effondrés entre le printemps et l'automne. La peau du lapin, désormais, ne valait guère plus qu'une peau de zébi. Un marasme épouvantable. Alors, parce qu'il fallait bien empocher quelques sous pour croûter à sa faim, les Thalamy étendirent leur commerce à la volaille, aux œufs et au beurre.

Ils effectuaient toujours la tournée des fermes avec la carriole. Les produits qu'ils rapportaient, ils les écoulaient auprès d'un coquetier de Paris avec lequel ils étaient en cheville. Afin d'améliorer leur marge, ils en revendaient aussi une partie directement sur le marché de Clamecy, chaque samedi. C'est d'ailleurs là, sur le marché, que Michel eut un jour une prise de bec avec les gendarmes, à propos d'une histoire de prix : des concurrents malveillants s'étaient plaints de ce qu'il ne se montrait pas assez généreux envers les paysans. « Dame ! se défend notre homme, c'était au plus débrouillard. On remplissait la voiture comme on pouvait, voilà tout ! »

Le manège de Clamecy dura un an, cahin-caha, jusqu'à ce que Marie attende un bébé. Alors le neveu et l'oncle se séparèrent. Michel et sa femme retournèrent à Beaulieu afin d'y préparer la naissance de leur petiot.

Beaulieu est un curieux village qui se trouve en équilibre sur trois départements : la Corrèze, le Cantal et le Puy-de-Dôme. C'était là, aux confins de l'Auvergne et du

Limousin, en bordure du plateau de Millevaches, que se tenait la ferme des Dumont, avec deux filles dedans : la femme de Michel et sa sœur aînée, qui était dans les âges de l'oncle à peu de chose près. Même que tous deux, la sœur et l'oncle, avaient pensé se marier ensemble par un moment. « Mais ça ne s'est jamais fait, rectifie Michel en souriant. Ma belle-sœur était une fille de la terre. Les vaches et les cochons l'intéressaient davantage que les bonshommes ! »

Il n'empêche : la ferme ne suffisait pas à nourrir tout son monde, d'autant que la sœur pouvait encore se choisir une chaussure à sa pointure à cette époque-là. Elle n'était pas vilaine et elle n'aurait pas eu à chercher loin pour se dégoter un bon parti si l'envie l'en avait subitement chatouillée. Or en demeurant à ses côtés, Michel risquait de lui porter préjudice : ça faisait déjà un homme à la maison, il n'y en avait pas besoin d'un second sur une si petite exploitation. Aussi notre ami pensa-t-il bientôt à s'établir ailleurs. Il se voyait bien en train d'ouvrir un commerce, mais hélas ! il ne disposait pas des fonds nécessaires à la réalisation d'un tel projet. C'est alors que le hasard l'aida, à moins que ce ne fût le contraire. « Aide-toi, le ciel t'aidera », conseille le dicton.

En effet, les maris de ses sœurs avaient accompli leur régiment à Orléans et, à ce qu'ils racontaient, la contrée offrait d'intéressantes possibilités à quiconque ne fourrait pas ses deux pieds dans le même sabot. Lors des manœuvres d'artillerie auxquelles ils participaient souvent dans les alentours de Cléry, ils avaient pris l'habitude de se reposer chez un vigneron du bourg, un vieux gars qui vivait avec sa mère et qui leur remplissait volontiers leur bidon. « Il possède une maisonnette inoccupée, dit l'un, et qui est accolée d'une grange ! – Il te louerait ça contre une bouchée de pain si tu venais de notre part, renchérit l'autre. Tu pourrais facilement y reprendre ton ramassage de peaux de lapin. »

Voilà par quel biais Michel Thalamy vint s'installer

comme marchand de peaux de lapin à Cléry. Il habita dans la maisonnette du vigneron, comme de juste, et il entreposa ses dépouilles dans la grange. C'est là, sur les bords de la Loire, que naquit peu après son deuxième fils. Quand enfin vint son troisième garçon, Michel sut qu'il ne quitterait plus le pays.

« J'ai choisi ce métier pour être libre, confesse-t-il. Jamais je n'aurais pu supporter d'avoir un patron sur mon dos, à me tarabuster pour un oui ou un non ! »

Le boulot était des plus simples, évidemment. Il suffisait d'aller de village en village, de ferme en ferme, de porte en porte, et de s'égosiller : « Peaux d'lapin ! Peaux-aux ! » Ou encore : « Chiffons, ferraille à vendre ! » Les bonnes femmes pointaient le nez par la fenêtre, lui adressaient un signe. « J'en donne tel prix, leur disait-il. Faut me les garder et, surtout, ne pas les vendre à d'autres ! »

Car il y avait beaucoup de concurrence, mine de rien, entre les trimardeurs, les bohémiens et les biffins qui rappliquaient d'ailleurs. Lui, Michel, passait tous les huit jours ; c'était réglé comme du papier à musique. Il chinait jusqu'à vingt kilomètres à la ronde, jusqu'à Beaugency, Saint-Ay, Huisseau-sur-Mauves... Il s'était entendu avec plusieurs de ses collègues afin de partager la région sans qu'aucun ne causât tort à l'autre. Contrairement à ce qu'assure le proverbe, les chiffonniers ne se battaient pas forcément entre eux !

Un beau matin du mois de mai

Il s'appelait Pineau, le marchand de peaux de lapins. Quand je n'étais encore qu'un gamin, il passait dans le pays, toutes les semaines ou toutes les quinzaines, pour ramasser les peaux. Il annonçait son arrivée en soufflant dans une trompette, puis il criait : "Peaux de lapins, peaux !" Sur sa vieille bicyclette il y avait deux porte-bagages, un devant et un derrière, sur lesquels il empilait ses peaux. Il s'en attachait même autour des épaules avec une corde.

Il était coiffé d'un chapeau de feutre de couleur assez douteuse, et sa vieille veste noire lui descendait presque jusqu'aux genoux. Dans ses pieds : de vieux brodequins récupérés je ne sais où...

Lorsqu'il venait chez nous, ma mère lui offrait toujours un verre de vin. Il était content et il lui disait : "Vous savez, Madame, la prochaine fois, je crois que je vous les paierai cinq sous de plus la pièce." Puis il repartait avec ses peaux "afistolées" tout autour de lui.

Un jour, le père Pineau ne vint plus. Un beau matin du mois de mai, on le trouva chez lui, allongé près du hangar où il remisait ses peaux. Son chien Horace était couché à côté de lui. Le père Pineau venait de passer dans l'autre monde

(Lettre de Jules Fourniguet, d'Aschères-le-Marché.)

Vers 1920, une peau valait de cinquante centimes à un franc, selon sa qualité et sa couleur (les blanches avaient la préférence parce que les fourreurs américains en réclamaient tant et plus). Les fermières les vendaient souvent, gonflées d'un bouchon de paille, déjà tendues et sèches, par ballots d'un kilo que Michel payait trois francs cinquante le lot. En moyenne, on comptait sept peaux au kilo. Mais dans chaque ballot, il y en avait de bonnes et de moins bonnes, qu'il convenait de trier.

Les paysannes rechignaient fréquemment. « Untel se montre beaucoup plus généreux que vous ! » glapissaient-elles en faisant semblant de ne rien vouloir lâcher. Alors Michel consentait un petit supplément, histoire de ne pas repartir les mains vides. C'était ça de rogné sur le bénéfice, d'accord, mais que voulez-vous ? il lui fallait bien encourager la fidélité de sa clientèle. Ce qu'il perdait aujourd'hui, il tâcherait de le regagner à son prochain passage. C'était la loi des affaires : à malin, malin et demi. Chacun était content au bout du compte…

Dans sa virée quotidienne, Michel se faisait fort de rapporter trente à quarante peaux. Il avait le bagout qui convenait ; les bonnes femmes le connaissaient, l'attendaient même. Le dimanche était sa meilleure tournée car, en ce temps-là, la plupart des ménagères cuisinaient un lapin pour régaler leur famille du sacro-saint civet dominical. Ces dépouilles étaient vendues fraîches et, finalement, cela ne déplaisait point à notre marchand qui pouvait les traiter à sa convenance.

Les peaux mal séchées pourrissaient, c'était toujours dommage. Il fallait avoir la manière de les arranger. Et cette manière, Michel l'avait. Lui n'en jetait aucune. Rentré bien souvent à la nuit noire, il ne se couchait pas avant de les avoir toutes accrochées aux poutres de sa grange, fourrure retournée et brin d'osier plié en embauchoir à l'intérieur. Disposées de la sorte, les peaux ne se gâtaient jamais.

Certaines fois, il n'y en avait pas moins d'un millier qui pendaient dans la grange et dans le grenier des Thalamy. On se méfiait alors des rats et de la vermine comme de la peste. En principe, un pelletier ne s'installait jamais sans en solliciter l'autorisation préalable auprès des autorités municipales, devant lesquelles il s'engageait à ne causer aucune nuisance à son voisinage immédiat.

C'était durant l'hiver que le pelage des lapins devenait plus volumineux, plus lourd, plus soyeux. Quelquefois, un braconnier proposait une robe de chat sauvage ; plus loin, un jardinier se débarrassait des taupes qu'il avait assommées à coups de bêche. Michel était preneur de tout. Il a même connu un citoyen qui put s'acheter une bicyclette neuve avec les seuls sous que lui attrapèrent ses taupières, sans avoir à dénouer son autre bas de laine !

Dans les écarts en lisière des bois, les gardes forestiers capturaient des écureuils, des belettes, des renards, des fouines aussi dont chaque livrée valait une fortune. C'était toujours une rare aubaine que d'en collecter une ou deux au hasard d'une tournée, ici ou là.

Michel embarquait également les vieux chiffons, les papiers et les cartons, les édredons et les couettes de plumes dont les gens désiraient se défaire, les ferrailles et les cuivres. Il emportait tout : les jantes de tombereaux, les fers usés de la maréchalerie, les rebuts de forge, tout. Il ne laissait rien traîner derrière lui. Il chargeait son bric-à-brac dans sa carriole, pêle-mêle. « Le soir, se souvient-il, je revenais à la maison avec les reins en compote ! »

Un jour, il rassembla trois tonnes de plumes. Incroyable mais vrai ! Ça en faisait un sacré paquet, pour sûr. Et cette fois-là, il eut tout loisir de vérifier qu'un kilo de plumes était réellement aussi lourd qu'un kilo de plomb...

On en distinguait plusieurs catégories. D'abord le surchoix : le duvet d'oie, puis la plume blanche ou grise, enfin l'oie mélangée à la poule. Les volaillers proposaient quantité de plume fraîche mais Michel ne courait pas après. Il préférait la vieille, qui se maniait plus aisément.

A l'occasion, il s'intéressait aussi aux meubles anciens et aux antiquailles de brocante. Il furetait dans les ventes aux enchères, le dimanche, mais il s'aventurait parfois très loin pour n'en rapporter que des clopinettes. Les commissaires-priseurs déballaient devant la porte tout ce qu'ils avaient arraché à la maison : les piles de linge et les armoires béantes, la couronne de fleurs d'oranger sous son globe et le pantalon de marié du défunt, les mille babioles insignifiantes, amassées au fil des ans, qui font les trésors d'une vie ; un bazar hétéroclite où chacun et chacune fouinaient d'un œil impudique en espérant y dénicher l'indénichable.

Souvent, rien ne méritait d'être disputé. Alors Michel

s'arrangea pour joindre l'utile à l'agréable : il devint le crieur d'un notaire de sa connaissance. De la sorte, il touchait un petit pourcentage sur les ventes réalisées tout en occupant les premières loges. Ça mettait du beurre dans les épinards et l'occase exceptionnelle ne pouvait plus lui échapper. Il avait beau jeu, ensuite, de fourguer ses trouvailles aux antiquaires de la contrée !

Il refilait les matières récupérables aux grossistes d'Orléans. Deux à trois sous le kilo de ferraille. Tous les quinze jours, il livrait ses peaux de lapins à celui qui approvisionnait les tanneries. Ses peaux dont on ferait des manteaux et des chapeaux de feutre... Car Michel était le contraire du magicien dont le numéro consiste à sortir des lapins de son chapeau : lui, il permettait plutôt que d'autres tirent des chapeaux de ses lapins !

L'un dans l'autre, comme on dit, Michel ne se dépatouillait pas si mal en dépit des aléas inhérents à son boulot. Mais voilà : les foucades du destin étaient imprévisibles. Un jour il pouvait rafler une camelote exceptionnelle, un butin faramineux, et n'agripper que dalle la semaine suivante. Ça dépendait d'on ne sait trop quoi. D'un brin de veine, sûrement. Et puis les cours jouaient à saute-moutons pour ne rien simplifier : une bricole se vendait les yeux de la tête un lundi et ne remboursait même plus son déplacement le mercredi. Toutefois, c'était de règle, Michel s'obligeait à faire la culbute sur chaque chose, au minimum, pour ne pas se satisfaire d'une poignée de nèfles en guise de bénef.

Les paysannes lui réservaient leurs peaux d'un passage à l'autre, oui, mais il n'en avait pas toujours été ainsi. Autant le dire sans honte : au commencement, lorsqu'il se déplaçait à vélo, son barda ficelé sur le porte-bagages et son gros sac jeté sur l'épaule, plus empêtré sous le faix qu'un mulet bâté, Michel n'inspirait guère la confiance.

On le reluquait de travers, un peu comme un romanichel qui aurait délaissé les paniers pour la fripe. Et puis petit à petit, les gens avaient fini par s'accoutumer à lui, par l'accepter. Il acheta le cheval gris du plâtrier au bout de six mois, avec une carriole, et le garda un an ; puis il en prit un autre, plus robuste, qu'il conserva deux ans. Sans faire cossu, la carriole et le cheval en imposaient davantage que le vélo.

Pourtant, les gens continuaient de faire la moue en parlant de lui. « Ce n'est pas quelqu'un d'ici, clabaudaient les commères. Il ne s'habituera jamais à la région. Quand il arrivera à la retraite, s'il y arrive, il décampera et on ne le reverra plus. Les bougnats font toujours ainsi : ils n'enlèvent les frusques des autres que pour se nipper chez eux ! »

Ils médisaient de lui, les méchantes gens, parce que chaque été, Michel regagnait la ferme de Beaulieu, là-bas en Auvergne, pour y aider à la fenaison puis aux moissons.

« Tous les ans au mois de juin, je rappliquais en effet chez mes beaux-parents pour leur prêter la main, confirme Michel. C'était à la couleur de mon esprit. Dès que l'envie m'en prenait, je bouclais ma porte et au revoir vous tous, à la prochaine ! Personne n'avait à me réclamer des comptes sur ma façon d'organiser mon commerce. Je vous l'ai dit : j'avais choisi ce métier pour être libre. »

Ces allées et venues s'échelonnèrent sur une vingtaine d'années, jusqu'à la Guerre de 40. Jamais il n'a manqué les foins ni les blés, Michel.

C'étaient ses pèlerinages à la terre ancestrale, sa contribution à la sauvegarde du patrimoine des Dumont. Plus tard, ça serait ses enfants à lui qui en hériteraient puisque sa belle-sœur, on le devinait maintenant, ne se marierait plus.

Michel participait aussi à l'entretien des bâtiments et n'hésitait point à régler le maçon ou le couvreur lorsqu'une réparation devenait pressante. Les murs croulants furent consolidés et crépis, des ardoises remplacèrent le chaume, les menuisiers posèrent un plancher... Aujourd'hui, la ferme appartient effectivement à l'un des fils de Michel. Et tous les enfants Thalamy, à l'heure qu'il est, possèdent chacun leur maison. C'est quelque chose, ça ! On en dira ce qu'on voudra : quiconque est propriétaire de son toit se tient à l'abri de beaucoup d'ennuis. Le déluge peut se reproduire, celui-là ne sera pas trempé jusqu'aux os.

En 1923, ce fut la révolution dans le bourg de Cléry. Michel Thalamy venait d'acheter une automobile ! Une Renault deux cylindres, un ancien taxi parisien reconverti en camionnette. Une fringante voiture-sans-chevaux vendue 6 000 francs de l'époque par un commerçant dont les affaires battaient de l'aile. Michel était le troisième à piloter un véhicule motorisé dans le canton, après le docteur et un gros pinardier. Là encore, les langues s'agitèrent. C'était impensable qu'un chiffonnier, un vulgaire marchand de peaux de lapins, un ramasseur de guenilles, puisse se payer une mécanique de richard ! Or, néanmoins, c'était bel et bien : Michel Thalamy déambulait maintenant au volant d'une torpédo de bourgeois !

Au printemps, à la période des foins, il lui fallut deux journées entières pour descendre à Beaulieu. Trois cent cinquante kilomètres de routes défoncées, avec des nids-de-poule en veux-tu en v'là !

« Mais va, s'attendrit Michel, on était heureux ! On couchait où ça se trouvait, sans chichis. On s'approvisionnait en essence dans les épiceries. Les villageois accouraient du plus loin qu'ils entendaient pétarader la bagnole ; d'autres au contraire s'en effrayaient et se carapataient derrière les haies. »

Il n'empêche : l'époque des marchands de peaux à demi trimardeurs tels qu'il s'en trimbalait autrefois, les Yein-Yein d'ici et les Pineau d'ailleurs, avec leurs dépouilles pendillant de leur bâton et leur appel gueulé à l'orée des hameaux, peaux d'lapin ! peaux-aux ! cette époque touchait à sa fin. On ferait dorénavant dans le vrai bizeness, dans la récupération des matières recyclables. Désormais, les poubelles et les décharges n'attireraient guère que les clochards et les exclus de la société de consommation. Il ne faudrait plus mélanger les torchons et les serviettes, attention ! On avait sa fierté, que diable !

N'en déplaise aux médisants d'hier, Michel Thalamy ne s'est pas éloigné de Cléry à la retraite atteinte. Pour une raison évidente : la retraite, il y est parvenu sans même s'en apercevoir ! Voilà seulement trois ou quatre ans, il travaillait encore avec l'ardeur d'un jeune homme.

Il demeure actuellement dans une maison dont il fit l'acquisition peu avant la dernière guerre. Une bâtisse de la Grande-Rue, tout ce qu'il y a de solide et de respectable, flanquée d'une vaste grange et dotée d'un puits en pignon.

La pièce-à-vivre semble somnoler dans la pénombre des intérieurs d'antan, bercée par le tic-tac lancinant d'une vieille horloge ventrue. Il y fait bon, il y fait chaud. Les secondes s'égrènent à la cadence du balancier de cuivre, dans une quiétude que la sonnerie aigrelette des heures ne réussit pas à troubler.

« Tiens ! s'étonne Michel, la nuit est déjà tombée. »

Pendant que nous jabotions, assis à la table, sa Marie n'a pas quitté la chaise près de la fenêtre. Parfois elle se contentait de hocher la tête, comme pour approuver ce que son bonhomme venait de me dire, ou elle rectifiait le détail d'une anecdote, la date d'un événement familial, puis elle reperdait aussitôt son regard de l'autre côté de la vitre…

Pardi ! c'est une montagne de peaux qu'il a ramassée durant son existence, Michel Thalamy. Eh bien ! voyez-vous, monsieur, malgré cela, sa femme n'a jamais porté un manteau de fourrure. Même pas de lapin. Il faut croire que les chiffonniers ne sont pas les mieux fringués.

Dites voir : ça ne vous rappelle pas un autre dicton, une remarque de ce tonneau-là ?

Rencontre de l'hiver 1987.

Le cochonnier

« Non, non et non ! »

C'est ce que s'exclama Roger Riby quand il apprit que le fermage des trente hectares qu'il cultivait, passait sans transition de cinquante quintaux de blé à cent vingt. Calculez : plus du double ! Il en aurait certes consenti quatre-vingts, quatre-vingt-dix peut-être, ce qui frôlait les neuf mille francs de l'époque, mais sûrement pas davantage. A ce tarif, autant trimer pour des nèfles ! Et ce fut parce que son propriétaire lui mettait le couteau sous la gorge que lui, Roger Riby, dut se résoudre à mettre le sien sous celle des cochons.

Plutôt que de renouveler un bail qui l'aurait grugé, il renonça donc aux terres de louage et, du hameau d'Isy, il se rabattit sur une maison du bourg. Celle qu'il acheta, un ancien hôtel, faisait tout à la fois café, salle de mariage et dépôt local du Syndicat des agriculteurs. Il y installa sa famille le lendemain des noces d'Aline Nourrisson et de Jean Marchand, en mai 1935. Le cultivateur devint ainsi commerçant.

Au bout de six mois, il dut pourtant se rendre à l'évidence : sa nouvelle affaire ne suffisait ni à occuper ses jours, ni à lui procurer les revenus qu'il en escomptait. C'est alors que M. Hémon, le tueur de cochon qui avait cessé son activité à la fin de l'année précédente, lui conseilla de reprendre sa pratique. Sa femme, Madeleine, saurait bien tenir seule le café-dépôt...

Roger accepta sans grand enthousiasme, il l'avoue. Ce métier-là ne lui plaisait guère. Les débuts furent très difficiles. Il lui en coûtait vraiment de tirer les animaux de leur abri, d'entendre leurs couinements affolés, de poisser ses mains aux giclées de sang chaud et moussant. Cependant il lui fallait bien travailler, faute de travailler bien, et ne point céder à la sensiblerie. Alors il fourra son mouchoir par-dessus ses réticences et il s'appliqua à l'ouvrage du mieux qu'il put, sans se plaindre.

M. Hémon se proposa de l'aider dans les premiers temps et de lui enseigner la bonne manière d'opérer. Mais M. Hémon grognait de le voir se débrouiller si gauchement. Parfois, agacé, M. Hémon lui arrachait le couteau des mains en renaudant : « Regarde, sapristi, et ne galvaude pas le boulot ! Tu dois faire comme ci, pas comme ça ! » Et c'était lui, M. Hémon, le vieux tueur à la retraite, qui terminait avec habileté la corvée que son jeune successeur avait commencée si maladroitement. Un cochon se saigne proprement, il ne se charcute pas. Roger observait, puis essayait d'imiter. Petit à petit, avec l'habitude qui endurcit les cœurs, sa répulsion se mua en une indifférence de routine, du moins en apparence.

Il est vrai que les hommes, ces cochons à deux pattes, ont toujours nié les qualités du porc, hormis celle d'être de bonne composition – en cuisine, s'entend. Ils l'ont prétendu bête à l'excès, et sale, et vicieux, et capable des pires cochoncetés. Dans l'histoire, ils en ont même accusé plusieurs d'avoir dévoré des marmots et ils les ont suppliciés comme de véritables criminels. Ils décrétèrent que le bon Dieu n'avait daigné créer cette détestable engeance que pour épargner la disette aux populations.

Ce fut leur façon, aux hommes, de se dissocier d'une espèce animale coupable de trop ressembler à la leur. Mais en dépit des médisances, la troublante similitude demeure. D'ailleurs, ne prétend-on point qu'un cochon sommeille en chacun de nous ?

Ces sempiternels dénigrements contribuèrent évidemment à soulager les consciences, à protéger les hommes d'un quelconque relent de culpabilité. On ne se lamente pas sur le sort d'une vile créature ; au contraire, on se réjouit de son trépas, surtout quand, de surcroît, on se régale de sa dépouille. Le dernier des croquants pouvait ainsi se goinfrer d'andouilles sans souffrir le remords. Il importait donc que le porc restât, dans la croyance populaire, un sujet de dégoût et de moquerie, une provende crottée à n'estimer qu'au moment de s'en faire péter la panse. Et pour le rabaisser davantage encore, il fut de bon ton de l'affubler de surnoms ridicules tels que Charles X, Guillaume ou Bismark, au gré des rois et des guerres. Les ventres pleins n'ont décidément pas plus de reconnaissance que les ventres creux n'ont d'entendement. O ingratitude humaine !

Roger, qui en a pourtant zigouillé des mille et des cents, ne cherche nullement à noircir les cochons roses. A l'en croire, un porc ne se montre ni plus ni moins intelligent que beaucoup d'autres animaux de la ferme. Il a même vu un verrat apprivoisé par un petit porcher, c'est vous dire ! Et le cochon n'est malpropre que si l'on ne change pas sa litière. Il est exact néanmoins que certains sujets « s'améchantissent » parfois en vieillissant. Ce n'est pas sans raison que l'on dit, d'un mauvais coucheur, qu'il a un caractère de cochon.

Ici, dans la région, les porcs n'étaient jamais lâchés à l'abandon, comme on pouvait les voir en d'autres contrées. On les élevait sous un toit afin qu'ils grossissent plus rapidement. Oh, bien sûr ! vous discuterez peut-être avec un de ces menteux qui jurera que ses coches forcissaient quasiment à vue d'œil, tellement qu'à l'échéance suprême on ne pouvait les sortir de la soue qu'après en avoir démoli la porte devenue trop étroite. Ce ne sont là que sornettes, vous le devinez, que balivernes à classer au chapitre des exagérations paysannes. On vanta longtemps cette truie fabuleuse, longue de neuf mètres, qui permit de bonder sept poinçons de rillettes et d'étirer une lieue de boudin. Tout le pays en parla mais personne n'en goûta le moindre rillon. Des fadaises, vous dis-je, qui ne stupéfiaient que les niais... Roger en rigole, de ces forfanteries, car lui n'eut jamais à se mesurer avec de semblables monstres !

Il faut bien répéter que le cochon, naguère, constituait l'essentiel des viandes consommées à la campagne, d'où l'attention qu'on accordait au rituel de son immolation. En principe, une maison en tuait une couple dans son année : l'un au printemps et l'autre en automne. Dans les fermes importantes où il y avait une tripotée de domestiques à nourrir, on accélérait la cadence jusqu'à un porc tous les deux mois. On en sacrifiait quelquefois une paire dans la foulée quand le besoin commandait. Là-bas, chez les riches fermiers, les bêtes étaient entièrement salées. On en bourrait de grandes potes sans seulement prendre la peine d'ôter le culot de la salaison précédente. Une cochonnerie voulue, pour sûr. Le fond ranci imprégnait bientôt le nouveau salé d'un goût écœurant qui barbouillait l'estomac des moins délicats. Le souci constant d'une maîtresse était en effet de contrarier l'appétit de ses charretiers pour économiser d'autant sur la pitance. Je vous ai souvent confié nombre d'anecdotes à ce propos.

Fi d'cochon !

Dans la ferme où j'étais vacher, on fêtait les cochons avant la moisson pour nourrir les ouvriers. Une fois on en tua un de cinq cents kilos ; il ne pouvait pas se lever pour manger : je le gavais au seau. Les rats lui avaient grignoté les oreilles et les asticots grouillaient dans la fesse sur laquelle il portait. Le tueur l'a saigné dans la porcherie. Je tenais la poêle pour récupérer le sang nécessaire au boudin. C'est le cheval de cour, Caraby, qui a tiré l'animal exsangue hors de son toit. Ensuite nous l'avons roulé sur la traîne qui servait à charrier le fumier, jusqu'au seuil de la cuisine, puis grillé, puis nettoyé. Le tueur l'a enfin découpé en quartiers.

Plus loin, notre correspondant parle d'une autre ferme qui employait une douzaine de saisonniers belges pendant l'arrachage des betteraves sucrières : *Avec les ouvriers de la batteuse*, écrit-il, *il y avait parfois jusqu'à vingt-deux personnes à table en même temps. Heureusement, la porcherie comptait de soixante à quatre-vingts cochons à l'engraissement. Le tueur passait tous les dix jours*

(Témoignage de Denis Morgeat, de Toury.)

On trucidait son cochon dès que celui-ci atteignait ses cent à cent vingt kilos, généralement au terme d'un engraissement de six mois. Tout dépendait de la pâtée qu'on avait coutume de verser dans l'auge. Les fermiers qui employaient un régiment de journaliers préféraient abattre des bêtes enveloppées d'une panne épaisse et dont la viande gélatineuse ne susciterait guère les demandes de rabiot. De la quantité, pas de la qualité. Les morceaux flasques, peu alléchants, frissonnaient dans les assiettes. On appelait ça du « tremblant », par dérision. En refroidissant, ces carrés de gras se durcissaient jusqu'à se confondre avec des cubes de savon.

En ces environs de Petite Beauce où l'on nomme un chat un matou et une truie une gobette, Roger était le « tueux de cochons », tout simplement. Ailleurs, on disait le cochonnier ; plus loin, le gognier. Son matériel comprenait un couteau parfaitement affûté, une longe solide et un lourd maillet. Il possédait également une cage à brancards, en bois, qui lui servait aux pesées. Pas d'attirail extraordinaire, donc. C'était avant tout le geste qui primait le matériel. Un geste précis, décidé, prompt mais jamais hâtif.

Roger, averti de l'exécution à l'avance, se levait tôt pour être prêt à officier dès l'aube, à l'heure fatidique des condamnés à mort. Car c'est au matin blême qu'on estourbit le cochon, à la fraîche, de façon à ne point mordre sur la journée des cochonnailleux. Il partait avant l'aurore, été comme hiver, plus ou moins dans la nuit selon le trajet qu'il devait parcourir pour se rendre à la ferme. On le demandait de loin quelquefois, de l'autre côté d'Ouzouer ou sur les derrières de Charsonville. Trente kilomètres à vélo ne l'effrayaient point. Il allait par tous les temps, dans la neige ou dans la pluie, quand il gelait ou quand il ventait. Et il savait qu'il devrait refaire la même trotte le lendemain ou le surlendemain, mais en carriole cette fois, avec un porcelet attaché à la ridelle.

Les gens de la ferme l'épaulaient volontiers en besogne. Il fallait d'abord extraire le cochon de la porcherie sans que les autres gorets ne se sauvent. Plus facile à écrire qu'à mener à bien, car les codétenus bondissaient sur l'occasion pour jouer ripe. Au plus fort du raffut, ils bousculaient le monde, forçaient le passage, se ruaient dans la cour en poussant des grognements apeurés. S'ensuivait aussitôt une poursuite effrénée qui les refoulait vers leur prison à grandes volées de trique. Certains animaux ne pensaient qu'à s'évader ; d'autres à l'inverse, qui ne remuaient guère, semblaient si menaçants que le tueur se tenait sur ses gardes en les approchant, tandis que ses assistants attendaient prudemment la suite des événements, à l'extérieur, retranchés derrière la porte close, en renfort.

Verrat, verra pas !

On nous en a chuchoté une bien bonne :

Celui-ci, cet autre cochonnier, passait pour être plus cochon que ceux qu'il tuait, à croire que la mauvaiseté de ses animaux avait fini par déteindre sur son propre comportement. Toujours à essayer de rencogner les petites porchères pour les bécoter, à leur tripoter la fesse, à les culbuter sur la litière, à fouger du groin sous leurs cotillons. Un verrat, vous dis-je.

Un midi, à l'heure de la vaisselle, le mâtin arrive dans une métairie avec l'intention d'y examiner une truie promise au couteau. Personne d'autre, à la maison, que la boniche : une agnelle qui, entre nous, ne devait guère craindre le loup. Le cochonnier devine l'aventure facile. Il hasarde une grivoiserie qui se veut tentatrice. La petite ne rougissant point, le suborneur commence aussitôt son manège habituel sans se demander une seconde si c'est du lard ou du cochon que cette gredine-là. Et je te lutine contre l'évier, et je te pelote les nichons, et je te pétris la croupe à grosses paluchées ! La gamine ne se démonte pas ; elle minaude seulement : « Faut d'abord aller voir la truie. L'ouvrage avant le plaisir. »

Le cochonnier n'est pas contrariant du moment qu'on lui promet de l'agrément. D'accord, ma fille, va pour la truie en premier. Somme toute, une porcherie est l'endroit idéal pour faire des cochoncetés, pas vrai ? Et le bougre se précipite vers la soue, la gredine sur ses talons. Il déverrouille la porte, il s'engouffre sous le toit. Plus vite il saura si la bête est prête à l'abattage, plus tôt il pourra tomber la greluchette. La truie à saler d'un côté, la boniche à dessaler de l'autre...

Et voilà le joli-cœur pris au piège. Car la friponne a déjà refermé la porte sans le suivre à l'intérieur. « Ouvre-moi ! crie le cochonnier. – Non pas, vous êtes enfin à votre place ! » lui répond la fille en s'éloignant.

Le courailleur ne fut libéré qu'au soir, quand le métayer, de retour des champs, s'étonna de trouver la camionnette en attente dans la cour. Le pays rigola longtemps de la farce, évidemment.

Le cochon était enfin acculé en un coin de la cabane. Le tueur s'arrangeait pour lui entraver une patte arrière dans le nœud coulant de la longe, puis il se dépêchait d'engager l'extrémité libre de la corde dans le passant du verrou et il tirait, tirait, tirait. Le bestiau, fatigué de s'être tant débattu, finissait par capituler. Il se laissait lourdement traîner vers le seuil, quitte à foncer brusquement au-dehors pour tenter une ultime et vaine échappée.

La besogne se compliquait rudement lorsqu'on destinait l'animal au charcutier du bourg. Il fallait en effet le peser sur la bascule dès sa sortie de la porcherie et, pour ce faire, l'enfermer dans la cage à brancards. On tirait encore et on poussait, les uns sur la longe et les autres au cul, en un charivari de ho hisse ! et de jurons.

Roger n'avait qu'à tâter la croupe d'un cochon pour deviner son poids à cent grammes près. Avant même de s'approcher de la bascule, il savait sa lourdeur exacte.

La pesée s'effectuait dans les inévitables contestations du paysan qui soupçonnait toujours quelque tricherie manigancée à son préjudice. Un plombage douteux des poids par exemple, preuve évidente de la collusion du tueur et du charcutier ; ou le bout d'un soulier glissé par le cochonnier sous la plate-forme de la bascule, en levier, dans l'intention d'alléger la bête et de minimiser ainsi sa valeur.

Le cochon, lui, attendait sa fin en ronchonnant. Il ne quittait sa cage que pour s'effondrer d'une masse, assommé raide sous le maillet. Le couteau lui piquait la carotide séance tenante. Le tueur réglait la saignée en comprimant la taillade avec le pouce. Le sang pissait par saccades dans une poêle à long manche que l'on transvasait dans un seau, religieusement, sans en gaspiller une goutte. On ajoutait un jet de vinaigre et on touillait de temps en temps pour empêcher la coagulation du précieux raisiné. Du coin de l'œil, la fermière évaluait la longueur du boudin que la seillée obtenue lui permettrait d'entonner.

Les soubresauts de l'animal s'affaiblissaient ; la plaie ne coulait plus. Le cochon avait vécu.

Une tradition d'autrefois voulait que le tueur se découvre devant le porc qu'il venait d'occire, respectueux salut à une bête dont la mort signifiait un sursis dans la vie d'une famille paysanne.

Sans s'apitoyer outre mesure, on flambait le cochon exsangue après l'avoir bordé dans une couverture de paille. Un bon grillage exigeait une paille bien sèche qui, en se consumant d'un feu clair et rapide, sans fumée ni coup de chaud, ne gâtait les chairs d'aucune senteur de brûlé. On éteignait les flammèches et hardi, gars ! que je te racle la couenne du pauvre pachyderme ! La curette idéale consistait en une boîte de sardines dont on avait perforé le fond avec un clou, de sorte à le hérisser de dents.

A ce grattage énergique succédaient le brossage et le dépeçage. On crucifiait le cochon sur une échelle accotée contre un mur, pattes arrière ficelées au rollon du haut, groin à ras de terre et bedaine offerte à l'éventration. Le tueur ne tâtonnait jamais au moment d'étriper sa victime. D'un trait de couteau bien ajusté, d'un seul, il libérait une ventrée d'entrailles fumantes qui s'abîmait en avalanche dans le crible à grain déposé l'instant d'avant, au bas de l'échelle. Le cochonnier plongeait immédiatement les boyaux dans une bassinée d'eau. La fermière les repêcherait bientôt, un à un, les étalerait sur sa selle à lessiver, les

« débernerait » à l'aide d'une cuillère à soupe, les frotterait à la brosse en chiendent, les réserverait enfin à la cave, avec le sang, dans l'attente des prochaines boudinailles. Ce lavage de tripes n'était guère plaisant, l'hiver, dans les grosses fermes où l'on n'offrait pas aisément une casse d'eau chaude. Bien souvent, le cochonnier devait se contenter du baquet de flotte glacée tout juste tirée du puits.

Le tueur découpait maintenant le cochon en quartiers. Son ouvrage s'achevait. Les morceaux s'amoncelaient dans la cuisine ou dans le cagibi, selon les ordres de la fermière. Rien ne devait être gâché. Un dicton assure qu'on ne perd, dans un cochon, que son cri. La fressure serait fricassée pour le dîner, la tête finirait en pâté, comme les couennes, et la vessie se transformerait en blague à tabac. Tout le restant, ou presque, filerait au saloir.

Les tours de cochon

En Sologne et certainement en de nombreuses autres contrées de France et de Navarre, les cochonnailles d'hiver donnaient lieu à de joyeuses retrouvailles, autour d'une poêlée d'abats, entre parents et amis. Le premier « repas du cochon » commençait aux alentours de Noël et le dernier s'achevait en février. Ainsi, presque chaque dimanche de la mauvaise saison, allait-on banqueter chez Pierre ou chez Paul, ce qui n'était bien sûr qu'un prêté pour un rendu.

On tuait l'animal le mercredi ; le nettoyage des boyaux et la cuisson du boudin occupaient le restant de la journée. Le lendemain jeudi, on découpait les quartiers puis on préparait les pâtés et les andouilles. On consacrait son vendredi aux rillons et aux rôtis ; on empotait aussi le saindoux, on remplissait les tinettes à salé, on fumait les jambons dans la cheminée. Le samedi enfin, on chauffait le four et on cuisinait du même coup les argotiaux, les pâtés à la citrouille et la fressure au vin rouge. Voilà, on était prêt : la fête pouvait commencer. Quelques femmes arrivaient dès le dimanche matin pour aider la maîtresse de maison, mais le gros des convives ne se pointait que sur le midi, au sortir de la messe ou du bistrot, à l'heure de glisser les pieds sous la table.

Cette tradition d'autrefois n'était évidemment possible qu'en période de froidures, lorsque le travail ne pressait guère et que la conservation des viandes ne posait aucun problème. C'était le temps de la rémission après celui de l'effort, le temps des garde-manger pleins après celui des saloirs vides. En plusieurs villages solognots, on célébra ces « fêtes de la Saint-Cochon » jusque dans les années 1950.

On disait qu'une femme indisposée ne devait pas mettre le salé en pot car la viande s'avarierait sous peu. Pareillement elle ne pouvait pas monter une belle mayonnaise.

La qualité de la viande différait d'une maison à l'autre. En démembrant un cochon, Roger pouvait deviner à quoi ledit cochon avait été gavé. Les porcs nourris au grain étaient denses et savoureux ; les autres, engraissés aux lavures et aux patates mêlées de son, n'offraient que des chairs ramollies. On sait que les meuniers, qui prélevaient leur part sur chaque mouture, s'enorgueillissaient d'élever les meilleurs gorets des alentours…

Roger tiquait quelquefois en dépeçant un porc qu'il venait d'abattre. Ça se remarque au premier regard, une bête malade. Au foie. Qui se couvre d'abcès blanchâtres lorsque s'y est vrillée la douve, ou qui se teinte d'une vilaine couleur en cas de jaunisse. Roger informait le fermier de ses doutes. « Voilà ce que j'ai noté, lui déclarait-il sans ambages. Vous en ferez ce que vous voudrez. » Le fermier prévenait le vétérinaire, qui examinait la viande de plus près. C'était lui, le vétérinaire, qui décidait. Roger n'avait pas à donner son avis sur ce qui lui paraissait mangeable ou non. « C'est égal, avoue-t-il, il aurait fallu me payer très cher pour que je m'attable chez d'aucuns ! »

Il était rare, cependant, que les cochons ne vivent pas une belle mort, comme dit l'autre. Mais ça se produisait pourtant. En certaines paroisses, les paysannes d'avant-guerre se réunissaient à l'église une fois l'an, le vingt de janvier, sans leurs hommes, et elles y imploraient la bienveillance de saint Sébastien, le protecteur des animaux domestiques. Ces dévotions, hélas, manquaient d'efficacité. Ainsi à Prenay, ce fut un double malheur qui ruina une porcherie. Deux bêtes y profitaient tranquillement quand soudain, à la veille d'être tuées, on les vit mal faire et crever le même jour. Le paysan ne savait plus que penser, ni à quel saint se vouer, à saint Sébastien ou à saint Antoine, d'autant que son abri n'avait pas servi depuis une dizaine d'années.

« Depuis dix ans, s'étonna le vétérinaire. Et pourquoi donc ?

— Parce que le dernier cochon qu'on y enferma mourut du tétanos. Depuis, on se méfiait. »

On ne pouvait nier l'évidence : l'infection s'était bel et bien incrustée dans les murs ! Car c'était effectivement le tétanos qui venait de causer la perte des deux bêtes, dix ans plus tard. Une véritable malédiction.

Roger ne réclamait rien en contrepartie de sa peine alors que le charcutier n'aurait pas hésité à empocher dans les vingt-cinq à trente francs. Il refusait même le verre de vin qu'on lui proposait en fin d'ouvrage. Il emportait seulement le kilo de bidoche qui lui revenait par bête tuée, à titre de dédommagement. C'était le fermier qui choisissait le morceau et, en quelques maisons, ce kilo ne pesait jamais deux livres. Roger ne se fâchait pas de ces mesquineries. A raison de quatre à cinq cochons abattus par semaine, il n'était guère privé de viande. Des pâtés, son garde-manger en contenait toujours assez pour satisfaire les fringales de sa maisonnée.

Non, Roger ne réclamait rien. Son travail terminé, il essuyait son couteau, enroulait sa longe, ramassait son maillet et lançait un au revoir à la ronde. Il croisait quelquefois les parents et les amis qui venaient participer aux cochonnailles. L'événement ne s'égayait d'un air de fête que dans les petites fermes. Dans les grosses exploitations, il ne s'agissait que d'un acte fréquent qui ne déridait personne, les repas quotidiens ne s'en trouvant nullement améliorés. En divers endroits de modestes cultures, on s'entendait entre voisins et l'on s'échangeait des quartiers de cochon, à charge de rendu, pour bénéficier d'un roulement continu de viande fraîche.

Roger se rattrapait autrement : en vendant le nourrain qui devait remplacer le défunt animal. C'est là qu'il gagnait son bénéfice. Avant d'être tueur, Roger était marchand. Marchand de pourceaux. D'ailleurs, il ne consentait à tuer un porc que sur la promesse de fournir le porcelet suivant. Un honnête moyen de fidéliser sa clientèle…

Ses gorets, il allait les acheter sur les foires des alentours. Celle de Bracieux, chaque jeudi, était l'une des plus courues de la région. Les éleveurs y rappliquaient de loin. Ils s'attroupaient sur la place de la mairie, sous l'ombrage des marronniers, et ils logeaient le soir, tous marchés conclus, dans l'une des trente-deux auberges du bourg. Cette animation semait l'émoi en ce chef-lieu de canton d'ordinaire si paisible, à la grande joie des gamins qui, à défaut d'autres manèges, se pendaient aux malles d'osier – les « culettes » à cochons de lait – que les marchands accrochaient à l'arrière de leur charrette. Mais sur ces foires, Roger ne vit jamais de ces étranges langueyeurs qui, autrefois, dépistaient d'éventuelles ladreries en farfouillant du doigt dans la gueule des animaux. Ces gens-là avaient déjà disparu depuis belle lurette devant les vétérinaires.

Un cochonnet était conduit à la foire entre ses six à huit semaines. Un éleveur s'en débarrassait à une vingtaine de kilos ; il le blanchissait au lait écrémé pour le rendre plus présentable. Plus âgé, le pourceau coûtait trop cher en augée. Roger en ramenait parfois une soixantaine d'une fournée quand il savait trouver preneurs.

Il y avait néanmoins quelques risques à s'encombrer plus que de besoin. Certes on pouvait mieux maquignonner âprement, mais il arrivait que des porcelets, sur le nombre, ne se fassent pas vivre. Une perte, un manque à gagner aussi. Un animal de porcherie n'était remplacé que s'il claquait dans les deux ou trois jours qui suivaient sa livraison. Passé ce délai, le cochonnier ne s'estimait plus concerné par le drame. De tels désagréments provoquaient d'inévitables controverses. C'était à qui, du marchand ou du paysan, n'en serait pas de sa poche. Ecoutez plutôt :

Un matin, on frappe à la porte des Riby. Entrez. Le visiteur, un gros fermier, affiche une tête d'enterrement. Sans même souhaiter le bonjour, il se met à brailler d'emblée que Roger lui a refilé quatre pourceaux à moitié crevés hier et tout à fait morts aujourd'hui. Et d'intimer : « Tu dois assumer tes responsabilités. J'en veux quatre autres, et des bien portants.

— D'accord. Demain vendredi, tu les auras. »

Le vendredi, il les avait. Ce fut Roger en personne qui les lui apporta. Le petit porcher était là et c'est lui, le naïf, qui vendit la mèche. En disant que cette fois, il avait pris grand soin de nettoyer l'auge de la mort-aux-rats qu'on y avait mise l'autre jour et qu'on avait oublié de retirer à temps, même que les quatre pourceaux d'avant…

Le pot aux roses était découvert ! Ainsi donc, ce filou de fermier n'avait rien trouvé mieux que d'imputer les funestes conséquences de sa négligence à ce pauvre Roger ! Ah ! le mâtin, il ne perdait rien pour attendre… La cause fut rondement plaidée : le brigand reconnut enfin, non sans ratiociner, que son étourderie pouvait être, aussi, pour un petit quelque chose dans l'hécatombe. Pris de doute, on partagea la poire en deux. Six cochonnets aux dépens du fermier, deux aux dépens du marchand. Les aigrefins de cet acabit n'étaient pas légion, heureusement.

Voici donc comment notre cochonnier répartit son existence entre les gorets à livrer et les porcs à saigner. Par la suite, il acquit une fourgonnette et ses fils le secondèrent utilement. Il s'équipa également, sur le tard, d'un revolver spécial qui lui simplifia bougrement le travail.

Il arrêta le métier en 1965. Les sacro-saintes cochonnailles n'étaient déjà plus ce qu'elles avaient été. Les porcheries se vidaient une à une mais ne se remplissaient pas. Le règne du cochon finissait en eau de boudin dans les campagnes en pleine révolution de modernisme. Au traditionnel engraissement du porcelet familial se substituait l'élevage semi-industriel. De nos jours, des lois réglementent les abattages et les femmes des jeunes agriculteurs ne savent même plus fumer un malheureux jambon. C'est pourquoi, je crois, les souvenirs de Roger Riby sont à ranger désormais dans l'imagerie du folklore de l'ancienne paysannerie.

Rencontre du printemps 1984.

Le distillateur

Capitaine, André Berneau ne le fut pas seulement sur les gabares du fleuve : il le fut également à terre, derrière l'alambic. Nous le savons déjà, la plupart des pêcheurs de Loire ne vivaient pas que du poisson. Beaucoup étaient vignerons en même temps. Pitaine s'occupait donc des vignes de son beau-père. Mais en 1932, une opportunité se présenta, qu'il saisit. Le bouilleur ambulant de Mardié vendait son alambic pour s'en aller servir une clientèle dans le Bordelais. Pitaine acheta l'équipement. Il prit patente et s'inscrivit au registre du commerce. Voilà une occupation qui lui convenait à merveille puisqu'elle ne le retiendrait en campagne qu'en dehors des saisons de pêche.

L'atelier public – ainsi désignait-on officiellement l'alambic – devait être agréé par l'administration des contributions indirectes. C'était aux mairies de fixer les emplacements réservés à la distillation. Selon Hervé Finous, de Tigy, certains appareils s'installaient parfois dans une cour de ferme, « chez l'un de ces bouilleurs de cru que les politiciens de la Troisième République défendaient avec tant de complaisance au moment des élections législatives ».

Pitaine prenait la route sitôt les vendanges terminées,

dès que les raisins étaient pressés. Il attelait les chevaux au chariot de sa distillerie à vapeur et hue cocotte ! il entamait sa tournée. Il rayonnait ainsi sur tout le canton. Il s'arrêtait à Mardié, à Châteauneuf, à Saint-Martin d'Abbat, à Sigloy, à Tigy, à Vannes-sur-Cosson, partout où les gueulebées de marc attendaient son passage. Il remonta par la suite jusqu'à Neuville-aux-Bois. Une sacrée trotte. Il couchait chez l'habitant lorsque son itinéraire l'entraînait trop loin de son port d'attache. Un compagnon l'aidait à la chauffe ; un gars de Loury qui, le reste de l'année, travaillait comme bûcheron dans les bois... On était payé au litre de goutte distillé.

Le garde champêtre avertissait les populations du passage de l'alambic. Les paysans apportaient leur marc ou leur lie jusqu'à l'emplacement convenu, à tour de rôle. Ils brûlaient aussi des fruits qu'ils avaient conservés en macération dans des tonneaux : des pommes, des poires, mais surtout des prunes qui ajoutaient à l'alcool de pépin une petite saveur de noyau.

L'atelier public se tenait souvent à un bout du village, près du cimetière ou de la décharge, sous un cabanon de tôle ouvert à tous vents. Le distillateur s'activait dans un nuage de vapeur épaissie par les remugles des substances en sublimation. L'air empestait à cent pas. L'œil rivé sur le pèse-liqueur, l'homme ne s'accordait aucun répit durant les heures légales : il fourgonnait le feu de son long tisonnier, il rechargeait une des cuves à grandes pelletées, il mouillait le seilleau de gnôle jusqu'à obtenir la densité autorisée. Cent kilos de marc rendaient dans les dix litres d'eau-de-vie. Et la chaudière ne cessait de fumer, de souffler, de vesser, comme saoulée d'avoir à pisser tant de brandevin !

La journée commençait aux premières lueurs de l'aube avec le nettoyage du foyer cendreux que l'on regarnissait ensuite de brindilles en guise d'allume-feu.

Puis on alimentait la cucurbite avec des briquettes de charbon qui servaient également au chauffage des locomobiles de batteuse. L'approvisionnement en combustible était d'ailleurs assuré, dans de nombreux villages, par l'entrepreneur de battage. Avant la Grande Guerre, mon grand-père Camille conduisait lui aussi une brûlerie dans les environs de Petite Beauce, ou une locomobile de batteuse quand c'était le moment. Là pareillement, distillerie et battage restaient complémentaires. Eh bien, lui, mon grand-père Camille, affirmait mordicus que le bois donnait une meilleure eau-de-vie que le charbon. Et il s'y connaissait en la matière, le bougre, même qu'il ne refusait jamais de siffler une petite lichette de mirabelle ! Mais qu'on se comprenne bien : goûter ne signifiait point ivrogner pour autant.

C'est vrai, nous confirme Pitaine : un distillateur ne suçotait jamais le serpentin à tire-larigot. Il produisait plus d'alcool qu'il n'en buvait, heureusement. Il tâtait le flegme raisonnablement, sans jamais se permettre la moindre ivresse. Il y avait bien assez des vapeurs de la chauffe qui, des fois, lui alourdissaient le bonnet !

Les paysans, munis d'un laissez-passer, emportaient ensuite leur eau-de-vie avec force précautions, comme s'il se fût agi d'un élixir de jouvence. Les uns en remplissaient des bonbonnes, les autres des tonnelets. Pitaine déconseillait les dames-jeannes. La manutention en était souvent risquée : les clisses d'osier se défonçaient sous le poids et crac, la précieuse gnôle n'abreuvait que la terre. Avec un tonnelet, point de ces déconvenues. Et de plus, l'eau-de-vie vieillissait bien mieux dans le bois que dans le verre !

Les métayers pour qui rien ne devait se perdre, ramassaient les résidus brûlés. Ils les épandaient dans les champs comme engrais. Seuls les noyaux de fruit étaient laissés sur place. En fin de campagne, un charretier du village prêtait la main au bouilleur pour nettoyer l'endroit.

Plus le vin était bon et plus les gens se montraient accueillants. Les méchants récoltants disaient : « On vous sert de la piquette parce qu'on réserve les bonnes tirées à la vente. » Les vrais vignerons, eux, mettaient un point d'honneur à faire déguster leurs meilleures bouteilles !

Il faut avouer qu'on buvait beaucoup de gnôle en ces temps-là. Même raide à vous râper le gosier, un tord-boyaux n'avait guère de chances de durer plus d'un an. On le suçotait bien sûr en pousse-café, afin de se revigorer un peu et de repartir à l'ouvrage du bon pied, mais on l'utilisait encore pour d'autres bienfaits. Pour désinfecter les bobos par exemple, ou pour soutenir certains esprits fatigués. Un petit canard, à ce qu'on disait, valait un bon fortifiant pour remettre d'attaque un gamin pâlichon. Effectivement, le rouge lui colorait vite les joues...

Toujours est-il que chaque récoltant bénéficiait d'un privilège donnant droit à mille degrés, soit vingt litres à cinquante degrés. Rien de plus. L'excédent devait être noté par le bouilleur sur son livre de régie, puis déclaré aux contributions indirectes. Des brigades volantes contrôlaient fréquemment les alambics et les congés, quelquefois même descendaient dans les caves des vignerons suspectés de fraude. En cinquante ans d'activité, Pitaine n'a jamais été pris en faute ; et il le dit avec fierté.

Roger Chartier, de La Nivelle, nous en a raconté une bien bonne à propos des vérifications de cave. Un contrôle sur l'eau-de-vie était toujours à redouter dans le val de Loire d'autrefois, région qui, rappelons-le, se couvrait alors de vignes, donc produisait de la goutte comme s'il en avait plu. Plusieurs vignerons distillaient évidemment plus d'alcool qu'ils n'avaient besoin. Ce surplus, ils l'écoulaient en douce à quelques villotiers de connaissance. Ils encaissaient ainsi un boni qui, sans les enrichir vraiment, grossissait un peu leur cagnotte. Cela restait certainement de la petite resquille mais c'était toutefois suffisant pour aiguiser la jalousie de certains voisins particulièrement malveillants. On pouvait donc, sur dénonciation, être soumis à une inspection de cave. Les contrôleurs se faisaient souvent recevoir fraîchement. Certain vigneron osa même décrocher son fusil. Alors les gabelous battaient en retraite pour ne revenir qu'avec les gendarmes en escorte. Ils comparaient le volume de goutte déclaré au faible volume conservé et, en cas de différence trop considérable, exigeaient le règlement d'une amende.

Un malheureux jour, deux rats de cave vinrent plonger leur nez dans les tonneaux d'un vigneron des alentours de Beaugency. Le manque de goutte était manifeste, le trafic également.

« Avouez, vous vendez de l'alcool en fraude ! accusèrent les inspecteurs. – Jamais de la vie ! se défendit aussitôt le vigneron. La goutte qui manque, figurez-vous que je l'ai bue à moi tout seul ! »

Et avant même que les autres aient pu le contredire, il se versa un plein verre de gnôle qu'il avala comme ça, d'un trait, cul sec. « Hum ! c'est sacrément fameux, fit le paysan dans un clappement de langue. Ça se boit comme du petit lait. Vous voulez-t-y trinquer avec moi ? » Il ingurgitait déjà une seconde rasade tout aussi généreuse que la première, puis une troisième.

Les deux fonctionnaires refusèrent poliment, quelque peu désappointés. La démonstration avait tellement ébranlé leur certitude qu'ils ne purent que croire le vigneron. Alors qu'ils émergeaient de la cave, la vigneronne entendit l'un dire à l'autre : « Pas étonnant qu'il en manque tant avec les rations qu'il s'octroie ! Je n'ai jamais vu une descente pareille ! »

Notre bonhomme avait bien rusé pour se tirer d'affaire. Mais ce qu'il n'avoua jamais à ses amis lorsqu'il leur raconta son exploit, c'est qu'il dut s'aliter pendant une semaine entière car dès qu'il posait le pied par terre, il avait l'impression que tout chavirait autour de lui.

La campagne s'échelonnait sur novembre et décembre. Pitaine tâchait de finir ses chauffes en début janvier car il préférait la pêche au saumon à la distillation du marc. Il remisait alors son alambic refroidi et retournait vite barrer sa garce de rivière tandis que son compagnon, sur un dernier au revoir, se renfonçait dans les bois d'où il ne ressortirait qu'à l'automne suivant.

Vive l'eau-de-vie !

André Ratié, de Marcilly-en-Villette, a fort bien connu le frère de Pitaine, Albert, qui barrait la Loire à Sandillon. « Il m'avait fourni un superbe saumon de quinze ou seize livres pour le déjeuner du baptême de ma première fille, en 1982, écrit-il. Mais il rencontra surtout Albert Berneau quand celui-ci venait installer son alambic à Marcilly. « Au début, raconte André Ratié, je portais mon marc au bourg, près du lavoir où se tenait l'atelier public, mais avec l'extension de mon vignoble, j'obtins des contributions indirectes que la distillerie vienne à domicile. C'est ainsi qu'en 1947, ayant atteint la superficie en vigne de douze hectares, je fis une bonne récolte de douze cents hectolitres de vin et douze cents litres de marc. Bien sûr, quand les gabelous venaient au cellier, je ne pouvais pas leur dire que je buvais tout moi-même ! Je vendais ce marc comme l'eau-de-vie du val de Loire », mais cela ne rapportait pas tellement. Pendant la guerre, il m'est arrivé d'échanger avec mon médecin du marc contre de l'alcool, ce dernier étant introuvable. »

La traditionnelle franchise fiscale dont se gargarisaient les pittoresques bouilleurs de cru, a été déclarée intransmissible par une ordonnance gouvernementale du

30 août 1960, dans le louable but de contrer les méfaits de l'alcoolisme. Cela décida du déclin de la distillation itinérante et, par contrecoup, multiplia l'importation des spiritueux plus branchés, tels que le whisky ou la vodka. Qu'importe le flacon, pourvu qu'on ait l'ivresse !

Rencontre du printemps 1983.

Le rhabilleur de meules

Le grand-père de Marcelline, Louis Torchon, tenait déjà le moulin de Villiers, près de Férolles. Et comme il se devait, ce fut son garçon Marcel – le père de notre informatrice – qui lui succéda à la fin du siècle passé. Une affaire patrimoniale, donc.

Dès son installation, le fils procéda à une première amélioration en échangeant les ailes à toile, d'antique mode, contre une volée de planches articulées, plus pratique à commander. Puis il trima sa vie entière, satisfait de son lot, jusqu'à ce méchant Noël de 1919 où il s'éteignit. Le jour de la Nativité fut cet hiver-là, au moulin de Villiers, le jour de la Mort...

La fille Torchon, Marcelline, qui frisait les dix-neuf ans, épousa, le 3 juillet suivant, le gars Ramond, René de son prénom, qui se louait comme charretier dans les fermes. C'était quelqu'un qui ne manquait pas de courage ni d'entêtement. Sitôt marié, il s'embaucha au service de Picot, le meunier de Sandillon, afin d'apprendre le métier de défunt son beau-père, puis il entreprit de réveiller le moulin Torchon, laissé en somnolence depuis la mort du maître. En septembre 1920, le « chandelier » de Villiers fonctionnait de plus belle ; remis en appétit de moudre, il ne semblait agiter ses longs bras que pour inviter les paysans à venir encore le gaver de grain.

Observons maintenant les deux meules d'un moulin. Celle du dessous, la dormante (ou gisante), est fixe ; celle du dessus, la courante (ou mouvante), tourne en équilibre sur son axe central, appelé le « petit fer ».

La face broyeuse de chacune d'elles se divise en deux couronnes de largeur sensiblement égale : l'entrepied intérieur qui concasse le grain et la feuillère de circonférence qui affine la mouture. Ces deux parties indissociables sont gravées de rayons qui dessinent un soleil. Chaque division comprise entre ces rayons, sur la feuillère, porte l'empreinte de rainures sécantes et parallèles, destinées à faciliter l'expulsion de la repasse. Le cœur de la meule, au milieu, se perce d'un œillard cerné d'une auréole lisse.

Le principe est simple : le grain à moudre tombe de la trémie par une augette ; il s'écoule dans l'œillard de la courante, se fait avaler par les meules puis, au fur et à mesure de son écrasement, s'échappe de la feuillère pour se déverser dans les bluteries de l'étage inférieur. Le meunier maintient le bon serrage des meules, selon la prise au vent et le débit à donner, en actionnant un régulateur à boules accouplé au petit fer.

Les meules ne s'usaient guère et bien souvent elles duraient pendant plusieurs générations de meuniers. Leur diamètre variait d'un moulin à l'autre, du mètre cinquante aux deux mètres. D'ailleurs le rendement dépendait moins de la dimension des joues que de l'efficacité des ailes. Marcel Barbier, le meunier de Moutiers-en-Beauce était catégorique là-dessus quand il disait : « Avouer des grandes meules et pas d'force pour les faire marcher, ça avance à ren ! » On calculait qu'un tour d'aile devait entraîner six tours de meule, pas un de plus, pas un de moins.

Les deux meules, solidement cerclées de fer, étaient de composition différente. Du moins autrefois. La pierre de la courante, un silex grisâtre, venait de La Ferté-sous-Jouarre ou de Cinq-Mars-la-Pile ; celle de la dormante était extraite des carrières du Sullias ou du Berry.

Les meules ne s'usaient guère, c'est vrai, mais il convenait pourtant de les rhabiller fréquemment, trois ou quatre fois dans l'année, c'est-à-dire d'en recreuser les denticules. Le meunier jugeait l'opération nécessaire quand elles manquaient de mordant, quand elles mâchouillaient sans broyer vraiment et que la qualité du rendu laissait à désirer. Alors le meunier allait avertir le rhabilleur. Chez les Torchon, on envoyait la petite Marcelline. La gamine ne faisait qu'une trotte entre le moulin paternel et la maison du bonhomme. Quatre kilomètres de chemin plat : une promenade pour la fillette.

En vérité, les rhabilleurs de profession étaient rares. Il s'agissait en général d'anciens meuniers à la retraite.

Marcelline a toujours vu le même rhabilleur venir au moulin Torchon, du temps de son père comme du temps de son mari. C'était un homme de Jargeau, un nommé Armand Chariot qu'on surnommait Colas. Il avait une femme et un toit mais son travail l'obligeait souvent à s'absenter au loin. Il se rendait, à pied, jusqu'à Sandillon, Vienne, Tigy, partout où on le convoquait dans les environs. Un second rhabilleur, à Châteauneuf, entretenait les moulins situés sur la rive nord du fleuve. A eux deux, ils se partageaient la clientèle des alentours. Ils gagnaient chichement leur vie car le métier rapportait évidemment plus de courbatures que d'argent. On leur offrait dans les vingt à vingt-cinq francs par jour entre les deux guerres, en plus de l'abri et de la nourriture.

La veille du rhabillage, le meunier bloquait les ailes en « chien qui pisse », en croix de saint André légèrement de guingois. C'était le signe coutumier que les paysans comprenaient d'un regard. Mais il fallait s'activer en besogne et ne jamais arrêter un moulin trop longtemps, sous peine d'être traité de jean-foutre, d'être déshonoré auprès des autres meuniers. Quelques-uns, jadis, préféraient même repiquer leurs meules la nuit, quasiment en cachette. Le jour, un moulin devait battre au vent de la plaine sans rechigner, point demeurer planté là, les bras bêtement étendus, à geindre inutilement dans les galernes.

Le père Colas arrivait au point du jour. Il commençait par déjeuner et il ne débutait son ouvrage qu'après s'être ragaillardi d'une lichette de goutte. Le meunier l'aidait. A deux on expédiait la tâche plus vite et l'on gâchait moitié moins de temps en relâche. Seul, le rhabilleur aurait mis sa semaine à repiquer une paire de meules. Une semaine de farinage perdue, crévinguieu !

Le père Colas mangeait et logeait à la maison, comme de raison. Au moulin Torchon on s'arrangeait à la bonne franquette ces jours-là. Le père et le rhabilleur dormaient côte à côte dans la chambre de Marcelline tandis que la gamine couchait avec sa mère dans la carrée des parents.

Un rhabilleur apportait toujours sa mailloche avec lui mais les fers à double pointe qui s'y ajustaient – les marteaux ou « pigettes » – appartenaient au meunier. Il y avait obligatoirement, dans un moulin, une mailloche et une caisse contenant une cinquantaine de marteaux, au bas mot. On en raffûtait les pointes, au besoin, sur un petit affiloir à manivelle. Lorsqu'ils paraissaient vraiment trop émoussés pour supporter un nouvel aiguisage, le meunier les envoyait à la forge Rainaud, rue de Coulmiers à Orléans, où on les regarnissait de picots en acier suédois. Mais à ce qu'on prétendait, le plus malin des rechargeurs de marteaux était ce maître forgeron de Marboué, près de Châteaudun, un dénommé Elambert. Celui-là possédait un secret de trempe qu'il ne voulut jamais transmettre, pas même à ses apprentis. Paraît que les employés du chemin de fer lui livraient chaque matin des caisses de marteaux usés qui provenaient parfois du diable vauvert !

Retroussons nos manches, crachons dans nos mains et attaquons la besogne.

On devait d'abord lever la courante. Une tonne et demie de pierre à déplacer, excusez du peu ! Cet exploit de titan se faisait au moyen de plusieurs rouleaux et d'une grosse corde de chanvre. Cette corde, on l'accrochait d'un bout à l'anneau scellé dans l'épaisseur périphérique de la meule, puis on l'enroulait de l'autre à l'arbre tournant du moulin. Lentement, précautionneusement, à grandes suées, on déposait ce palet de Gargantua, la face broyeuse au-dessus, sur un châssis bas, à côté de la dormante qui, elle, n'avait pas à être bougée.

Par la suite on simplifia le levage de la courante en équipant les moulins d'une potence à vis ; l'anneau de la meule disparut au profit de deux tenons que l'on enfonçait dans des mortaises diamétralement opposées, prévues à cet effet.

Le rhabilleur examinait l'état des joues à repiquer. Parfois, il était obligé de les dégraisser à l'eau chaude tant l'ivraie les avait encrassées (c'était l'ail sauvage, l'ail de chien, qui salissait le plus les entrepieds). Ensuite il marquait les meules au rouge de Prusse en glissant dessus une règle de bois enduite de poudre colorante.

Cette règle de deux mètres parfaitement droite, le rhabilleur la faisait pivoter à la manière d'une hélice en prenant l'œillard comme point de rotation. Les portions qui se teintaient de rouge, indiquaient les divisions à repiquer en profondeur. Pour les anciennes meules concaves ou convexes, les « flânières » et les « boudinières » que d'aucuns comparaient à des assiettes empilées, la règle ne barrait pas le diamètre mais le rayon seulement, ce qui est logique.

Le marquage achevé, on rependait aussitôt la règle à son clou afin qu'elle ne se gauchisse pas. Le meunier en vérifiait régulièrement le rectiligne sur un marbre et il la rabotait en conséquence.

Le repiquage d'une meule comportait trois phases distinctes : le rhabillage des rainures de division, le rayonnage des sillons irradiants et le bouchardage de l'auréole centrale.

Le rhabillage d'une paire de meules épointait une quarantaine de marteaux pesant chacun le kilo. On coinçait le fer dans la lumière de la mailloche avec des cales de cuir et on le raffûtait quand ses picots étaient arrondis, ou on le remplaçait par un autre.

Le rhabilleur se couchait sur la meule, un sac de son pelotonné sous la poitrine ; il empoignait sa mailloche à deux mains et il frappait à petits coups répétés, rainure après rainure. La besogne apparaissait nettement plus aisée sur les meules qui ne présentaient guère de stries mais qui, pareilles à des tranches de pain, se grêlaient par contre de trous minuscules. Celles-ci, dites « éveillées », servaient surtout à la préparation des pâtées à bestiaux, d'orge ou d'avoine, tandis que les autres, les « pleines », garantissaient une finesse de mouture exigée pour le blé de boulange.

Le rayonnage, par ses gestes identiques, pouvait se confondre au rhabillage. Les marteaux utilisés étaient cependant plus lourds – trois livres environ – et l'on ne recreusait que les cannelures principales. D'ailleurs on repiquait rarement tous les rayons en une fois, ce qui aurait demandé trop d'effort, de raffûtage et de temps. On répartissait plutôt le rayonnage complet – sur trois ou quatre séances successives, et c'était suffisant.

Le bouchardage de l'auréole centrale, enfin, réclamait

moins d'attention que les façons précédentes. On se contentait de blanchir, de picoter un peu à vue de nez...

Ereintant, ce labeur l'était bien sûr ; il était également dangereux. Surtout à cause des particules d'acier qui jaillissaient de la pointe des marteaux. On se protégeait les yeux derrière des lunettes à vitre mais cela n'évitait pas les accidents. « Ça y est, pestait le rhabilleur, je viens encore de me piquer l'œil ! », et il courait chez le médecin qui retirait l'éclat tant bien que mal. On reconnaissait un rhabilleur à ses mains bleuies par l'incrustation des grains de métal et de silex. Il avait beau enfiler des gants de cuir épais coupés en mitaine, il revenait souvent à la maison, le soir, avec les pognes en sang. Sa vie durant, un rhabilleur avait le métier dans la peau, au propre et au figuré.

Les deux meules recreusées, on recouchait la courante sur la dormante, toujours à l'aide de la corde ou de la potence. C'était une manœuvre de précision car mal reposée, une meule menaçait de se déboîter et de causer de terribles ravages dans le moulin, de flanquer le feu à force de chauffer ou, pire, d'écrabouiller le meunier, oui-da ! Entre le cœur des meules bien en place, on devait pouvoir introduire une pièce de deux sous en bronze dont l'épaisseur correspondait à celle d'un grain de blé. Sinon le boulot avait été bâclé.

Après huit ans de meunerie à vent, en août 1928, René Ramond projeta de moderniser l'héritage des Torchon en créant son propre moulin sur l'emplacement du vieux. Il misa sur la mécanique qui devait l'affranchir des sautes du vent versatile. L'heure était au progrès. Assisté d'un ami, il démonta les ailes et il récupéra le bardage de l'ancienne carcasse ; avec il construisit la petite minoterie dont il rêvait. Puis il opta pour le moteur à explosion que lui proposait M. Octave Poignard. Mais si la brise servait gratuitement celui qui savait l'utiliser, l'essence en revanche coûtait cher, beaucoup trop cher. Cela contraignit Octave Poignard à réviser son engin et à le convertir au schiste, le fioul d'alors, combustible plus économique que le carburant d'origine.

Un mot sur ce M. Octave Poignard. Mécanicien de génie originaire de Brinon-sur-Sauldre, il occupait un atelier au 36 de la rue Verte, à Orléans, l'actuelle rue Emile-Zola, derrière l'usine à gaz. Dès 1908 il avait bricolé un étonnant biplan qui, hélas, n'eut jamais l'occasion de s'envoler dans les nues. Non point que la machine fût mal conçue mais parce que Mme Poignard mère, qui veillait attentivement sur les cordons de la bourse, refusa de risquer la moindre somme pour engager un pilote. L'aéroplane ne s'éleva pas plus haut que le grenier de l'atelier, où il resta accroché.

M. Octave Poignard inventa également une raboteuse-dégauchisseuse pourvue de roulements à billes, un micro-tracteur déployant une puissance de cinq chevaux-vapeur et, comble de merveille, plusieurs pétrolettes équipées d'un refroidissement à air révolutionnaire pour l'époque. Certains constructeurs de voiturettes automobiles s'inspirèrent probablement de ses « Gazelles sans eau » mais jamais ils ne mentionnèrent son nom. Cet ingénieur orléanais aurait pu s'enrichir s'il avait pris garde de faire breveter ses trouvailles. Ce ne fut pas le cas et la concurrence en profita. Octave Poignard, pas affairiste pour deux sous, ne fut jamais reconnu à sa véritable valeur ; il devait finir dans l'anonymat et le dénuement...

Le père Colas vint rhabiller au moulin Torchon-Ramond jusqu'à la veille de la Seconde Guerre. Quand le bonhomme parut trop âgé pour se déplacer, le mari de Marcelline acquit de nouvelles meules en émeri-silex fabriquées à Epernon par les établissements « L'Abrasienne ».

Le tout dernier

Mon beau-père, ancien meunier à Ouzouer, était en même temps rhabilleur de meules. Restant, je crois, le seul dans la région après la guerre, il a rendu service, pendant sa retraite, à beaucoup de cultivateurs qui utilisaient des moulins à pâtée fabriqués au bourg. Personne, à part lui, ne savait rhabiller les meules. Je l'ai vu travailler bien des fois.

(Lettre de Guy Chevallier, d'Ouzouer-le-Marché.)

L'émeri-silex, plus résistant que la pierre naturelle, ne nécessitait qu'une seule repique annuelle. En revanche il avait tendance à s'effriter, à mêler son gravier à la mouture. Mais à dire le vrai, c'était un inconvénient mineur puisque les meuniers ne produisaient plus de farine panifiable depuis belle lurette. On ne chipotait pas pour si peu quand on moulait de la pâtée à bestiaux !

Il n'empêche que la meunerie familiale se compromettait maintenant dans l'à-peu-près. Elle battait déjà de l'aile, comme ses derniers moulins qui s'engourdissaient les uns après les autres dans un sommeil de mort.

Rencontre du printemps 1984.

L'essayeur de pneumatiques pour vélocipède

La bicyclette n'a jamais manqué d'équipiers, pressés et empressés. Sans remonter aux âges épiques de la draisienne, le fameux célérifère qui fit la gloire du baron Drais de Sauerbron, sans même évoquer les « grands bis » qui tenaient davantage de l'accessoire d'acrobatie que d'un engin de locomotion, il fait bon voir que les rois du jarret se sont montrés, pour la plupart, des fervents courtisans de la petite reine. Chevaliers intrépides du dérailleur ou hérauts effrénés du pignon démultiplié, ils ont constitué un peloton serré où il n'était pas nécessaire de jouer au champion pour recueillir de cordiales effusions. Quiconque plonge le nez dans un guidon et se met à danser sur son pédalier, s'entend aussitôt crier : « Baisse la tête, t'auras l'air d'un coureur ! » L'encouragement à l'effort, déjà, alors que ce quelconque n'avait rien demandé. Essayez, vous verrez. Un cycliste suscite toujours la sympathie de la part des badauds qui le regardent passer, allez savoir pourquoi…

Roland Benoist était un de ces princes du grand braquet, vaillant mais inconnu. Il rêvait d'accrocher sa roue à celle d'un Robic ou d'un Fausto Coppi. Hélas, il dut se contenter de courses beaucoup moins prestigieuses que le Tour de France. Ses étapes à lui ne dépassaient pas les épreuves des fêtes villageoises. Il se sentait d'attaque pour conquérir la Grande Boucle, bien sûr ; malheureusement, pas un commanditaire ne daigna jamais miser le moindre sou sur son dossard. Un vélo de professionnel coûtait chérot, un boyau de chat également. Ce genre de compétition n'était point à la portée des garçons sans sponsor, comme ils disent maintenant.

Le jeune Roland ne possédait pas un fifrelin en poche, en ce temps-là. La vie n'avait pas été facile. Ses parents vivotaient, avec huit loupiots, sur une maigre culture de Vimory, proche de Montargis. Quand sa mère disparut, Roland n'avait que six ans. Deux puînés traînaient encore derrière lui. Il n'a gardé aucun souvenir précis de sa maman, il hésite même sur le prénom qu'elle portait. Albertine, peut-être. Tout ça paraît si loin maintenant.

A la mort de sa femme, le père, Jules, ne voulut pas demeurer sur les méchants lopins où, à perte quasiment, il avait sué sang et eau. Il lâcha la terre de métayage et s'engagea comme cantonnier communal. Les gamins de la nichée furent élevés par leurs sœurs aînées, Christiane puis Yolande. La plus âgée atteignait juste ses treize ans lorsqu'elle dut prendre en main la destinée de la famille. D'un jour à l'autre, sans la transition de l'adolescence, la fillette assuma les tâches d'une femme dans la maison. Le ménage, la cuisine, la lessive, pas une minute à soi. Première levée, dernière couchée. Une journée n'était pas finie que la petiote commençait déjà la suivante.

« Nul n'a idée de la misère qu'on a endurée ! » rage Roland. On ne mangeait pas gras tous les midis ; les habits ne tenaient que par leurs reprises. Un quignon n'attendait jamais assez longtemps au fond de la huche pour y rassir. Souventes fois, le boulanger du bourg devait consentir un crédit afin que la maisonnée ne meure pas de faim. A quatorze ans, fallait bien, Roland partit se louer dans les fermes pour y gagner sa pitance.

Il fêta la vingtaine, le bel âge dit-on, au plus noir de

l'Occupation. A peine échappé des griffes de la mistoufle, voilà qu'il devait se débiner devant les Fridolins. Réfractaire au service obligatoire du travail, évidemment. Pas question de filer en Allemagne. Il parvint à se planquer dans les fermes, remplaça un facteur (et, de ce fait, renoua avec le vélo qu'il aimait tant !), patienta ainsi jusqu'à la Libération, plus ou moins tranquillement.

Finis les labours, après la guerre. La terre ne retenait plus les jeunes qui rêvaient des trois-huit et des congés payés dont bénéficiaient les ouvriers de la ville. L'exode rural battait son plein.

Roland se maria bientôt et se fit embaucher à l'usine Hutchinson, installée à Châlette-sur-Loing, tout près. Cinq mille ouvriers y travaillaient alors. C'était l'atout économique de la contrée. Et surtout, réclame mise à part, la meilleure entreprise des environs, sur le plan de la paie et des conventions sociales. Roland y exercera un boulot formidable, que peu de lecteurs peuvent imaginer. Un boulot en rapport avec la passion qu'il nourrissait pour la bicyclette, justement.

A l'usine de Châlette, Roland fut affecté à la fabrication des chambres à air. A ça ou à autre chose, aucune importance : l'essentiel était de becter à satiété, de tirer un trait définitif sur la pauvreté d'hier. Donc, Roland fabriquait des chambres à air de vélos, tout en se remémorant les prouesses qu'il avait accomplies naguère, en amateur, dans les courses de la région.

Quelques-uns de ses camarades, qui étaient au courant de ses antécédents sportifs, devaient en causer entre eux. Cela s'ébruita et un beau matin, le directeur convoqua Roland pour lui soumettre une étrange proposition. S'il en acceptait l'offre, c'en était terminé du turbin à la chaîne : Roland deviendrait un cycliste de métier, pour le compte de l'usine. Son rôle serait de rouler à bicyclette pendant ses heures de travail, sur les routes des alentours. En un mot, on le payerait pour faire ce qu'il appréciait le plus au monde : pédaler sur une bécane !

Fabuleux, non ?

Mais en vérité, vous pensez bien que ce n'était pas pour ses beaux yeux que Roland bénéficiait d'un pareil régime. La direction désirait tout simplement contrôler, en conditions d'usage réel, les pneumatiques que l'usine produisait. Elle cherchait également à tester, selon le même principe, les articles de la concurrence afin de ne point se laisser distancer dans les sprints au chiffre d'affaires.

Roland fut le premier à se détacher de ses copains d'atelier, et c'est son échappée qui dura le plus longtemps : onze ans et demi. Toutefois, il se vit rejoindre par trois autres fonceurs de sa catégorie. « Au début, rigole-t-il, les gars avaient les fesses en feu, à cause des ampoules, mais ils se sont vite endurcis ! »

Les bicyclettes étaient fournies par l'usine. Il s'agissait de routiers communs, des 650 demi-ballon, des 700 standard. Hutchinson procurait aussi les imperméables, nécessaires les jours d'intempéries, et les tricots de corps pendant la saison estivale. Aucune manifestation publicitaire n'étant à dédaigner, les couleurs de la marque s'affichaient en travers des maillots, à défaut de la teinte jaune si convoitée.

Le trajet quotidien, au départ, reliait Châlette à La Chapelle-d'Angillon. Cent quatre-vingt-douze bornes, aller et retour. L'ingénieur reconnaissant avoir vu trop long, l'itinéraire se réduisit bientôt aux cent cinquante kilomètres Châlette-Orléans-Châlette.

La longue marche

Votre histoire du cycliste testant les pneus de vélo m'en rappelle une autre, celle de Florimond Cornet. Lui, il « usait » les chaussures fabriquées par Hutchinson, son employeur, et il marchait, marchait pour éprouver la solidité des semelles caoutchoutées.

Je l'ai connu, comme beaucoup d'autres du Loiret et d'ailleurs, à travers la presse sportive des années 1930 et 1940, car Florimond Cornet était un des meilleurs marcheurs de tous les temps : il fut champion d'Europe en 1938 et 1939, puis du monde sur 100 mètres et détenteur de plusieurs records mondiaux.

Sur le Miroir des Sports *de ces années-là, que mon frère se procurait, je regardais avec curiosité la photo du coureur à pied paraissant en couverture. La gamine de neuf ans que j'étais, comprenait mal le déhanchement du compétiteur saisi en plein effort.*

Né en 1911, Florimond Cornet mourut accidentellement avant d'atteindre la quarantaine.

(Lettre de Muguette Rigaud, de Saint-Denis-en-Val.)

L'ouvrier cycliste pointait en partant de l'usine, sur le coup des quatre heures du matin, quelquefois avant quelquefois après, en fonction de la situation climatique ; et il repointait à Orléans, à la pendule enregistreuse qui se trouvait chez un concessionnaire établi près du pont Royal. Il se calait la dent en rebroussant chemin. Tout en pédalant gentiment, il fouillait dans sa musette et il casse-croûtait. A midi, midi et demi, il était revenu à la pointeuse du départ.

Ce parcours, Roland le couvrait chaque jour de la semaine, été comme hiver, exception faite des périodes de vacances, de verglas ou de neige. Parfois, il ramassait un clou, une épine, un silex coupant. Ou une valve fuyait. La pire déveine était de crever quand il faisait encore nuit, durant les mauvais mois.

Comme il ne se trimballait pas avec un bandage de rechange enroulé autour des épaules, à la manière des vélocipédistes de papa, Roland devait se débrouiller par ses propres moyens, avec le secours de ses coéquipiers quand ceux-ci l'accompagnaient, à charge de rendu. Remplacer un caoutchouc usagé par un nouveau aurait faussé les conclusions de l'essai. On réparait en s'éclairant à la pile électrique. La sacoche de selle contenait toujours des clés de démontage, une râpe, des rustines et un tube de dissolution. Qui veut voyager loin, équipe sa monture en conséquence.

A force de les voir passer et repasser devant leur porte, presque à heure fixe, les villageois avaient fini par s'attacher à eux. L'habitude crée des complicités. Celui-ci leur demandait si tout roulait rondement aujourd'hui, celui-là leur tendait un gobelet d'eau fraîche quand il les voyait tirer la langue. Il n'était jusqu'aux camionneurs qui, les croisant, leur adressaient un bonjour amical en klaxonnant. « Nous ne nous arrêtions jamais pour bavarder, dit Roland, de sorte que personne ne connaissait nos noms. Beaucoup nous appelaient les "Hutchinson". Nous faisions partie de la routine, des banalités journalières. Certains se réglaient sur notre passage. Tiens ! il doit être 10 heures : les "Hutchinson" s'en reviennent déjà. »

Dunlop, Michelin, les pneus importés de Milan ou de Madrid sous licence Hutchinson, tout était soumis aux tests de nos pédaleurs infatigables. Les ingénieurs examinaient, supputaient, analysaient. Ils comparaient les qualités respectives des produits, se creusaient la cervelle pour expliquer le meilleur comportement de tel pneu par rapport à celui de tel autre. Il y avait des gommes qui permettaient de parcourir dix-huit mille kilomètres sans problème, mais ce n'était pas des articles courants : on comprend aisément que des pneus inusables auraient ralenti la rotation des ventes et, par enchaînement, condamné les usines au chômage !

A l'aube des années 1960, les bicyclettes furent remisées au profit des motocycles. Seuls Roland et un de ses collègues, un Breton nommé Calvez, continuèrent de sillonner les routes. Les circuits s'adaptèrent. Avec un scooter, on poussait jusqu'à Moulins, pleins gaz. Avec les mobylettes, on allait à Romorantin via Gien et Salbris : une trotte de deux cent cinquante kilomètres.

Les ennuis vinrent du solex, qui devait joindre La Chapelle-d'Angillon. Le vélomoteur n'était pas conçu pour ce genre d'exercice : il toussotait dans les grimpettes, il chauffait, sa molette d'entraînement patinait dès qu'une ondée mouillottait le bitume. Il a claqué prématurément.

« J'ai toujours bossé dur, déclare Roland. Après ma journée sur la route, je courais prêter la main aux paysans qui étaient en moisson. Je participais aux battages des grains, je sarclais les betteraves. L'hiver, j'abattais du bois en compagnie des bûcherons. »

Les essais des pneus en campagne ont été abandonnés après qu'il eut fêté la quarantaine. Alors, il retourna s'enfermer dans l'usine, où il surveilla une boudineuse jusqu'à ce que la retraite sonne.

« De mon époque, remarque-t-il, les ingénieurs et les contremaîtres se formaient sur le tas. Ils savaient de quoi ils parlaient. Ils n'ignoraient rien du travail. Au besoin, ils indiquaient à l'ouvrier comment il devait s'y prendre. Les ouvriers avaient confiance en eux. Aujourd'hui, ce ne sont que des théoriciens issus des hautes écoles, couverts de diplômes prestigieux, mais incapables de distinguer un patin de frein d'une dynamo ! »

Les pneus sont contrôlés sur des bancs, désormais. Autant rouler sur de la moquette, pratiquement. Avec ses nids-de-poule inévitables et les embardées involontaires, le trajet sur route correspondait autrement mieux à la réalité, Roland n'en démord pas.

Bien qu'il ait assouvi d'autres émois depuis, notre homme vibre toujours au souvenir de ses tendres amours. « Rien de mieux que le vélo pour se maintenir en parfaite santé ! professe-t-il en bombant le torse. Ça aide à rester vif. Regardez-moi : soixante-treize piges, on ne le dirait pas, hein ! Le vélo conserve. Je conseille aux jeunes d'en faire autant que j'en ai fait ! »

Pourtant, quand on lui demande s'il s'adonne encore au cyclisme, ne serait-ce qu'en balade, Roland répond que non. A la retraite, il s'est payé un biclou flambant neuf, chromé et tout, mais il ne s'en est jamais servi. La merveille dort dans le garage de son gendre. Roland ne se différencie pas des copains : il a troqué le guidon contre un volant.

A bord d'une bagnole qui trace, on bouffe du goudron sans effort. Tant pis pour la musculation des mollets !

Rencontre de l'été 1995.

Le ménétrier

Il y a des éblouissements de gosse qui illuminent une vie entière. Sa vocation vraie, Albert Pichereau l'a sentie poindre un jeudi de grand soleil, alors qu'il sortait du catéchisme. Ce fut pour lui, gamin de dix ans à peine, la véritable révélation. Il flottait dans l'air, ce jour-là, quelque chose de merveilleux, de sublime, de transcendantal. Le petit Albert venait d'être touché par une grâce ineffable. A dix ans à peine, à la sortie du « catéchime ». Il s'en souvient, comme de juste, puisque son avenir en a été bouleversé.

C'était une époque où il ne fallait point trop brocarder la religion. Les enfants se rendaient plus souvent au presbytère qu'à l'école. L'éducation confessionnelle importait davantage que l'enseignement laïque. En tout et pour tout, le jeune Albert n'a été en classe que pendant quatre mois, à cheval sur deux hivers consécutifs. Cela lui a permis d'apprendre l'essentiel : il sait lire, il sait écrire et il sait compter. Dieu merci ! il suivait plus assidûment l'instruction catholique.

Pourtant, dans le troupeau des catéchumènes en sabots, conduit par le bien nommé abbé Théault, Albert faisait plutôt figure de brebis égarée. A quelques jours de la communion solennelle, parce qu'il ne répondait pas assez bien aux questions que le curé lui posait, le garçon se vit interdit de sacrement eucharistique. Il dut se rabattre auprès du prêtre de Souvigny, qui était fort aimable celui-là, pour ne point se résoudre à la renonciation totale. Grâce au Ciel, la situation fut vite rattrapée avec une prière apprise par cœur et un minimum d'évangélisation. Mais depuis ces difficultés de jeunesse, Albert ne peut s'empêcher de garder comme un soupçon de rancune envers certains serviteurs de l'Eglise… C'est néanmoins en sortant du catéchisme qu'il reçut la révélation de sa vie !

Ce jeudi-là, vint à sa rencontre une procession qui tenait du prodige. Un cortège de gens endimanchés et joyeux, mieux habillés que pour se rendre à la grand-messe ; une longue théorie de bons chrétiens qui suivaient un ange, une demoiselle de blanc vêtue, le front auréolé d'un diadème de fleurs d'oranger… Un mariage, évidemment ! Un mariage comme on en faisait encore au pays en ces temps lointains, avec un défilé par les rues du village, tous derrière le joueur de musique ! Et ce fut ce joueur de musique, précisément, qui fascina notre garnement.

> Afin d'égayer la frairie ou l'assemblée patronale, violoneux, vielleux et vézeux (cornemuseurs) chatouillent ou gonflent leurs instruments pour donner la gigote. Parmi tous ces musiciens de village, c'est encore le violoneux qui, en Sologne, se rencontre le plus fréquemment. On est violoneux de père en fils, et aucun d'entre eux ne sait lire une partition. Il joue à l'oreille après avoir entendu quelque ritournelle qui, dans une paroisse voisine, l'a séduit. C'est pourquoi on entend parfois deux chansons semblables dans deux terroirs différents.
>
> Le violoneux est un personnage d'importance au village. On le dit « doué de pouvoirs et initié aux secrets ». Il participe à toutes les fêtes : aux mariages, aux kermesses, aux feux de joie, à la *parcie* des moissons et au *berlet* des vendanges.
>
> Les danseries s'enchaînent à couper le souffle des jeunesses : javottes, gigues, bourrées, rondes, sarabandes, sautées

du lapin, tourdions, polkas, chabéri-chabéra, rigaudons, quadégris... Les vieux, trop rouillés pour gambader, apprennent aux *ch'tits gnâs* les menteries et les virelangues, qui sont en vérité autant d'exercices vocaux inventés pour délier la langue des bambins. Le jeu consiste à déclamer tout de go, sans reprendre haleine, une phrase compliquée comme : « Le sieur de Coutufon dit à la dame de Foncoutu qu'y a pas plus loin de Coutufon à Foncoutu que de Foncoutu à Coutufon », ou : « Petit-pot-de-beurre, quand te dé-petit-pot-de-beurreras-tu ? » Parfois, le virelangue est une simple allitération : « C'est six sous ces six saucissons secs-ci. » Ou celui-ci qui rappelle le passage des Cosaques en 1814 : « Cosette a cousu la casaque du cousin du Cosaque. » D'autres fois, il peut prendre la forme d'un dialogue Ainsi celui qui fait se croiser un tailleur et un meunier : « Grain s'moud-t-y ? – Habit s'coud-t-y ? – Si grain s'moud, habit s'coud ! »

Pendant longtemps, chansons et airs de danse se transmettront de bouche à oreille, en veillées ou en assemblées, grâce aux chemineaux et aux compagnons. Plusieurs couplets se sont ainsi répercutés jusqu'à nous. Mais dès le début du XVIe siècle, les colporteurs proposent de nouveaux articles aux campagnards solognots : les images d'Orléans.

Car il se trouve en effet, à l'époque, deux « faiseurs d'estampes » réputés en Orléans : ce sont les sieurs Letourmy et Leblond. Ils ne se disent pas vraiment imagiers mais plus humblement « dominotiers », c'est-à-dire marchands de papiers coloriés destinés à certains jeux Les époux Rabier-Boulard leur succèdent en 1812, qui tiennent commerce à l'enseigne de « La Boule blanche » dans la rue des Carmes. Les images, des gravures sur bois de poirier rehaussées au pochoir, restent naïves et malhabiles ; elles représentent principalement des scènes de piété, des actes de brigandage local, des légendes, des portraits de personnages illustres ou des complaintes populaires. Un poème à chanter sur un air connu accompagne quelquefois l'illustration. Ces images seront éditées jusqu'en 1842. Après cette date, il sera pratiquement impossible de concurrencer la fameuse imagerie d'Epinal. Ce sera la fin des dominotiers orléanais.

Il convient encore de noter que les imagiers d'Orléans ne furent pas les premiers graveurs sur bois de la région : l'atelier d'Antoine et de Pierre Briaut se tenait déjà, au XVe siècle, dans le bourg de Chaumont-sur-Loire.

Grâce à la divulgation des images d'Orléans, puis de celles d'Epinal, les répertoires s'enrichissent de nouvelles légendes, de nouveaux refrains.

La clientèle crédule des campagnes achète aussi bien les images qui relatent l'attaque de la malle-poste sur la route de Lestiou que celles qui magnifient les glorieux généraux des guerres napoléoniennes (il ne faut pas oublier que les images d'Epinal servent également de tracts propagandistes durant les Cent-Jours). Arguieu ! nos paysans ne connaissent point tous ces beaux cavaliers emplumés et chamarrés, qu'ils prennent parfois pour ce qu'ils ne furent jamais. George Sand raconte qu'elle surprit un jour toute une maisonnée agenouillée devant le portrait d'un quelconque maréchal d'Empire, ces braves gens croyant benoîtement qu'il s'agissait là du bon saint Martin !

Il n'avait jamais vu un tel spectacle, le petit Albert. Il en resta longtemps bouche bée, sur le seuil du presbytère, sans bouger, comme par crainte de se réveiller d'un doux rêve ; puis il s'enhardit à emboîter le pas au défilé. Quels moments fantastiques, sacré nom !

Bien qu'il fût de retour à la maison, le gamin, si je puis dire, n'en était toujours pas revenu. Il en parla à son père, un Solognot pure laine qui connaissait le pays comme sa poche :

« Tu sais, P'pa, j'ai vu un mariage et devant, j'ai vu un bonhomme qui jouait de la musique en tournant une manivelle. C'était quoi, son instrument ?

— C'était une vielle, mon gâs. Ça t'a plu tant que ça ?

— Dame oui, P'pa ! Sûr que j'en voudrais bien une ! »

Ce n'était pas tombé dans l'oreille d'un sourd. Arsène Pichereau fit des économies. Deux ans plus tard, il commandait une vielle à la maison Pimpard et Cousin fils, facteurs luthiers à Jenzat, dans l'Allier. Il lui en coûta deux cents francs, plus cinq francs de transport. Une coquette somme : le prix d'une bicyclette, peut-être. Il y avait des vielles beaucoup plus chères, c'est entendu, mais il s'agissait de chefs-d'œuvre qu'on ne mettait pas entre les mains d'un petiot. La sienne, de vielle, Albert ne la céderait pas contre tout l'or du monde !

Il faut dire que dans la famille, on était tous musiciens. Le grand-père Planson sonnait la cabrette, l'oncle Adrien avait une vielle et le père Arsène était violoneux. Les deux derniers, en compagnie d'un cornemuseux, faisaient danser chaque huitaine à Vouzon. Le moindre patelin de Sologne possédait alors son ménétrier, quand ce n'était pas plusieurs. Aucun ne connaissait son solfège, tous jouaient à l'oreille. Cela suffisait grandement. Ils musiquaient aux noces, sur les fêtes, dans les assemblées, partout où on les demandait. Albert est bien des leurs, qui ne sait pas déchiffrer les notes. En cela, il maintient la tradition établie par ses devanciers.

Violoneux le dimanche et cultivateur la semaine : voici l'existence que mena le père, Arsène. Il préférait sûrement le crincrin à la charrue, mais les exigences quotidiennes ne lui laissaient point le choix. Le travail de la terre passait avant le violon d'Ingres. Il y avait cinq enfants à élever, quatre filles et un drôle, cinq enfants à qui promettre du pain ne suffisait pas.

Les Pichereau exploitaient, en métayage, une ferme importante située au Riou, entre Sennely, Vouzon et Souvigny ; le domaine comprenait une chasse étendue et giboyeuse. Ils employaient des domestiques, en plus des enfants qui aidaient un peu. Albert conserve un souvenir enchanté de ses primes années. Mais les vents tournèrent, les filles aînées se marièrent… A douze ans, Albert dut partir se louer chez les autres. C'était le sort de la plupart des petits Solognots. Simone, sa sœur cadette de deux ans, fut casée comme boniche, en même temps que lui.

Notre galopin se retrouva derrière les vaches d'un oncle, puis derrière celles de la ferme Saint-Nicolas, à Saint-Denis-de-l'Hôtel. Le patron de cette exploitation était l'un de ses beaux-frères, parenté qui ne signifiait nullement un régime de faveur pour le vacher. Albert ne rentrait chez ses parents que le dimanche.

La vielle est arrivée à la maison en son absence. Elle a voyagé par le tramway, enfermée dans une grande caisse en bois. C'est le messager qui l'a apportée de la gare dans sa charrette, avec les autres colis. Le père Arsène l'a déballée en prenant d'infinies précautions et l'a déposée sur le buffet, hors de la portée des chats. Elle y est restée jusqu'à la revenue de celui auquel elle était destinée.

« Au début, avoue Albert, je n'osais même pas la toucher ! » Puis il s'est apprivoisé. Il l'a regardée, il s'est approché, il l'a prise. Elle était à lui, rien qu'à lui. Elle lui appartenait en propre, et c'était bien la seule chose qu'il possédait. Alors il ne la quitta plus. Elle devint son unique bagage, son bien le plus précieux. Déjà, il ne l'aurait pas cédée contre tout l'or du monde.

Il va de soi qu'il l'emportait lorsqu'il gardait les vaches de la ferme Saint-Nicolas. Il se cutait sur un talus, à l'abri d'une hérissonne, et il « citraillonnait » tout en surveillant les bêtes du coin de l'œil. Il se familiarisait avec son trésor ; il écoutait les sons que l'instrument produisait, il s'exerçait à le mettre en voix. Au fil des jours, à force de tâtonnements et de persévérance, il put ainsi en tirer des bribes de mélodies qui lui trottaient par la tête. Ce prélude, qui commença par *Auprès de ma blonde*, dura une bonne année.

Des refrains, Albert en avait une abondante provision dans la mémoire, malgré son peu d'âge. C'étaient des rengaines entendues à droite ou à gauche, au hasard de ses vadrouilles. Naguère, lorsqu'il s'échappait du catéchisme, il faisait souvent un détour par le bal de Sennely, où fonctionnait un piano mécanique. Les danseurs introduisaient une pièce dans le bastringue, ils tournaient la manivelle d'entraînement et dring ! dring ! l'appareil distillait un succès plus ou moins démodé. Les gamins du café en demeuraient abasourdis. Les fantaisies du piano étaient beaucoup plus grisantes que les cantiques à l'harmonium.

Au réveillon de la Noël, alors qu'ils se dirigent en groupe vers la traditionnelle messe de minuit, le porteur du falot en tête, les jeunes gens chantent en duo. Mais là encore, il suffit de bien tendre l'oreille pour comprendre que leur chanson n'est pas seulement d'inspiration religieuse. En fait, il s'agit d'une célébration de la vie naissante, conséquence naturelle de tout accouplement. Le profane se cache souvent sous le sacré dans les traditions populaires.

Boutons nos habits les plus biaux !

Les filles :
Boutons nos habits les pus biaux
que j'ons quand il est fête.
Pour adorer l'enfant nouviau,
ça serait malhounnête
si j'allions en saligaud (bis)
visiter noute maîte !

Les garçons :
J'ons de biaux souliers tout fin neux
que m'a laissés mon pèze ;
les biaux rubans pour les cheveux,
j'les tenons de ma mèze.
Si j'ne faisons de nout' mieux (bis)
je n'y saurions mieux faize !

Les filles :
J'prenons les rubans sans chagrin

que noute demoiselle
me bailla par un biau matin,
par quoi j'avons du zèle.
Il n'est que de m'boute en train (bis)
je mets tout par écuelle !

Les garçons :
Fatigués ! l'air est ben cuisant
pour s'avancer si braves,
pour nous, demeurons au-dedans,
on descend à la cave.
Quand on veut nous m'ner de c'temps (bis)
on nous fiche une entrave !

Les filles :
Vous f'sez les délicats les blonds,
du temps craignez l'injure ;
la nuit, déjà couchés au long
de c'tte vieille masure,
saouls comme tous nous cochons (bis)
vous craignez la frédure ?

Les garçons :
Les fillettes v'avez raison,
vous disez comme un prête ;
noute curé dans son sermon
n'en dit pas tant peut-être.
V'y feriez une leçon (bis)
V'y seriez ben son maîte !

Les filles :
Il veut surtout quoi qu'il en soit
que l'on fasse l'offrande ;
Pisque cela si fort lui plaît,
faisons ce qu'il commande.
Pour nous, j'offrons sans regret (bis)
ce que j'ons de ferlande !

Les garçons :
Madame Louise prend l'chemin
avec noute assemblée,
apportant saucisse et boudin
et vin blanc de l'année.

Et pis j'irons sans chagrin (bis)
honorer l'accouchée !

Les filles :
Quand je serons arrivées là,
je f'rons une prière ;
chacune d'nous appellera
et l'enfant et la mèze.
Pour nous, en cet état-là (bis)
je somm's prêt's à tout faize !

Changement de refrain. Au soir du 31 décembre, résurgence d'une lointaine coutume gauloise, les jeunes vignerons du val, en amont d'Orléans, entonnaient une antienne qui, couplet après couplet, inventoriait les travaux viticoles de l'année à venir. Nous avons déjà reproduit les paroles de ce chant en fin du chapitre consacré aux vendangeurs (cf. notre ouvrage *Le geste et la parole).*

Aguilanneuf

Au gui l'an neuf !

Voici la Saint-Vincent qui viant
Donnez-nous joyeusement
Voici la Saint-Vincent qui viant
Par la sangoine
Donnez-nous joyeusement
Le guilanné.

Le lendemain, premier jour de l'an nouveau, les marmailles souhaitaient la bonne année au voisinage en psalmodiant :

Aguignette aguignon
Coupez-nous un petit quignon
Si vous ne voulez pas le couper
Donnez-nous-le tout entier.

Ces récréations musicales se déroulaient bien sûr à l'insu du curé, celui-ci considérant le bal comme le pire lieu de perdition que le diable eût jamais placé sur la route de ses ouailles. « On trichait quand même en se moquant bien de ses sermons ! » susurre Albert dans un clin d'œil. La majeure partie de son répertoire provenait de là-bas, du lieu de perdition. Saint Julien, le patron des trouvères, n'en prendra certainement pas ombrage !

Après Noël et le Premier de l'an : l'Epiphanie. On partageait la galette de la fève, en famille, mais on ne la mangeait pas complètement. Une part était rangée dans un placard, ou dans la maie, à l'intention du premier miséreux qui viendrait toquer à l'huis. Les gamins essayaient de détourner cette coutume à leur avantage. Ils passaient le jour des Rois à frapper aux portes en braillant cette supplique de circonstance, dont l'air n'a pas été retrouvé :

La part du bon Dieu

A vous le bonsoir, messieurs et dames d'honneur,
Je vous donne le bonsoir à tous d'un grand cœur ;
Divertissez-vous bien durant ce saint jour,
La Fête des Rois ne dure pas toujours.

Ayez donc, mesdames,
Le cœur rempli de charmes.
Donnez-nous pour Dieu,
Donnez-nous la part à Dieu :
Dieu vous conduira au royaume des Cieux.

Salut à la compagnie de cette maison :
Je souhaite bonne année, du bien à foison ;
Suis d'un pays étrang' venu dans ce lieu
Pour faire la demand' de la part à Dieu.
Ayez donc, etc.

Hâtez-vous, monsieur le maîtr', coupez le gâteau,
Par la porte ou la fenêtr' donnez un morceau ;
Si notre part est bonn', la vôtr' le sera :

Là-haut le Seigneur donn', il vous la rendra.
Ayez donc, etc.

Si la fève se présent', nous la planterons ;
Dans un jardin, sous un arbr', la déposerons ;
Prierons Vierge Marie, Jésus, les trois Rois,
Qu'ils nous fassent la grâc' que les puissions voir.
Ayez donc, etc.

Allons ! bourgeois et marchands, et vous artisans,
Nous nous trouverons un jour tous au firmament.
Divertissez-vous bien dedans ce saint jour,
La Fête des Rois ne dure pas toujours.
Ayez donc, etc.

La part à Dieu, ma bonne dame, s'il vous plaît !
Si donner vous ne voulez,
Ne faites pas attendre ;
Ma compagne a froid aux pieds
Et, moi aussi, je tremble.

Pour gagner les pâtures, les bestiaux devaient couper la voie du chemin de fer. Ils franchissaient l'obstacle au passage à niveau de Chécy. Or, voyez comme le hasard arrange parfois les choses : le garde-barrière, le père Gibouin, était justement un maître de la vielle ! Il remarqua vite l'instrument que le gamin trimbalait sous le bras ; il se proposa de l'initier. Un accord fut rapidement conclu entre le professeur occasionnel et le beau-frère fermier : le petit Albert irait aux leçons le dimanche, afin que ce passe-temps ne nuise point à son ouvrage. Mais le cours particulier ne dura guère. Dès la fin de la seconde séance, le père Gibouin reconnut que son élève n'avait plus besoin de ses conseils. « Tu te débrouilles parfaitement maintenant ! », lui dit-il. Et en effet, Albert sut bientôt se métamorphoser en un vielleux accompli.

Devenu charretier, le gars Pichereau se mit à courir les bals et les frairies. Tantôt pour faire tournailler quelque bonne amie, tantôt pour augmenter sa provision d'airs à exécuter. Il s'exerçait dans l'écurie, sa journée achevée. Il participa même au carnaval de Jargeau, en sa qualité de vielleux, puis il anima des danseries à Marcilly, en compagnie d'un violon, d'un flûtiau et d'une cornemuse. Le petit Albert ensorcelait autant qu'il était ensorcelé, sans jeu de mots facile. C'est pourtant pour les beaux yeux d'une fille qu'il se résolut à pendre son instrument au clou. Elle se prénommait Gilberte, ils s'aimaient, il l'épousa.

« À l'auberge de l'écu, on apprend à jouer de l'épinette... » (Air connu.)

Lorsque Louis XII décide de se remarier avec Anne de Bretagne, les bonnes gens du Royaume de France ne manquent pas de mauparler. En effet, ladite duchesse était déjà la jeune reine du roi précédent, Charles VIII. Elle donne tant l'impression de s'agripper au trône, intriguant à l'occasion, que la populace ne la tient guère en estime. Les épousailles ont donc lieu quasi secrètement, au fond du château de la belle, à Nantes, le 8 janvier 1499. Aucune pompe, aucune festivité ne vient rehausser la triste cérémonie. Les trouvères (les informateurs de l'époque !) ne sont même pas invités à gratter leur luth pour distraire les rares convives. Ce sont des jeunes paysannes du pays de Retz qui assurent l'unique divertissement. Elles poussent la rengaine et interprètent notamment de bien jolis couplets ; courtisans et courtisanes reprennent aussitôt au refrain. Cette chanson suit le couple royal jusqu'en Blésois, où les paroles varient un peu selon qu'elles sont fredonnées en Beauce, en Val ou en Sologne. C'est vraisemblablement ainsi que *La chanson à la mariée,* rengaine d'origine bretonne, se glissa dans le folque-lore du Val de Loire. Au milieu de ce siècle, on l'entonnait toujours en fin des dîners de noces.

La chanson de la mariée

Nous somm's venus vous voir
depuis notre village
pour célébrer ce soir
le jour de vot' mariage,
pour vous fair' nos souhaits
et pour vous embrasser.

Madam' c'est aujourd'hui
que tout l'monde vous honore.
Demain c'est mercredi
ça dur'ra p'têt' encore
mais après-d'main passé
faudra pus y penser.

Vous n'irez plus au bal
Madam' la mariée
danser sous le fanal
de toutes nos assemblées,
vous gard'rez la maison
pendant qu'les aut's-z-iront.

Acceptez cet anneau
que ma main vous présente.
Mettez-le aussitôt
c'est pour vous fair' comprendre
que lorsqu'elle est mariée
un' belle est enchaînée.

Ressouvenez-vous bien
Madam' la mariée
ressouvenez-vous bien
que vous êtes liée
avec cet anneau d'or
qu'on n'délie qu'à la mort.

Avez-vous écouté
c'que vous a dit le prêtre ?
A dit la vérité
et comme il vous faut être :
fidèle à votre époux
et l'aimer comme vous.

Acceptez ce gâteau
que ma main vous présente.
Rompez-en un morceau
c'est pour vous fair' comprendre
que pour d' la mie manger
il faudra travailler.

Quand on dit son époux
on dit souvent son maître,
ne sera pas si doux
qu'il avait promis d'être,
faudra lui conseiller
de mieux se rappeler.

Vous ne s'rez plus cett' nuit
comm' vous étiez hier
seul' dans votre grand lit
à prendre place entière,
vous aurez un époux
couché en-contre vous.

Acceptez ce bouquet
que ma main vous présente.
Il est fait de genêts
c'est pour vous fair' comprendre
que vos fraîches couleurs
faneront comm' ces fleurs.

Le plaisir des époux
c'est de coucher ensemble
c'est un plaisir si doux
qui est encor plus tendre,
il faudra vous presser
pour qu'il puiss' se coucher.

J'entends le rossignol
qui dit dans son langage :
« Les petits sont en vol
et font bien du tapage. »
Belle dans quelque temps
vous en aurez autant.

Une fois marié, changement de mesure. Finie la vie de patachon ! Albert : « Je me suis mis à mon compte sur une petite culture à Saint-Denis-de-l'Hôtel. J'avais quatre hectares et demi de champs, plus un hectare et demi de bois. » Il récoltait du grain et des légumes, tandis que sa femme élevait des taures et de la volaille. Mais là, plus question de musarder par tous les bals de la contrée ! La musiquette n'a jamais fait pousser le seigle. Alors Albert, le cœur gros, rangea sa vielle pour ne se vouer qu'à ses terres. Toutefois, il se jura bien de la réveiller un jour ou l'autre, dès qu'une opportunité se présenterait...

« C'est dans ces moments-là que j'ai rencontré Maurice Genevoix, se souvient Albert. Je lui ai même causé. Je l'ai trouvé un coup sur le bord de la Loire. Je lui ai dit bonjour, bonjour monsieur Genevoix, comment ça va-t-y ? Ça semblait aller. Il parlait bien. On a discuté gibier. C'était un Raboliot, Genevoix : il s'intéressait au gibier ! »

La musique, Albert ne s'y est remis que sur le tard, quand il a réussi enfin à se libérer de la contrainte du labeur quotidien. A la soixantaine révolue, il lâcha la culture pour travailler dans les pépinières de Saint-Denis-en-Val. Désormais, il disposait davantage de moments libres. C'est alors qu'il reprit sa bonne vielle en bandoulière, à la manière des croque-notes de jadis.

Les retrouvailles ne furent pas des plus faciles, car à ne point jouer, ou si rarement, Albert avait beaucoup perdu de sa vélocité. Mais la passion, elle, demeurait intacte. Alors le bonhomme s'obstina et, tout doucement, à force d'en caresser les touches d'ivoire, à force d'en tourner la manivelle jusqu'à s'étourdir, la vielle modula de nouveaux chants d'amour, comme au temps d'autrefois.

« Quand j'étais loupiot, en Sologne, il y avait des vielleux en veux-tu, en voilà ! répète Albert. Il en reste encore deux ou trois, des vieux, mais qui ne dénichent plus. Je dois être le dernier de l'ancienne mode à me déplacer volontiers. » Il est exact qu'on le voit dans la plupart des fêtes de moisson, au milieu de la cohue qui s'extasie de ce qu'un bonhomme aussi âgé puisse interpréter des morceaux aussi jeunes, aussi entraînants. C'est qu'il serait capable de faire danser un cul-de-jatte, Albert, quand il empoigne son instrument !

Les complaintes de Sologne ne sont pas toutes aussi désabusées que *La chanson à la mariée*, fort heureusement. Les gadouillots chantonnent par exemple – sous le manteau bien sûr ! – des grivoiseries à faire rougir les « charlusettes », telles que *Ça n'va guère* et *Comme les autres font*.

On fredonne aussi *La Yéyette*, que les grands-pères de nos jeunes lecteurs doivent toujours connaître.

La Yéyette

De bon matin not'ami Pierr'se lève (bis)
Prend son couémiau, l'met sous son bras
Et la Yéyett' voir il s'en va.

Bonjou biau pèze, et bonjou belle méziau (bis)
Que le bonjour vous soit donné.
Mais la Yéyette où donc qu'alle est ?

Mais la Yéyette est à la grand'messiau (bis)
A la grand'messe à Saint-Denis.
A n'tard'ra point à n'en r'veni.

J'allons, de c' pas, y envoyer dir' qu'a r'vienne (bis)
Y'a son p'tit frèze qu'est ben mignon,
Y fera ben la commission.

Et le p'tit frèze, arrivé dans l'églisiau (bis)
Prit d' l'eau bénite et se signa,
A la Yéyett' dret il alla.

— Quoi qu'est-y donc arrivé cher fréziau ? (bis)

— Y'a le gars Pierre à la maison,
Voudrait ben vouèr son p'tit tendron.

— Mon frèz', faudra y mett' la tabl' rondiau (bis)
Le pain, le vin, le saucisson,
Pour régaler ce bon garçon.

— J' somm's point du tout v'nu ici pour boiziau (bis)
Ni pour boir' ni pour manger !
C'est du mariag' que j' v'lons parler !

Mais la Yéyette alle est cor trop jeunette (bis)
Bigeons sa mère en attendant
Qu' la Yéyette aye ses quinze ans.

On y vient de loin, et en foule, à ces festivités un rien passéistes. On y respire avec dévotion la poussière crachée par les batteuses en action, on y sursaute aux sifflements stridents de la locomobile sous pression, on ne s'y lasse pas de plaindre le pauvre canasson qui s'épuise à entraîner la trépigneuse. Rien ne manque à l'hommage rendu à l'agriculture de grand-papa : ni les faucheurs, ni les bœufs attelés à la moissonneuse-lieuse, ni les batteurs au fléau. Les artisans traditionnels font également montre de leur habileté : le tonnelier cercle des fûts qu'aucun vigneron n'achètera jamais, et qui finiront en jardinières dans quelque résidence secondaire, parce que les vignerons comme les vignes ont totalement disparu de la contrée ; le charron et le maréchal-ferrant se tuent à châtrer une roue qui servira de portail ; et le sabotier creuse des bauges de lapin qu'on accrochera en décoration au mur de la salle à manger, pour faire rustique...

Sur place, on fabrique et on déguste le boudin, le beurre, le fromage de bique et la miche croustillante. On torréfie le café comme voilà longtemps, on presse la pomme à cidre. On tond le mouton et on file la laine. C'est tout un monde oublié qui se remet à vivre. La curiosité attire les jeunes tandis qu'une nostalgie un peu benoîte émeut ceux qui commencent à prendre de la bouteille. Des parfums d'hier, malgré une suavité folklorique qui les dénature souvent, émane un charme indicible qui n'appartient qu'aux choses fanées. Tu te souviens, gars, lorsqu'on passait nos journées à mener une attelée de chevaux aux quatre coins de la plaine ? On a beau se gausser : le crottin empestait moins que le gazole !...

Albert-le-vielleux est heureux comme une grenouille au fond d'une mare, dans cette ambiance-là. Il pouille sa blouse de paysan, il se noue son grand mouchoir à carreaux rouges autour du cou et il enfonce crânement son chapeau noir. Avec, au dos, son zinzin enrubanné de faveurs, Albert rajeunit de soixante ans !

« Quand je vais à l'assemblée de Saint-Chartier, dans le Berry, c'est mieux qu'un triomphe ! » se rengorge-t-il. Là-bas se réunissent, une fois l'an, les musiqueux routiniers de la France profonde. On s'en donne à cœur joie, vous pensez ! entre vieux de la vielle. La différence entre les générations ne compte plus. Les mainteneurs chenus transmettent religieusement leurs secrets aux novices, qui se jurent bien de pérenniser la tradition, envers et contre toutes les modes. Des jeunes, c'est courant, se joignent à Albert et l'accompagnent, ravis. Mais le concert n'est pas toujours facile à réaliser. « Ils jouent trop bas pour moi, regrette notre bonhomme. Faut que je démonte ma vielle et que je la remonte, au risque de la dérégler. Quel aria, sapristi ! »

Dame ! chaque vielleux a sa technique, ses habitudes, sa façon de mouliner. Albert a retiré deux cordes sur les six, afin d'obtenir les sons qui lui plaisent (toute référence gardée, l'illustrissime Paganini n'en conservait bien qu'une à son violon !). Cette ablation n'a nullement perverti l'instrument puisque plusieurs luthiers l'ont pris comme modèle, voici peu. « Ils ont copié dessus pour en refaire de pareilles, pérore Albert. Mais ils ne réussiront jamais à la reproduire tout à fait. Ma vielle à moi est unique, d'une valeur inestimable. Je ne la céderais pas contre tout l'or du monde ! »

Il en parle comme d'une vieille et fidèle compagne, Albert. Dans son univers, elle occupe la place d'une personne. Il dit que sans elle, maintenant qu'il est seul, il ne vivrait plus.

Nul n'est éternel, on le sait bien, même si on n'aime pas le rabâcher à tout moment de la discussion. Albert le sait bien aussi, allez ! comme tout un chacun. Sa vielle, il devra la quitter un jour ou l'autre, lorsque l'heure aura sonné pour lui de rejoindre celle et ceux qui sont partis devant. Mais il ne voudrait pas qu'on l'enterre avec, ça non ! Mieux vaudrait la donner à son petit-fils Anthelme, un lutin rigolo qui la fera vivre encore et toujours après lui.

Sûr qu'il est marrant, le petit Anthelme ! Il ne savait pas marcher qu'il dansait déjà dès qu'il entendait son grand-père jouer. A chaque fois qu'on l'amène ici, c'est directement vers la vielle qu'il se dirige, et il se met à piétiner devant le buffet. Ça réchauffe le cœur de Pichereau-l'Ancien, de voir le marmot se trémousser ainsi. Cela le rassure.

Arsène, Albert, Anthelme : les trois as... la lignée des ménétriers n'est pas prête de s'interrompre dans la famille !

Rencontre de l'automne 1991.

Les comédiens forains

Attendez que je me souvienne : c'était à la fin des années 1950. Le dimanche, comme tous les autres gosses du hameau, je guettais la « tournée de ville » de leur Traction noire. Elle passait toujours à la même heure, peu avant midi. On l'entendait ralentir à hauteur des maisons d'orée, rouler au pas, stopper de place en place pendant que son haut-parleur nasillard crachotait la promesse d'un spectacle désopilant : « Ce soir, la compagnie Créteur-Cavalier vous présentera les Gaietés de l'escadron, trois actes de fou rire à ne pas manquer, une comédie militaire qui vous fera oublier vos soucis. Ce soir à 21 heures, les Gaietés de l'escadron. »

Aussitôt les environs décrétaient la mobilisation générale. En soirée, aux trois coups frappés par le brigadier, la commune tout entière serrerait les rangs pour voir et complimenter l'Armée française de grand-papa, applaudir aux farces courtelinesques de l'ami Bidasse et s'esclaffer des beuglantes de l'inénarrable juteux de service.

Pour nous les petits de paysans, pour nos parents aussi, c'était soirée de gala garantie. On retrouverait Jean, le pioupiou marrant qui faisait semblant d'avaler son mégot quand le capiston lui criait après, et le fringant

Raymond qui avait le béguin de la mascotte du régiment. Mais nous, les jeunots, nous n'avions d'yeux que pour Maud et Lydia, les gamines de notre âge dont nous étions tous follement amoureux, en secret. C'était cela le théâtre Créteur-Cavalier de mes douze ans, et c'était autrement mieux que les dilemmes cornéliens que monsieur Saintier m'obligeait à étudier au cours complémentaire ! On en pensera ce qu'on voudra, mais les Horace et les Curiace me bouleversaient nettement moins que les Deux Orphelines…

Créteur et Cavalier : deux noms qui se fondent en un seul dans l'histoire du théâtre forain. La tradition remonte au-delà des mémoires pour la famille Cavalier, probablement au milieu du siècle passé. Nul ne connaît la profession que ses ancêtres pratiquaient avant de grimper sur les tréteaux. Déjà le père de Blanche, Louis-Jacob, qui mourut en 1944 à quatre-vingt-quatre ans révolus, était né pour ainsi dire sur les planches !

Tout le monde tenait théâtre démontable dans la lignée. Le père dirigeait le sien, ses fils chacun le leur. Au fil des mariages se constituèrent les troupes Nouvelon-Cavalier, Roger-Cavalier, Baptiste-Cavalier et, bien sûr, Créteur-Cavalier après les épousailles d'Arthur et de Blanche. Une authentique dynastie de saltimbanques.

Côté Créteur, les choses furent plus récentes puisqu'elles ne commencèrent qu'avec l'aïeule paternelle d'Arthur, Joséphine Desbonnet, qui était divette d'opéra-comique sur les scènes des grandes villes. Fut-ce par amour que le grand-père Jacques-François, cultivateur des Flandres, consentit à se muer en histrion ? On peut le supposer. Quand Arthur vit le jour à l'aube de ce siècle, son père Edgar était acteur au théâtre municipal de Boulogne-sur-Mer.

C'est lui, Edgar, aidé de son frère, qui fonda la

troupe ambulante des Créteur. La mode réclamait alors des saynètes revanchardes, couplets patriotiques à la clef. La compagnie se trouvait à Sedan en août 1914 lorsque se déclencha l'offensive des Ardennes. La tragédie qui se jouait n'avait plus rien d'un divertissement du Théâtre aux Armées, on s'en doute. Les comédiens durent abandonner armes (factices) et bagages pour suivre nos bataillons en retraite. Edgar et ses compagnons se réfugièrent en Bretagne, sans costumes ni baraque ; ils furent indemnisés au titre de sinistrés de guerre, après la victoire. Quatre-vingts troupes identiques sillonnaient les provinces vers 1920.

Chaque troupe disposait évidemment d'une baraque démontable, souvent de sa propre fabrication. Celle des Créteur-Cavalier, construite par Arthur et son beau-frère, était en planches. Sa bâche de toit ne fut remplacée par des tôles en aluminium que sur le tard. Elle reposait sur un parquet et contenait trois cents places alignées en gradins. Des fauteuils aux premiers rangs, de simples bancs derrière. Le spectateur payait plus ou moins cher selon la place qu'il désirait occuper.

Le chauffage nécessitait un poêle Godin dont le tuyau calorifère traversait la baraque dans sa longueur. On y brûlait du coke. Par la suite, on s'équipa d'une chaudière à mazout.

Les scènes d'antan s'éclairaient au moyen de becs à acétylène. Le théâtre d'Arthur, lui, était doté d'une rampe électrique. On conservait néanmoins une vieille bombe à carbure en prévision d'éventuelles coupures de courant. Le trou du souffleur n'étant pas prévu parce que superflu, on chuchotait la rare réplique oubliée depuis les coulisses.

Jadis une troupe construisait également ses roulottes. Le père Cavalier avait charronné les siennes. Chacune de ces maisons roulantes possédait son anecdote, son historiette. Celle d'Arthur et de Blanche avait ses lettres de noblesse du fait qu'elle aurait appartenu à la famille de Pierre-Richard Wilm !

« Excusez-moi de vous interrompre, me reprend gentiment Blanche, mais on ne prononce jamais le mot roulotte dans notre métier. On préfère le terme caravane. La roulotte, voyez-vous, désigne la voiture des bohémiens, pas celle des comédiens itinérants. »

Oh, pardon ! voilà que je tombais dans l'erreur du commun des sédentaires.

C'était bien cette méprise en effet, ce manque de discernement, qui causait un grave préjudice aux scaramouches du théâtre forain. Car les villageois ne s'embarrassaient guère de nuances lorsqu'ils croisaient des gens du voyage. De prime abord, rien à leurs yeux, ou si peu, ne distinguait un cortège de bouffons d'une tribu de bohémiens. Vendeurs de paniers ou pierrots de chimères, ce n'étaient somme toute que des vulgaires nomades, des créatures de nulle part, des marginaux voués à l'errance.

La gent enracinée toisait donc les uns et les autres avec une égale méfiance, un égal mépris. Du coin de l'œil, en biais, de loin toujours, comme si elle flairait là une bande de romanichels sans foi ni loi, des voleurs de poules qui ne pensaient à remplir le poulailler de leur baraque qu'en vidant celui des honnêtes citoyens.

Certains paysans prétendaient même, tenez-vous bien, que ces satanés baladins enlevaient les petits enfants à la nuit tombée ! Longtemps après la parution du roman de Victor Hugo, le fantôme de *L'homme qui rit* continuait de hanter les campagnes. Souvent, à l'approche des caravanes, on voyait de braves mères boucler leur basse-cour et enfermer leur progéniture à double tour. Cette suspicion attristait profondément les Créteur-Cavalier qui ne méritaient point une telle réputation de croque-mitaines.

Fort heureusement, quelques contrées s'ouvraient plus facilement que d'autres, et cela mettait du baume au cœur. Dans le Loir-et-Cher on était assuré de recevoir un accueil chaleureux. A l'inverse, la Beauce du Loiret restait un pays rude ; pourtant, dès qu'on y était connu et accepté, plus personne ne voulait que la troupe reparte. Les Beaucerons orléanais sont moulés ainsi : ils prennent leur temps avant de manifester leur confiance mais quand ils l'ont accordée, ils se montrent d'un attachement et d'une fidélité indéfectibles.

Toutes ces réticences séculaires s'estompèrent avec la vogue du camping et du caravanage. Les paysans comprirent enfin qu'on pouvait vivre sans domicile fixe et n'être nullement un manouche pour cela, si tant est que les manouches soient de lorgne engeance.

Au contraire du père Cavalier qui menait son importante compagnie jusque sur les esplanades des préfectures, Arthur ne dépassait point les places des chefs-lieux de canton. Quinze jours avant l'arrivée prévue dans une commune, il sollicitait du maire une permission d'installation pour la durée d'un mois. La prudence lui conseillait d'écrire simultanément à plusieurs municipalités car beaucoup opposaient un refus catégorique, prétextant le manque d'emplacement ou une vague inopportunité difficile à préciser. Cette sorte de réponse signifiait que la troupe était indésirable et qu'il ne servait à rien d'insister. On se rabattait donc vers un bourg plus hospitalier. S'implanter sans l'autorisation de la mairie aurait entraîné l'intervention immédiate des gendarmes.

Chaque membre de la compagnie devait savoir tout faire : jouer la comédie évidemment, pousser la rengaine à l'occasion, mais encore aider au montage de la baraque, confectionner les costumes, repeindre les décors, graisser les roues des voitures, régler les éclairages et le chauffage. Tour à tour acteur, régisseur, accessoiriste et machiniste. Et chacun de veiller à la propreté impeccable de la baraque afin de couper court aux ragots et aux médisances. La netteté et l'amabilité favorisaient la réussite.

Cependant, il fallait prévoir une bonne huitaine avant que les habitants ne se laissent apprivoiser. On les sentait tiraillés, aiguillonnés par la curiosité et, en même temps, freinés par leur cautèle coutumière. Les villageois qui organisaient des matinées récréatives en amateurs ne se privaient guère de critiquer cette concurrence professionnelle. C'était la misère en attendant les lendemains à guichets fermés. La troupe se produisait devant des gradins déserts, le ventre creux.

« Pour amadouer les gens, confesse Arthur, nous envoyions nos femmes en courses chez les commerçants du bourg. Elles se montraient causantes, toujours tirées à quatre épingles, irréprochables en tous points. C'était notre meilleure publicité ! »

La première semaine n'attirait pourtant qu'une quarantaine de badauds par représentation. Les gens hésitaient, se tâtaient, pesaient le pour et le contre, comme s'il s'agissait de se fourvoyer en un lieu mal famé. Dame, il courait tant de rumeurs extravagantes sur l'immoralité des comédiens et, surtout, sur la galanterie des comédiennes ! Puis finalement ils se décidaient, famille après famille. Le mois passé, Arthur prolongeait son séjour d'un second mois, et ainsi de suite jusqu'à l'épuisement du répertoire. « Séjournez aussi longtemps que vous le désirerez, lui concédait alors le maire. Vous ne dérangez personne et vous amusez tout le monde ! » Le pari était gagné. La mission des Créteur-Cavalier se bornait à distraire les populations rurales en leur offrant un spectacle réservé d'ordinaire aux citadins. La plupart des paysans, à l'époque, ne virent jamais d'autres prestations théâtrales que celles proposées dans les baraques foraines.

Le répertoire se composait principalement de pièces anciennes dédaignées par les salles de Paris. La faveur du public se portait sans contredit sur les mélos réalistes. Les campagnes larmoyaient volontiers devant les infortunes de *La Porteuse de pain* ou les malheurs de *La Pocharde*. De même, on aimait écraser un pleur sur le sort lamentable de *Roger la Honte* (que l'on avait déjà lu en feuilleton dans le journal) ou sur la déchéance de *La Fille du garde-chasse*. Des scènes figées, les tableaux, s'intercalaient parfois entre les actes des pièces à fresques historiques. L'adaptation des *Misérables*, un modèle du genre, n'en comprenait pas moins de douze ! Un monument.

Le vaudeville remportait aussi un franc succès : on se remettait de la tragédie en découvrant *Les Surprises du divorce* ou en suivant les fredaines du *Contrôleur des wagons-lits*.

Autre triomphe infaillible : le comique troupier. Les tourlourous de *Tire-au-flanc* et du *Train de 8 h 47* faisaient toujours recette ! Ce burlesque en pantalon rouge rappelait aux vétérans le bon temps de la garnison tout en préparant la bleusaille aux absurdités de la caserne.

Et puis il y avait la fantaisie légère du mardi que vous devinez à demi-mot, la coquinerie qui offusquait les mijaurées et qui émoustillait les grands dadais boutonneux. C'était la *Nuit de noces, Adèle, couche-toi* ! ou *Vous n'avez rien à déclarer* ? Pas de situations scabreuses, non : tout juste quelques rebondissements un peu lestes. On entrevoyait une demoiselle en combinaison qui se glissait par étourderie ou quiproquo dans la couche d'un monsieur en caleçon. Pas de quoi fouetter un chat, vraiment. Un enfant de chœur d'aujourd'hui sourirait d'une telle pruderie. Pourtant ces folles audaces paraissaient tellement libertines que la direction prenait garde de déconseiller ce « spectacle osé », ce marivaudage, aux moins de quinze ans. On ne badinait pas avec l'amour, non mais !

Au vrai, cette interdiction subissait bien des entorses. Blanche, à la caisse, n'exerçait jamais un contrôle sévère. Elle se contentait d'avertir les pisse-froid qui lui semblaient particulièrement pudibonds, voilà tout. A eux d'assumer ensuite leurs responsabilités parentales.

La comédie à ariettes enfin, l'opérette, ne s'inscrivait guère à l'affiche pour la simple raison que la troupe manquait d'artistes lyriques. Le seul capable de se débrouiller dans la chansonnette, honorablement s'entend, était un frère Cavalier, Charles. Pas d'orchestre bien sûr. Blanche ou sa belle-sœur pianotait ; Arthur raclait quelquefois son violon. Cela suffisait pour accompagner *Les Vingt-huit jours de Clairette* et *Les Mousquetaires au couvent*...

Il faut encore noter que la compagnie créait également ses propres pièces, à l'instar de l'Illustre Théâtre. C'était Jean, le fils, vaudevilliste à ses heures, qui les mitonnait au goût du public. Ses divertissements boulevardiers rassemblaient inévitablement Madame, son cocu de mari et son amant dans une intrigue à la Feydeau.

Les Créteur-Cavalier mettaient un point d'honneur à respecter scrupuleusement le texte des dramaturges. Ils travaillaient sur livret sans s'égarer dans ce qu'on nomme le canevas, c'est-à-dire dans l'improvisation qui autorise les protagonistes à broder autour d'un argument selon leur humeur du moment. Le théâtre forain usait fréquemment de cette liberté, mais point chez Arthur. Forme moderne de la Commedia dell'arte ou non, jamais la troupe ne transigea sur ses principes.

Bien entendu, les permissionnaires en uniforme ne payaient que demi-tarif, ainsi que les gosses des écoles. Deux cent cinquante anciens francs au lieu de cinq cents. La caissière proposait un programme en délivrant les billets tandis que les filles promenaient leur corbeillée de bonbons dans les travées.

Les profanes s'imaginent qu'un comédien s'amuse autant que les gens qu'il fait rire. Rien n'est plus faux. Le métier d'acteur fatigue son homme plus qu'on ne le croit. Il y a la tension nerveuse des entrées en scène et l'investissement total des comédiens pendant toute la durée du spectacle. Les Créteur-Cavalier s'écroulaient au tomber du rideau, complètement lessivés. Durant une couple d'heures ils avaient endossé la peau d'un personnage qui les gênait parfois aux entournures, une peau sans commune mesure avec leur véritable nature, et ce dédoublement scénique les anéantissait.

Arthur, qui n'est pas méchant pour un sou, avoue qu'il devenait foncièrement exécrable quand il incarnait un salopard. Le temps d'un vilain rôle, il se laissait envoûter par son personnage au point de renier ses sentiments, son identité intrinsèque. Le moi de l'autre se confondait à son caractère réel. Plus le public le détestait et plus il jubilait en son for intérieur. Il ne jouait plus un ignoble individu : il l'était vraiment. Une osmose totale.

L'acteur modifiait également son allure, son visage, sa silhouette. Il se maquillait dans sa caravane ou, en cas de métamorphose urgente, dans les coulisses. Le grimage était primordial. Une moumoute, une paire de rouflaquettes postiches, des rides dessinées au fard : le comédien vieillissait de cinquante ans en un quart d'heure. Gambadant au premier acte, il ne marchait que plié en deux au troisième. La scène oblige à de troublants raccourcis.

Les théâtreux d'autrefois avaient tendance à forcer sur la grandiloquence, à déclamer des envolées de rodomonts à faire pâlir n'importe quel matamore. Ce ton parut ridicule après la guerre. Sous l'influence de la jeune génération dont se réclamait Jean, la troupe dut adopter un jeu plus désinvolte.

Le trac ? Non. On était trop rompu au métier pour se ronger les sangs. On appréhendait seulement certains monologues interminables, la tirade de Jean Valjean par exemple, seul en scène, qui s'étalait sur cinq pages de brochure. Insoucieux de la perfide lacune, les Créteur-Cavalier n'étaient donc point de ceux qui prient saint Julien ou qui se signent avant le spectacle. Croyants bien sûr, mais pas superstitieux à l'excès. Toutefois, Blanche n'aimait guère les œillets – qui portent la poisse – et elle ne bravait jamais les interdits du vendredi. On ne sait jamais.

Le trou fatidique survenait pourtant quelquefois. Du vent dans la mémoire, soudain. On avait beau connaître son rôle depuis toujours, vlan ! Plus rien : le noir. Le partenaire s'en apercevait immédiatement ; il relançait sa réplique en l'arrangeant de façon à repêcher son compère en difficulté. Un autre soufflait de la cantonade. Le jeu repartait de plus belle, au quart de manivelle. Le public, quant à lui, ne remarquait jamais rien.

L'avantage du théâtre forain consistait essentiellement dans la variété des rôles à tenir. La veille héros admiré, le lendemain traître odieux, le comédien ne se répétait guère, ne s'enfermait dans aucun registre, au contraire des acteurs de salle qui servaient le même emploi pendant des six mois d'affilée.

D'ailleurs, il arrivait qu'un comédien doive interpréter plusieurs personnages différents lors d'une représentation, jouer le bon au début puis le méchant à la fin, et pallier ainsi l'insuffisance de l'effectif. Souventes fois, Jean se travestit en soubrette, perruque blonde et rouge aux lèvres, sans que personne dans la salle ne soupçonnât le subterfuge. « C'était ma sœur jumelle », confiait-il le lendemain à ceux que l'apparition de la blondinette avait éblouis !

La troupe d'Arthur comprenait une quinzaine d'éléments. On distribuait les rôles en fonction de l'âge et des possibilités de chacun. Comédien dès sa tendre jeunesse, l'enfant savait qu'il serait, au fil des ans, le fils et le père dans une même œuvre. Quand un gamin faisait défaut, on choisissait un garnement du pays qui apprenait le texte. Deux ou trois répétitions suffisaient à sa mise au point. Il n'y avait guère à chercher pour dénicher la Cosette ou le Gavroche parmi les écoliers qui tournaient autour des caravanes en écarquillant des yeux ronds. Tous étaient ravis de sauter sur l'aubaine.

Parfois, on devait engager des figurants extérieurs. Un homme, une femme, un couple. Le rendez-vous des cachetiers se tenait à Paris, en un café de la Porte Saint-Martin à l'enseigne de Louis Quatorze. On annonçait le rôle à pourvoir et l'on offrait, outre le cachet, le remboursement du billet de train et le prix de la chambre d'hôtel. C'était cher payé mais une telle dépense maintenait le bon niveau du répertoire.

Les artistes parisiens acceptaient volontiers de se déplacer. Une salle avec façade ou une baraque foraine était toujours pour eux, d'abord, un temple de Thalie. Beaucoup venaient du théâtre ambulant – la meilleure des classes, certifie Arthur – bien que certains cabotins sacrés vedettes fissent mine de ne plus s'en souvenir. D'autres en revanche, qui s'enorgueillissaient de cette origine, n'hésitaient pas à se mêler incognito à la file d'attente. Les Créteur-Cavalier eurent ainsi le plaisir de remarquer plusieurs célébrités de l'époque parmi leurs spectateurs, dont le très adulé Victor Francen qui les félicita après la représentation.

La période de mise en confiance écoulée, le public participait sans réserve aux réjouissances. Il huait le fourbe, raillait le géronte à gorge déployée, prenait aussitôt fait et cause pour l'innocent souffre-douleur de l'abominable marâtre. Dès que le scélérat de la pièce accusait l'ingénue des pires mauvaisetés, on entendait l'auditoire gronder. « C'est pas elle ! » s'écriait l'un. « C'est l'autre ! » dénonçait en écho son voisin. L'acteur qui héritait du méchant rôle était vraiment considéré comme le dernier des bandits. L'assistance le reluquait de travers à l'entracte, de manière à lui signifier clairement qu'on ne lui pardonnait point les bassesses de son personnage. Et le pauvre ne se consolait qu'à l'idée de jouer le redresseur de torts bien-aimé à la prochaine séance.

Prompts à secourir la veuve et l'orphelin, les chevaliers du parterre l'étaient aussi pour applaudir et pour bisser. Pas besoin de claque. « Les bravos nous récompensaient autant qu'une caisse remplie, dit Arthur. Ils nous encourageaient à nous surpasser. Jamais on ne nous a sifflés. Vous entendez : jamais ! » Et Blanche de renchérir : « Ça, nous ne l'aurions pas supporté. Le lendemain nous aurions plié la baraque et nous nous serions éloignés du pays pour ne plus y reparaître. »

Les assidus ne rataient pas une séance de la saison. D'autres habitués apportaient des légumes, des fruits, des fleurs en hommage. Ils disaient simplement : « C'est pour vous, qui n'avez pas de jardin. » Dans mon village de Josnes, M. Bourreau, le maire, offrait des bottes d'asperges en guise de bouquets.

La troupe campait ainsi quatre mois à chaque étape. Elle donnait quatre soirées par semaine : le mardi, le jeudi, le samedi et le dimanche. On profitait des jours de relâche pour réparer les toiles de fond, raccommoder les fanfreluches, répéter de nouveaux drames. On rejouait rarement une pièce, sauf quand le public le souhaitait avec obstination.

La représentation d'adieu s'intitulait le *Sens dessus dessous*. C'était la revue du pays, une tradition de métier qui remerciait la clientèle de sa bienveillance, un pastiche de la vie communale composé de personnages à ressemblance, moins moquerie que salut cordial.

En quatre mois, les comédiens avaient eu le loisir de croquer les manies des notables et les tics des paroissiens marquants. Mon grand-père Camille n'y coupait jamais. On reconnaissait aussitôt sa bouffarde plantée dans ses moustaches de Gaulois, sa casquette du dimanche, le ballon de rouge entre ses mains tremblotantes et sa partie de belote dominicale qui lui tenait office de vêpres. Le bonhomme était un fervent de théâtre : il ne manquait pratiquement rien de la tournée et quand il montait à Paris, par le chemin de fer, c'était pour se rendre au Châtelet.

« Pas de doute, c'est bien toi que v'là ! » ricanait-on en tapant sur l'épaule du père Untel à l'apparition de sa doublure. Déjà surgissait un autre portrait pittoresque. Celui-ci singeait l'épicier avec sa blouse grise et sa sacoche sur la bedaine, ou le bedeau plus bossu que Quasimodo. Tous se gaussaient de leur caricature sans penser à protester, flattés au fond de s'être signalés à des comédiens si plaisants.

C'était la croix et la bannière, pour la troupe, de quitter une commune qui l'avait définitivement intégrée. Arthur promettait de repasser dans cinq ou six ans. Souvent on s'installait dans une localité voisine et l'on revenait jouer un de ces quatre dimanches dans le « casino » municipal.

En général, les Créteur-Cavalier ne bougeaient que par sauts de puce d'une douzaine de kilomètres, de gros bourgs en petites villes. Leur tournée s'étendait au Blaisois, à l'Orléanais, à la Puisaye, au Bourbonnais, au Nivernais et à la banlieue parisienne.

Il fallait une quinzaine de percherons pour traîner les sept caravanes et les fourgons bourrés de matériel. La troupe ne possédant pas de chevaux, Arthur louait les attelées des cultivateurs du patelin. Les charretiers ne demandaient pas mieux que de conduire le convoi. Bien qu'ils n'eussent pas le droit de se livrer aux travaux de roulage, les fermiers se dérobaient rarement à cette obligeance envers des comédiens qui les avaient tant divertis. Souvent même ils ne réclamaient aucun défraiement. Plus tard, avec la modernisation de l'agriculture, les canassons furent remplacés par les tracteurs.

Nous contions plus haut que les saltimbanques faisaient parfois figure de ravisseurs d'enfants dans les croyances populaires. C'était faux bien sûr, quoique le crime faillit être commis à Boynes quand trois gamins se cachèrent dans la costumière au moment du démontage. Trois gamins que Blanche ne dénicha qu'à la halte suivante... Vous imaginez sa stupeur. Elle leur proposa un goûter pendant qu'Arthur se hâtait de téléphoner aux parents. Ah ! mon Dieu, quelle histoire ! Que n'allait-on pas cancaner sur leur compte après cette tournée-là ?

« Croyez-moi sur parole, plaide Arthur en plaisantant, nous n'avons jamais volé de mioches. Les deux nôtres nous suffisaient à élever ! »

Ça, on l'admet aisément. Ces deux enfants, ce sont Jean et Sonia. Nés au hasard de la balade, le fiston à Montreuil-sous-Bois et la fille à Corbeilles-en-Gâtinais, puis scolarisés de même. Sonia se mariera avec Raymond Cavalier, son cousin germain, dont elle aura deux garçons.

Enceinte, une femme continuait de jouer comme si de rien n'était. On évitait seulement de lui confier un rôle d'ingénue quand son état devenait trop visible. On masquait sa grossesse par un semblant d'embonpoint...

Dans la troupe, il n'y avait que l'épouse de Jean à n'être pas née dans le métier. « Mais elle s'y est bien mise ! » s'empresse d'ajouter Arthur.

C'était à la veille de la guerre, on venait de planter la baraque à Beaune-la-Rolande. Bientôt les autorités interdirent les déplacements des forains sous peine de les assimiler aux gitans et, par conséquent, de les interner dans les camps des alentours dont on n'ignorait rien à la ronde. Le sort des détenus à la décoration stellaire, pour emprunter l'expression des collabos cyniques, y était épouvantable. Une des hontes indélébiles de l'humanité. Alors on remisa prudemment les caravanes dans une ferme des environs et on loua la salle des fêtes municipale.

Jean bénéficia de cette sédentarisation forcée pour courtiser la jeune Solange Renard. Le père était maréchal, la mère couturière, et tous deux appréciaient le talent des Créteur-Cavalier. Ils ne crièrent donc point au déshonneur quand leur fille, à la Libération, leur dévoila son désir de quitter le logis familial pour suivre les caravanes qui reprenaient la route. Voici par quelle romance Solange Renard se joignit à la troupe d'Arthur Créteur. Jean lui passa la bague au doigt quelques mois plus tard, à Lorris.

Mais le rideau tombait déjà sur le théâtre forain. Le cinéma parlant prenait des couleurs pour mieux racoler les foules. Le public s'entichait maintenant des stars de la pellicule et boudait les obscurs jocrisses ambulants. Nombre d'acteurs en renom désertaient la scène pour tenter leur chance sur le plateau des studios. L'avènement de la télévision ne fit que précipiter le déclin des troupes itinérantes. Désormais, les « étranges lucarnes » livraient le spectacle à domicile. Seuls quelques vieux campagnards s'entêtaient à privilégier la réalité à l'image cathodique. Il en fallait davantage pour sauver le théâtre forain de son inéluctable disparition.

Ne nous leurrons pas : c'est parce qu'elle était sûre de sa supériorité que la télévision vint enregistrer les Créteur-Cavalier dans leur baraque, à Binas, un soir d'hiver des années 1960. Comme pour se donner bonne conscience vis-à-vis de ceux qu'elle s'apprêtait à étouffer. Au moins cette émission eut-elle l'intérêt de prouver que les comédiens du voyage ne théâtralisaient pas comme des rabouins, mais qu'ils étaient d'incontestables artistes. Le compliment arrivait néanmoins trop tard.

Un heureux souvenir que ce tournage, malgré tout. Marie-Louise Rognon, la mère de Blanche, jouait encore en dépit de ses quatre-vingt-dix ans. Onze jours avant de succomber à une hémorragie pulmonaire, la brave matrone interprétait toujours la grand-mère dans *La Grâce de Dieu*. Elle est quasiment morte sur les planches. Le rêve de tous les comédiens depuis Molière.

La troupe atteignit le bout du chemin en 1974. La rivalité du grand et du petit écran d'une part, la lourdeur des charges et des redevances de l'autre, tout contribua à sa faillite.

Ce fut un crève-cœur que de s'arrêter. Surtout pour Jean qui avait le théâtre dans l'âme, surtout pour Raymond qui avait le voyage dans le sang. Ce jour-là ils en ont pleuré, et ils en pleurent encore. Jean turbine actuellement en usine et Raymond s'est reconverti dans la marionnette ; mais ils n'évoquent le passé qu'en parlant au présent. La nostalgie qui les torture est une maladie incurable.

Ils auraient pu accomplir une carrière brillante, certainement. Le grand Pierre Brasseur voulait engager Jean après l'avoir vu dans *Les Misérables*. Arthur avait refusé. Il estimait qu'un gamin de quatorze ans ne devait pas s'éloigner de ses parents. Aujourd'hui, le vieux père n'est pas loin de regretter d'avoir trop aimé son fils. Une confession poignante. Un mélodrame comparable à ceux qui concouraient jadis au succès de la troupe. À la différence que maintenant, hélas ! on ne joue plus...

Baladins immobiles dont seuls les souvenirs vagabondent encore de mails en champs de foire, Arthur et Blanche vieillissent doucement dans un coin de la plaine, près d'Outarville. Pas à l'abri d'une maison de pierre, non : dans les caravanes qu'ils ont rangées sur le derrière d'une ferme. Une façon bien à eux de ne point abjurer, de perpétuer l'illusion. Blanche ne résisterait pas à l'ennui, emprisonnée entre quatre murs. « Nous avons toujours vécu ainsi, dit-elle. Ce n'est pas à notre âge qu'on change d'habitudes. » Le fermier leur prête gracieusement le terrain. C'est sa manière d'exprimer sa gratitude à ces artistes qui l'ont tant fait rire autrefois.

L'incroyable est que les ethnologues et les universitaires se passionnent depuis peu pour leur fabuleuse histoire. Une équipe vidéo – commanditée par les Arts et Traditions du Centre national de la recherche scientifique, s'il vous plaît ! – est même venue filmer leur « théâtre forain d'acteurs vivants » reconstitué pour un ultime rappel. C'était durant l'été 1983. Christian Bidault, qui couvrait l'événement pour *La République du Centre*, écrivait en titre de son reportage : « Etranglé par la télévision, le théâtre forain renaît une dernière fois devant les caméras qui l'ont tué. »

De son côté, le maire d'Artenay, José Cardona, envisage de créer dans sa commune le premier musée consacré à ces troupes oubliées, et cela en une propriété baptisée « le Paradis ». Les enfants du Paradis, quel merveilleux calicot pour les dignes émules de Frédérick Lemaître ! Sous le projet perce déjà la fin du purgatoire...

La caravane, les décors, les costumes, les accoutrements clinquants et les parures de pacotille, tous les trésors des Créteur-Cavalier iront enrichir ce musée quand Arthur et Blanche auront tiré leur dernière révérence. Les archives vivantes se figeront alors dans un théâtre d'ombres. Mais moi, j'entendrai toujours Blanche me souffler en coulisse : « C'était un beau métier, n'est-ce pas ? »

Oui, Blanche, c'était un beau métier que le vôtre.

Rencontres du printemps 1984.

MÉTIERS EMPIRIQUES

En 1981, l'ethnologue Jean Malaurie déclarait ceci : « On a fait subir aux Inuits le même traitement qu'aux Noirs d'Afrique ou aux Indiens d'Amérique, mais c'est aussi ce qui attend nos paysans, nos pêcheurs et toutes les minorités. » Voilà peut-être pourquoi, confusément, j'étais parti à la rencontre de ces « gagne-misère ». Dernier maillon d'une longue chaîne de générations profondément enracinées dans la glèbe dont elles ont toujours vécu, je me devais, parvenu à un âge supposé raisonnable, de rendre hommage aux gens du terroir qui m'ont précédé.

Ces laboureurs et ces bûcherons, ces ravaudeuses et ces basses-courières, ce sont les personnages qui ont peuplé mon enfance, ma jeunesse, mes primes souvenirs. J'ai grandi au milieu d'eux. Je les ai observés dans leurs gestes de travail, dans leurs façons de vivre. Je les ai fidèlement gardés en mémoire. Je peux décrire leurs besognes modestes, parfois éreintantes, rarement gratifiantes, comme je peux évoquer leurs joies et leurs peines, sans pour autant sombrer dans une nostalgie trompeuse ou une pleurnicherie de serin. Je l'ai dit, je le répète : les sentiments passéistes ne me turlupinent guère. Mon époque ne me déplaît pas, quoiqu'elle me semble loin d'être parfaite. Je m'y sens bien. Il n'empêche ! on ne va droit que si l'on sait d'où l'on vient.

Jean Malaurie n'avait pas lancé son cri d'alarme que j'étais déjà en glane de témoignages. Moi aussi, tout jeunot que je paraissais à côté de mes aînés, je devinais que le monde – le mien, celui qui m'entourait et dont j'étais issu – changeait radicalement et qu'avant longtemps, je n'en reconnaîtrais plus grand-chose. D'autres moissonneurs de souvenirs, ailleurs, s'étaient mis à l'ouvrage depuis belle lurette.

Mes premières bottelées d'histoires anciennes, je me les rappelle comme si c'était hier. Je me sentais tellement heureux de ce que je ramassais, qu'il fallait que j'en partage les plus belles poignées. Quelques-uns, que je comptais parmi mes copains, me regardaient faire. C'étaient des fils de paysan, autant que moi attachés à leurs origines terriennes – à tout le moins prétendaient-ils l'être. Ils me rembarrèrent d'une seule voix : « Qu'est-ce que tu nous cabasses avec tes affaires de péquenots ? Parle-nous des Guanches des îles Fortunées, parle-nous des Ouolofs du Cap-Vert. Ça, c'est de l'exotisme ! Mais les radotages des bouseux du temps passé, entre nous, on s'en bat l'œil. Qui penses-tu intéresser avec des thèmes si banals ? »

Apparemment, bien que pétris dans la même glaise, nous n'étions pas de la même composition. Je n'ai point répliqué. L'argument, sans me convaincre, ne semblait pas manquer de pertinence : je n'avais rien découvert qu'on ne sût déjà. Sur ce, j'ai abandonné mes loustics à leurs ricanements et j'ai poursuivi les rencontres comme si de rien n'était.

Le temps a filé, et les modes avec lui. Quand d'aventure je croise un copain d'autrefois, celui-ci ne me cause plus des îles Fortunées, pas davantage du Cap-Vert. Pourtant, maintenant, je saurais quoi lui répondre. Il me dit simplement : « Tes recherches sur les gagne-misère constituent un sacré boulot qu'il était urgent d'entreprendre. Tu as eu le nez fin de t'y coller. »

A ça, je ne rétorque rien. Il serait vain de plastronner pour si peu ; mais au fond de moi, je ne suis pas mécontent de la tournure qu'ont pris les événements. On a la gloire qu'on peut.

Le rebouteux

Rendre visite à un rebouteux, vous parlez d'une consultation ! Car il faut bien le dire : ces gens-là paraissent pour le moins inquiétants au commun des mortels que nous sommes. Les pouvoirs qu'ils détiennent les placent en marge des paysans soi-disant normaux. Ils savent remettre d'aplomb les bancroches et les souffreteux ; ils soulagent les campagnards de leurs foulures et de leurs entorses ; ils requinquent les tordus et les contrefaits. Une imposition de leurs grosses pattes calleuses, une rude pression à l'endroit douloureux et voilà, ça y est, tout semble réglé en un tournemain. Vrai : il y a comme qui dirait un peu du sorcier dans un rebouteux, même si celui-ci s'en défend mordicus !

Le nôtre de rebouteux, nous l'avons déniché dans un bourg perdu en lisière de Champeigne. Nous le connaissions par ouï-dire. D'aucuns nous avaient grandement vanté ses talents : « Vous verrez, le père Jean Picardat n'a pas son pareil pour effacer un lombago ! » Nous ne demandions qu'à le croire. Nous nous sommes donc dirigé vers sa tanière. Une petite fermette entourée d'arbres, en bout de village, avec un chien qui tirait sur sa chaîne à s'en étrangler.

C'est sa femme qui nous reçut sur le pas de la porte.

Une politesse gentille fortement teintée de méfiance. Elle a l'œil, la bonne femme. Elle a immédiatement deviné que nous ne venions pas pour nous faire endormir une lésion quelconque mais, au contraire, pour réveiller le tas de sornettes que ceux de la ville se plaisent à raconter sans rien vraiment connaître. Ah ! ces *journalisses*, ils vous feraient devenir chèvre avec leurs articles à l'emporte-pièce !

Cassée, nerveuse, les prunelles pétillantes et la voix criarde, la bonne femme ne s'en laisse pas facilement conter. Elle coupera sans cesse la parole à son brave bonhomme de rebouteux, comme pour l'empêcher de révéler trop de choses. Et cent fois elle répétera, le doigt pointé comme pour nous clouer une mauvaiseté entre les deux yeux : « Faudra point médire, hein ! On veut pas d'histoires ! Et puis on n'a rien à dire ! »

Ils n'avaient peut-être rien à dire, le rebouteux et sa bonne femme, pourtant nous sommes resté plusieurs heures à bavarder en leur compagnie, là-bas, dans la petite fermette entourée d'arbres. L'homme s'était attablé dans la pièce-à-vivre, basse de solives et ténébreuse à souhait pour favoriser ce genre d'entretien. Un intérieur sans caractère particulier : le décor d'un vieux couple de paysans, avec ses chaises geignardes et sa table recouverte d'une toile cirée poisseuse, écaillée aux quatre coins. Au beau milieu du plafond tirebouchonnait l'inévitable papier tue-mouches, noir d'insectes. « Je le changerai demain, a promis la bonne femme, parce que les mouches ne vont plus tarder à dégringoler dans nos assiettes. »

Un seul objet m'a fait tiquer dans ce tableau banal : le crucifix d'église posé sur le manteau de la cheminée, entre le calendrier des postes et la boîte de biscuits. « On nous l'a donné ! » a lancé aussitôt la bonne femme en surprenant mon regard étonné. Moi, j'étais déjà parti dans ma chasse aux sorcières. L'imagination, toujours. Les jeteurs de sortilèges aiment en effet à s'entourer de certains instruments du culte qu'ils pervertissent pour mieux renforcer leurs maléfices...

Mais non, tout ceci n'était que foutaise pour roman à quatre sous. Le père Jean ne partage rien avec les charlatans qui maintenaient les campagnes de jadis dans les pires frayeurs. Le père Jean est un honnête chrétien, nullement un envoûteur de sinistre intention. Selon lui, les sorciers sont comme le bon Dieu : on n'y croit que lorsqu'on a besoin d'eux. Plusieurs de ces louches personnages vivaient autrefois dans les parages, bien sûr, mais lui ne les a jamais fréquentés. Il ne faut pas mélanger le bon grain et l'ivraie, que diable !

Comment s'y prenaient-ils, les sorciers, pour causer tort à leur voisinage ? En consultant certains livres, tout simplement ! Vous savez bien : des grimoires dont les pages tournent d'elles-mêmes. Le Petit et le Grand-Albert, le Dragon rouge, les prédictions de Nostradamus, les clavicules de Salomon, que sais-je encore ?... Sur ce chapitre, la bonne femme de notre rebouteux semble en connaître un rayon. Elle jure ses grands dieux qu'elle ne croit pas un mot de toutes ces fadaises, mais elle ajoute aussitôt qu'il n'y a pas si longtemps, « on » a jeté un sort sur sa maison. Oui, monsieur. Même que c'est une voisine qui a fait le coup ! On la voyait rôdailler autour de la fermette. Elle s'arrêtait devant chaque ouverture, qu'elle barrait d'une incantation. Une véritable malédiction. Toutes les bêtes se mirent à dépérir dans la semaine qui suivit...

« Faut point rire de ça ! nous recommanda la bonne femme. Et prenez garde à ce que vous écrirez sur nous, car cela pourrait nous amener du tracas. Dites-vous bien que ça ne porte jamais chance de nuire ou d'ensorceler son prochain, parce que la malédiction retombe tôt ou tard sur les enfants ! »

La menace était claire. Au moindre dérapage de stylo, ce seront mes gosses qui trinqueront. J'en frémis encore. Et pour appuyer davantage sur l'avertissement, la bonne femme se mit à raconter le malheur d'une grand-mère qui tua sa petite-fille d'un retour de sorts. Le médecin ne put rien contre. Il prétendit que la gamine était morte d'une rougeole rentrée ; mais je t'en fiche, le pays entier savait parfaitement qu'il s'agissait là d'une retombée de maléfices !... Si vous désirez tout savoir, cela se passait à Châtillon-sur-Cher, qui est le pays des sorciers comme chacun sait.

Le père Jean, pour sa part, ne prête guère foi à ces on-dit. Il croit aux jeteurs de sorts – évidemment puisqu'ils existent ! – mais il refuse d'en parler de peur qu'on ne le fourre dans le même sac. Parce que lui n'est que rebouteux, faut surtout pas confondre, sapristi !

Et pourtant, sa faculté de rabibocher autrui, il l'a apprise en feuilletant un livre, comme procèdent les sorciers, à la différence près que le livre en question n'empestait pas le soufre. Il s'agit d'un énorme bouquin que possédait déjà feu son père, qui était lui aussi rebouteux. Dans la famille, on raccommode les peineux de père en fils, en plus des quelques champs que l'on cultive. Le précieux volume, que le père Jean ne manipule qu'avec un profond respect, s'intitule *Le Manuel d'anatomie humaine*. Il contient neuf cents figures explicatives et fut édité en 1912 à Paris, par la librairie Joseph Gibert. Son auteur : Georges Gérard, agrégé des facultés de médecine. Autrement dit, pas le premier venu.

Ce livre, le père Jean l'a mille fois écorné afin d'en tirer enseignement et pratique. Du moins, il a lu les paragraphes imprimés en gros caractères ; mais il n'a pas daigné déchiffrer les petites lignes qui fatiguent la vue. Puis il a longuement regardé les images et, pour parfaire son initiation, il s'est attardé à éplucher une brochure consacrée aux principaux mouvements de gymnastique. Il avoue n'avoir aucun don exceptionnel. Le peu qu'il sait réussir, il le tient de ses lectures. Rien à voir avec un quelconque toucheux. Il fait ce qu'il peut, humblement.

Les véritables dons sont des grâces de naissance. D'aucuns guérissent les verrues, les zonas, l'eczéma, les écrouelles ou les brûlures. Ils connaissent les prières appropriées mais ils n'arriveraient à rien sans leurs fameux dons. Il y a des curés parmi eux, preuve que ces pouvoirs n'ont rien de diabolique. Tenez : pas très loin d'ici, une paysanne avait la réputation d'enlever les « fis » sur le pis des vaches, et une autre faisait disparaître les verrues, et une troisième effaçait les brûlures. Elles n'ont malheureusement pas transmis leurs secrets aux enfants de leurs filles : c'est ainsi que les bonnes manières se perdent. Car il faut être net là-dessus : ces pouvoirs ne se transmettent que de grand-mère à petite-fille, à condition toutefois que l'enfant soit d'un autre sang que son aïeule. C'est-à-dire la fille de la fille. Personne n'ignore en effet que dans les croyances populaires, c'est le père qui donne le sang à ses gosses !

N'oublions pas non plus les marcous, les derniers d'une affilée de sept garçons, qui détiennent également d'indéniables pouvoirs guérisseurs. De nos jours, on ne croit plus à ces étrangetés-là ; le père Jean le regrette. Lui n'a pas connu de véritable marcou. Il y avait bien dans les environs une femme qui traînait sept garçons de file mais son premier était né hors mariage, alors ça ne comptait pas...

N'empêche que celle qui enlevait les « fis », les parents du père Jean coururent un jour la quérir, rapport à leur vache qui n'allait pas de son mieux. La paysanne leur dit : « Cette nuit vous entendrez votre chien aboyer mais vous ne bougerez pas. Ça sera moi. » Elle devait effectivement s'approcher de la bête avant le soleil levé. Le chien a bien aboyé durant la nuit. Au matin, vous le croirez si vous voulez, la vache était guérie !

De même on parla longtemps dans la région d'une

vieille qui, elle aussi, accomplissait des merveilles sur les bestiaux. Il suffisait de lui dire le nom et la couleur de l'animal pour que cet animal soit aussitôt délivré de ses coliques. Elle conseillait à ses visiteurs de s'en retourner chez eux sitôt l'entrevue terminée. « Votre bête se sent déjà beaucoup mieux », annonçait-elle. Et jamais elle ne se trompait. Cela, la bonne femme de notre père Jean l'a vu, de ses yeux vu, un été que leur vache avait attrapé froid à brouter sous l'ombrage d'un noyer, au bout d'une longe trop lâche. On a écrit le nom de cette vache sur une lettre, on a joint une touffe de son poil et une voisine s'est dépêchée de porter le tout à la vieille. Celle-ci a guéri la vache sans même la voir !

Elle était formidable, cette vieille-là. Pour le monde, elle demandait une photo sur laquelle elle baladait un pendule. Ensuite, elle énumérait les plantes qu'il fallait acheter chez l'herboriste pour composer la médication adéquate. Jamais elle ne prescrivait un remède de pharmacien. Elle était renommée sur plusieurs départements à la ronde, ça oui, et même elle payait patente ! C'est dommage : elle est morte voici une paire d'années.

L'ami Gérard Rabineau, originaire de la Mayenne, nous a raconté une anecdote véridique dont nous nous sommes inspirés pour rédiger le paragraphe suivant :

De pis en pisse

On venait surtout chercher Gildas Morloup pour les vêlages et les enfantements difficiles. Il œuvrait toujours de la même manière : il saignait une poule noire sur le pas de l'étable ou de la chambre, puis il demandait à rester seul dans la pièce avec la bête ou la femme en douleurs. Il demeurait enfermé longtemps pour sortir enfin bouleversé, le visage inondé de sueur jaunâtre. A ce moment-là, il annonçait que la délivrance était proche et qu'il n'y avait plus lieu de s'inquiéter. C'est ainsi qu'un paysan de Longuevault perdit trois génisses et sa fille aînée !... Mais ça ne faisait rien : les transes du marcou produisaient grand effet sur les gens émerveillés. Jusqu'au jour où Clément Lagnot, le berger, voulut percer le secret afin de soigner ses brebis lui-même. Le marcou venait juste de s'enfermer dans l'étable des Poilaras. Mine de rien, Pascal Lagnot grimpa sur un seau renversé et observa le guérisseur depuis un lucarnon dérobé. Ce qu'il vit l'époustoufla : se croyant à l'abri des regards indiscrets et profanes, le marcou se pissait dans les mains et se débarbouillait la face avec son urine ! C'était là le secret de ses fameuses transes.

(Extrait de la nouvelle « Le coût du marcou ».)

Le père Jean insiste encore : il n'est ni guérisseur, ni défaiseur de sorts, ni médecin. Il soulage les travailleurs qui se sont démis un nerf, c'est tout. Il n'aurait d'ailleurs pas aimé jouer au docteur. Cela demande trop d'études. Lui n'a décroché que son certificat. Et encore a-t-il dû redoubler sa dernière année d'école...

Sa vocation s'est décidée par hasard, pendant la guerre. Il servait alors comme secrétaire manutentionnaire dans l'armée. Un matin, un de ses camarades se tortilla un doigt en chargeant une balle de paille sur un fourgon. « Bouge pas, lui a dit notre bonhomme, je vais t'arranger ça ! » Et il lui a remis le doigt en forme. De retour au pays, il a continué ses bons offices. D'abord pour soulager ses voisins, lesquels l'ont dit à leurs connaissances. Sa clientèle s'est constituée ainsi, de bouche à oreille. Il ne claque sa porte au nez de personne, mais ce n'est pas pour autant qu'il bat la campagne et ameute les foules en claironnant ses mérites. Il s'estime suffisamment connu dans la contrée, et même au-delà. Il ne réclame jamais la moindre aumône. Les consultants offrent ce qu'ils veulent, un paquet de tabac ou un poulet. Parfois rien.

Rarement la pièce, pour ne pas dire jamais. Le père Jean n'en fait pas une affaire de sous, mais d'entraide.

Autrefois il soignait aussi bien les hommes que les animaux. Mais avec l'âge, il lui devient pénible de soulever le pied d'une vache. Quant aux chevaux, il faut maintenant se lever de bon matin pour en croiser un ! Les canassons ont été remplacés par les tracteurs ; or les rebouteux des tracteurs, on les appelle des mécaniciens. Alors le père Jean se contente aujourd'hui de secourir ses semblables.

Il connaît ses limites, notre bonhomme, et il ne tente jamais de soulager une douleur qui ne lui semble pas franche. Ce n'est pas pour lui une honte que de conseiller à un de ses habitués d'aller passer une radiographie. Il excelle dans l'art de dénouer les nerfs, de les replacer, mais il ne se hasarde point à tâter aux maux dont il ignore la cause exacte. Le plus souvent on vient le voir pour qu'il apaise des luxations musculaires. Ça, il sait bien s'y prendre. Le mal ne s'incruste d'ailleurs pas forcément à l'endroit où le patient le suppose. Le père Jean se fait vite une idée. Parfois, il attache moins d'importance à la douleur qu'à son origine. Prenez les torticolis par exemple : eh bien ! neuf fois sur dix, ce n'est qu'un problème de rembourrage du traversin. Le désagrément s'estompe dès que le souffrant accepte de dormir bien à plat, sans se casser le cou. Avouez qu'il n'y a rien de sorcier à résoudre cela. Et pourtant, la plupart des praticiens feront subir des tas d'examens pour si peu !

Pouce !

Le père de Laurence souffrait horriblement de la colonne vertébrale depuis que son cheval l'avait désarçonné lors d'un entraînement d'équitation. N'y tenant plus, il préféra consulter un rebouteux de ses amis plutôt que de se rendre chez son praticien habituel en qui il n'avait qu'une confiance limitée. Ledit rebouteux le fit allonger à plat ventre et appliqua ses mains sur ses omoplates contusionnées ; puis il se concentra et parut entrer dans les transes. Il transpirait et blêmissait. C'était impressionnant, affirme Laurence qui assistait à la scène.

Soudain, le rebouteux pesa de tout son corps sur les vertèbres douloureuses, avec ses pouces. Le patient fut immédiatement soulagé. Il ne sentait plus son mal quand il se releva. Et plus jamais il ne se plaignit d'une douleur dans le dos !

L'efficacité du père Jean réside uniquement dans ses massages. Il ne se sert que de ses pouces, des pouces larges comme des cuillères. D'un seul il couvre une pièce de cinq francs. Tous les rebouteux dignes de cette qualité doivent s'enorgueillir de pouces énormes pour mieux écraser la souffrance.

Il y a un an, les gendarmes ont relevé les empreintes digitales de tous les voisins, pour les besoins d'une enquête sur un assassinat. Quand le brigadier a vu les pognes du père Jean, il en est resté comme deux ronds de flan. « Vous avez des drôles de pouces, vous ! qu'il s'est écrié. – Ben dame ! J'ai des pouces de rebouteux », a répliqué innocemment notre bonhomme. Le brigadier a rigolé.

Le père Jean concède que ses pétrissages ne sont pas toujours couronnés de succès. L'autre mercredi, un cycliste est venu avec une douleur à l'épaule. Il endurait le martyre. Notre rebouteux le massa consciencieusement mais je t'en fiche ! le nerf ressauta dès que l'autre se mit à pédaler un peu fort pour gravir la première côte. Il dut revenir le lendemain jeudi, mais plus à vélo cette fois : ce fut un de ses cousins qui le conduisit en auto !

Qui se rend dans la petite fermette entourée d'arbres ? Mais tout un chacun !

Des gens simples.

Le père Jean ne leur demande pas leur nom.

Certains viennent des alentours, d'autres de plus loin, parfois même de Paris.

Ils sont de tous les âges. On lui a même apporté des bébés qui étaient tombés de leur berceau.

Les clients défilent par périodes, souvent quand le temps va changer. Ça vaut un bon baromètre, les douleurs. Il en rapplique deux ou trois dans la même journée, puis une semaine s'écoule sans amener quelqu'un à rafistoler...

Une lettre dépasse du livre. Elle date de 1917 et porte l'en-tête de l'Assemblée nationale.

« Oh ! ce n'est pas écrit d'hier, croyez-moi ! s'exclame le père Jean. C'est mon vieux qui l'a glissée pour marquer une page. Un rebouteux recevait des personnalités en ce temps-là. Ça a bougrement changé de nos jours. On n'est plus assez haut placés pour satisfaire ce genre de société, nous autres ! Il leur faut maintenant de la kinésimachin !

— Remarquez, les voisins seront les premiers, si vous les questionnez, à vous jurer que la maison ne désemplit guère, que l'on gagne des mille et des cents ! »

La bonne femme vient de jeter son grain de sel dans la conversation. Elle se plaint que les gens ne voient pas plus loin que le bout de leur nez et qu'ils font pâture des malveillances. Une voiture stationne-t-elle dans la rue, ils en déduisent aussitôt que ce sont des clients pour le rebouteux. Or, ce n'est pas vrai le plus souvent. S'il devait soigner tous les automobilistes qui se promènent dans le secteur, notre pauvre bonhomme se serait depuis belle lurette usé les pouces sur les couennes endolories !... Mais tout compte fait, les voisins peuvent bien raconter ce que bon leur chante. L'essentiel est de garder bonne conscience en soi, pas vraï ?...

Grâce à la graisse

Michel n'était qu'un garnement d'une douzaine d'années lorsqu'en jouant avec d'autres gamins du pays, il trébucha et s'aplatit nez contre cailloux près de la margelle d'un puits. Sa main droite, en sang, se mit à enfler aussitôt. Impossible de remuer les doigts. Rien ne s'améliora pendant les trois semaines qui suivirent, malgré les pommades du docteur. Alors le père, qui tenait une épicerie, décida d'aller montrer son gosse à un rebouteux dont il avait entendu causer dans ses tournées.

Le rebouteux tira sur les doigts, les massa longuement et les enduisit d'un onguent qui empestait à dix pas. De la graisse de blaireau, peut-être. La douleur diminua dans le quart d'heure et la main écorchée désenfla dès le surlendemain. L'onguent du rebouteux s'avérait nettement plus efficace que les pommades du toubib...

Les rhumatismes, voilà bien la bête noire du père Jean ! « Ah ! si je pouvais, confesse-t-il, je commencerais par me rebouter moi-même ! » Sa bonne femme reste des quinze jours sans pouvoir remuer, percluse qu'elle est, et son bonhomme ne peut que la regarder geindre, impuissant et malheureux. Si les cordonniers restent les moins bien chaussés, les rebouteux sont parfois les plus torturés.

Fort heureusement, les rhumatismes indiquent la longévité de celui ou de celle qu'ils déforment. C'est en tout cas ce que d'aucuns affirment ; on se console comme on peut. Il n'en est pas de même du mal au dos dont se plaignent tant les gens de maintenant. Là-dessus aussi, notre père Jean avance sa théorie. Cela dépend tout simplement de la propreté des aliments. Les engrais et les pesticides ont empoisonné la nature. Les arbres fruitiers crèvent les uns après les autres, parce qu'il n'y a plus d'oiseaux pour détruire les chenilles. Un vieux meunier, qui est mort depuis, a confié au père Jean, le jour où il a entendu la première moissonneuse-batteuse pétarader dans les blés : « Tu vois, mon gâs, on ne mangera plus jamais de bon pain ! » Il savait ce qu'il disait, le vieux meunier.

Oui, tout cela est la conséquence des toxiques qu'on absorbe. Et aussi de la vie trépidante que l'on mène. Les vibrations des anciens tracteurs rendaient les chauffeurs cardiaques ; les machines d'aujourd'hui détraquent le ciboulot des jeunes agriculteurs. Le monde sombre dans la folie. Et ça, aucun rebouteux ne saura jamais y remédier.

Rencontre de l'été 1983.

La « désentorseleuse »

Stupéfiant. Il n'y a pas d'autre mot. On ne penserait pas que tant de particuliers, dans nos villages comme dans nos villes, possèdent le pouvoir de soigner leurs semblables. Ils ne font pas de bruit, généralement, mais ils rendent souvent de sérieux services à leur entourage. Cela nous avait poussé, voici peu, à publier, dans un quotidien régional, le reportage dans lequel un « toucheux » affirmait détenir un fluide susceptible de réduire les éruptions zostériennes et divers autres désagréments du même registre. Les réactions des lecteurs du journal, nombreuses, ne se firent pas attendre.

Dans la foulée, plusieurs confrères de la presse nationale saisirent la balle au bond, et jusqu'à une radio périphérique qui, un lundi suivant, interrogea mon bonhomme en direct sur l'antenne. Dès lors, ce fut une avalanche de courrier qui dégringola sur le pauvre toucheux. Lui n'en demandait pas tant. Des lettres envoyées des environs, bien sûr, mais aussi de Paris – et du beau monde, s'il vous plaît ! –, de Montpellier, des provinces les plus reculées où l'on guettait sa visite comme la venue d'un faiseur de miracles, du fin fond de la France et de plus loin encore. Ça tombait de partout à la fois. L'homme en perdit le boire et le manger, tandis que sa brave vieille maman, interloquée devant un tel succès, n'en fermait plus l'œil de la nuit.

Oh ! évidemment, il se glissa quelquefois, dans le flot de la correspondance, une ou deux remarques de sombres jalouseux qui ne comprennent rien à rien, qui s'entêtent même à ne rien vouloir comprendre et qui confondent obstinément reportage et publicité. Aucun intérêt, passons. Le mépris est le seul contrepoison qui convienne à ces fielleuses allusions.

Continuons. Le toucheux ne savait plus où donner de la tête. S'il avait réclamé quelque argent en paiement de ses services, il eût déjà rempli une jolie cagnotte. Mais il m'assura qu'il n'exigeait pas un sou de ses consultants et qu'il préférait s'en remettre à leur bon cœur. Parfait. Cela étant, il reste bien entendu que votre serviteur ne se porte nullement garant du pouvoir que revendique ce guérisseur à mains nues, pas plus que de l'efficacité à laquelle prétendent ses divers alter ego. Présentement, nous gardons nos convictions dans notre poche, un mouchoir par-dessus. A chacun de se forger sa propre religion sur le chapitre. Attrape-gogos, fumisterie, guérison réelle par persuasion, véritables impulsions surnaturelles, les avis balancent d'un extrême à l'autre.

Mais on a beau être sceptique, certains résultats sont là, indéniables. Le plus significatif, à mes yeux ? Ce vieux grigou de mon hameau qui se fendit de quarante francs après qu'un « remmancheux » lui eut endormi une gêne dont il hurlait à longueur de nuits. Or le bougre était avare au-delà de toute idée et jamais il n'aurait accepté de lâcher un bouton de culotte sans contrepartie. C'est une preuve irréfutable, ça, pour qui connaissait mon paysan !

L'étrangeté de ces histoires, étayées de témoignages pour le moins troublants, me commandait d'approfondir l'enquête. Je suis donc reparti en campagne, pour la battre mieux. Et au hasard de mon vagabondage, j'ai croisé de singuliers personnages.

Une constatation s'impose : les individus doués d'un quelconque influx sont légion, que cet influx paraisse inné ou la concrétisation d'un secret qui a ricoché pieusement de génération en génération. Dans une même paroisse, il n'est pas rare de rencontrer plusieurs « soigneux » qui, tous, exercent dans une branche particulière. Le curé montre parfois l'exemple et, de la sorte, protège ces agissements de tout relent maléfique. Ailleurs, c'est un marcou, le septième d'une affilée ininterrompue de garçons, qui, tel un roi le jour de son sacre, guérit les écrouelles et atténue les souffrances à la ronde. Celui-ci ne soulage que les gens, celui-là ne se frotte qu'aux bestiaux. A chacun sa spécialité, comme dans la médecine officielle. Et à l'intérieur de cette classification bipartite, on précise encore son domaine de prédilection. Autrement dit : pas la peine de déranger le père Bidule, qui n'apaise que le mal blanc, si vous êtes affligé d'une colique noire !

Aux doigts et à l'œil

Philippe, alors âgé de deux ans, était affligé d'un strabisme prononcé que les soins traditionnels d'un ophtalmologiste n'avaient pu supprimer ou, à tout le moins, améliorer. C'est alors que nous avons entendu parler d'une magnétiseuse qui, par l'imposition de ses mains, aurait obtenu des résultats positifs dans un cas semblable.

Nous y avons emmené l'enfant. Cette femme (je crois me rappeler qu'elle se nommait Fernande) touchait de sa main, pour tous soins, la troisième vertèbre dorsale. Pendant toute la séance qui durait environ une demi-heure, l'opératrice entrait littéralement en transes, disant prendre sur elle le mal du petit patient, et se plaignant de ressentir des douleurs dans toutes les parties du corps, au point que c'en était comique et que nous, les parents, nous avions bien du mal à ne pas pouffer de rire.

Le bébé sortait de la séance complètement épuisé, telle une loque, et cela se prolongeait le restant de la journée. Mais il faut bien reconnaître qu'au bout de sept séances, le résultat était absolument probant, et qu'il ne s'est jamais démenti par la suite.

(Lettre d'un correspondant de Marchenoir, qui désire conserver l'anonymat.)

Gare à ne pas tout fourrer dans le même panier, donc ! Et surtout, ne mélangeons pas les soigneux avec les devins. Il se trouve autant de différence entre eux qu'il y en a entre une ordonnance d'apothicaire et un bulletin d'horoscope. Les premiers interviennent au présent, tandis que les seconds naviguent d'un ailleurs hypothétique à un futur très aléatoire. D'un côté on s'en remet à saint Thomas, de l'autre on implore saint Glinglin...

Dans les patelins où tout finit par se savoir, les patraques ne se trompent jamais de porte. Pourtant, on n'en parle guère, ou seulement à voix basse, car cette catégorie de dons se contraint à une semi-clandestinité, notamment chez ceux qui n'en font pas leur véritable profession.

Quelles inquiétudes les poussent donc à pareil effacement ? Une méfiance intuitive ? La crainte d'être pointés du doigt dans la rue ? d'être pris pour des marchands d'orviétan ? d'être accusés de profiter du malheur d'autrui, d'encaisser des dessous-de-table et, par contrecoup, d'éveiller l'attention du percepteur ? Ou alors, la crainte de se mettre à dos le vétérinaire et le bon vieux docteur qui, malgré sa bardée de diplômes, ne réussit pas toujours à requinquer ses malades ?.... Difficile de répondre.

Il y a peut-être – sûrement même – un peu de tout ça, confusément. Mais il y a surtout, me semble-t-il, le refus de se distinguer d'autrui, de passer pour le mouton à cinq pattes du troupeau. Ici, dans cette fin de Beauce, les gens n'aiment guère se différencier de leur voisinage. Ils savent que la conformité est la condition majeure de l'anonymat, et que l'anonymat constitue la meilleure assurance de la tranquillité. Se singulariser, c'est s'exposer à la critique, à la médisance. Pour vivre heureux, vivons cachés. Motus et bouche cousue ! Tant mieux pour les initiés, tant pis pour les autres. C'est pourtant cette sacro-sainte tranquillité que nous nous sommes permis de bouleverser un moment en sonnant au domicile de Mme Solange Chausson, née Rousseau.

Le clou spectaculaire

Moult guérisseurs (ou supposés tels) utiliseraient une clé en guise d'accessoire thérapeutique, pour mieux enfermer le mal loin de leurs patients. En revanche, c'est un clou qui convient lorsqu'on désire enrayer une rage de dents : on le frotte longuement sur la carie ou sur l'abcès ; et quand il est bien chargé de la douleur, on l'enfonce dans une poutre de la maison.

Elle est gentille, Solange, ça se voit au premier regard. La grand-mère idéale, toujours tirée à quatre épingles, avec des cheveux gris soigneusement coiffés et, je le parierais, des rangées de pots à confitures plein le placard de sa cuisine. Elle collectionne les poupées, elle lit le tome un de mes *Gagne-misère* et elle peste après le carrelage de sa vieille maison dont l'entretien est si compliqué, surtout par temps de pluie.

Elle, Solange, connaît la formule qui endort les entorses. Elle ne secourt que les humains, les animaux n'étant pas de son ressort. Foulures aux chevilles, luxations aux genoux, épaules démanchées provoquent l'essentiel de ses interventions. Plus exceptionnellement, les affections rhumatismales.

Cette formule lui a été confiée, il y a peu, par sa mère qui frisait les quatre-vingt-seize ans et à qui il ne manqua que quatre anniversaires pour fêter un siècle d'existence. Il s'agit d'une incantation très brève, composée d'une suite de mots apparemment décousus et d'une couple de phrases adressées au bon Dieu. Solange la récite mentalement – pour ne pas en divulguer le mystère – tout en dessinant des croix, avec le pouce, sur les endroits douloureux.

Cela implique un minimum de concentration. « Je dois être à ce que je fais, dit-elle. Je demande quelquefois qu'on fasse silence autour de moi. Le tumulte et l'énervement me sont préjudiciables dans ces minutes-là. » Le soulagement intervient rapidement, sinon immédiatement. Au bout d'une heure environ, l'élancement décroît et, finalement, disparaît tout à fait. Il arrive néanmoins que les chairs restent tuméfiées jusqu'au lendemain et, même, qu'elles noircissent. Mais la douleur, elle, ne se réveille pas.

Rassurée par ses convictions religieuses que n'entache aucun doute, Solange présume qu'il se manifeste ainsi, par son humble intermédiaire, une intercession divine. Peut-être. Mais elle n'en mettrait pas sa main à couper puisqu'elle ajoute aussitôt que la foi ne lui semble pas obligatoire dans ce genre de pratique. Cela étant, elle ne cherche nullement à rationaliser l'irrationnel : elle se contente d'assumer la grâce qu'elle détient, et c'est déjà beaucoup !

D'où vient cette supplique salutaire ? Elle l'ignore. Elle suppose que son grand-père maternel la remonta de son Dauphiné natal et qu'il la légua, au soir de sa vie, à son fils Aristide – le père de Solange –, lequel la transmit à son épouse qui la lui apprit enfin. Elle-même, quand elle ne s'estimera plus en âge de l'utiliser à bon escient, la communiquera à son garçon. Mais si ce dernier ne veut rien entendre, elle se tournera vers quelqu'un d'autre car une telle bénédiction ne doit pas se perdre. Toutefois, la formule ne demeure active que tenue dans une discrétion totale. Criez-la sur les toits et le charme se rompra aussitôt. Partagez-la entre plusieurs personnes et sa puissance sera divisée d'autant.

Cette sorte de faveur a toujours été l'apanage de la famille puisque défunt le père de Solange, qui était charron dans le bas du bourg, jouissait déjà d'un génie étonnant : celui d'adoucir les brûlures... en soufflant dessus !

Entorse à la vérité

Légion sont les soigneux qui comptent des médecins dans leur pratique. Ça, on le sait. Il ne s'agit que d'un secret de Polichinelle. Mais les doctes détenteurs du caducée ne sont pas unanimement enclins à ce genre de mésalliance qui, en fin de compte, favorise la concurrence sauvage.

Beaucoup crient à l'exercice illégal de la médecine, au charlatanisme, à l'inconscience criminelle. Les uns se désopilent en écoutant les prétendus miracles, tandis que les autres hurlent à la supercherie sitôt qu'on leur vante les vertus curatives de quelque rebouteux apprécié. La médecine clandestine échappe par nature à toute déontologie ; ses méthodes sont incontrôlables et il s'avère difficile d'en imputer les échecs à un fautif précis.

Les esprits critiques ne se privent donc point de mettre en garde les naïfs contre de trompeuses renommées. Tout se soigne, bien sûr, sauf la connerie et la malhonnêteté. Les cas lamentables n'en finissent pas. On peut énumérer la déveine de ces gens qui resteront estropiés à la suite d'une mauvaise manipulation, les erreurs funestes de diagnostic, les conséquences aberrantes de certaines croyances d'un temps qu'on pensait révolu à jamais. Si la liste des satisfaits est longue, il semblerait que celle des victimes le soit autant, sinon plus !

La guérison des entorses, notamment, a le don de faire tiquer les docteurs dûment diplômés. « Une entorse, explique l'un d'eux, résulte de la déchirure d'un ligament. Pour permettre à ce ligament de se ressouder, il n'existe pas trente-six solutions mais une seule et unique : l'immobilisation. Le reste n'est que foutaise ! »

Que dire, alors, des entorses réellement guéries par tel ou tel rebouteux ? Rien, sinon que ce n'étaient que des hématomes douloureux, sans gravité. Dans le vocabulaire populaire, tout çela se confond. Et notre toubib de renchérir : « Quant aux zonas, pas de prodiges à en attendre non plus. Pour la simple raison que ces affections sont d'origine virale. »

Il n'empêche ! L'autopersuasion constitue souvent les trois quarts de la guérison. La possession d'un pouvoir surnaturel, effective ou non, est un atout qu'il suffit d'abattre pour jouer gagnant.

Oh ! bien sûr, il y a mille et une façons de barrer le feu, et davantage encore de neuvaines. Un concitoyen de Solange, l'ancien brocanteur Georges Vérité, soixante-dix-huit ans, y parvient aisément. Avec un nom comme le sien, on ne verse pas dans la fallace. Exact : il calme les brûlures. La bistrote d'à côté, qui n'est pas une semaine sans s'échauder, vient souvent le voir. Il la soigne comme il soigne les autres, sans épate, en coupant immédiatement la douleur. Pas de pommade à la graisse de vouivre ni d'onguent au venin de salamandre, pas de tisane à la corde de pendu, encore moins de perlimpinpin en poudre, point même une rondelle de pomme de terre fraîche appliquée sur la main meurtrie. Rien qu'une invocation, et le tour est joué. Georges a toujours réussi à soulager ses consultants, bien qu'il admette fort honnêtement que son influence a probablement des limites.

En tout cas, et il tient à le souligner, il met un point d'honneur à ne jamais se faire payer : la prière lui ayant été donnée, jadis, par un copain presque à l'article de la mort, il lui paraîtrait inconvenant d'en tirer aujourd'hui quelque bénéfice. Il refuse donc toute réclame. Chaque matin, il prie le Ciel de ne recevoir personne à aider. Impossible, ici, de soupçonner un esprit équivoque dont le mercantilisme ne le céderait qu'à la roublardise !

Solange ne pense pas autrement que Georges Vérité. Elle ne négocie jamais ses bienfaits et elle ne réserve qu'un profond mépris à ceux qui tarifient leurs talents – quelquefois simulés, mais si ! – en déployant force artifices et simagrées pour mieux duper les nicaises, les gobe-lune et les niquedouilles. Elle fut lingère pendant vingt-huit ans à l'hôpital ; ce n'est donc pas à son âge qu'elle se lancera dans une seconde carrière !

La main au feu

A force de jouer les rats de bibliothèque, nous sommes parvenu à grignoter la page d'un grimoire sur laquelle étaient calligraphiées les prières que voici :

Pour barrer les brûlures.

« Feu du bon Dieu, perds ta chaleur comme Judas perdit sa couleur quand il trahit Notre Seigneur. »

Ou : « Feu, feu, feu, épuise tes feux au nom du Père et du Fils et du Saint-Esprit. »

Ce disant, on effleure la brûlure de la main droite. Puis on souffle doucement dessus, on trace un signe de croix et l'on répète : « Au nom du Père et du Fils et du Saint-Esprit. »

Pour réduire les entorses.

« Ansté, anstite, suranstite, que Dieu remette le nerf où Il l'avait placé ! »

Ou : « Anté, antété, antétex, forçure et reforçure, j'te force et j'te reforce ! »

Ce disant, du pouce de la main droite, on dessine par neuf fois une croix sur la partie endolorie.

Secourir les jeunes footballeurs de la commune, les enfants du voisinage et ses amis du pays l'occupe suffisamment, avec sa collection de poupées et ce fichu carrelage dont l'entretien est si compliqué. Elle ne se dérobe nullement lorsque quelqu'un l'appelle, mais de là à rameuter la clientèle, oh ! ça non, il n'en est pas question !

Rencontre de l'automne 1989.

Le remmancheux de Sarnoué-les-Bérouettes

Entre Loire et Grande Sauldre coule une petite rivière qu'on appelle joliment Notre-Heure et qui conflue avec le fleuve devant Poilly-lez-Gien. Cette petite rivière arrose les bourgs de Pierrefitte-ès-Bois et d'Autry-le-Châtel ; elle traverse aussi celui de Cernoy. Ici, on hésite à se dire du Val ou de la Sologne ; on se verrait plus volontiers du Sancerrois. Alors, pour couper court à toute espèce de litige et ne froisser aucun voisin, on se présente comme Berrichon. Voici donc Cernoy-en-Berry.

L'endroit était jadis une importante châtellenie du comté de Sancerre. Mais sa renommée venait d'abord de ses infatigables lavandières. On les entendait chaque matin, qui se rendaient aux lavoirs de la rivière, et on les entendait chaque soir, qui en revenaient : long défilé, procession quasi religieuse où les bavardages et les potins le disputaient aux couinements aigus des roues de brouettes. Car les monceaux de linge, avant et après la lessive, étaient transportés à l'aide de brouettes, des maisons à l'eau puis de l'eau aux maisons. De ce cortège bavard et couinard, le village tenait son surnom aux intonations patoisantes : Sarnoué-les-Bérouettes.

Quoi qu'il en soit, ce ne fut jamais pour assister à la parade des mères Denis que le bon peuple des campagnes environnantes se porta en foule vers Cernoy. Non, mais plutôt pour être soulagé de ses douleurs. Car mieux que le saint Martin de l'église, il y avait un homme qui ne craignait personne lorsqu'un mal de démanchement était à guérir.

Ce bonhomme se nommait Théodore, Théodore Létourneau. Il était né sous le règne de Napoléon III, en 1862, dans une ferme des alentours. On ne comptait plus les soigneux dans sa famille, tellement il s'en était succédé. Son père rapetassait déjà les abattis d'autrui, et le grand-père avant lui. Ce don-là remontait à on ne savait quand, il s'agissait comme qui dirait d'un don du bon Dieu. Théodore avait hérité et de la terre et des qualités de ses devanciers. C'était dans l'ordre des choses, ces choses-là !

Il avait d'abord exercé ses talents sur les bestiaux, pour se faire la main ; puis, l'assurance venant, il s'était risqué aux gens.

Les bras, les poignets, les jambes et les chevilles. Les épaules démises et les genoux déboîtés. Il ne doutait de rien. Avec lui, pas de prières gnostiques, pas d'onguent à la morve de pucelle. Il tirait d'un coup sec sur le membre douloureux, le tordait parfois ou le triturait, sans entendre les gémissements du patient. Il n'utilisait qu'une formule, pas deux, et il ne prescrivait qu'une seule embrocation. C'était « Mal, va-t'en, mal ! » et c'était un liniment à base d'huile de chènevis et d'ail pilé. Le résultat, paraît-il, ne tardait jamais.

La réputation du père Létourneau devint telle qu'il lâcha bientôt la culture pour ne se consacrer qu'aux malheurs du pauvre monde. Il s'installa dans une maisonnette du bourg qui avait pignon sur rue, entre la boutique de l'épicier et le presbytère.

La file d'attente qui s'étirait devant sa demeure, maintenant, était beaucoup plus longue que celle des lavandières qui remontaient de la rivière. Les consultants rappliquaient de partout. Des bancals de Cosne et des souffreteux d'Aubigny, des tordus d'Henrichemont et des éclopés de Saint-Fargeau, des malbâtis de Coulions et des esquintés de Batilly. La maisonnette du remmancheux ne désemplissait plus !

Les vieux de Cernoy s'en souviennent parfaitement, de ce Théodore Létourneau. C'était un grand gaillard maigre, rude d'aspect et de verbe, qui tutoyait n'importe lequel mais qui ne se serait jamais laissé marcher sur les pieds. Il compensait son crâne rasé par une sacrée paire de bacchantes taillées en guidon de vélo. Du premier regard il jaugeait le mal, et ses yeux étincelaient au creux de leurs orbites enfoncées. Cet homme-là, sans doute, aurait pu détenir de terribles pouvoirs.

Il s'éteignit en 1951, à quatre-vingt-trois ans. On parla longtemps de lui encore en ces confins du Berry, province vouée entre toutes aux mauvaisetés des sorciers.

La barbière-perruquière

Sans le savoir, sans même jamais s'en douter, Georgette Jallon, épouse Chaillou, a toujours travaillé dans la droite ligne des fraters d'antan. Elle rasait les barbes et, à l'instar de ses pittoresques prédécesseurs, elle soignait les malades. Elle avait seulement troqué le scalpel des saignées cher aux médicastres du XIVe siècle contre une banale seringue. Ainsi se perpétuait dans les campagnes l'ancienne tradition du « barbier-chirurgien », coupant le poil d'une main et administrant de l'autre clystères ou sangsues.

Pendant longtemps et jusque dans les années vingt, le coiffeur – qu'on nommait encore le « perruquier » – était le plus souvent l'aubergiste du bourg. Le panonceau d'une gargote de Marcilly-en-Villette est resté fameux, sur lequel on lisait : « Taphalot, perruquier, donne à boire et à manger. Potage à toute heure avec de la légume. On coupe les cheveux par-dessus. » A en croire notre complice Jean-Paul Grossin, du *Journal de la Sologne*, il ne fallait imputer cette cocasse bizarrerie qu'à l'inattention du peintre en lettres à qui le sieur Taphalot aurait dit : « Tu inscriras *On coupe les cheveux* par-dessus. » Sous-entendu : par-dessus l'ensemble du texte. Et voilà comment un quiproquo engendra la facétie qui fit la renommée d'un établissement fort modeste.

Dans le Talcy d'avant août 1914 comme dans la plupart des autres villages, les soins de barbe ne constituaient qu'un passe-temps de complément. Le bourg comptait alors trois cafés, trois épiceries, un tonnelier, deux charrons et un menuisier, mais point de coiffeur patenté. C'était ici non pas un aubergiste qui barbifiait, mais un paysan de petite culture : Camille Jallon, le père de Georgette.

A cette époque, les grosses fermes des « maîtres » possédaient toutes un troupeau de moutons. Or en cas de bessonnée on ne laissait qu'un agneau à la brebis. Quand les bergers venaient se faire raser, ils apportaient quelquefois en paiement l'agnelet condamné, plutôt que de le sacrifier à perte. L'animal était confié à Georgette, alors gamine, qui l'élevait au lait de vache.

A la veille de la Grande Guerre, peu de paysans se raclaient la couenne au rasoir mécanique, et moins encore se hasardaient à manier le coupe-choux. L'ouvrage ne manquait donc pas à Camille Jallon qui, bientôt, dut se faire aider de son fils. Il fit fabriquer une seconde chaise avec repose-tête. Mais hélas le garçon partit au front en février 1915. Ce fut sa sœur Georgette, seize ans, qui le remplaça. Détail amusant : le père, le fils et la fille se firent la main sur le même bonhomme. Celui-ci présentait un visage rond, avec de belles et bonnes grosses joues qui inspiraient confiance. C'était un véritable plaisir que de s'exercer sur un tel client. Au contraire, d'autres habitués avaient une peau flasque ou granuleuse qui rebutait la demoiselle ; ceux-là n'étaient rasés que par le père.

On coupait tout aussi bien les cheveux chez les Jallon père et fille. Les uns demandaient qu'on leur rafraîchisse la nuque, d'autres exigeaient une façon plus relevée, ou fort dégagée sur les oreilles pour revenir moins souvent. Il y avait beaucoup de moustachus mais pratiquement pas de barbus. Une paire de bacantes donnait fière allure et il ne s'agissait pas de l'écourter d'un geste maladroit.

Ç'aurait été une émasculation, quasiment. Par bonheur Georgette ne porta jamais atteinte à l'un de ces mâles attributs, sinon c'en aurait été fait de sa réputation !

Les hommes prenaient soin de se laver la tignasse avant de se rendre chez le père Jallon. Seuls quelques barbapoux, des trimardeurs qui suivaient la batteuse, laissaient parfois à désirer. Alors on les savonnait plus que de coutume, histoire de les décrasser en même temps.

Les moustaches étaient taillées aux ciseaux, les cheveux coupés aux ciseaux et à la tondeuse, la barbe rasée au coupe-choux. Chaque barbier appliquait sa méthode personnelle. Dans l'une de ses chroniques du temps passé, André Prudhomme relatait que le vieil Isambert, un vétéran de la guerre de Crimée, tendait la joue à raser en enfonçant dans la bouche du patient ou un manche de cuillère, ou plus simplement son pouce quand le client n'était pas trop bégueule. Sa femme Joséphine se réservait les « môssieux » qu'un tel procédé de grognard offusquait.

Ni Georgette ni son père ne se seraient autorisé ce genre de privautés. On faisait les choses bien à la maison Jallon. On émorfilait le rasoir avec une pierre à aiguiser puis on affilait sa lame sur une languette de cuir. Le savon à barbe ne venait point de Marseille mais d'une fabrique de Paris, s'il vous plaît. On l'achetait en pain et on le réduisait en paillettes au couteau, dans un bol. Le blaireau se gonflait bientôt d'une mousse onctueuse : la « broue ». Le feu du rasoir s'estompait sous la « pierre transparente » ou sous une rosée de lotion adoucissante.

Là encore, un barbier s'autorisait quelquefois certaine liberté envers la bienséance. J'ai souvent entendu répéter dans ma famille qu'un écorcheux beauceron avait coutume de crachoter sur son savon pour le faire mieux mousser. Un client de passage s'en étonna. « Vous pratiquez toujours ainsi ? s'enquit-il. – Ben sûr que non, fit l'autre. Les gens du pays, j'leu crachons tout dret dans la goule ! »

Georgette n'avait point de ces manières, cela va sans dire. Une bouilloire chantait sur la cuisinière à bois et un filet d'eau chaude désinfectait le rasoir devant le client. L'été, pour une seule personne, elle n'allumait qu'une petite lampe à alcool. Elle changeait la serviette après chaque rasage, c'était de règle. Cette lame échaudée et ce linge toujours propre valaient la meilleure des réclames. De fait, beaucoup de gens préféraient venir chez Georgette plutôt que d'aller chez des perruquiers de métier. Avec elle, disaient-ils, on ne risque point d'attraper des maladies.

Mais cette rectitude entraînait un supplément de lessive et de repassage pour Mme Jallon mère qui, dimanche après dimanche, devait apprêter et empiler une cinquantaine de serviettes impeccablement blanches dans l'armoire. Cinquante clients, c'était grosso modo le monde qui défilait dans une semaine.

Un rasage coûtait trois centimes, une paire de sabots : trente sous. Georgette ne vendait ni gomina ni cosmétiques car les gommeux n'étaient point de ses fidèles. Les hommes du bourg venaient deux fois par semaine en temps ordinaire. Ils se faisaient spécialement raser pour les grandes occasions, aux mariages ou aux enterrements. Ou encore la veille de la fête paroissiale de la Trinité, début juin.

En dépit de la mode commode vantée par la chanson, les honnêtes femmes d'alors gardaient les cheveux longs et ne jouaient point aux garçonnes.

Georgette officiait également à domicile. Plusieurs fois par semaine elle se rendait au château pour soigner la barbe de Monsieur Léon, qui payait bien malgré ses revers de fortune. Elle se dérangeait également pour raser les malades et les impotents, desquels elle n'acceptait pas un sou. Les soldats en permission ne déboursaient rien non plus. Dans certaines maisons, la maîtresse lui offrait une tasse de thé en remerciement, ou lui proposait de l'emmener en carriole au marché qui se tenait le lundi dans la ville voisine.

Georgette se maria à vingt-sept ans. Son époux exploitait une petite ferme d'une vingtaine d'hectares. Cinq vaches à l'étable et deux chevaux à l'écurie. En saison de gros travaux, durant la fenaison ou la moisson, notre barbière aidait son homme aux champs et ne rasait les clients que pendant la pause du midi, sur rendez-vous. Son mari avait confiance en elle. Il savait qu'un godelureau aurait vite été remis en place à la moindre espièglerie. « On peut aimer blaguer sans pour cela courir le guilledou en compagnie de n'importe qui ! » assure Georgette. On n'était autrefois ni plus ni moins courailleur que de nos jours. Tout dépendait de la mentalité du garçon et de la fille. Chaque dimanche, aux beaux jours, les jeunesses se retrouvaient dans les bois de La Garenne pour danser au son du violon d'un nommé Guernipi, et personne ne pensait à mal.

Et puis, nous le disions plus haut, notre brave figaro en cotillons faisait encore les piqûres dans la commune. Gratuitement. C'était son côté bonne samaritaine qui reprenait le dessus. Elle changeait de tablier avant chacune de ses visites. Toujours ce souci d'hygiène. La femme du cordonnier remplaçait avantageusement la sage-femme dont manquait le village. On n'appelait le médecin de la ville que lorsqu'on craignait quelque complication. Il se déplaçait en carriole, avec son cocher ; mais, la nuit, il refusait de bouger si personne ne promettait de venir le chercher puis de le reconduire !

Georgette continua de débroussailler les mentons et d'aiguillonner les fessiers jusque dans les années 1960. « Il fallait bien s'entraider », dit-elle humblement aujourd'hui.

Elle oublie d'ajouter que bien peu de voisins s'inquiètent maintenant de sa santé et de son grand âge. Ses mains, déformées par les rhumatismes, ne sont même plus capables d'éplucher une pomme de terre...

Il fallait bien s'entraider. Dites, ne pourrait-on pas reconjuguer cette phrase au présent ?

Rencontre de l'été 1983.

La sage-femme

Au début de ce siècle, la sage-femme de la rue du Commandant-Arago s'appelait curieusement Marguerite Margueritte : à une lettre près, son prénom répétait le patronyme de son époux.

Cette sage-femme avait une fille, Lucienne. Celle-ci, bien que n'ayant pas fêté ses dix-huit printemps, devint élève à la maternité de l'hôpital d'Orléans grâce à l'obtention d'une dispense d'âge. Elle en ressortit trois années plus tard avec le diplôme de praticienne. Telle mère, telle fille. C'est elle, Lucienne Margueritte, épouse Marin, que nous avons questionnée pour vous offrir ce chapitre.

A cette époque, les mentalités n'avaient guère évolué depuis le Moyen Age, du moins dans le domaine de la naissance. Personne ne parlait ni de sécurité sociale, ni de contraception, ni d'éducation sexuelle. Tout ce qui touchait à l'enfantement paraissait mystérieux, insondable, donc tabou. En famille, on ne causait jamais de ça, au grand jamais, pas même entre mari et femme.

La pudeur, la gêne, les interdits religieux n'en autorisaient aucune discussion. L'accouplement et ce qui pouvait en découler rappelaient trop le péché originel que les femmes ne cessaient d'expier dans la douleur. Pour perpétuer l'espèce humaine, la nature obligeait à des étreintes fautives, de sorte que les secrets de la vie se confondaient avec les secrets des alcôves. Le plaisir charnel aux gourgandines, le devoir conjugal aux honnêtes épouses. La volupté ne correspondait, évidemment, qu'aux bas appétits de quelques hystériques. Il était admis, néanmoins, que l'homme se tînt toujours à l'affût d'une aubaine facile. Cela aussi ne bouleversait pas l'ordre des convenances. De la sortie du bal au bercail, il y avait souvent une trotte durant laquelle certaines câlineries énamourées finissaient par flanquer le tournis aux demoiselles. L'homme propose, la femme dispose. Un fermier ne se privait jamais de culbuter la boniche qui lui plaisait, et le patron d'atelier attirait volontiers une ouvrière avenante dans quelque passade déraisonnable. C'était normal. Or, si l'on savait vaguement comment s'y prendre pour concevoir des enfants, on était beaucoup moins bien informé lorsqu'il s'agissait de ne pas en faire. C'était là le hic, d'autant que peu de galantins acceptaient de freiner leurs ardeurs. Alors, le fermier mariait sa boniche au charretier, après lui avoir accordé une promesse de dot, et le patron renvoyait l'ouvrière de l'atelier avant que son état ne provoque le qu'en-dira-t-on dans le quartier.

Les remèdes de bonnes femmes ne manquaient pourtant pas entre les bains de pieds à la moutarde, les lavements au vin rouge, les ingestions répétées d'absinthe et les pilules de charlatan. Mais de franche efficacité, que nenni ! Certaines désespérées, se sentant prises, étaient capables de commettre les pires folies. On en connut qui dégringolèrent volontairement d'une échelle de grenier avec l'idée de décrocher cette méchante graine qui leur germait dans les entrailles, au risque de se rompre les jambes.

S'ensuivait la détresse la plus noire quand le semeur s'obstinait à rejeter les prémices de la récolte. L'amoureux inconstant niait tout en bloc, évoquait la confusion de paternité, refusait d'endosser le moindre rôle dans cette comédie, jurait ses grands dieux qu'il ne réparerait jamais une faute dont il ne s'estimait guère coupable. D'ailleurs, c'était cette moins-que-rien, sous ses airs de sainte nitouche, qui l'avait quasiment déluré : ses copains à lui pouvaient en témoigner...

Ah, çà ! la honte n'éclaboussait que la fille, rarement le dégourdi qu'on soupçonnait de l'avoir engrossée en cachette ! On oubliait vite qu'une servante ne se mettait pas en chemin de famille toute seule, comme par l'opération du Saint-Esprit ! L'opinion prononçait des jugements terribles, sans appel. Du jour au lendemain, une enfant de Marie se changeait en Marie-couche-toi-là. Le pays la montrait du doigt. C'était une jeunesse qui avait cru malin de célébrer les Pâques avant les Rameaux.

« A se rouler dans le foin pour voir le loup, raillait-on de partout, une drôlière ne doit pas s'étonner d'être piquée par un bouquet de chardons ! » Et les conscrits, ces nigauds encocardés, lâchaient des plaisanteries bien triviales, bien grasses, en ne pensant qu'à cueillir la pâquerette déjà effeuillée, à la sauvette, loin d'une honnête promise dont la pruderie bêtasse n'encourageait guère à la gaudriole.

Au comble du désarroi, les pauvresses se rendaient auprès d'une obscure matrone qui les charcutait d'une horrible façon, sans précautions ni mesures d'hygiène. Presque chaque village avait sa faiseuse d'anges. C'était quelqu'un dont on n'appréciait les activités qu'en cas de besoin ; le reste du temps, on faisait mine de les ignorer. Cela évitait les bavardages inconsidérés qui auraient pu mettre la puce à l'oreille des gendarmes. L'aiguille à tricoter, la queue de persil, le rejet de noisetier taillé en biseau, tout semblait bon pour casser l'œuf avant l'éclosion.

« A l'hôpital, se souvient Lucienne, on nous amenait des malheureuses qui baignaient dans leur sang, l'utérus perforé. Nous déclarions les fausses couches postérieures à deux mois et nous procédions à un curetage. Mais le mal causé par l'avorteuse ne pouvait pas toujours être réparé. Beaucoup de femmes, affreusement mutilées, devenaient stériles par la suite. »

Ailleurs, on affirmait que certains chirurgiens d'autrefois ne tentaient rien pour atténuer le supplice de ces « embarrassées ». Ils ne voyaient en elles que des apprenties infanticides qu'il convenait de punir sévèrement, ne serait-ce que pour les dissuader de recommencer un tel crime.

Une fille-mère devait chercher longtemps avant d'attraper un autre béguin mais, à l'inverse, l'infécondité d'une épouse bréhaigne plongeait un ménage dans une profonde affliction. « Les enfants sont la richesse des pauvres, écrivait Félix Chapiseau en 1902. Dès leur jeune âge, ils rendent de petits services ; devenus grands, ils tiennent gratuitement lieu de domestiques. Ainsi se trouve réalisée cette double satisfaction matérielle et morale : l'intérêt et l'amour paternel. »

Alors, le couple partait en « voyage », en pèlerinage vers une fontaine miraculeuse, une roche aux fées ou la statue d'un saint Greluchon quelconque.

En Sologne où toute superstition se maintenait à l'ombre des églises, les noceux avaient coutume de glisser un manche à balai sous les jupes de la mariée afin qu'elle « rondine » avant la fin de l'année. Gaillarde manière au symbole on ne peut plus évident. Le hululement d'une chouette, près de la maison, signifiait qu'un heureux événement ne tarderait guère.

La thérapeutique populaire n'a jamais manqué de médications abracadabrantes pour qui brûlait de s'attacher les dernières faveurs de quelque bonne amie, et, surtout, avait à cœur de ne pas faillir au moment le plus crucial du tendre corps-à-corps. C'étaient probablement les panacées auxquelles avait recours mon copain Gédéon Godemiche qui, à entendre les gens, n'était qu'un bougre « tout en queue » !

Or donc, afin de ne point mollir à la besogne, le galant devait s'oindre les reins et le gros orteil gauche, une heure avant d'assaillir sa belle, d'une pommade composée de cendre de lézard, de ciboulette écrasée et d'huile de millepertuis, puis s'échauffer le membre viril en l'enduisant d'une embrocation de civette, d'ambre gris et de graisse de jeune bouc.

De son côté, une amoureuse qui désirait pleinement jouir de la félicité orgastique, n'avait qu'à savourer une fricassée de couilles de jars et de ventre de lièvre, dûment épicée, garnie de roquettes sauvages, piquée de brins d'ache et, enfin, abondamment arrosée de vinaigre rosat.

Toutefois, le bel amour qui s'ensuivait n'était durable que si les fornicateurs inhalaient de temps à autre un peu de moelle séchée qu'ils avaient extraite de la patte d'un loup.

Fatalité chez les uns, bénédiction chez les autres, le présage d'une prochaine naissance demeurait un caprice du hasard qu'il était indécent d'expliquer. A la curiosité innocente des gamins, les parents ne répondaient – quand toutefois ils osaient répondre ! – que par des balivernes éculées qui troublaient davantage encore les adolescents. Les filles naissaient dans un bouton de rose, bien sûr, et les garçons dans une pomme de chou. Parfois, la farce tournait carrément au conte d'épouvante. On racontait ainsi qu'à l'heure de préparer sa soupe, en fendant le chou de son couteau, le grand-père avait failli couper le cou du petit frère, par mégarde !

En d'autres endroits, les bébés étaient apportés par les cigognes, ou distribués par le facteur, ou achetés à un mercelot de passage, ou pêchés dans un étang des environs. La maman, bedonnante d'avoir trop mangé de boudin pendant les dernières cochonnailles, devait garder le lit parce qu'elle était tombée en allant chercher le nouveau-né, tout simplement. Une mise au monde s'expliquait toujours par un mensonge. Mais n'empêche, à la campagne, ces fables à dormir debout n'abusaient guère les garnements qui avaient tôt fait de s'instruire en assistant aux vêlages.

Les enfants de la bale

La mère Norine a été sage-femme à Cravant pendant soixante ans. On disait aux enfants que c'était elle qui apportait les bébés dans son tablier.

Lorsqu'une jemme était sur le point d'accoucher, on l'envoyait chercher. Au-dessus de sa maison se trouvait un grenier rempli de bale ; elle y montait avant de venir.

Mais chacun sait que dans un grenier rempli de bale, on n'y monte jamais avec une chandelle, à cause du danger de jeu. La mère Norine fouillait donc à tâtons et prenait le premier bébé qui lui tombait sous la main... c'est pourquoi on ne savait jamais si elle allait apporter un petit frère ou une petite sœur !

La mère Norine – de son vrai nom Honorine Pécheux – reçut deux mille deux cent soixante-six enfants de 1838 à 1898. Elle mourut le 20 janvier 1911 à l'âge de quatre-vingt-seize ans. La société municipale d'encouragement au Bien lui décerna une médaille d'honneur pour services rendus à l'humanité.

(Lettre d'Henriette Valadon, d'Orléans.)

Les femmes en attente de progéniture venaient régulièrement consulter la sage-femme pendant leur grossesse. Elles s'inquiétaient de leurs nausées, de leurs vomissements, de leurs envies inassouvies qui menaçaient de marquer l'enfant d'une tache de vin ou d'une pelure d'orange. Les vieilles gens prétendaient mille âneries à ce sujet, autant de croyances sans fondement que la sage-femme se devait d'effacer pour rassurer ses clientes.

Une grande frayeur de la mère donnait un poupon peureux et braillard, tandis qu'un repas trop vinaigré faisait un bébé grimaçant. A s'agenouiller devant un chien ou un chat, une femme condamnait son petit à se traîner longtemps à quatre pattes ; si elle se moquait d'un bossu ou d'un boiteux, son rejeton héritait de la difformité. Regarder une vilaine chose engendrait un laideron, mais des pertes en début de grossesse auguraient un bel enfant. Celle qui désirait des bessons devait croquer, chaque matin, une poignée de noix ou de noisettes... Voilà le genre de sornettes que les anciens aimaient à énoncer.

L'autre préoccupation consistait à deviner le sexe de l'enfant à naître. Là encore, les grand-mères n'étaient jamais à court de prédictions farfelues. D'aucunes examinaient la silhouette de la future mère, à la dérobée : la boursouflure du devantier les renseignait aussitôt. Une fille se portait haut et en avant alors que pour un garçon, la panse était basse et ronde. D'autres lisaient sur le visage : une petiote n'altérait pas la fraîcheur du teint mais un petiot rouillait les joues. D'autres encore épiaient certains gestes révélateurs. Quand, par exemple, la femme franchissait le seuil de son logis en avançant le pied gauche, ça serait une amande ; le pied droit, une quille. Garçon quand la future mère ramassait par la corne un torchon tombé, mais fille si elle le ramassait par le milieu...

« Tout ça ne rime à rien ! » s'insurgeait Lucienne. Pourtant, elle aussi se prêtait quelquefois au jeu. Le jour où elle ausculta sa fille et sa nièce, enceintes toutes deux, elle ne put s'empêcher de leur confier, à l'écoute du battement différent des cœurs, que leurs enfants seraient cousin et cousine. Mais elle refusa de préciser sa prophétie. Quelques semaines plus tard en effet, sa fille eut un garçon et sa nièce une fille.

Selon la tradition, les phases lunaires pesaient également dans la balance, à commencer par la pleine lune qui précipitait les délivrances. Quiconque souhaitait une fille devait la « bâtir » un matin de décours, au contraire d'un garçon qui « se recevait » un soir de premier croissant. Et si la lune ne se renouvelait pas dans les neuf jours qui suivaient l'accouchement, l'enfant d'après conserverait le zizi de celui qui venait de naître. Le bambin qui disait d'abord « papa » aurait bientôt un petit frère ; celui qui disait « maman » annonçait une petite sœur… « Des calembredaines ! » murmure Lucienne avec un haussement d'épaule.

Les visites prénatales n'existaient pas. On ne se résignait à aller quérir la sage-femme qu'au dernier moment, à la perte des eaux. Le mari ou une voisine, comme ça se présentait. L'important était de courir vite, très vite.

Lucienne ne compte plus ses nuits sans sommeil. Lors des services de garde, elle profitait rarement d'une minute à elle. On sonnait à sa porte, elle enfourchait sa bicyclette et elle se dépêchait de gagner la maison où on la réclamait. Quand la distance à parcourir était trop importante, quelquefois, elle arrivait après le bébé. Mais lorsqu'il s'agissait d'une fausse alerte, elle se contentait de calmer la souffrante, de la tranquilliser. Jamais un mot de travers. « Je repasserai demain », disait-elle en partant. Ou : « Prévenez-moi dès que les contractions s'accélèreront. »

A ses débuts, pour mettre la clientèle en confiance, Lucienne demandait souvent au médecin traitant de l'accompagner. Toutefois, la plupart des mères préféraient la présence d'une sage-femme, qui savait patienter à leurs côtés, à celle d'un docteur qui semblait continuellement pressé. A peine entré, déjà envolé. Et pour beaucoup, il ne faut pas le nier, un accouchement restait une affaire de femmes.

Au fin fond des hameaux, il n'était pas rare qu'une femme se débrouille seule, sans aucune aide. Elle trimait jusqu'aux douleurs, comme si de rien n'était. Lorsqu'elle sentait l'instant approcher, elle s'accroupissait où elle se trouvait, au bas d'une meule ou derrière un fagotier, et elle poussait, poussait, poussait... Bientôt elle revenait à la maison avec son marmot entortillé dans son tablier ; deux ou trois jours après, elle retournait à l'ouvrage. Osman, le conducteur de la batteuse, a vu le jour de cette manière, sur un bout de vigne.

L'été, la mère emportait son nourrisson dans une couffe, aux champs comme aux bois. L'hiver, elle en confiait la garde à une grand-mère. « Quand le bébé ne se gardait pas tout seul ! » grince Lucienne.

> Lu dans le n° 10 du « Petit écho de la Beauce » (juin 1985), ce rappel d'une délibération du conseil municipal de Sougy, en date du 29 avril 1885 :
>
> *Sur la demande de la sage-femme Daguet et sur proposition du maire, le conseil municipal a voté, à la majorité de six voix sur quatre et deux abstentions, une somme de 60 F pour indemnité à la condition expresse qu'elle restera une année entière comme sage-femme dans la commune.*

A cette époque, les accouchements se déroulaient à domicile, dans la quiétude d'un cadre familier. Les femmes ne se rendaient à la maternité de l'hôpital, en ville, qu'en cas d'absolue nécessité car elles craignaient d'y contracter une maladie mortelle : la fièvre puerpérale.

Autrefois, afin de ne pas ensanglanter leurs couettes de plume, les paysannes s'agenouillaient sur un sac de paille, dans la ruelle du lit ou devant la cheminée, les mains agrippées au dossier d'une chaise. En plusieurs contrées, elles employèrent encore longtemps un fauteuil percé.

Lucienne exigeait le moins d'agitation possible autour de la patiente en gésine ; parfois même, elle renvoyait les voisines à leur tricot pour ne plus entendre leurs papotages. En revanche, elle conseillait toujours au mari de ne pas s'éloigner. Elle le priait de s'occuper du linge, des serviettes, de l'eau à faire bouillir. D'abord emprunté, l'homme prenait peu à peu de l'aisance et s'étonnait même de dominer si facilement sa gaucherie.

« N'en faites pas une montagne ! l'encourageait Lucienne. Une naissance n'est qu'une chose naturelle qu'il ne faut surtout pas brusquer. » Elle se répétait continuellement le précepte d'un de ses anciens professeurs : dans un accouchement, il faut savoir attendre, ni trop ni pas assez. Selon elle, la méthode de maintenant, qui incite à hâter les parturitions, voire à les provoquer, est une erreur détestable. Aujourd'hui, on ne prend le temps de rien : ni de naître, ni de vivre, ni même de mourir. Tout doit s'accomplir en quatrième vitesse !

Là encore, les panacées abondaient dans les convictions populaires. On récitait les prières et si cela ne suffisait pas, on éparpillait sous le lit les cendres du « terfou », la bûche des trois feux de Noël. On pouvait tout aussi bien enrouler le ventre de la parturiente avec la ceinture de sa robe de mariée, ou demander à la « gisante » de souffler sur sa main gauche qui serrait une poignée de sel. Sottises que cela, évidemment !

« Si l'accouchement était rapide, dit Lucienne, tant mieux pour la mère ! Sinon, je demeurais auprès d'elle et je l'assistais jusqu'à ce que tout soit terminé, sans jamais lui adresser le moindre reproche. » On imaginait qu'une femme devait crier pour modérer ses douleurs, ce qui pourtant n'avançait à rien.

Un dicton affirme qu'il est plus agréable d'avaler un pépin que de recracher la pomme qu'on a aimé croquer.

Lucienne voyait immédiatement quand les couches s'engageaient mal, quand l'emploi des forceps était inévitable ; alors, elle ordonnait aussitôt que quelqu'un avertisse le médecin. Une femme accouche de son premier enfant, dans les meilleures conditions, avant la trentaine. Mais il ne s'agit nullement d'une norme de génitalité puisque Lucienne surveilla sans problème une dame qui, la quarantaine dépassée, commença par des jumeaux.

Comme toujours, les anciennes tiraient oracles de toutes observations. Selon l'heure, le jour, le mois, la saison de la naissance, l'enfant serait travailleur, fainéant, chanceux, mal marié. Les signes variaient bien souvent d'un village à l'autre. S'il naissait coiffé, c'est-à-dire quand une membrane lui couvrait la tête, il était assuré d'une brillante destinée.

Le père enterrait immédiatement l'arrière-faix, mais le cordon ombilical méritait davantage d'égard. Lucienne le coupait une vingtaine de minutes après l'expulsion de la délivre, dès qu'il ne battait plus, et le nouait avec un fil. Au nombre de ses tortillons, on comptait les enfants que l'accouchée aurait plus tard. Un cordon trop court pouvait provoquer l'asphyxie du bébé ; enroulé en circulaire autour du cou, il risquait de causer un étranglement. Les sages-femmes de jadis « nombrillaient » un garçon loin du ventre, car elles pensaient que cela déterminerait la longueur de sa verge d'adulte.

Le « nombril » (la partie ligaturée du cordon qui, sèche, se détachait après quelques jours) était enfoui sous un rosier pour une fille, sous un cep de vigne pour un garçon. Le jeter au feu attirait le malheur sur le nouveau-né. Parfois, les parents conservaient cette précieuse relique jusqu'à ce que l'enfant atteigne ses sept ans : le jour de son anniversaire, s'il parvenait à en défaire le nœud, le mâtin aurait certainement l'esprit vif et les doigts agiles !

On ne concevait pas qu'un enfant puisse naître sans émettre ce fameux cri qui, disait-on, lui défripait les poumons. La venue au monde devait obligatoirement s'accompagner de pleurs et de vagissements. Ainsi, tout nouveau-né se trouvait aussitôt confronté à la dureté de l'existence. S'il ne braillait pas, la sage-femme le soulevait par les pieds et lui administrait une petite claque sur les fesses, histoire de lui débloquer la respiration.

Le bébé était aussitôt essuyé ou lavé dans une bassine d'eau tiède, selon la coutume du pays. Ailleurs, on lui humectait les lèvres d'une goutte de vin rouge pour le rendre vigoureux. Dans nos régions, autrefois, une grand-mère lui massait longuement le crâne, afin de lui arrondir la tête, pendant que la mère se revigorait d'un bouillon de poule ou d'une bolée de soupe au vin chaud et sucré, fortifiant qu'on appelait la « chichoune ». On y trempait souvent des mouillettes de pain bénit.

Il n'était pas rare qu'un accouchement dure une vingtaine d'heures, sans pour autant entraîner de graves complications. Mais parfois, hélas ! c'était le drame devant lequel il fallait bien se résigner. Personne ne peut contrer la fatalité.

Lorsque l'enfant se présentait par le siège, tout devait se dérouler très rapidement pour éviter qu'il ne suffoque. Un médecin ne recourait à l'hystérotomie qu'en ultime ressort. De toute sa carrière, Lucienne n'a préconisé que sept césariennes. « La raison de mon métier, dit-elle, était qu'un enfant naisse normalement, sans dégât. Une intervention chirurgicale va toujours à l'encontre de la nature. »

Car selon elle, rien ne peut éteindre la flamme d'un petit qui brûle de survivre, même s'il est né avant terme. Elle en a beaucoup accueilli, de ces prématurés auxquels on n'accordait que peu d'avenir ! Le père fabriquait en hâte une couveuse avec une caisse qu'il remplissait de journaux et de bouillottes, puis il fourrait le minuscule avorton dedans, sous une couverture, en prenant garde de ne pas l'étouffer. Le plus chétif que reçut Lucienne, naquit à six mois et demi de grossesse ; il pesait neuf cents grammes. Il s'agit aujourd'hui d'un robuste gaillard qui collectionne les satisfecit des grandes écoles !

A l'opposé, une nuit de Noël, elle connut un poupard dont le poids approchait des sept kilos. Cela lui parut tellement phénoménal qu'elle ne put s'empêcher d'appeler le médecin. Le gamin mourut peu de temps après, indubitablement marqué par de profondes tares congénitales.

« Il y avait de la misère à cette époque-là, s'attendrit Lucienne. Dans une ferme où j'avais assisté à vingt et une naissances, il ne survécut que trois enfants. » Et de murmurer que parfois, il lui peinait vraiment de mettre au monde des créatures qui n'avaient rien d'humain. Mais sa mission était d'ouvrir la porte de la vie, pas de la refermer. En quelque circonstance que ce fût.

Il entrait dans les attributions d'une sage-femme d'ondoyer tout nouveau-né de la viabilité duquel on doutait. Cette prérogative renvoyait à un droit fort ancien. Jadis, l'intronisation d'une matrone comprenait une prestation de serment devant le curé de la paroisse, après le prône d'une messe dominicale, suivant le cérémonial prescrit dans le rituel du diocèse. Le prêtre se portait garant des bonnes mœurs de la postulante et consignait sur ses registres « le serment par elle presté devant Dieu, sur les Saints Evangiles, de se comporter dignement et avec fidélité de la charge qu'elle désirait prendre d'assister les femmes dans leurs couches ». Lucienne accomplit souventes fois ces ablutions baptismales, à la demande des parents.

Mais le pire échec était ressenti à la venue d'un enfant mort-né. Il s'agissait d'une cruelle injustice pour une femme qui, pendant neuf longs mois, avait espéré un enfant qui n'existerait jamais. Les causes en étaient multiples : une chute, un effort trop violent, un accident quelconque. Lucienne se souvient d'une lingère qui, à quelques jours d'accoucher, s'électrocuta avec son fer à repasser... Le décès était aussitôt déclaré à la mairie et le corps confié aux pompes funèbres. Il fallait souhaiter qu'un autre enfant fasse bientôt oublier cette terrible désillusion afin que la consomption ne s'installe point dans le ménage.

Lucienne accouchait également les romanichelles dont les roulottes stationnaient sur les terrains vagues, au pourtour de la ville. C'était un agent de police qui venait la chercher. Elle fut toujours bien appréciée des gens du voyage qui devinaient immédiatement qu'à ses yeux, la condition sociale de ses clients n'importait nullement. Bourgeoise ou bohémienne, une femme en travail exigeait une attention identique. Bien souvent, Lucienne aidait une gitane qu'elle ne revoyait pas même le lendemain, la roulotte poursuivant sa route dès l'enfantement achevé. Elle percevait alors une subvention de la mairie, comme pour les indigents. Le matin, en remerciement, elle trouvait sur le pas de sa porte un panier rempli de légumes que les romanichels avaient été chaparder chez les maraîchers, durant la nuit, juste avant de quitter les lieux !

En juin, pendant la foire du mail, Lucienne visitait de la même façon les épouses de forains en attente de géniture.

Nous vous le disions précédemment : un enfant n'était pas forcément considéré comme un angelot tombé du ciel, mais plutôt comme une bouche supplémentaire à nourrir. Dans certaines maisons particulièrement prolifiques, les marmailles se succédaient en une ribambelle ininterrompue. La mère avait beau allaiter son dernier le plus longtemps possible – ce qui, supposait-on, provoquait une infécondité passagère – qu'à peine relevée, elle se sentait déjà « embarrassée ». Dans une même famille, Lucienne assista à soixante-quatorze naissances : la mère eut dix-sept gosses qui, chacun de leur côté, déployèrent pareille générosité !

Parfois, le sujet à grimace semblait plus futile. Ainsi pour ce monsieur qui claqua la porte, fâché de n'avoir que des garçons sur ses cinq enfants, alors qu'il rêvait d'une fille ! Quand il reparut deux jours après, ce fut pour s'entendre dire, par Lucienne, que la faute en incombait autant à lui qu'à son épouse. Penaud, il ne sut que rétorquer, bien évidemment. Au vrai, le premier mouvement d'humeur passé, ce genre de bouderie ne durait guère. Quelquefois, on se chamaillait encore sur le choix du prénom, sans se contrarier outre mesure.

Mais la situation devenait nettement plus vaudevillesque avec les amours ancillaires et les liaisons adultères, lorsque le hasard avait la malice de s'en mêler. A plusieurs reprises, à quelques jours d'intervalle, Lucienne accoucha la patronne et la servante, l'épouse et la maîtresse, l'ancienne concubine et la nouvelle...

Plus pathétique : pendant la guerre, alors qu'on manquait de tout, il naquit nombre d'enfants dont le père était retenu prisonnier au loin, depuis plus d'un an. Il y eut probablement de douloureux déchirements à la Libération, bien que le voisinage fît semblant de n'avoir rien remarqué. Le linge sale se lave en famille, derrière les volets bien clos.

Une nuit, au plus noir de l'Occupation, la fille d'un riche fermier des environs donna le jour à un magnifique garçon. « Je n'en veux pas ! cria-t-elle à Lucienne, sans même le regarder. Prenez-le, allez l'abandonner, sinon je cours le jeter dans la Loire ! » ; et Lucienne, stupéfaite, d'apprendre que le riche fermier ne voulait pas de cet héritier illégitime procréé par un fiancé tué, entre-temps, au combat.

Aucun argument ne put raisonner la fille, totalement terrifiée par l'intransigeance de son père. Alors Lucienne emporta le bébé chez elle en pleurant à chaudes larmes. C'était trop lui demander que de confier ce petit être à l'orphelinat. Là-bas se jouait une pitoyable histoire sans parole. Une ombre sonnait à la porte, une religieuse entre-bâillait l'huis et récupérait le paquet qu'on lui tendait. Les naissances clandestines n'étaient pas exceptionnelles, malheureusement. L'enfant filait ensuite à l'Assistance publique.

Lucienne garda le poupon pendant deux jours et le proposa en adoption à plusieurs couples stériles qui désiraient recueillir un de ces laissés-pour-compte. Mais les uns refusèrent parce qu'il n'avait pas la couleur de cheveux voulue, les autres parce qu'il ne venait pas au moment opportun. Finalement, elle réussit à le caser quand même. L'adoption fut conclue en quelques minutes, d'une manière presque illégale, grâce à la compréhension du directeur de l'Assistance...

Ce garçon suivra de hautes études et se fera plus tard une belle place au soleil. « Si je l'avais abandonné comme me le commandait sa mère, présume Lucienne, il ne serait peut-être, à l'heure actuelle, qu'un de ces voyous qui sèment la terreur dans les rues ! »

Les enfants non reconnus étaient surnommés les « sansonnets », car le curé les baptisait sans sonner les cloches. En Beauce et dans le Perche, les gamins de l'Assistance s'appelaient les « chartrains », les services de cette administration se situant à Chartres.

Il n'était pas facile, pour ces pupilles, de se dégager de l'ornière qui leur avait servi de berceau. Ils étaient placés chez une mère nourricière à trois ou quatre jours et, dès leurs douze ans, on les envoyait marner dans quelque ferme où ils devenaient bien souvent les souffre-douleurs des charretiers. Je revois, étant môme, un de ces misérables galopins employé par un cultivateur de mon patelin. Il était attifé de quatre sous, crasseux comme un peigne, pieds nus dans des godasses éculées qui n'avaient jamais été à sa pointure ; et il riotait constamment d'un air hébété, le béret enfoncé jusqu'aux oreilles, la dégaine d'un idiot de village.

Le bruit courut bientôt qu'il était interné dans une maison de correction : on l'accusait d'avoir incendié les paillers d'un métayer qui ne le payait qu'à coups de trique. Un mioche plus à plaindre qu'à blâmer, assurément. Il n'empêche : de la graine de bandit, selon l'avis général. Comme si, broyé dans le funeste engrenage d'une malédiction innée, les gens le jugeaient responsable de l'infortune dont il n'était pourtant que la victime...

Les filles assistées ne devaient guère prétendre à meilleur sort. Pour peu qu'elles fussent girondes, la bienveillance d'un patron n'était jamais désintéressée. Et la misère perpétuait la misère.

Lucienne raconte qu'élève à l'hôpital, elle dut accoucher une pauvrette de l'Assistance, ayant tout juste treize ans, vraisemblablement grosse des œuvres de son maître.

« Toute ma vie je la reverrai, dit-elle. Elle avait de longues nattes et une frimousse de chat effarouché. Le fermier l'avait amenée en carriole à cheval. Elle eut un beau petit garçon. Je l'ai bercée toute la nuit dans mes bras. Elle n'a jamais vraiment réalisé qu'elle était mère ; elle s'amusait au baigneur, elle qui n'avait jamais eu de poupée. Elle nourrit son enfant pendant les treize jours obligatoires, puis on le lui a retiré, conformément à la loi. En effet, une fille de l'Assistance, mineure, était contrainte d'abandonner son enfant. Le fermier est revenu avec sa carriole et l'a remmenée. Voilà ce qu'était la vie des gamines de l'Assistance publique, il n'y a pas si longtemps ! »

La sage-femme ne quittait la maison que lorsque la mère et le nouveau-né reposaient tranquillement. Elle repassait régulièrement matin et soir, pendant neuf jours, pour dispenser les soins corporels à l'accouchée, l'aider à langer le bébé et surveiller l'allaitement. L'enfant n'était rebaigné qu'après avoir perdu le pétiole de son nombril. Ensuite, on ne le lavait qu'une fois par semaine dans la cuvette à lessive, sur l'évier. Le reste du temps, on se contentait de lui débarbouiller le museau après chaque tétée, de lui brosser la houppette et de lui torcher les fesses en début et en fin de journée. Dans l'entre-temps, le petit marinait dans son jus. Pendant longtemps, on se figura en effet que la saleté constituait une protection de la peau !

La layette se composait de couches de coton et de langes de laine entre lesquels se glissait une alaise « pissou », de brassières et de bavoirs, de bonnets à oreilles de chat. Ce trousseau était généralement confectionné par la mère, durant sa grossesse, à l'économie, dans de vieilles chemises, dans de vieux draps que l'usure adoucissait en lingerie fine. Après quatre mois de maillot, l'enfant – fille ou garçon – enfilait une robe.

Un bébé ainsi apprêté ressemblait à une momie. Parfois, on lui attachait les bras au long du corps pour l'empêcher de remuer. Nos régions, au siècle dernier, entretenaient une piètre réputation : celle de compter une forte proportion d'enfants contrefaits. Cela provenait d'un emmaillotement trop serré, à ce que prétendaient les docteurs.

Les femmes donnaient le sein tant qu'elles pouvaient alimenter leur nourrisson, quelquefois jusqu'à deux ans et beaucoup plus. L'allaitement maternel était unanimement recommandé : il réduisait les menaces des maladies infantiles, notamment la diarrhée verte, et on lui prêtait l'avantage de préserver la mère d'une prompte génération. Celle qui manquait de lait s'arrangeait avec une voisine qui en avait à revendre. L'enfant était alors un « demi-lait ». A l'hôpital, les infirmières utilisaient une téterelle pneumatique de traite. On n'engageait pas de nourrices à domicile, au pays.

« Un jour de visite à une femme qui venait d'accoucher quarante-huit heures auparavant, relate Lucienne, je fus intriguée par les hurlements que ma cliente lançait juste avant mon arrivée. C'était son mari qui, inquiet de ne constater aucune montée de lait, lui perçait les mamelons avec une épingle ! »

La lactation se tarissant, la mère remplissait ses biberons au pis d'une chèvre ou d'une vache, coupés par moitié d'eau. Mais une bique nourricière, assurait-on, faisait des marmousets aussi costauds que fantasques. Pour que son gosse ne pleure pas, la mère fixait au berceau, à portée de menotte, une bouteille munie d'une tétine en guise de sucette. Elle sevrait l'enfant en lui préparant des bouillies légères de farine roussie au four, puis de légumes écrasés finement. A trois ans, un gamin partageait le repas de ses parents.

Une accouchée demeurait alitée pendant une bonne semaine. Au bout de quinze jours, elle partait pour l'église, la tête recouverte d'un fichu, afin d'être purifiée du péché par le curé. Cette cérémonie des relevailles est totalement tombée en désuétude entre les deux guerres.

Les mentalités émergeaient enfin du Moyen Age !

Lucienne adorait son métier, cela va sans dire, même si son sacerdoce d'un demi-siècle s'accomplit fréquemment au détriment de sa quiétude familiale.

Jamais de vacances, jamais de fêtes ni de dimanches. Le jour de la première communion de son fils, elle ne rentra qu'au soir, à une heure indue. Quand sa fille se maria, elle ne put rejoindre la noce qu'après avoir pratiqué trois accouchements en ville.

En excluant celles de sa lignée, elle totalise la bagatelle de huit mille sept cent trente-quatre naissances ! Dans une même semaine, sous le même toit, elle accoucha la mère, la bru et la fille. Son record : trois fois des jumeaux en un jour. Deux garçons à la boucherie d'Ingré, un garçon et une fille dans un cabinet d'affaires à Orléans, et deux garçons dans la soirée, à La Chapelle-Saint-Mesmin, qui pesaient quatre kilos chacun et dont Lucienne avait déjà accouché la mère à onze reprises...

Mais son grand bonheur, à Lucienne, fut de mettre au monde ses petits et arrière-petits-enfants. Sa fille n'aurait d'ailleurs jamais accepté la présence d'une autre sage-femme ; toutefois, elle fut surprise d'entendre sa mère lui conseiller à l'instant critique : « Poussez, Madame ! » Lucienne avoue en riant qu'elle avait totalement oublié qu'il s'agissait de sa propre fille.

Une huitaine avant de nous rencontrer, elle avait veillé à la venue de son sixième arrière-petit-fils et elle en était encore tout émerveillée. Cela prouve que l'habitude ne peut effacer une émotion sans cesse renouvelée.

Voilà maintenant vingt ans que Lucienne n'exerce plus. Quelquefois, quand d'aventure elle croise sur le trottoir quelqu'un qu'elle a aidé à naître, elle sent comme un petit picotement qui la taquine doucement du côté du cœur. Elle arrête sa promenade et elle suit la personne du regard.

Alors seulement, elle comprend que la roue a tourné et qu'il ne suffit pas de donner la vie toute sa vie pour retarder la fuite de son âge.

Rencontre de l'hiver 1984-1985

N.B. : A la demande de l'intéressée, et afin d'éviter toute confusion, nous tenons à préciser que Mme Lucienne Marin, née Marguerite, exerça son métier de sage-femme à Orléans, entre 1928 et 1972, et non à la chapelle Saint-Mesmin où sa mère tenait une maison d'accouchement. Par ailleurs, l'évocation des coutumes d'autrefois que nous mentionnons dans ces pages ne saurait lui être attribuée : cela résulte évidemment de recherches beaucoup plus anciennes.

Mme Marin objecte également, non sans raison, que sa profession n'avait rien d'une besogne de gagne-misère.

Le pilulier

Il fallut vraiment que les années vingt fussent folles pour que Valentine pût séduire le chevalier qu'on lui connut, elle qui n'offrait pourtant que deux p'tits tétons que l'on tâtait à tâtons, tonton tontaine !

Oui, la Valentine de la chanson m'a toujours paru d'une platitude affligeante. Car enfin, messieurs, fi de la tartuferie ! découvrons ces seins que nous saurions voir ! Nos appétits s'aiguisent autrement à la vue des fruits épanouis que devant des noyaux de cerise. Au verger de Cupidon où la fructification est permanente, les cueillettes abondent de gorges en mamelons ; les gourmets n'ont que l'embarras du choix. En pomme ou en poire, à peau de pêche ou à chair colorée d'exotisme, peu importent les appas de nos bien-aimées pourvu qu'ils soient savoureux et plaisants à croquer… Mais franchement, cette Valentine de carême paraissait à contre-saison, avec ses œufs sur le plat !

Les opulentes rotondités féminines ont toujours eu de fervents admirateurs, quel que soit le siècle, quelles que soient les modes. De la tétasse géante de Gargamelle aux boutons de rose verdelets de Cassandre, nombre de poètes ont nourri leur inspiration aux grâces mamelues de leur muse. Pis ! Certains s'en sont fait les chantres. Comme on connaît ses seins, on les honore.

Ainsi, dans les cafés-concerts de l'avant-Grande Guerre, pouvait-on applaudir, entre autres litanies et polkas composées sur le même thème, une fort édifiante chansonnette valse qui, sous le titre *La ronde des nichons*, commençait par ce couplet gaillardement troussé :

De tous les charm's que possède la femme
Ce qui séduit les hommes folichons
C'n'est pas l'regard d'un œil rempli de flamme,
Mais c'est surtout la rondeur des nichons.
Aussi les dam's qu'ell's soient prud's ou coquettes,
Ne sont pas chich's de les faire admirer ;
Dans les soupers, les théâtr's et les fêtes,
Ell's perd'nt jamais l'occasion d'les montrer.

Cette remarquable grivoiserie obtint un énorme succès faubourien. Œuvre impérissable de Gaston Maquis, chansonnier en vogue en cette Belle Epoque, elle avait été créée au cabaret « L'Horloge » par Mme Dufresny, une gommeuse dont le talent lyrique tenait moins à de rares vocalises qu'au décolleté vertigineux de sa robe froufroutante.

Il est innocent de faire des gorges chaudes de ces bluettes, bien entendu. Au demeurant, nos artistes actuels en pincent toujours un peu pour les égéries un rien girondes. Le cœur de l'amante est plus grand lorsque la poitrine est généreuse. Les tendres émois n'ont point changé depuis belle heurette : quand la brave Margot dégrafe son corsage pour donner la gougoutte à son chat, tous les gars du village entrevoient les attraits aguichants des dames du temps jadis.

Or donc, de tout temps, les coquettes se sont évertuées à agrémenter leur silhouette de rondeurs suggestives. Les damoiselles des neiges d'antan puisaient probablement le secret de leurs formes plantureuses dans de mystérieux philtres galants, dans des tisanes de matrones. Les paysannettes, quant à elles, n'en cherchaient pas si long :

elles s'agenouillaient devant la niche d'un saint des seins, devant le reliquaire d'un ermite à la belle auréole, devant la statue d'un quelconque saint Robert ; et le prodige boursouflait le casaquin des plus méritantes. Le résultat restait aléatoire toutefois. Fort heureusement, les pilules miracles du bon M. Ratié suppléèrent bientôt les interventions merveilleuses, mais trop souvent défaillantes.

Jules Ratié était originaire du Lot. Après des études secondaires au pensionnat Godefroy-de-Bouillon à Clermont-Ferrand, il s'inscrivit à la faculté de pharmacie, à Paris, pour en sortir, diplômé, aux environs de 1900. Il acheta aussitôt l'officine du 100, rue Montmartre, qui était déjà réputée pour ses granules amaigrissantes ou grossissantes. Ce fut le début d'une formidable ascension.

Jules Ratié devina immédiatement le profit qu'il pouvait tirer des dragées créées par son prédécesseur. La mode étant aux envoûtantes luxures d'un Levant de pacotille, le label fut vite trouvé : les Pilules Orientales. La réussite, fabuleuse, n'allait pas tarder.

La chance de M. Ratié fut certainement de compter, dans ses proches relations, le directeur de la Société européenne de publicité. C'est ce marchand de vent qui convertit le pharmacien à la réclame. Le produit n'était pas prescrit par les médecins ; il n'y avait donc aucun autre moyen de le promouvoir auprès du large public. Une campagne d'insertions publicitaires – audace inhabituelle à l'époque ! – fleurit rapidement dans la plupart des journaux populaires. Le succès ne se fit pas attendre.

Les affaires prospérant, Jules Ratié se transporta au numéro 5 du passage Verdeau. Il y installa son laboratoire à côté de la maison Pigeon, spécialisée dans les fusils et les lampes à essence. Les pilules étaient fabriquées à Bourg-la-Reine ; leur conditionnement et leur expédition avaient lieu rue de l'Echiquier, au 45, où travaillaient une dizaine d'ouvrières et deux comptables. Le renom des Pilules Orientales devint tel que des dépositaires s'établirent en Belgique, en Suisse, au Canada, en Argentine, en Turquie et jusqu'en Chine !

Guindé dans sa redingote sombre, le cou raidi par le celluloïd, la barbe blanche et digne d'un politicien de la Troisième République, Jules Ratié ne présentait nullement les dehors d'un sybarite. On peut d'ailleurs s'étonner qu'un notable au maintien si sévère ait pu se passionner pour les extravagances mammaires de ses contemporaines. Mais les Pilules Orientales ne constituaient qu'un élément de sa pharmacopée. Il proposait également, sous son nom, des gouttes d'iode colloïdal en suspension aqueuse pour atténuer les douleurs rhumatismales (pour homme et pour chien), du sirop contre l'aérophagie, des cigarettes à l'eucalyptus antiasthmatiques, des cachets laxatifs amincissants et des comprimés antinévralgiques.

Les fameuses pilules, sphériques et argentées, étaient commercialisées dans des petites boîtes cylindriques, en carton. Chaque tube en contenait soixante, la posologie conseillée pour un traitement de huit semaines. La cure, garantie sans danger et d'une discrétion idéale, ne comportait aucune contre-indication. Le flacon avec notice coûtait 16,60 francs contre remboursement.

Comptes d'apothicaire mis à part, la préparation se composait de cumin pulvérisé, de pyrophosphate de fer, de calamus aromatica réduit en poudre, d'extrait de galéga officinalis et d'essence de quassia amara. Des noms savants pour des plantes somme toute communes en herboristerie. La galéga est une légumineuse fourragère du bassin méditerranéen, fréquemment utilisée en thérapeutique ; et la quassia croît en arbuste dans les forêts de Guyane (on en tire un principe, la quassine, recommandé comme stimulant des voies digestives). L'action des pilules reposait sur une observation paysanne depuis longtemps éprouvée : n'étaient bonnes laitières que les vaches abondamment nourries au fourrage. Sauf votre respect, mesdames, il suffisait d'adapter la formule de la vache à la vachère !

Sous le slogan *A la beauté tous les hommages*, le pavé publicitaire des Pilules Orientales certifiait qu'un traitement de deux mois était facile à suivre en secret. Cette panacée « dont la renommée est universelle, tonifie et fortifie, développe harmonieusement la poitrine, raffermit les seins, comble les salières, efface les saillies osseuses de la gorge et des épaules, sans grossir la taille ni causer le moindre trouble à la santé. Loin d'exagérer l'embonpoint, [*elle*] équilibre les formes et conserve à la silhouette une ligne impeccable ».

Il est utile de préciser qu'en cette belle et frivole époque, les dandys à huit-reflets ne dédaignaient pas de s'afficher en compagnie d'une cocotte à l'apparence potelée. La respectable et frigide sveltesse aux héritières qu'on épouse, la tournure accorte et dodue aux courtisanes qu'on embrasse.

Les Pilules Orientales devinrent si célèbres que dans la pièce *Le chasseur de chez Maxim's*, une comédie boulevardière d'Yves Mirande, créée en 1920 au Palais Royal, on entendait une soubrette qui en préconisait l'usage à la fille dudit chasseur. C'est dire la notoriété dont bénéficiait le produit !

Dans ces mêmes années, alors que l'exploitation des pilules se poursuivait continûment, Jules Ratié eut la tentation de rajeunir l'illustration de ses annonces de presse. La gravure de la bourgeoise corsetée fut remplacée par la photographie d'une pseudo-starlette au buste d'un galbe parfait, à peine voilé d'un tulle artistique. Le cinéma influençait déjà les goûts. Mais cette modification fut ressentie par les midinettes comme une cassure de l'image de marque, jusqu'alors d'un prude érotisme bon chic bon genre. Les ventes chutèrent brusquement. Il fallut remettre dare-dare la pulpeuse nana en corset rétro !

« En dix ans, grâce à ses Pilules Orientales, mon père a pu amasser une fortune considérable ! » La déclaration est de son fils André.

Jules Ratié se maria en 1903. Il eut cinq enfants : quatre garçons et une fille. Il n'était en ménage que depuis un an quand il fit l'acquisition des Tourelles, une propriété de cent quatre-vingts hectares sise à Marcilly-en-Villette. En 1911, il devint propriétaire d'un moulin en limite du Lot et du Cantal, qu'il transforma à grands frais en une minoterie moderne à cylindres. Il acheta un château la même année.

La prospérité de Jules Ratié ne manqua pas de susciter de nombreuses et durables concurrences. Dans *l'Almanach National* de 1927 édité par *Le Pêle-Mêle*, on lisait comment une jeune femme pouvait s'embellir d'une *belle poitrine* grâce aux Méthodes Exuber, *sans drogues toujours nuisibles et sans massages fatigants*. L'argumentaire assurait : *Ce que la nature ne vous a pas donné, la science peut vous le procurer*. Les secrets de beauté se multiplièrent, prétendument orientaux pour la plupart, mais aucun ne parvint à égaler les pilules Ratié. Les imitations détrônent rarement l'original.

Lorsqu'il s'éteignit en 1952, le pharmacien du passage Verdeau était milliardaire. Le fils aîné, Raymond, prit la succession jusqu'à ce qu'une loi rigoureuse réglemente la publicité des pastilles à ingérer. Cette fois, la pilule fut dure à avaler. On dut arrêter la production. Il paraît néanmoins qu'un droguiste de Colombie en fabriquerait encore actuellement, pour une clientèle très limitée. Mais les royalties perçues sont insignifiantes.

Les modes ont passé sans vraiment modifier les artifices de la séduction féminine. Le désir de plaire est le même ; seuls les moyens ont changé. Dans les années 1960, un encart de l'*Almanach Vermot* vantait les bienfaits d'une « pierre curieuse » qui raffermissait les seins de Madame et supprimait le feu du rasoir de Monsieur. Les pin-up d'aujourd'hui disposent de lotions, de crèmes, d'appareils de massage et de coques à jets d'eau. Au pire, elles ont recours aux injections de silicone et à la chirurgie esthétique.

Au fil des modes

Les civilisations antiques n'étaient pas dénuées de fantasmes érotiques. Sous les dynasties pharaoniques, les Egyptiennes déployaient leur poitrine avec volupté, nue. Mais en Grèce comme à Rome, la sensualité recommandait aux hétaïres de dissimuler leurs seins dans les plis vaporeux d'un péplum. Suggérer attise davantage l'intérêt que dévoiler.

Durant les époques moyenâgeuses, un corselet de toile raide soutenait le buste, qui disparaissait chastement sous la guimpe. Les grosses mamelles n'avaient pas l'heur d'émoustiller les galantins, contrairement à l'idée répandue, puisque ce paillard de François Villon, célébrant la Belle Heaumière, vantait d'icelle les *petits tétins et hanches charnues*. Les gentes dames comprimaient leurs « bossoirs » en les enveloppant de bandelettes serrées.

Ce sont les courtisanes de la Renaissance qui remirent les ronds bessons dans l'art du savoir enjôler, par le biais des larges ceintures à buscs et à fanons de baleine. Cette tendance, aux afféteries plus ou moins libertines selon le règne des favorites, se maintint jusqu'à l'écroulement de l'Ancien Régime. La Révolution apporta le simple fichu noué des tricoteuses, puis le débraillé licencieux des merveilleuses. En libérant les mœurs, le Directoire relâcha les avant-cœurs.

Les gaines baleinées reparurent vite dans les bonheur-du-jour. Alors que le Second Empire imposait la taille de guêpe à ses élégantes, duchesses et grisettes enduraient le supplice en laçant leur étouffoir. Les crinolines des demi-mondaines cachaient un véritable carcan. Cette torture d'un autre âge décida la féministe Hermilie Cadolle à jeter aux orties le terrible corset. Sa brassière à épaulettes, en 1889, préfigurait le soutien-gorge qui sera créé quinze ans plus tard, et dont l'usage se généralisera au lendemain de la Grande Guerre, avec l'émancipation du beau sexe.

Depuis lors, ce sous-vêtement a connu maints modèles, maintes matières, maints scandales. De conception sévère ou de coupe coquine, il s'est adapté à toutes les audacieuses exigences des couturiers. Balconnet ou à guêpière, pigeonnant ou muni de bonnets obus, croisé dans le dos ou invisible, il reste le meilleur atout de la séduction féminine. Le détacher – révélation magique ! – invite aux plus tendres ébats ; n'en point porter provoque de piquants désirs parmi les soupirants... Hormis sa fonction protectrice qu'on ne saurait oublier, le soutien-gorge est l'écrin qui ajoute à la valeur des joyaux qu'il renferme.

André, lui, n'a pas vécu à l'enseigne d'une croix verte. Aux potions il a préféré le jus de la treille. Son domaine viticole s'étendait sur treize hectares à Marcilly-en-Villette, une région bénie de Noé. En 1931, quand il épousa sa promise, celle-ci s'entendit dire par une de ses amies : « Tu te maries avec le fils des pilules Ratié ? J'en ai utilisé, c'est épatant ! »

Bien que sa femme n'en eût pas besoin, André sait que le traitement était efficace : il détient en effet un épais dossier qui renferme des liasses de lettres, envoyées en remerciement. Ce sont des témoignages qu'il relit quelquefois, en souvenir du père qu'il admirait. Plusieurs courriers se complètent de la photo d'une tétonnière ravie, tous avantages exhibés. L'un de ces documents est signé d'une certaine Margot. Tiens, tiens ! Voici qui ne laisse de surprendre...

Car à bien reluquer la fille, on l'imagine aisément le corsage dégrafé, un chaton entre les bras, avec, autour d'elle, tous les gars tous les gars de son village !

Des généreux lolos des nourrices bourguignonnes aux doudounes de la tentante voisine, des excitants rotoplots des vamps du cinoche aux nénés sucrés de nos petites fiancées, que de charmes goulûment titillés, dont on ne sera jamais sevrés !

Rencontre de l'hiver 1991-1992.

Le marcou

Quelqu'un de sa vague cousinaille, le gars Marcel, nous avait prévenus :

« Tu te pointes, mais il ne te reçoit que s'il est bien luné. Il te regarde droit dans le blanc des yeux, sans bonjour ni salut, comme s'il cherchait à te sonder du regard, et soudain il t'assène : "Toi, t'as la rate qu'est foutue !" Ou : "Toi, si tu continues à picoler, t'en as plus pour longtemps !" Ou encore : "Toi, tu te crois malade mais c'est dans ta tête, seulement dans ta tête, t'as rien de rien !" D'emblée, il tutoie le monde, que ça plaise ou non. Et vaut mieux ne pas s'en formaliser parce que le pépère, je t'assure, il a vite fait de t'envoyer chier ! »

Voilà ce que m'avait raconté le gars Marcel, un lointain parent du père Raymond, marcou réputé en cette orée du Perche vendômois.

Ces déclarations, par ailleurs toutes empreintes d'admiration, correspondaient au mot près avec les dires que nous pûmes recueillir sur place. Le bonhomme avait son caractère et son franc-parler, ça oui ! Il était direct et rude, pas diplomate pour un sou. Lorsqu'il en avait après un particulier, il ne se privait pas de le lui dire.

Il refusait tout honneur, toute distinction, toute médaille ; il ne participait en rien à la vie du village, n'adhérait à aucune association communale. Il chassait sur un territoire voisin et ne fréquentait point l'amicale du troisième âge. Quant aux journalistes qui osaient toquer à sa porte, attirés par sa renommée comme des moucherons par une lampe d'étable, c'était non, non et non. Un marcou authentique ne mangeait pas de ce pain-là. Il soulageait volontiers les gens qui souffraient, dans la limite de ses possibilités, mais cela n'autorisait personne à venir l'emmerder pour des billevesées d'échotier en mal de sensationnel.

De père en fille

Mon père, qui était marcou, exerça en 1932-33. J'avais cinq ans. Les gens venaient très tôt le matin, avant la levée du jour. Il faisait son signe de croix et passait ses mains, croisées, sur le mal. C'étaient souvent des abcès froids qu'on appelait « équéroelles » (écrouelles). Les gens venaient pendant neuf jours ; ils devaient dire un chapelet chaque jour puis à la fin, s'ils le désiraient, ils se rendaient à l'église de Jargeau, pour y faire brûler un cierge à saint Marcou. Mon père était le quatorzième fils d'affilée de la famille Bracquemond, qui comptait dix-huit enfants.

Mon père est décédé jeune, à quarante-sept ans. Ma sœur, qui n'avait alors que quatre ans, était la septième fille de rang. Elle continua à faire la marcoute mais elle dut s'arrêter bientôt, vers douze ans, car cela ne plaisait guère au docteur du village. Mon père et ma sœur guérirent beaucoup de monde. On venait parfois de très loin. Si l'on voulait tout dire, on pourrait en écrire un livre. »

(Lettre d'une habitante de Huisseau-sur-Mauves,
qui désire garder l'anonymat.)

La mère-grand de Huisseau

Ma grand-mère paternelle, Mme Leroy, habitait aussi à Huisseau-sur-Mauves. Je l'ai vue pratiquer ce que dépeint votre correspondante précédente. Ma grand-mère parlait d'humeurs froides, ce qui était la même chose. Elle soulageait et guérissait, sans doute, les entorses et les foulures.

J'aurais aimé qu'elle me transmette ses fluides, mais la vie a fait qu'elle meure loin de sa famille. Il y a tant de misères actuellement que l'on voudrait pouvoir faire du bien autour de soi !

(Lettre de Mme J. Loubeau, de Paris.)

Quelque part en vallée du Loir. Une bourgade au milieu de coteaux viticoles.

Cent soixante-dix habitants. Plus d'épicerie, plus de café. Une église sans curé, une mairie trop bourgeoise pour un patelin rural, et une école maintenue grâce à un regroupement pédagogique. L'unique endroit encore animé, dans cette localité engourdie, est l'alambic en poste fixe : une étrange remise de tôle emplie de vapeurs et de senteurs enivrantes, sous laquelle s'activent deux étrangers : le bouilleur et son compagnon. Ils viennent de l'Orne...

Le pays est sûrement charmant à la belle saison ; mais l'hiver, il paraît s'enfoncer et sombrer dans la brume qui noie les vallons bocagers. Pas un chat dans la rue, sinon une ombre frileuse, aussitôt rentrée. Il semble que rien ne saura tirer le village de sa lente agonie, pas même le pouvoir d'un marcou.

Le marcou du village, parlons-en justement !

Il s'agissait donc de ce monsieur qu'on n'appelait ici que le père Raymond. Il était cantonnier et il habitait la petite maison aux volets rouges qui, derrière ses haies broussailleuses, sommeille près du carrefour, en contrebas du bourg. Dans cette pimpante maisonnette, était aménagée une pièce destinée aux consultations.

Afin de se préserver des dérangements intempestifs, le père Raymond avait refusé le téléphone. C'était l'appareil de son voisin le plus proche, un agriculteur, qui sonnait plus que de raison. « De ce fait, reconnaît-celui-ci, je me trouvais souvent au courant de choses qui ne me regardaient guère. Il se présentait des cas aberrants, des malheureux découragés d'avoir tout essayé, des désespérés qui n'en pouvaient plus d'écouter les vains discours des médecins. Notre marcou représentait leur ultime espoir. »

Et pourtant, le père Raymond, on le craignait tout autant qu'on le louait. C'est qu'il se montrait parfois imprévisible et peu rassurant. Toute affection, observable ou latente, devait être signalée, selon lui, de but en blanc. Fréquemment, il découvrait une lésion avant le docteur, mais jamais ne s'encombrait de précautions oratoires. Plus d'un accompagnateur s'en retourna bien mal en point de la maisonnette aux volets rouges, alors que le patraque qu'il amenait n'avait qu'un bobo insignifiant à soigner !

Règles d'alimentation, par le menu

La *Gazette des hôpitaux* publia, au siècle dernier, sous la plume de E. Menault, l'ordonnance hygiénique d'un dénommé Nérée, marcou très connu au hameau de Vovette, commune de Theuville, en Eure-et-Loir. Cette ordonnance, la voici, à quelques fautes corrigées près :

1. Après qu'ils ont fait leur neuvaine, les pèlerins doivent s'abstenir d'oignons, choux, pois, poireaux, chair salée, oiseaux, et de toute aigreur, jusqu'à ce qu'ils soient guéris.

2. Ils doivent se garder toute leur vie de manger anguilles, tanches, barbeaux, lamproies et tout poisson de limon, ni de chèvres, ni de canes, ni de ce qui en provient, ni aucune espèce de tête, ni de pois chiches, ni de lentilles.

3. Ils doivent célébrer les fêtes de saint Marcoul ; la première, le 2 mai ; la deuxième, le 7 juillet ; et la troisième, le 2 octobre. Ils doivent, chaque année, envoyer six liards pour acquitter leur confrérie en l'église Saint-Pierre de Chartres.

4. Ils peuvent user de toutes les douceurs, telles que lait, miel, viande de porc mâle peu salée, des œufs mais sans le germe, du fromage blanc bien égoutté ; ne boire que de l'eau, mais

un peu rougie. Si l'on veut, de la soupe au lait, aux fèves, aux navets, à la crème douce. Des pommes de terre et des poires douces, ôter les pépins ; des pruneaux, ôter les noyaux ; du raisin bien mûr, ôter les pépins.

5. On peut encore manger poulet, lapin, salsifis, asperges, artichauts, salade, guère de vinaigre.

N'est pas marcou qui veut, attention !

Ce privilège, qui découle d'une bienveillance de la nature, se manifeste par la disposition innée de guérir ses semblables. Un don du Seigneur, ni plus ni moins. Le terme désigne une qualité, non pas une profession, même si les deux aspects se confondent quelquefois dans l'esprit du profane. Cet avantage infus élimine, par conséquent, le recours aux prières, aux formules, aux simulacres. Le pouvoir véritable du marcou est intrinsèque, il ne s'appuie jamais sur un rituel quelconque. Point davantage sur la mystagogie. Pas de transes, pas d'imposition des mains, pas de fluide à exacerber. Le marcou respire, sent, devine, voit ce que le commun des mortels ne peut capter ; et ses facultés extraordinaires en font presque un être en marge de l'espèce humaine.

Le mot « marcou » ne figure pas dans les dictionnaires académiques ; en revanche, on le relève dans la plupart des glossaires. Mais sa définition varie parfois d'un volume à l'autre.

En général, le marcou est le dernier-né d'une affilée ininterrompue de sept garçons nés d'un même ventre. Dans l'ancien Blésois, la famille ne devait compter aucune fille ; tandis qu'en Sologne comme en Berry, on tolérait les « poques », mais à la condition que par leur naissance elles ne cassent pas la chaîne des sept « drôles ». Au demeurant, la benjamine d'une alignée de sept filles ne semblait jouir d'aucun talent exceptionnel, pas même celui de savoir cuisiner mieux que les autres !

Les métiers salutaires

Plusieurs professions, autrefois, semblaient prédestiner plus que d'autres au « guérissage ». Cela valait notamment pour les maréchaux-ferrants, les charrons, les tisserands et les bergers. On ne parlera pas des bourreaux d'antan qui, eux, ne craignaient aucune concurrence grâce à la panacée qu'ils proposaient : la graisse humaine. En exclusivité, bien entendu.

En Vendômois – ce détail avait son importance ! – l'enfant marcou ne se révélait réellement doué que si ses parents avaient eu une conduite conjugale irréprochable. Le concubinage, l'adultère et les pensées coupables enrayaient immédiatement le merveilleux phénomène. En contrepartie de cette sévère exigence, tout cadet d'un chapelet de cinq fils pouvait prétendre aussi au titre de marcou, ainsi qu'aux pouvoirs inhérents à cet état envié. Il y avait un de ces marcous au rabais, à Mondoubleau, qui jouait parfaitement son rôle. Des séries de cinq ou sept naissances mâles étaient d'autant moins rares que les familles nombreuses, autrefois, ne faisaient nullement exception.

Les humeurs froides, tierces et quartes, ne résistaient pas à ces surprenants guérisseurs. En Beauce, toutefois, les fébricitants devaient s'astreindre à un jeûne de trois ou neuf jours, en fonction de la gravité du mal. Une neuvaine adressée à saint Marcoul, dans le même temps, ne pouvait que hâter le dénouement espéré.

Car l'origine du mot renvoyait au culte très répandu dudit saint Marcoul, ou Marculfe, dont les dévotions se déroulaient le 1er mai, le 7 juillet et le 2 octobre en plusieurs paroisses. Natif de Bayeux, ce bienheureux du sixième siècle avait fondé le monastère de Nanteuil et accompli maintes guérisons miraculeuses ; c'était par son entremise que les rois de France soignaient les écrouelles, le jour de leur sacre. Mais une seconde explication étymologique rapprochait le nom « marcou » de l'adjectif « marqué », dont il n'aurait été qu'une déformation populaire. Les septièmes fils se distinguaient fréquemment de leurs frères, à ce qu'assurait la rumeur, par une tache due au doigt du bon Dieu (les Angevins précisaient que ce royal cachet d'authenticité était une fleur de lys sous la langue !). L'ethnologue Bernard Edeine, de son côté, supposait, curieusement, une altération du vieux français « margout », désignant un gros matou !

Le père Raymond, si c'est ce que vous voulez savoir, ne portait aucune marque de faveur divine. Il ne semblait, au reste, que fort moyennement croyant. Mais il guérissait effectivement les humeurs froides. Il venait à bout, aussi, des méningites non tuberculeuses, des ulcères d'estomac et des nerfs déplacés. Car il était également un rebouteux efficace.

Une fois, il réussit à se soigner lui-même ! Un chien enragé l'avait mordu. N'importe qui en serait mort. Pas lui : il fit six mois d'hôpital puis il reparut, plus gaillard qu'avant. De même, il parvint à sauver sa femme d'une méningite alors qu'aucun toubib n'aurait tenu le pari. « Le moral du malade pesait lourd dans la balance ! », nous confia un chaud adepte du père Raymond.

Les femmes et les enfants aussi

Il semble que je sois allé un peu vite en besogne quand j'ai laissé à penser que le mot « marcou » ne s'accordait pas au féminin. En fait, honte à moi ! La croyance populaire dotait également de pouvoirs prestigieux la septième d'une affilée de filles. Une de ces « marcoutes », jadis, était fameuse à Huisseau-sur-Mauves.

Yves Bizet, de Sully-sur-Loire, s'intéresse de près aux médecines parallèles, auxquelles il dit devoir beaucoup. Il nous énumère d'autres cas de guérisseurs, qualifiés par naissance :

• Les enfants nés coiffés, bien sûr !... Peuvent faire profiter autrui de la grâce qui les habite.

• Les enfants marqués naturellement, en quelque endroit de leur corps, par un signe caractéristique : une couronne, une croix, une étoile... Méfiance, toutefois ! Car si, par son dessin ou par sa couleur, le nævus évoque une tache de vin, un fruit commun ou toute autre chose évidente, il ne s'agit plus d'une distinction bénéfique, mais d'une envie : la séquelle d'une vive – et souvent coupable – tentation ressentie par la mère durant sa grossesse. Quasiment la dénonciation d'une fautive appétence, sinon pire.

• Les enfants venus au monde à des dates particulières. Ceux du 25 janvier, jour de la conversion de Saûl sur le chemin de Damas, sauront barrer le venin de serpent ; ceux du 29 février, à minuit, guériront les dartres, les chancres et les scrofules. Les natifs de fêtes religieuses, comme Pâques ou Noël, profitent aussi de privilèges célestes, variables selon les régions.

• Les enfants posthumes :

— Nés après la mort du père. Par attouchement, peuvent enrayer les fièvres et résorber les goitres.

— Nés d'une mère morte en couches. Soignent les fluxions de poitrine.

— Nés d'un père mort, mais dont la mère a conçu d'autres enfants en second lit. Pansent les lésions cutanées, les tuméfactions, les papillomes, les foulures.

— N'ayant connu ni père, ni mère. Soulagent n'importe quel mal, mais uniquement avant le lever du soleil.

Parmi une nichée de onze enfants, le petit Raymond terminait une suite continue de sept gars. Il prit rapidement conscience de ses étonnantes aptitudes, puisqu'il commença à pratiquer l'empirisme dès l'âge de dix-sept ans, à la veille de la Grande Guerre. Il partit soldat et fut blessé à quatre reprises. Quand il revint au pays, ce fut pour s'engager à la voirie : jamais il ne tenta de transformer sa position de marcou en métier permanent. Mais on le connaissait de réputation, on vantait ses mérites et l'on ne se gênait pas de le solliciter. Sa clientèle se constitua de la sorte, de bouche à oreille. Il recevait à domicile, mais ne se déplaçait que rarement. Il ne disposait d'ailleurs que d'un vélo comme moyen de locomotion. Il se maria et il eut un fils.

On se souvient encore, dans la contrée, que les consultants ne manquaient pas. Ils rappliquaient des quatre horizons, surtout des proches alentours et des départements limitrophes. L'affluence devenait telle, certains jours, qu'une longue file d'attente s'étirait sur la route, devant la maisonnette aux volets rouges. On chuchote qu'un brave médecin des environs venait souvent y soumettre les cas délicats qu'un examen hippocratique ne suffisait plus à diagnostiquer.

« A-t-il gagné beaucoup d'argent ? se demande un paysan qui l'a fréquenté de près. Bien malin qui pourrait le dire ! En tout cas, il n'en a pas mangé ! » Un point est vérifié cependant : le père Raymond ne réclamait jamais les moindres honoraires. On donnait ce qu'on voulait. Il ne soignait pas mieux le généreux que le pingre. Un marcou ne doit pas s'abaisser à ces mesquineries, sous peine de ternir son aura.

Le sorcier connaissait la musique !

Je tiens cette histoire véridique de ma mère, qui était très jeune à l'époque. C'était à la fin d'une fête des battages. Chacun chantait. Un homme jouait du violon et faisait danser ceux qui avaient participé au battage du grain. Cet homme avait de très belles filles.

Dans ce temps, comme aujourd'hui d'ailleurs, il y avait des garçons plus ou moins honnêtes et respectueux des femmes. Quand il se fit tard, certains – qui auraient bien voulu profiter de ces demoiselles sans les marier – demandèrent au père la permission de les reconduire chez elles.

Le père leur répondit oui, oui, c'est d'accord, reconduisez-les à la maison. Mais sur le chemin, à un détour, il était là à les attendre. Tout le reste de la nuit son violon a joué ; et les jeunes gens et les jeunes filles n'ont jamais pu arrêter de danser tant que le père ne l'a pas décidé.

Les garçons furent bien attrapés, bien fait pour eux ! Ils voulaient profiter de ces jeunes filles, mais le père leur a montré qu'il était bien autre chose qu'un simple violoneux

(D'après une lettre de Maria Barbier, de Cesson-Sévigné.)

Nous l'avons dit : le père Raymond n'était pas ce qu'il est convenu d'appeler un toucheux. Les ondes n'émanaient que de son regard. Ses mains ne lui servaient qu'à confirmer son opinion quand les effets du mal étaient palpables, ou à réduire une luxation.

Le bonhomme se plantait devant le patient, le fixait droit dans les yeux, le fouillait jusqu'au plus secret de son tréfonds. « Tu souffres de ceci ou de cela ! » On nous a juré qu'il ne se trompait jamais. Après quoi, il prescrivait la médication adéquate. Il recommandait le plus souvent des remèdes disponibles en pharmacie, auxquels il ajoutait des conseils nutritionnels et des mises en garde diverses. Il employait aussi les simples, dont il n'ignorait en rien les vertus apaisantes. Il délivra ainsi, d'une infection méningitique, un garçonnet de sept ans abandonné par la médecine.

Il s'agissait d'un gamin de la localité d'à côté. Cette fois-là, le père Raymond consentit à se déplacer. Il arriva au déclin du jour. Il dit aux parents, sans détour : « Dans deux heures, votre enfant sera sauvé ou perdu. » De la rivière, il fit apporter du cresson, qu'il pila et qu'il posa en cataplasme sur la tête du petit. Deux heures après, le gamin se portait déjà mieux. La nuit était tombée depuis longtemps lorsque le père Raymond revint en son logis. L'enfant était tiré d'affaire !

Au village, pourtant, les avis sont partagés sur la réalité des pouvoirs attribués au marcou.

Telle dame ne tarit pas d'éloges depuis que le père Raymond a remis sur pattes, comme ça, avec l'aide des deux hommes de la ferme, une de ses vaches qui s'était déhanchée. « J'ai d'abord cru qu'il allait me la finir, vu comment il s'y prenait, relate la bonne femme. Mais je t'en fiche ! La bête s'est relevée aussitôt et, sans boiter, a couru dans le pré. Je n'en revenais pas ! » Tel cultivateur, à l'inverse, ne peut dissimuler un certain scepticisme. « Il ne réussissait pas à tous les coups, corrige-t-il. En ce qui me concerne par exemple, il n'a jamais pu me remettre le nerf que je m'étais fait sauter à bicyclette. Les individus ne sont pas tous bâtis pareillement, ça doit venir de là. »

L'ensemble des villageois ne se rendait donc pas à la maisonnette aux volets rouges, mais à l'unanimité le village était fier de posséder un citoyen de cette trempe…

A l'unanimité ? Peut-être point, à la réflexion. Car l'instituteur d'alors ne cessait de vitupérer les louanges que les gens adressaient à leur marcou. L'instituteur avait de l'instruction et des théories cartésiennes ; il était méfiant et rationnel. L'instituteur n'appréciait guère ce qui échappe au raisonnement. Il n'aimait pas cet inquiétant cantonnier dont la naïveté campagnarde claironnait les succès. C'était son droit, évidemment. Le marcou se contentait de faire la sourde oreille.

On ne se raccroche à l'incroyable qu'au moment où l'on en éprouve le besoin. C'est malheureusement ce qui advint à l'instituteur, lorsque son fils unique fut atteint d'une grave maladie. Les docteurs, les spécialistes ne purent qu'avouer leur impuissance. Alors, la mort dans l'âme, le pauvre maître d'école se dirigea vers la maisonnette aux volets rouges.

« Tu viens aujourd'hui, quand tu ne voulais pas me voir hier ! » le rabroua simplement le père Raymond. Il n'émit rien d'autre, sinon qu'il avait détecté depuis longtemps qu'un terrible tourment guettait l'enfant. Et que cet enfant, il le sauverait. Ce qu'il fit.

Nos lecteurs avertis auront certainement deviné qu'en dépit de notre goût immodéré pour tout ce qui touche le folklore merveilleux, nous demeurons fort dubitatifs quant à la prescience, les fluides et les dispositions étranges que s'arrogent volontiers certains de nos semblables. Cela, nous nous devons de l'écrire noir sur blanc afin de ne point passer pour des prosélytes béats.

Nous aimerions croire aux contes de fées, bien sûr, mais le fichu rationalisme qui nous anime, tempère aussitôt notre appétit d'extraordinaire. Nous avons rencontré trop de bougres qui prétendaient avoir été guéris par un infaillible panseux, et qui en restaient estropiés, bancroches, perclus de douleurs, pour gober n'importe quel boniment. Comment leur dire, à ceux-là, sans ajouter à leur souffrance, qu'ils ont été bernés par un vulgaire vendeur d'orviétan ? Leur réponse serait toute trouvée : un médecin n'aurait pas fait mieux, mais il aurait demandé plus cher.

Que rétorquer à ca ? On ne peut pas discuter sur un supposé inévitable, après que le mal eut été commis de manière irréversible. C'est trop tard.

Alors, quoi, doit-on brûler tous les soi-disant sorciers sur un même bûcher, en attendant que des phénomènes encore mystérieux s'expliquent d'eux-mêmes ? A-t-on le droit d'interdire un ultime espoir à ceux qui désespèrent, quand tout semble avoir été tenté, vainement hélas ? Non, évidemment ! Mais certains passages périlleux ne peuvent être empruntés que s'ils sont munis de solides garde-fous.

Car l'avantage principal qui favorise les empiristes, réside dans la confiance aveugle que les consultants leur réservent. Tout est là. De cette confiance naît la folle espérance, qui peut contribuer à l'apaisement, sinon à la guérison. Ce fut souvent la foi qui sauva le charbonnier. Tant mieux, après tout !

Mais plus la détresse est profonde, plus la crédulité s'amplifie. Et plus le charlatanisme s'en donne à cœur joie.

Le père Raymond a prodigué ses bienfaits jusqu'après ses quatre-vingt-dix ans, tant qu'il a pu demeurer dans sa maisonnette aux volets rouges ; puis il est allé vivre pendant quelques mois auprès de son fils, pas loin. Aujourd'hui, il se meurt dans un centre hospitalier. Une infirmière nous confia que de vieux paysans venaient encore le consulter. Hélas ! le bonhomme n'avait plus la force de leur répondre. Ni, probablement, plus assez d'entendement.

« Moi, je mourrai des jambes, c'est dans la famille. » Ça, le père Raymond le prédisait toujours. Il n'aura raison qu'à demi.

Il ne peut plus marcher, certes, mais c'est pourtant de vieillesse qu'il s'éteindra. Pardi ! un marcou ne peut pas tout prévoir.

Rencontre de l'automne 1992.

À la fête des p'tits cochons malades

Les pourceaux sont comme les porchers : ils souffrent parfois d'une croissance défaillante. Ici et là, on savait comment remettre sur pied les gorets, sans qu'il fût nécessaire de verser trois sous à un charlatan de vétérinaire. Ainsi dans le Morbihan, à Guénin, les paysans faisaient-ils l'offrande, au bon saint Godenec, de porcelets enfermés dans des sacs à grain. C'était le traditionnel Pardon des cochons. Cette coutume était suivie dévotement par les fidèles d'une cinquantaine de paroisses environnantes ; mais un curé, qui ne supportait plus d'entendre les couinements des pauvres bêtes, osa y mettre un terme.

A Bonnée, en Orléanais, on s'y prenait autrefois beaucoup plus gaiement. Ecoutons voir ce qu'on nous en raconta :

En 1908, j'avais dix ans. Dans mon petit village natal de Bonnée, on célébrait la Saint-Eloi le 17 janvier. C'était la première fête de la région.

Une fontaine, dédiée à saint Antoine, se trouvait sur la route de Saint-Benoît-sur-Loire (je ne puis dire si elle existe encore). Ce jour-là, les Solognots et les Berrichons, à pleines calèches, allaient y puiser de l'eau pour l'année. Une cuillerée à soupe de cette eau avait le pouvoir de guérir les petit cochons. Ensuite ils se rendaient à la grand-messe. L'église ne pouvait contenir tout ce monde. Dix prêtres donnaient des évangiles aux fidèles, de façon à immuniser les exploitations contre les maladies porcines durant une année entière. Derrière chaque prêtre, un enfant de chœur recevait les oboles.

A la sortie de la messe, on donnait l'avoine aux chevaux, puis à boire et une botte de foin. Les pèlerins pensaient enfin à eux. Les deux cafés du bourg se transformaient en restaurants. Leurs menus étaient identiques : deux boulettes de viande hachée, avec de la sauce, à quatre sous la boulette, pain à volonté, fromage et une chopine de vin pour deux sous ; soit dix sous au total, à moins d'un complément d'autres chopines. La joyeuse chaleur qui enveloppait les tablées, compensait le froid de dehors. Personne n'était pressé de partir. Les anciens tapaient les cartes, les plus jeunes tendaient l'oreille aux flonflons et couraient ouvrir le bal qu'animaient trois musiciens.

Ce n'était pas tout. L'avant-veille était arrivée la mère Flottat, avec ses berlingots et ses tournées de roue à deux sous. C'était à qui en gagnerait le plus, afin de pouvoir patienter jusqu'à la Saint-Pierre, la prochaine fête. Il y avait aussi le manège, installé plusieurs jours auparavant pour que son cheval puisse se reposer suffisamment et ne faiblisse point pendant la fête. Les écoliers aidaient au montage, en échange d'un tour gratuit. Monsieur Martin, notre instituteur, nous accordait la soirée de la veille.

Le montage terminé, le cheval était entré dans le manège, pour un essai qui réussissait toujours. Le patron prenait son fouet, la patronne actionnait la manivelle de l'orgue. Dès qu'il entendait la musique, le cheval savait ce qu'il devait faire. Nous sautions tous en selle, sur les chevaux de bois, pour notre tour gratuit. L'essai achevé, la musique se taisait et le cheval s'immobilisait. Combien nous étions heureux ! Six mois après, nous en parlerions encore...

(Lettre d'Henri Fouchard, de Cerdon.)

Achevé d'imprimer par N.I.I.A.G. en septembre 2014
pour le compte de France Loisirs, Paris
Numéro d'éditeur : 78590 / Dépôt légal : août 2014 / Imprimé en Italie